ŒUVRES
DE
WALTER SCOTT,

TRADUITES

PAR M. LOUIS VIVIEN,

AVEC TOUTES LES NOTES, PRÉFACES, INTRODUCTIONS ET MODIFICATIONS
AJOUTÉES PAR L'AUTEUR A LA DERNIÈRE ÉDITION D'EDIMBOURG ;

ET

DE NOUVELLES NOTES HISTORIQUES ET LITTÉRAIRES PAR LE TRADUCTEUR.

TROISIÈME ÉDITION

Tome Quatrième.

LES EAUX DE SAINT-RONAN.

PARIS :

CHEZ LEFEVRE, ÉDITEUR, rue de l'Eperon, 6.
POURRAT FRÈRES, ÉDITEURS, | DAUVIN ET FONTAINE, LIBRAIRES,
Rue des Petits Augustins, 5. | Passage des Panoramas, 35.

1840.

ŒUVRES

DE

WALTER SCOTT.

TOME IV.

IMPRIMERIE DE BEAULÉ, RUE FRANÇOIS MIRON, 8.

OEUVRES
DE
WALTER SCOTT

TRADUITES

PAR M. LOUIS VIVIEN,

AVEC TOUTES LES NOTES, PRÉFACES, INTRODUCTIONS ET MODIFICATIONS AJOUTÉES PAR L'AUTEUR
A LA DERNIÈRE ÉDITION D'ÉDIMBOURG;
ET DE NOUVELLES NOTES HISTORIQUES ET LITTÉRAIRES PAR LE TRADUCTEUR.

TROISIÈME ÉDITION.

TOME QUATRIÈME.

LES EAUX DE SAINT-RONAN.

Paris,

Chez LEFEVRE, Éditeur, rue de l'Éperon, 6 ;
DAUVIN et FONTAINE, Libraires, passage des Panoramas, 35;
POURRAT FRÈRES, Éditeurs, rue des Petits Augustins, 5.

1840.

INTRODUCTION

AUX

EAUX DE SAINT-RONAN.

Ce roman est sur un plan différent de tout autre que l'auteur ait jamais écrit, bien que ce plan soit peut être le mieux approprié à ce genre de littérature légère.

Il a pour objet, en un mot, *celebrare domestica facta*, d'offrir une représentation des mœurs mobiles de notre époque, et de peindre des scènes dont les modèles nous entourent chaque jour, de sorte qu'une minute d'observation suffit pour comparer la copie avec l'original. Il faut avouer que ce genre de composition a été adopté par l'auteur plutôt à cause de la tentation qu'il lui offrait de jeter quelque nouveauté dans ses écrits et d'éviter des caractères usés et des positions répétées, que dans l'espoir de rivaliser avec le grand nombre de redoutables compétiteurs qui ont déjà conquis dans la même carrière des honneurs mérités. Les femmes, en particulier, douées par la nature d'une grande puissance d'observation et du talent d'une satire délicate, se sont tellement distinguées dans cette nature d'ouvrages, que depuis l'auteur d'*Évelina* jusqu'à celle de *Mariage*, on pourrait dresser un catalogue où se trouveraient des noms illustrés par l'éclat d'un grand talent, tels que ceux d'Edgeworth, d'Austin, de Charlotte Smith et autres, à qui leurs succès semblent avoir exclusivement approprié cette branche de la littérature. C'est donc avec le sentiment intime de sa témérité que l'auteur s'est hasardé à aborder un genre de composition récemment cultivé avec un succès si éminent. Cette conviction a cependant cédé à la nécessité de chercher une route nouvelle, sans laquelle il était fort à craindre que des apparitions si répétées de sa part ne fatigassent à la fin la longue indulgence du public.

Le théâtre que l'auteur a choisi pour ce petit drame de la vie moderne est une source minérale, telle qu'on en rencontre dans les deux divisions de la Bretagne, et où sont réunis tous les éléments habituels propres à rétablir la santé ou à chasser les soucis. Le malade y trouve souvent un adoucissement à ses souffrances, moins par l'effet même des vertus salutaires de la source que parce que sa vie ordinaire y éprouve un changement complet, en raison de son éloignement de ses livres de commerce, — de ses lourds in folios et de ses liasses de chicane, — de son comptoir et de ses rayons, — en un mot, de tout ce qui est constamment chez lui le grand sujet de ses tracas et de ses inquiétudes, de ce qui détruit son appétit, gêne les habitudes d'exercice, dérange les facultés digestives et obstrue les sources de la vie. Là, aussi, vient le désœuvré, impatient de se débarrasser de l'ennuyeuse compagnie de *soi-même;* là, viennent des visiteurs des deux sexes, qui, par des raisons diverses, désirent doubler leur existence.

Par la nature même de ces lieux, la société qui les fréquente est gouvernée par des principes beaucoup plus tolérants que ceux qui règlent le monde à la mode et le cercle étroit de l'aristocratie dans la métropole. Les titres et les prétentions au rang, à la naissance et à la fortune, sont reçus aux eaux sans un bien strict examen, et sans qu'on y attache une bien grande importance; et comme la situation conduit nécessairement à un certain degré d'intimité temporaire, à quelque point que cette intimité puisse être portée il est entendu qu'elle n'implique aucune continuation au delà de la saison même. On ne saurait imaginer de liaison à la fois plus étroite et plus passagère que celle qui résulte d'une rencontre aux eaux. Aussi le romancier qui choisit une telle scène pour théâtre de son action, prend à tâche d'y montrer un genre de société où les contrastes les plus frappants de caractères et de mœurs peuvent être ménagés comme moyen d'opposition propre à faire valoir et à faire ressortir ses personnages les uns par les autres, avec moins d'invraisemblance qu'on ne supposerait en comporter le même assemblage hétérogène en toute autre situation.

Sur de telles scènes, d'ailleurs, se trouvent fréquemment mêlés des caractères non pas seulement ridicules, mais dangereux et odieux. Le joueur dénué de principes, l'aventurier sans cœur en chasse de la fortune, tous ceux qui tirent leurs moyens de subsistance de l'exploitation des vices et des travers des riches et des dissipés, ceux qui poussent par leurs divers artifices les faibles au crime et les imprudents à des actes de folie ruineuse, seront rencontrés là où leurs victimes affluent, aussi inévitablement qu'on verra les aigles se rassembler sur un champ de carnage. L'auteur en a tiré un grand avantage pour la conduite de sa fable, notamment dans ses parties les plus sombres et les plus tristes. L'imposteur, le joueur, tous ceux qui vivent d'une existence relâchée aux limites de l'ordre social, ou, comme la vermine, qui s'engraissent de sa corruption, tous ceux là se trouvent en de telles retraites, où ils peuvent aisément et comme chose toute naturelle se mêler à ces dupes qui autrement auraient pu échapper à leurs piéges. Mais outre ces caractères réellement dangereux, des eaux très fréquentées offrent généralement, pour l'amusement de la réunion et au profond étonnement des moins expérimentés, une nuée de ces personnages que les papiers publics désignent par la qualification de caractères excentriques, — gens qui ambitionnent, soit par un défaut réel de jugement, soit, plus souvent, par excès de vanité, de se distinguer par quelque singularité frappante de costume, de langage, de conversation ou de manières, et peut être par toutes ces singularités à la fois. Ces affectations ont communément pour but, comme les extravagances de Drawcansir, de montrer qu'*ils osent;* et je dois dire que ceux qui les adoptent se rencontrent plus fréquemment parmi les Anglais que chez les natifs des deux autres divisions du Royaume Uni. La raison en est sans doute que le sentiment intime de l'opulence et celui d'une indépendance un peu âpre, qui règnent généralement chez la nation anglaise, sont, dans quelques individus, poussés jusqu'à l'absurdité, ou au moins jusqu'à la bizarrerie. Le spirituel Irlandais, au contraire, calque sa conduite générale sur celle de la meilleure société, ou sur ce qu'il regarde comme tel; et il n'est nullement dans le caractère national du rusé Écossais d'attirer inutilement sur lui l'attention publique. Ces règles, néanmoins, ne sont pas sans exception ; car nous trouvons des gens de tous les pays jouant les originaux à ces réunions indépendantes du plaisir et de l'opulence, où chacun jouit de la liberté absolue de faire ce qui lui paraît bon.

Ces remarques étaient à peine nécessaires pour justifier le choix qu'a fait un romancier d'un pareil lieu d'affluence pour théâtre de sa fiction. Il est incontestable qu'un tel théâtre lui fournit une variété infinie de personnages, rapprochés d'une manière qui ne pourrait, sans violer la vraisemblance, être supposée exister ailleurs ; et on ne saurait non plus disconvenir que dans le concours que présente une réunion mélangée à ce point, des événements, fort différents de ceux de la tranquille routine de la vie ordinaire, ne puissent avoir lieu, et n'aient souvent lieu en effet.

Il ne suffit pas, cependant, qu'une mine soit par elle-même riche et d'un accès facile : il faut encore que le mineur, pour employer l'expression technique, ait une connaissance exacte du terrain, et possède l'habileté nécessaire pour l'exploiter avec avantage. A cet égard, l'auteur des *Eaux de Saint Ronan* ne pourrait être appelé heureux. Les habitudes de sa vie ne l'ont guère conduit, depuis quelques années du moins, au milieu des scènes étendues et animées de l'existence, et il ne s'est pas non plus mêlé souvent à ce genre de sociétés qui met l'observateur à même de « tirer la sottise au vol. » Ceci a eu peut être pour conséquence que les caractères ont manqué de cette force et de cette netteté auxquelles peut seul atteindre l'écrivain familier avec son sujet. L'auteur a eu néanmoins la satisfaction d'élever sa voix contre l'habitude du jeu, passion que le démon peut revendiquer tout entière, puisque, privée de tout ce qui peut être allégué comme excuse des autres vices, elle est uniquement fondée sur le froid calcul de l'égoïsme le plus exclusif. Le caractère du voyageur indiscret et un peu gonflé de son importance, ce caractère auquel les dames reprochent sa teinte d'*embarras*, mais qui, cependant, est mû par des intentions généreuses et bienveillantes, a été en partie pris sur nature. L'histoire, étant tout à fait moderne, ne peut exiger de longues explications, outre celles qui viennent d'être données, soit sous forme de notes, soit dans une Introduction plus prolixe.

On peut remarquer qu'en nombre d'occasions, quoique sans grand effet, les critiques anglais ont poursuivi *les Eaux de Saint-Ronan* de leurs attaques, beaucoup d'entre eux émettant l'opinion que l'auteur est épuisé, ou, selon la phrase technique, qu'il s'est copié lui même; et comme un succès qui sort de la ligne habituelle pousse trop souvent nombre de gens à signaler, en l'exagérant, un faux pas quand il se présente, l'auteur a été publiquement accusé, en prose et en vers, d'avoir commis un suicide littéraire par ce malheureux essai. Du côté méridional de la Tweed, les voix ont donc été pour un temps contre *les Eaux de Saint-Ronan*.

Dans le pays natal de l'auteur, il en a été autrement. Beaucoup des caractères du roman y ont été reconnus pour de vrais portraits écossais; et la bonne fortune qui avait jusque là accompagné les productions de l'*Auteur de Waverley* n'abandonna pas cette nouvelle tentative, nonobstant les sinistres prédictions de ses censeurs, et quoiqu'elle sortît de sa manière habituelle.

1er février 1832.

LES EAUX
DE SAINT-RONAN.

Joyeux endroit, dit-on, au temps jadis ;
Mais bien triste aujourd'hui : — la place était maudite.
Wordsworth.

CHAPITRE PREMIER.

UNE HÔTESSE DE L'ANCIEN MONDE.

Pour achever mon récit,
Elle brasse de bonne ale,
Dont elle a fort bon débit.
Skelton.

Quoique peu de pays en Europe, si même on en peut citer un, aient vu s'accroître aussi rapidement leur richesse et leur culture que l'Écosse depuis un demi-siècle, les hiboux du sultan Mahmoud [1] auraient pu néanmoins trouver dans la Calédonie, à quelque époque que ce soit de cette période florissante, leur douaire de villages ruinés. Des avantages accidentels ou locaux avaient, en beaucoup de cas, fait quitter aux habitants des anciens hameaux les situations que leurs ancêtres avaient choisies, plutôt en vue de sécurité que de commodité, et leur avaient fait choisir de nouvelles habitations sur des points où leur industrie et leur commerce toujours croissants pouvaient le plus aisément se développer ; et il est résulté de là que des localités qui occupent une place distinguée dans l'histoire d'Écosse et qui figurent dans l'excellente carte historique de M. David Mac-Pherson, ne peuvent maintenant être discernées des landes sauvages que par la

---

[1] Allusion à un charmant apologue oriental, dans lequel un sage vizir donne à son maître, dont le caractère belliqueux a couvert son royaume de gloire et de ruines, une ingénieuse leçon de modération pacifique. (L. V.)

verdure qui revêt leur emplacement, ou tout au plus par quelques ruines éparses, semblables à des parcs de moutons, qui marquent le lieu où elles existèrent jadis.

Le petit village de Saint-Ronan, sans être encore tombé, il y a une vingtaine d'années[1], dans cet état d'oubli absolu dont il vient d'être question, s'y acheminait cependant rapidement. La situation avait en elle quelque chose de si romantique, qu'elle provoquait le pinceau de chaque touriste passager; aussi allons-nous tâcher de la décrire en termes qui ne seront guère moins intelligibles que quelques-unes de leurs esquisses, tout en évitant, néanmoins, pour des raisons qui nous paraissent excellentes, de donner du site une indication plus exacte, et nous bornant à dire qu'il est au sud du Forth, et à trente milles au plus de la frontière anglaise.

Une rivière d'une largeur considérable roule ses eaux à travers une vallée resserrée, dont les côtés s'éloignent depuis deux jusqu'à quatre milles, et qui, formée d'un sol d'alluvion fort riche, est depuis longtemps couverte d'enclos, assez bien habitée, et cultivée avec toute la perfection de l'agriculture écossaise. De chaque côté cette vallée est bordée d'une chaîne de collines qui, surtout sur la droite, méritent presque le nom de montagnes. De petits ruisseaux sortis de ces hauteurs, et se frayant leur chemin jusqu'à la rivière, offrent à l'industrie du cultivateur autant d'étroites vallées secondaires. Quelques-unes sont couvertes de grands et beaux arbres jusqu'à présent échappés à la hache, et les côtés de la plupart d'entre elles sont parsemés et bordés de bouquets de bois, au-dessus et autour desquels s'élèvent les berges du cours d'eau principal, présentant un aspect quelque peu désolé durant les mois les plus froids, mais que parent en été le pourpre foncé des bruyères et l'éclat doré du genêt. Cet aspect est particulier aux pays qui, comme l'Écosse, abondent en collines et en cours d'eau, et où le voyageur rencontre çà et là quelque retraite cachée et inattendue, beautés simples et agrestes qui lui plaisent d'autant plus qu'elles semblent lui appartenir en propre par droit de première découverte.

Dans une de ces situations retirées, et assez près du point où elle s'ouvrait pour dominer la perspective de la rivière, de la grande vallée et de la chaîne de hauteurs opposée, s'élevait, et, à moins que la négligence et la désertion n'aient complété leur œuvre, s'élève encore l'ancien village à demi ruiné de Saint Ronan. Le site était singulièrement pittoresque, car la rue irrégulière du village gravissait la pente très-escarpée d'une colline, sur le flanc de laquelle étaient groupées en petits massifs isolés, assis sur d'étroites terrasses, les cabanes dont était composée la place; et ces groupes, comme dans les villages des Alpes suisses, semblaient s'élever les uns au dessus des autres vers les ruines d'un

---

[1] *Les Eaux de Saint-Ronan* ont été écrites en 1823. (L. V.)

vieux château qui occupait encore la crête de l'éminence, et dont la force avait sans doute conduit les habitants du voisinage à se réunir sous la protection de ses murailles. Ce château avait dû être, au reste, une formidable place de défense ; car du côté opposé au village ses murs s'élevaient à pic du bord même d'un précipice effrayant, formé par un rocher dont le pied était baigné par un ruisseau portant le nom de Saint Ronan. Du côté méridional, où la pente était moins escarpée, le sol avait été soigneusement nivelé en terrasses superposées qui montaient jusqu'au sommet de la colline, et qui étaient, ou plutôt avaient été liées entre elles par des degrés de pierre accompagnés d'ornements grossiers. Dans les temps paisibles ces terrasses avaient été occupées par les jardins du château, et en cas de siége, elles ajoutaient à sa sécurité, chacune d'elles commandant celle qui lui était immédiatement inférieure, de telle sorte qu'elles pouvaient être séparément et successivement défendues, et toutes étant sous le feu de la place même, — massive tour carrée de la plus grande dimension, entourée, selon l'habitude, de constructions moins élevées et d'une haute muraille crénelée. Au nord se projetait une montagne considérable, dont la pente, qui s'étendait jusqu'à l'éminence sur laquelle était assis le château, semblait une portion détachée, et avait été défendue par trois tranchées successives larges et profondes. Une autre tranchée également profonde couvrait l'entrée principale à partir de l'est, où la grande porte du château formait le point extrême de la rue qui, ainsi que nous l'avons dit, montait jusque-là depuis le village ; et cette dernière défense complétait les fortifications de la tour.

Dans les anciens jardins du château, et sur tous les côtés à l'exception de l'ouest, où la pente était à pic, de grands et vieux arbres profondément enracinés entre les fissures du roc en couvraient les flancs, ainsi que les ruines des vieilles murailles, de leur sombre verdure, et ajoutaient à l'effet du donjon délabré qui s'élançait du centre.

Assis sur le seuil de cet ancien édifice, où jadis « se redressait l'orgueilleux portier[1], » un étranger contemplait de là dans son ensemble le village en ruines, dont les maisons pouvaient paraître à une imagination vagabonde s'être arrêtées tout à coup en tombant du haut de la montagne, et avoir été fixées comme par magie dans l'arrangement bizarre qu'elles présentaient alors. C'était comme une pause soudaine dans une des danses d'Amphion, alors que les cabanes qui devaient former la Thèbes future se mettaient en mouvement aux sons de sa lyre. Mais, pour un tel observateur, la mélancolie excitée par l'apparence de désolation du village surmonta bientôt les écarts plus riants de l'imagination. Originairement élevées sur l'humble plan suivi il y a un siècle dans la construction des chaumières écossaises, celles-ci étaient

[1] *Voyez* l'ancienne ballade du roi Estmère, dans les *Reliques* de Percy. (W. S.)

pour la plupart depuis longtemps abandonnées; leurs toitures écroulées, leurs pignons noircis et leurs murs délabrés, montraient le triomphe de la Désolation sur la Pauvreté. Dans quelques cabanes les solives enduites de suie subsistaient encore en tout ou en partie, pareilles à des squelettes décharnés; et quelques-unes d'entre elles, entièrement ou partiellement couvertes de chaume, paraissaient être encore habitées, bien qu'à peine habitables : car la fumée des feux de tourbe qui servaient à préparer l'humble repas des occupants s'échappait non-seulement des cheminées, son issue naturelle, mais aussi de diverses autres crevasses existantes dans les toits. La nature, cependant, toujours changeante, mais toujours rénovatrice dans ses changements, suppléait par la puissance de la végétation aux traces effacées ou affaiblies du travail de l'homme. Des arbustes autrefois plantés à l'entour des petits jardins étaient devenus de grands arbres forestiers aux rameaux touffus; les arbres fruitiers avaient étendu leurs branches au delà des limites des étroits vergers, et les haies s'étaient projetées au loin en larges buissons irréguliers; en même temps qu'une immense quantité d'oseilles sauvages, d'orties et de ciguës, cachant les murs en ruines, transformaient rapidement une scène de désolation en un tableau pittoresque offrant l'image de la lisière d'une forêt.

Deux maisons de Saint-Ronan étaient pourtant encore entretenues dans ce qu'on pouvait nommer un état de conservation; places essentielles, — l'une au bien être spirituel des habitants, l'autre à la réception des voyageurs. C'étaient la manse du ministre et l'auberge du village. Tout ce que nous avons à dire de la première, c'est qu'elle ne faisait pas exception à la règle générale à laquelle semblent s'attacher les propriétaires terriens d'Ecosse en logeant leur clergé non-seulement dans les maisons les plus économiques, mais aussi les plus laides et les plus incommodes que l'art du maçon puisse imaginer. Celle-ci avait le nombre ordinaire de cheminées, — deux — se dressant comme deux oreilles d'ânes à chaque bout de la maison, et remplissant aussi mal que de coutume les fonctions auxquelles elles étaient destinées. L'habitation livrait à la furie des éléments tous les passages ordinaires, sujet habituel des plaintes d'un ministre écossais à ses frères du presbytère; et pour compléter le tableau, l'ecclésiastique étant célibataire, rien ne gênait l'accès des pourceaux dans le jardin et dans la cour; les carreaux brisés des fenêtres étaient remplacés par du papier brun, et l'aspect de désordre et de saleté d'une petite ferme occupée par un tenancier insolvable, déshonorait la demeure d'un homme qui, outre son caractère clérical, était instruit et bien né, quoique d'humeur un peu bizarre.

Près de la manse s'élevait l'église de Saint-Ronan, petit et vieil édifice qui avait pour plancher une aire de terre battue, et où se trouvaient quelques rangs de misérables bancs, originairement de chêne sculpté, mais soigneusement réparés en bois blanc. Néanmoins l'extérieur de l'église était d'un dessin élégant, ayant été bâtie dans les temps catholiques, à une époque où nous ne pouvons dénier aux formes de l'architecture religieuse cette *grâce* qu'en bons protestants nous refusons aux doctrines de Rome. Le vaisseau élevait à peine son toit grisâtre et cintré parmi les tertres mortuaires qui l'entouraient ; il était en effet de si petites dimensions, et sa hauteur était tellement diminuée à l'œil par l'élévation des tombes de l'intérieur, qui montaient jusqu'à demi-hauteur des fenêtres basses de style saxon, qu'on aurait pu le prendre lui même pour un caveau funéraire, ou pour un mausolée de plus larges dimensions que les autres. Sa petite tour carrée, avec l'ancien beffroi, le distinguait seul d'un tel monument. Mais quand la main tremblante du vieux bedeau à cheveux gris faisait tourner la clef dans la serrure, l'antiquaire était introduit dans un ancien édifice qu'au style de son architecture, et à celui de quelques monuments des Mowbrays de Saint-Ronan, que le vieillard avait habitude de faire remarquer, on conjecturait généralement ne pas remonter à une époque moins ancienne que le treizième siècle.

Ces Mowbrays de Saint Ronan paraissent avoir été, à une certaine époque, une famille très-puissante. Ils étaient alliés et amis de la maison de Douglas, alors que le pouvoir excessif de cette race de héros fit trembler les Stuarts sur le trône d'Écosse. Il s'ensuivit qu'à l'époque où, pour employer les expressions de notre naïf historien, « personne n'osait lutter avec un Douglas, ni même avec un ami des Douglas, parce qu'en le faisant il était sûr qu'il lui adviendrait mal, » la famille de Saint-Ronan partagea leur prospérité, et devint souveraine de presque toute la riche vallée dont son château commandait la perspective. Mais quand la marée changea, sous le règne de Jacques II, les Mowbrays furent dépouillés de la plus grande partie de ces belles acquisitions, et les événements subséquents atténuèrent encore plus leur importance. Néanmoins c'était encore, au milieu du dix-septième siècle, une famille fort importante ; et sir Reginald Mowbray, après la malheureuse bataille de Dunbar, se distingua par sa défense opiniâtre du château contre les armes de Cromwell, lequel, irrité de l'opposition inattendue qu'il avait rencontrée dans un coin ignoré, fit démanteler la forteresse et employa la poudre pour en faire sauter les murailles.

Après cette catastrophe on laissa le vieux château tomber en ruines ; mais quand sir Reginald, comme le sir William Worthy d'Allan Ramsay, revint après la révolution, il se bâtit une maison à la mode plus récente du siècle, et il eut le bon esprit d'en proportionner les dimensions à la fortune déchue de sa famille. Elle était située vers le milieu du village, dont le voisinage n'était plus regardé alors comme offrant aucun inconvénient, et elle occupait un emplacement plus de niveau que n'en présentait le reste de la colline, où, comme nous l'avons dit, les maisons étaient en quelque sorte incrustées dans les flancs escarpés de la montée, avec quelques pieds à peine de terrain nivelé au-devant de chacune d'elles. La maison du laird, au contraire, avait une cour en avant et par derrière un petit jardin, ce dernier communiquant à un second jardin qui occupait trois terrasses, et qui descendait, parallèlement aux vergers du vieux château, presque aux bords de la petite rivière.

La famille continua d'occuper cette nouvelle habitation jusqu'à une cinquantaine d'années avant le commencement de notre histoire, époque où elle fut fort endommagée par un incendie; et le laird d'alors, ayant précisément hérité depuis peu d'une demeure plus agréable et plus commode à environ trois milles du village, se détermina à abandonner la résidence de ses ancêtres. Comme il fit couper en même temps un petit bois qui servait de retraite à des bandes de grolles (peut-être pour défrayer les dépenses de la migration), ce devint un adage commun parmi les paysans « que la décadence de Saint-Ronan commença quand le laird Lawrence et les freux s'envolèrent ».

La maison abandonnée ne fut cependant pas laissée aux hiboux et aux oiseaux du désert; pendant bien des années, au contraire, elle fut témoin de plus de plaisir et de gaîté qu'elle n'en avait vu tant qu'elle avait été la sombre demeure d'un grave baron écossais *du vieux temps.* En un mot elle fut convertie en auberge, et distinguée par une large enseigne représentant d'un côté les armes de Mowbray, et de l'autre saint Ronan accrochant la jambe du diable avec sa crosse épiscopale, ainsi qu'on en peut lire l'histoire véridique dans la légende. C'était le cabaret le plus fréquenté de ces environs; et on racontait mille histoires des bombances qui y avaient été faites, et des tours inspirés par le vin de ses celliers. Mais tout ceci était passé depuis longtemps, ainsi que l'annoncent les deux vers de mon frontispice :

> Joyeux endroit, dit on, au temps jadis ;
> Mais bien triste aujourd'hui : — la place était maudite.

Les dignes époux (serviteurs et favoris de la famille Mowbray) qui tinrent d'abord l'auberge avaient amassé une fortune raisonnable dans le long exercice d'un métier florissant, et ils ne laissèrent qu'une fille après eux. Ils avaient acquis par degrés la propriété non-seulement de l'auberge même dont ils étaient d'abord locataires, mais aussi de plusieurs prés excellents situés le long du ruisseau, et dont les lairds de Saint-Ronan s'étaient défaits pièce à pièce dans des moments de petites nécessités pécuniaires, comme, par exemple, quand ils avaient eu à réaliser la dot d'une fille, à procurer une commission dans l'armée à un fils cadet, et en d'autres occurrences semblables. Meg Dods, quand elle succéda à ses parents, était donc une assez riche héritière, et comme telle elle avait eu l'honneur de refuser trois gros fermiers, deux lairds propriétaires et un maquignon, qui successivement lui avaient fait des propositions.

Nombre de gageures furent faites sur la réussite du maquignon; mais les plus fins y furent trompés. Résolue à monter elle-même le cheval de devant[1], Meg ne voulut pas de mari qui aurait bientôt pu prendre les droits d'un maître; et ainsi, conservant la béatitude du célibat, et avec le despotisme de la reine Bess[2] elle-même, elle garda la haute main en toutes ses affaires, non-seulement sur ses domestiques et ses servantes, mais aussi sur l'étranger qui avait passé le seuil de son auberge; car si celui-ci se hasardait à opposer la moindre résistance à la volonté souveraine et au bon plaisir de Meg[3], ou à demander une autre portion ou un autre logement que ceux qu'elle avait jugé devoir lui convenir, il était à l'instant même évincé avec cette réponse qui, au rapport d'Érasme, réduisait toutes les plaintes au silence dans les auberges allemandes de son temps: *Quære aliud hospitium*[4], ou, comme disait Meg, Tournez-moi vite les talons et allez-vous-en ailleurs. Or, comme ceci équivalait à un exil à seize milles de la résidence de Meg, le malheureux sur lequel tombait la sentence n'avait d'autre ressource que d'apaiser la colère de son hôtesse en se soumettant à sa volonté. Il faut cependant dire, pour rendre justice à Meg Dods, que bien que la rigueur de son gouvernement allât presque jusqu'au despotisme, on ne pouvait cependant la qualifier de tyrannie, puisque au total elle ne l'exerçait que pour le bien de ses sujets.

Les voûtes de la cave de l'ancien laird n'avaient pas, même de son temps, été garnies de meilleurs vins; la seule difficulté était d'obtenir de Meg qu'elle vous apportât précisément celui que vous aviez choisi: — à quoi on peut ajouter que souvent elle se montrait rétive quand elle pensait qu'une compagnie en avait eu « autant qu'il lui en fallait, » et qu'alors elle refusait de fournir de nouvelles munitions. Alors sa cuisine était son orgueil et sa gloire; elle veillait elle-même à la préparation de chaque plat, et il en était quelques-uns auxquels elle ne souffrait pas que d'autres missent la main. Telle était la soupe à la volaille et aux poireaux[5]; tel était encore le savoureux émincé de veau[6], qui dans son genre rivalisait même avec les côtelettes de veau de notre vieille amie mistress Hall de Ferrybridge. Le linge de table de Meg,

---

[1] *To ride the fore-horse*, locution écossaise. (L. V.)

[2] Abréviation familière du nom d'Élisabeth, *la reine vierge*. (L. V.)

[3] Abréviation populaire de *Margaret* ou Marguerite. (L. V.)

[4] Dans un dialogue d'Érasme intitulé *Diversoria*, on trouve une très-fade description d'une auberge allemande de l'époque, où on répond à une observation du voyageur de la manière qui vient d'être rapportée, — indice évident du manque de concurrence sur la route. (W. S.)

[5] *Cock-a leeky*.

[6] *Minced collop*.

son linge de lit, et les autres accessoires analogues, toujours fabriqués au logis, étaient de la meilleure qualité et tenus dans le meilleur ordre ; et malheur à la chambrière en qui l'œil de lynx de Meg découvrait la plus légère infraction à la propreté rigoureuse qu'elle exigeait constamment de ses domestiques ! Il est vrai qu'eu égard au pays de Meg et à sa profession nous n'avons jamais pu nous rendre compte de sa propreté scrupuleuse, si ce n'est en supposant qu'elle y trouvait l'occasion la plus naturelle et la plus fréquente de quereller ses servantes, exercice où elle déployait tant d'éloquence et d'énergie, que nous devons croire qu'elle s'y livrait avec un plaisir tout particulier [1].

Il ne nous reste plus à mentionner que la modération de Meg dans ses prix, lesquels, à la fin du banquet, soulageaient souvent les appréhensions du voyageur au lieu de gâter pour lui le plaisir d'un bon repas. Un shilling [2] pour le déjeuner, trois shillings pour le dîner, y compris une pinte de vieux porto, dix-huit pence [3] pour un bon souper, — tels étaient les prix courants de l'auberge de Saint Ronan sous cette hôtesse de l'ancien monde, même après le commencement du dix neuvième siècle ; et encore étaient-ils toujours allégés par la pieuse réflexion que ceux de son digne père ne s'élevaient jamais moitié aussi haut, mais que la dureté des temps lui rendait impossible de faire les écots plus légers [4].

Nonobstant ces excellentes et rares qualités, l'auberge de Saint-Ronan partagea la décadence du village auquel elle appartenait. Diverses circonstances y concoururent. La grande route avait été détournée du village, la raideur de la rue étant, à ce que déclarèrent les postillons, la mort aux chevaux. On pensa que le refus constant de Meg de les régaler gratis, aussi bien que de fermer les yeux sur l'échange qu'ils aimaient à faire de l'avoine de leurs bêtes pour du porter et du whisky, n'avait pas eu peu d'influence sur l'opinion de ces respectables fonctionnaires, et que quelques coupures et un léger nivellement auraient rendu la montée suffisamment aisée ; mais passons. Ce changement du tracé de la route était une injure que Meg ne pardonna pas facilement aux gentilshommes du pays, que pour la plupart elle avait vus enfants. — Leurs pères, disait-elle, n'auraient pas fait pareille chose à une femme seule.

Le déclin du village lui-même n'avait pas été non plus sans causer quelque tort à l'auberge, attendu qu'il renfermait autrefois un certain nombre de tenanciers et de propriétaires qui s'y réunissaient deux ou

---

[1] Cette circonstance montre suffisamment que la Meg Dods de notre histoire ne saurait être identifiée avec son homonyme Jenny Dods, qui tenait l'auberge de Howgate sur la route de Peebles ; car Jenny, bien différente de notre héroïne, était sans égale pour sa malpropreté. (W. S.)

[2] On sait qu'un shilling répond à peu près à vingt cinq sous. (L. V.)

[3] Environ trente six sous. (L. V.)

[4] *Voyez* la note A, à la fin du volume

trois fois par semaine au moins, sous le titre de Chirupping-Club¹, pour boire du *twopenny*² mélangé d'eau de-vie et de whisky.

Le caractère et les manières de l'hôtesse avaient mis en fuite toutes les pratiques de cette classe nombreuse qui ne veut pas reconnaître l'originalité pour une excuse suffisante du manque de décorum, et qui, peu habitués peut-être à être servis chez eux, aiment à trancher du grand dans une auberge, et à recevoir un certain nombre de courbettes, de paroles révérencieuses et d'excuses, en réponse aux *goddam* et aux malédictions dont ils gratifient la maison, les domestiques et le service. Ceux qui le prenaient sur ce ton à l'auberge de Saint Ronan trouvaient en Meg Dods une femme peu en peine de les payer en même monnaie; et ils étaient charmés de s'échapper de chez elle sans avoir eu les yeux tout à fait arrachés de la tête, et sans que leurs oreilles fussent plus assourdies que s'ils avaient entendu autour d'eux l'artillerie de toute une armée en bataille.

La nature avait formé l'honnête Meg pour de tels assauts; et de même que son âme intrépide s'y délectait, son extérieur était ce que Tony Lumpkin appelle en concaténation avec eux. Les mèches de sa chevelure tavelée de noir et de gris étaient sujettes, quand Meg était jetée dans une agitation violente, à s'échapper en désordre de son *mutch* ou coiffe de mousseline; ses longues mains osseuses se terminaient par de redoutables griffes; elle avait les yeux gris, les lèvres minces, l'encolure robuste, la poitrine large quoique plate, le souffle puissant, et une voix qui aurait pu défier un chœur de harengères. Elle disait habituellement d'elle même, dans ses meilleurs moments, qu'elle aboyait plus qu'elle ne mordait; mais quelles dents eussent pu valoir une langue qui se faisait, dit-on, entendre, quand Meg lui donnait pleine carrière, depuis l'église jusqu'au château de Saint Ronan?

Ces dons remarquables n'avaient cependant aucun charme pour les voyageurs de ce temps de légèreté et d'étourderie, et l'auberge de Meg devenait de moins en moins fréquentée. Ce qui porta le mal au plus haut point fut qu'une grande dame du voisinage se persuada que l'usage d'une source minérale située à environ un mille et demi du village l'avait guérie de je ne sais quelle maladie imaginaire : il se trouva un docteur à la mode qui publia une analyse des eaux bienfaisantes, avec une liste de nombreuses cures; un spéculateur prit la terre à bail, et fit construire des logements pour les malades, des boutiques, et même des rues. Enfin une souscription en tontine fut obtenue pour ériger une auberge, qu'on décora du titre d'hôtel; et par suite Meg Dods se vit livrée à une désertion générale³.

Elle avait cependant encore ses amis et ses partisans, dont beaucoup

---

¹ Club des Siroteurs.
² Littéralement du *deux sous* (du deux pence), c'est-à-dire de la petite bière. (L. V.)
³ *Voyez* la note B, a la fin du volume.

étaient d'avis que, n'étant pas mariée et jouissant d'une honnête aisance, elle agirait sagement de se retirer de la vie publique, et d'abattre une enseigne qui n'avait plus de fascination pour les chalands. Mais la fierté d'esprit de Meg repoussait toute idée de soumission, directe ou implicite. — La porte de son père, disait-elle, serait ouverte aux voyageurs jusqu'à ce que la fille de son père en sortît les pieds devant. Ce n'était pas pour le profit : — il n'y avait pas grand profit à y faire ; — du profit ? il y avait de grosses pertes ; mais elle ne serait écrasée par aucun d'eux. — Il leur faut un *hottle*[1], à ce qu'ils disent ? — une honnête auberge ne peut pas leur suffire ! Hé bien, qu'ils fassent des hottles si ça leur plaît ; ils verront que la mère Dods peut durer aussi longtemps que le meilleur d'eux tous ; oui, quoiqu'ils en aient fait une *tamteen*[2] et qu'ils enfilent le souffle de vie qu'ils ont dans les narines au bout l'un de l'autre comme un chapelet d'oies sauvages, pour que le plus long survivant jouisse de tout (ce qui est un péché de présomption), elle ne le céderait à aucun d'eux, aussi longtemps que son propre souffle la soutiendrait.

Il fut heureux pour Meg, puisqu'elle avait pris cette valeureuse résolution, que si son auberge avait perdu en pratiques, ses terres eussent gagné en valeur à un degré qui faisait plus que compenser le mauvais côté de ses livres de compte, ce qui, joint à sa frugalité habituelle et à son économie, la mit en état de soutenir son généreux défi.

De plus, dans la continuation de son industrie, elle eut égard à la diminution des profits qu'elle en retirait. Elle fit murer la moitié des fenêtres de sa maison, pour jouer un tour au percepteur des impôts ; elle diminua son ameublement, se défit de sa paire de chevaux de poste, et fit une pension au vieux postillon bossu qui les conduisait, tout en le gardant néanmoins à son service comme aide d'un garçon d'écurie encore plus âgé. Pour se consoler des suppressions dont sa fierté était secrètement blessée, elle fit repeindre par le célèbre Dick Tinto[3] l'enseigne de son père, qui était devenue passablement indéchiffrable ; et en conséquence, Dick redora la crosse de l'évêque, et augmenta l'horreur de l'aspect du diable, au point qu'il devînt la terreur de tout le jeune fretin de l'école du village, et une sorte d'explication sensible des terreurs du grand Ennemi du genre humain, dont le ministre s'efforçait de pénétrer leurs jeunes esprits.

Sous ce symbole renouvelé de sa profession, Meg Dods, ou Meg *Dorts*[4], comme on la nommait communément par allusion à son hu-

---

[1] Ce mot français (hôtel) s'introduisit en Écosse durant l'enfance de l'auteur, et les basses classes le prononçaient *hottle*. (W. S.)

[2] Tontine.

[3] *Voyez* l'Introduction de *la Fiancée de Lammermoor*. (L. V.)

[4] Meg la Tendre ; par antiphrase. (L. V.)

meur difficile, conserva encore quelques constants habitués. Tels étaient les membres du *Killnakelty Hunt*, autrefois fameux sur le champ de course et en rase campagne, mais qui maintenant n'étaient plus qu'une réunion de chasseurs à têtes grises, descendus de la poursuite du renard à celle du lièvre et à l'humble chasse au basset, et qui d'un galop modéré sur leurs paisibles bidets faisaient maintenant une douce introduction à un dîner chez Meg. — C'est une réunion d'hommes honnêtes et tranquilles, disait celle-ci, qui ont leur chanson et leur mot pour rire. — Et pourquoi non? Leur ceinture peut tenir juste une pinte d'Écosse par tête, et jamais personne ne les a vus s'en trouver plus mal parce que chacun d'eux a un *tappit-hen*[1] à son écot. Ce sont ces jeunes gens à faible cervelle d'aujourd'hui qui en auraient plus d'une pauvre quarte que les honnêtes gens d'autrefois d'un magnum[2].

Il y avait encore une compagnie d'anciens confrères de l'hameçon qui venait souvent d'Édimbourg à Saint Ronan au printemps et en été, classe d'hôtes particulièrement agréable à Meg, qui leur laissait plus de latitude chez elle qu'on ne l'avait jamais vue en accorder à personne. — Ce sont, disait-elle, de vieux malins qui savent de quel côté leur pain est beurré. Vous n'en avez jamais vu un seul aller à la source, comme c'est leur fantaisie d'appeler cette fontaine puante de là-bas. Non, non; — ils sont levés du matin, — ils prennent leur parritch[3], avec peut-être bien un dé d'eau-de-vie; puis ils s'en vont dans la montagne mangeant leur morceau de viande froide sur la bruyère, et reviennent le soir avec leur plein panier de truites superbes, qu'ils mangent à leur souper avec leur mesure[4] raisonnable d'ale et leur goutte de punch; puis ils se mettent à chanter leurs *catches* et leurs *glees*[5], comme ils les appellent, jusqu'à dix heures, et alors ils s'en vont se mettre au lit avec un Dieu vous bénisse. — Et pourquoi non?

Troisièmement, nous pouvons faire entrer en ligne de compte quelques *viveurs* qui venaient aussi de la métropole visiter Saint-Ronan, attirés par les singularités de l'humeur de Meg, et plus encore par l'excellence de son vin et la modération de ses écots. C'étaient des membres du club Helter-Skelter, du club Wildfire, et d'autres associations formées dans le dessein exprès de pourchasser les soucis et la sobriété. De pareils hôtes devaient occasionner bien du remue-ménage dans la maison de Meg, et bien des bourrasques dans son humeur. Par ruse ou par force ils tâchaient d'obtenir des renforts de liquides

---

[1] Nom symbolique de la pinte en Écosse. *Voyez* à ce sujet une note de *Waverley*. (L. V.)

[2] La plus grande mesure pour les liquides. Le magnum tenait quatre quartes. (L. V.)

[3] Sorte de potage à l'écossaise. (L. V.)

[4] *Cogue.*

[5] Sortes de chansons à boire. Le *catche* est une chanson à chorus. (L. V.)

quand la conscience de Meg lui disait qu'ils en avaient déjà trop. Quelquefois ils échouaient, comme lorsque le croupier de Helter-Skelter se fit asperger de vin brûlant, dans une malheureuse tentative de capter par un baiser cette formidable virago ; et aussi lorsque le président de Wildfire reçut sur la tête un vigoureux coup des clefs de la cave, pendant qu'il cherchait à se mettre en possession de ces emblèmes d'autorité. Mais ces intrépides dignitaires se mettaient peu en peine des écarts d'humeur de leur hôtesse, qui n'étaient pour eux que « les manières de la gentille Fanny ; » — les *dulces Amaryllidis irœ*. Et Meg, de son côté, quoiqu'elle les appelât souvent des vauriens d'ivrognes, et des coureurs de High-Street[1], ne permettait à personne autre de mal parler d'eux en sa présence. — Ce sont de jeunes fous, disait-elle, et voilà tout ; quand la boisson entre, l'esprit sort ; vous ne mettriez pas une vieille tête sur de jeunes épaules ; — il faut qu'un jeune poulain galope, qu'il soit au haut ou au bas de la côte. — Et elle finissait par sa conclusion ordinaire : Et pourquoi non ?

Nous ne devons pas omettre, au nombre des pratiques restées fidèles à Meg, « fidèles parmi les infidèles, » le clerc à nez couperosé du sheriff provincial, qui, lorsque les devoirs de son office l'appelaient dans cette partie du comté, échauffé par le souvenir de l'ale double de Meg et de sa généreuse *antigua*[2], ne manquait jamais de donner publiquement avis « qu'il s'occuperait tel jour, et à telle heure, des affaires pendantes, chez Margaret Dods, aubergiste à Saint Ronan. »

Il ne nous reste plus qu'à dire quelque chose de la manière dont se comportait Meg avec les voyageurs accidentels qui tombaient à son auberge, soit qu'ils ignorassent qu'il se trouvait près de là une maison publique plus à la mode, soit peut-être qu'ils eussent consulté l'état de leur bourse plus que leur goût. La réception qu'elle faisait à ceux-là n'était pas moins précaire que l'hospitalité d'une nation sauvage pour des marins naufragés sur ses côtes. Si les arrivants semblaient être venus chez elle de leur libre choix, — ou si leur apparence lui plaisait (et son goût était fort capricieux), par-dessus tout, s'ils semblaient contents de ce qu'on leur donnait, et peu disposés à critiquer ou à causer de l'embarras, tout allait au mieux. Mais s'ils étaient venus à Saint-Ronan parce que la maison de la Source était pleine, ou si elle ne trouvait pas à son goût ce que les marins appellent *la coupe de leur foc*, — surtout s'ils se montraient difficiles sur la manière dont on les traitait, personne n'était aussi prompt que Meg à leur donner leur congé. Et de fait, elle regardait ces sortes de gens comme faisant partie de ce public ingrat qui était cause qu'elle tenait son auberge à perte, et qui avait en quelque sorte fait d'elle une victime de son zèle patriotique.

[1] Principale rue du vieil Édimbourg. (L. V.)
[2] Liqueur des Antilles ; probablement du rhum. (L. V.)

CHAPITRE I.

De là provenait la diversité d'opinions au sujet de l'auberge de Saint-Ronan, que certains voyageurs favorisés vantaient comme la plus propre et la plus confortable des maisons tenues à l'ancienne mode d'Écosse, où vous rencontriez bon service, bonne chère et prix modérés; tandis que d'autres moins heureux ne pouvaient parler que de l'obscurité des chambres, de l'apparence pauvre du vieux mobilier, et de l'humeur détestable de Meg Dods, l'hôtesse.

Lecteur, si vous habitez le côté de la Tweed[1] le plus voisin du soleil,— ou même si, étant Écossais, vous avez l'avantage d'être né dans ces vingt-cinq dernières années, peut être serez vous porté à regarder comme un peu chargé ce portrait d'une reine Élisabeth en tablier vert et en coiffe piquée de Dame Quickly[2]. Mais j'en appelle à ceux de mes contemporains qui ont vu depuis trente ans les grandes routes, les chemins et les sentiers, et je leur demande s'ils n'ont pas tous connu Meg Dods, ou quelque autre qui lui ressemble. Cela est si vrai, que vers l'époque que je cite j'aurais craint de rôder hors des murailles de la métropole d'Écosse à peu près dans toutes les directions, dans la crainte de tomber chez quelque membre féminin de la confrérie de Dame Quickly, qui aurait pu me soupçonner de l'avoir produite en public sous le masque de Meg Dods. Maintenant, bien qu'il soit possible qu'une ou deux de ces chattes sauvages existent encore, leurs griffes doivent être fort endommagées par l'âge; et je ne crois pas qu'elles puissent faire beaucoup plus que de s'asseoir, comme le géant Pape du *Voyage du Pèlerin*[3], à l'entrée de leurs antres abandonnés, et de faire une grimace aux voyageurs sur lesquels elles avaient jadis l'habitude d'exercer leur despotisme.

[1] Rivière qui sert de limite commune à l'Écosse et a l'Angleterre. (L. V.)
[2] Maîtresse de l'auberge théâtre des orgies de Falstaff, dans *les Joyeuses Commères de Windsor*, de Shakespeare. (L. V.)
[3] Poëme allégorique de Bunyan contre le papisme. (L. V.)

CHAPITRE II.

> *Quis novus hic hospes?*
> (*Dido apud Virgilium.*)
>
> La fille! faites entrer dans le salon du devant!
> Boots, *traduction libre de l'Énéide.*

Ce fut par un beau jour d'été qu'un cavalier, voyageant seul, passa sous la voûte à la vieille mode de la porte d'entrée, mit pied à terre dans la cour de l'auberge de Meg Dods, et remit la bride de son cheval au postillon bossu. — Entrez ma valise dans la maison, lui dit-il; — ou plutôt, attendez : — je crois que je suis plus en état que vous de la porter. Il aida alors le pauvre et maigre palefrenier à déboucler les sangles qui assujettissaient cet humble meuble maintenant méprisé, en même temps qu'il recommandait de débrider son cheval, et de le conduire à une écurie propre et confortable, les sangles relâchées et les reins couverts d'un drap, mais sans enlever la selle jusqu'à ce que lui-même pût le voir étriller.

Le compagnon de voyage de l'étranger parut aux yeux du palefrenier mériter les attentions que lui témoignait son maître, car c'était un cheval actif et vigoureux, également propre pour la marche et la course, quoique ses os fussent un peu saillants par suite d'une longue route, bien qu'à la beauté de son poil il parût que rien n'avait été négligé pour le maintenir en bon état. Tandis que le groom obéissait aux instructions de l'étranger, celui-ci, la valise sous le bras, entra dans la cuisine de l'auberge.

Il y trouva l'hôtesse elle même, qui n'était pas de la meilleure humeur. Les deux servantes étaient sorties pour quelques commissions, et Meg, dans une revue générale de la cuisine, faisait la désagréable découverte que des assiettes avaient été cassées ou fêlées, que les terrines et les casseroles n'étaient pas aussi soigneusement récurées que l'exigeaient ses idées de propreté minutieuse, ce qui, joint à d'autres découvertes de moindre importance, lui émouvait la bile à un point peu commun; de sorte que tout en dérangeant et en arrangeant les ustensiles elle grommelait à demi-voix des plaintes et des menaces contre les coupables absentes.

L'entrée d'un étranger ne l'engagea pas à suspendre cet agréable passe temps; — elle ne fit que jeter les yeux sur lui; puis, lui tournant brusquement le dos, elle continua son labeur et son soliloque de lamentations. La vérité est que dans la personne de l'arrivant elle avait cru reconnaître un de ces utiles délégués de la communauté commerçante qui se donnent à eux-mêmes et qui reçoivent des garçons d'auberge le nom de *voyageurs* par excellence; — tandis que les autres les nomment coureurs[1] et porte-sacs. Or, Meg avait contre cette classe de pratiques des préventions toutes particulières; attendu que, comme il n'y avait pas de boutiques dans l'ancien village de Saint-Ronan, ces émissaires commerciaux, pour les convenances de leur trafic, prenaient toujours leurs quartiers a la Nouvelle Auberge, ou à l'Hôtel, dans le village naissant et rival appelé la Source de Saint-Ronan, à moins que quelque traîneur, par hasard ou par une dure nécessité, ne fût forcé de venir loger au Vieux Village, comme le lieu de résidence de Meg commençait à être généralement désigné. Elle n'eut donc pas plutôt tiré la conclusion hâtive que l'individu en question appartenait à cette classe mal vue chez elle, qu'elle reprit, comme nous l'avons dit, sa première occupation, et continua son monologue et ses apostrophes aux servantes absentes, sans même paraître s'apercevoir de la présence du nouvel arrivant.

— Cette jacasse de Beenie! — cette coquine d'Eppie! — ces coquilles du diable! — encore une assiette de partie. — Elles ne me laisseront rien d'entier dans la maison!

Le voyageur, qui avait appuyé sa valise sur le dos d'une chaise, attendant en silence un mot de bienvenue, vit alors que, fantôme ou non, il fallait qu'il parlât le premier[2], s'il voulait que son hôtesse fît quelque attention à lui.

Nous sommes d anciennes connaissances, mistress Margaret Dods, dit l'étranger.

— Pourquoi non? — et qui êtes-vous, vous qui parlez? repartit Meg tout d'une haleine; et elle se mit à frotter un chandelier de cuivre avec plus d'action qu'auparavant, — le ton sec de son apostrophe indiquant clairement le peu d'intérêt qu'elle prenait à l'entretien.

— Je suis un voyageur, ma bonne mistress Dods, qui vient prendre ses quartiers ici pour un jour ou deux.

— J'imagine que vous vous trompez; — il n'y a pas de place ici pour des sacs ni des valises. — Vous vous êtes trompé de route, voisin; — il va falloir vous remballer pour regagner le bas de la côte.

— Je vois que vous n'avez pas reçu la lettre que je vous ai envoyée, mistress Dods?

— Comment est-ce que je l'aurais reçue, l'ami? on nous a ôté notre

---

[1] *Riders*, littéralement *chevaucheurs*. (L. V.)

[2] Allusion à une superstition du peuple d'Écosse, qui croit que parler le premier à un fantôme (*ghost*), c'est s'exposer au risque de mourir dans l'année. — *Voyez les Lettres sur la Démonologie* de notre auteur. (L. V.)

bureau de poste, — qu'on a porté là-bas à la source de Spa, comme ils l'appellent.

— Hé bien, ce n'est qu'à deux pas.

— Vous y serez arrivé plus tôt.

— Mais si vous y aviez envoyé pour ma lettre, vous auriez appris.....

— Je n'ai besoin de rien apprendre à mon âge, interrompit Meg. Si les gens ont quelque chose à m'écrire, ils peuvent donner la lettre à John Hislop le voiturier, qui fréquente la route depuis tantôt quarante ans. Quant aux lettres qui arrivent chez la maîtresse de poste, comme on appelle celle de là-bas, elles peuvent bien rester dans sa boutique avec le pain d'épice et les galettes d'un sou jusqu'à la Pentecôte, avant que je les retire. Je ne m'en salirai jamais les doigts. Maîtresse de poste, en vérité ! — l'impertinente coquine ! Je me souviens de l'avoir vue faire pénitence pour avoir avant le mariage...

L'étranger se mit à rire ; mais interrompant Meg fort à temps pour la réputation de la maîtresse de poste, il l'assura qu'il avait envoyé ses lignes et sa malle à celui qu'elle regardait comme son ami de confiance ; le voiturier, et qu'il espérait sincèrement qu'elle ne renverrait pas une vieille connaissance hors de chez elle, lui, surtout, qui ne croyait qu'il pût dormir dans un lit à cinq milles de Saint-Ronan, s'il savait que la chambre bleue ne fût pas occupée.

Vos lignes ! — une vieille connaissance ! — la chambre bleue ! exclama Meg en forme d'écho et d'un ton de surprise ; puis se tournant vers l'étranger et l'examinant avec un certain intérêt de curiosité, elle ajouta :   Vous ne seriez donc pas un porte sac, après tout ?

Non, répondit l'étranger, depuis que j'ai déposé ce sac de voyage.

— Hé bien, tout ce que je puis dire, c'est que j'en suis bien aise; — je ne peux pas supporter leur manière ridicule de faire les beaux parleurs d'anglais à chaque mot. — J'ai pourtant connu d'honnêtes garçons parmi eux. — Pourquoi non ?   Mais c'était quand ils s'arrêtaient ici de temps en temps, comme les autres gens tranquilles ; mais depuis que toute la volée s'abat là-bas, comme une enfilade d'oies sauvages, à cet *hottle* à la nouvelle mode, je me suis laissé dire qu'il y a autant de tours diaboliques joués dans la salle des voyageurs, comme il leur convient de l'appeler, que si elle était remplie de jeunes lairds ivres.

— C'est qu'ils ne vous ont pas là pour maintenir le bon ordre parmi eux, mistress Margaret.

— Oui-da, mon garçon ? vous êtes un beau flagorneur, pour croire m'enjôler si aisément ! Et regardant son hôte plus en face, elle l'honora d'un examen plus minutieux et plus attentif qu'elle n'avait daigné le faire d'abord.

Tout ce qu'elle remarqua en lui fut, dans son opinion, assez favorable à l'étranger. C'était un homme bien fait, plutôt au dessus qu'au-dessous de la taille moyenne, et paraissant avoir de vingt-cinq à trente ans ; car bien qu'au premier coup d'œil on eût pu lui donner la trentaine, pourtant, en l'examinant mieux, il semblait que le soleil ardent d'un climat plus chaud que l'Écosse, et peut être aussi des fatigues de corps et d'esprit, eussent devancé le cours des années, et imprimé sur sa physionomie les marques du souci et de l'âge mûr. Il avait l'œil vif, les dents belles, et l'ensemble de ses traits, sans être absolument régulier, exprimait le bon sens et la pénétration. Il portait en lui cette aisance de manières posées qu'on dit annoncer l'homme bien né ; et quoique la simplicité de ses habits, aussi bien que le manque total de la suite ordinaire d'un voyageur de distinction, ne permissent pas à Meg de le regarder comme un homme opulent, elle ne doutait pas qu'il ne fût d'un rang supérieur à la généralité de ses pratiques. Au milieu de ces observations de la digne hôtesse, et tandis qu'elle était occupée à les faire, quelques souvenirs obscurs lui donnèrent confusément l'idée qu'elle avait déjà vu celui qui en était l'objet ; mais quand ? en quelle occasion ? c'est ce dont elle était tout à fait hors d'état de se rendre compte. Elle était surtout déroutée par l'expression froide et sardonique d'une physionomie qu'elle ne pouvait en aucune façon concilier avec les souvenirs qu'elle éveillait. Enfin elle lui dit, avec autant de politesse qu'elle était capable d'en montrer : Je vous ai déjà vu, monsieur, ou c'est quelqu'un qui vous ressemble fort. — Vous connaissez la chambre bleue, avec ça, et pourtant vous êtes étranger à ce pays ?

— Pas aussi étranger que vous pouvez le supposer, Meg, répondi le voyageur en prenant un ton de plus grande intimité, car je me nomme Frank Tyrrel.

— Tirl ! exclama Meg d'un ton de surprise ; — c'est impossible ! Vous ne pouvez être Francie Tirl, le jeune garnement qui venait pêcher et dénicher des nids par ici il y a sept ou huit ans. — Ça ne se peut pas ; — Francie n'était qu'un tout jeune homme

— Mais ajoutez sept ou huit années à la vie de ce tout jeune homme, Meg, repartit gravement l'étranger, et vous verrez que cela vous donnera l'homme qui est maintenant devant vous.

— C'est pourtant vrai ! reprit Meg en jetant un coup d'œil sur ses propres traits que réfléchissait la cafetière de cuivre qu'elle avait rendue assez brillante, à force de la frotter, pour qu'elle pût faire l'office de miroir ; — c'est tout de même vrai ! — il faut qu'on vieillisse ou qu'on meure. — Mais, monsieur Tirl, car je ne dois plus maintenant vous appeler Francie, je pense...

— Appelez-moi comme il vous plaira, ma bonne dame ; il y a si longtemps que je n'ai entendu quelqu'un me donner un nom qui me rappelât une ancienne affection, qu'un tel nom m'est plus agréable que ne le serait le titre de lord.

— Hé bien donc, M. Francie, — si ce n'est pas vous offenser, — — j'espère que vous n'êtes pas un nabab¹?

— Non, non, je puis vous l'assurer en toute sûreté, ma vieille amie ; — mais quand j'en serais un?

— Rien, rien ; — seulement, il pourrait se faire que je vous disse d'aller plus loin, pour y être plus mal servi. — Les nababs, vraiment! le pays en est infesté. Ils ont fait hausser le prix des œufs et de la volaille à vingt milles à la ronde. — Mais que m'importe? — ils usent presque tous de l'eau de la Source, là bas : — ils ont besoin de ça, vous savez, pour blanchir leur teint cuivré, qui aurait autant besoin d'être récuré que mes casseroles, que personne que moi ne sait rendre brillantes.

— Hé bien, ma bonne amie, la conclusion de tout ceci, j'espère, est que je vais rester ici et que j'y aurai à dîner?

— Pourquoi non? repartit mistress Dods.

— Et que j'aurai la chambre bleue pour une ou deux nuits, — peut-être pour plus longtemps?

— Je n'en sais trop rien. — La chambre bleue est la meilleure, — et ceux qui ont ce qu'il y a de mieux après le meilleur ne sont pas les plus mal partagés de ce monde.

— Arrangez cela comme vous voudrez ; je laisse tout à votre disposition, mistress. — En attendant, je m'en vais donner un coup d'œil à mon cheval.

— L'homme compatissant est compatissant pour sa bête, dit Meg quand son hôte eut quitté la cuisine. — Il a toujours eu quelque chose en lui qui passait l'ordinaire, ce brave jeune homme. — Mais, bon Dieu! il y a un terrible changement sur ses joues depuis la dernière fois que je ne l'ai vu! — Il aura un bon dîner avant qu'il soit longtemps, c'est ce dont je réponds.

Meg se mit aux préparatifs nécessaires avec toute l'activité de sa nature, et elle était tellement occupée de ses soins culinaires, que ses deux servantes, à leur retour à la maison, échappèrent à la rude mercuriale qu'elle leur avait préparée, au sujet de leur négligence et de leur défaut de propreté. Et même elle porta si loin la complaisance, que quand Tyrrel revint à la cuisine reprendre sa valise, elle réprimanda Eppie avec une certaine affectation, et la gratifia des épithètes de paresseuse et d'écervelée, pour n'avoir pas porté les affaires du gentleman à sa chambre.

— Je vous remercie, mistress, dit Tyrrel ; mais j'ai dans cette valise quelques dessins et quelques couleurs, et je préfère toujours la porter moi-même.

— Ha! vous faites donc encore le métier de peintre? vous nous faisiez de fiers barbouillages autrefois.

---

¹ On désigne ainsi en Angleterre ceux qui se sont enrichis dans l'Inde. (L. V.)

CHAPITRE II.   25

— Je ne puis vivre sans cela, repartit Tyrrel ; et se chargeant de la valise, il fut respectueusement conduit par la servante à une chambre fort propre, où il eut bientôt après la satisfaction de voir placer sur la table, des mains attentives de Meg elle même, un plat capital d'émincé de veau, accompagné de légumes et d'une cruche d'excellente ale. Il ne pouvait moins faire, pour reconnaître l'honneur, que de demander à Meg une bouteille du cachet jaune, s'il lui restait encore de cet excellent clairet [1].

— S'il m'en reste? — oui, il m'en reste, et beaucoup ; je n'en donne pas au premier venu. — Ah ! M. Tirl, vous n'êtes pas encore corrigé de vos anciennes folies. — A coup sûr, si vous faites de la peinture pour vivre, comme vous le dites, un petit verre de rhum et d'eau vous reviendrait à meilleur marché et vous ferait tout autant de bien. Mais il faut vous laisser faire à votre guise aujourd'hui, quand bien même ce serait la dernière fois.

Meg redescendit lestement, le bruit de ses clefs accompagnant celui de ses pas ; et, après avoir tout retourné à la cave, elle revint avec une bouteille de clairet telle que pas une taverne à la mode n'en eût pu fournir, eût-elle été demandée par un duc et payée en duc ; et elle ne parut pas peu flattée de l'assurance que lui donna son hôte qu'il n'en avait pas encore oublié le délicieux bouquet. Après s'être acquittée de ces actes d'hospitalité, elle se retira, et laissa l'étranger savourer à son aise les excellentes choses qu'elle avait placées devant lui.

Mais Tyrrel était dans une disposition d'esprit qui défiait la puissance excitatrice de la bonne chère et du vin ; car le vin ne rend le cœur joyeux que lorsqu'une oppression secrète n'en paralyse pas l'influence. Tyrrel se trouvait en des lieux qu'il avait aimés à cette époque pleine de délices où la jeunesse et l'ardeur d'une vie qui s'éveille évoquent toutes ces promesses flatteuses que l'âge mûr tient si mal. Il avança sa chaise dans l'embrasure antique de la fenêtre, et, levant le châssis pour jouir de l'air frais, il laissa se reporter ses pensées vers le temps écoulé, tandis que ses yeux erraient sur des objets qu'ils n'avaient pas vus depuis plusieurs années remplies d'événements. Il pouvait contempler au-dessous de lui la partie inférieure du village abandonné, dont les ruines perçaient çà et là l'enveloppe de verdure qui les recouvrait. Encore plus bas, sur l'espèce de petite péninsule qui en formait le cimetière, on apercevait l'église de Saint-Ronan ; et en portant les yeux au delà, vers la jonction du ruisseau de Saint-Ronan avec la rivière qui traversait le *Dale* ou vallée principale, il pouvait distinguer, blanchies par les rayons du soleil couchant, les maisons du nouveau village, les unes nouvellement terminées, les autres en construction qui s'élevaient près de la source médicinale.

[1] Nom que les Anglais donnent généralement au bordeaux. (L. V.)

— Le temps change tout autour de nous (tel fut le cours des réflexions bien naturelles, sinon bien neuves, qui affluèrent à l'esprit de Tyrrel); pourquoi nos amours et nos amitiés dureraient-elles plus longtemps que nos demeures et nos monuments? Comme il s'abandonnait à ces sombres pensées, l'entrée de son officieuse hôtesse vint en troubler la suite.

— Je pensais à vous offrir une tasse de thé, M. Francie, rien que pour renouveler une vieille connaissance; je vais dire à Beenie de l'apporter ici, et je le ferai moi-même. — Mais vous n'avez pas encore fini votre vin?

— Si, vraiment, mistress Dods, répondit Tyrrel; et je vous prie de vouloir bien emporter la bouteille.

— Emporter la bouteille, et le vin n'est pas à moitié bu! fit Meg, dont le front se couvrit d'un nuage de mécontentement; j'espère qu'il n'y a rien à redire au vin, M. Tirl?

A cette observation, faite d'un ton approchant de la colère, Tyrrel répondit avec soumission, que non seulement il n'y avait rien à redire au clairet, mais qu'il était excellent.

— Et pourquoi donc alors ne le buvez-vous pas? repartit aigrement Meg; il ne faut jamais demander plus de liqueur qu'on n'en peut boire. Peut-être bien que vous croyez que nous avons ici la mode de la *table d'hôte*, comme ils appellent leur nouvelle façon d'ordinaire[1] là bas, où toutes leurs rinçures de vinaigre sont serrées dans une armoire, à ce qu'on m'a dit, avec un papier au cou de chaque bouteille pour montrer à quel habitué elle appartient? et toutes sont rangées comme des drogues de docteur; — sans compter que pas une de leurs fioles, en prenant la plus pleine, ne tiendra tant seulement un honnête mutchkin d'Écosse[2].

— Peut-être, dit Tyrrel, voulant flatter l'humeur et les préventions de sa vieille connaissance, peut-être le vin n'est-il pas assez bon pour faire désirer pleine mesure?

Vous pouvez bien le dire, mon garçon; — et pourtant ceux qui le vendent pourraient le donner à bon marché, car il ne leur coûte que la peine de le faire; — la meilleure part n'en a jamais vu ni la France ni le Portugal. Mais comme je vous disais, — ce n'est pas ici une de leurs nouvelles maisons où le vin est mis de côté pour ceux qui ne peuvent pas le boire; — quand le bouchon est tiré, il faut que la bouteille soit vidée. — Et pourquoi non? — à moins qu'il ne sente le bouchon.

Je suis tout à fait d'accord avec vous, Meg; mais ma course d'aujourd'hui m'a donné un peu mal à la tête, — et je pense que la tasse

---

[1] Une table d'hôte, en anglais, se nomme un *ordinaire*. (L. V.)

[2] Demi-pinte écossaise. (L. V.)

de thé que vous me promettez me fera plus de bien que de finir ma bouteille.

— En ce cas, le mieux que je puisse faire pour vous est de la mettre de côté pour la sauce du canard sauvage que je vous apprêterai demain ; car je crois que vous avez dit que vous étiez ici pour un jour ou deux ?

— C'est bien mon dessein, Meg, sans aucun doute.

— A la bonne heure, donc ; comme ça le vin ne sera pas perdu ; — on a rarement mis du clairet pareil à celui-là à bouillir dans une casserole, permettez-moi de vous dire cela, voisin. — Et je me souviens du temps où, mal de tête ou non, vous auriez vu le fin fond de la bouteille, et peut être bien d'une autre si vous aviez pu m'enjôler pour une seconde. Mais dans ce temps là vous aviez votre cousin pour vous aider. — Ha ! c'était un joyeux camarade que ce Valentin Bulmer ! Vous étiez aussi un bon vivant, M. Francie, et j'avais fort à faire pour vous tenir tous deux dans les bornes quand vous étiez dans vos frasques. Pourtant vous étiez une idée plus maniable que Valentin. — Oh ! c'était un joli garçon ! — avec des yeux comme des diamants, des joues comme des roses, une tête comme une fleur de bruyère ! — c'est le premier que j'aie jamais vu porter des favoris, comme ils disent ; mais tout le monde fraude le barbier, aujourd'hui. — Et il riait !... de manière à ressusciter un mort. — Crier après lui, et rire avec lui, il n'y avait pas moyen de penser à autre chose ni à personne autre quand ce Valentin était à la maison. Et comment va votre cousin Valentin Bulmer, M. Francie ?

Tyrrel baissa les yeux, et ne répondit que par un soupir.

Oui-da ! — les choses en sont-elles là, et le pauvre enfant a-t-il été tiré sitôt de ce monde de peines ? Oui, oui, c'est une porte où il faut que nous passions tous. — Nous sommes tous autant de mesures fêlées et de barils qui fuient ; — nous sommes tous des gobelets fendus, et nous ne pouvons garder en nous la liqueur de la vie. — Ah ! mon Dieu ! — Est-ce que ce pauvre Bulmer était de Bu'mer-Bay où on débarque les denrées de Hollande, M. Francie ? — Ils y apportent de temps en temps un peu de thé aussi. — J'espère que celui que je vous ai fait vous le trouvez bon, M. Francie ?

— Excellent, ma bonne Meg, répondit Tyrrel ; mais ce fut d'un ton qui indiquait qu'elle avait soulevé un sujet auquel se rattachaient de pénibles réflexions.

— Et depuis quand ce pauvre garçon est il mort ? continua Meg, qui n'était pas sans sa part des qualités d'Ève, et qui souhaitait savoir quelque chose de ce qui semblait affecter son hôte d'une manière si particulière ; mais il trompa ses intentions, et en même temps parvint à susciter dans l'esprit de mistress Dods un nouvel ordre de sentiments, en se retournant vers la fenêtre, et en portant les yeux au loin vers les constructions de la Source de Saint-Ronan. Comme s'il eût remarqué pour la première fois ces nouveaux objets, il dit à son hôtesse d'un ton indifférent : Vous avez nouvellement acquis là-bas de bien beaux voisins, mistress?

— Des voisins! répliqua Meg, sa colère commençant à s'éveiller, ce qui ne manquait jamais d'arriver à la moindre allusion qu'on pouvait faire à ce sujet poignant ; — vous pouvez les appeler des voisins, si vous voulez, — mais le diable peut bien emporter le voisinage, pour l'intérêt qu'y prend Meg Dods!

— Je suppose, reprit Tyrrel, comme s'il n'avait pas remarqué son déplaisir, que c'est là-bas qu'est l'*Hôtel du Renard* dont on m'a parlé?

— Le Renard! pour sûr c'est le renard qui a enlevé toutes mes oies. — Je pourrais bien fermer la maison, M. Francie, si j'attendais après ma maison pour vivre. — Moi qui ai vu tous nos lairds enfants et qui ai donné à la plupart d'entre eux de ma propre main du pain d'épice et des macarons! Ils auraient vu le toit de la maison de mon père s'écrouler et m'écraser avant de me donner un boddle[1] pour l'étayer ; — mais ils ont bien pu avancer chacun leurs cinquante livres[2] pour bâtir un *hottle* là-bas à la Source. Et ça leur a bien profité! — ce banqueroutier, Sandie Lawson, ne leur a pas payé un bawbee de la rente des quatre termes échus.

— Sûrement, mistress, je pense que si la Source devenait si fameuse pour ses cures, le moins que ces messieurs pouvaient faire était de vous en faire la prêtresse.

— Moi prêtresse! je ne suis pas quaker, je crois, M. Francie, et je n'ai jamais entendu parler d'une cabaretière devenue prêcheuse, excepté de la mère Buchan dans l'ouest[3]. Et si j'étais pour prêcher, j'imagine que j'aurais trop l'esprit d'une Écossaise pour prêcher dans la salle même où ils ont dansé chaque nuit de la semaine, sans même en excepter le samedi, et cela jusqu'à minuit. Non, non, M. Francie ; je laisse pareille chose à M. Simon Chatterly, comme ils nomment l'extrait de prédicateur venu de la ville là-bas, qui joue aux cartes et danse six jours par semaine, et le septième leur lit ses prières dans la salle de bal, assisté de Tam Simson, l'ivrogne de barbier, en guise de clerc.

— Je crois avoir entendu parler de M. Chatterly.

— Vous aurez vu le sermon qu'il a fait imprimer, poursuivit la dame courroucée, où il compare leur sale bourbier de Source à la mare de Bethseda, comme un impie blasphémateur et une tête éventée qu'i est! Ils auraient dû savoir que l'endroit a acquis toute sa renommée

---

[1] Le *boddle*, ainsi que le *bawbee*, sont les plus petites monnaies de cuivre d'Écosse (L. V.)

[2] Sterling ; environ douze cents francs. (L. V.)

[3] Fondatrice d'une secte appelée les Buchanites ; sorte de Joanna Southcote, dont longtemps après sa mort on attendait le retour pour prendre, à la tête de ses disciples, la route de Jérusalem. (W. S.)

du temps du papisme ; et quoiqu'ils l'aient baptisé du nom de Saint-Ronan, je ne croirai jamais que l'honnête homme y ait seulement trempé la main ; car je me suis laissé dire par quelqu'un qui devait s'y connaître qu'il n'était pas romain, mais seulement cuddie, ou culdee[1], ou quelque chose comme ça. — Mais ne voulez-vous pas prendre une autre tasse de thé, M. Francie? et une petite tranche du pain de froment, beurré de mon propre beurre frais, M. Francie, et non de cette sale graisse de cuisine, avec quoi sont faits les gâteaux anisés du pâtissier là-bas, dans lesquels il y a autant de mouches mortes que de carvi. Lui, un pâtissier ! — avec un penny de farine de seigle, autant de mélasse, et deux ou trois grains de carvi, je veux faire de meilleurs gâteaux qu'il n'en est jamais sorti de son four !

— Je n'en doute pas, mistress Dods ; et je voudrais seulement savoir comment ces nouveaux arrivants ont pu s'établir contre une maison si bien famée et aussi ancienne que la vôtre? — C'est par la vertu des eaux, je présume ; mais comment les eaux ont-elles acquis tout à coup une réputation, mistress?

— Je n'en sais rien, monsieur ; — on avait l'habitude de les regarder comme bonnes à rien, sauf de temps en temps pour les enfants de quelques pauvres gens qui avaient gagné les *cruells*[2], et à qui on ne pouvait pas acheter pour un penny de sels. Mais myleddy Penelope Penfeather était tombée malade, à ce qu'il paraît, d'une maladie que jamais personne n'avait eue, et par ainsi il fallait qu'elle fût guérie d'une façon dont personne n'eût jamais été guéri, ce qui était une chose très-naturelle. — Or myleddy, vous savez, a de l'esprit à volonté, et elle a tous les gens habiles d'Édimbourg là-bas à sa maison de Windywas, que ç'a été la volonté et le plaisir de myleddy d'appeler le château d'Air. — Et ils ont tous leurs différents tours, les uns sachant aligner des vers et faire des histoires aussi bien que Rob Burns ou Allan Ramsay ; — d'autres courant par monts et par vaux, en cassant les cailloux à coups de marteau, comme autant de faiseurs de routes qui seraient devenus fous : — ils disent que c'est pour voir comment le monde a été fait ! — Il y en a d'autres qui jouent de toutes sortes d'instruments, — et puis d'autres qui s'en vont toujours dessinant, que vous pourriez voir perchés comme des corneilles sur tous les rochers du pays, travaillant de votre métier, M. Francie ; — outre ceux qui ont été dans les pays étrangers, ou qui disent qu'ils y ont été, ce qui est tout un, vous savez ; et peut-être deux ou trois miss traîne-queues, qui portent les lubies de myleddy Penelope quand elle a fait d'elles,

---

[1] Premiers prêtres chrétiens qu'ait eus l'ouest de l'Écosse dans les premiers siècles du christianisme. Bien des doctrines païennes se mêlaient encore aux doctrines des *culdees*. (L. V.)

[2] Écrouelles ; mal du roi. (W. S.)

comme ses femmes de chambre portent ses robes de rebut. Si bien donc qu'après l'h ureuse guérison de myleddy, comme ils disent, toute la troupe d'oisons sauvages vint s'abattre à la Source, pour y dîner sur l'herbe nue comme une troupe de chaudronniers ambulants ; et ce furent des chansons, et des airs, et des santés, sans doute, à la louange de la fontaine, comme ils appellent la Source, et de leddy Penelope Penfeather ; et finalement il leur plut de prendre tous une rasade solennelle à la source, qui, à ce qu'on m'a dit, fit un étrange ravage parmi eux avant qu'ils fussent revenus au château ; et c'est ce qu'ils appellent un *picknick* [1], la peste soit sur eux! Et ainsi la gigue fut commencée sur la musique de myleddy, et bien des folles mesures ont été dansées depuis ; car là-bas sont venus des maçons, des faiseurs de grimaces, des prêcheurs, des comédiens, des épiscopaux, des méthodistes, des fous, des joueurs de violon, des papistes, des pâtissiers, des docteurs et des apothicaires ; sans compter les boutiquiers, qui vendent des rebuts et des friperies trois fois ce que ça vaut ; — et voilà comment s'est élevé ce beau nouveau village de la Source, et comment est déchu l'honnête vieux village de Saint-Ronan, où de braves gens ont vécu joyeusement bien des jours avant que pas un d'eux ne fût né, et que de pareilles imaginations ne fussent écloses dans leurs cerveaux fêlés.

Que dit de tout ceci votre propriétaire, le laird de Saint Ronan?

— Est ce *mon* propriétaire après qui vous demandez, M. Francie? — le laird de Saint Ronan n'est pas mon propriétaire, et j'aurais pensé que vous vous en seriez souvenu. — Non, non, grâces à Dieu ! Meg Dods est tout à la fois propriétaire et maîtresse [2]. On a déjà assez de mal à tenir porte ouverte comme je le fais, et à joindre ensemble la Pentecôte et la Saint Martin ; il y a à la ville une vieille poche de cuir, M. Francie, dans un des boulins du digne M. Brindloose, le clerc du sheriff, à son pigeonnier de cabinet ; et dans ce sac de cuir se trouvent charte, saisine, et titre de servitudes spéciales par-dessus le marché ; et on vous fera voir ça, quand vous voudrez, par chapitres et versets.

— J'avais tout à fait oublié que l'auberge était à vous en propre, quoique je me souvienne que vous étiez grande propriétaire en terres.

— Peut être que je le suis, peut-être que je ne le suis pas ; et si je le suis, pourquoi non ? — Mais quant à ce que dit le laird, dont le grand-père était le propriétaire de mon père, des nouveautés de là-bas, il a sauté sur les deux sous qui s'offraient, comme un coq sur

---

[1] Pique nique.

[2] La bonne Meg fait ici une sorte de jeu de mots intraduisible : « Meg Dods est tout à la fois, dit elle, *landlord* (propriétaire) et *landleddy* (hôtesse, aubergiste). » (L. V.)

une groseille, et il a donné à *feu*[1] le joli *holm*[2] d'auprès de la source, qu'ils appellent le holm Saint Source[3], et qui était la meilleure de ses terres, pour être taillée, coupée et bâtie au gré de Jock Ashler le maçon, qui se donne le nom d'*arkiteck* : — il ne manque pas non plus de nouveaux mots dans ce nouveau monde, et c'est une autre vexation pour les vieilles gens comme moi. — C'est une honte pour le jeune laird de laisser son ancien patrimoine s'en aller par la porte où il a l'air de vouloir passer, et le cœur me saigne de voir ça, quoique je n'aie pas grand sujet de m'inquiéter de ce qu'il advient de lui ou des siens.

— Est ce encore le même M. Mowbray qui possède le domaine ? — le vieux gentleman avec qui vous savez que j'ai eu quelques difficultés....

Pour avoir été chasser dans les *muirs*[4] de Spring-Well-Head ? Ha, mon garçon ! l'honnête M. Bindloose vous tira de là adroitement.

Non, ce n'est pas cet honnête homme, mais son fils John Mowbray ; — l'autre dort là bas dans l'église de Saint Ronan depuis six ou sept ans.

— N'a-t il pas laissé d'autre enfant que le laird actuel ? demanda Tyrrel presque en balbutiant.

— Pas d'autre fils, répondit Meg ; et c'est même bien assez, à moins qu'il n'eût pu en laisser un meilleur.

— Sauf son fils, il est donc mort sans enfants ?

— Avec votre permission, non ; il y a la petite miss Clara, qui tient maison pour le laird, si on peut appeler cela tenir maison, car il est presque toujours descendu là-bas à la Source ; de sorte qu'on n'a pas besoin de grande cuisine aux Shaws.

— Miss Clara y doit passer un temps bien triste durant l'absence de son frère ?

— Oh que non ! — il lui fait souvent battre le pavé avec lui, pour l'emmener avec tous les fous et les sauteurs qui viennent là bas ; et elle leur prend les mains et est de toutes leurs danses et de toutes leurs folies. Je ne voudrais pas qu'il lui en arrivât mal, mais c'est une honte pour la fille de son père de tenir compagnie avec tout ce ramassis d'étudiants en médecine, et de clercs de procureurs, et de porte sacs, et d'autre pareil rebut comme il y en a là-bas à la Source.

Vous êtes sévère, mistress Dods. Sans doute miss Clara, par sa conduite, mérite qu'on lui laisse toute liberté.

— Je ne dis rien contre sa conduite, et il n'y a rien à en dire que je sache ; mais je voudrais que qui se ressemble s'assemble, M. Francie.

---

[1] Sorte de bail. *Voyez* la note B, à la fin du volume.
[2] On nomme ansi en Écosse un terrain bas situé le long d'un courant d'eau. (L V.)
[3] *Saint Well Holm.*
[4] Lande marécageuse. (L. V.)

Je n'ai jamais trouvé à reprendre aux bals que les gentlemen des environs avaient l'habitude d'avoir dans ma maison, il y a bon nombre d'années, — bals où on arrivait, les vieilles gens dans leurs carrosses, avec des chevaux noirs à longue queue, et la troupe de jeunes gens gaillards sur des chevaux de chasse, et plus d'une honnête leddy en croupe derrière son mari, et plus d'une jolie fille sur son pownie [1], et tous les plus heureuses gens du monde. — Et pourquoi non? — Et puis il y avait le bal des fermiers, avec les solides garçons des laboureurs en bas bleus tout neufs et en buckskins [2]. — C'étaient des réunions décentes ; — mais aussi il ne s'y trouvait que des gens de même classe, se connaissant tous les uns les autres ; les fermiers dansant avec les filles de fermiers d'un côté, et les gentlemen avec les filles de gentlemen de l'autre, à moins peut-être que quelqu'un de ces messieurs du club Killnakelty ne voulût me faire faire une ronde avec eux par manière de plaisanterie, et moi je n'avais pas la force de me fâcher tant je riais. — Pour sûr je n'ai jamais regretté ces innocents plaisirs, quoiqu'il m'en coûtât peut-être bien une semaine de travail pour tout remettre en ordre.

— Mais, dame Meg, ce cérémonial serait un peu gênant pour des étrangers tels que moi ; car comment trouverions-nous des partners dans ces réunions de famille comme celles dont vous parlez?

— Ne vous mettez pas le pouce en peine pour ça, M. Francie, répondit l'hôtesse avec un clignement d'yeux expressif ; — chaque Jack trouvera une Jill, aille le monde comme il pourra. — Et en mettant les choses au pis, mieux vaut avoir quelque peine à trouver une partner pour la soirée, que de vous en attacher une au cou dont vous ne puissiez plus vous débarrasser le lendemain.

— Est-ce que cela est quelquefois arrivé?

— Arrivé! — est ce parmi les gens de la Source que vous voulez dire? — Pour ne pas aller plus loin, n'est-ce pas à la dernière saison, comme ils disent, que le jeune sir Bingo Bings, le garçon anglais à l'habit rouge, qui a une malle-poste qu'il conduit lui-même, s'accrocha à miss Rachel Bonnyrigg, la fille à longues jambes de la vieille leddy Loupengirth, — et qu'ils dansèrent si longtemps ensemble qu'on en dit plus qu'on n'en aurait dû dire ; — et le garçon aurait bien voulu faire un saut en arrière, mais la vieille leddy le tint par la basque, et la cour des commissaires, avec je ne sais qui encore, firent de miss Loupengirth leddy Bings, en dépit du cœur de sir Bingo ; — et il n'a jamais osé la présenter à ses parents d'Angleterre ; mais, depuis, ils ont passé tout l'hiver et tout l'été à la Source, — et voilà à quoi la Source est bonne!

— Est-ce que Clara, — je veux dire miss Mowbray, fait compa-

---

[1] *Poney*, petit cheval écossais. (L. V.)

[2] Peaux de daim ; synecdoque pour culottes de peau de daim. (L. V.)

gnie avec des femmes telles que celles-là? dit Tyrrel d'un ton d'intérêt qu'il cherchait à dissimuler en faisant la question.

— Qu'est-ce qu'elle peut faire, la pauvre créature? repartit la dame. Il faut bien qu'elle hante la compagnie que hante son frère, car elle est tout à fait dépendante. — Mais, en parlant de cela, je sais ce que j'ai à faire, et ce n'est pas peu de chose, d'ici à la nuit. Je suis restée là à jaser avec vous trop longtemps, M. Francie.

A ces mots elle se retira d'un pas résolu, et bientôt les tons aigus de sa voix se firent entendre en admonitions glapissantes adressées à ses servantes.

Tyrrel resta plongé un moment dans de profondes réflexions; puis il prit son chapeau, donna un coup d'œil à l'écurie, où son cheval l'accueillit en dressant les oreilles et en faisant entendre ce hennissement bas et amical par lequel ce noble animal salue l'approche de celui qu'il aime et dont il est aimé. S'étant assuré que rien ne manquait à son fidèle compagnon, Tyrrel profita de la durée du crépuscule pour visiter le vieux château, qui avait été autrefois sa promenade favorite du soir. Il y resta tant que le jour le lui permit, admirant la perspective que nous avons essayé de décrire au premier chapitre, et comparant, comme dans la rêverie à laquelle il s'était déjà laissé aller, les teintes affaiblies du paysage à demi éclairé à celles de la vie humaine, quand la première jeunesse et l'espérance ont cessé d'y répandre leurs reflets d'or.

Un retour accéléré à l'auberge, et un léger souper composé d'un lapin de Galles[1] et d'ale de ménage, furent des stimulants vers des pensées plus gaies, ou du moins plus résignées; — et la chambre bleue, aux honneurs de laquelle il avait été promu, reçut en lui un occupant satisfait, sinon joyeux

---

[1] *Welsh rabbit*, expression populaire pour désigner une rôtie au fromage. (L. V.)

CHAPITRE III.

ADMINISTRATION.

> En toute société il doit y avoir un gouvernement : — Les abeilles ont leur reine, et les cerfs leur chef conducteur ; Rome avait ses consuls, Athènes ses archontes, et nous, monsieur, nous avons notre comité administratif.
> *L'Album de Saint-Ronan.*

Le lendemain, Francis Tyrrel s'installa complétement dans ses anciens quartiers, et annonça son intention d'y rester plusieurs jours. Le vieux voiturier du lieu lui apporta ses lignes et sa malle de voyage, avec une lettre pour Meg, datée d'une semaine, la priant de se préparer à recevoir une ancienne connaissance. Cette annonce, bien qu'un peu tardive, fut reçue par Meg avec grande satisfaction, observant que c'était une attention civile en M. Tirl, et que si John Hislop n'allait pas tout à fait aussi vite que leur poste, il n'y avait ni poste ni exprès aussi sûrs que lui. Elle remarqua aussi avec satisfaction qu'il n'y avait pas d'étui à fusil dans le bagage de son hôte : car, dit elle, cette maudite chasse l'avait mis dans l'embarras et elle aussi ; les lairds en avaient crié comme si elle avait fait de sa maison un rendez vous de braconniers . et pourtant comment pouvait-elle empêcher deux jeunes étourdis, deux mauvaises têtes, de faire un saut et un écart¹ ? Ils avaient été sur le terrain du voisin dont ils avaient permission de courir la limite, et on ne faisait pas bien scrupuleusement attention aux bornes quand le gibier venait à se lever.

Au bout d'un jour ou deux son hôte tomba dans une vie si tranquille et si solitaire, que Meg, la plus remuante et la plus active des créatures, commença à être contrariée de ne pas avoir avec lui l'embarras auquel elle s'était attendue, ressentant peut être, devant l'extrême et passive indifférence sur toutes choses que montrait M. Francis Tyrrel, le même sentiment que fait éprouver à un bon cavalier l'excessive patience d'un cheval qu'il peut à peine sentir sous lui. Ses promenades se dirigeaient vers les retraites les plus solitaires des bois et des hauteurs du voisinage ; — sa ligne était souvent laissée en arrière, ou emportée seulement comme prétexte pour suivre lentement les rives de quelque ruisseau. —

---

¹ *A start and an overloup;* expression habituelle (en Écosse) pour désigner un léger empiétement sur la propriété d'un voisin. (W. S.)

CHAPITRE III.

et ses succès étaient si médiocres, que Meg disait que le *piper*[1] de Peebles[2] aurait rempli un panier avant que M. Francie eût complété la demi-douzaine; de sorte qu'il fut obligé, par amour pour la paix, de rétablir sa réputation en tuant un beau saumon.

La peinture de Tyrrel, comme disait Meg, allait tout aussi doucement : il est vrai qu'il lui montrait souvent les esquisses qu'il rapportait de ses promenades et qu'il avait coutume de terminer à la maison ; mais Meg n'en faisait pas grand cas Que signifiaient, disait-elle, tous ces carrés de papier, avec des traits noirs et blancs qu'il appelait des buissons, des arbres et des rochers? est-ce qu'il ne pouvait pas les peindre en vert, en bleu et en jaune comme les autres? — Vous ne ferez jamais votre pain de cette manière-là, M. Francie. Vous devriez monter sur un châssis un grand carré de toile, comme Dick Tinto, et peindre les gens eux mêmes, chose qu'ils aiment beaucoup mieux voir que tous les rochers de la rivière; et je ne dirais même pas grand'chose si quelques baigneurs venaient ici poser devant vous. Ils emploient plus mal leur temps, j'en réponds; et je vous garantis que vous pourriez leur prendre une guinée par tête. Dick en prenait deux; mais c'était un vieux praticien, et il faut se traîner avant de marcher.

En réponse à ces remontrances, Tyrrel l'assurait que les esquisses pareilles à celles qui l'occupaient étaient tenues en si haute estime, que très-souvent un artiste en ce genre en recevait un prix beaucoup plus élevé que pour des portraits ou des dessins en couleur. Il ajoutait que ces sortes d'esquisses étaient souvent prises dans le but d'illustrer des poëmes populaires, et il donna presque à entendre que lui même était engagé dans quelque travail de cette nature.

Il tardait singulièrement à Meg d'exalter à Nelly Trotter, la marchande de poisson, — dont la charrette formait le seul canal neutre de communication entre le Vieux Village et la Source, et qui était en faveur près de Meg, parce que Nelly, dans son chemin pour se rendre à la Source, passant devant la porte de notre hôtesse, celle-ci avait le premier choix de son poisson, — il lui tardait, dis-je, d'exalter les mérites d'artiste de son locataire. Luckie[3] Dods avait été si souvent, en effet, rebattue et ennuyée des rapports qu'elle entendait faire de la distinction des personnages, accomplis en toutes sortes de talents, qui arrivaient journellement à l'Hôtel, qu'elle jouissait de cette heureuse occasion de l'emporter sur eux par leurs propres armes ; et on peut croire que les mérites de son locataire ne perdirent rien à être célébrés par sa bouche.

— Il me faut aujourd'hui le meilleur de la voiture, Nelly — si

---

[1] Joueur de cornemuse. (L. V.)
[2] Ledit *piper* était célèbre pour ses talents comme pêcheur. (W. S.)
[3] Expression familière qui peut se rendre par notre appellation *la mère*. (L. V.)

nous pouvons nous agréer ; — car c'est pour un peintre, et des meilleurs. Votre beau monde de là-bas donnerait ses oreilles pour voir les choses qu'il fait ; — avec trois coups de crayon en long et autant en travers il gagne des pleines poignées d'or. — Et ce n'est pas un gueux d'ingrat comme Dick Tinto, qui n'eut pas plutôt mes bons vingt-cinq shillings dans sa poche qu'il descendit les boire là-bas à leur bel hottle; c'est un garçon tranquille et rangé, qui sait où il est bien, et qui reste toujours à la vieille auberge. — Et pourquoi non ? — Rapportez-leur tout cela, et écoutez ce qu'ils en diront.

— En vérité, mistress, repartit Nelly Trotter, je puis vous le dire dès à présent, sans avoir besoin de jouer des jambes pour la chose ; ils diront que vous êtes une vieille folle, et moi une autre, qui peuvent se connaître quelque peu en bouillon de poule et en raie, mais qui ne doivent pas fourrer leur barbe dans autre chose.

— Est-ce qu'ils diraient cela, les effrontés coquins ! moi maîtresse de maison depuis trente ans ! Je ne leur conseillerais pas de me le dire en face. Mais je ne parle pas sans preuve ; car qu'est-ce que vous diriez si j'avais parlé au ministre, ma fille, et que je lui eusse montré un de ces brimborions de papier que M. Tirl laisse traîner dans sa chambre ? et s'il avait dit qu'il avait vu lord Bidmore donner cinq guinées pour des bouts de papier qui ne valaient pas celui-là ? et tout le monde sait qu'il a été longtemps précepteur dans la famille Bidmore.

— En vérité, si je leur disais tout cela, je ne sais pas trop s'ils me croiraient aisément, mistress ; car il y a tant de juges parmi eux, et ils ont si grande opinion d'eux-mêmes et si peu des autres, qu'à moins que vous n'envoyiez là-bas votre bout de peinture, je ne pense pas qu'ils voudront croire un mot de ce que je pourrai leur dire.

— Ne pas croire ce que dit une honnête femme, — pour ne pas dire deux ? exclama Meg ; ô la race d'incrédules ! Hé bien, Nelly, puisque je me suis avancée, vous emporterez la peinture, ou l'esquisse, ou n'importe comment ça s'appelle[1], et vous en ferez honte à la troupe d'entêtés qu'ils sont. — Mais ayez soin de la rapporter avec vous, Nelly, car c'est une chose de prix ; et ne la laissez pas sortir de vos mains ; c'est ce que je vous recommande, car je ne me fie pas beaucoup à leur honnêteté. Et vous pouvez leur dire, Nelly, qu'il a un poëme illustré, — *illustré*, souvenez vous du mot, Nelly, — qui sera rempli d'autant de choses pareilles à celle là, qu'il y eut jamais de languettes de lard sur une dinde piquée.

Ainsi munie de ses lettres de créance, et remplissant le rôle d'un héraut entre deux pays hostiles, l'honnête Nelly reprit avec sa petite voiture à poisson le chemin de la Source de Saint Ronan.

---

[1] J'omets ici une pointe intraduisible, portant sur l'analogie du mot anglais *sketch* (esquisse) avec l'écossais *sketchers*, patins. (L. V.)

CHAPITRE III.

Dans les endroits où l'on se réunit pour prendre les eaux, comme au sein d'autres agglomérations de l'espèce humaine, diverses sortes de gouvernements sont nés du hasard, du caprice ou des convenances ; et dans presque tous on a adopté une direction quelconque, pour prévenir les conséquences de l'anarchie. Quelquefois un maître de cérémonies a été investi de tout le pouvoir ; mais ce despotisme, de même que d'autres, est depuis peu passé de mode, et les pouvoirs de ce grand officier ont été très-limités même à Bath, où Nash exerçait autrefois une suprématie incontestée. Des comités d'administration, choisis parmi les habitués les plus constants, ont été généralement constitués, comme mode de gouvernement plus libéral, et c'était à un comité de cette espèce qu'était remise la direction de la république naissante de la Source de Saint Ronan. Il faut remarquer que l'accomplissement de ses éminents devoirs était pour ce petit sénat une tâche d'autant plus difficile, que, de même qu'en d'autres républiques, ses sujets étaient partagés en deux factions opposées et contendantes, qui tous les jours mangeaient, buvaient, dansaient et s'amusaient ensemble, tout en se détestant réciproquement avec toute l'animosité des partis politiques, s'efforçant par toutes sortes d'artifices de gagner l'adhésion de chaque nouvel arrivant, et employant de part et d'autre tout ce qu'ils avaient de mordant et d'esprit pour ridiculiser les absurdités et les sottises du parti adverse.

A la tête de l'un de ces partis était un personnage qui n'était rien moins que lady Penelope Penfeather, à qui l'établissement devait sa renommée, ou pour mieux dire son existence, et dont l'influence n'avait pu être balancée que par celle du lord du manoir, M. Mowbray de Saint-Ronan, ou, comme il était habituellement désigné par ceux de la compagnie qui affectaient, comme disait Meg, de mettre de l'anglais partout, le *squire*, lequel était chef de la faction opposée.

Le rang et la fortune de lady Penelope, ses prétentions au talent aussi bien qu'à la beauté (quoique celle ci fût un peu fanée), et l'importance qu'elle s'arrogeait comme femme à la mode, attiraient autour d'elle des peintres, et des poètes, et des philosophes, et des hommes de science, et des professeurs, et des aventuriers étrangers, *et hoc genus omne*.

L'influence du squire, au contraire, comme gentilhomme et comme propriétaire le plus voisin, entretenant une meute de limiers et de chiens d'arrêt, et à défaut d'écuries montées parlant du moins de chevaux de chasse et de coureurs, lui assurait l'appui de la classe tout entière des *bucks*[1] des trois comtés voisins ; et si de nouveaux moyens de séduction devenaient nécessaires, il pouvait octroyer à ses favoris le privilége de chasser sur ses landes, ce qui en tout temps a suffi pour tourner la tête

---

[1] Terme de la *fashion* anglaise ; petit-maître provincial. (L. V.)

d'un jeune Écossais. M. Mowbray était depuis peu spécialement soutenu dans sa prééminence par une étroite alliance avec sir Bingo Binks, sage baronnet anglais, honteux, à ce que pensaient bien des gens, de retourner dans son pays, et qui s'était établi à la Source de Saint-Ronan pour jouir de la félicité que l'hymen calédonien lui avait si bénévolement imposée dans la personne de miss Rachel Bonnyrigg. Comme ce gentleman possédait une malle-poste régulièrement construite, et ne différant en rien de celles de Sa Majesté, si ce n'est qu'elle versait plus souvent, son influence près d'une certaine portion de la compagnie était irrésistible, et le squire de Saint-Ronan, se trouvant être celui des deux à qui la nature avait départi le plus d'intelligence, trouvait moyen de recueillir tout le bénéfice de la conséquence attachée à son amitié.

Ces deux partis adverses se balançaient avec tant d'égalité, que l'influence prédominante de l'un ou de l'autre était souvent déterminée par le cours du soleil. Ainsi, dans la matinée, avant l'heure de midi, quand lady Penelope conduisait son troupeau aux champs et *aux bois ombreux*, soit pour visiter quelque monument en ruines des anciens temps, soit pour manger un morceau en pique nique, gâter de bon papier par de mauvais dessins, et de bons vers par une mauvaise diction, — en un mot

« Pour déclamer, courir, extravaguer, »

l'empire de milady sur les désœuvrés semblait absolu et sans contrôle, et tous étaient entraînés dans le tourbillon dont elle était le pivot et le centre. Les chasseurs eux mêmes, et les déterminés buveurs, étaient parfois à contre-cœur contraints de se mêler à sa suite, tout en affichant de l'humeur, lançant des brocards, et faisant des gorges chaudes de ses airs solennels, outre qu'ils s'attachaient à faire rire les plus jeunes nymphes quand elles auraient dû paraître sentimentales. Mais après dîner la scène changeait, et les plus doux sourires de mylady, et ses invitations les plus gracieuses, étaient souvent insuffisants pour attirer à la table à thé la partie neutre de la compagnie ; de sorte que sa société se trouvait réduite à ceux à qui leur constitution, ou l'état de leurs finances, faisait d'une prompte retraite de la salle à manger une affaire de convenance, outre les plus dévoués et les plus zélés de ses dépendants immédiats et de ses adhérents. Et même la fidélité de ceux-ci était sujette à faillir. Le poète lauréat de mylady, en faveur duquel elle sollicitait des souscriptions de chaque nouvel arrivant, s'arrogea assez d'indépendance pour chanter à souper, en présence de mylady, une chanson passablement équivoque ; et une autre fois son premier peintre, qui était employé à *illustrer* un exemplaire des *Amours des Plantes*[1], puisa un tel courage dans la bouteille, que non-seulement il osa s'é-

---

[1] Poëme de Darwin. (L. V.)

lever obstinément contre le sentiment de mylady, qui administrait aux œuvres de l'artiste sa dose accoutumée d'observations critiques, mais qu'il dit quelques mots du droit qu'il avait d'être traité en homme bien né.

Ces dissensions furent apaisées par le comité d'administration, qui le lendemain matin intercéda pour les coupables repentants, et obtint leur rétablissement à des conditions modérées dans les bonnes grâces de lady Penelope. On lui dut encore bien d'autres actes d'autorité modératrice, pour l'adoucissement des factions et la tranquillité des baigneurs ; et telle était l'importance de leur administration pour la prospérité du nouvel établissement, que sans eux il est très probable que la source de Saint-Ronan eût été bientôt désertée. Nous devons donc tracer une esquisse rapide de ce puissant comité, que les deux factions, par une sorte d'abnégation mutuelle, s'étaient accordées à investir des rênes du gouvernement.

Chacun de ses membres paraissait être choisi, comme ceux dont Fortunio, dans le conte de fées, compose sa suite, pour ses qualités particulières. Le premier sur la liste était l'HOMME DE LA MÉDECINE, le docteur Quentin Quackleben, qui revendiquait le droit de régler à la Source les matières médicales, sur le principe qui jadis assignait la propriété d'un pays nouvellement découvert au boucanier qui commettait sur ses côtes le premier acte de piraterie. Le mérite universellement reconnu qu'avait eu le docteur d'avoir le premier proclamé et constaté les vertus curatives de ces fontaines, lui avait valu d'être intronisé, d'une voix unanime, comme premier médecin et Homme de Science, qualification qu'il pouvait appliquer à tout propos, depuis la manière de cuire un œuf jusqu'à celle de faire un cours. Il était en effet, comme bien des hommes de sa profession, en état de présenter également et le poison et l'antidote au malade affligé de dyspepsie, car il avait en gastronomie autant de connaissances que le docteur Redgill lui-même, ou qu'aucun autre habile médecin qui ait écrit pour le perfectionnement de la cuisine, depuis le docteur Mongrieff de Tippermalloch jusqu'à feu le docteur Hunter d'York et au docteur Kitchiner de Londres. Mais la pluralité d'emplois excite toujours l'envie, et, en conséquence, le docteur abandonnait prudemment l'office de pourvoyeur et de découpeur à l'Homme du Goût, lequel occupait régulièrement, et *ex officio*, le haut bout de la table, se réservant le privilége de critiquer de temps à autre, et celui de faire plus honneur que personne aux mets recherchés dont on couvrait la table commune. Il ne nous reste plus, pour compléter cette rapide esquisse du savant docteur, qu'à informer le lecteur que c'était un homme élancé, maigre, avec de gros sourcils et une perruque noire mal peignée toujours posée de travers. Il passait neuf mois sur douze à Saint-Ronan, et l'on supposait qu'il s'en trouvait assez bien, — d'autant plus qu'il jouait le whist en perfection.

Le premier en place, quoique peut-être ne venant qu'après le docteur pour l'autorité réelle, était M. Winterblossom [1], sorte de personnage se distinguant par sa civilité comme par la scrupuleuse précision des paroles qu'il vous adressait, portant ses cheveux noués en queue, mettant de la poudre, ayant des boucles de jarretières garnies de pierres de Bristol, et portant au doigt un cachet aussi large que celui de sir John Falstaff. Dans sa jeunesse il avait possédé un petit domaine, qu'il avait dissipé en gentilhomme, en se mêlant au monde élégant. C'était, en un mot, un de ces respectables chaînons qui rattachent les fats de notre époque à ceux du siècle dernier, et qui pouvait par expérience comparer les folies des uns et des autres. A un âge plus avancé, il avait eu assez de bon sens pour se dégager de sa carrière de dissipation, mais non sans y avoir laissé en partie sa santé et sa fortune.

M. Winterblossom vivait maintenant d'un revenu modique, et il avait trouvé le moyen de concilier son économie avec son goût pour la nombreuse compagnie et pour la bonne chère, en se constituant président perpétuel de la table d'hôte de la Source. Il avait coutume d'y amuser la société par ses anecdotes sur Garrick, Foote, Bonnel Thornton et lord Kelly, et par les avis qu'il émettait en matière de goût et de beaux-arts. Excellant dans l'art de découper, il savait servir aux divers convives précisément le morceau qui devait revenir à chacun; et jamais il ne manquait de se réserver une tranche convenable comme récompense de ses peines. Pour conclure, il ne manquait pas d'un certain goût en choses d'art, du moins en peinture et en musique, quoique ce fût plutôt un goût technique que celui qui échauffe le cœur et élève les sentiments. Il n'y avait effectivement en M. Winterblossom rien d'élevé ni de chaleureux. Il était adroit, égoïste et sensuel, et savait dissimuler ces deux dernières *qualités* sous un vernis spécieux de prévenances extérieures. Aussi, dans la sollicitude apparente dont il faisait profession pour présider aux honneurs de la table avec toute la ponctualité du savoir-vivre, il ne permettait jamais aux domestiques de pourvoir aux besoins des autres avant qu'il eût été pleinement pourvu à son *comfort* particulier.

M. Winterblossom se distinguait aussi par la possession de quelques gravures curieuses et d'autres échantillons d'art, par l'exhibition desquels il trompait de temps à autre l'ennui d'une matinée humide passée à la salle de réunion commune. Ces objets avaient été réunis *viis et modis*, disait-il avec un coup d'œil d'intelligence à son plus proche voisin, l'Homme de la Loi, autre membre distingué du comité.

Sur celui-ci il y a peu à dire. C'était un homme à la stature épaisse, à la voix haute, à la face rubiconde, nommé Meiklewham; procureur de province, ou *attorney*, qui administrait les affaires du

---

[1] Fleur-d'Hiver.

squire au grand avantage de l'un ou de l'autre, sinon de tous les deux. Son nez se projetait en avant d'une large face vulgaire, comme le style d'un ancien cadran solaire contourné tout d'un côté. C'était un aussi grand batailleur, dans sa spécialité, que s'il eût suivi la carrière militaire et non une profession civile ; il avait dirigé toutes les formalités relatives au morcellement des terres de la Source de Saint-Ronan pour les constructions, morcellement tant déploré par dame Dods, et il était au mieux avec le docteur Quackleben, qui ne manquait jamais de le recommander pour la rédaction du testament de ses malades.

Après l'homme de loi vient le capitaine Mungo Mac-Turk, lieutenant highlandais en demi solde, et cela depuis fort longtemps ; homme qui préférait au vin le plus fort toddy [1], et qui, de cette façon ou en nature, expédiait *per diem* environ une bouteille de whisky [2] toutes les fois qu'il pouvait se la procurer. Il était nommé l'Homme de Paix, sur le même principe qui fait donner le titre d'officiers de paix aux constables, aux coureurs de Bow-Street [3] et aux gens de même calibre, qui portent des gourdins pour briser la tête des gens, et sont continuellement, et par devoir d'état, mêlés à toutes les scènes de désordre, — c'est-à-dire parce que sa valeur obligeait les autres de se conduire avec retenue. Le capitaine était l'arbitre général de toutes ces querelles avortées, si faciles à naître le soir dans un lieu de cette sorte, et à être paisiblement arrangées le matin ; et même de temps à autre il prenait une querelle pour son propre compte, comme moyen de mettre à la raison tout habitué d'une humeur plus particulièrement difficile. Cette occupation procurait au capitaine Mac-Turk une bonne dose de respect à la Source ; car il était précisément de ces gens prêts à se battre avec n'importe qui, avec lesquels on ne peut décliner une rencontre sous aucun prétexte, — qui offrent à leurs adversaires un danger réel, car il avait soin, de temps à autre, de faire voir qu'il pouvait moucher une chandelle avec une balle de pistolet, — et contre lesquels, enfin, il n'y a à acquérir ni renommée ni honneur. Il portait toujours un habit bleu à collet rouge, avait dans ses manières une morosité hautaine, mangeait des tranches de poireaux avec son fromage, et ressemblait par le teint à un hareng saur de Hollande.

Il reste encore à mentionner l'Homme de Religion, — le révérend M. Simon Chatterly, venu à la Source de Saint-Ronan des bords de la Cam ou de l'Isis [4], et qui se piquait d'abord de son grec, et en second lieu de sa politesse pour les dames. Tous les jours de la semaine, ainsi que dame Dods l'a déjà insinué, ce révérend gentleman était, soit à la

---

[1] Sorte de punch. (**L. V.**)
[2] Eau-de-vie de grain. (**L. V.**)
[3] Rue du vieil Édimbourg, voisine du grand marché. (**L. V.**)
[4] Rivières qui passent la première à Cambridge, la seconde à Oxford. (**L. V.**)

table de whist, soit dans la salle de bal, le partner de toute miss ou matrone à qui il en manquait un dans l'un ou l'autre cas; et le dimanche il lisait les prières dans la salle publique à tous ceux à qui il plaisait d'y assister. En outre, il proposait des charades et devinait les énigmes, jouait un peu de la flûte, et avait été le principal auxiliaire de M. Winterblossom dans l'ingénieux tracé de ces sentiers romantiques au moyen desquels, comme par les zigzags qui lient entre elles les parallèles d'un siége, vous étiez mis à même de monter au sommet de la colline derrière l'Hôtel, d'où la vue s'étend sur une si riche perspective, sentiers auxquels on avait su ménager précisément cet angle d'inclinaison qui donne à un cavalier le droit d'offrir son bras, et à une dame celui d'accepter, sans déroger à la rigueur des convenances.

Il y avait encore un autre membre de ce comité choisi, M. Michael Meredith, qu'on pouvait nommer l'Homme de la Joie, ou, si vous aimez mieux, le Jack Pudding[1] de la compagnie, dont l'affaire était de débiter les meilleures plaisanteries et de chanter les meilleures chansons, s'il pouvait. Malheureusement ce fonctionnaire avait été momentanément obligé de s'absenter de Saint-Ronan; car, ne s'étant pas souvenu qu'il ne portait pas les insignes privilégiés de sa profession, il avait lancé au capitaine Mac-Turk quelques plaisanteries qui avaient piqué celui-ci tellement au vif, que M. Meredith avait été obligé d'aller prendre du lait de chèvre à une dizaine de milles de la Source, et d'y rester dans une sorte de retraite jusqu'à ce que l'affaire fût arrangée par la médiation de ses confrères du comité.

Tels étaient les honnêtes gentlemen qui administraient les affaires de cet établissement naissant avec autant d'impartialité qu'on en pouvait attendre. Ils n'étaient pas, à la vérité, sans avoir eux-mêmes leurs prédilections secrètes. Le légiste et le soldat inclinaient personnellement vers le parti du squire, tandis que le ministre, M. Meredith et M. Winterblossom étaient plus dévoués aux intérêts de lady Penelope; de sorte que le docteur Quackleben, se souvenant probablement que les hommes étaient aussi sujets aux maladies d'estomac que les dames aux affections nerveuses, semblait le seul qui gardât, de paroles comme de fait, la plus stricte neutralité. Néanmoins, cet honorable conseil ayant fort à cœur les intérêts de l'établissement, et chacun sentant que son profit, son plaisir ou son bien être y était plus ou moins intéressé, ils ne laissaient pas intervenir leurs affections privées dans leurs devoirs publics, et tous agissaient, chacun dans sa sphère, pour le bien général de toute la communauté.

[1] Le bouffon. (L. V.)

CHAPITRE IV.

L'INVITATION.

> Ainsi les peintres inscrivent leurs noms.
>
> PRIOR.

LE bruit qui règne quand on dessert le dîner d'une salle publique s'était apaisé; le cliquetis des assiettes, des couteaux et des fourchettes, — le tumulte occasionné par des lourdauds de domestiques campagnards, se donnant des coups de pieds dans les jambes les uns des autres, se chamaillant et voulant sortir trois à la fois par une porte ; — le bruit des verres tombés et brisés dans la bagarre, — les cris de l'hôtesse, — les malédictions concentrées, mais énergiques, de l'hôte : — tout avait cessé ; et les personnes de la compagnie qui avaient des domestiques s'étaient fait servir par leurs Ganymèdes les restes de leur vin, de leurs liqueurs, etc., dont lesdits Ganymèdes n'avaient pas déjà vu la fin, tandis que les autres, rompus à cette habitude par M. Winterblossom, attendaient patiemment que les nombreuses commissions particulières du digne président fussent faites par les deux domestiques ordinaires de la maison, une jeune fille alerte et un épais garçon, auxquels il ne permettait de s'occuper de personne avant, comme dit l'hymne,

« Que ses besoins fussent tous satisfaits. »

— Dinah !   ma bouteille de sherry pâle, Dinah ; — placez-la par ici. — Voilà une bonne fille. — Toby ! — apportez-moi ma carafe d'eau chaude, — et que l'eau soit bouillante ; — et ne la répandez pas sur lady Penelope, si vous pouvez, Toby.

— Non, car mylady a déjà été dans l'eau bouillante aujourd'hui [1], dit le squire ; sarcasme auquel lady Penelope ne répondit que par un regard de mépris.

— Dinah ! apportez le sucre, — le sucre tendre des Indes orientales, Dinah ; — et un citron, Dinah, un de ceux qui sont arrivés frais aujourd'hui. — Allez le chercher à l'office, Toby, — et ne vous laissez pas tomber dans les escaliers, si vous pouvez. — Dinah ! — un moment,

---

[1] Proverbe anglais, répondant à notre adage *être sur les charbons*. (L. V.)

Dinah. — La muscade, Dinah, et le gingembre, ma bonne fille. — Dinah ! relevez le coussin derrière moi, — et placez le tabouret sous mon pied, Dinah, — car mon orteil est un peu fatigué de notre promenade de ce matin au haut du Belvédère, mylady.

— Mylady peut lui donner ce nom si cela lui convient dans la conversation ordinaire, dit le procureur; mais sur papier timbré il faut qu'il garde celui de Munt-Grunzie, sous lequel il est toujours désigné dans les anciens actes et dans les titres.

— Dinah ! continua le président, ramassez mon mouchoir ; — et.... un peu de biscuit, Dinah ; — et... je ne pense pas avoir besoin d'autre chose. — Voyez à la compagnie, ma bonne fille. — J'ai l'honneur de boire à l'excellente santé de la compagnie. — Mylady me fera-t-elle l'honneur d'accepter un verre de négus ? — J'ai appris à faire le négus du fils du vieux Dartineuf. — Il employait toujours du sucre des Indes orientales, et ajoutait un peu de tamarin ; — le tamarin en relève singulièrement la saveur. — Dinah, allez dire à votre père de nous envoyer un peu de tamarin. — Dartineuf savait ce qui était bon presque aussi bien que son père. — Je le rencontrai à Bath en... permettez que je réfléchisse. — Garrick venait de se retirer, et il s'est retiré en... Qu'est-ce que cela, Dinah ? demanda-t-il à la jeune servante qui lui présentait un papier roulé.

— Quelque chose que Nelly Trotter (Nelly la Trotteuse, comme la compagnie la nommait) vient d'apporter, et qui vient d'un monsieur qui dessine, et qui demeure chez la femme (c'était par cette appellation impertinente que l'effrontée, en vraie parvenue, désignait la respectable mistress Margaret Dods) là haut, au Croc du Vieux Village : — nom, par parenthèse, qu'avait valu à l'auberge l'usage que le saint faisait sur l'enseigne de sa crosse pastorale.

— Vraiment, Dinah ? dit M. Winterblossom, prenant gravement ses lunettes et les essuyant avant de dérouler le papier ; le barbouillage de quelque enfant, je suppose, que papa et maman désirent faire entrer à l'école gratuite, en frappant aux portes pour obtenir quelque appui. — Mais je suis tout à fait épuisé ; — j'y ai fait entrer trois garçons la saison dernière, et si ce n'eût été mon crédit particulier près du secrétaire, qui de temps à autre me demande mon opinion, je n'y aurais pas réussi. Ainsi c'est une affaire finie. — Eh ! que diable est ceci ? — mais il y a là de la vigueur et de l'énergie. — Qui peut être l'auteur de ceci, mylady ? — Voyez seulement ce ciel ; — mais c'est réellement un petit bijou, — un petit bijou d'une facture exquise. — De qui diable cela peut-il être ? et comment l'auteur d'un pareil ouvrage est-il allé tomber dans le Vieux Village, chez la vieille chienne aboyeuse — je demande mille pardons à mylady qui y a son chenil ?

— J'ose dire, mylady, dit une petite miss de quatorze ans, dont les yeux devinrent de plus en plus ronds et les joues de plus en plus rouges, à mesure qu'elle parlait et qu'elle voyait tant de personnes l'écouter, — oh là! j'ose dire que c'est le même gentleman que nous avons rencontré un jour en nous promenant dans le Low Wood[1], qui avait l'air d'un monsieur comme il faut quoiqu'il ne fût pas de la compagnie, et que vous avez dit que c'était un joli homme.

— Je n'ai pas dit un joli homme, Maria, répliqua lady Penelope; des dames ne disent jamais que les hommes sont jolis. — J'ai seulement dit qu'il avait l'air intéressant et comme il faut.

— Et des deux compliments, mylady, dit le jeune ministre, s'inclinant et souriant, celui là est le plus flatteur, j'en fais juge la compagnie. — Nous allons tout à l'heure être jaloux de cet inconnu.

— Mais vous oubliez, mylady, continua la gentille et communicative Maria, avec une simplicité en partie réelle, en partie affectée, — vous oubliez; car vous me dîtes tout de suite après que vous étiez sûre que ce n'était pas un homme bien né, parce qu'il n'avait pas couru après vous avec votre gant que vous aviez laissé tomber; — de sorte que je retournai moi même chercher votre gant, mylady, et il n'offrit pas du tout de m'aider; je le vis de plus près que vous ne l'aviez vu, mylady, et je suis sûre que c'est un joli homme, quoiqu'il ne soit pas très civil.

— Vous parlez un peu trop et trop haut, miss, repartit lady Penelope, une rougeur naturelle renforçant la *nuance* de rouge habituellement étendue sur ses joues.

— Que dites-vous à cela, squire Mowbray? dit l'élégant sir Bingo Binks.

— Un loyal défi en champ clos, sir Bingo, répondit le squire; quand une dame jette le gantelet, un cavalier peut jeter le mouchoir.

— J'ai toujours l'avantage d'être gratifiée de *votre* interprétation la plus favorable, M. Mowbray, dit la dame avec dignité. Je suppose que miss Maria a imaginé cette jolie histoire pour votre amusement. Je ne sais comment me justifier près de mistress Digges d'avoir amené mademoiselle dans une société où on l'encourage à se conduire ainsi.

— Allons, allons, mylady, dit le président, laissez tomber la plaisanterie; et puisque ceci est réellement un dessin si admirable, il faut que vous nous honoriez de votre opinion sur la question de savoir si la compagnie peut convenablement faire quelques avances à cet homme.

— Mon opinion, repartit Sa Seigneurie, les joues encore enflammées d'indignation, c'est que déjà il y a assez d'*hommes* parmi nous, — je voudrais pouvoir dire d'hommes comme il faut. Dans l'état des choses, je ne vois guère ce que des *dames* peuvent avoir à faire à Saint-Ronan.

Cette insinuation ne manquait jamais de ramener le squire au ton de la bonne compagnie, qu'il pouvait fort bien prendre quand il lui

---

[1] Bois-d'En bas.

plaisait. Il apaisa si bien le mécontentement de lady Penelope, que dans un retour de bonne humeur elle lui dit qu'elle ne se fierait réellement plus à lui, à moins qu'il n'amenât sa sœur comme caution de sa politesse future.

— Clara, mylady, est un peu volontaire, répondit Mowbray; et je crois qu'il faudra que Votre Seigneurie se donne elle-même la peine d'aller la tirer de sa retraite. Que dites-vous d'une excursion en troupe à ma vieille échoppe? C'est une maison de garçon, — il ne faut pas vous attendre à ce que les choses y soient fort en ordre; néanmoins Clara se ferait un honneur....

Lady Penelope accepta avec empressement la proposition de ce qui ressemblait à une partie, et tout à fait réconciliée avec Mowbray, elle lui demanda si elle pourrait amener l'artiste étranger avec elle; c'està dire, ajouta t-elle en regardant Dinah, si c'est un homme de bonnes manières.

Ici Dinah donna l'assurance que le monsieur de chez Meg Dods était un monsieur tout à fait comme il faut, et qui plus est un poète *illustré*.

— Un poete *illustré*, Dinah? vous voulez sûrement dire un poete illustre, repartit lady Penelope.

— J'ose dire que mylady a raison, répliqua Dinah avec une révérence.

Un murmure joyeux d'impatience et d'anxiété fut aussitôt excité parmi la faction *bas bleu* de la compagnie, et le reste de la communauté ne se montra pas non plus tout à fait indifférent à la nouvelle. Les premiers appartenaient à cette classe qui, semblable au jeune Ascagne, est toujours à battre le pays, en quête de la fauve crinière d'un *lion*, bien qu'ils soient beaucoup plus heureux de temps à autre à faire lever une bête d'une autre espèce[1]; et les autres, ayant laissé

---

[1] On trouve ici a la fois dans le texte et une sorte de jargon de bonne compagnie anglaise qui demande quelque explication, et un jeu de mots complètement intraduisible, dont nous n'avons pu donner qu'un équivalent. Dans les cercles de la société anglaise, on donne le nom de *lion* à tout personnage auquel s'attache une idée d'illustration ou de singularité, et qui y devient l'objet d'une curiosité empressée; le mot a commencé a s'introduire parmi nous, mais avec quelque différence d'acception. — Le jeu de mots roule sur l'identité de prononciation des mots *bore*, un sot, un fâcheux, et *boar*, un sanglier; de sorte qu'à la lecture la phrase anglaise *though they are much more successful in now and then starting a great bore*, «bien qu'ils soient beaucoup plus heureux de temps à autre a faire lever un grand *bore*,» peut signifier également *à faire lever un grand* sot, et *à faire lever un grand* sanglier. Cette équivoque fournit a l'auteur le sujet de la note suivante.

« L'un et l'autre étaient également désirés d'Ascagne :

Optat aprum, aut fulvum descendere monte leonem.

Les *Troyens* modernes font une grande différence entre ces deux objets de chasse. »

On sait que les bas-bleus d'Angleterre ont quelque analogie avec la classe que Molière a ridiculisée sous les titres de *précieuses* et de *femmes savantes*. (L. V.)

chez eux leurs propres affaires et tout ce qui les pouvait intéresser, étaient ravis de faire du plus mince incident un objet d'importance. Un *puissant* poète, dit la première classe : — qui donc ce peut il être?
— Et tous les noms furent passés en revue, — toute la Grande Bretagne explorée, depuis les montagnes highlandaises jusqu'aux lacs du Cumberland, — depuis Syndenham-Common jusqu'à Saint-James's-Place ; — on poussa même l'excursion jusqu'aux rives du Bosphore [1] pour y trouver quelque nom qui pût se ranger sous cette épithète éminente. — Et puis, outre sa poésie illustre, dessiner d'une manière si inimitable! — qui donc ce *pouvait* il être? Et tous les autres, qui n'avaient rien en propre à suggérer, faisaient chorus et répétaient : Qui donc ce peut il être?

Le Claret Club [2], qui comprenait les plus notables et les plus fermes adhérents du squire Mowbray et du baronnet, — gens qui auraient rougi de laisser au fond de leur bouteille un restant qu'on pût leur servir le lendemain, — quoique ne prenant pas le moindre intérêt à l'un ni à l'autre des deux titres d'illustration de l'inconnu, trouvèrent aussi en eux un motif d'intérêt qui se concentra sur le même individu.

— Je dis, mon petit sir Bingo, dit le squire, que c'est celui-là même que nous avons vu samedi au Willowslack. — Il était drapé dans sa toge d'une manière passablement philosophique, et il jeta douze aunes de lignes d'une seule main ; — l'appât tomba sur l'eau aussi légèrement qu'un duvet de chardon.

Uuich! fit celui à qui il s'adressait, avec l'accent d'un chien que le collier étrangle.

— Nous l'avons vu tirer le saumon là-bas, continua Mowbray ; vous vous souvenez, — un beau poisson, — les ouies superbes : — il pesait bien, j'ose dire, dix huit livres.

— Séize! dit Mingo du même ton de strangulation.

— Pas de vos plaisanteries, Bing! — plus près de dix-huit que de seize.

— Plus près de seize, goddam!

— Voulez-vous gager une douzaine de flacons bleus pour la compagnie?

— Non, goddam! — je les parie pour notre club.

— Hé bien; c'est dit.

— C'est dit.

Et tous deux tirèrent leurs portefeuilles rouges.

— Mais qui décidera la gageure? reprit le squire. Le génie lui même, je suppose. Ils parlent de l'inviter ici ; mais je doute qu'il se soucie beaucoup de leurs pareils.

---

[1] Alusion a lord Byron, alors dans ses courses en Turquie. (L. V.)
[2] Club du bordeaux.

— J'écrirai moi même, John Mowbray, dit le baronnet.

— Vous, baronnet ! — vous, écrire ! Je veux être damné si vous soutenez ce défi là ; vous ne le soutiendrez pas !

— Je le soutiendrai, grommela sir Bingo d'une voix mieux articulée que de coutume.

— Mais vous ne le pouvez pas ! Vous n'avez jamais écrit une ligne de votre vie, sauf celles pour lesquelles vous étiez fouetté à l'école.

— Je puis écrire, — j'écrirai ! Deux contre un que j'écrirai.

Et l'affaire en resta là, car la compagnie s'était formée en conseil et était en consultation animée au sujet de la manière la plus convenable d'ouvrir une communication avec le mystérieux étranger ; et la voix de M. Winterblossom, dont les notes, jadis belles, étaient réduites au fausset par l'âge, interpellait toute la société des interjections De l'ordre ! de l'ordre ! Les deux *bucks* furent donc obligés de garder le silence, les deux bras appuyés sur la table et témoignant par leurs toux et leurs bâillements de leur indifférence pour les objets en discussion, tandis que le reste de la réunion y mettait la même chaleur que s'il s'était agi de matières de vie et de mort.

— Une visite d'un de ces messieurs, osait penser lady Penelope Penfeather, — de M. Winterblossom, s'il voulait en prendre la peine, — au nom de l'ensemble de la compagnie, serait le préliminaire nécessaire d'une invitation.

M. Winterblossom était tout à fait de l'opinion de mylady, et aurait été enchanté d'être le représentant personnel de la société réunie à la Source de Saint Ronan ; — mais c'était au haut de la montagne, — et mylady savait que son tyran, la goutte, l'attendait sur les frontières.

Il y avait d'autres cavaliers, plus jeunes que lui et plus dignes de voler aux ordres de mylady, qu'un vieux Vulcain tel que lui. — Il y avait le vaillant Mars et l'éloquent Mercure.

Et en même temps il saluait le capitaine Mac-Turk et le révérend M. Simon Chatterly ; puis, se renversant sur sa chaise, il se mit à humer son négus, de l'air pleinement satisfait d'un homme qui, par de belles paroles, s'est débarrassé d'une commission peu agréable. En même temps, probablement par absence d'esprit, il mit dans sa poche le dessin qui était revenu à son point de départ, la chaise du président, après avoir circulé autour de la table.

— De par Tieu, madame, dit le capitaine Mac-Turk, je serais fier d'obéir aux ordres de Votre Seigneurie ; — mais, de par Tieu, je ne vais jamais voir le premier quiconque ne m'a jamais fait de visite, à moins que ce ne soit pour lui porter le message d'un ami, ou pour quelque chose de semblable.

— Voyez donc le vieil amateur, dit le squire au chevalier ; — le voilà qui met le dessin en poche.

— Ferme, Johnnie Mowbray; — tombez sur lui, repartit à demi-voix sir Bingo.

— Merci du peu, sir Bingo, répliqua le squire du même ton. Winterblossom est des nôtres, — il *était* des nôtres, du moins, — et il ne souffrirait pas la plaisanterie. Il a encore ses Wogdens, qui seraient de saison aujourd'hui, et il est en état de tirer au but avec le plus habile de nous. — Mais, un moment; les voilà qui entreprennent le ministre.

Tout le monde, en effet, s'empressait autour de M. Chatterly, pour obtenir de lui qu'il consentît à se rendre près du Génie inconnu ; mais tout en souriant d'un air d'assentiment, et bien qu'absolument incapable d'articuler un Non positif, il demanda, en toute humilité, qu'il lui fût permis de décliner la commission. — La vérité est, dit il pour son excuse, qu'ayant un jour été visiter le vieux château de Saint-Ronan, et m'en revenant par le Vieux Village, comme on l'appelle vulgairement, je m'arrêtai à la porte de ce *Croc*, dans l'intention d'y demander un verre de sirop de capillaire, ou de quelque autre boisson rafraîchissante ; j'avais appelé, pour obtenir ce que je souhaitais, et je frappais assez fort à la porte, quand un châssis de fenêtre se leva tout à coup, et avant d'avoir été averti de ce qui allait arriver, je fus aspergé d'un déluge d'eau (ce fut du moins ce qu'il avoua), en même temps que la voix d'une vieille mégère m'assurait de l'intérieur que si celui là ne me rafraîchissait pas suffisamment, il y en avait un autre à mon service, — avis qui me décida à faire prompte retraite, pour éviter la répétition de la douche.

Tout le monde écouta en riant l'histoire de la mésaventure du chapelain, dont le récit semblait lui être arraché malgré lui par la nécessité d'alléguer quelque excuse valable pour son refus d'exécuter les ordres de mylady. Mais le squire et le baronnet prolongèrent leurs rires plus longtemps que ne le permettait le décorum, se renversant dans leurs chaises, les mains dans leurs poches de côté, et la bouche démesurément fendue par cette hilarité immodérée, au point que le patient, irrité, décontenancé, et tâchant de se donner un air de dédain, eut à soutenir un nouvel accès de rire général.

Lorsque enfin M. Winterblossom eut réussi jusqu'à un certain point à rétablir l'ordre, il s'aperçut que les infortunes du jeune ministre intimidaient la société autant qu'elles la réjouissaient. Personne ne voulut aller comme envoyé extraordinaire jusqu'aux domaines de la reine Meg, en qui l'on pouvait soupçonner peu de respect pour la sainteté de la personne d'un ambassadeur. Et ce qui fut pis, c'est que lorsqu'on eut décidé qu'une invitation civile de M. Winterblossom, au nom de la compagnie, serait envoyée à l'étranger, en place de visite personnelle, Dinah les informa qu'à coup sûr personne dans la maison ne voudrait se charger de porter là-haut une lettre de la sorte, attendu que pareille chose étant arrivée deux étés auparavant, Meg, qui crut que c'était une tentative pour attirer hors de chez elle l'hôte invité, avait tellement travaillé un garçon de charrue qui portait la lettre, qu'il ne se crut en sûreté que quand il eut gagné un village à dix milles de là ; et on apprit ensuite qu'il s'y était enrôlé dans la troupe d'un recruteur, aimant mieux faire face aux Français que de revenir à portée de la colère de Meg.

Précisément tandis qu'on agitait cette nouvelle difficulté, une clameur bruyante se fit entendre du dehors, clameur que la société crut d'abord, à ses grandes appréhensions, être causée par la formidable Meg, prévenant l'invasion projetée. Sur information, cependant, il se trouva que c'était sa commère, Nelly la Trotteuse ou Nelly Trotter, qui se disposait à forcer le passage de l'escalier contre les forces réunies de tous les domestiques de l'hôtel, pour réclamer ce qu'elle nommait la peinture de la mère Dods. Cet avis fit trembler le trésor dans la poche de l'amateur ; glissant une demi couronne dans la main de Toby, il lui recommanda de la donner à Nelly, et d'essayer son influence sur elle pour la tenir éloignée. Toby, qui connaissait le naturel de l'ennemi, mit la demi couronne dans sa poche, et fut prendre sur le buffet une mesure de whisky. Ainsi armé, il se présenta hardiment au front de la virago ; et lui opposant un *remora* capable d'arrêter la pauvre Nelly dans sa plus grande exaspération, non seulement il réussit à détourner l'orage immédiat qui allait fondre sur la compagnie en général, et sur M. Winterblossom en particulier, mais encore il rapporta aux convives l'avis satisfaisant que Nelly la Trotteuse avait consenti, après qu'elle aurait dormi son somme dans la grange, à porter leurs ordres à l'inconnu du *Croc* d'Aultoun [1].

M. Winterblossom, en conséquence, ayant donné à sa démarche un caractère authentique, en inscrivant au registre du comité l'autorisation qu'il avait reçue, écrivit son message dans le meilleur style de la diplomatie ; puis il le scella du sceau de la Source, où l'on avait figuré quelque chose ressemblant à une nymphe assise près de ce qu'on avait destiné à représenter une urne.

Les factions rivales ne se fièrent cependant pas entièrement à cette invitation officielle. Lady Penelope fut d'avis qu'on devait trouver quelque moyen de faire comprendre à l'étranger, homme de talent sans nul doute, — qu'il se trouvait, dans la société où il était invité, des esprits d'élite qui se sentaient dignes de le troubler dans sa solitude.

Sa Seigneurie imposa donc à l'élégant M. Chatterly la tâche d'exprimer en vers à l'artiste inconnu le désir que la société avait de le voir. Mais la muse du pauvre poëte ne se montra pas propice ; car un tra-

---

[1] *Aultoun*, contraction populaire pour *old* (écossais *auld*) *town*, vieux village.
(L. V.

vail d'une demi-heure ne put lui faire enfanter au delà de deux vers, que nous insérons ici, avec les variantes, d'après le manuscrit raturé, de même que le docteur Johnson a imprimé celles de Pope dans sa version de l'Iliade :

    1° *Filles.* — 2° *Dames.*   *Nous nous joignons ensemble.*
       [Nymphes] de **Saint-Ronan**,   [ici nous adressons]

    1° *Au berger.* — 2° *A l'homme non moins grand par ses vers...*
      [Au jeune favori] des beaux-arts et des muses
    . . . . excuses.

A défaut des célestes inspirations de la muse, il fallut nécessairement recourir à l'éloquence d'un billet en prose, et ce billet fut confié aux soins de Nelly la Trotteuse. Cette fidèle émissaire, lorsqu'elle fut rafraîchie par le somme qu'elle avait fait sur les cosses de pois, et tandis qu'elle était occupée à atteler sa charrette pour retourner sur la côte, ce qu'elle ne pouvait faire sans passer au Vieux Village, reçut un autre message, écrit par sir Bingo Binks lui-même, ainsi qu'il en avait fait la menace, et qui s'était donné cette peine pour assurer la décision du pari ; conjecturant qu'un homme d'extérieur fashionable, en état de lancer douze aunes de ligne d'un seul jet avec une telle précision, pouvait considérer l'invitation de Winterblossom comme celle d'un vieux radoteur, et se soucier tout aussi peu des bonnes grâces d'une *bas bleu* maniérée et de sa coterie, dont la conversation, dans l'opinion de sir Bingo, n'avait pas plus de saveur que du thé sans force et une tartine de beurre. Ainsi donc l'heureux M. Francis Tyrrel, à sa très grande surprise, ne reçut pas moins de trois invitations à la fois parties de la Source de Saint Ronan.

CHAPITRE V.

ÉLOQUENCE ÉPISTOLAIRE

> Mais comment puis je te répondre ? il faut d'abord te lire.
> PRIOR.

DÉSIREUX de donner de l'authenticité aux faits les plus importants de notre narration, en les appuyant d'autant de documents originaux que possible, nous sommes parvenu, après de nombreuses recherches, à pouvoir présenter au lecteur une transcription fidèle des messages confiés aux soins de Nelly la Trotteuse. Le premier était ainsi conçu :

« M. Winterblossom (de Silverhed) a les ordres de lady Penelope Penfeather, de sir Bingo et de lady Binks, de M. et de miss Mowbray (de Saint Ronan), et du reste de la compagnie réunie à l'hôtel et à l'auberge de *la Tontine* de la Source de Saint-Ronan, pour exprimer leur espoir que le gentleman logé à l'auberge *du Croc*, Vieux Village de Saint Ronan, voudra bien les favoriser de sa compagnie à la table d'hôte, aussitôt et aussi souvent que ce pourra être à sa convenance. La COMPAGNIE croit nécessaire d'envoyer cette invitation, parce que, selon les RÈGLES du lieu, la table d'hôte ne peut être fréquentée que par ceux qui logent à la Source de Saint-Ronan ; mais ils sont heureux de faire une distinction en faveur d'un gentleman aussi distingué par ses succès dans les beaux-arts que M. ***, résidant à ladite auberge du Vieux Village. Si M. *** était disposé, lorsqu'il connaîtra mieux la COMPAGNIE et les RÈGLES de la Place [1], à transporter sa résidence à la Source, M. Winterblossom, quoiqu'il ne voulût pas qu'on pût le croire engagé par une assurance positive à cet effet, est porté à espérer que, nonobstant l'affluence extrême de la saison, on pourrait faire un arrangement pour installer M. *** à la maison garnie appelée Lilliput-Hall. Cette négociation serait beaucoup facilitée si M. *** voulait avoir la bonté d'envoyer la note exacte de sa taille, attendu que le capitaine Rannletree semble disposé à quitter le lit de sangle qu'il occupe à Lilliput-Hall, parce qu'il le trouve un peu trop court. M. Winter-

---

Le mot *place* est fréquemment employé d'une manière absolue, pour désigner l'habitation principale d'une localité. (L. V.)

blossom prie M. *** de croire à l'estime qu'il a conçue pour son génie, et à sa haute considération personnelle.

« A Monsieur ***, esquire,
« Auberge *du Croc,* Vieux Village de Saint-Ronan.

Des Salles publiques, Hôtel et Tontine, Source de Saint Ronan, etc. »

Cette lettre (nous aimons à être précis en matière d'art graphique) était d'une assez belle main, et d'une écriture ronde et nette, laquelle, comme le caractère de M. Winterblossom, offrait en beaucoup de points une précision vulgaire, quoique trahissant en même temps une affectation d'ornements et de facilité.

Le second billet formait un contraste parfait avec la gravité diplomatique et la réserve étudiée de la communication officielle de M. Winterblossom; et les jeux d'esprit académique du jeune ministre, ainsi que ses fleurs d'éloquence classique, s'y mêlaient à quelques fleurs sauvages écloses dans l'imagination féconde de lady Penelope. En voici la teneur :

« Un chœur de dryades et de naïades réunies à la source salutaire de Saint Ronan a appris avec surprise qu'un jeune homme favorisé par Apollon, dans un moment de prodigalité du dieu, de deux de ses dons les plus estimés, erre au hasard dans leurs domaines, fréquentant bosquets et rivière, sans avoir une seule fois songé à rendre hommage aux déités tutélaires de ces lieux. Il est donc sommé de comparaître en leur présence, et une prompte obéissance lui assurera son pardon; mais en cas de résistance, qu'il craigne désormais d'essayer de la lyre ou de la palette.

— *Post-scriptum.* « L'adorable Penelope, enrôlée depuis longtemps parmi les déesses pour sa beauté et ses vertus, donne le nectar et l'ambroisie, que les mortels appellent un thé et des gâteaux, à la salle publique, près de la Source Sacrée, à huit heures du soir; les muses ne manquent jamais d'y assister. L'étranger est requis de participer par sa présence aux délices de la soirée.

— *Second post-scriptum.* « Un berger ambitieux, visant à plus de recherches que son étroite chaumière ne lui en offre, la quitte dans un jour ou deux :

On peut de ce local à coup sûr disposer.

Comme il vous plaira [1].

— *Troisième post-scriptum.* « Notre Iris, que les mortels connaissent

---

[1] Titre d'une comédie de Shakspeare. (L. V.)

sous le nom de Nelly la Trotteuse, en plaid de tartan, nous rapportera la réponse de l'étranger à notre sommation céleste. »

Cette lettre était d'une écriture italienne menue et délicate, ornée de traits fins et déliés, jetés parfois assez habilement pour figurer des lyres, des palettes, des vases, et d'autres ornements appropriés au contenu.

La troisième épître offrait un contraste absolu avec les deux autres. L'écriture en était grossière, irrégulière, demi grosse comme celle d'un écolier, et cependant elle semblait avoir coûté à celui qui l'avait tracée autant de peines que si c'eût été un spécimen de la calligraphie la plus parfaite. Elle contenait ce qui suit :

« Moncieur,

« Jack Moobray a parié aveque moi que le somon que vous avez tué samedy dernier pesai prais de dixuit livres, — moi, je dis plus prais de seze. — Ainsi donc, en votre qualité de paicheur, il vous en est référé. J'espére donc que vous viendrai ou que vous m'enverrez cela ; ne doutez pas que vous soyez reçu avec honeur. Le pari est une dousaine de bouteilles de clairet, à être bues à l'hôtel dans notre propre club, lundy prochain ; et nous vous prions d'être des nôtres ; et Moobray espaire que vous viendrez. — Étant, monsieur, votre trais humble serviteur, — Bingo Binks, baronnet, de Block-Hall.

— *Postcript.* « J'ai envoyé quelques lignes de fil indien, et aussi quelques lignes noires préparées par mon groom ; j'espaire qu'elles se trouveront de bon usage, autant que la riviaire et la séson le pairmettrons. »

Trois jours et plus se passèrent sans que l'on reçût de réponse à aucune de ces trois invitations ; et ce silence, tout en accroissant secrètement plutôt qu'il ne diminuait la curiosité des baigneurs au sujet de l'Inconnu, souleva contre lui en public une clameur générale, et une accusation universelle de grossièreté et de manque de savoir vivre.

Francis Tyrrel, cependant, commençait à s'apercevoir, à sa grande surprise, que de même que les philosophes il n'était jamais moins seul que quand il était seul. Dans les promenades les plus silencieuses et les plus retirées où le portait sa situation d'esprit actuelle, il était sûr de trouver quelques rôdeurs de la Source, pour lesquels il était devenu l'objet de tant d'intérêt et de sollicitude. Ne se doutant nullement qu'en lui se trouvait le point d'attraction qui les lui faisait rencontrer si fréquemment, il commença à se demander si lady Penelope et ses nymphes, M. Winterblossom et son poney gris, le ministre, son petit manteau noir et son pantalon œil de corbeau, — n'étaient pas en effet autant de copies polygraphiques des mêmes individus, ou s'ils étaient doués d'une rapidité de mouvements approchant de l'ubiquité ; car il ne pouvait aller nulle part sans les rencontrer, et cela plusieurs fois chaque jour, dans le cours de ses promenades. Parfois la présence de la douce Lycoris était révélée par un gentil babil sous un ombrage voisin ; d'autres fois, quand Tyrrel se croyait le plus solitaire, les accents ronflants de la flûte du ministre faisaient entendre le *Gramachree Molly ;* et s'il s'arrêtait au bord de la rivière, il était à peu près certain de se voir épié dans sa pêche par sir Bingo ou quelqu'un de ses amis.

Les efforts que fit Tyrrel pour échapper à cette persécution, et l'impatience qu'il en témoignait par ses manières, lui valurent parmi les baigneurs le nom de Misanthrope ; et une fois signalé comme objet de curiosité, celui qui pouvait à la table d'hôte donner chaque jour le détail le plus précis des courses du Misanthrope et de ses occupations de la matinée, était sûr de captiver le plus d'attention. Et loin que l'humeur sauvage de Tyrrel diminuât le désir que les baigneurs avaient de sa société, ce désir s'accrut encore par la difficulté de le satisfaire : — de même que le pêcheur éprouve un intérêt plus particulier alors qu'il jette son appât pour la truite la plus rusée et la plus prudente de l'étang.

Bref, tel fut l'intérêt que les imaginations excitées de la société prirent au Misanthrope, que nonobstant les qualités peu aimables que le mot exprime il ne se trouvait à la Source qu'une seule personne qui n'en désirât pas voir le spécimen dans leurs salles, afin de l'examiner de près et à loisir. Les dames étaient particulièrement impatientes de s'enquérir s'il était réellement misanthrope ?   s'il avait toujours été misanthrope ?   ce qui l'avait conduit à devenir misanthrope ? — et s'il n'y avait nul moyen de l'amener à cesser d'être misanthrope ?

Une seule personne, comme nous l'avons dit, ne désirait ni en voir ni en apprendre davantage au sujet du prétendu Timon du *Croc* : c'était M. Mowbray de Saint Ronan. Par l'intermédiaire d'un habitant du Vieux Village, le vénérable John Pirner, tisserand de profession, et de fait pêcheur braconnier, qui accompagnait habituellement Tyrrel pour lui indiquer les meilleurs endroits de la rivière, porter son sac, et autres services semblables, le squire s'était assuré que sir Bingo avait mieux jugé que lui du poids contesté du saumon Il y avait là pour lui, Mowbray, un point d'honneur imminent, outre le paiement d'une carte considérable. Et les conséquences pouvaient être encore plus sérieuses ; car il n'y allait de rien moins que de l'émancipation de sir Bingo, qui jusque là avait été pour Mowbray un partisan fidèle comme l'ombre, mais qui, s'il se voyait triomphant, confiant dans son jugement supérieur sur un point si important, pouvait ou lui fausser tout à fait compagnie, ou s'attendre à ce qu'à l'avenir le squire, qui longtemps avait semblé être la planete de leur club, dût se contenter d'accomplir ses révolutions autour de lui-même, sir Bingo, en qualité de satellite.

Le squire espérait donc vivement voir persévérer Tyrrel dans son humeur rétive, afin de laisser la gageure indécise, en même temps qu'il avait conçu un degré d'aversion fort raisonnable contre cet étranger, qui avait été la cause indirecte de la situation désagréable où il se trouvait, en n'attrapant pas un saumon plus lourd d'une livre. Il blâmait donc ouvertement la bassesse de ceux qui voulaient donner à Tyrrel une plus longue attention, et citait les lettres restées sans réponse, comme un acte d'impertinence prouvant que ce n'était pas un homme bien né.

Mais quoique les apparences fussent contre lui, quoiqu'en effet il fût naturellement porté à la solitude et ennemi de l'affectation et du tumulte d'une telle société, cette partie de la conduite de Tyrrel qui aurait indiqué un manque de savoir-vivre s'explique aisément, car il n'avait pas reçu les lettres qui demandaient réponse. Soit que Nelly la Trotteuse ne se souciât pas de se trouver face à face avec sa commère Meg Dods sans lui rapporter le dessin, soit que l'influence de la double rasade dont elle avait été gratifiée à la Source l'eût rendue oublieuse, elle et sa charrette regagnèrent sans s'arrêter son village bien aimé de Scate Raw, d'où elle envoya les lettres par le premier gars à jambes nues qui prit la route de l'Aultoun de Saint-Ronan ; de sorte que ce ne fut qu'après un long délai qu'elles arrivèrent enfin à l'auberge du *Croc*, et furent remises à M. Tyrrel.

La lecture de ces missives lui expliqua en partie ce qu'il avait trouvé de singulier dans la conduite de ses voisins de la Source ; et comme il vit qu'ils s'étaient fait de lui, n'importe sur quel fondement, l'idée d'un *lion* extraordinaire, et qu'il sentit qu'une telle réputation n'est pas moins ridicule que difficile à soutenir, il se hâta d'écrire à M. Winterblossom un billet conçu dans le style ordinaire des simples mortels. Il y faisait connaître le délai qu'avait éprouvé la remise des lettres, et en exprimait ses regrets ; et il annonçait son intention d'aller dîner le lendemain à la Source avec la société, tout en regrettant que les circonstances, ainsi que l'état d'esprit et de santé où il se trouvait, ne dussent lui permettre que très-rarement d'avoir cet honneur durant son séjour dans le pays ; enfin il priait qu'on ne se donnât aucun embarras pour son logement à la Source, attendu qu'il était parfaitement content de sa résidence actuelle. Une note séparée pour sir Bingo disait qu'il était heureux de pouvoir vérifier le poids du poisson, poids qu'il avait noté dans son journal (où diable le drôle va-t-il s'aviser de tenir un journal ? pensa le baronnet), et que, bien que le résultat ne pût être particulièrement agréable qu'à l'une des parties, il souhaitait que le perdant et le gagnant trouvassent autant de joie l'un que l'autre dans le vin de la gageure ; — que pour lui il était fâché de ne pouvoir se promettre le plaisir de prendre part ni au vin ni à la joie. Incluse était une note signée constatant le poids du poisson. Armé de ce document, sir Bingo réclama son vin, — vanta son jugement, jura, plus haut et plus distinctement qu'on ne l'avait jamais entendu jusque-là articuler un son, que ce Tyrrel était un garçon diablement honnête, et qu'il espérait faire plus ample connaissance avec lui ; tandis que le squire, la crête basse, maudissant en lui même l'étranger et l'envoyant à tous les diables, n'eut d'autre ressource pour imposer silence à son compagnon que de convenir qu'il avait perdu, et de fixer un jour pour consommer l'enjeu.

Dans la salle de réunion de l'hôtel, la compagnie examina comme au microscope la réponse de l'étranger à M. Winterblossom, chacun tendant son esprit à découvrir, dans les expressions les plus ordinaires, un sens profond et caché, impliquant quelque chose de mystérieux que l'œil n'apercevrait pas d'abord. M. Meiklewham, le procureur, s'arrêta sur le mot *circonstances*, qu'il lut avec une emphase particulière.

— Ha, le pauvre garçon ! conclut-il, je crois bien qu'il s'assied à meilleur marché au coin de l'âtre de Meg Dods qu'il ne pourrait le faire dans la compagnie présente.

Le docteur Quackleben, à la manière d'un prédicateur extrayant un mot de son texte comme celui sur lequel il doit particulièrement insister, répéta à demi voix les mots *état de santé*. — Hum ! — état de santé ? — Rien d'aigu : — on n'a envoyé chercher personne ; — ce doit être chronique, — une tendance à la goutte, peut-être. — Ou bien, son éloignement pour la société, — son œil légèrement hagard, — son pas irrégulier, — son tressaillement quand il est subitement rencontré par un étranger, et la manière brusque et colère dont il se détourne... Je vous prie, M. Winterblossom, donnez ordre qu'on me laisse parcourir les collections de journaux ; — il est fort incommode qu'on n'en ait pas la libre disposition.

— Vous savez que cette restriction est nécessaire, dit le président ; si peu de personnes dans la bonne compagnie lisent autre chose, que sans cela les vieux journaux seraient depuis longtemps mis en pièces.

— Bien, bien, donnez l'ordre dont j'ai besoin ; je me souviens d'avoir vu quelque chose au sujet d'un gentleman qui s'est échappé de sa famille : — il faut que je voie le signalement. — Je crois avoir une camisole de force quelque part au dispensaire.

Tandis que cette suggestion faisait pâlir la partie mâle de la société, qui ne se souciait guère de dîner en compagnie d'un homme dont la situation semblait si équivoque, quelques-unes des plus jeunes miss se disaient entre elles à l'oreille : Ah ! le pauvre garçon ! — et si c'est ce que le docteur suppose, mylady, qui sait quelle peut avoir été la cause de sa maladie ? — Il se plaint de son état *d'esprit* : — ah ! pauvre homme !

Et ainsi, grâces aux ingénieux commentaires de la société de la Source, sur un billet aussi simple qu'aucun de ceux qui ont jamais couvert la huitième partie d'une feuille de papier, celui qui l'avait écrit fut privé de sa fortune, de sa raison et de son cœur, « en tout ou partie, de l'un ou de l'autre, » pour employer le style clair et laconique de la phrase légale.

En un mot, tant de choses furent dites pour et contre, tant d'idées surgirent, tant de théories furent soutenues au sujet des habitudes et du caractère du Misanthrope, que lorsque la société se réunit à l'heure habituelle, quelque temps avant le dîner, chacun semblait douter si l'adjonction qu'attendait la compagnie entrerait dans le salon sur les mains ou sur les pieds; et quand Toby, du plus fort de sa voix, annonça « M. Tyrrel, » le cavalier qui se présenta différait si peu des autres, qu'il y eut un instant de désappointement. Les dames, en particulier, commencèrent à douter que le composé de talents, de misanthropie, de folie et de sensibilité mentale qu'elles s'étaient représenté, fût le même que l'homme de bonnes manières et presque fashionable qu'elles voyaient devant elles, et qui, bien qu'en habits du matin, ce que la distance de sa demeure et la liberté du lieu rendaient excusable, n'avait, même dans les points les plus minutieux de son extérieur, rien qui sentît la négligence ou la singularité qu'on pouvait supposer s'attacher au costume d'un reclus misanthrope, que son esprit fût sain ou dérangé. Tandis qu'il saluait à la ronde le cercle réuni au salon, les yeux de ceux à qui il s'adressait semblèrent se dessiller tout à coup ; chacun vit avec surprise que les exagérations appartenaient uniquement aux idées qu'ils avaient préconçues, et que, quels que fussent la fortune et le rang de M. Tyrrel, ses manières, sans avoir rien d'affecté, étaient nobles et agréables. Il fit ses remercîments à M. Winterblossom de manière à rappeler celui-ci au ton le plus parfait du bel usage pour ne pas rester, en lui répondant, au-dessous de celui de l'étranger. Il se déroba alors à la situation gauche de demeurer le seul objet de l'attention générale, en se glissant peu à peu parmi les personnes du cercle, — non en hibou qui cherche à se cacher dans un fourré, non plus qu'avec l'embarras d'un reclus qui évite la société où il a été amené malgré lui, mais de l'air d'un homme qui aurait pu avec aisance soutenir son rôle dans un cercle plus élevé. Les paroles qu'il adressa à lady Penelope furent adaptées au ton romanesque de l'épître de M. Chatterly, à laquelle il était nécessaire de faire allusion. Il craignait, dit-il, d'avoir à se plaindre à Junon de la négligence d'Iris, pour l'irrégularité que celle-ci avait apportée dans la remise de certain ordre éthéréen, auquel il n'avait osé répondre que par une obéissance muette ; — à moins, toutefois, comme semblait l'inférer le contenu de la lettre, que l'invitation ne fût destinée à quelque mortel plus favorisé des dons célestes que celui à qui le hasard l'avait fait parvenir.

Les lèvres de lady Penelope, et les yeux de la plupart des jeunes dames, l'assurèrent qu'il n'y avait pas eu de méprise ; que c'était bien lui que les nymphes avaient sommé de comparaître en leur présence, et qu'elles étaient parfaitement informées de ses talents comme poëte et comme peintre. Tyrrel désavoua, d'un air grave et sérieux, l'accusation de poésie, et protesta que loin d'avoir tenté lui-même les voies de l'art, il lisait avec répugnance tout ouvrage en vers, à l'exception des seules productions des poetes de premier ordre, et que même — il osait à peine le dire — il était quelques-uns de ceux-ci qu'il aurait mieux aimés en humble prose.

Il ne vous reste plus maintenant qu'à désavouer votre habileté d'artiste, repartit lady Penelope, et nous devons regarder M. Tyrrel comme le plus faux et le plus trompeur de son sexe, lui qui veut nous priver de l'occasion de jouir des productions de ses talents sans égaux. Je vous assure que je mettrai mes jeunes amies sur leurs gardes. Une telle dissimulation ne peut être sans but.

— Et moi, ajouta M. Winterblossom, je puis produire contre le coupable une pièce de conviction.

A ces mots il produisit en effet l'esquisse qu'il avait subtilisée à Nelly la Trotteuse, et qu'il avait rognée et collée (arts dans lesquels il excellait), de manière à en effacer les plis, à en rapprocher les parties déchirées et à en faire disparaître toute trace de fatigue, aussi bien que ma vieille amie mistress Weir aurait pu réparer les dommages que le temps aurait causés à un Shakespeare in-folio.

— Le *corpus delicti* même, dit le procureur avec un rire grimaçant et en se frottant les mains.

— Si vous êtes assez bons pour donner à de telles ébauches le nom de dessins, dit Tyrrel, je dois en ceci rester atteint et convaincu. J'avais coutume de les faire pour mon amusement; mais puisque mon hôtesse, mistress Dods, a découvert depuis peu que j'y trouvais un moyen d'existence, pourquoi le désavouerais-je?

Cet aveu, fait sans la moindre apparence de honte ou de retenue, parut produire un effet frappant sur toute la société. La main tremblante du président glissa l'esquisse dans le portefeuille d'où il l'avait tirée, craignant sans doute qu'elle ne fût formellement réclamée, ou que l'artiste ne s'attendît à en recevoir le prix. Lady Penelope fut aussi déconcertée qu'un cheval mal dressé que son cavalier fait changer de pied en galopant. Il lui fallait sortir du ton d'aisance respectueuse que Tyrrel avait pris avec elle, pour en prendre un qui exprimât le patronage de son côté et la dépendance du côté de l'artiste; et ce changement ne pouvait se faire en un moment.

Les circonstances, murmura l'Homme de la Loi, — les circonstances : — je m'en doutais!

Sir Bingo dit à l'oreille de son ami le squire : Épuisé, essoufflé, — hors de course. — C'est dommage; — ç'a été un damné drôle vraiment beau.

— Rosse d'origine! répliqua Mowbray du même ton. — Je ne l'ai jamais cru autre chose.

— Je vous gage un poney que vous vous trompez, mon cher, et je vais le lui demander.

— Va pour un poney, pourvu que vous lui fassiez votre question d'ici à dix minutes. Mais vous n'osez pas, Bingie; — il a un damné d'air à faire reculer le gibier, malgré toute son apparence de politesse.

C'est dit, repartit sir Bingo, mais d'un ton moins confiant qu'auparavant, et avec la détermination d'avancer avec quelque prudence.

— J'ai un rouleau là haut, et Winterblossom tiendra les enjeux.

— Je n'ai pas de rouleau, mais j'engagerai un bon sur Meiklewham.

— Voyez à ce qu'il vaille mieux que votre dernier, car je ne veux pas être refait une seconde fois. Jack, mon garçon, vous êtes pris.

— Pas avant que le pari ne soit gagné, et d'ici là je verrai ce dandy qui se promène là bas vous casser la tête, Bingie. Vous feriez bien de parler d'abord au capitaine; — c'est une aventure d'enfer, celle où vous courez. Je vous tiens encore quitte pour une guinée de dédit, Bingie. — Voyez: je vais lâcher la signature.

— Lâchez, et allez au diable! fit sir Bingo. Vous êtes pris, je vous le jure, Jack. Et avec un salut et une pirouette il s'éloigna du squire et s'avança vers l'étranger, à qui il s'annonça lui-même comme sir Bingo.

— J'ai eu... honneur... écrire... monsieur, furent les seuls mots que son gosier, ou plutôt sa cravate, sembla pouvoir émettre.

— Le Ciel confonde le sot! pensa Mowbray; il se débarrassera de ses lisières s'il y va de ce train là. Et doublement confondu soit ce vagabond maudit, qui, Dieu sait pourquoi, est venu ici Dieu sait d'où, pour lâcher les pourceaux dans mon jeu!

Cependant tandis que, le visage allongé sous l'influence de ces réflexions, Mowbray restait immobile, sa montre à la main, sir Bingo, avec un tact d'instinct que le sentiment de la conservation semblait inspirer à un cerveau qui n'était ni des plus délicats ni des plus inventifs, faisait précéder sa question de quelques remarques générales sur la pêche et les diverses sortes de chasse. Il trouva Tyrrel plus que passablement au fait de toutes les variétés de cet exercice. Il parlait de la pêche et de la chasse au tir, en particulier, avec une chaleur qui tenait de l'enthousiasme; de sorte que sir Bingo commença à éprouver pour lui un notable degré de respect, et à se dire en lui-même que ce ne pouvait être, ou que du moins il ne pouvait avoir toujours été l'artiste ambulant pour lequel il se donnait. — Cette réflexion, jointe au peu de temps qui lui restait, le poussa à s'adresser ainsi à Tyrrel: Je dis, M. Tyrrel, — je dis que vous avez été un des nôtres; — je dis...

— Si vous voulez parler de chasse et de pêche, sir Bingo, inter-

CHAPITRE V.

rompit Tyrrel, j'ai été et suis encore grand amateur de l'une et de l'autre.

— Hé mais, alors, vous n'avez pas toujours fait ces sortes de choses?

— De quelles sortes de choses voulez-vous parler, sir Bingo? Je n'ai pas le plaisir de vous comprendre.

— Hé! mais, je parle de ces dessins. Je vous en ferai une belle commande, si vous voulez me répondre. Je vous la ferai, sur mon honneur.

— Cela vous intéresse-t il particulièrement, sir Bingo, d'être mis au fait de mes affaires?

— Non, — certainement, non pas directement, répondit sir Bingo avec quelque hésitation, car il ne trouvait pas le ton sec des répliques de Tyrrel moitié autant de son goût qu'un plein bord de Xérès sec; j'ai seulement dit que vous étiez un compagnon diablement philosophe, et j'ai parié que vous n'aviez pas toujours exercé une profession, — voilà tout.

— Un pari avec M. Mowbray, je suppose?

— Oui, avec Jack; — vous avez touché. — J'espère qu'il est fait?

Tyrrel fronça le sourcil, et porta les yeux d'abord sur M. Mowbray, puis sur le baronnet; et alors, après avoir réfléchi un moment, il adressa la parole à ce dernier : Sir Bingo Binks, lui dit-il, vous mettez autant de grâce dans vos questions que vous avez de pénétration dans le jugement. — Vous avez parfaitement raison ; — je n'ai *pas* été élevé pour la profession d'artiste, et je ne l'ai pas toujours exercée, quelque chose que je fasse maintenant. J'ai donc répondu à votre question.

— Et Jack est pris, exclama le baronnet en se frappant sur la cuisse dans son transport de joie, et en se tournant vers le squire et le gardien des enjeux avec un sourire triomphant.

— Un moment, sir Bingo, reprit Tyrrel; encore un mot. J'ai un grand respect pour les paris : — c'est pour un Anglais une partie de sa chartre de parier sur tout ce que bon lui semble, et de poursuivre ses enquêtes par-dessus haies et fossés, comme s'il s'agissait d'une chasse au clocher. Mais comme je vous ai donné satisfaction au sujet de deux paris, c'est m'être assez prêté aux usages du pays; et en conséquence, sir Bingo, je vous prie de ne plus faire de moi ni de mes affaires l'objet de nouvelles gageures.

Je veux être damné si je m'en avise, pensa intérieurement sir Bingo Haut, il balbutia quelques excuses, et il fut ravi au fond du cœur que la cloche du dîner, qui sonna en ce moment, lui fournît l'occasion de s'éloigner de Tyrrel.

CHAPITRE VI.

PROPOS DE TABLE.

> Monsieur, si ces rapports sont vrais, les Hollandais ont de grandes choses en vue; les Autrichiens... Je préfère les haricots de France, madame, à tous les autres légumes.
> ....
> Et tout est dit aussi légèrement et avec autant de vivacité que — Madame, ferez vous une partie de whisk ?
> Les Propos de table.

Lorsqu'on fut au moment de quitter le salon, lady Penelope s'appropria le bras de Tyrrel avec un doux sourire de condescendance qui devait faire comprendre à l'objet d'un tel honneur toute l'étendue de la faveur accordée. Mais l'artiste déraisonnable, loin de montrer la moindre confusion à une prévenance à laquelle il devait si peu s'attendre, parut regarder cette distinction comme étant due naturellement au plus notable des étrangers présents ; et quand, après avoir placé lady Penelope à la tête de la table, près de M. Winterblossom le président, il prit une chaise pour lui même entre Sa Seigneurie et lady Binks, le présomptueux ne parut pas s'apercevoir qu'il fût élevé au dessus du rang qui lui appartenait dans la société, plus que s'il eût été assis au bas bout de la table près de l'honnête mistress Blower de Bow Head, venue à la Source pour faire disparaître les dernières traces de l'*indisposition* qu'elle ne voulait pas appeler indigestion.

Or, cette indifférence déroutait singulièrement lady Penelope, et irritait son désir de pénétrer le fond du mystère de Tyrrel, s'il y en avait un, et de le gagner à son parti. Si jamais vous avez été aux eaux, lecteur, vous savez que tout en n'accordant pas toujours l'attention la plus polie aux arrivants que rien ne distingue, les habitués prennent à l'apparition d'un *lion* égaré un intérêt passablement vif, et que les amazones qui se trouvent à la tête de chaque coterie, semblables aux chasseurs de Buenos Ayres, préparent leurs *lassos* et manœuvrent de leur mieux, toutes espérant prendre au nœud coulant le monstre sans défiance, et l'amener captif à leur ménagerie. Quelques mots au sujet de lady Penelope Penfeather expliqueront pourquoi elle se livrait à cette chasse avec une ardeur plus qu'ordinaire.

C'était la fille d'un comte, et la nature lui avait donné des charmes personnels et des traits qui avaient pu dans sa jeunesse lui faire prendre rang parmi les beautés, bien que maintenant ils fussent un peu trop prononcés pour qu'elle eût encore droit au même privilége. Le nez s'était effilé; les joues avaient perdu le contour arrondi du premier âge; et comme durant quinze ans qu'elle avait été la reine des cercles et des toasts, l'homme convenable n'avait pas parlé, ou du moins n'avait pas parlé en temps convenable, Sa Seigneurie, rendue maintenant suffisamment indépendante par l'héritage d'une vieille parente, chantait les louanges de l'amitié, commençait à prendre la ville en aversion pendant l'été, et à parler de « la verdure des champs. »

Vers l'époque où lady Penelope changea ainsi son genre de vie, elle fut assez heureuse, aidée du docteur Quackleben, pour découvrir les vertus de la source de Saint-Ronan; et ayant contribué pour sa part à l'établissement de l'*urbs in rure*[1] qui s'était élevée autour de la fontaine, elle se posa comme directrice suprême des modes dans la petite province qu'elle avait en grande partie découverte et colonisée. Elle était donc justement jalouse de s'assurer hommage et tribut de la part de quiconque entrerait sur le territoire.

A d'autres égards, lady Penelope ressemblait fort à la classe nombreuse à laquelle elle appartenait; au fond c'était une femme pleine de bons principes, mais trop inconsidérée pour permettre à ses principes de contrôler ses fantaisies, et conséquemment n'apportant pas un grand scrupule dans le choix de sa société. Elle était d'un bon naturel, mais capricieuse et fantasque; assez disposée à être obligeante et généreuse, si l'obligeance et la générosité ne contrariaient pas son humeur et lui donnaient peu d'embarras. Elle aurait servi partout de chaperon à une amie jeune, et remué le monde entier pour placer des souscriptions; mais jamais elle ne se mettait en peine jusqu'à quel point l'étourdie dont elle avait fait sa pupille pouvait faire la coquette, ni aux dépens de qui : de sorte que pour une nombreuse classe de jeunes personnes Sa Seigneurie était la plus délicieuse créature du monde. Et puis lady Penelope avait tant vécu dans le monde, et elle savait si exactement quand il convenait de parler, et comment échapper à une discussion embarrassante en affichant l'ignorance tout en paraissant l'intelligence même, qu'on ne s'apercevait pas généralement de son manque d'esprit, si ce n'est quand elle se posait en femme d'un esprit remarquable. C'est ce qui arrivait plus fréquemment depuis quelque temps, peut être depuis que, ne pouvant se dissimuler que le secours de la toilette lui devenait plus nécessaire, elle avait pu supposer que de nouvelles lumières, selon la remarque du poète, pénétraient jusqu'à son esprit à travers les lézardes que le temps avait faites. Nombre de ses amis, néanmoins, pensaient que lady Penelope aurait mieux consulté sa portée en se te-

---

[1] De la ville au milieu des champs.

nant dans la médiocrité, comme femme à la mode et bien élevée, qu'en faisant parade de ses nouvelles prétentions au goût et au patronage ; mais telle n'était pas son opinion, et sans doute elle-même était ici le meilleur juge.

De l'autre côté de Tyrrel était assise lady Binks, naguère la belle miss Bonnyrigg, et qui, durant la dernière saison, avait été tour à tour l'admiration, la risée et l'étonnement de la Source, en dansant la *fling* highlandaise la plus leste, montant le poney le plus fougueux, riant du rire le plus haut à la plaisanterie la plus équivoque, et portant la jupe la plus courte de toutes les nymphes de Saint-Ronan. Peu de personnes savaient que cette humeur étrange, bizarre, à demi folle, n'était qu'un vernis dont elle recouvrait son caractère véritable, dans le dessein de faire un bon mariage. Elle avait fixé ses vues sur sir Bingo ; elle connaissait sa maxime que pour le prendre une fille (nous employons ses propres expressions) devait être propre à tout, et elle savait que dans le choix d'une femme il se réglerait sur les qualités aventureuses qui font le bon chasseur. Elle tendit ses filets, et se rendit malheureuse. L'étrangeté de sa bonne humeur était chez elle un caractère entièrement d'emprunt ; sa disposition réelle était passionnée, ambitieuse et réfléchie. De délicatesse, elle n'en avait pas : — elle connaissait sir Bingo pour une brute et un sot, alors même qu'elle courait sus ; mais elle s'était assez abusée sur ses propres sentiments pour n'avoir pas prévu qu'une fois devenue la chair de sa chair elle éprouverait tant de honte et de colère en le voyant exposé par sa sottise à être la risée des uns et la dupe des autres, ni qu'elle ressentirait tant de dégoût en se trouvant en rapport plus intime avec sa brutalité d'esprit. Il est vrai qu'au total c'était un animal assez inoffensif ; et en employant alternativement le mors et la bride, en le flattant et en le cajolant, on aurait assez bien réussi à le mettre au pas. Mais une malheureuse hésitation qui avait précédé la déclaration de leur mariage secret avait tellement exaspéré l'esprit de la dame contre son époux, que les voies de conciliation étaient les dernières qu'elle fût disposée à adopter. Non-seulement on avait eu recours en cette occasion à l'assistance de la Thémis écossaise, si favorablement indulgente aux faiblesses du beau sexe, mais Mars lui-même avait paru sur le point de se mettre de la partie, si l'Hymen n'était pas intervenu. Il y avait de par le monde certain frère de la dame, — un officier, un officier en congé, — qui descendit d'une chaise de louage à l'hôtel *du Renard,* un soir à onze heures, ayant à la main un gourdin de chêne sec, et qu'accompagnait un autre gentleman, coiffé comme le premier d'un bonnet de police, et portant aussi un col noir ; et de leur chaise, au rapport du fidèle Toby, furent tirés un petit sac, une Andre Ferrara, et une boîte d'acajou longue de dix-huit pouces, haute de trois et large de six. Le lendemain matin fut tenu à une heure inhabituelle un solennel *palaver* (comme les natifs de Madagascar nomment leurs assemblées nationales) auquel assistèrent le capitaine Mac Turk et M. Mowbray ; et le résultat fut qu'au déjeuner la compagnie fut heureuse d'apprendre que sir Bingo était depuis quelques semaines l'heureux époux de leur favorite, union que des raisons de famille avaient obligé de tenir cachée, mais que maintenant il était libre d'avouer, et qu'il pouvait voler sur les ailes de l'amour pour aller chercher sa tourterelle gémissante aux bocages où elle s'était retirée jusqu'à ce que les obstacles qui s'étaient opposés à leur bonheur mutuel eussent disparu. Or, quoique tout cela sonnât fort agréablement, lady Binks, cette tourterelle sans fiel, ne pouvait jamais penser à la nature des moyens auxquels il avait fallu recourir, sans éprouver contre l'acteur principal, sir Bingo, le plus vif ressentiment et le plus profond mépris.

Outre ces circonstances désagréables, la famille de sir Bingo s'était refusée à appuyer le désir qu'elle avait que le baronnet l'emmenât à sa résidence ; de là une nouvelle blessure faite à l'orgueil de lady Binks, et un nouveau sujet de mépris contre le pauvre sir Bingo, qui, par honte et par crainte, n'osait affronter l'opposition de ses parents, dont le déplaisir, quoiqu'il ne suivît jamais un seul de leurs bons avis, lui inspirait toujours une terreur puérile.

Les manières de la jeune dame n'étaient pas moins changées que son caractère ; d'inconséquentes et libres à l'excès, elles étaient devenues réservées, chagrines et hautaines. Sentant que beaucoup de dames se faisaient scrupule d'avoir avec elle en société des rapports suivis, elle montrait pour les priviléges de son rang une susceptibilité fâcheuse, et s'offensait aisément de tout ce qui portait l'apparence du plus léger manque de respect. Elle s'était, de sa propre autorité, constituée maîtresse de la bourse de sir Bingo ; et laissée sans contrainte dans ses dépenses de toilette et d'équipage, elle s'attachait, contre ses habitudes de jeune fille, à se montrer riche et splendide plutôt qu'élégante, et à commander par la magnificence cette attention qu'elle ne daignait plus désormais rechercher en se rendant agréable et enjouée. Une source secrète de chagrin était la nécessité de montrer de la déférence à lady Penelope Penfeather, dont elle méprisait le jugement, et dont elle avait assez de pénétration pour deviner, et assez de justesse d'esprit pour apprécier à leur valeur, les prétentions à l'importance, au patronage et à la littérature. Cette aversion était d'autant plus profonde, qu'elle sentait que la situation qu'elle pouvait occuper même dans la société fort peu choisie de la Source de Saint-Ronan dépendait en grande partie de l'appui de lady Penelope, et que, négligée par celle-ci, il lui aurait fallu, même là, déchoir de quelques degrés. La bienveillance de lady Penelope pour lady Binks n'était pas non plus des plus cordiales. Elle avait sa part de l'aversion ordinaire qu'ont toujours éprouvée les nymphes vierges d'un certain âge pour celles qui, sous leurs yeux mêmes, contractent une splendide alliance, — et puis elle faisait plus que suspecter la désaffection secrète de la dame. Mais le nom sonnait bien ; et le train de vie de lady Binks faisait honneur à l'endroit. Aussi ne donnaient-elles cours à leur éloignement mutuel qu'en se lançant de temps à autre quelques traits acérés, mais toujours sous le masque de la politesse.

Telle était lady Binks ; et telle qu'elle était, cependant, sa toilette, son train et ses équipages étaient l'envie de la moitié des jeunes miss de la Source. Et tandis que par son air de mauvaise humeur elle défigurait son joli visage (car elle était réellement aussi jolie que bien faite), elles ne voyaient en elle que la satisfaction orgueilleuse d'en être venue à ses fins, et de penser qu'avec sa grande fortune et son bandeau de diamants elle ne trouvait plus dans le reste de la société une compagnie digne d'elle. Elles cédaient donc avec humilité à son humeur de domination, bien que cette humeur fût d'autant plus tyrannique que lors de ses étourderies de jeune fille elle avait éprouvé le dédain et la censure de quelques unes d'entre elles ; et lady Binks n'avait pas oublié les offenses faites à miss Bonnyrigg. Mais la jolie confrérie se soumettait à ses représailles, de même que les lieutenants de marine endurent les brutalités d'un capitaine brusque et bourru, avec la secrète résolution de s'en venger sur leurs inférieurs quand eux mêmes seront devenus capitaines.

Dans cette situation à la fois enviée et pénible, lady Binks occupait sa place à table, alternativement déconcertée par quelque stupidité de son seigneur et maître, ou par quelque sarcasme doucereux de lady Penelope, à qui elle n'osait répliquer, quoiqu'elle en brûlât d'envie.

Elle regardait de temps à autre son voisin Frank Tyrrel, mais sans lui adresser la parole, et elle recevait de lui en silence les civilités d'usage. Elle ne l'avait pas perdu de vue pendant son entretien avec sir Bingo ; et sachant par expérience de quelle manière son honoré seigneur avait coutume de faire retraite dans une dispute où il ne se sentait pas le dessus, et quelle était la fécondité de son génie pour le mettre en de semblables embarras, elle ne doutait pas qu'il n'eût reçu de l'étranger quelque nouvelle indignité. Aussi regardait-elle celui ci avec un mélange de sentiments divers, sachant à peine si elle devait lui savoir gré d'avoir humilié celui qu'elle détestait, ou lui en vouloir d'avoir fait affront à un homme dont l'avilissement entraînait nécessairement celui de la femme qui portait son nom. Il pouvait y avoir d'autres pensées : au total, elle lui donnait une attention muette, mais soutenue. Il ne lui rendait que peu de retour, car il était à peu près entièrement absorbé par les enquêtes multipliées de lady Penelope Penfeather.

Recevant des réponses polies, mais un peu évasives, à ses questions touchant les affaires les plus récentes de l'étranger, Sa Seigneurie ne put rien apprendre de lui, sauf qu'il avait voyagé dans quelques parties lointaines de l'Europe, et même de l'Asie. Déroutée, mais non découragée, lady Penelope continua ses démonstrations de courtoisie; elle lui désigna, en sa qualité d'étranger, plusieurs personnes de la société auxquelles elle se proposait de le présenter, et dont la fréquentation pourrait lui être ou utile ou agréable. Au milieu de cette conversation, cependant, elle s'interrompit tout à coup.

— Me pardonnerez-vous, M. Tyrrel, lui dit-elle, si je vous dis que depuis quelques moments j'épie vos pensées, et que je vous ai pénétré? Durant tout le temps que je vous parle de ces bonnes gens, et que vous me faites de ces réponses polies qu'on pourrait insérer avec autant de convenance que d'utilité dans les *Dialogues familiers*, *enseignant aux étrangers à s'exprimer en anglais dans les occasions ordinaires*, votre esprit est fixé tout entier sur cette chaise restée vide en face de nous, entre notre digne président et sir Bingo Binks.

J'avoue, madame, répondit-il, que j'ai été quelque peu surpris de voir inoccupée une place si distinguée, tandis que la table est passablement pressée.

Oh! poussez vos aveux plus loin, monsieur! Avouez que pour un poëte un siége inoccupé, — le siége de Banquo [1], — a plus de charmes que s'il était rempli, le serait-il par un alderman. — Que diriez-vous si la Dame Noire [2] se glissait ici et venait l'occuper? Auriez-vous le courage de soutenir la vision, M. Tyrrel? — Je vous assure que la chose n'est pas impossible.

— *Quelle chose* n'est pas impossible, lady Penelope? demanda Tyrrel quelque peu surpris.

— Vous tressaillez déjà? En ce cas je désespère de vous voir supporter l'imposante entrevue.

Quelle entrevue? qui est attendu? dit Tyrrel, que tous ses efforts ne purent empêcher de laisser voir quelques signes de curiosité, quoiqu'il soupçonnât que le tout pourrait bien n'être qu'une simple mystification de Sa Seigneurie.

— Combien je suis ravie, répliqua-t-elle, d'avoir trouvé votre point vulnérable! Attendu? — ai-je dit attendu? — Non, on ne l'attend point:

« Elle se glisse, comme la Nuit, de contrée en contrée, et elle a une étrange puissance de parole.»

— Mais allons, je vous tiens à ma merci; je serai généreuse et je m'expliquerai. — Nous appelons c'est à dire, entre nous, vous comprenez — nous appelons miss Clara Mowbray, la sœur de ce gentleman assis près de miss Parker, nous l'appelons, dis-je, la Dame Noire,

---

[1] Allusion à la scène IV, acte III, de *Macbeth*. (L. V
[2] *Voyez* la note C, à la fin du volume.

et ce siége est réservé pour elle. — Car elle était attendue, — non, pas attendue, — j'oublie encore! — mais on pensait qu'il était possible qu'elle nous honorât de sa présence, aujourd'hui que notre table était si complète et si piquante. — Son frère est notre *seigneur du manoir*, — de sorte qu'on fait à miss Clara la politesse de la regarder comme visiteuse; et ni lady Binks ni moi ne pensons à nous y opposer. — C'est une singulière jeune personne, que Clara Mowbray; — elle m'amuse beaucoup. — J'ai toujours assez de plaisir à la voir.

— Si je vous ai bien comprise, mylady, elle ne doit pas venir aujourd'hui?

— Mais.... son heure est passée, — même *son* heure; — le dîner a été retardé d'une demi heure, et nos pauvres invalides étaient affamés, comme vous pouvez voir par leurs hauts faits depuis qu'on est à table. — Mais Clara est une créature singulière, et si elle s'était mis en tête de venir à l'heure qu'il est, elle viendrait : elle est très-fantasque. — Bien des gens la regardent comme jolie; — mais elle a tellement l'air d'un être de l'autre monde, qu'elle me fait toujours penser à la Dame-Spectre de Mat Lewis[1].

Et elle se mit à répéter la strophe suivante :

« Il est une chose — une seule chose — que je voudrais avoir de toi; je voudrais avoir ce bel anneau d'or : ô guerrier, donne le-moi! »

Et vous vous rappelez la réponse du guerrier?

« Cet anneau, lord Brooke le prit à sa fille, et il fit le serment solennel que cette dame serait à moi quand cette croisade serait achevée. »

Vous faites les figures aussi bien que les paysages, je suppose, M. Tyrrel? — vous me ferez une esquisse, — peu de chose, — car je crois que des esquisses montrent l'inspiration de l'art mieux que des morceaux achevés. — Je raffole des premiers jets du génie, — brillants et rapides comme l'éclair qui fend la nue! — Vous me ferez une esquisse pour mon boudoir, — mon cher antre obscur d'Air Castle, et Clara Mowbray posera pour la Dame-Fantôme.

— Ce serait un triste compliment pour votre amie, mylady.

— Mon amie? nous n'en sommes pas tout à fait là, quoique j'aime bien Clara. — Un moule de physionomie tout à fait sentimental; je crois avoir vu un antique au Louvre qui lui ressemblait beaucoup — (j'y étais en 1800), — tout à fait une physionomie antique : — des yeux un peu enfoncés; — le chagrin en a creusé les orbites, mais ce sont des orbites du plus beau marbre, surmontés de deux arcs de jais; — un nez droit, et absolument la bouche et le menton grecs; une profusion de longues boucles de cheveux noirs, avec la peau la plus blanche

---

[1] L'auteur du *Moine*. (L. V.)

que vous ayez jamais vue, — aussi blanche que le plus blanc parchemin, — et pas l'ombre de couleurs sur les joues, — pas la moindre. — Si elle voulait être coquette, et emprunter à l'art une touche modérée d'incarnat, elle pourrait être appelée belle. Même telle qu'elle est, bien des gens la regardent comme telle, quoique assurément, M. Tyrrel, trois couleurs soient nécessaires au visage féminin. Au surplus, nous avions coutume, la saison dernière, de la nommer la Melpomène de la Source, de même que nous nommions lady Binks — qui n'était pas alors lady Binks — notre Euphrosine. — N'est-il pas vrai, ma chère?

— Que dites-vous, madame? dit lady Binks, d'un ton quelque peu plus aigre qu'on n'aurait dû l'attendre d'un aussi joli visage.

— Je suis fâchée de vous avoir arrachée à vos rêveries, mon amour, reprit lady Penelope. J'assurais seulement M. Tyrrel qu'autrefois vous étiez Euphrosine, quoique maintenant vous soyez si décidément passée sous les bannières d'*Il Penseroso*.

— Je ne sais si j'ai été l'une ou l'autre, repartit lady Binks; mais une chose est certaine, — c'est que je ne suis pas en état de comprendre l'esprit et le savoir de Votre Seigneurie.

— Pauvre âme! dit lady Penelope à l'oreille de Tyrrel; nous savons ce que nous sommes, et nous ne savons pas ce que nous pouvons être. — Et maintenant, M. Tyrrel, que j'ai été votre sibylle pour vous guider dans notre Élysée, je crois mériter, pour récompense, un peu de confiance en retour.

— Assurément, si j'avais à accorder la moindre confiance qui pût en quoi que ce fût intéresser Votre Seigneurie.

— O le cruel homme! — il ne veut pas me comprendre. — Hé bien donc, pour parler clairement, un coup d'œil dans votre portefeuille, — seulement pour voir quels objets vous avez sauvés du dépérissement naturel, et rendus immortels par le pinceau. Vous ne savez pas — réellement, M. Tyrrel, vous ne savez pas à quel point je raffole de votre art « riant et silencieux, » qui ne le cède qu'à la seule poésie, — qui est égal — supérieur peut-être — à la musique.

— J'ai réellement peu de chose qui puisse être digne de l'attention d'un juge tel que vous, mylady; des bagatelles pareilles à celles que Votre Seigneurie a vues, et que parfois je laisse au pied de l'arbre où je les ai crayonnées.

— Comme Orlando [1] laissait ses vers dans la forêt des Ardennes? — Oh, la folle prodigalité! M. Winterblossom, entendez-vous ceci? — il nous faudra suivre M. Tyrrel dans ses promenades, et glaner ce qu'il laisse après lui.

Ici Sa Seigneurie fut déconcertée par quelques rires partis du côté

---

[1] Non celui de l'Arioste, mais un homonyme de la comédie de Shakspeare *Comme il vous plaira*. (L. V.)

de la table où se trouvait sir Bingo ; elle les réprima par un regard courroucé, puis elle reprit avec emphase :

— Monsieur Tyrrel, cela ne doit *pas* être ; — ce ne sont pas là les voies du monde, mon cher monsieur, voies auxquelles le génie lui-même doit abaisser son vol. Nous devons consulter le graveur, — quoique peut-être vous graviez aussi bien que vous dessinez ?

— Je le supposerais, dit M. Winterblossom, glissant un mot avec difficulté, à la hardiesse de la touche de M. Tyrrel.

— Je ne nierai pas que de temps à autre je n'aie gâté un peu de cuivre, puisque je suis accusé du délit par d'aussi bons juges ; mais ç'a été seulement comme essais.

— Assez ! s'écria la dame ; mon vœu le plus cher est accompli ! — Nous avons longtemps désiré voir les sites les plus remarquables et les plus romantiques de notre petite Arcadie, sites consacrés à l'amitié, aux beaux-arts, à l'amour et aux grâces, — immortalisés par un graveur jaloux de soutenir la renommée de son art. — Vous entreprendrez cette tâche, M. Tyrrel ; nous vous aiderons tous par des notices et des illustrations, — nous contribuerons tous ; — seulement il devra être permis à quelques uns de nous de garder l'anonyme. — Vous savez, M. Tyrrel, que les faveurs des fées doivent être tenues secrètes. — Et on nous permettra le pillage de l'Album ; — vous y trouverez quelques morceaux agréables de M. Chatterly. — M. Edgeit, qui est de votre profession, vous prêtera certainement son aide ; le docteur Quackleben fournira quelques notices scientifiques ; et quant aux souscriptions...

— Matière de finance, — matière de finance ; — je vous rappelle à l'ordre, mylady ! s'écria le procureur, interrompant lady Penelope avec un ton de familiarité impudente que sans doute il prenait pour de l'aisance et de l'enjouement.

— En quoi suis je hors de l'ordre, monsieur Meiklewham ? dit Sa Seigneurie en se redressant.

— Je vous rappelle à l'ordre ! — toute affaire où il s'agit d'argent doit être préalablement communiquée au comité d'administration.

— Qui a parlé d'argent, je vous prie, monsieur Meiklewham ? repartit Sa Seigneurie. Ce misérable vieux chicaneur, ajouta-t-elle à demi-voix en s'adressant à Tyrrel, ne pense à rien autre chose qu'à ses viles espèces.

— Vous avez parlé de souscriptions, myleddy [1], ce qui est la même chose que de l'argent, sauf la seule différence du temps, — la souscription étant un contrat *de futuro*, et ayant un *tractus temporis in gremio* [2].

---

[1] Cette forme écossaise du titre anglais *mylady* indique toujours que l'interlocuteur appartient aux classes communes du peuple écossais. (L V.)

[2] Un espace de temps en elle même.

— Et j'ai su que beaucoup d'honnêtes gens de la compagnie réunie à la Source se plaignent des souscriptions comme d'un grand abus, en ce qu'elles les obligent ou à paraître ne pas vouloir faire comme les autres, ou à donner de bon argent au coin légal pour des vers, et des livres de peinture, et autres choses dont ils se soucient comme d'une prise de tabac.

Plusieurs membres de la société, au bas bout de la table, témoignèrent leur assentiment par des mouvements de tête et des murmures d'approbation; et l'orateur allait continuer, quand Tyrrel parvint, non sans peine, à se faire entendre avant que le débat n'allât plus loin, et assura la compagnie que la bonté de Sa Seigneurie l'avait induite en erreur; qu'il n'avait en train aucun ouvrage digne de leur patronage, et que tout en éprouvant la plus profonde gratitude pour la bienveillance de lady Penelope, il n'était pas en son pouvoir de se rendre au désir qu'elle avait exprimé. Il y eut quelques chuchotements aux dépens de Sa Seigneurie, laquelle, comme le fit malicieusement remarquer le procureur, avait été quelque peu trop loin dans son patronage. Sans essayer pour le moment de rallier ses partisans (ce que rendait difficile, à la vérité, le temps écoulé déjà depuis que le dîner était desservi), lady Penelope donna aux dames le signal de la retraite, et laissa les cavaliers faire circuler la bouteille.

CHAPITRE VII.

LE THÉ.

> Tandis que les coupes qui réjouissent sans enivrer attendent chaque convive.
> COWPER.

Il était d'usage à la Source que les dames donnassent de temps à autre un thé à la compagnie, — celles du moins qui, par leur rang et leur influence dans la petite société, pouvaient être regardées comme ayant le droit de se constituer les patronnes d'une soirée ; et la même dame portait communément l'autorité qu'elle avait acquise jusqu'à la salle de bal, où deux violons et une basse, à raison d'une guinée pour la soirée, avec un *quantùm sufficit* de chandelles communes (contre l'usage desquelles lady Penelope s'était souvent révoltée), permettaient à la réunion — pour employer la phrase consacrée — «de terminer légèrement la soirée sur la pointe du pied. »

Dans l'occasion actuelle, le *lion* du moment, M. Francis Tyrrel, avait si peu répondu à l'attente de lady Penelope, qu'elle regrettait presque de s'être donné le moindre embarras à cause de lui, et particulièrement d'avoir mis sa cabale en jeu pour obtenir le patronage du thé pour la soirée, au grand préjudice de ses provisions de *souchong* et de *congo*. En conséquence, mylady n'eut pas plutôt donné ses ordres à sa dame de compagnie et à sa femme de chambre pour qu'elles fissent le thé, et à son jockey, à son valet de pied et à son cocher pour le servir à la compagnie (service dans lequel ils furent assistés par deux laquais de lady Binks, richement galonnés et poudrés à blanc, dont les livrées faisaient honte à celles des gens de lady Penelope, et même ternissaient la gloire de la couronne de comte de leurs boutons), qu'elle commença à dénigrer et à déprécier celui qui avait été si longtemps l'objet de sa curiosité.

— Ce M. Tyrrel, dit-elle d'un ton d'autorité tranchante, semblait après tout une personne fort ordinaire, un homme tout à fait *lieu-commun*, qui avait eu égard à sa condition, en allant au vieux cabaret, beaucoup plus qu'ils n'y avaient eu égard eux-mêmes en l'invitant à leur salon public. Il avait mieux su quelle place lui convenait ; — il n'y avait ni dans son extérieur ni dans sa conversation rien qui sortît du commun, — rien du tout de *frappant* : — elle avait même peine à croire qu'il eût pu dessiner cette ébauche. M. Winterblossom, à la vérité, en faisait grand cas; mais tout le monde savait que le moindre rogaton de gravure ou de dessin que M. Winterblossom parvenait à s'approprier devenait, dès l'instant qu'il entrait dans sa collection, la plus belle chose qu'on eût jamais vue. — C'était la manière de tous les faiseurs de collections : — leurs oies étaient tous des cygnes.

— Et le cygne de Votre Seigneurie s'est trouvé n'être qu'une oie, ma chère lady Pen, dit lady Binks.

— *Mon* cygne, ma chère lady Binks! je ne sais réellement pas en quoi j'ai mérité qu'on me l'approprie.

— Ne vous fâchez pas, ma chère lady Penelope; je voulais seulement dire que depuis une quinzaine et plus vous avez constamment parlé *de* ce M. Tyrrel, et que durant tout le temps du dîner vous n'avez fait que *lui* parler.

Les dames commencèrent à se rapprocher lorsqu'elles entendirent les mots *ma chère* si souvent répétés dans ce court dialogue, ce qui les porta à croire qu'il pourrait bien y avoir une *prise*, et, comme le peuple en pareille occasion, à former un cercle pour les combattants espérés.

— Il était assis entre nous, lady Binks, repartit lady Penelope avec dignité. Vous aviez votre mal de tête habituel, vous savez, et, pour l'honneur de la société, j'ai parlé pour une.

— Pour *deux*, s'il vous plaît, mylady. Je veux dire, ajouta-t-elle, adoucissant l'expression, pour vous et pour moi.

— Je suis fâchée d'avoir dû parler pour quelqu'un qui sait aussi bien parler pour sa part que le sait ma chère lady Binks. — Je n'ai nullement désiré accaparer la conversation. — Je le répète : nous nous sommes trompées sur cet homme.

— Je le crois, dit lady Binks d'un ton où il entrait quelque chose de plus qu'un simple assentiment à la proposition de lady Penelope.

Je doute qu'il soit aucunement artiste, reprit celle-ci; ou s'il l'est en effet, il faut qu'il soit occupé pour quelque *Magazine*, ou pour l'*Encyclopédie*, ou pour quelque chose d'analogue.

— *Moi*, je doute même qu'il soit artiste de profession. S'il est artiste, il est d'une classe très-élevée, car j'ai rarement vu un homme qui ait de meilleures manières.

— Il est des artistes qui ont de très-bonnes manières. C'est une profession d'hommes comme il faut.

— Assurément; mais parmi eux la classe pauvre a souvent à lutter avec la pauvreté et la dépendance. Dans la société, ils sont comme des commerçants en présence de leurs pratiques, et c'est un rôle difficile à soutenir. Ainsi vous en voyez de toute espèce : — de froids et de réservés, quand ils ont conscience de leur mérite; — d'impertinents et de fantasques, comme pour montrer leur indépendance; — d'indiscrets, afin de paraître à l'aise; — parfois d'obséquieux et de rampants, quand ils se trouvent être d'un esprit bas. Mais vous les voyez rarement tout à fait à l'aise, et conséquemment je regarde ce M. Tyrrel ou comme un artiste de premier ordre, complétement élevé au-dessus de la nécessité de s'avilir pour se créer un patronage, ou bien comme n'étant pas artiste de profession.

Lady Penelope jeta sur lady Binks un regard très-approchant de celui qu'on peut supposer que Balaam laissa tomber sur son âne quand il s'aperçut que l'animal était en état de soutenir une argumentation avec lui. Elle murmura entre ses dents :

« Mon âne parle, et même il parle bien¹ ! »

mais déclinant l'altercation que lady Binks semblait disposée à soutenir, elle repartit d'un air de bonne humeur : — Bien, bien, ma chère Rachel, — nous ne nous arracherons pas nos bonnets pour cet homme ; — et même je crois que la bonne opinion que vous avez de lui va lui donner une nouvelle valeur à mes yeux. Il en est toujours ainsi entre nous, ma bonne amie ! nous pouvons en convenir tandis qu'il n'y a parmi nous personne de cet autre sexe si misérablement entiché de son mérite. Nous saurons ce qu'il est réellement ; — il ne porte sans doute pas de graine de fougère pour se rendre invisible au milieu de nous. — Que dites-vous, Maria?

— Je dis, ma chère lady Penelope, répondit miss Digges, dont le goût pour le caquet est déjà connu du lecteur, que c'est un très-joli homme, quoique son nez soit trop gros et sa bouche trop grande ; — mais ses dents sont comme des perles, — et il a de tels yeux ! — surtout quand vous lui parliez, mylady. Je ne crois pas que vous regardiez ses yeux ; ils sont expressifs, noirs et pleins de feu, tout à fait comme dans ce que vous nous lisiez de la lettre de cette dame dans Robert Burns.

— Sur ma parole, miss, vous faites des progrès ! — on a besoin de prendre garde à ce qu'on lit ou à ce dont on parle devant vous, je vois.

— Allons, Jones, ayez pitié de nous ; mettez un terme à cette symphonie de bruits de tasses et de soucoupes, et laissez commencer le premier acte du thé, s'il vous plaît.

— Myleddy veut elle parler du *benedicite?* dit l'honnête mistress Blower, admise pour la première fois dans cette vénérable société, et fort occupée à étendre soigneusement sur ses genoux un mouchoir des Indes qui aurait pu servir de grande voile à un des lougres contrebandiers de son mari, de peur que le thé et les gâteaux auxquels elle se proposait de faire largement honneur n'endommageassent sa robe de

---

¹ Il est assez singulier que l'auteur ait mis dans la bouche pudibonde d'une Anglaise une citation tirée d'un poème que les dames françaises n'osent avouer. (L. V.)

soie noire à ramages; — myleddy veut-elle parler du *benedicite?* je vois justement venir le ministre. — Sa Seigneurie vous attend pour dire un *benedicite*, s'il vous plaît, monsieur.

M. Winterblossom, qui arrivait derrière le chapelain en se balançant sur les deux hanches, son orteil lui ayant donné un prompt avertissement de quitter la table, passa devant la pauvre femme sans daigner soulager son angoisse de curiosité, quoiqu'il se fût bien aperçu que tous les muscles de son visage étaient gonflés par le désir qu'elle avait de se procurer des renseignements sur les *us et coutumes* du lieu.

Au bout d'un moment elle fut tirée de peine par l'arrivée du docteur Quackleben, dont la maxime était qu'un malade méritait autant d'attention qu'un autre, et qui savait par expérience que les honoraires d'une brave dévote de Bow-Head[1] faisaient aussi facilement acte de comparution (sinon plus) que ceux de sa seigneurie lady Penelope. Il s'assit donc tranquillement près de mistress Blower, et s'enquit de sa santé avec l'intérêt le plus empressé, espérant, ajouta-t-il, qu'elle n'avait pas oublié de prendre une cuillerée à soupe d'eau de-vie brûlée jusqu'à *residuum*, afin de corriger les crudités.

— En vérité, docteur, répondit la digne femme, j'ai laissé brûler l'eau-de-vie aussi longtemps que j'ai été capable de voir une bonne chose se perdre ainsi elle-même; — et alors, quand j'ai été obligée de l'éteindre pour qu'il en restât, j'en ai pris la valeur d'un plein dé (quoique ça ne soit pas une chose à laquelle je sois accoutumée, docteur Quackleben), et je ne peux pas dire autrement que ça m'a fait du bien.

— Incontestablement, madame, repartit le docteur, je ne suis pas partisan de l'usage de l'alcool en général; mais il est des cas particuliers, — il est des cas particuliers, mistress Blower. Mon vénérable professeur, un des plus grands hommes de notre profession qui aient jamais vécu, prenait tous les jours, après son dîner, un verre à vin de vieux rhum au sucre.

— Oui da? le cher cœur! ce serait un docteur confortable, celui là. Il connaîtrait peut-être bien quelque chose à ma maladie. Pensez-vous qu'il soit encore vivant, monsieur?

— Mort depuis bien des années, madame; et il n'y a pas beaucoup de ses élèves qui puissent remplir sa place, je vous assure. Si j'ai pu être regardé comme une exception, c'est uniquement parce que j'étais un favori. Ah! béni soit son vieux manteau rouge! — il couvrait plus de science curative que les robes de toute une université moderne.

— Il y en a un, monsieur, qui est fort en vogue à Édimbourg; — je crois qu'on l'appelle Mac Gregor. On vient de près et de loin pour le voir[2].

---

[1] Quartier du Vieil Édimbourg. (L. V.)

[2] Le médecin ici désigné est probablement feu le docteur Gregory, de même qu'on a

— Je sais qui vous voulez dire, madame ; — un homme habile, — on ne peut pas le nier ; — un homme habile. — Mais il est certains cas, — le vôtre, par exemple, — et, je crois, ceux de bien des gens qui viennent boire ces eaux, — que je ne puis dire qu'il comprenne parfaitement. — Prompt, — très-prompt et très-rapide. Or, moi... moi je commence par laisser la maladie prendre son cours, — et alors je l'épie, mistress Blower, — j'épie le retour de la marée.

— Oui, en vérité, c'est bien cela, répliqua la veuve ; John Blower épiait toujours le retour de la marée, le pauvre cher homme.

— Et puis, c'est un docteur qui affame ses malades, mistress Blower ; — il réduit les maladies comme les soldats réduisent les villes, — par famine, sans faire attention que les habitants amis souffrent autant que la garnison ennemie. — Ahem !

Ici il toussa d'un ton d'importance emphatique ; puis il reprit :

— Je ne suis pas ami non plus des excès ni d'un stimulant violent, mistress Blower ; mais la nature veut être soutenue : un régime généreux, — des cordiaux pris avec jugement, — et non sans l'avis d'un médecin, — voilà mon opinion, mistress Blower, à vous parler en ami ; — d'autres peuvent affamer leurs malades si c'est leur idée.

— Le régime de famine ne m'irait pas, docteur Keekerben, dit la veuve alarmée, il ne m'irait pas du tout ; — c'est tout ce que je puis faire que de passer la journée avec le peu de soutien que la nature demande : — pas une âme ne veille sur moi, docteur, depuis que John Blower m'a été pris. — Je vous remercie bien, monsieur (s'adressant au domestique qui distribuait le thé) ; — merci, mon petit homme (à l'enfant qui servait les gâteaux). — Dites-moi, docteur, continua-t-elle à voix basse et d'un ton confidentiel, ne pensez-vous pas que le thé de myleddy est un peu dans les faibles ? — de l'eau ensorcelée, je crois ; et mistress Jones, comme on l'appelle, n'a-t-elle pas coupé les tartines bien minces ?

— C'est la mode, mistress Blower, et le thé de mylady est excellent. Mais votre goût est un peu émoussé, ce qui n'est pas rare quand on commence à faire usage des eaux, de sorte que vous ne sentez pas la saveur. — Nous devons fortifier le système, — il faut renforcer les facultés digestives. — Permettez-moi : — vous êtes étrangère, mistress Blower, et nous devons prendre soin de vous ; j'ai un élixir qui surmontera cette fadeur de goût en un instant.

A ces mots le docteur Quackleben tira de sa poche un petit nécessaire de médecine. — Prenez-moi sans mes ustensiles, dit il ; — j'ai ici toute la pharmacopée véritablement utile : — le reste n'est qu'attrape et noms barbares. — Ce petit nécessaire, avec une quinzaine ou un

---

fait allusion plus haut à une des habitudes personnelles du célèbre docteur Mac Cullen. Le docteur Gregory était connu pour mettre ses malades à un régime sévère. (W. S.)

mois passés à la Source de Saint-Ronan, au printemps ou à l'automne, et personne ne mourra avant que son jour ne soit venu.

Tout en vantant ainsi les vertus de sa pharmacopée portative, le docteur en tira un petit flacon plein d'une liqueur haute en couleur, et en mêla trois cuillerées à thé dans la tasse de mistress Blower. Celle-ci, aussitôt après avoir bu, déclara que le goût était amélioré au delà de toute croyance, et que c'était vraiment une chose très-confortable et très-stomachique.

— Cela ne serait-il pas bon pour mes douleurs, docteur? dit M. Winterblossom qui depuis quelques instants tournait autour d'eux, et qui tendit sa tasse au médecin.

— Je ne vous le recommande nullement, M. Winterblossom, répondit le docteur Quackleben en refermant son nécessaire avec le plus grand sang-froid; votre affection est œdémateuse, et vous la traitez à votre manière. — Vous êtes aussi bon médecin que moi, et je ne me mêle jamais du malade d'un autre praticien.

— Bien, bien, docteur; il faut que j'attende que sir Bingo arrive. — Il a habituellement sur lui un flacon de chasse, qui contient une aussi bonne médecine au moins que la vôtre.

— Vous attendrez sir Bingo un peu de temps; c'est un gentleman d'habitudes sédentaires. — Il a fait venir un second *magnum*.

— Sir Bingo est un drôle de nom pour un homme de qualité, ne trouvez-vous pas, docteur Cockleben? reprit mistress Blower. John Blower, quand il était un petit dans l'œil du vent[1], comme il disait, le pauvre garçon, — avait l'habitude de chanter une chanson sur un chien qu'on appelait Bingo, qui avait appartenu à un fermier.

— Notre Bingo n'est encore qu'un roquet[2], madame; — ou si c'est un chien, c'est un triste chien, dit M. Winterblossom, applaudissant lui-même à son trait d'esprit par un de ses inimitables sourires.

— Ou plutôt un chien enragé[3], dit M. Chatterly, car il ne boit pas d'eau; et à son tour il sourit gracieusement, à l'idée d'avoir riposté à la pointe du président par une pointe meilleure.

— Voilà deux hommes agréables, docteur, reprit la veuve, et sir Bungy l'est aussi, pour ce qui est de ça; mais n'est-ce pas pitié qu'il reste si longtemps à la bouteille? C'était aussi le défaut du pauvre John Blower, cette maudite ivrognerie; quand il se trouvait sous le vent d'un bol de punch, il n'y avait pas à le faire lever. Mais voilà qu'on enlève les tasses; et dites-moi, docteur, n'est ce pas une chose lamentable qu'on use des biens du bon Dieu sans seulement dire le *benedicite* ni les grâces? — Si ce M. Chitterling est réellement un ministre, il

---

[1] *In the wind's eye*, locution écossaise. Nous disons : *Dans les vignes du Seigneur*.
[2] *Puppy*, chien a la mamelle, et, dans une autre acception, sot, suffisant. (L. V.)
[3] Les Anglais disent *chien fou, mad dog*. (L. V.)

aura un grand compte à rendre, pour négliger le service de son Maître.

— M. Chatterly est à peine arrivé au grade de ministre plénipotentiaire, madame.

— Ministre *potentiaire* ?— Ha, docteur, je crois que c'est quelque plaisanterie de votre façon ; c'est tout comme le pauvre John Blower. Quand je voulais obtenir de lui que l'*Aimable Peggy*, bâtiment et cargaison (le navire avait reçu mon nom, docteur Kittleben), fût recommandé aux prières de la congrégation, il me disait : Ceux qui courent le risque peuvent prier, Peggy Brice, car j'ai fait assurer le bâtiment. C'était un homme joyeux, docteur ; mais il avait la racine de la piété en lui, malgré toute sa légèreté en paroles, aussi avant que l'ait jamais eue aucun patron qui ait levé une ancre des Routes de Leith. J'ai été une créature bien abandonnée depuis sa mort. — Oh ! les tristes jours et les tristes nuits que j'ai eus !   et le découragement, docteur, — le découragement ! — quoique je ne puisse pas dire que je me sois jamais sentie plus à l'aise depuis que je suis à la Source que je me sens en ce moment.   Si je savais ce que je vous dois pour l'élickstir, docteur ; car elle m'a fait grand bien au cœur, outre que je vous ai ouvert mes pensées.

— Fi, fi, madame ! — dit le docteur en voyant la veuve atteindre une poche en peau de veau marin, semblable à celle dans lesquelles les marins mettent leur tabac, mais qui paraissait bien garnie de *bank-notes*;   fi, madame ! — je ne suis pas apothicaire. — J'ai mon diplôme de Leyde : — médecin dans toutes les règles, madame. — L'élixir est cordialement à votre service ; et si vous avez besoin de quelque avis, personne ne sera plus fier de vous assister que votre humble serviteur.

— Bien sûr que je vous suis fort obligée de votre bonté, docteur Kickalpin, repartit la veuve en resserrant sa poche. C'était le *spleuchan*[1] du pauvre John Blower, comme on appelle ça ; — je le porte toujours à cause de lui. C'était un bon homme, et qui m'a laissée à mon aise quant aux biens du monde ; mais les biens de ce monde ont leurs charges : — être une femme seule est un triste sort, docteur Kittlepin.

Le docteur Quackleben rapprocha un peu sa chaise de celle de la veuve, et entama avec elle une conversation plus intime, d'un ton de consolation sans doute trop délicat pour que l'oreille du reste de la société y fût initiée.

Un des principaux plaisirs des eaux est que les affaires de chacun y semblent placées sous la surveillance spéciale de la réunion entière, de sorte qu'en toute probabilité les divers jeux de coquetterie, les *liaisons*[2], etc., qui naturellement s'établissent dans la société, sont un

---

[1] Poche à tabac en peau. (W. S.)

[2] L'expression est en français dans l'original. (L. V.)

sujet de distraction non seulement pour les parties intéressées, mais aussi pour les spectateurs, c'est à dire, généralement, pour l'ensemble de la communauté dont chacun fait temporairement partie. Lady Penelope, première dôté de la région, et dont l'œil vigilant inspectait tout son cercle, ne fut pas longtemps à s'apercevoir que le docteur semblait s'être subitement engagé en conversation intime avec la veuve, dont il s'était même aventuré à prendre la jolie main potelée, d'un air qui tenait autant du galant que du conseiller médical.

— Pour l'amour du Ciel, dit Sa Seigneurie, qui peut être cette dame si avenante que notre excellent et savant docteur regarde d'une manière si particulière?

— Grasse, belle, et la quarantaine, répondit M. Winterblossom; c'est tout ce que je sais d'elle. Une femme de commerce.

— Une carraque, sire président, richement chargée de denrées coloniales, dit le chapelain : *l'Aimable Peggy Bryce.* Pas de maître, — feu John Blower de North Leith ayant appareillé pour les bords Stygiens, et laissé le bâtiment sans équipage.

Le docteur paraît disposé à jouer le rôle de pilote, dit lady Penelope en dirigeant son lorgnon vers eux.

J'ose dire qu'il sera disposé à lui faire changer de nom et de rôle de bord, repartit M. Chatterly.

C'est le moins qu'il puisse faire par représailles, dit Winterblossom; elle a changé six fois le nom du docteur dans les cinq minutes que j'ai été à portée de les entendre.

Que pensez-vous de la chose, ma chère lady Binks? dit lady Penelope.

Madame? répondit lady Binks sortant tout à coup d'une rêverie, et répondant comme une personne qui n'a pas entendu ou n'a pas compris la question.

— Je vous demande ce que vous pensez de ce qui se passe là bas?

Lady Binks porta son lorgnon dans la direction des yeux de lady Penelope, arrêta sur la veuve et sur le docteur le regard assuré d'une femme à la mode; puis, laissant lentement retomber son bras, elle répondit d'un ton d'indifférence : — Je ne vois réellement rien qui vaille qu'on s'en occupe.

— J'ose dire que c'est une belle chose d'être mariée, reprit lady Penelope; les pensées, je suppose, sont tellement absorbées par le parfait bonheur dont on jouit, qu'on n'a plus ni le temps ni l'envie de rire comme les autres. Miss Rachel Bonnyrigg aurait ri à se faire sortir les yeux de la tête si elle avait vu ce dont lady Binks se soucie si peu.

— J'ose dire qu'être mariée doit être un bonheur qui se suffit tout à fait à lui-même.

— Ce serait un heureux homme celui qui pourrait vous en convaincre sérieusement, mylady, dit M. Winterblossom.

— Eh! qui sait? — la fantaisie peut m'en prendre. — Mais non, — non, — trois fois non.

— Dites-le seize fois plus, repartit le galant président, et que le dix-neuvième Non soit une affirmation.

— Quand je dirais mille fois Non, il n'existe pas dans homme vivant d'alchimie qui pourrait extraire un Oui de toute la masse. Bénie soit la mémoire de la reine Bess[1]! — elle nous sert à toutes d'exemple pour garder le pouvoir quand nous l'avons. — Quel est ce bruit?

— Ce n'est que la dispute habituelle d'après dîner, dit le ministre. J'entends la voix du capitaine, silencieuse en tout autre cas, qui leur commande de se tenir en paix, au nom du diable et des dames.

— Sur ma parole, ma chère lady Binks, ceci est par trop mal à votre seigneur et maître, et à Mowbray qui pourrait avoir plus de sens, ainsi qu'au reste de cette troupe de buveurs de clairet, de nous alarmer ainsi les nerfs tous les soirs en se querellant et en se présentant perpétuellement les uns aux autres leurs pistolets, comme des chasseurs confinés à la maison par la pluie le 12 août. Je suis lasse du Pacificateur; — il n'arrange une affaire que pour en entamer une autre. — Que pensez-vous, amour, de l'idée que j'ai de faire promulguer dans l'ordre du jour que la première querelle qui pourra s'élever sera vidée *bonâ fide* et jusqu'au bout? — Nous irons toutes voir le combat, et nous porterons les couleurs des deux parties; et s'il en résulte un enterrement, nous y assisterons en corps. Le deuil sied si bien! ne trouvez-vous pas, ma chère lady Binks? Voyez la veuve Blower dans son grand deuil; — ne lui portez-vous pas envie, mon amour?

Lady Binks sembla prête à répondre avec aigreur; mais elle se contint, en songeant peut-être que la prudence lui défendait d'en venir à une rupture ouverte avec lady Penelope. — En ce moment la porte s'ouvrit, et une dame en habit d'amazone, son chapeau entouré d'un voile noir, parut à l'entrée du salon.

— Anges et ministres de grâce! exclama lady Penelope avec son geste tragique; ma chère Clara, pourquoi si tard? et pourquoi ainsi? Voulez vous passer dans mon cabinet de toilette? — Jones vous passera une de mes robes; — nous sommes de la même taille, vous savez. — Acceptez, je vous en prie; laissez moi être pour une fois fière de quelque chose qui m'appartienne, en vous le voyant porter.

Ceci fut dit du ton le plus affectueux de l'amitié féminine, et en même temps la belle présidente du cercle accueillait miss Mowbray par une de ces tendres caresses que les dames, Dieu les bénisse! — se font quelquefois entre elles avec une prodigalité peu nécessaire, au grand mécontentement et à l'envie non moins grande de la partie mâle des spectateurs.

---

[1] Forme familière du nom de la *reine vierge*, Élisabeth. (L. V.)

CHAPITRE VII.

— Vous êtes agitée, ma chère Clara, continua lady Penelope du même ton de sollicitude affectueuse ; — vous avez une agitation fébrile, — j'en suis sûre. Laissez-moi vous décider à vous mettre au lit.

— En vérité, vous vous trompez, lady Penelope, répondit miss Mowbray, qui semblait prendre en grande partie comme affaire de pur cérémonial la profusion de politesses et d'amitiés de Sa Seigneurie ; — je suis échauffée, et le trot de mon poney était dur, voilà tout le mystère. — Donnez-moi une tasse de thé, mistress Jones, et tout sera fini.

— Faites sur-le champ de nouveau thé, Jones, dit lady Penelope ; puis, prenant la main passive de son amie, elle conduisit celle-ci à son *coin*, comme elle aimait à nommer la partie du salon où elle tenait sa petite cour, — les dames et les cavaliers accueillant la nouvelle arrivante, à mesure qu'elle passait, par leurs révérences et leurs saluts, tandis que de son côté elle ne répondait à leurs civilités que par les démonstrations que la politesse la plus ordinaire rendait indispensables.

Lady Binks ne se leva pas pour la recevoir ; se redressant seulement sur sa chaise elle fit une inclination de tête des plus raides. Miss Mowbray répondit par le même salut cérémonieux, et pas un mot ne fut échangé de part ni d'autre.

— Qui donc ça peut-il être, docteur? demanda la veuve Blower ;— souvenez-vous que vous m'avez promis de me dire tout sur le grand monde. — Qui peut-elle être, celle là pour qui leddy Penelope fait un pareil fracas ? — et pourquoi est-ce qu'elle est venue en robe de drap et en chapeau de feutre, quand nous sommes toutes (portant les yeux sur sa robe) en soie et en satin?

— Vous dire qui elle est, ma chère mistress Blower, est chose très facile, répondit l'officieux docteur. C'est miss Clara Mowbray, sœur du seigneur du Manoir[1], — ce gentleman qui porte l'habit vert avec une flèche sur le collet. Mais vous dire pourquoi elle porte ce vêtement, ou la raison d'aucune autre de ses actions, c'est ce qui dépasserait l'habileté d'un docteur. La vérité est que j'ai toujours pensé qu'elle était légèrement — très-légèrement — touchée : — appelez cela affection nerveuse, hypocondrie, — ou de quel nom vous voudrez.

— Le Seigneur nous protège, pauvre créature! dit la veuve compatissante. — Le fait est que ça en a l'air. Mais c'est une honte de la laisser aller en liberté, docteur ; — elle pourrait se blesser, ou blesser quelqu'un. Voyez, elle a pris le couteau ! — Ha, c'est seulement pour couper une tranche de pain. Elle ne veut pas que ce singe poudré d'enfant l'aide. Il y a en cela assez de jugement, docteur, car elle peut couper épais ou mince à son goût. — Mais voyez donc! elle n'a pris

---

[1] *Lord of the Manor* Cette expression, qui s'est déjà présentée plusieurs fois, désigne le maître du château dont le terrain de l'établissement dépendait. (L. V.)

qu'une miette qui tiendrait entre les laitons de la cage d'un serin, après tout. Je voudrais qu'elle levât ce long voile, docteur, ou qu'elle ôtât cette amazone. On devrait réellement lui montrer les règles, docteur Kickelshin

— Elle ne se met en peine d'aucun des règlements que nous pouvons faire, mistress Blower ; la volonté et le bon plaisir de son frère, et la fantaisie d'indulgence que lady Penelope a pour elle, font qu'elle se permet tout. On devrait consulter sur son état.

— Oui, vraiment, il est temps de consulter, quand de jeunes créatures comme elle viennent cabrioler au milieu de dames habillées, tout juste comme si elles venaient de trotter sur les sables de Leith.

— Myleddy se donne t-elle assez de mouvement pour elle, docteur ! Vous les prendriez pour deux oiseaux de la même couvée.

— Elles auraient bien pu voler de la même aile, autant que je sache ; mais dans le cas de lady Penelope on prit de bonne heure de bons avis. Mon ami le feu comte de Featherhead était un homme de jugement ; — il ne se faisait à peu près rien dans sa famille que par conseil de médecin. — Aussi, en partie grâce aux eaux, en partie grâce à mes soins, lady Penelope est seulement fantasque, — seulement capricieuse, — voilà tout, — et sa qualité le comporte ; avec un autre traitement, l'humeur peccante aurait peut-être fait éruption.

Oui, elle a été bien conseillée ; mais cette petite Mowbray, pauvre créature ! comment en est-elle venue à être ainsi laissée à elle-même ?

— Sa mère était morte, son père ne pensait qu'à sa chasse. Son frère a été élevé en Angleterre, et eût-il été ici, il ne se serait mis en peine de personne que de lui-même. Ce qu'elle a eu d'éducation, elle se le doit à elle même ; toutes ses lectures, elle les a faites dans une bibliothèque pleine de vieux romans ; les amis ou la compagnie qu'elle a vus ont été ceux que le hasard lui a envoyés : pas de médecin de famille, pas même un bon chirurgien à dix milles à la ronde ! Vous ne pouvez donc vous étonner si la pauvre créature est devenue ce qu'elle est.

— Pauvre créature ! pas de médecin ! pas même de chirurgien ! — Mais, docteur, peut-être que la pauvre créature a toujours joui de sa santé, vous savez ; et alors ..

— Ha ! ha ! — et *alors*, madame, elle aurait eu beaucoup plus besoin de médecin que si elle avait été délicate. Un habile médecin, mistress Blower, sait comment dompter cette santé robuste qui est un état du corps humain très-alarmant quand elle est envisagée *secundùm artem*. La plupart des morts subites arrivent quand les gens sont dans un état de santé robuste. Ah ! cet état de parfaite santé est ce que le docteur redoute le plus chez son malade.

— En vérité, docteur ? je comprends très-bien, sans doute, le grand avantage d'avoir près de quelqu'un une personne habile.

Ici la voix du docteur, dans l'empressement qu'il mettait à convaincre mistress Blower du danger qu'elle courait en se supposant en état de vivre et de respirer sans la permission d'un médecin, descendit à un ton de plaidoirie persuasive dont notre *rapporteur* ne put rien saisir. Il devint, ainsi qu'il arrive parfois à de grands orateurs, « impossible de l'entendre dans la galerie [1]. »

Cependant, lady Penelope accablait Clara Mowbray de caresses. Jusqu'à quel point, au fond du cœur, Sa Seigneurie aimait-elle cette jeune personne, c'est ce qu'il aurait peut être été difficile de déterminer : — probablement elle l'aimait comme un enfant aime un joujou favori. Mais Clara n'était pas un joujou qu'on pût prendre ou laisser à volonté, — elle était aussi fantasque à sa manière que lady Penelope à la sienne, sauf que les singularités de la pauvre Clara étaient réelles, et la plupart de celles de Sa Seigneurie affectées. Sans adopter les conclusions rigoureuses du docteur au sujet de la première, on ne peut disconvenir que son humeur était inégale; et ses accès de légèreté accidentels étaient entremêlés de très-longs intervalles de tristesse. Sa légèreté paraissait aussi, aux yeux du monde, plus grande qu'elle ne l'était réellement; car jamais elle n'avait connu la contrainte de ce qu'on aurait pu réellement appeler la bonne société, et celle à laquelle elle se mêlait de temps à autre lui inspirait un mépris auquel elle ne se serait pas abandonnée si elle avait eu le bonheur d'avoir quelqu'un qui lui apprît cette importante vérité, qu'il est certains dehors et certaines contraintes auxquels il faut s'astreindre, moins par rapport aux autres que pour nous-mêmes. Ses habits, ses manières, ses idées, lui appartenaient donc à peu près exclusivement; et quoique tout cela lui allât à ravir, néanmoins, comme les guirlandes d'Ophélia [2] et ses fragments d'étranges mélodies, tout cela était de nature à exciter la compassion et la tristesse de l'observateur, même alors qu'il s'en amusait.

— Et pourquoi n'êtes-vous pas venue dîner? — Nous vous avons attendue; — votre trône était disposé.

— A peine serais je, de moi-même, venue pour le thé, répondit miss Mowbray. Mais mon frère dit que Votre Seigneurie se propose de venir à Shaws Castle, et il a prétendu que pour vous confirmer dans une intention si flatteuse il était tout à fait convenable et nécessaire que je vinsse vous dire : Venez, je vous en prie, lady Penelope; ainsi me voilà pour vous dire : Venez, je vous en prie, lady Penelope.

— Une invitation si flatteuse est elle limitée à moi seule, ma chère Clara? — Lady Binks sera jalouse.

---

[1] L'auteur fait ici allusion à une phrase commune dans le compte rendu des séances du parlement. Chez nous la même circonstance est généralement ainsi formulée : « *la voix de l'orateur n'arrive pas jusqu'aux tribunes*, » ce qui n'a jamais lieu, il est vrai, que lorsqu'on a à rendre compte du discours d'un adversaire. (L. V.)

[2] *Hamlet.* (L. V.)

—Amenez lady Binks si elle veut bien nous faire honneur; — (une inclination de tête très-raide fut échangée entre les dames) — amenez M. Springblossom [1], — Winterblossom, — tous les *lions* et toutes les *lionnes*: — nous avons place pour la collection entière. Mon frère, je suppose, amènera son régiment particulier d'ours, lequel, avec l'assortiment ordinaire de singes qu'on voit en toute caravane, complétera la ménagerie. Comment serez-vous reçus aux Shaws, ce n'est pas mon affaire, grâces au Ciel! mais celle de John.

— Nous n'aurons pas besoin d'une réception cérémonieuse, mon amour : un *déjeuner à la fourchette* [2]. — Nous savons, Clara, que vous en mourriez, s'il vous fallait faire les honneurs d'un dîner de cérémonie.

Pas le moins du monde; je vivrais assez pour faire mon testament, et léguer toutes les réunions nombreuses au vieux Nick [3] qui les a inventées.

— Miss Mowbray, dit lady Binks, qui avait dû plus d'un sarcasme au franc parler de cette jeune fille, tant dans son ancien rôle de coquette et d'étourdie que dans celui de prude qu'elle avait maintenant revêtu, — miss Mowbray se déclare

« Pour le champagne et le poulet. »

— Le poulet sans champagne, s'il vous plaît, dit miss Mowbray; j'ai connu des dames à qui il en a coûté cher pour avoir eu du champagne à table. — A propos, lady Penelope, votre collection n'a pas autant d'ordre et de discipline que celles de Pidcock et de Polito. On entendait bien des cris et des grognements dans la loge d'en bas quand je suis passée auprès.

C'était le moment de la pâture, mon amour, et à cet heure-là les animaux inférieurs de toute classe deviennent hargneux; — vous voyez que tous nos animaux plus doux et bien dressés sont lâchés et se tiennent en bon ordre.

Oh! oui, — en présence du gardien, vous savez. — Pourtant il faut que je me risque de nouveau à traverser la salle au milieu de tous ces grognements et de ces hurlements; — je voudrais avoir les quartiers de mouton du prince du conte de fées à leur jeter s'ils s'échappaient, — je veux parler de celui qui allait puiser de l'eau à la fontaine des Lions. Néanmoins, en y songeant mieux, je prendrai la sortie de derrière, et je les éviterai. — Que dit l'honnête Bottom?

« En vrais lions, s'ils venaient à se battre,
Leur vie, ma foi, serait fort en danger. »

---

[1] Miss Clara joue ici sur le mot *Winterblossom*, qui signifie, ainsi que nous l'avons déjà expliqué, *fleur d'hiver*, nom très convenable à un beau suranné. *Springblossom* veut dire *fleur de printemps*. (L. V.)

[2] Ces mots sont en français dans le texte. (L. V.)

[3] Sobriquet populaire du diable. (L. V.)

— Vous accompagnerai je, ma chère? dit lady Penelope.

— Non, — j'ai l'âme trop grande pour cela. — Je crois que quelques-uns d'entre eux ne sont lions que par la peau.

— Mais pourquoi vous en iriez vous sitôt, Clara?

— Parce que ma commission est faite; — ne vous ai-je pas invités vous et les vôtres? et lord Chesterfield lui-même ne conviendrait-il pas que j'ai obéi aux lois de la politesse?

— Mais vous n'avez parlé à personne de la compagnie. — Comment pouvez-vous être si singulière, mon amour?

— Ne leur ai-je pas parlé à tous, quand je vous ai parlé à vous et à lady Binks? — mais je suis bonne fille, et je ferai ce qu'on m'ordonne.

A ces mots, parcourant des yeux la compagnie, elle s'adressa à chacun avec une affectation d'intérêt et de politesse qui laissait percer le dédain et le mépris.

— M. Winterblossom, j'espère que la goutte est mieux; — M. Robert Rymar — (pour cette fois j'ai évité de l'appeler Thomas[1]), — j'espère que le public encourage les muses; — M. Keelavine, je me flatte que votre pinceau est occupé; — M. Chatterly, je ne doute pas que votre troupeau ne prospère; — docteur Quackleben, je suis sûre que vos malades guérissent. — Voilà tous les membres de la respectable société que je connaisse; — quant au reste, santé aux souffrants et plaisir aux autres!

— Vous ne vous en allez réellement pas, mon amour? reprit lady Penelope; ces courses précipitées à cheval vous agitent les nerfs, — oui, assurément; — vous devriez être prudente. — Dois-je parler à Quackleben?

— Ni à Quackle ni à Quack[2] à mon sujet, ma chère lady. Il n'y a rien de ce que vous sembleriez dire par votre clignement d'yeux à lady Binks; — il n'y a rien de cela, en vérité. — Je ne serai pas lady Clementina[3], pour être un objet d'étonnement et de pitié à la Source de Saint Ronan; — je ne serai pas Ophélia non plus, — et pourtant je dirai avec elle : Bonne nuit, mesdames, — bonne nuit, mes douces dames! — Et maintenant ce n'est pas mon carrosse! mon carrosse! — mais mon cheval! mon cheval!

A ces mots elle sortit rapidement du salon par une porte de côté, laissant les dames se regarder les unes les autres d'un air significatif, et secouer la tête avec une expression très profonde.

— Quelque chose a troublé la pauvre malheureuse fille, dit lady Penelope; je ne l'avais jamais vue aussi bizarre.

— Dirai-je mon sentiment? ajouta lady Binks; je pense comme

---

[1] Allusion au célèbre barde écossais Thomas le Rimeur. (L. V.)

[2] *Quack*, en anglais, signifie charlatan. (L. V.)

[3] Une des héroïnes de Grandisson. Clementina a perdu la raison. (L. V.)

mistress Highmore dans la comédie, que sa folie n'est qu'une pauvre excuse pour son impertinence.

— Fi! fi, ma bonne lady Binks! ménagez ma pauvre favorite. Vous plus que personne, assurément, devriez pardonner les écarts d'une aimable excentricité de caractere. — Pardonnez-moi, mon amour, mais je dois défendre une amie absente. Lady Binks, j'en suis certaine, est trop généreuse et trop franche pour haïr les petits artifices

« Par lesquels elle-même au trône s'éleva. »

— Comme je n'ai pas conscience d'une haute élévation, mylady, je ne sais pas quels artifices j'ai été dans la nécessité d'employer pour y atteindre, répliqua lady Binks. Je suppose qu'une dame écossaise d'ancienne famille peut devenir la femme d'un baronnet anglais sans qu'on y trouve une cause d'étonnement très extraordinaire.

Assurément ; mais vous savez qu'en ce monde on s'étonne de rien.

— Si vous m'enviez mon pauvre cavalier sir Bingo, je vous en trouverai un meilleur, lady Pen.

Je ne doute pas de vos talents, ma chère ; mais quand il m'en faudra un, je le trouverai moi-même. — Mais voici venir toute la troupe des cavaliers. — Joliffe, offrez le thé à ces messieurs ; — préparez ensuite le salon pour la danse, et dressez les tables de jeu dans la pièce voisine.

CHAPITRE VIII.

> On fait sauter les bouchons, on met les barils en perce ;
> ils s'embrassent d'abord, et finissent par se quereller.
>
> PRIOR.

Si le lecteur a observé les mœurs de la gent canine, il peut avoir remarqué la manière très-différente dont se comportent les individus des deux sexes dans les querelles qu'ils ont respectivement entre eux. Les femelles sont hargneuses, pétulantes, et très-portées à exprimer l'aversion impatiente que leur inspire réciproquement leur présence, ou à satisfaire l'esprit de rivalité qui en résulte, par un aboiement soudain ou une prise non moins prompte, dont elles tirent généralement tout l'avantage possible. Mais ces ébullitions de mauvaise humeur ne conduisent à des conflits ni très sérieux ni très prolongés ; l'affaire commence et finit en un moment. Il n'en est pas ainsi de la colère des mâles. Celle-ci, une fois qu'elle s'est manifestée et qu'elle a été encore excitée par des grognements réciproques d'injure et de défi, amène ordinairement un combat acharné et opiniâtre, dans lequel, si les deux parties sont des chiens de combat de force égale, ils s'étreignent, se mordent, se déchirent, se roulent l'un l'autre dans le ruisseau, et ne peuvent être séparés qu'en les tirant par le collier jusqu'à ce qu'ils perdent haleine et qu'ils lâchent prise, ou en les saisissant par une soudaine aspersion d'eau froide.

La comparaison, quoique d'un genre peu élevé, peut avec justesse s'appliquer à la race humaine. Tandis que les dames réunies près de la table à thé au salon de l'*Hôtel du Renard* étaient engagées dans ces légères prises de langue, dans ces escarmouches que nous avons rapportées, les hommes restés à la salle furent plus d'une fois sur le point d'en venir à des querelles plus sérieuses.

Nous avons mentionné les raisons puissantes qui avaient porté M. Mowbray à concevoir au sujet de l'étranger, qu'une invitation générale avait appelé dans la société, des préventions défavorables ; et ces préventions furent loin d'être dissipées par les manières de Tyrrel, lesquelles, bien que parfaitement polies, indiquaient un sentiment d'égalité que le jeune laird de Saint-Ronan regardait comme le comble de la présomption.

Quant à sir Bingo, il commençait déjà à nourrir en lui la haine ordinaire qu'un esprit étroit éprouve toujours contre l'antagoniste devant lequel il a conscience d'avoir fait une retraite peu honorable. Il n'oubliait pas la manière, le regard et le ton avec lesquels Tyrrel avait réprimé son indiscrétion inautorisée; et quoiqu'au premier moment il eût fléchi devant eux, le souvenir s'envenimait dans son cœur, comme celui d'un affront qui appelait la vengeance. A jeun, le défaut de courage mettait un frein à son mauvais caractère; mais, à mesure qu'il buvait son vin, une sorte d'ardeur hargneuse enflammait de plus en plus sa malignité, et en plusieurs occasions il se risqua à laisser percer sa rancune en contredisant Tyrrel plus crûment que ne le permettait le savoir-vivre après une si courte connaissance, et sans aucune provocation. Tyrrel vit sa mauvaise humeur et la méprisa, comme celle d'un grand écolier qui ne valait pas la peine qu'on répondît à ses sottises.

Une des causes apparentes de la grossièreté du baronnet était en effet assez puérile. La société parlait de chasse au tir, sujet de conversation le plus intéressant pour de jeunes Écossais habitant la campagne, et Tyrrel avait dit quelques mots d'un chien couchant favori, d'une beauté peu commune, dont il était séparé depuis quelque temps, mais qu'on devait lui envoyer dans le cours de la semaine suivante.

Un chien couchant! dit sir Bingo en ricanant; je suppose que vous voulez dire un chien d'arrêt?

— Non, monsieur, repartit Tyrrel; je connais parfaitement la différence d'un chien couchant et d'un chien d'arrêt, et je sais que le chien couchant d'autrefois n'est plus de mode chez les chasseurs modernes. Mais j'aime mon chien comme un compagnon, aussi bien que pour ses mérites en plaine; et un chien couchant a plus de sagacité qu'un chien d'arrêt, il est plus attaché, il est mieux à sa place sur le tapis devant l'âtre : — non par manque d'intelligence chez le chien d'arrêt, ajouta t il; mais celui-ci est généralement si maltraité pendant qu'il est laissé à la conduite des valets brutaux chargés de le dresser, qu'il perd tout, sauf ses talents pour la chasse et l'habileté à trouver le gibier et à le tenir en arrêt.

— Et qui diable lui désire autre chose? dit sir Bingo.

Bien des gens, sir Bingo, répondit Tyrrel, ont pensé que chiens ou hommes pouvaient assez bien suivre la chasse, quoiqu'en même temps ils fussent propres à entretenir en société des liaisons d'amitié.

— C'est-à-dire à lécher les plats et à jouer le rôle de pique-assiette, dit le baronnet *sotto voce*; puis il ajouta, d'un ton plus haut et plus distinct, que jusqu'alors il n'avait jamais entendu dire qu'un chien couchant fût propre à suivre personne autre qu'un braconnier.

— Hé bien, vous l'apprenez maintenant, sir Bingo, et j'espère que vous ne retomberez plus dans une si grande méprise.

Le pacificateur parut croire ici son intervention nécessaire, et surmontant sa disposition taciturne, il adressa aux parties contestantes cette allocution conciliante : — Par Tieu! voyez-vous, comme vous attendez mon opinion, je pense qu'il n'y a pas là matière à dispute, — attendu, par Tieu! qu'il me paraît, voyez-vous, que vous avez tous les deux raison, par Tieu! Il peut être très-pien pour mon excellent ami sir Bingo, qui a des écuries, et des chenils, et tout le reste, d'entretenir les six misérables prutes qui sont à apoyer et à hurler tout le chour sous ma fenêtre, et toute la nuit aussi, par Tieu! — et s'ils continuent d'y apoyer et d'y hurler, que je ne meure chamais si je ne souhaite pas qu'ils s'en aillent apoyer et hurler ailleurs! Mais avec cela il y a pien des gens qui peuvent être au fond aussi pons gentilshommes que mon tigne ami sir Bingo, quoiqu'il puisse se faire qu'ils soient pauvres; et s'ils sont pauvres, — comme ce pourrait être mon propre cas, ou celui de cet honnête gentleman M. Tirl, — est-ce une raison ou une loi pour qu'ils ne gardent pas une prute de chien pour les aiter tans leurs chasses ou leurs plaisirs? et s'ils n'ont pas d'écurie ni de chenil pour y mettre la pête, ne faut-il pas qu'ils la gardent tans leur trou de champre à coucher, ou près de l'âtre de la salle, si la mère Dods tenait la cuisine trop chaude pour l'animal? — et ainsi, si M. Tirl trouve qu'un chien couchant convient mieux à son objet qu'un chien d'arrêt, par Tieu! que je ne meure chamais de belle mort si je connais une loi contre!

Si ce discours paraît un peu trop long pour la circonstance, le lecteur doit faire attention que très-probablement le capitaine Mac-Turk avait l'embarras de le traduire de la langue d'Ossian, si abondante en périphrases, dans laquelle les idées se présentaient à son esprit.

L'homme de loi répondit à l'homme de paix : — Vous vous trompez une fois en votre vie, capitaine; car il y a une loi contre les chiens couchants, et je me chargerai de prouver que ce sont des *lying dogs*[1] mentionnés dans les vieux statuts d'Écosse, et qu'il est interdit à tous et à un chacun de conserver, sous peine de...

Ici le capitaine l'interrompit, en prenant un air solennel et des manières pleines de dignité : — Par Tieu, M. Meiklewham! je vous demanderai ce que vous voulez dire en me parlant te m'être trompé, et cela à propos de chiens couchants, monsieur; — parce que je veux que vous sachiez, et que vous croyiez pien, et que vous fassiez pien attention, que je ne me suis jamais trompé de ma vie, monsieur, si ce n'est quand je vous ai pris pour un homme comme il faut.

— Ne vous fâchez pas, capitaine, répliqua M. Meiklewham; ne rompez pas la baguette de paix, mon cher, vous qui devriez être le premier à la garder. — Il est aussi hargneux, continua l'homme de la loi à part à son patron, qu'un vieux terrier hiélandais qui mord tout ce qui l'approche; — mais je vous dirai une chose, Saint-Ronan : c'est

---

[1] *Lying dog* signifie littéralement, en effet, chien couchant. Le mot anglais est *setter*, et pour le chien d'arrêt *pointer*. (L. V.)

que sur mon âme et conscience je crois que ce Tirl est le même que le garçon contre qui j'ai fait porter un appel en justice lui et un autre garnement — du temps de votre pere, pour avoir chassé sur les landes de Springwell-Head.

— Est ce vrai, de par le diable, Mick? repartit du même ton le seigneur du manoir. — Hé bien, je vous suis obligé de me donner une raison pour la mauvaise idée que j'avais de lui. — Je savais bien que c'était quelque misérable vagabond ! — Je vais le faire connaître, au nom du diable !

— Chut! un moment — silence — retenez votre langue, Saint Ronan ; — gardez un souffle calme. — Voyez vous, j'ai intenté le procès, sur le désir de votre digne père, devant la cour des sessions; — mais je ne sais : — le vieux clerc du sheriff se trouva l'ami du jeune homme, — et quelques-uns des juges pensèrent que ce n'était qu'une erreur de limites, de sorte que nous ne pûmes obtenir jugement; — et comme votre père était très-mal de la goutte, et que je craignais de le tourmenter, je fus obligé de laisser dormir le procès, dans la crainte qu'ils ne fussent acquittés. — Ainsi donc vous ferez bien d'aller doucement en besogne, Saint Ronan ; car quoiqu'ils aient été cités, ils n'ont pas été condamnés.

— Ne pourriez vous reprendre l'action?

— Bast! elle est prescrite depuis six ou sept ans. C'est une grande honte, Saint-Ronan, que les lois de chasse, qui sont la meilleure protection laissée aux gentilshommes campagnards contre les empiétements de leurs inférieurs, aient un si court délai de prescription : — un braconnier peut vous échapper en sautant de droite et de gauche comme une puce dans une couverture (pardon de la comparaison), — vous faire sautiller comme une pie d'un comté à un autre, à leur gré,

et à moins que vous ne mettiez l'ongle dessus au moment juste, vous pouvez dîner d'un plat de prescription et souper d'un *absolvetur*.

— C'est une honte, en effet, répéta Mowbray, en se détournant de son agent et confident et s'adressant à la compagnie en géneral, mais non sans un regard jeté en particulier sur Tyrrel.

— Qu'est ce qui est une honte, monsieur? dit celui-ci, comprenant que l'observation lui était particulierement adressée.

Que nous ayons tant de braconniers sur nos terres, monsieur, repartit Saint-Ronan. Je regrette parfois d'avoir prêté appui à cet établissement de la Source, quand je songe à ce que j'ai attiré de fusils chaque saison sur mes propriétés.

— Fi donc! fi donc, Saint Ronan! exclama l'homme de la loi; ne pas prêter appui à la Source ! Je voudrais bien savoir ce que le pays serait sans cela? c'est la plus grande amélioration qui ait été faite dans ce pays depuis l'année 1745. Non, non, ce n'est pas à la Source qu'il faut s'en prendre du braconnage et des délits de chasse. Il faut aller à

CHAPITRE VIII.

l'Aultoun pour y trouver le repaire de cette espèce de bétail-là. Nos règlements à la Source sont clairs et précis contre les empiétements de chasse.

— Je ne puis concevoir, reprit le squire, pour quelle raison mon père a vendu en toute propriété le vieux cabaret là-haut à la sorcière qui ne le tient ouvert, je crois, que par esprit de contrariété, et pour donner asile à des braconniers et à des vagabonds ! — je ne puis concevoir ce qui lui a fait faire une telle sottise !

— C'est probablement que votre père avait besoin d'argent, monsieur, dit séchement Tyrrel, et que ma respectable hôtesse, mistress Dods, en avait de disponible. — Vous savez probablement, monsieur, que j'y demeure?

— Oh, monsieur, répliqua Mowbray d'un ton moitié dédaigneux moitié poli, vous ne pouvez supposer qu'il soit fait allusion à la compagnie présente ; j'ai seulement pris la liberté de citer comme un fait que nous avons été obsédés de gens qui venaient chasser sur nos terres sans avoir qualité pour cela, et sans avoir ni permission ni autorisation. Et j'espère faire abattre son enseigne à cause de cela, — voilà tout. — C'était le même fléau du temps de mon père, je crois, Mick?

Mais M. Meiklewham, qui ne trouvait pas le regard de Tyrrel assez de son goût pour jouer en cette occasion le rôle d'approbateur, répondit par un son inarticulé adressé à la compagnie, et par l'avis particulier glissé à l'oreille de son patron, « de laisser couchés les chiens dormants. »

— C'est tout au plus si je puis souffrir le drôle, repartit Saint Ronan ; et cependant je ne puis dire en quoi gît mon aversion pour lui. Mais ce serait une damnée sottise d'aller sur le pré avec lui pour rien : ainsi, honnête Mick, je serai aussi tranquille que je pourrai.

— Et pour cela, je crois que vous ferez bien de ne pas boire davantage.

— Je le crois aussi, car chaque verre que je bois en sa compagnie m'échauffe le sang. Cependant l'homme n'est pas différent de tout autre drôle de son espèce ; — mais il y a en lui quelque chose qui m'est insupportable.

A ces mots il éloigna sa chaise de la table, et — *regis ad exemplar* — tout le monde se leva à l'exemple du laird.

Sir Bingo fit comme les autres, avec une répugnance qu'il manifesta par deux ou trois grognements partis du fond de l'estomac, pendant qu'il suivait le reste de la compagnie au vestibule qui servait d'antichambre et séparait la salle à manger de ce qu'on nommait la chambre à thé. Tandis que chacun y prenait son chapeau dans le dessein de rejoindre la société des dames (ce que les personnes de l'ancienne mode avaient coutume de faire seulement quand ils voulaient sortir), Tyrrel dit à un valet en riche livrée qui se trouvait près de lui de lui donner le chapeau posé sur la table devant laquelle il était.

— Appelez votre domestique, monsieur, répondit le drôle avec toute l'insolence d'un valet qui se sent soutenu dans son impertinence.

— Votre maître, dit Tyrrel, aurait dû vous apprendre les bonnes manières, mon ami, avant de vous amener ici.

— Mon maître est sir Bingo, repartit le drôle du même ton d'insolence qu'auparavant.

— Allons, Bingie! dit Mowbray, sachant que le courage d'ivrogne du baronnet était arrivé à son apogée.

— Oui! dit sir Bingo à voix haute, et plus distinctement que de coutume ; — cet homme est mon domestique : — qu'a-t-on à dire à cela?

— Moi, du moins, j'ai la bouche close, répliqua Tyrrel avec un calme parfait. J'aurais été surpris de trouver le domestique de sir Bingo mieux élevé que son maître.

— Que voulez vous dire par là, monsieur? s'écria sir Bingo en s'avançant dans une attitude offensive, car ce n'était pas un des derniers élèves de l'école du pugilat; — que voulez-vous dire par là? Allez au diable, monsieur! je vais vous servir avant que vous n'ayez demandé des échaudés [1].

— Et moi, sir Bingo, à moins que vous ne changiez sur-le-champ d'air et de manières, je vais vous abattre d'un coup de cette canne avant que vous n'ayez pu crier au secours.

Le visiteur tenait à la main un bâton de chêne avec lequel il fit une légère démonstration, qui indiquait cependant quelque connaissance dans le noble maniement du bâton. Sir Bingo crut prudent de reculer de deux pas, quoique soutenu par un parti d'amis qui, dans leur zèle pour son honneur, auraient mieux aimé lui voir les os brisés dans un combat intrépide que de voir sa réputation ternie par une honteuse retraite; et Tyrrel semblait être assez disposé à les satisfaire. Mais à l'instant même où il avait la main levée par un geste d'un sens non douteux, une voix lui dit tout bas à l'oreille d'un ton d'emphase : — Êtes-vous un homme?

L'accent pénétrant avec lequel notre inimitable Siddons électrisait l'assemblée lorsque sur la scène elle prononçait de même à demi voix ces quatre mots, n'eut jamais sur les auditeurs un effet plus puissant que n'en eurent ces sons inattendus sur celui à qui ils étaient adressés. Tyrrel oublia tout, — sa querelle, — les circonstances où il se trouvait, — la compagnie. La foule sembla s'être tout à coup évanouie à ses yeux, et il ne parut plus avoir qu'une pensée : suivre la personne qui avait parlé. Mais avec quelque promptitude qu'il se fût retourné, la disparition de ce moniteur mystérieux fut au moins aussi prompte; car dans le groupe de physionomies communes qui se pressaient autour

---

[1] *Before you can say dumpling.* Nous nous attachons à conserver l'argot de boxeur et de jockey que sir Bingo, de même que son digne acolyte Mowbray, a presque constamment à la bouche. (L. V.)

CHAPITRE VIII.

de lui, il n'y en avait pas une à laquelle pussent se rapporter l'accent et les paroles qui exerçaient sur lui un tel pouvoir. — Faites place! dit-il à ceux qui l'entouraient; et ce fut du ton d'un homme prêt, s'il le fallait, à se faire place par lui-même.

M. Mowbray de Saint-Ronan s'avança. — Allons, monsieur, dit-il, ne le prenez pas ainsi ; — vous êtes venu ici, vous qui nous êtes étranger, prendre parmi nous des airs d'importance, qui, goddam! conviendraient à un duc ou à un prince. Il faut que nous sachions qui vous êtes et ce que vous êtes avant que nous vous permettions de le prendre sur un ton si haut.

Ces mots parurent calmer tout à coup la colère de Tyrrel et son impatience de quitter la compagnie. Il se tourna vers Mowbray, se recueillit un instant, et lui répondit : — M. Mowbray, je ne cherche que relle à personne ici ; — avec vous, surtout, je suis moins disposé à avoir la plus légère altercation qu'avec personne au monde. Je suis venu ici parce qu'on m'y avait invité, ne m'attendant certainement pas à y trouver beaucoup de plaisir, mais en même temps me supposant à l'abri de l'incivilité. Sur ce dernier point je me suis trompé, et en conséquence je souhaite le bonsoir à la compagnie. Il faut aussi que je fasse mes adieux aux dames.

A ces mots il fit quelques pas vers la salle de jeu, mais, à ce qu'il sembla, d'un air d'irrésolution ; — puis, à la surprise toujours croissante de la compagnie, il s'arrêta soudainement, et murmurant quelques mots sur ce que le moment n'était pas convenable, il tourna sur ses talons et se dirigea, dans la direction opposée, vers la porte conduisant au vestibule.

— Goddam! sir Bingo, le laisserez-vous partir? dit Mowbray, qui semblait prendre plaisir à pousser son ami dans de nouveaux embarras. — A lui, mon cher, — à lui! — il montre la plume blanche [1].

Sir Bingo, ainsi encouragé, alla se planter d'un air de provocation précisément entre la porte et Tyrrel; mais celui-ci, tout en l'apostrophant très-énergiquement de l'épithète d'imbécile, le saisit au collet et l'écarta de son passage avec quelque violence.

— Quiconque aura à me parler me trouvera au Vieux Village de Saint-Ronan, s'écria-t-il ; — et sans attendre l'issue de cette agression au delà du temps qu'il lui fallut pour prononcer ces mots, Tyrrel quitta l'hôtel. Il s'arrêta dans l'avant-cour, cependant, de l'air d'un homme incertain de ce qu'il voulait faire, et désirant faire quelque question qui semblait expirer sur ses lèvres. Enfin ses yeux tombèrent sur un palefrenier arrêté non loin de la porte extérieure, tenant la bride d'un beau poney harnaché d'une selle de femme.

---

[1] Locution anglaise. Il montre le bout de l'oreille, il laisse percer sa poltronnerie.
(L. V.)

— A qui ?... dit Tyrrel ; — mais il parut hors d'état d'articuler le reste de la question.

Cependant l'homme y répondit comme s'il l'eût entendue tout entière. — A miss Mowbray de Saint-Ronan, monsieur ; — elle part à l'instant, — et je viens de sortir le poney. — Une jolie bête de dame, monsieur.

— Elle retourne aux Shaws par la route de Buck-Stane ?

Je le suppose, monsieur. C'est le plus court, et miss Clara ne s'inquiète pas des mauvais chemins. Tudieu ! elle est en état de courir par la boue comme par le sec.

Tyrrel s'éloigna de l'homme et se hâta de quitter l'hôtel ; — non, cependant, par le chemin qui conduisait à l'Aultoun, mais par un sentier qui suivait le cours du ruisseau à travers un taillis naturel, et coupait le chemin ordinaire de Shaws-Castle, résidence de M. Mowbray, à un endroit romantique appelé Buck-Stane [1].

Dans une étroite péninsule formée par une sinuosité du ruisseau était situé, au sommet d'un monticule, un pilier de dimensions assez considérables, formé de pierres à peine dégrossies, et que la tradition disait avoir été destiné à perpétuer le souvenir de la chute d'un cerf de taille peu commune, dont la fuite, après avoir duré tout un jour d'été, s'était terminée là à l'honneur et gloire de quelque ancien baron de Saint Ronan et de ses chiens. Lors des coupes périodiques du taillis, que les besoins pécuniaires de la famille de Saint-Ronan ramenaient plus souvent que Ponty [2] ne l'aurait recommandé, on avait épargné au voisinage de ce massif obélisque quelques chênes assez vieux, peut-être, pour avoir entendu les fanfares et les cris de triomphe qui suivirent la chute du cerf, et pour avoir vu élever le monument grossier destiné à la commémoration de ce grand événement. Ces arbres, avec leurs vastes rameaux se prolongeant au loin, créaient le crépuscule même au milieu du jour ; et en ce moment que le soleil était sur son déclin, leur ombrage anticipait déjà sur la nuit. Cette obscurité était surtout profonde en un endroit où trois ou quatre de ces chênes séculaires étendaient leurs larges bras au-dessus d'une profonde ravine au fond de laquelle serpentait le grand chemin de Shaws-Castle, à une portée de pistolet environ de la colonne de Buck Stane. Comme l'accès principal de l'habitation de M. Mowbray suivait un chemin praticable pour les voitures qui passait dans une direction très différente de celui-ci, lequel l'était seulement pour les chevaux, ce dernier, à peu près laissé dans l'état de nature, était rempli de grosses pierres et coupé de ravines, ce qui, avec le caractère diversifié de ses bords, en faisait un passage délicieux pour le voyageur ami du pittoresque, mais très-in-

[1] La Pierre du Daim.
[2] Auteur forestier d'Écosse. (L. V.)

commode, sinon dangereux, pour celui dont la monture n'avait pas le pied sûr.

Le sentier de piétons conduisant au Buck-Stane, et qui rejoignait ici le chemin praticable pour les chevaux, avait été tracé, au moyen d'une souscription, sous la direction de M. Winterblossom; le digne président avait eu assez de goût pour apprécier les beautés de ce lieu isolé, qui était précisément celui que dans les anciens temps un chef de maraudeurs aurait pu choisir pour y établir son embuscade. Ce souvenir n'avait pas échappé à Tyrrel, à qui toutes les localités environnantes étaient familières, et il se dirigea en toute hâte vers le Buck Stane, comme vers un lieu qui convenait particulièrement à son dessein actuel. Il s'assit au pied d'un des chênes aux rameaux les plus étendus, et de là, abrité par ses énormes branches contre toute observation, il put embrasser du regard une grande partie du sentier venant de l'hôtel, tandis que lui-même ne pouvait être aperçu d'aucun de ceux qui l'auraient gravi.

Cependant son départ subit avait excité une grande sensation parmi ceux qu'il venait de quitter, et qui furent induits à en tirer des conclusions fort peu favorables à son caractère. Sir Bingo, en particulier, élevait de plus en plus la voix à mesure que s'augmentait la distance qui le séparait de son antagoniste, déclarant sa résolution de se venger de l'insolence du faquin, — de le chasser du voisinage, avec je ne sais combien d'autres menaces les plus formidables. Le diable, dans les vieilles histoires de *diableries*[1], surgissait toujours immanquablement aux côtés de quiconque méditait des desseins diaboliques et n'avait besoin que d'un peu d'aide du malin esprit pour réaliser ses projets. Le noble capitaine Mac-Turk avait cette qualité de Sa Majesté infernale, que le moindre symptôme d'une querelle prochaine l'attirait toujours aux côtés d'une des parties intéressées. Il se trouvait alors près de sir Bingo, et envisageait l'affaire sous le point de vue particulier à sa qualité de pacificateur.

Par Tieu! c'est excessivement vrai, mon pon ami sir Binco; - et comme vous dites, il y va de votre honneur, et de l'honneur du lieu, et de la réputation de toute la société, par Tieu! que cette affaire soit convenablement conduite; car, à ce que je crois, il a porté la main sur vous, mon excellent pon ami.

La main, capitaine Mac Turk! exclama sir Bingo un peu confus; non, que le diable l'emporte! il n'a pas été si hardi, non plus. — S'il l'avait fait, je l'aurais fait passer par la fenêtre! Seulement, goddam! le drôle a eu l'impudence de vouloir se colleter avec moi, — et je m'étais reculé pour prendre l'espace, quand, malédiction! le polisson s'est échappé.

[1] Le mot est en français dans le texte.

— C'est vrai, très-vrai, sir Bingo, dit l'homme de la loi; un parfait polisson, un braconnier, un mendiant, un drôle, dont j'aurai nettoyé le pays avant qu'il soit trois jours. Ne vous mettez pas plus longtemps la barbe en peine de l'affaire, sir Bingo.

— Par Tieu! mais je puis vous dire, M. Meiklewham, dit l'homme de paix d'un air solennel, que vous vous brûlez les babines dans le potage d'un autre, et pour la considération, l'honneur et le respect de cette compagnie des Eaux de Saint-Ronan, il est nécessaire que sir Bingo se conduise dans la présente occasion sur un avis plus compétent que le vôtre, M. Meiklewham; car quoique votre conseil puisse être très-pon dans une petite cour des dettes, ici, M. Meiklewham, c'est une question d'honneur, voyez-vous, ce qui n'entre pas dans vos attributions, à ce que j'imagine.

— Non, par saint Georges, cela n'y entre pas! repartit Meiklewham. Chargez-vous donc de toute l'affaire, capitaine, et vous en tirerez probablement meilleur parti que personne.

— Alors, sir Binco, reprit le capitaine, je demanderai la faveur de votre compagnie jusqu'à la salle à fumer, où nous pourrons prendre un cigarre et un verre de whisky, et où nous examinerons comment, dans la présente conjoncture, l'honneur de la société doit être soutenu et maintenu.

Le baronnet se rendit à cette invitation, autant, peut-être, en considération des accessoires dont le capitaine se proposait d'accompagner ses conseils belliqueux, que pour le plaisir avec lequel il prévoyait l'issue de ces conseils eux-mêmes. Il suivit jusqu'à la salle à fumer les pas de son conducteur, dont la démarche militaire était plus raide et la taille plus droite quand il était exalté par le sentiment d'une querelle prochaine; et là, allumant son cigarre, sir Bingo se prépara en soupirant à écouter les paroles de sagesse et de valeur dont le flux mélangé allait découler des lèvres du capitaine Mac-Turk.

Sur ces entrefaites, le reste de la société fut rejoindre les dames. — Clara est venue, dit lady Penelope à M. Mowbray; miss Mowbray est apparue parmi nous comme un rayon de soleil qui ne fait qu'éblouir et qui s'éteint.

— Ha, cette pauvre Clara! repartit Mowbray; je croyais bien l'avoir vue traverser la foule il n'y a qu'un moment, mais je n'en étais pas sûr.

— Elle nous a tous invités à monter aux Shaws jeudi, pour un déjeuner à la fourchette; — j'espère que vous confirmerez l'invitation de votre sœur, M. Mowbray?

— Certainement, lady Penelope; et je suis vraiment ravi que Clara ait eu l'amabilité d'y penser. — Comment nous nous en tirerons est une tout autre question, car ni elle ni moi ne sommes fort habitués à remplir les rôles de maître et de maîtresse de maison.

— Oh! ce sera délicieux, j'en suis sûre ; Clara met de la grâce en tout ce qu'elle fait, et vous, M. Mowbray, vous pouvez être un homme d'excellent ton, quand cela vous plaît.

— Cette restriction est sévère. — N'importe : — que les bonnes manières soient ma devise ; — il me plaira certainement de faire de mon mieux quand je verrai Votre Seigneurie aux Shaws, où l'on n'a pas reçu compagnie depuis longtemps. — Clara et moi nous avons mené une vie un peu sauvage, chacun à notre manière.

— En effet, M. Mowbray, si j'osais dire mon sentiment, — je pense que vous ne devriez pas autant laisser votre sœur courir la campagne à cheval sans que personne l'accompagne. Je sais que miss Mowbray est meilleure cavalière que jamais femme ne l'a été : mais néanmoins un accident peut arriver.

— Un accident? — ha, lady Binks! les accidents arrivent aussi fréquemment quand les dames sont accompagnées que quand elles ne le sont pas.

Lady Binks, qui, étant demoiselle, avait souvent couru les bois sous l'escorte de sir Bingo, rougit, parut dépitée, et garda le silence.

— D'ailleurs, reprit John Mowbray d'un ton plus léger, où est le risque, après tout? il n'y a pas de loups dans nos bois pour dévorer nos jolis chaperons rouges : et il n'y a pas de lions non plus, — excepté ceux de la suite de lady Penelope.

— Attelés au char de Cybèle, ajouta M. Chatterly.

Lady Penelope ne comprit heureusement pas l'allusion, à la vérité plus juste que convenante.

— A propos! s'écria t-elle, qu'avez-vous fait du grand lion du jour? je ne vois plus M. Tyrrel. — Est-il en train de finir avec sir Bingo une bouteille supplémentaire ?

— M. Tyrrel, madame, répondit Mowbray, a joué successivement les rôles de lion *rampant* et de lion *passant*[1] : il s'est montré querelleur et a pris la fuite ; — il a fui la colère de votre valeureux chevalier. lady Binks.

— Assurément je ne le souhaite pas, dit lady Binks ; les campagnes malheureuses de mon chevalier n'ont pu dompter son goût pour les querelles ; — une victoire ferait de lui pour la vie un batailleur.

— Cet inconvénient pourrait amener ses consolations, dit Winterblossom à part à Mowbray ; habituellement les querelleurs ne vivent pas longtemps.

— Non, non, repartit Mowbray, le sentiment que vient de laisser percer la dame en dépit d'elle-même est tout à fait naturel, — entièrement légitime. Sir Bingo ne lui donnera pas de chance de ce côté.

Mowbray fit alors son salut à lady Penelope, et comme elle l'enga-

---

[1] Allusions tirées du Blason. (L. V.)

geait à aller se joindre aux danseurs ou aux joueurs, il répondit qu'il n'avait pas un moment à perdre ; que les vieux domestiques de Shaws-Castle allaient certainement perdre la tête par l'appréhension de ce que le jeudi suivant leur préparait, et que comme Clara ne se mêlerait assurément en rien des préparatifs nécessaires, il fallait qu'il s'en occupât lui-même.

— Si vous pressez un peu le pas de votre monture, dit lady Penelope, vous pouvez nous sauver une alarme même momentanée en rejoignant Clara, chère créature, avant qu'elle ne soit arrivée au château. — Elle laisse quelquefois son poney suivre son chemin à volonté, aussi lentement que celui de Betty Foy.

— Oui, dit la petite miss Digges, mais aussi miss Mowbray galope quelquefois si vite, qu'une alouette ne paraîtrait plus qu'un limaçon près de son poney ; — c'est tout à fait effrayant de la voir.

Le docteur toucha le bras de mistress Blower, qui s'était approchée de manière à se trouver sur les confins du cercle de la haute compagnie, quoiqu'elle ne se fût pas aventurée à s'y mêler ; — ils échangèrent un regard d'intelligence, et firent un mouvement de tête de compassion. L'œil de Mowbray se trouvait en ce moment tourné de leur côté : sans doute, malgré l'expression différente qu'ils se hâtèrent de donner à leurs physionomies, il comprit ce qui se passait en eux ; — et peut-être quelque pensée semblable s'éveilla-t-elle alors en lui. Il prit son chapeau, et quitta le salon avec un air pensif qu'offrait rarement sa physionomie. Un moment après, le bruit des pas de son cheval sur le pavé annonça qu'il partait au galop.

— Il y a ce soir quelque chose de singulier dans ces Mowbrays, dit lady Penelope. — Clara, pauvre cher ange, est toujours particulière ; mais j'aurais cru que Mowbray avait trop de sagesse du monde pour être fantasque. Qu'avez-vous à consulter votre *souvenir*[1] avec une telle attention, ma chère lady Binks?

— Je cherchais seulement l'âge de la lune, répondit lady Binks en remettant dans son *réticule*[2] son petit calendrier relié en écaille de tortue ; après quoi elle se mit en devoir d'aider lady Penelope dans les arrangements pour la soirée.

---

[1] Le mot est d'importation française, car il est ainsi dans le texte (L. V.)

[2] *Réticule*, sac en filet. Nous ne faisons remarquer ce mot que parce qu'il nous offre l'occasion de signaler l'origine du nom de *ridicule* donné chez nous à un sac de dame, nom qui présente un singulier exemple de l'altération que les mots éprouvent si aisément en passant d'une langue dans une autre, surtout lorsque dans leur nouvelle patrie les mots importés rencontrent d'autres mots voisins par le son, avec lesquels ils tendent aisément à se confondre. C'est ce qui est arrivé dans le cas actuel. (L. V.)

CHAPITRE IX.

L'ENTREVUE.

Nous nous rencontrons comme des ombres dans le pays des songes, ne parlant d'autre langage que celui des signes.

Anonyme.

Abrité derrière un des vieux chênes que nous avons décrits dans le chapitre précédent, et pareil à un chasseur guettant sa proie ou à un Indien épiant son ennemi, mais dans des intentions différentes, bien différentes des leurs, Tyrrel était couché sur l'herbe près du Buck Stane, l'œil fixé sur les sinuosités du chemin serpentant au fond de la vallée, et l'oreille prompte à saisir le moindre bruit qui venait se mêler au souffle passager du vent ou au murmure du ruisseau.

— L'avoir abordée dans cette réunion de brutes et de sots (telles étaient ses réflexions intérieures), ce n'eût guère été qu'un acte de folie, — folie presque égale à cette lâche hésitation qui jusqu'ici m'a empêché de m'approcher d'elle, en des moments où notre rencontre aurait pu avoir lieu sans témoins. — Mais maintenant — maintenant — ma résolution est aussi arrêtée que le lieu est favorable. Je n'attendrai pas que quelque hasard nous rapproche de nouveau sous les yeux de cent témoins malveillants occupés à nous épier, à s'étonner, à s'ébahir, et qui chercheraient vainement à s'expliquer les sentiments dont peut-être je ne pourrais contenir l'expression. — Chut ! — chut ! — j'entends les pas d'un cheval ! — Non, — c'était le bruit varié de l'eau roulant sur un lit de cailloux. Sûrement elle ne peut avoir pris l'autre route de Shaws-Castle ! — Non, — les sons deviennent distincts ; — je l'aperçois elle-même dans le chemin, s'avançant rapidement. — Aurai-je le courage de me montrer ? — oui, je l'aurai ; — et ce qui doit être sera.

Cependant cette résolution à peine formée commença à chanceler, quand il en vint à réfléchir à la manière la plus convenable de la mettre à exécution. Se montrer de loin pouvait donner à miss Mowbray le temps de rebrousser chemin et d'éviter l'entrevue à laquelle il était résolu ; — se tenir caché pour ne se découvrir qu'au moment où Clara passerait rapidement près de la place où il se tiendrait blotti, pourrait effrayer le cheval et la mettre elle-même en danger ; — et tandis qu'il hésitait sur le parti à prendre, il courait quelque risque de manquer tout à fait l'occasion de s'offrir aux yeux de miss Mowbray. Sous l'impulsion de cette dernière crainte, il prit à la hâte la résolution désespérée de ne pas laisser échapper le moment actuel, et à l'instant où la montée forçait le poney de ralentir le pas, Tyrrel se posta au milieu du défilé, à une dizaine de pas de la jeune dame.

Elle serra les rênes, et s'arrêta court comme frappée de la foudre. — Clara! — Tyrrel! — ce furent les seuls mots qui furent échangés entre eux jusqu'à ce que Tyrrel, quittant sa place aussi lentement que si ses pieds eussent été de plomb, commença à diminuer graduellement la distance qui les séparait. N'approchez pas! s'écria alors miss Mowbray avec une extrême véhémence, — n'approchez pas! — De loin j'ai enduré votre présence, mais si vous m'approchez davantage vous me ferez devenir folle!

— Que craignez vous? que pouvez-vous craindre? dit Tyrrel d'une voix concentrée; et il continua de s'approcher jusqu'à ce qu'ils ne fussent plus qu'à un pas l'un de l'autre.

Clara, cependant, laissant échapper la bride, joignit les mains et les leva au ciel, en murmurant, d'une voix à peine intelligible: Grand Dieu! — si cette apparition est l'ouvrage de mon imagination exaltée, fais qu'elle se dissipe: si elle est réelle, donne moi la force de la supporter! — Dites-moi, je vous en conjure, êtes-vous Francis Tyrrel en chair et en os, ou ceci n'est-il qu'une de ces visions passagères qui ont traversé mon chemin et ont lui sur moi, mais sans oser soutenir la fixité de mon regard?

— Je suis Francis Tyrrel, répondit-il, Francis Tyrrel en chair et en os, autant que celle à qui je parle est Clara Mowbray.

— Alors que Dieu ait pitié de vous et de moi! dit Clara d'un ton profondément affecté.

— Amen! — Mais pourquoi cet excès d'agitation? — Vous m'avez vu il n'y a qu'un moment, miss Mowbray: — votre voix résonne encore à mon oreille; — vous m'avez vu il n'y a qu'un moment, — vous m'avez parlé, — et cela quand j'étais entouré d'étrangers. — Pourquoi ne pas conserver votre sang-froid, maintenant que nous sommes là où nul œil humain ne peut nous voir, — où nulle oreille humaine ne peut nous entendre?

— Est il vrai? est-ce bien vous, en effet, que j'ai vu tout à l'heure? Je le pensais, et je vous ai même dit quelque chose; — mais j'ai eu le cerveau un peu troublé depuis la dernière fois que nous nous sommes rencontrés. — Mais je suis bien, maintenant, — tout à fait bien; — j'ai invité tout le monde là bas à venir aux Shaws: — mon frère désirait que je le fisse. — J'espère que j'aurai le plaisir d'y voir M. Tyrrel, — quoiqu'il me semble qu'il y a je ne sais quelle ancienne rancune entre mon frère et vous.

— Hélas! Clara, vous vous trompez; j'ai à peine vu votre frère, répondit Tyrrel fort en peine, en ne paraissant savoir sur quel ton lui parler pour calmer, au lieu de l'irriter, l'affection mentale dont la réalité ne lui pouvait plus laisser de doute.

C'est vrai, — c'est vrai, reprit elle après un instant de réflexion; mon frère était alors au collége. C'est avec mon père, mon pauvre père, que vous avez eu quelque querelle. — Mais vous viendrez aux Shaws jeudi, à deux heures? — John sera charmé de vous voir; — il sait être bon quand il lui plaît. Nous reparlerons de l'ancien temps. — Il faut que je continue ma route, pour faire tout préparer. — Bonsoir.

Elle voulut passer outre, mais il retint doucement le cheval par la bride. — Je vais faire route avec vous, Clara, dit il; le chemin est inégal et dangereux, — votre cheval ne peut aller vite. — Je vais faire route avec vous, et nous parlerons de l'ancien temps maintenant, plus convenablement qu'en compagnie.

— C'est vrai, — c'est vrai, — c'est très vrai, M. Tyrrel; ce sera comme vous dites. Mon frère m'oblige quelquefois d'aller en compagnie à cet odieux endroit là bas; et je le fais parce que cela lui plaît, et parce qu'on m'y laisse faire ce que je veux, et que je puis aller et venir à volonté. Savez vous, Tyrrel, que très souvent quand je suis là, et que John a l'œil sur moi, je puis paraître aussi gaie que si vous et moi ne nous étions jamais rencontrés?

— Plût à Dieu que nous ne nous fussions jamais rencontrés, dit Tyrrel d'une voix tremblante, puisque cela devait finir ainsi!

— Et pourquoi le péché et la folie ne finiraient ils pas par le chagrin? quand le bonheur est il provenu de la désobéissance? — et quand un sommeil paisible visita-t-il un oreiller sanglant? C'est ce que je me dis à moi-même, Tyrrel, et c'est ce que vous devez apprendre à vous dire aussi, et alors vous porterez votre fardeau aussi joyeusement que j'endure le mien. Si nous n'avons que ce que nous méritons, pourquoi nous plaindrions-nous? — Vous pleurez, je crois? — n'est ce pas un enfantillage? — On dit que c'est un soulagement : s'il en est ainsi, pleurez; je vais regarder d'un autre côté.

Tyrrel suivit le pas du poney qui s'était remis en route, et s'efforça en vain de reprendre assez de calme pour répondre.

— Pauvre Tyrrel, reprit Clara après un moment de silence, — pauvre Frank Tyrrel! — Peut-être direz-vous à votre tour : Pauvre Clara! — mais je ne suis pas si abattue d'esprit que vous : — l'orage peut me courber, mais il ne me rompra jamais.

Il y eut de nouveau un long intervalle de silence; car Tyrrel était hors d'état de déterminer en lui même comment il pouvait parler à cette infortunée jeune fille sans éveiller des souvenirs non-seulement pénibles a son cœur, mais dangereux dans l'état précaire de sa santé. A la fin ce fut elle-même qui reprit la parole.

— Qu'est-il besoin de tout ceci, Tyrrel? — et même pourquoi êtes-vous venu ici? — Pourquoi vous ai-je trouvé il n'y a qu'un moment bataillant et vous querellant au milieu des batailleurs et des querelleurs les plus bruyants de ces débauchés oisifs et dissipés? — Vous aviez coutume d'être plus calme, — plus sensé. Une autre personne, — oui, un autre que vous et moi avons autrefois connu, aurait pu commettre une telle folie, et peut-être eût-elle été dans son caractère. — Mais vous, qui prétendez à la sagesse, — fi! fi! — Et même, en parlant de cela, quelle sagesse y a-t-il eu à venir ici? — et à quoi d'utile votre séjour ici peut-il vous conduire? — Sûrement vous n'êtes pas venu pour renouveler vos chagrins ou pour aggraver les miens?

— Pour aggraver les vôtres? Dieu m'en préserve! Non, — je ne suis venu ici que parce qu'après tant d'années de courses vagabondes il me tardait de revoir le lieu où toutes mes espérances sont ensevelies.

— Oui, — ensevelies est le mot; écrasées et ensevelies au moment même où elles s'épanouissaient et promettaient le plus. J'y ai souvent pensé, Tyrrel; et il est des instants, le Ciel me protège! où je ne puis guère penser à autre chose. — Regardez-moi; — vous vous souvenez de ce que j'étais : — voyez ce que le chagrin et la solitude ont fait de moi.

Elle rejeta en arrière le voile qui entourait son chapeau, et qui jusque-là lui avait caché le visage. C'était bien la même physionomie qu'il avait autrefois connue dans toute la fraîcheur de la première beauté; mais bien que la beauté fût restée, la fraîcheur était fanée pour jamais. Ni l'agitation de l'exercice, — ni celle qu'avaient produite l'émotion et la confusion de cette entrevue inopinée, n'avaient appelé sur les joues de la pauvre Clara même une apparence passagère d'incarnat. Son teint était de la blancheur du marbre, pareil à celui du plus bel œuvre de l'art statuaire.

— Est-il possible? s'écria Tyrrel; le chagrin a-t-il pu faire de tels ravages?

— Le chagrin, repartit Clara, est la maladie de l'esprit, et celle-ci a pour sœur la maladie du corps; — ce sont deux sœurs jumelles, Tyrrel, et il est rare qu'elles soient longtemps séparées. Quelquefois la maladie corporelle vient la première, et alors elle ternit l'éclat de nos yeux et paralyse nos mains, avant que le feu de notre esprit et de notre intelligence soit éteint. Mais faites attention : — bientôt après arrive sa cruelle sœur avec son urne, et elle arrose de sa froide rosée nos espérances et nos amours, notre mémoire, nos souvenirs et nos sentiments, et nous montre que rien de tout cela ne peut survivre à l'affaiblissement de notre force corporelle.

Hélas! les choses en sont elles arrivées là?

— C'est là, répliqua Clara, parlant avec la rapidité irrégulière de ses idées, plutôt qu'elle ne comprenait le sens de l'exclamation que la douleur avait arrachée à Tyrrel, c'est là que les choses en devront toujours venir, tant que des âmes immortelles seront unies à la substance périssable dont nos corps sont formés. Il est un autre état, Tyrrel, dans lequel il en sera autrement : — plût à Dieu que le temps d'en jouir fût venu pour nous !

Elle tomba dans un silence mélancolique que Tyrrel craignit de troubler. La rapidité avec laquelle elle parlait n'indiquait que trop clairement la succession irrégulière de ses pensées, et il fut obligé de contenir l'angoisse de ses propres sensations, rendue plus poignante par mille souvenirs pénibles, de peur qu'en donnant un libre cours à l'expression de sa propre douleur il n'augmentât encore le trouble d'esprit de l'infortunée.

— Je ne croyais pas, continua-t-elle, qu'après une séparation si horrible, et au bout de tant d'années, nous aurions pu nous revoir avec autant de calme et de raison. Mais quoique nous ne puissions jamais oublier ce que nous avons autrefois été l'un pour l'autre, tout est fini maintenant, et nous ne sommes plus qu'amis. — N'est il pas vrai?

Tyrrel était hors d'état de répondre.

— Mais il ne faut pas, reprit elle, que je reste ici jusqu'à ce que la nuit soit tout à fait venue. — Nous nous reverrons, Tyrrel, — nous nous reverrons comme amis, rien de plus. — Ne viendrez vous pas me voir aux Shaws? il n'y a pas besoin de mystère, maintenant; — mon pauvre père est au tombeau, et ses préventions dorment avec lui; — mon frère John est bon, quoique parfois d'une sévérité austère. — Réellement, Tyrrel, je crois qu'il m'aime, quoiqu'il m'ait appris à trembler rien qu'en lui voyant froncer le sourcil, quand je suis animée et que je parle trop. — Mais il m'aime, du moins je le pense, car je l'aime, moi; et je m'efforce d'aller là-bas au milieu d'eux et d'endurer leurs folies, et, tout bien considéré, je joue étonnamment bien la farce de la vie.— Nous ne sommes que des acteurs, vous savez, et le monde n'est qu'un théâtre.

— Et nos rôles y ont été bien tristes et bien tragiques, dit Tyrrel dans l'amertume de son cœur, et ne pouvant plus longtemps s'empêcher de parler.

— Cela est vrai, Tyrrel; — mais quand en fut il autrement d'engagements formés dans la folie de la jeunesse? Vous et moi nous vous lions, vous savez, agir en homme et en femme, à une époque où nous étions à peine plus que des enfants. — Nous avons traversé, encore adolescents, les passions et les aventures de la jeunesse, et conséquemment nous sommes maintenant devenus vieux avant notre temps, et l'hiver de notre vie est arrivé avant que son été fût bien commencé. — O Tyrrel! que j'ai pensé à tout cela souvent! —

Souvent? hélas! quand viendra le temps où je serai en état de penser à autre chose?

La pauvre jeune fille sanglota amèrement, et ses larmes commencèrent à couler avec plus d'abondance que probablement elles ne l'avaient fait depuis bien longtemps. Tyrrel marchait près de son cheval, qui alors continuait sa route vers le château, et il se sentait hors d'état de trouver un ton convenable pour adresser la parole à la malheureuse Clara, craignant également pour elle et pour lui d'éveiller des passions assoupies. Tout ce qu'il s'était proposé de lui dire se trouvait déconcerté par les signes évidents qui ne lui permettaient pas de douter qu'un nuage de folie plus ou moins épais ne répandît une ombre sur l'esprit de miss Mowbray, et ne troublât, quoiqu'il ne les eût pas détruites, les facultés de son jugement.

Enfin il lui demanda, avec autant de calme qu'il en put prendre, si elle était contente?   si on pouvait faire quelque chose pour rendre sa situation plus douce?   si elle pouvait se plaindre de quelque chose auquel il fût à même de remédier? Elle répondit avec douceur qu'elle était calme et résignée tant que son frère lui permettait de rester au château; mais que lorsqu'on la menait en société, elle éprouvait le même changement que peut être supposée éprouver l'eau du ruisseau dormant dans un bassin limpide du rocher, quand s'échappant de son lit paisible elle se trouve enveloppée dans la chute impétueuse de la cataracte.

— Mais mon frère Mowbray, continua-t-elle, pense avoir raison, — et peut être a-t-il raison en effet. Il est des choses sur lesquelles nous pouvons nous appesantir trop longtemps;   et se serait il trompé, pourquoi ne m'imposerais-je pas une contrainte pour lui plaire? — il reste si peu de personnes à qui je puisse maintenant causer du plaisir ou de la peine! — D'ailleurs, Tyrrel, dans la conversation je suis une jeune fille gaie, — encore aussi gaie pour un moment que lorsque vous aviez coutume de me gronder de mon étourderie. Ainsi donc, maintenant que je vous ai tout dit, — j'ai une question à vous faire de mon côté, — une seule question, — si j'en ai la force : — Est *il* encore en vie?

— Il vit, répondit Tyrrel; — mais ce fut d'un ton si bas, que la profonde attention que miss Mowbray donnait à sa réponse put seule lui faire saisir d'aussi faibles sons.

— Il vit! s'écria-t-elle; — il vit! — il vit, et ainsi le sang dont votre main est teinte n'y a pas laissé une trace ineffaçable! — O Tyrrel, si vous saviez quelle joie cette assurance me fait éprouver!

— De la joie! — de la joie parce que le misérable qui a empoisonné à jamais notre bonheur vit encore? — parce que peut-être il vit pour venir vous réclamer?

— Jamais, jamais il ne le fera, — jamais il n'osera le faire, ré-

CHAPITRE IX.

pliqua Clara avec exaltation, tant que l'eau, une corde ou un poignard pourront donner la mort, tant qu'il y aura un précipice dans la montagne ou un gouffre dans la rivière! jamais, — jamais!

— Ne soyez pas ainsi agitée, ma chère Clara; je ne savais ce que je disais. — Il vit, en effet, — mais loin d'ici; et, je l'espère, il ne reviendra jamais en Écosse.

Il en aurait dit plus, si Clara, agitée par la crainte ou l'émotion, n'eût fait vivement sentir à son cheval le cinglant de sa houssine L'ardent animal, ainsi excité et retenu en même temps, devint intraitable et se cabra tellement, que Tyrrel, craignant un accident, et confiant dans l'habileté de Clara en équitation, pensa que le mieux qu'il eût à faire pour elle était de lâcher la bride. Le poney partit aussitôt avec la rapidité de la flèche, et les accidents du chemin l'eurent bientôt dérobé à l'œil inquiet de Tyrrel.

Tandis qu'immobile à la même place il réfléchissait s'il ne devait pas suivre miss Mowbray vers les Shaws pour s'assurer qu'aucun accident ne lui arriverait sur la route, il entendit dans la direction de l'hôtel un pas de chevaux s'approchant rapidement. Ne se souciant pas d'être vu en ce moment, il se réfugia derrière un buisson voisin, et un instant après M. Mowbray de Saint Ronan, suivi d'un domestique, passa rapidement devant sa cachette, suivant la même route que sa sœur venait de prendre. La présence du frère de miss Mowbray semblait garantir la sécurité de celle-ci, et la principale raison que Tyrrel aurait eue de la suivre n'existait plus. Plongé dans de profondes et tristes réflexions sur ce qui s'était passé, à peu près convaincu qu'une plus longue résidence au voisinage de Clara ne pourrait qu'ajouter à leur malheur à tous les deux, et cependant incapable de s'arracher de ces lieux, aussi bien que de renoncer à des sentiments qui semblaient s'être étroitement unis à chaque fibre de son cœur, il revint à son logis de l'Aultoun, dans un état d'esprit fort peu digne d'envie.

Tyrrel, en entrant dans sa chambre, ne la trouva pas éclairée, et les Abigaïls de mistress Dods ne se montrèrent pas tout à fait aussi alertes à lui procurer des lumières que le serait un domestique de *Long's-Hotel*. Fort peu exigeant par caractère, et désirant éviter en ce moment la nécessité de parler à qui que ce fût, même pour le motif le plus insignifiant, il descendit à la cuisine pour prendre lui-même ce dont il avait besoin. Il ne remarqua pas d'abord que mistress Dods elle-même se trouvait dans le centre de son empire, et bien moins encore qu'une haute expression d'indignation siégeait sur le front de la digne matrone. D'abord cette indignation ne se donna issue qu'en soliloques et en interjections sans suite, tels que ceux-ci, par exemple : Jolie besogne! — besogne fort honorable, en vérité! — une maison honnête être troublée à de pareilles heures! — Tenir une auberge : — autant vaudrait tenir une maison de fous!

S'apercevant que ces murmures n'attiraient pas l'attention, la dame vint se placer entre son hôte et la porte, vers laquelle il se dirigeait alors avec sa chandelle allumée, et lui demanda ce que signifiait une telle conduite.

— Quelle conduite, madame? dit Tyrrel d'un ton d'humeur et d'impatience si peu ordinaire en lui, que peut-être fut elle en ce moment fâchée de l'avoir fait sortir de son état habituel de patiente indifférence; et peut-être même éprouva t-elle quelque crainte des suites de l'altercation qu'elle avait provoquée, car la colère d'une personne tranquille et patiente a toujours en soi quelque chose de formidable pour un grondeur habituel. Mais elle avait trop de fierté pour songer à faire retraite après avoir sonné le signal du combat; elle poursuivit donc, bien que d'un ton quelque peu adouci :

— M. Tirl, je voulais seulement vous demander, à vous qui êtes un homme de sens, si j'ai quelque raison de prendre bien votre conduite? Vous avez été ici ces dix jours et plus, mangeant et buvant le meilleur et occupant la meilleure chambre de ma maison ; et maintenant penser que vous vous en allez là bas frayer avec ce bétail à cervelle éventée de la Source! — Je dois être franche avec vous : — je n'aime pas ces gens à belles façons qui peuvent vous dire *mon cœur* et qui n'en pensent rien ; c'est pourquoi....

— Mistress Dods, interrompit Tyrrel, je n'ai pas en ce moment de temps à donner à des bagatelles. Je vous suis obligé de vos attentions depuis que je suis dans votre maison ; mais la disposition de mon temps, ici ou ailleurs, doit être uniquement réglée sur mes propres idées de plaisir ou d'affaires. — Si vous êtes lasse de m'avoir chez vous, envoyez moi votre mémoire demain

— Mon mémoire! exclama mistress Dods, mon mémoire demain! Et pourquoi ne pas attendre jusqu'à samedi, où nous pourrons le régler entre nous, plack et bawbee¹, comme nous l'avons fait samedi dernier?

— Hé bien, nous en reparlerons demain, mistress Dods. — Bonne nuit. Et il se retira.

Luckie Dods resta à réfléchir un moment. — Il faut qu'il ait le diable au corps, dit-elle enfin, pour ne pas supporter deux mots de contrariété. Et je crois que je suis aussi endiablée, moi qui vais m'aviser de contrarier un si brave garçon, et une si bonne pratique. — Je suis sûre qu'il a quelque chose sur l'esprit. — Ça ne peut être le manque d'argent, — et pour sûr, quand je penserais ça, je ne m'inquiéterais guère de mon petit dû. — Mais ça ne peut être le manque d'argent; — il gaspille les shillings comme si c'étaient des morceaux d'ardoises, et ce

---

¹ Locution écossaise. Le *plack* et le *bawbee* sont les plus petites monnaies d'Écosse.

(L. V.)

n'est pas de cette façon-là que les gens se séparent de leur argent quand ils n'en ont guère : je sais assez l'air qu'a une pratique qui est près de ses pièces. — Hé bien ! j'espère que demain il ne pensera plus à ces niaiseries-là, et j'essaierai de gouverner un peu mieux ma langue. — Comme dit le ministre, c'est un membre rétif : — en vérité, je suis quelquefois honteuse de moi-même.

CHAPITRE X.

RESSOURCES.

> Allons, donne moi tes conseils, car j'en ai grand besoin ; tu es de ceux qui aident leurs amis de leurs sages avis, mieux que les usuriers avec leur or, ou les bretailleurs avec leurs épées. Je compte sur toi, car je ne te demande que des paroles, et non des actes.
>
> *Le Diable a trouvé son Maître.*

Le jour dont nous venons de raconter les incidents était un lundi ; il n'en restait donc que deux jusqu'à celui auquel avait été fixée la partie qui devait réunir dans les salles du seigneur du manoir la fleur de la société en ce moment rassemblée à la Source de Saint Ronan. L'intervalle était assez court pour les préparatifs que nécessitait un événement si peu ordinaire ; car la maison, quoique délicieusement située, était dans un très médiocre état d'entretien, et depuis nombre d'années elle n'avait pas reçu de visiteurs, sauf quelque joyeux garçon ou quelque chasseur de renard qui de temps à autre y venaient partager l'hospitalité de M. Mowbray. Encore ces événements devenaient ils chaque jour de plus en plus rares ; car M. Mowbray lui même, vivant presque continuellement à la Source, préférait communément recevoir ses compagnons là où il pouvait le faire sans dépenses. En outre, la santé de sa sœur lui fournissait une excuse sans réplique pour ceux de ces gentilshommes écossais de la vieille roche qui auraient pu être par trop portés (fidèles aux grossières traditions de siècles moins raffinés) à regarder la maison d'un ami comme la leur propre. Néanmoins M. Mowbray, au grand plaisir de tous ses compagnons, se trouvait alors *cloué* par une invitation faite et acceptée, et ils attendaient l'exécution de sa promesse avec l'impatience que ne manque jamais de faire naître parmi des désœuvrés la perspective de quelque chose de nouveau et de divertissant.

Une bonne dose d'embarras fut dévolue à M. Mowbray et à son fidèle agent, M. Meiklewham, avant que quelques préparatifs un peu convenables pussent être terminés pour la réception qui allait avoir lieu ; et ils furent abandonnés à leurs seuls efforts par Clara, qui, le mardi et le mercredi, resta obstinément enfermée dans son appartement, sans que les menaces ni les flatteries de son frère pussent arracher d'elle aucune lumière sur ses intentions pour l'importante journée du jeudi qui s'approchait. Pour rendre justice à John Mowbray, nous devons dire qu'il aimait sa sœur autant qu'il pouvait aimer quelque chose autre que lui-même ; et lorsque après plusieurs tentatives il eut la mortification de voir qu'il n'y avait pas à compter sur son assistance, il se mit tranquillement et sans se plaindre à faire de son mieux pour les apprêts nécessaires, avec la seule ressource de sa propre imagination.

Ce n'était pourtant pas une tâche aussi aisée qu'on pourrait le supposer ; car Mowbray ambitionnait cette réputation de bon ton et d'élégance que les facultés masculines seules sont rarement en état d'atteindre en des occasions importantes telles que celle ci. On pouvait, à la vérité, se procurer à prix d'argent à la ville voisine les éléments les plus solides d'une collation, et ce fut là en effet qu'on se les procura ; mais il sentit qu'il pourrait bien n'offrir ainsi que l'abondance vulgaire d'un festin de fermier, au lieu de la fête élégante qui aurait pu être annoncée dans un coin du journal du comté, comme ayant été donnée par John Mowbray, esq. de Saint Ronan, à l'élégante compagnie de personnes à la mode réunies à ces eaux renommées. Il était probable aussi qu'il se commettrait toutes sortes d'erreurs et d'irrégularités dans la manière de dresser, de servir et disposer les plats ; car le château ne pouvait se vanter ni d'une femme de charge accomplie, ni d'une cuisinière ayant autour d'elle cent paires de bras prêts à exécuter ses ordres. Toute l'organisation domestique était établie sur le système d'économie le plus minutieux qui pût se concilier avec les strictes convenances, sauf les écuries, qui étaient excellentes et bien tenues. Mais un valet d'écurie pouvait-il être chargé de la tâche d'un domestique d'appartement, ou un garde chasse disposer d'une manière appétissante les oiseaux abattus par son fusil, les parsemer de fleurs et les assaisonner de sauces excitantes ? Il serait aussi raisonnable d'attendre d'un brave soldat qu'il se chargeât du rôle d'ordonnateur des funérailles, et qu'il conduisît l'enterrement de l'ennemi qu'il a tué.

En un mot, Mowbray parla beaucoup, consulta, conseilla, disputa avec un cuisinier sourd et un petit vieillard qu'il appelait le sommelier, et finit par voir qu'il avait fort peu de chance de faire sortir l'ordre de la confusion, aussi bien que de faire la moindre impression utile sur les intelligences endurcies auxquelles il avait affaire. Prenant alors, après deux ou trois malédictions proférées du fond du cœur, le parti désespéré de laisser tout ce qui concernait le repas aux soins des officiers que cet objet regardait spécialement, il résolut de ne s'occuper que des appartements et de leur ameublement.

Là encore il se trouva presque également privé de directions ; car quel est l'homme dont l'esprit est au niveau des mille petites coquetteries en usage dans ces sortes d'arrangements ? Comment des yeux masculins peuvent-ils juger du degré de *demi jour*[1] que l'on doit ad

---

[1] Cette expression, et quelques autres distinguées, comme celle-ci, par des carac-

mettre dans un appartement décoré, ou distinguer l'endroit où on peut laisser tomber en plein la lumière sur un tableau passable, et celui d'où elle doit être exclue, de peur que le portrait bien raide d'un grand père en perruque ne se trouve trop en évidence? Et si les hommes ne s'entendent pas à tisser l'enveloppe féerique de lumière et d'ombre qui peut le mieux convenir à l'ameublement, aux ornements et au teint, comment s'entendraient-ils à l'art encore plus mystérieux d'arranger, tout en les dérangeant, les différents meubles de l'appartement, de telle sorte que tandis que tout a un air de négligence et de hasard, les siéges soient placés comme s'ils avaient été disposés à souhait aux endroits les plus convenables et les plus commodes, que la raideur et la confusion soient également évitées, que la compagnie ne soit ni limitée à un cercle cérémonieux de chaises, ni exposée à se casser le nez sur des tabourets laissés à droite et à gauche, que les arrangements, en un mot, soient ce que devrait être le ton de la conversation, aisés sans confusion, et réguliers sans affectation ni contrainte?

Et puis, comment la gaucherie de l'esprit masculin réussirait-elle dans la disposition par laquelle on peut tirer parti des vieilles tabatières, des pommes de cannes, des boîtes à odeurs, des chapelets d'ambre, et de toutes les futilités habituellement entassées par les dames d'autrefois dans les cases de leurs bureaux, en les jetant, négligemment groupées avec d'autres bagatelles insignifiantes telles qu'on en peut voir aux carreaux de la boutique d'un prêteur sur gages, sur une *encognure* de marbre ou sur une table à ouvrage en mosaïque, mettant ainsi à profit les colifichets sans nom et sans usage que toutes les vieilles filles ou les *pies* qui ont habité la maison depuis un siècle ont réussi à y accumuler? Avec quelle admiration pour l'adresse de l'artiste féminin n'ai-je pas quelquefois fureté dans ces groupes mélangés de *pseudo-bijouterie*, et vu la grande bague du bisaïeul couchée près du hochet en corail garni de clochettes du premier-né, — le sifflet d'argent de quelque vieil oncle marin, et sa boîte à tabac de même métal, parfumée de ce qu'elle contint autrefois, heureusement groupés avec la boîte à peignes en ivoire de la grand'mère, encore imprégnée de musc, l'étui à lunettes en écaille de tortue de quelque tante vierge, et la *serre d'aigle* en ébène dont se servaient nos aïeules, à l'époque des longs corps de baleine, pour apaiser les légères démangeaisons qu'elles pouvaient ressentir au dos ou aux épaules! Puis c'était la passoire d'argent sur laquelle, à une époque plus économe que la nôtre, la maîtresse de la maison plaçait les feuilles de thé dont on avait exprimé jusqu'à la dernière goutte, pour les distribuer ensuite aux personnes de

---

tères italiques dans les deux ou trois paragraphes suivants. sont en français dans l'original. (L. V.)

la compagnie, qui les mangeaient avec du sucre, ou avec du pain et du beurre. Bénie soit une mode qui a sauvé des griffes des chambrières et du creuset de l'orfévre ces *cimelia* négligés, au profit des antiquaires et pour la décoration des consoles! Mais qui osera les y placer, si ce n'est sous la direction du goût féminin? et c'était ce dont était absolument privé M. Mowbray, qui pourtant possédait un nombreux assortiment de trésors de ce genre.

Si cette digression sur ses embarras n'était déjà trop longue, je pourrais parler de l'inexpérience du laird dans l'art de dissimuler les défectuosités d'un ameublement, de cacher un tapis raccommodé au moyen d'une toile neuve, de jeter négligemment un châle de l'Inde sur un sofa terni et montrant la corde. Mais j'en ai dit assez, et plus qu'assez, pour que la situation de M. John Mowbray puisse être comprise de tout garçon sans aide, qui n'ayant ni mère, ni sœur, ni cousine, ni femme de charge habile, ni cuisinier expérimenté, ni valet adroit et propre à représenter, se hasarde à donner une fête, et aspire à la rendre élégante et *comme il faut*.

Le sentiment de son insuffisance était d'autant plus vexatoire pour Mowbray, qu'il savait trouver d'impitoyables critiques dans les dames, et particulièrement dans sa rivale constante, lady Penelope Penfeather. Il ne se donna donc pas de relâche dans ses efforts, et durant deux jours entiers il rangea et dérangea, demanda, commanda, contremanda et réprimanda, sans trêve ni cesse. Il avait pour compagnon de ses labeurs, car on ne pouvait le qualifier d'aide, son fidèle agent Meiklewham, qui le suivait de chambre en chambre, lui montrant exactement le même degré d'intérêt qu'un chien témoigne à son maître qu'il voit triste et tourmenté, en levant de temps en temps les yeux vers lui avec une expression piteuse, comme pour l'assurer qu'il prend part à sa peine, quoiqu'il n'en comprenne ni la cause ni l'étendue, et qu'il ne puisse absolument rien faire pour l'alléger.

Lorsqu'enfin Mowbray fut parvenu à terminer quelques dispositions à son idée, et qu'il se vit obligé d'en abandonner un grand nombre d'autres qu'il aurait voulu voir en meilleur ordre, il s'assit à son dîner, le mercredi, veille du jour désigné, avec son digne aide de camp, M. Meiklewham; et après avoir lancé à demi voix quelques malédictions sur toute la fête, et sur la vieille originale qui l'avait mis dans cet embarras en mendiant une invitation, il déclara que tout pouvait maintenant aller au diable sans qu'il s'en mêlât davantage, et qu'aussi sûr que son nom était John Mowbray, il ne se mettrait plus en peine de rien.

Ce fut donc dans cette magnanime résolution qu'il se mit à table avec son savant conseil; et ils eurent bientôt expédié le plat de côtelettes placé devant eux, ainsi que la plus grande partie de la bouteille de vieux porto dont ils l'arrosèrent.

— Nous sommes maintenant assez bien, dit Mowbray, quoique nous n'ayons pas eu un seul de leurs damnés ragoûts.

— Un ventre plein est un ventre plein, repartit le procureur en rongeant l'os graisseux de sa dernière côtelette, que ce soit de farine d'orge ou de bran de son.

— C'est ainsi que pense un cheval de charrette; mais nous sommes obligés de faire comme les autres, et les gens comme il faut sont d'une autre opinion.

— Tant pis pour eux, et pour le pays aussi, Saint-Ronan; — ce sont toutes ces fariboles de thés et de friperies qui mènent nos nobles au bout de leur rouleau, et en conduisent plus d'un de leur château à un logement à l'Abbaye[1].

Le jeune homme se tut pendant quelques minutes; — puis il remplit son verre et passa la bouteille à son doyen, — et enfin il lui dit brusquement : Croyez-vous à la chance, Mick?

— A la chance? répondit l'attorney; que voulez-vous dire par cette question?

— Eh mais, c'est que moi-même je crois à la chance, — je crois aux veines heureuses ou malheureuses aux cartes.

La meilleure chance que vous auriez pu avoir aurait été de n'en jamais toucher une.

— Ce n'est pas la question en ce moment : mais ce qui m'étonne, c'est la malheureuse chance qui nous suit depuis plus de cent ans, nous autres misérables lairds de Saint Ronan, car depuis ce temps-là nous avons toujours été de mal en pis dans le monde, et jamais de mieux en mieux. Il n'y a jamais eu de race aussi dégénérante que la nôtre, comme dirait le ministre; — la moitié du pays appartenait autrefois à mes ancêtres, et maintenant les derniers sillons ont l'air de vouloir s'envoler.

S'envoler! oui, oui, et à tire-d'aile. — Ce château des Shaws que voici, je garantis qu'il prendrait sa volée par la cheminée après le reste, s'il n'était solidement assis sur la substitution de votre grand'père.

Au diable la substitution! s'ils voulaient conserver leur domaine, ils auraient dû le substituer quand il valait la peine d'être conservé. Enchaîner un homme à une chose aussi insignifiante que Saint-Ronan, c'est comme si on mettait un cheval aux entraves sur six perches d'une lande highlandaise.

Vous n'avez pas mal empiété sur le revenu par vos concessions de terrains là bas à la Source, et peut être bien que vous avez tiré sur la courroie un peu plus que vous n'étiez en droit de le faire.

— Ce que j'ai fait, ne l'ai-je pas fait par votre avis?

— Je ne le nierai jamais, Saint-Ronan; mais je suis un oison d'un

---

[1] On nomme ainsi, à Édimbourg, une partie du palais d'Holyrood, sanctuaire inviolable où les débiteurs sont a l'abri des poursuites de leurs créanciers. (L. V.)

CHAPITRE X.

si bon naturel, que je n'ai voulu que vous plaire comme une vieille femme fait avec un enfant.

— Oui, quand elle lui atteint un couteau avec lequel il se coupe les doigts. — Ces terres auraient été assez bien à l'abri, n'eût été votre damné conseil.

— Et pourtant ne murmuriez-vous pas alors de ce qu'il ne dépendait pas de vous de faire envoler tout le domaine comme un canard sauvage à travers le marais ? Il est vrai que vous n'avez pas besoin de vous en inquiéter beaucoup ; car si vous avez encouru une déchéance, — et c'est l'avis de M. Wisebehind l'avocat, sur un mémoire à consulter que je lui ai soumis, — votre sœur, ou le mari de votre sœur s'il lui prenait la fantaisie de se marier, pourrait obtenir un *declarator*, et vous évincer de Saint-Ronan dans le cours de deux ou trois sessions.

— Ma sœur ne se mariera jamais, dit John Mowbray.

— Cela est bientôt dit, repartit l'homme de loi ; mais navire aussi avarié a pris terre. Si on savait la chance qu'elle a pour le domaine, il y a bien des gens obligeants qui ne s'inquiéteraient pas de la mouche qu'elle a dans sa coiffe.

— Écoutez, M. Meiklewham ; je vous serai obligé si vous voulez parler de miss Mowbray avec le respect dû à la fille de son père, et à ma sœur.

— Ne vous fâchez pas, Saint-Ronan, ne vous fâchez pas ; mais chacun doit parler de manière à se faire comprendre, — c'est-à-dire quand il s'agit d'affaires. Vous savez vous-même que miss Clara n'est pas tout à fait comme les autres ; et si j'étais de vous — c'est mon devoir de vous parler franchement — j'adresserais un petit bout de pétition aux lords pour être déclaré *curator bonis*, à raison de son incapacité à administrer elle-même ses affaires.

— Meiklewham ! s'écria Mowbray, vous êtes un.... Il s'arrêta court.

— Que suis-je, M. Mowbray ? dit Meiklewham d'un ton quelque peu sec ; — que suis-je ? je serais charmé de savoir ce que je suis.

— Un excellent homme de loi, j'ose le dire, repartit Mowbray, qui était trop en la puissance de son agent pour s'abandonner à son premier mouvement ; mais, je dois vous le dire, plutôt que de prendre contre la pauvre Clara une mesure telle que celle que vous me conseillez, je lui abandonnerais le domaine, et me ferais garçon d'écurie ou postillon pour le reste de mes jours.

— Ah ! Saint Ronan ! si vous aviez voulu soutenir la vieille maison, il aurait fallu prendre un autre métier que ceux de garçon d'écurie ou de postillon. Qu'est ce qui vous aurait empêché, mon garçon, de vous faire homme de loi aussi bien qu'un autre ? Mon vieux maître avait une bribe de latin au sujet de *rerum dominos gentamque togatam*, qui signifiait, disait-il, que tous les lairds devraient être hommes de loi.

— Je crois que tous les hommes de loi doivent pareillement devenir lairds; car ils achètent nos acres par milliers, et nous paient, comme dans la vieille histoire, en ce que vos savants confrères appellent saisies-arrêts, M. Meiklewham.

— Bien; — et est-ce que vous n'auriez pas pu en acheter aussi bien que les autres?

— Non; je n'ai pas ce qu'il faut pour un pareil métier. Je n'aurais fait qu'user en pure perte le bombasin que j'aurais eu sur les épaules, et la farine dont j'aurais poudré ma perruque à trois marteaux; — j'aurais passé mes matinées dans l'*Outer-House*[1] et mes soirées au théâtre, et n'aurais acquis que bien juste assez de science pour devenir juge à une petite cour des dettes.

— Si vous aviez gagné peu, vous n'auriez pas perdu davantage; et sans être un aigle au barreau, vous auriez toujours pu obtenir une place de sheriff ou de commissaire aussi bien que les autres, pour vous entretenir la chair sur les os, et de cette façon-là votre domaine ne se serait pas détérioré, si vous ne l'eussiez pas beaucoup amendé.

— Oui, mais je n'aurais pas eu la chance de le doubler, comme j'aurais pu l'avoir si cette rosse inconstante, la fortune, m'était restée fidèle un moment. Je vous dirai, Mick, que depuis un an j'ai été riche à cent mille livres[2], — à cinquante mille livres, — et que je n'ai plus rien, rien que le restant de ce misérable domaine, qui est trop peu de chose pour donner à un homme une position tant qu'il sera à moi, mais dont le prix, s'il était vendu, pourrait me remettre à flot et me refaire un peu la main.

— Oui, oui, jeter le manche après la cognée, — vous n'avez pas d'autre idée. Qu'importe de gagner cent mille livres, si vous les gagnez pour les reperdre?

— Ce que cela importe? eh, parbleu! cela importe autant à un homme courageux qu'une bataille gagnée importe à un général : — il peut ensuite être battu à son tour, mais il sait que la chance est pour lui aussi bien que pour les autres, et il a ainsi du cœur pour recommencer la partie. Voici le jeune comte d'Etherington qui va être parmi nous dans un jour ou deux; — on dit qu'il tient tout : si j'avais seulement cinq cents livres pour commencer, je serais bientôt à son niveau.

— Monsieur Mowbray, reprit Meiklewham, vous me faites peine. J'ai été l'homme d'affaires de votre famille, je puis dire, jusqu'à un certain point, son serviteur, et maintenant je suis destiné à en voir la fin, et cela précisément par la faute de celui qui me paraissait le

---

[1] Partie du palais de justice d'Édimbourg où se jugent les causes en première instance. (L. V.)

[2] Sterling; environ deux millions cinq cents mille francs. (L. V.)

plus propre à la remettre sur un meilleur pied que jamais; car, pour vous rendre justice, vous avez toujours eu l'œil ouvert sur vos intérêts, aussi loin que vos lumières pouvaient aller. Cela m'en fait venir les larmes aux yeux.

— Ne pleurez pas pour cela, Mick; il en restera toujours un peu dans vos poches, sinon dans les miennes, mon vieux camarade; — vos services ne seront pas tout à fait gratuits, mon vieil ami. — Il faut que le laboureur ait son salaire.

— Je le sais bien; mais il est certaines besognes qu'un double salaire ne paierait pas. Au surplus, si vous voulez de l'argent, il faudra bien que vous en ayez; — seulement, je le garantis, il passera où le reste a passé.

— Non, de par tous les diables! échouer cette fois est impossible. — Jack Wolverine a été trop fort pour Etherington à tous les jeux, et je suis en état de battre Wolverine de Land's End à Johnnie Groat[1]. — Mais il faut quelque chose à couvrir; il faut avoir un enjeu, Mick.

— Très-probablement, — sans doute, — c'est à-dire toujours pourvu qu'on *puisse* l'avoir.

— C'est votre affaire, mon vieux coq. Ce jeune homme sera ici peut-être demain, avec de l'argent dans ses deux poches; — il reçoit ses rentes chemin faisant, Mick. — Songez à cela, mon vieil ami.

— Heureux ceux qui ont des rentes à recevoir; les nôtres, à présent, ne sont pas assez lourdes pour nous charger les poches. — Mais êtes-vous sûr que ce comte soit un homme à qui on puisse avoir affaire? — êtes-vous sûr de pouvoir le gagner, M. Mowbray, et, si vous le gagnez, qu'il puisse payer ses pertes? C'est que j'ai connu bien des gens qui venaient chercher de la laine, et qui s'en retournaient chez eux tondus; et quoique vous soyez un jeune homme habile, et que je ne puisse faire autrement que de supposer que vous connaissez aussi bien le monde que bien d'autres, néanmoins, de façon ou d'autre, vous vous êtes toujours trouvé du côté des perdants, comme vous n'avez que trop de raisons de le savoir aujourd'hui; — c'est pourquoi...

— Au diable votre commérage, mon cher Mick! interrompit Mowbray; si vous ne pouvez me porter secours, du moins ne m'achevez pas avec votre bavardage. — Eh, mon cher! j'étais encore frais émoulu; — j'avais mon apprentissage à payer, et ce n'est pas une bagatelle, Mick. Mais qu'importe? — je suis affranchi et passé maître à présent, et puis commercer sur mon propre fonds.

— Bien, bien; je souhaite qu'il en soit ainsi.

— Il en sera ainsi, — il en devra être ainsi, mon fidèle ami, ré-

---

[1] Locution écossaise pour exprimer la totalité, la généralité; à peu près comme si l'on disait *d'un bout à l'autre*. *Land's End* et *Johnnie Groat* sont les deux points extrêmes de la Grande Bretagne, le premier au sud o ıest, l'autre au nord est. (L. V.)

pliqua joyeusement Mowbray, si seulement vous voulez m'aider à réunir le premier fonds.

— Le premier fonds ? — Qu'appelez-vous le fonds ? — je ne sache pas qu'il vous reste aucun fonds.

— Mais vous n'en manquez pas, vous, mon vieux camarade. — Allons, vendez un peu de vos trois pour cent; je vous paierai la différence, — intérêt, — change, — et tout.

— Oui, oui, — tout ou rien. Mais puisque vous êtes si pressant, je pensais... Quand avez-vous besoin de l'argent?

— A l'instant même, — aujourd'hui, — demain au plus tard! s'écria l'emprunteur.

— Vzie! fit l'homme de loi par une sorte de sifflement prolongé; la chose est impossible.

— Il faut pourtant qu'elle soit, Mick, répliqua Mowbray, qui savait par expérience que le mot *impossible*, quand son complaisant ami le prononçait sur ce ton, signifiait seulement fort difficile ou très-coûteux.

— En ce cas, ce doit être au moyen de la vente des fonds de miss Clara, puisque vous parlez de fonds; je m'étonne que vous n'y ayez pas pensé plus tôt.

— Je voudrais que vous eussiez été muet avant de prononcer ce que vous venez de dire! repartit Mowbray, tressaillant comme s'il eût senti le dard d'une vipère. — Quoi! la subsistance de Clara! — la bagatelle que ma tante lui a laissée pour ses dépenses de fantaisie! — sa petite réserve particulière, dont elle fait si bon usage! — Pauvre Clara! elle qui a si peu! Et pourquoi pas plutôt les vôtres, M. Meiklewham, vous qui vous dites l'ami et le serviteur de notre famille?

— Oui, Saint-Ronan, tout cela est très-vrai; — mais les services ne sont pas un héritage, et quant à l'amitié, elle commence par soi même, comme des gens sages l'on dit longtemps avant nous. A cet égard, je pense que ceux qui sont les plus proches parents doivent courir le plus de risques. Vous tenez plus et de plus près à votre sœur, Saint-Ronan, qu'au pauvre Saunders Meiklewham, qui n'a pas de sang noble dans les veines ce qu'il en faudrait pour le souper d'une puce affamée.

— Je ne ferai pas cela, reprit Saint-Ronan en se promenant en long et en large avec une vive agitation; car, tout égoïste qu'il était, il aimait sa sœur, il l'aimait surtout à cause de ces singularités de caractère qui lui rendaient la protection de son frère indispensable. — Je ne la dépouillerai pas, continua-t-il, en arrive que pourra. J'irai plutôt sur le continent servir comme volontaire, et mourir en gentilhomme.

Il continuait de parcourir la chambre dans un sombre silence dont son compagnon commença à s'inquiéter, lui qui jusque-là n'avait pas été habitué à voir son patron prendre les choses si à cœur. Enfin, il fit une tentative pour attirer l'attention de Mowbray et le tirer de sa sombre et silencieuse méditation.

— M. Mowbray! — (pas de réponse), — je disais, Saint-Ronan... (toujours pas de réponse). — J'ai pensé à cette affaire, — et...

— Et *quoi*, monsieur? dit le laird de Saint Ronan, s'arrêtant tout à coup et parlant d'un ton bref et sec.

— Et à vrai dire, je vois peu de possibilité de faire l'affaire de quelque manière que ce soit; car si vous aviez l'argent dans votre poche aujourd'hui, demain tout appartiendrait au comte d'Etherington.

— Bast! vous êtes un sot.

— Ce n'est pas improbable; mais sir Bingo Binks en est un aussi, et cependant il a eu le dessus sur vous, Saint-Ronan, dans les deux ou trois dernières occasions.

— C'est faux! — il n'a pas eu le dessus sur moi, s'écria le laird avec emportement.

— Je sais pourtant bien qu'il vous a mis dedans au sujet du saumon, et de je ne sais quel autre pari que vous avez perdu aujourd'hui même.

— Je vous dis encore une fois, Meiklewham, que vous êtes un sot, et que vous n'êtes pas plus en état de juger de mes ruses que d'observer la longitude. — Bingo est méfiant, — je dois lui donner un peu de ligne, voilà tout; alors je le frapperai au moment convenable. — Je suis aussi sûr de lui que je le suis de l'autre; je sais jusqu'où peut s'élever leur vol, à tous les deux. — Faute de ces maudites cinq cents livres j'en perdrai dix mille!

— Si vous êtes si certain d'être le coq, — si certain, je veux dire, d'enlever les enjeux, quel mal en arrivera t-il à miss Clara de ce que vous vous serviez de son argent? Vous pourrez le lui rendre au décuple pour le risque.

— Et c'est ce que je ferai, par le ciel! Mick, vous avez raison, et je suis un cœur de poule, avec mes sots scrupules. Au lieu de ses malheureuses cinq cents livres, Clara en aura mille; — elle les aura, par tous les diables! Et je l'enverrai à Édimbourg pour une saison, ou peut-être à Londres, et nous aurons les meilleurs avis sur son état et la meilleure compagnie pour la distraire. Et si on la regarde comme un peu bizarre, — hé bien, goddam! je suis son frère, et je la soutiendrai. Oui,   oui, vous avez raison; il ne saurait y avoir de mal à lui emprunter cinq cents livres pour quelques jours, quand il en peut résulter un tel profit pour elle et pour moi. — Allons, remplissez les verres, mon vieux camarade, et buvons au succès, car vous avez raison.

— Je bois au succès de tout mon cœur, repartit Meiklewham, sincèrement charmé de voir le caractère impétueux de son patron arrivé à cette conclusion désirable, et cependant voulant se mettre lui-même à couvert des suites; — mais c'est *vous* qui avez raison, et non pas *moi*, car je ne conseille rien que sur votre propre assurance que vous êtes certain de faire ce que vous voudrez de ce comte anglais et de ce sir Bingo ; — et s'il en est ainsi, il est sûr qu'il serait peu sage et peu obligeant de la part d'un de vos amis de se placer devant votre soleil.

— C'est vrai, Mick, c'est vrai ; — et cependant des dés et des cartes ne sont que de l'ivoire et du carton, et le meilleur cheval qui ait jamais fourni une carrière peut faire une glissade avant d'atteindre le but ; — aussi n'aurais je pas voulu que la petite fortune de Clara courût un tel risque. — Mais, au diable ! le souci tuerait un chat[1]. — Je puis sauter le pas aussi bien qu'un autre, si le hasard tourne contre moi.

— Ainsi donc, faites-moi avoir l'argent, Mick.

— Ah ! mais il y a encore deux mots à dire sur l'affaire ; — l'argent est en mon nom, et au nom de Tam Turnpenny le banquier, comme fidéicommissaires pour miss Clara. — Or donc, faites-lui écrire une lettre pour nous, nous chargeant de vendre et de vous compter le produit, et Tam Turnpenny vous donnera cinq cents livres *instanter* sur la foi de la transaction ; car j'imagine que vous voudrez que tout soit vendu, ce qui produira au delà de six cents livres, et de sept cents aussi. — Je compte donc que vous vendrez le tout : — il est inutile de faire deux bouchées d'une cerise.

— C'est vrai : puisque nous devons faire une coquinerie, ou à peu près, qu'elle en vaille du moins la peine. Ainsi donc, donnez moi un modèle de lettre, et Clara la copiera, — c'est-à-dire si elle y consent ; car vous savez qu'elle sait tenir à son opinion autant que femme au monde.

— Et cela dépendra d'ou soufflera le vent, prêchez comme vous voudrez. Mais si je pouvais vous donner un avis au sujet de miss Clara., — je ne lui dirais rien autre chose sinon que je suis à court d'argent ; car, ou je me trompe fort sur elle, ou elle n'aimerait pas à vous voir aller jouer les trois pour cent de sa tante à pile ou face avec ce lord ci et ce baronnet-là. Je sais qu'elle a certaines idées particulières ; — elle emploie en charités la totalité des dividendes de ce fonds.

— Et je vais m'exposer à voler le pauvre aussi bien que ma sœur ! dit Mowbray en remplissant de nouveau son verre et celui de son ami : — allons, Mick, pas d'échappatoire. — A la santé de Clara ! — c'est un ange, — et moi je suis... je ne veux pas que ni moi ni d'autres me disent ce que je suis. — Mais cette fois je gagnerai : — je suis sûr de gagner, puisque la fortune de Clara en dépend.

— Maintenant, je pense, d'un autre côte, que si quelque chose venait à mal tourner (et le Ciel sait que les plans les mieux combinés tournent quelquefois mal) ce serait une grande consolation de penser qu'en définitive les seuls perdants seraient les pauvres, qui ont la pa-

---

[1] Expression proverbiale. (L. V.)

roisse entre eux et un manque absolu de pain ; — si votre sœur dépensait elle-même son argent, ce serait une tout autre histoire.

— Silence, Mick ; — pour l'amour de Dieu, silence, mon honnête ami ! dit Mowbray. C'est parfaitement vrai ; vous êtes un conseiller précieux au moment du besoin, et vous avez pour réconcilier la conscience d'un homme avec ce que la nécessité lui fait faire, une heureuse manière qui damerait le pion à vingt casuistes : mais prenez garde, mon conseiller et confesseur très-zélé, prenez garde d'enfoncer le clou trop avant ; — je vous jure que quelques-uns de vos encouragements me refroidissent plutôt que de m'échauffer. — Bien ; — donnez moi le papier : — je vais trouver Clara ; — et pourtant j'aimerais mieux me voir en face du meilleur tireur d'Angleterre, dix pas de gazon entre nous. — A ces mots il quitta la chambre.

CHAPITRE XI.

AMOUR FRATERNEL.

> Les plus proches par le sang devraient toujours être les premiers à s'aimer ; et quand je vois ces heureux enfants livrés à leurs jeux, William cueillant des fleurs pour le corsage d'Ellen, et Ellen préparant des appâts pour la pêche de William, j'ai peine à penser que, plus avancés dans la vie, la froideur, le défaut d'affection, les soupçons ou l'intérêt pourront troubler cette union sacrée que la nature impose au sang. *Anonyme.*

En quittant son dangereux conseiller pour faire la démarche que celui-ci lui avait indiquée sans paraître la lui recommander, Mowbray se rendit à la petite pièce que sa sœur avait coutume d'appeler son salon, et où elle passait la plus grande partie de son temps. Tout y était tenu avec une propreté qui n'était pas exempte de quelques bizarreries ; et par l'arrangement parfait et le bon ordre qui y régnaient, cette chambre formait un contraste frappant avec les autres appartements généralement négligés de la vieille habitation. Nombre de petits articles qui couvraient la table à ouvrage indiquaient le goût élégant en même temps que le peu de suite des idées de celle qui occupait la pièce. C'étaient des dessins inachevés, de la musique tachée d'encre, des ouvrages d'aiguille de diverses sortes, et beaucoup d'autres petits objets d'occupation féminine : tout cela commencé avec ardeur, en partie exécuté avec goût et élégance, et laissé de côté avant d'être terminé.

Clara était assise sur un petit sofa près de la fenêtre, lisant, ou du moins paraissant lire un volume dont elle tournait les feuillets. Mais en apercevant son frère elle se leva vivement, et courut à lui avec l'empressement le plus cordial.

— Soyez le bienvenu, mon cher John, soyez le bienvenu ; c'est très-bon à vous de venir visiter votre sœur recluse. J'essayais de clouer mes yeux et mon intelligence sur le livre stupide que voilà, parce qu'on dit que trop de recueillement ne me vaut rien. Mais ou l'auteur est bien ennuyeux, ou je manque de la puissance d'attention nécessaire ; car mes yeux passent sur les pages précisément comme il semble qu'on lise dans un rêve, sans que je sois capable de comprendre un seul mot du sujet. Vous allez causer avec moi, cela vaudra mieux. Que puis-je vous offrir pour vous montrer que vous êtes le bienvenu? Je crains de n'avoir à vous offrir que du thé, et que ce soit pour vous un triste régal.

— Je serai charmé d'en prendre une tasse en ce moment, dit Mowbray, car j'ai à vous parler.

— Hé bien, Jessy l'aura préparé dans un instant, repartit miss Mowbray; puis agitant sa sonnette, elle donna ses ordres à sa femme de chambre. — Mais il ne faut pas être ingrat, John, ni me tourmenter d'aucun cérémonial de votre fête : — à chaque jour suffit son mal, dit l'adage. J'y assisterai, et j'y jouerai mon rôle aussi gentiment que vous pouvez le désirer; mais y penser d'avance, ce serait me rendre malade de la tête et du cœur. Ainsi donc, je vous en prie, épargnez-moi ce sujet.

— Eh! petite chatte sauvage, vous vous éloignez chaque jour davantage de toute société humaine; — nous vous verrons un de ces jours vous enfuir dans les bois, et y devenir aussi inapprivoisable que la princesse Carabo. Mais je ne vous tourmenterai de rien si je puis l'éviter. Si les choses ne vont pas bien le grand jour, il faudra s'en prendre à l'épaisse cervelle qui n'avait pas une belle dame pour l'aider. J'ai quelque chose de plus important à vous dire, Clara, — quelque chose de la dernière importance.

— Qu'est-ce donc? s'écria Clara d'un ton qui ressemblait presque à un cri d'effroi; — au nom du Ciel, qu'est-ce donc? — Vous ne savez pas à quel point vous m'épouvantez!

— Allons, vous vous effrayez d'une ombre, Clara. Ce n'est pas une chose si extraordinaire, après tout; — de bonne foi, c'est l'embarras le plus commun du monde, autant que je connaisse le monde : — je suis cruellement à court d'argent.

— Est-ce là tout? répliqua Clara, d'un ton qui parut à son frère aussi peu en proportion de la difficulté connue, que tout à l'heure elle l'avait exagérée par ses craintes avant d'en connaître la nature.

— Si c'est tout? dit-il; oui vraiment, c'est tout, et cela emporte une bonne dose de contrariétés. Je serai dans un cruel embarras si je ne puis trouver une certaine somme, — et il faut même que je vous demande si vous pouvez m'aider?

— Vous aider? oui, sans doute, et de tout mon cœur. — Mais vous savez que ma bourse est légère; — plus de la moitié de mon dernier dividende s'y trouve; cependant, et assurément, John, je serai fort heureuse si cela peut vous servir : — d'autant plus que ce sera du moins une preuve que vos besoins ne sont pas bien grands.

— Hélas, Clara! reprit son frère, à demi repentant de son dessein, si vous voulez m'aider, il faut tordre le cou à la poule qui pond les œufs d'or; — il faut me prêter le trésor tout entier.

— Et pourquoi non, John, si cela vous rend service? dit la jeune fille dans la simplicité de son cœur. N'êtes-vous pas mon tuteur naturel? n'avez-vous pas de l'affection pour moi, et ma petite fortune tout entière n'est-elle pas à votre disposition? Tout ce que vous ferez, j'en suis sûre, sera pour le mieux.

— Peut-être ai-je à craindre que non, repartit Mowbray en reculant de deux pas, et plus affecté de la facilité complaisante de sa sœur que ne l'auraient contrarié des difficultés ou des remontrances. Dans ce dernier cas, les manœuvres auxquelles il lui aurait fallu avoir recours pour obtenir le consentement de Clara auraient étouffé les angoisses de sa conscience; telles qu'étaient les choses, il y vit toute la différence qu'il y a entre égorger un animal apprivoisé et sans résistance, et poursuivre le gibier sauvage avec un entraînement qui fait perdre au chasseur le sentiment de sa cruauté. — Par Dieu! exclama-t-il, c'est tirer l'oiseau perché. — Clara, ajouta-t-il, je crains que cet argent ne soit pas précisément employé comme vous l'auriez souhaité.

— Employez le comme il vous plaira, mon bon frère, et je croirai que tout est pour le mieux.

— Sans doute je fais pour le mieux ; du moins je fais ce qu'on peut faire, car je ne vois pas d'autre moyen. — Ainsi donc, tout ce que vous avez à faire, est de copier ce papier et de dire adieu aux dividendes de la banque, — du moins pour quelque temps. J'espère être bientôt à même de doubler ce petit fonds pour vous, si seulement la fortune veut se montrer mon amie.

Ne vous fiez pas à la fortune, John, dit Clara en souriant, quoique avec une expression de profonde mélancolie. Hélas ! elle n'a jamais été l'amie de notre famille, — du moins depuis bien des jours.

— Elle favorise les audacieux, disaient mes anciens exercices de grammaire, et il faut que je me fie à elle, serait-elle aussi variable qu'une girouette. — Et cependant, — si elle me trompait ! — Que ferez vous, — que direz-vous, Clara, si, contre mon espoir et mon attente, je me trouve dans l'impossibilité de vous rendre cet argent dans un court délai?

— Ce que je ferai? il faudra que je m'en passe ; et quant à ce que je dirai, je ne dirai pas un mot.

— C'est vrai; mais vos petites dépenses, — vos charités, — votre boiteux et votre aveugle, — votre cercle de pauvres?

— Hé bien, je saurai pourvoir aussi à tout cela. Voyez, John, combien j'ai ici de bagatelles à demi terminées. L'aiguille ou le pinceau est la ressource de toute héroïne en détresse, vous savez, et je vous promets que bien que depuis quelque temps j'aie été un peu paresseuse et dérangée, cependant, quand je m'y mettrai, pas une Emmeline ou une Éthelinde de roman n'aura jamais envoyé au marché des charges de friperies pareilles à celles que j'y enverrai, ni fait une fortune telle que celle que je ferai. J'ose dire que lady Penelope et tout le beau monde de la Source achèteront, et feront des loteries, et n'oublieront rien pour encourager l'artiste mélancolique. Je leur enverrai des lots de paysages avec des arbres verts et des rivières bleues, et des portraits qui feront peur aux originaux eux mêmes, — et des mouchoirs et des turbans, avec des broderies exactement festonnées comme les promenades du belvédère. — Oh! je ferai une petite fortune dans la première saison.

— Non, Clara, dit John d'un ton grave; car, tandis que sa sœur parlait ainsi, une résolution vertueuse avait pris le dessus en lui; — non, nous ferons quelque chose de mieux que tout cela. Si ce secours obligeant que vous me prêtez ne me tire pas d'affaire, je suis résolu à couper court à tout. Il ne s'agit que d'affronter les rires d'un ou deux jours, et d'entendre un étourdi me dire: « Goddam ! Jack, êtes-vous devenu saute-sillon, à la fin? » — Voilà ce qu'il y a à redouter de pis. Chiens, chevaux, tout sera réformé; nous ne garderons que votre poney, et moi je compterai sur une paire d'excellentes jambes. Il nous reste assez des vieilles terres pour nous entretenir de la manière que vous aimez le mieux, et que j'apprendrai à aimer. Je travaillerai au jardin, je travaillerai dans la forêt, je marquerai mes arbres et les abattrai moi-même, je tiendrai moi même mes comptes, et j'enverrai Saunders Meiklewham au diable.

— Cette résolution là est la meilleure de toutes, John, et si un tel jour arrivait bientôt, je serais la plus heureuse des créatures. — Il ne me resterait pas un chagrin au monde, — et si j'en avais quelqu'un, vous n'en verriez ni n'en entendriez jamais rien : — il resterait là, ajouta-t-elle en lui prenant la main qu'elle pressa sur son cœur, aussi profondément enseveli qu'une urne funéraire dans un froid sépulcre. Oh! ne pourrions-nous commencer dès demain un tel genre de vie? S'il est absolument nécessaire d'être débarrassés d'abord de ce peu d'argent, jetez-le dans la rivière, et pensez que vous l'avez perdu parmi les joueurs et les jockeys.

Tandis que Clara parlait ainsi, ses yeux, tendrement fixés sur les traits de son frère, brillaient à travers les larmes que l'enthousiasme y appelait; Mowbray, de son côté, tenait ses regards baissés vers la terre, les joues couvertes d'une rougeur qui exprimait à la fois un faux orgueil et une honte véritable.

Enfin il releva les yeux. — Ma chère petite Clara, dit-il, que je suis fou de rester ici à vous écouter, moi qui ai vingt choses à faire! Tout ira bien sur *mon* plan ; — s'il en arrivait autrement, nous avons le vôtre en réserve, et je vous jure de l'adopter. La bagatelle dont cette lettre que vous allez me faire me permet de disposer peut me porter bonheur, et nous ne devons pas jeter les cartes tant que nous avons une chance de gagner la partie. — Lors même que je romprais avec tout le monde dès à présent, ces quelques cents livres ne nous rendraient guère ni plus riches ni plus pauvres; — vous voyez donc que nous avons deux cordes à notre arc. La chance est quelquefois contre moi, cela est vrai; — mais en se tenant ferme sur les principes, et en jouant serré, je puis venir à bout du plus habile d'entre eux, ou je ne m'appelle pas Mowbray. Adieu, ma chère Clara. A ces mots il l'embrassa sur les deux joues avec une effusion plus qu'habituelle.

Avant qu'il eût pu quitter son attitude inclinée elle lui passa affectueusement un bras autour du cou, en lui disant du ton de l'intérêt le plus profond : — Mon bon frère, votre plus léger désir a été, comme il le sera toujours, une loi pour moi; — oh! si en retour vous vouliez seulement m'accorder une prière!

— Quelle est cette prière, petite folle? dit Mowbray en se dégageant doucement de l'étreinte de sa sœur. — Que pouvez-vous avoir à demander qui nécessite une préface si solennelle? — Souvenez-vous que je déteste les préfaces, et que quand il m'arrive d'ouvrir un livre je les saute toujours.

— Hé bien donc, sans préface, mon bon frère, voulez-vous, à cause de moi, éviter ces querelles dans lesquelles ces gens de là-bas sont perpétuellement engagés? Je n'y descends jamais que je n'entende parler de quelque nouvelle dispute; et jamais je ne pose ma tête sur l'oreiller que je ne rêve que vous en êtes victime. Encore la nuit dernière....

— Oh! Clara, si vous vous mettez à me raconter vos rêves, nous n'en aurons jamais fini. Dormir est pour sûr l'occupation la plus sérieuse de votre vie; — car, quant à manger, vous tiendriez à peine tête à un moineau : mais, je vous en prie, dormez sans rêver, ou gardez vos visions pour vous. — Pourquoi me tenez-vous ainsi par le bras? — que pouvez-vous craindre sur terre? Sûrement vous ne pensez pas que cet imbécile de Binks, ou aucun autre des honnêtes gens de là-bas, osât me regarder de travers? Morbleu! je voudrais qu'il leur poussât un peu de cœur, afin d'avoir une excuse pour les mettre au pas. Tudieu! je leur aurais bientôt appris à se tenir à leur place!

— Non, John, reprit sa sœur, ce ne sont pas de pareilles gens qui m'inspirent la moindre crainte; — et cependant, des lâches sont quelquefois poussés au désespoir, et deviennent plus dangereux que des hommes plus braves : — néanmoins ce ne sont pas des gens comme eux que je crains. Mais il est des hommes dont l'extérieur n'annonce pas ce qu'ils sont, — dont le cœur et le courage restent cachés comme le métal dans la mine, sous des dehors simples et peu remarquables.

— Vous pouvez en rencontrer de tels; — vous êtes impétueux, téméraire, sujet à donner carrière à votre esprit sans peser les conséquences, et ainsi...

Sur ma parole, Clara, interrompit Mowbray, vous êtes ce matin dans une humeur des plus sermonneuses! le ministre lui-même n'aurait pas été plus logique et plus profond. Vous n'avez qu'à diviser votre discours en trois points, et à le garnir de conclusions pour la pratique et de conclusions pour la doctrine, et il pourra être prêché devant toute une congrégation, avec toute chance d'instruction et d'édification. Mais je suis un homme du monde, ma petite Clara; et quoique je désire aller aussi peu que possible dans le chemin de la mort, je ne dois pourtant pas craindre le crâne dépouillé et les os sanglants. — Qui diable me vaut une pareille demande? — il faut que je le sache, Clara; car vous avez quelqu'un spécialement en vue quand vous me recommandez d'éviter les querelles.

Clara ne put devenir plus pâle que ne l'était son teint ordinaire; mais ce fut d'une voix affaiblie qu'elle se hâta d'assurer son frère qu'elle n'avait pensé à personne en particulier.

— Clara, reprit son frère, vous souvenez-vous que lorsque nous étions enfants l'un et l'autre, on fit courir le bruit qu'un esprit[1] revenait au haut du verger? — Vous souvenez-vous que vous étiez perpétuellement à me dire de prendre garde à l'esprit, et de ne pas aller du côté qu'il hantait? — et vous souvenez-vous qu'y étant allé tout exprès pour découvrir l'esprit, je trouvai le petit vacher, une chemise passée sur ses habits, en train de piller les poires, et que je le frottai d'importance? — hé bien, je suis toujours le même John Mowbray, aussi prêt à affronter le danger et à démasquer l'imposture; et vos craintes, Clara, me rendront seulement plus attentif, jusqu'à ce que j'en aie découvert l'objet réel. Si vous m'exhortez à ne me quereller avec personne, ce doit être parce que vous savez que probablement quelqu'un est disposé à me chercher querelle. Vous êtes étourdie et bizarre, Clara, mais vous êtes assez sensée pour ne pas chercher à m'inquiéter ni vous tourmenter vous-même d'une affaire d'honneur, s'il n'y avait pas quelque bonne raison pour cela.

Clara protesta de nouveau, et c'était avec le plus vif désir d'être crue, que ce qu'elle avait dit n'était inspiré que par les craintes générales que lui donnait la ligne de conduite adoptée par son frère, conduite qui lui paraissait devoir inévitablement le mêler aux disputes qui partageaient la bonne compagnie de la Source. Mowbray écouta son explication d'un air de doute, ou plutôt d'incrédulité, vida lentement une tasse de thé placée devant lui depuis quelques moments, et répondit enfin : — Hé bien, Clara, que ma conjecture soit fondée ou non, il y aurait de la cruauté à vous tourmenter davantage, me rappelant ce que vous venez de faire pour moi. Mais rendez justice à votre frère, et croyez bien que lorsque vous aurez quelque demande à lui faire, une franche déclaration de votre désir vous réussira beaucoup mieux qu'aucune tentative détournée pour m'influencer. Renoncez à toute idée de ce genre, ma chère Clara : — vous vous y entendez mal; mais fussiez-

---

[1] *Bogle,* en écossais; en anglais, *goblin.* (W. S.)

vous la Machiavel même de votre sexe, vous ne prendriez pas John Mowbray en flanc.

A ces mots il quitta la chambre, et il ne revint pas, quoique sa sœur l'appelât deux fois. Il est vrai qu'elle articula si faiblement les mots « mon frère! » que peut-être n'arrivèrent-ils pas jusqu'à lui. — Il est parti, dit-elle, et je n'ai pas eu la force de lui parler! Je ressemble aux misérables créatures qui, dit-on, sont sous un charme puissant qui les empêche également et de verser des larmes et de confesser leurs crimes. — Oui, il y a un charme sur ce malheureux cœur, et il faut qu'il soit rompu ou que ce cœur se brise!

CHAPITRE XII.

LE CARTEL.

> J'ai sur moi un petit billet que vous m'excuserez de vous remettre. C'est un service que l'amitié réclame de moi, et qui n'est nullement offensant pour vous, puisque je ne désire que la justice des deux côtés.
>
> *Le Roi qui n'est pas Roi.*

Le lecteur intelligent peut se souvenir que Tyrrel quitta l'*Hôtel du Renard* dans des dispositions un peu moins amicales à l'égard de la société que celles qu'il y avait apportées. L'idée lui vint même que probablement il se pourrait qu'il entendît parler de quelque chose à ce sujet; mais au milieu des méditations plus graves et plus inquiétantes dont son esprit était assiégé, cette idée ne fit que passer et s'effaça rapidement; et deux jours s'étant écoulés sans aucun message de la part de sir Bingo Binks, l'affaire tout entière sortit entièrement de son souvenir.

La vérité est que, bien que jamais vieille femme n'ait pris plus de peine pour rapprocher et ranimer avec son soufflet les débris de son feu presque éteint que ne s'en donna obligeamment le capitaine Mac-Turk pour faire jaillir la flamme des étincelles expirantes du courage du baronnet, deux jours se passèrent néanmoins en conférences infructueuses avant qu'il pût atteindre le point désiré. Chaque fois il trouva sir Bingo en une disposition d'esprit différente, et porté à envisager la chose sous tous les jours possibles, excepté sous celui que le capitaine regardait comme le véritable. — Il était en humeur de s'enivrer, — en humeur sombre, — en humeur insouciante, — en humeur de jurer : il était dans toutes les humeurs possibles, excepté en humeur de se battre. Et quand le capitaine Mac-Turk parla de la réputation de la société de la Source, sir Bingo voulut se montrer offensé, dit que la société pouvait aller au diable, et insinua qu'il faisait assez d'honneur à la compagnie en l'honorant de son appui, et qu'il n'entendait pas constituer personne juge de ses affaires; que le drôle était un homme de rien, et qu'il ne voulait rien avoir de commun avec lui.

Le capitaine Mac-Turk aurait volontiers pris des mesures contre le baronnet lui-même, comme en état de contumace, s'il n'en eût été empêché par Winterblossom et d'autres membres du comité, qui regardaient sir Bingo comme un membre de leur société trop important et trop illustre pour être légèrement expulsé d'un lieu que peu de personnes de haut rang honoraient de leur résidence; et ils insistèrent en définitive pour que rien ne fût arrêté sans l'avis de Mowbray. Mais celui ci fut tellement occupé des préparatifs de sa grande réception du jeudi suivant que de deux jours il ne parut pas à la Source.

Cependant, le valeureux capitaine paraissait ressentir autant d'angoisses d'esprit que si sa propre réputation, la plus intacte des réputations, eût reçu quelque atteinte. Il allait et venait sur la pointe des pieds, en arrondissant le cou-de-pied à chaque pas par un geste qui exprimait à la fois la vexation et la menace; — il portait le nez en l'air, comme un pourceau à l'approche de l'orage; — il parlait par monosyllabes, quand il lui arrivait de parler; — et ce qui prouva peut-être plus évidemment que tout le reste combien il était profondément affecté, c'est que devant toute la compagnie il refusa de faire raison à une santé de sir Bingo, avec un verre du cognac particulier du baronnet.

Enfin, toute la Source fut alarmée par la nouvelle qu'apporta un courrier en riche livrée de l'intention où était le jeune comte d'Etherington, signalé par le bruit public comme se levant, astre de la première grandeur, sur l'horizon de la mode, de venir passer, aux Eaux de Saint-Ronan, une heure, un jour, une semaine, selon qu'il pourrait arriver, ce que Sa Seigneurie ne pouvait être supposée savoir elle-même d'avance.

Cette annonce soudaine mit aussitôt tout le monde en mouvement. On consulta les almanachs pour s'assurer de l'âge de Sa Seigneurie, on s'enquit de l'étendue de sa fortune, on cita ses habitudes, on chercha à deviner ses goûts; et le comité d'administration recourut à tout ce qu'il avait de facultés inventives pour recommander le Spa écossais à ce favori de la fortune. Un exprès fut dépêché au Shaws, porteur de l'agréable nouvelle qui mit le feu à la traînée d'espérances de Mowbray, et le décida à s'approprier le capital de sa sœur. Il ne jugea cependant pas à propos d'obéir à l'appel de la Source; car ignorant sous quel jour le comte envisagerait les personnages qui s'y trouvaient réunis, il ne se souciait pas que Sa Seigneurie le trouvât en liaison trop intime avec eux.

Sir Bingo Binks était dans une situation différente. L'impassibilité avec laquelle il avait enduré la censure de l'endroit commença à fléchir, quand il vint à songer qu'un homme tel que lord Etherington, auquel l'opinion publique attachait une si grande distinction, allait bien le trouver corporellement à Saint Ronan, mais qu'en ce qui touchait la société il serait en route pour l'ancienne cité de Coventry[1],

---

[1] Le premier traducteur fait sur cette expression la remarque suivante : « Dire qu'on enverra quelqu'un à Coventry est un proverbe anglais signifiant qu'on se débarrassera

et que son exil aurait été encouru par la faute la plus irrémissible dans les mœurs modernes, par une infraction au code de l'honneur. Quoique pesant et inerte quand il s'agissait de prendre un parti vigoureux, le baronnet était loin d'être absolument un lâche; ou s'il l'était, il était de ceux qui se battent quand on les pousse à bout. Il envoya résolument chercher le capitaine Mac-Turk; celui-ci se présenta d'un air de gravité solennelle, qui fit subitement place à une joie radieuse quand sir Bingo lui eut en peu de mots donné pouvoir de porter un message à ce damné d'artiste vagabond, par qui il avait été insulté trois jours auparavant.

— Par Tieu, mon pon et excellent ami, s'écria le capitaine, je suis heureux de vous rendre ce service-là! et il est pien que vous y ayez pensé de vous-même, parce que, si ce n'avait été à cause de quelques pons et excellents amis qui voudraient mettre leur cuillère dans l'assiette des autres, je vous aurais moi-même demandé civilement comment vous veniez dîner avec nous, ayant au collet de votre habit toute cette fange et cette boue que la main de M. Tyrrel y a laissées, — vous m'entendez. — Mais il est beaucoup mieux que les choses soient comme elles sont, et je vais aller trouver l'homme avec la rapidité de l'éclair; et quoique pour sûr on eût dû y penser plus tôt, pourtant laissez-moi le soin de trouver une excuse pour le retard, avec civilité et à ma manière : — mieux vaut bien faire tard que jamais, vous savez, sir Bingo; et si vous l'avez fait un peu attendre après la matinée d'aujourd'hui, il faudra lui servir meilleure mesure, mon cher ami.

Il partit à ces mots sans attendre de réponse, de peur que par hasard la commission dont il venait d'être chargé d'une manière si expéditive et si peu attendue ne fût modifiée par quelque condition de compromis. Aucune proposition de ce genre ne fut cependant mise en avant par le valeureux sir Bingo; et pendant que son ami prenait à la hâte son rotin et se disposait à partir, il suivait ses mouvements d'un air de sombre obstination annonçant, pour employer ses propres expressions, la résolution bien arrêtée d'en venir aux égratignures; puis, quand il vit la porte se refermer sur le capitaine, il se mit vaillamment à siffler quelques notes de *Jenny Sutton*, en signe qu'il s'inquiétait comme d'un farthing de la manière dont finirait l'affaire.

D'un pas plus vif que ne l'autorisait d'ordinaire le loisir de sa demi-solde et que ne le permettait sa dignité habituelle, le capitaine Mac-Turk franchit l'espace qui séparait la Source et ses élégants environs des

---

de sa compagnie. On assure que l'origine en vient de ce qu'autrefois un régiment, s'étant mal conduit dans une ville où il était en garnison, fut envoyé à Coventry, dont le séjour, à cette époque, ne plaisait pas aux militaires. Quand dans un régiment un officier s'est rendu coupable de quelque faute qui blesse ses camarades, on le condamne à aller à Coventry, c'est-à-dire qu'il est considéré comme absent pendant huit jours; et quand la pénitence est finie, on l'accueille comme s'il venait de Coventry. » (L. V.)

ruines du Vieux Village, où régnait notre amie Meg Dods, qui seule en défendait l'honneur déchu. Le capitaine frappa à la porte de l'auberge du *Croc* en homme trop accoutumé à la guerre pour craindre une réception un peu rude ; et néanmoins, au premier aspect de Meg, qui se présenta elle-même à la porte entre-bâillée, l'expérience militaire du messager lui fit pressentir que très-probablement son entrée dans la place serait disputée.

— M. Tyrrel y est-il ? telle fut sa question ; et en guise de réponse Meg lui adressa la contre question : Qui pouvez-vous être, vous qui parlez ?

Comme réponse la plus polie à cette demande, autant que pour obéir à sa disposition taciturne, le capitaine présenta à la mère Dods la cinquième partie d'une carte à jouer maculée de tabac, dont le côté blanc portait son nom et sa qualité. Mais la mère Dods repoussa avec un geste méprisant les renseignements ainsi présentés.

— Ne m'apportez pas vos livres de jeu du diable, dit-elle ; le monde va tristement depuis que ces sortes de façons maniérées sont devenues de mode. C'est une pauvre langue, celle qui ne peut dire son propre nom ; je ne veux pas seulement regarder votre carton barbouillé.

— Je suis le capitaine Mac-Turk du *** régiment, dit le capitaine, dédaignant d'entrer dans de plus amples débats.

— Mac-Turk ? répéta Meg en appuyant sur les syllabes.

— Oui, brave femme, — Mac-Turk, — Hector Mac-Turk. — Avez-vous quelque chose à redire à mon nom, bonne femme ?

— Je n'ai rien à y redire, et c'est même un excellent nom pour un païen. — Mais, capitaine Mac-Turk, puisque vous êtes capitaine, vous pouvez faire volte-face, et reprendre le chemin de chez vous en battant la marche des tambours de Dumbarton [1] ; car vous ne parlerez ni à M. Tirl, ni à personne qui loge chez moi.

— Et pourquoi cela ? est-ce une sottise de votre propre tête, brave femme, ou votre locataire vous a-t-il donné de pareils ordres ?

— Peut-être qu'il me les a donnés, peut-être que non ; et je ne sais de quel droit vous m'appelez brave femme, plus que moi je n'en aurais de vous appeler brave homme, ce qui est aussi loin de ma pensée que ça le serait de la vérité du bon Dieu.

— La femme délire ! s'écria le capitaine. Mais allons, allons, — ce n'est pas ainsi qu'on doit traiter un gentleman qui vient pour une affaire de gentleman ; ainsi faites-moi un peu de place, que je puisse passer, ou je vais me faire place moi-même, par Tieu ! d'une façon qui ne vous fera pas grand plaisir.

Et en même temps il se redressa de l'air d'un homme qui se dispose à se frayer passage de vive force. Mais, sans daigner répondre davan-

---

[1] Adage écossais. (L. V.)

tage, Meg brandit au-dessus de sa tête le balai dont elle était en train de faire un usage plus légitime quand le capitaine Mac-Turk l'avait troublée dans les soins de son ménage.

— Je sais assez quelle sorte de message est le vôtre, capitaine, — et je vous connais vous même. Vous êtes un de ces gens qui s'en vont là bas prenant les autres par les oreilles, comme les gars prennent leurs chiens pour les faire battre. Mais vous ne viendrez pas trouver un homme logeant chez moi, que ce soit M. Tirl ou un autre, avec un message aussi impie ; car je suis femme à maintenir la paix de Dieu et du roi dans ma maison.

A ces mots, et en signe non douteux de ses intentions pacifiques, elle brandit de nouveau son balai.

Le vétéran se rejeta instinctivement sous la garde de saint Georges[1], et recula de deux pas en s'écriant : Cette femme est folle, ou aussi ivre que du whisky peut enivrer ! alternative qui donna si peu de satisfaction à Meg qu'elle se précipita bravement sur son adversaire en retraite, et se mit à user efficacement de son arme.

— Moi ivre, impudent coquin! (Un coup de balai servit de parenthèse.) Moi qui suis à jeun de tout, sauf du péché, et d'une tasse de thé ! (Nouvelle demonstration à l'appui.)

Le capitaine, jurant, pestant et parant, se garantissait de son mieux avec sa canne et montrait une grande dextérité dans ce genre de combat On commençait à faire cercle, et on ne saurait dire combien de temps encore sa galanterie l'aurait emporté sur l'ardeur de la défense personnelle et celle de la vengeance, si l'arrivée de Tyrrel, au retour d'une courte promenade, n'avait mis fin à la lutte.

Meg avait un grand respect pour son hôte ; elle commença à se sentir honteuse de sa violence, et rentra sans bruit dans la maison, non pourtant sans se féliciter de ce que « son balai avait fait connaissance complete avec la caboche du vieux païen. » La tranquillité qui suivit son départ permit à Tyrrel de demander au capitaine, qu'il avait enfin reconnu, ce que signifiait cette singulière escarmouche, et si c'était à lui qu'était destinée sa visite? A quoi le vétéran, tout en désarroi, répondit qu'il l'aurait su depuis longtemps s'il avait des gens honnêtes pour ouvrir sa porte et répondre à une question civile, au lieu d'une folle, d'une énergumène, qui était pis qu'une femelle d'aigle, de dogue ou d'ours, ou qu'aucune autre bête brute de la création

Soupçonnant à demi son message, et désirant éviter une publicité inutile, Tyrrel fit entrer le capitaine dans un petit salon qu'il dit être le sien, tout en le priant d'excuser la rudesse de son hôtesse, et d'en venir à l'objet qui lui avait valu l'honneur de cette visite.

— Vous avez raison, mon digne M. Tyrrel, dit le capitaine en

---

[1] Adage anglais. Battre en retraite. (L. V.)

baissant les manches à demi relevées de son habit, rajustant sa cravate et son jabot, et s'efforçant de reprendre le calme et les manières posées qui convenaient à sa mission, mais ne pouvant s'empêcher de revenir avec indignation sur l'accueil qu'il avait reçu. — Par Tieu! si seulement ç'avait été un homme, aurait-ce été le roi lui-même!... Au surplus, M. Tyrrel, je suis venu pour un message civil — et j'ai été traité bien civilement! — La vieille chienne [1] devrait être coffrée et condamnée! — Mon ami sir Bingo... Par Tieu! je n'oublierai jamais l'insolence de cette femme; — s'il y a un constable ou un chat à neuf queues [2] à dix milles à la ronde...

— Je m'aperçois, capitaine, que vous êtes trop agité en ce moment pour aborder l'affaire qui vous a conduit ici; — si vous voulez passer dans ma chambre à coucher, où vous trouverez de l'eau fraîche et une serviette, cela vous donnera le temps de vous remettre un peu.

— Je n'ai pas besoin de cela, M. Tyrrel, répondit aigrement le capitaine; je n'ai pas besoin de me calmer du tout, et je n'ai pas besoin de demeurer dans cette maison une minute de plus que le temps de m'acquitter près de vous du message de mon ami. — Et quant à cette tamnée femme Dods...

— Vous me pardonnerez de vous interrompre, capitaine Mac Turk, attendu que je ne présume pas que votre message pour moi ait rapport à cette étrange querelle avec mon hôtesse, querelle avec laquelle je ne pense avoir rien...

— Si je le pensais, monsieur, interrompit le capitaine à son tour, vous m'en auriez donné satisfaction avant que vous soyez d'un quart d'heure plus vieux. — Oh! je donnerais cinq livres sterling à celui qui me dirait : Capitaine Mac-Turk, la femme avait raison!

— Je ne serai certainement pas cette personne que vous désirez rencontrer, capitaine, attendu que je ne sais réellement pas lequel des deux était dans son tort; mais je suis assurément très-fâché que vous ayez été mal reçu quand vous veniez me visiter.

— Hé bien, monsieur, repartit l'homme de paix d'un ton bourru, si vous en êtes fâché, je le suis aussi, et tout est dit. Et quant à mon message pour vous, — vous ne pouvez avoir oublié que vous avez traité mon ami sir Bingo Binks avec une singulière incivilité?

— Je ne me rappelle rien de ce genre, capitaine. Je me souviens que la personne qu'on nomme ainsi prit quelques libertés impolies en établissant de sots paris à mon sujet, et que je la traitai, par égard pour le reste de la compagnie, et pour les dames en particulier, avec un grand degré de modération et de patience.

---

[1] *Bitch.* En Angleterre, c'est la plus grossière injure qu'on puisse adresser à une femme. (L. V.)

[2] *Cat-o' nine-tails*, fouet de l'exécuteur. (L. V.)

CHAPITRE XII.

— Et il fallait que vous eussiez de belles idées de patience quand vous avez pris mon bon ami par le collet de son habit et que vous l'avez jeté hors de votre passage, comme si c'eût été un petit chien! Mon bon M. Tyrrel, je puis vous assurer qu'il ne pense pas du tout que vous ayez été patient et modéré avec lui, et qu'il n'a pas dessein de l'être davantage avec vous; et il faut ou que je remporte des excuses satisfaisantes, ou que vous vous rencontriez tranquillement, ayant chacun un bon ami près de vous. — Et c'était là le message pour lequel je venais, quand cette tamnée femme, avec son manche à balai, se montrant ennemie de tout procédé tranquille et paisible....

— Nous oublierons mistress Dods pour le moment, s'il vous plaît, capitaine Mac-Turk; — et pour en revenir à notre objet, vous me permettrez de dire que cet appel me semble venir un peu tard. Comme militaire, vous savez mieux que personne ce qui en est; mais j'ai toujours vu que des différends de cette nature étaient habituellement réglés immédiatement après qu'ils avaient eu lieu : non pourtant que j'aie l'intention de me refuser aux désirs de sir Bingo à cause du délai, ni par aucune autre raison.

J'ose dire que vous ne vous y refuserez pas, M. Tyrrel, — j'ose dire que vous ne vous y refuserez pas; — j'aime à penser que vous savez trop ce que se doit un homme comme il faut. Et quant au temps, — voyez vous, mon cher monsieur, il est différentes sortes de gens dans ce monde, comme il est différentes sortes d'armes à feu. Vous avez des carabines à fine détente, qui partent juste au moment voulu et en un clin d'œil, et c'est là, M. Tyrrel, le véritable homme d'honneur; — il y a une espèce de gens qui prendra feu trop tôt, ou quelquefois trop tard, comme vos fusils de pacotille de Birmingham, qui des fois partent au repos, et d'autres fois brûlent l'amorce sans partir du tout; — enfin il y a des armes qui font long feu, ou plutôt, devrais je dire, qui ressemblent aux fusils à mèche dont se servent les moricauds des Indes Orientales : — il faut souffler la mèche, et autres cérémonies, ce qui occasionne du retard; mais l'arme n'en porte pas moins assez juste, malgré tout.

— Et la valeur de votre ami sir Bingo est de cette dernière sorte, capitaine : — je présume que c'est là ce qu'il faut conclure de l'exemple. J'aurais pensé qu'elle ressemblait plutôt à un canon d'enfant, auquel on met le feu au moyen d'une traînée, mais qui n'est après tout qu'un joujou d'enfant.

— Je ne puis permettre de telles comparaisons, monsieur, dit le capitaine; vous voudrez bien comprendre que je viens ici comme ami de sir Bingo, et qu'une réflexion désobligeante sur lui sera un affront pour moi.

— Je désavoue toute intention d'offense à votre égard, capitaine, repartit Tyrrel; — je ne souhaite pas augmenter le nombre de mes adversaires, ni compter parmi eux le nom d'un brave officier tel que vous.

— Vous êtes trop obligeant, monsieur, répliqua le capitaine en se redressant avec dignité; par Tieu! et cela a été dit avec infiniment de grâce. — Hé bien, monsieur, n'aurai-je pas le plaisir de rapporter à sir Bingo quelque explication de votre part? — je vous assure que je voudrais me donner le plaisir de terminer cette affaire à votre satisfaction.

— Je n'ai pas d'excuse à offrir à sir Bingo, capitaine Mac-Turk; — je crois l'avoir traité mieux que ne le méritait son impertinence.

— Och! och! fit le capitaine avec une forte intonation montagnarde; en ce cas, il n'y a pas autre chose à dire que de régler le moment et la place; car je suppose que les armes seront des pistolets.

— Tout cela m'est absolument égal; seulement, quant au temps, je désirerais que ce fût aussi tôt que possible. — Que dites-vous d'une heure après midi, aujourd'hui même? — Vous pouvez désigner l'endroit.

— Sir Bingo vous attendra à une heure après midi, repartit le capitaine d'un ton délibéré; — l'endroit peut être le Buck Stane, car toute la société allant aujourd'hui au bord de l'eau manger une chaudronnée de poisson[1], on ne risquera pas d'être interrompu. — Et quel est, mon cher ami, le second avec qui j'aurai à m'entendre?

— Réellement, capitaine, votre question est embarrassante. — Je n'ai pas d'ami ici, — et je suppose que vous agiriez difficilement pour les deux parties?

— Cela est totalement, absolument et tout à fait hors de question, mon bon ami. Mais si vous voulez vous fier à moi, je vous amènerai de la Source un ami qui réglera les choses pour vous, quoique vous l'ayez à peine vu jusqu'ici, comme si vous étiez des intimes de vingt ans; — et j'amènerai aussi le docteur, si je puis lui faire lâcher le jupon de cette grosse veuve Blower, auquel il est toujours pendu.

— Je ne doute pas que vous n'arrangiez tout avec une parfaite convenance, capitaine. Ainsi donc, à une heure, au Buck-Stane. — Un moment; permettez moi de vous accompagner jusqu'à la porte.

---

[1] Une chaudronnée de poisson est une partie de campagne d'un genre particulier : elle est aux autres divertissements champêtres ce que les églogues *piscatorales* de Brown ou de Sannazario sont à la poésie pastorale. On met bouillir au bord d'une rivière saumonneuse un grand chaudron plein d'eau, où on fait dissoudre du sel jusqu'à consistance de saumure. On y plonge le poisson à mesure qu'on le prend, et il est consommé par la société *fronde super viridi*. Cette manière de manger le saumon est regardée comme la meilleure par ceux qui désirent savourer le poisson dans son extrême fraîcheur. D'autres le préfèrent après un jour ou deux de garde, afin que la graisse se liquéfie et que la chair en devienne plus savoureuse et plus douce. Les gastronomes les plus judicieux ne veulent d'autre sauce qu'une cuillerée de l'eau dans laquelle le saumon a bouilli, à laquelle ils ajoutent un peu de poivre et de vinaigre. (W. S.)

CHAPITRE XII.

Par Tieu! ce n'est pas une précaution tout à fait superflue; car la tamnée femme au balai pourrait avoir un certain avantage dans ce long passage obscur, connaissant mieux le terrain que moi. — Le ciel la confonde! j'aurai satisfaction d'elle, s'il y a dans la paroisse un pilori, un tabouret à plongeon et un couple de hallebardiers. A ces mots le capitaine prit le chemin de la porte de sortie, l'esprit troublé de temps à autre par le souvenir de l'agression non motivée de Meg Dods, mais rendu bientôt à un état d'heureuse sérénité en songeant à l'agréable arrangement qu'il avait conclu entre M. Tyrrel et son ami sir Bingo Binks.

Nous avons entendu parler d'hommes dont la douceur de caractère ne pouvait être mise en doute, et dont le plus grand plaisir était de voir un malheureux criminel, également dégradé par ses crimes antérieurs et par la sentence qu'il avait encourue, terminer dans les souffrances d'une mort ignominieuse une existence vicieuse et misérable. C'était par une inconséquence de caractère d'un genre analogue que l'honnête capitaine Mac-Turk, qui avait réellement été un officier de mérite, et qui était un homme honorable, d'un bon naturel et bien intentionné, en était venu à trouver son plus grand plaisir à conduire ses amis par les oreilles à de dangereuses rencontres, puis à y jouer le rôle d'arbitre, ce qui, selon sa manière d'entendre le code de l'honneur, était absolument nécessaire pour rétablir la paix et la cordialité Nous laissons aux craniologistes l'explication de semblables anomalies, car elles semblent défier toutes les recherches de la philosophie morale

CHAPITRE XIII.

DÉSAPPOINTEMENT.

> **EVANS.**
>
> Dites moi, je vous prie, digne serviteur du bon M. Slender, vous qui avez pour nom l'ami Simple, de quel côté avez vous cherché M. Caius?
>
> **SIMPLE.**
>
> Marry, monsieur! a la cité, au parc, de tous les côtés; du côté du Vieux Windsor, et de tous les côtés.
>
> *Les Joyeuses Commères de Windsor.*

Sir Bingo Binks reçut la communication du capitaine avec non moins de morosité qu'il n'en avait montré en envoyant le cartel; un hem! des plus rauques, s'élevant en quelque sorte du fond de sa poitrine à travers les plis d'une cravate à la Belcher, indiqua son acquiescement d'un ton presque aussi gracieux que celui avec lequel le voyageur accablé de sommeil reçoit l'avis que vient lui donner le valet d'écurie qu'on est au coup de cinq heures et que le cor du conducteur va sonner dans une minute. Le capitaine Mac-Turk fut loin de regarder cette interjection comme exprimant une reconnaissance convenable pour les peines qu'il s'était données et le service qu'il avait rendu. — Hem! répéta-t-il; que signifie ce *hem*, sir Bingo? N'ai je pas eu ici l'embarras de vous mettre en bonne route? et auriez-vous été en état de faire de tout ceci une affaire honorable, après que vous l'aviez laissée si longtemps pendue au vent, si je n'avais pas pris sur moi de la rendre acceptable à la personne, et de lui en faire un plat aussi présentable que j'ai vu un cuisinier français en faire un d'un poisson gâté?

Sir Bingo vit qu'il lui fallait murmurer quelques mots d'acquiescement et de gratitude, lesquels, bien qu'à peine articulés, furent suffisants pour satisfaire le vétéran, pour qui la négociation et les dispositions d'une affaire de ce genre étaient un labeur de prédilection, et qui maintenant, jaloux de remplir la promesse qu'il avait faite à Tyrrel, se hâta d'aller, comme s'il se fût agi de la plus charitable action du monde, s'assurer d'un témoin pour l'étranger.

M. Winterblossom était celui à qui le capitaine Mac-Turk avait pensé comme à la personne la plus propre à se charger de cet acte d'obligeance, et il ne perdit pas un moment pour aller faire part de son désir

CHAPITRE XIII.

à ce digne personnage. Mais M. Winterblossom, quoique homme du monde et assez au fait de telles affaires, n'était pas à beaucoup près aussi passionné pour elles que l'homme de paix, le capitaine Hector Mac Turk. En sa qualité de *viveur*, il détestait les embarras de tout genre, et son esprit égoïste eut assez de pénétration pour prévoir que tous ceux qui seraient mêlés dans cette affaire pourraient bien n'en pas manquer. Il répondit donc froidement qu'il ne connaissait nullement M. Tyrrel, — qu'il ne savait même pas si c'était ou non un homme bien né; et que d'ailleurs il n'avait reçu de sa part aucune demande régulière : — qu'en conséquence, il ne se sentait pas du tout disposé à aller sur le terrain comme son second. Ce refus mit le pauvre capitaine au désespoir. Il conjura son ami de se montrer plus animé d'esprit public; il le supplia d'avoir égard à la réputation de la Source, qui était pour eux comme une patrie commune, ainsi qu'à l'honneur de la société à laquelle tous deux appartenaient et dont M. Winterblossom était en quelque sorte le représentant, puisque, du consentement de tous, il en était le président perpétuel. Il lui rappela combien de querelles s'étaient élevées le soir pour s'arranger le lendemain matin sans qu'aucune eût eu les conséquences qu'elles auraient dû avoir; — il lui dit que le monde commençait à tenir sur la Source de singuliers discours, et que pour lui, il y trouvait son honneur intéressé de si près qu'il commençait à croire que lui-même serait obligé d'en demander raison n'importe à qui, pour l'honneur général des Eaux; et que maintenant, quand la plus belle occasion se présentait de mettre tout sur un excellent pied, il était dur — il était cruel — il était tout à fait inexcusable à M. Winterblossom de se refuser à une chose aussi simple que ce qu'on lui demandait.

Tout sec et taciturne que fût le capitaine dans les occasions ordinaires, il se montra, cette fois, éloquent et presque pathétique; car les larmes lui vinrent aux yeux quand il mentionna les diverses querelles qui avaient avorté, en dépit de tous les efforts qu'il avait faits pour en faire éclore une rencontre honorable : et maintenant qu'il s'en présentait une qui paraissait vouloir sortir de la coquille, faudrait-il la voir étouffée faute de la moindre condescendance de la part de M. Winterblossom? Bref, celui ci ne put résister plus longtemps. — C'était, dit-il, une fort sotte affaire à son idée; mais pour obliger sir Bingo et le capitaine Mac-Turk il ne se refuserait pas à faire un tour de promenade avec eux sur les midi jusqu'au Buck-Stane, bien qu'il dût faire remarquer que la journée était brumeuse, et qu'il eût senti une ou deux atteintes, qui lui prophétisaient une visite de sa vieille connaissance la goutte.

— Ne vous en inquiétez pas, mon excellent ami, dit le capitaine; un verre du flacon de sir Bingo sera probablement assez pour la mettre à la raison. Et, sur mon âme! ce n'est pas la chose qu'il faille s'attendre à lui voir laisser derrière lui en une occasion pareille, à moins que je ne me sois grandement trompé sur mon homme.

— Mais quoiqu'en ceci je me conforme à vos désirs, capitaine Mac-Turk, reprit Winterblossom, je ne veux nullement assurer que je soutiendrai ce M. Tyrrel, dont je ne sais rien absolument ; je consens seulement à aller au lieu du rendez-vous, dans l'espoir de prévenir un malheur.

— Ne vous en mettez pas la barbe en peine, M. Winterblossom, répliqua le capitaine ; car un petit malheur, comme vous l'appelez, est devenu une chose absolument nécessaire pour l'honneur de la place, et je suis sûr que, quelles que soient les conséquences, elles ne peuvent, dans le cas présent, être très-fatales à personne ; car voici un jeune homme que personne ne regretterait s'il lui arrivait un accident, puisque personne ne le connaît ; et voici d'un autre côté sir Bingo, que tout le monde connaît trop bien pour que personne le regrette beaucoup.

— Et voilà lady Bingo, une riche et jolie veuve encore jeune, ajouta Winterblossom en mettant son chapeau avec la grâce et les prétentions de ses jeunes années, en même temps qu'il jetait les yeux sur une glace et soupirait profondément en voyant combien le temps, qui avait blanchi ses cheveux, grossi sa taille, ridé son front et voûté ses épaules, l'avait rendu peu propre, selon ses expressions, à entrer en lice pour un tel prix.

Assuré de Winterblossom, le capitaine n'eut plus d'autre inquiétude que d'obtenir du docteur Quackleben qu'il serait présent à l'affaire ; heureusement, quoique le digne praticien signât des initiales D. M., il ne refusait nullement de remplir l'office de chirurgien quand il se présentait quelque affaire où il eût à espérer d'être bien rétribué, ainsi qu'il en était sûr dans le cas actuel, le riche baronnet étant la partie principale. Aussi le docteur, comme l'aigle flairant le carnage, saisit au premier mot la case portative, semblable à un volume relié en maroquin, qui renfermait ses instruments, et se mit à en étaler devant le capitaine, avec une ostentation affectée, le brillant et formidable contenu, sur lequel il commença, comme sur un texte aussi riche qu'intéressant, une série de dissertations que l'homme de guerre crut devoir interrompre par un mot d'avis.

— Och ! fit il ; je vous prie, docteur, d'apporter ce paquet sous votre habit ou dans votre poche, ou quelque part où il soit hors de vue, et de ne le produire en aucune façon ni de ne l'ouvrir devant les parties. Car bien que des scalpels, des tourniquets, des pinces, et le reste de la collection, soient de fort ingénieux ustensiles, très jolis à voir et d'ailleurs utiles quand l'occasion se présente de les mettre en œuvre, j'ai pourtant vu des exemples où rien que leur vue faisait perdre à un homme toute son envie de se battre, et au chirurgien une affaire, docteur Quackleben.

CHAPITRE XIII.

— Sur ma foi, capitaine Mac-Turk, vous parlez comme si vous étiez gradué ! J'ai vu ces instruments jouer à leur maître plus d'un tour de traître. La vue seule de mes forceps, sans le moindre effort de ma part, suffit une fois pour guérir un mal de dents invétéré qui durait depuis trois jours, prévenir une extraction de molaire cariée que l'objet même de leur confection était d'accomplir, et me renvoyer chez moi plus léger d'une guinée. — Mais passez-moi cette grande redingote, capitaine ; nous placerons les instruments en embuscade jusqu'à ce que le moment soit venu de les appeler à l'action. Je penserais que quelque chose arrivera ; — sir Bingo ne manque jamais une bécasse.

— Je ne puis dire, docteur ; j'ai vu trembler le pistolet dans plus d'une main qui tenait ferme le fusil de chasse. Ce Tyrrel m'a l'air d'une pratique fiablement froide ; — je l'ai observé tout le temps que je m'acquittais de mon message, et je puis vous assurer qu'il a l'épine du dos solide.

— Bien, bien ; — je vais préparer mes bandages *secundùm artem*. Il faut nous mettre en garde contre l'hémorragie ; — sir Bingo est un sujet pléthorique. — A une heure, dites-vous, — au Buck-Stane ? — Je serai ponctuel.

— Ne voulez-vous pas venir avec nous ? dit le capitaine, qui semblait désirer tenir réunis en cette occasion tous ceux qui devaient faire partie de sa caravane, de peur que par hasard quelqu'un d'entre eux ne vînt à lui échapper.

— Non, répondit le docteur ; il faut d'abord que je fasse mes excuses à la digne mistress Blower, car je lui avais promis mon bras pour descendre au bord de l'eau, où tout le monde doit aller manger une chaudronnée de poisson.

— Par Tieu ! j'espère qu'en fait de chaudronnée de poisson nous leur en ferons une plus belle que Saint-Ronan n'en a jamais vu ! dit le capitaine en se frottant les mains.

— Ne dites pas *nous*, capitaine, répliqua le prudent docteur ; quant à moi, je n'ai rien de commun avec le duel, — je m'en lave les mains. Non, non, je ne puis m'exposer à être impliqué comme complice. — Vous me demandez d'aller vous rejoindre au Buck-Stane, — sans m'en dire le motif. — Je suis disposé à obliger mon digne ami le capitaine Mac-Turk : — je me dirige de ce côté, ne pensant pas qu'il y eût rien de particulier ; — j'entends le bruit de deux coups de pistolet, — je cours à l'endroit, — heureusement juste à temps pour prévenir les plus fatales conséquences. — Je me trouve très-opportunément avoir sur moi ma boîte d'instruments : — il est vrai que fort rarement je sors sans elle, — *nunquam non paratus*; — alors je donne ma définition technique de la blessure et de l'état du malade. Voilà, capitaine, de quelle manière on dépose devant les sheriffs, les coroners et autres gens de même sorte. — Ne jamais se compromettre : — c'est une règle de notre profession.

— Bien, bien, docteur, vous savez mieux que personne ce que vous avez à faire ; pourvu que vous soyez là pour donner une chance de secours en cas d'accident, toutes les lois de l'honneur seront pleinement observées. Mais le blâme rejaillirait sur moi, comme homme d'honneur, si je n'avais pas soin qu'il y eût là quelqu'un pour se mettre en tiers entre la mort et ma partie.

Au coup redoutable d'une heure après midi le capitaine Mac-Turk arriva à l'endroit désigné, conduisant sur le terrain le valeureux sir Bingo, en qui on ne remarquait pas précisément l'ardeur impatiente d'un limier en laisse, mais qui plutôt avait l'air rechigné d'un boule-dogue de boucher, qui sait qu'il faut qu'il se batte parce que son maître le veut. Cependant le baronnet ne montra extérieurement ni découragement ni crainte, sauf que l'air de *Jenny Sutton*, qu'il avait sifflé sans interruption depuis leur départ de l'Hôtel, avait cessé de se faire entendre durant le dernier demi-mille de leur promenade ; bien qu'à voir la distension des muscles de la bouche, la projection des lèvres et l'expression du regard, il semblât que les notes lui passassent encore par l'esprit, et qu'il sifflât mentalement *Jenny Sutton*. M. Winterblossom arriva deux minutes après cet heureux couple, et le docteur fut également ponctuel.

— Sur mon âme, dit le premier, ceci est une fort sotte affaire, sir Bingo, et il me semble qu'elle pourrait être aisément arrangée avec moins de risques pour tout le monde que par une rencontre de cette sorte. Vous devez songer, sir Bingo, qu'à votre vie se rattachent d'autres existences ; — vous êtes marié, sir Bingo.

Sir Bingo tourna dans sa bouche le tabac qu'il y tenait, et en éjecta le jus précisément à la manière d'un cocher.

— M. Winterblossom, dit le capitaine, sir Bingo, en cette affaire, s'est remis entre mes mains, et à moins que vous ne vous croyiez plus en état que moi de le diriger, je dois franchement vous dire que votre intervention me sera désobligeante. Vous pouvez parler à votre ami autant qu'il vous plaira ; et si vous vous trouvez être autorisé à faire quelque proposition, je serai prêt à y prêter l'oreille de la part de ma digne partie sir Bingo. Mais je serai franc avec vous : je ne suis pas grand partisan des arrangements sur le terrain, quoique je me flatte d'être un homme calme et paisible. Mais ici nous devons d'abord prendre notre honneur en considération ; et, en outre, je dois insister pour que toute proposition d'arrangement vienne de votre partie ou de vous.

— *Ma* partie? répliqua Winterblossom ; mais réellement, capitaine Mac-Turk, quoique je sois venu ici sur votre demande, il faut pourtant que j'y regarde à deux fois avant que je puisse convenablement me porter le second d'un homme que je n'ai jamais vu qu'une fois.

— Et que peut-être vous ne reverrez plus, ajouta le docteur en regardant à sa montre ; car l'heure est passée depuis dix minutes, et M. Tyrrel n'est pas ici.

— Eh ! que dites-vous, docteur? dit le baronnet, éveillé de son apathie.

— Il dit des tamnés non-sens, s'écria le capitaine, tirant de son gousset un énorme oignon de forme antique, à cadran d'argent noirci. Il n'est pas plus d'une heure trois minutes au temps vrai, et je tiens M. Tyrrel pour homme de parole ; — je n'ai jamais vu un homme prendre la chose plus tranquillement.

— Pas plus tranquillement qu'il ne se promène pour venir ici, repartit le docteur, car l'heure est comme je vous le dis. — Souvenez-vous de ma profession : — j'ai à compter des pulsations par secondes et demi-secondes ; — il faut que ma montre aille comme le soleil.

— Et moi, répliqua le capitaine, j'ai monté mille fois la garde sur la mienne, et je défie le diable de dire qu'Hector Mac-Turk ait manqué à son devoir de la vingtième partie d'une fraction de seconde. — C'était la montre de ma bisaïeule lady Killbracklin, et j'en soutiendrai la réputation contre toute machine à temps qui ait jamais marché sur des rouages.

— Hé bien, donc, regardez maintenant à votre propre montre, capitaine, reprit Winterblossom, car le temps n'attend personne, et tandis que nous parlons l'heure avance. Sur ma parole, je crois que ce M. Tyrrel veut se jouer de nous.

— Eh ! que dites-vous? fit de nouveau sir Bingo, tiré encore une fois de sa rêverie morose.

— Je ne regarderai pas à ma montre sur un tel motif, dit le capitaine, et je ne veux en aucune façon douter de l'honneur de votre ami, M. Winterblossom.

— *Mon* ami? répéta M. Winterblossom ; je dois vous dire encore une fois, capitaine, que ce M. Tyrrel n'est pas mon ami, — pas le moins du monde. C'est le vôtre, capitaine Mac Turk ; et j'avoue que si, en cette occasion, il nous tient longtemps en attente, je serai porté à regarder son amitié comme de fort peu de valeur.

— Et comment, en ce cas, osez vous bien dire que cet homme est mon ami? repartit le capitaine en fronçant le sourcil de la manière la plus formidable.

— Bah ! bah ! capitaine, répliqua Winterblossom d'un ton froid, sinon méprisant, — gardez cela pour des enfants ou des nigauds ; j'ai trop longtemps vécu dans le monde pour provoquer des querelles ou pour m'en inquiéter. Ainsi, réservez votre feu ; c'est perdre sa poudre que de tirer sur un vieux coq tel que moi. Mais je voudrais réellement que nous pussions savoir si cet homme a l'intention de venir.

— Une heure vingt minutes ; — je crois que vous êtes joué, sir Bingo.

Joué! eh! exclama sir Bingo; par Dieu, je l'ai toujours pensé!
— J'ai parié avec Mowbray que c'était un homme de rien. — Je suis fait, par Dieu! Je ne l'attendrai pas au delà de la demi-heure, par Dieu! serait-ce un feld-maréchal.

— En ceci, s'il vous plaît, dit le capitaine, vous serez dirigé par votre ami, sir Bingo.

— Du diable si c'est vrai! riposta le baronnet. — Mon ami? un joli ami, qui m'amène ici pour une si sotte affaire! Je savais bien que le drôle était un homme de rien; — mais je ne vous aurais jamais cru, avec toutes vos grandes phrases d'honneur, un assez damné oison pour m'apporter un message de la part d'un drôle qui a levé le pied!

— Si vous regrettez tant d'être venu ici pour rien, répliqua le capitaine d'un ton très-haut, et si vous pensez que je vous ai traité en oison, comme vous dites, je ne ferai pas la moindre difficulté de prendre la place de M. Tyrrel, et de vous satisfaire, mon enfant!

— Goddam! si la chose vous va, vous pouvez vous en passer la fantaisie, et vous serez le bienvenu; je vais jeter une couronne pour le premier feu, car je n'entends pas être venu ici pour rien, goddam!

— Et jamais personne ne fut plus disposé que moi à vous administrer quelque chose en guise de calmant.

— Fi, fi, messieurs! fi donc! exclama le pacifique Winterblossom; c'est une honte, capitaine! — Sir Bingo, êtes vous fou? — quoi, une partie et son second! — on n'a jamais rien vu de semblable, — jamais!

Le baronnet et le capitaine furent rappelés par cette adjuration à un peu plus de sang-froid; mais tous deux cependant continuèrent de se promener sur deux lignes parallèles, se lançant l'un l'autre un regard irrité chaque fois qu'ils venaient à se croiser, et se hérissant comme deux chiens qui ont envie de se quereller, mais qui hésitent à commencer les hostilités. Durant cette promenade, le port droit et raide du vétéran, qui à chaque pas se levait sur la pointe du pied, formait un plaisant contraste avec la démarche gauche et commune de l'épais baronnet, qui, à force de pratique, était presque arrivé à la plus enviable de toutes les allures, celle d'un palefrenier du comté d'York. Son ardeur grossière était alors tout à fait enflammée, et, comme le fer ou tout autre métal vil lent à recevoir la chaleur, il gardait longtemps concentrés en lui la colère et le ressentiment qui l'avaient amené sur le terrain, et qui maintenant le mettaient en disposition de faire retomber sa mauvaise humeur sur le premier objet qui se présenterait, à défaut de celui qui lui manquait. Pour employer ses propres expressions, sa *fressure* était soulevée; et se trouvant en humeur de se battre, il pensait, comme Bob Acres, que c'était dommage qu'un si bon courage fût perdu. Néanmoins, comme ce courage, après tout, ne consistait guère qu'en mauvaise humeur, et que dans l'attitude du capitaine il ne voyait rien qui parût vouloir tendre à calmer ou à conjurer sa colère, il commença à donner plus d'attention aux raisons de M. Winterblossom, qui le conjurait de ne pas ternir, par une querelle privée, l'honneur qu'ils venaient d'acquérir si heureusement, sans effusion de sang et sans risques.

Voici maintenant trois quarts d'heure que l'heure fixée par cet individu, qui prend le nom de Tyrrel, pour sa rencontre avec sir Bingo est passée. Or, au lieu de rester ici à nous chamailler, ce qui ne mène à rien, je propose que nous allions mettre par écrit les circonstances de cette affaire, pour la satisfaction de la société de la Source, et que le *memorandum* soit régulièrement certifié par nos signatures; après quoi, je proposerai encore humblement qu'il soit soumis à la révision du comité d'administration.

— Je m'oppose à toute révision d'un exposé auquel j'aurai apposé mon nom, dit le capitaine.

— C'est juste, — c'est très-juste, capitaine, dit le complaisant Winterblossom; sans aucun doute vous êtes le meilleur juge en ceci, et votre signature est complétement suffisante pour garantir l'authenticité de cette transaction. — Néanmoins, comme c'est la plus importante qui se soit présentée depuis l'établissement de la Source, je propose que nous signions tous ce que je puis appeler le *procès-verbal* [1].

— Laissez-moi en dehors, s'il vous plaît, dit le docteur, assez peu satisfait que les deux querelles, la principale et l'accessoire, se fussent terminées sans qu'on eût eu besoin des bons offices d'un Machaon, — laissez-moi en dehors, s'il vous plaît; il ne me convient pas d'être ostensiblement mêlé à toute affaire qui aura eu pour objet une infraction de la paix. Et quant à l'importance d'avoir attendu ici une heure, par un beau temps d'après-midi, mon opinion est qu'un service plus important a été rendu aux Eaux de Saint-Ronan quand moi, Quentin Quackleben, D. M., j'ai guéri lady Penelope Penfeather de sa septième attaque de nerfs, accompagnée de symptômes fébriles.

— Nous n'entendons nullement déprécier votre habileté, docteur, repartit M. Winterblossom; mais j'imagine que la leçon que ce drôle a reçue sera un grand moyen d'empêcher dorénavant les personnes non convenables de paraître à la Source. Et pour ma part, je ferai la motion que personne, à l'avenir, ne soit invité à dîner à la table sans que son nom ait été régulièrement inscrit comme membre de la société, dans le livre de la salle publique. Et j'espère que sir Bingo et le capitaine recevront l'un et l'autre les remercîments de la société pour leur conduite courageuse dans l'expulsion de l'intrus. — Sir Bingo, voulez-vous me permettre de faire un appel à votre flacon? — je sens une légère atteinte, provenant de l'humidité de l'herbe.

[1] L'expression est en français dans le texte. (L. V.)

Sir Bingo, flatté de la conséquence qu'il avait acquise, s'empressa de présenter à M. Winterblossom un petit verre de son cordial, lequel, à ce que nous croyons, avait été préparé par quelque adroit chimiste des solitudes de Glenlivat[1]. Il en remplit ensuite un second verre et le tendit au vétéran, en signe non équivoque de réconciliation. La pure odeur de tourbe n'eut pas plutôt pénétré les papilles olfactives du capitaine, que la liqueur descendit dans son gosier, en même temps qu'il manifestait les indices d'une franche approbation.

— Je ne désespère pas des jeunes gens d'aujourd'hui, dit-il, maintenant qu'ils commencent à abandonner leurs eaux-de-vie de Hollande et de France et à s'attacher à la véritable denrée highlandaise. Par Tieu! c'est la seule liqueur qu'un gentleman puisse boire le matin, voyez-vous, s'il peut avoir la bonne fortune d'en trouver.

— Et après dîner aussi, capitaine, ajouta le docteur, à qui le verre était arrivé à son tour; cela vaut tous les vins de France pour la saveur, et c'est en outre plus réconfortant pour le système.

— Et maintenant, reprit le capitaine, pour que nous ne quittions pas le terrain en emportant sur la conscience quelque chose qui ne vaudrait pas le whisky, je puis dire (attendu que la réputation du capitaine Hector Mac-Turk est passablement bien établie) que je suis fâché du petit différend qui s'est élevé entre moi et mon digne ami sir Bingo que voici.

— Et puisque vous avez tant de civilité, capitaine, dit sir Bingo, hé bien! j'en suis fâché aussi; — mais c'est que le diable lui-même serait sorti de son caractère en voyant une si belle journée de pêche perdue : — vent du sud, — un peu d'air sur l'eau, — le mouvement de la marée passé, — précisément les circonstances les plus favorables réunies. — J'ose dire que trois paires d'hameçons y auraient passé à l'heure qu'il est!

Il couronna cette éloquente lamentation par une libation du même cordial dont il avait fait part à ses compagnons; puis ils revinrent en corps à l'Hôtel, où les circonstances de la matinée furent bientôt après portées à la connaissance de la société, par le programme suivant :

EXPOSÉ.

« Sir Bingo Binks, baronnet, s'étant trouvé offensé de la conduite incivile d'un individu qui se donne le nom de Francis Tyrrel, actuellement, ou il y a peu de temps, logé à l'auberge du *Croc*, Aultoun de Saint-Ronan; et ayant donné pouvoir au capitaine Hector Mac-Turk de se rendre près dudit M. Tyrrel pour demander des excuses, sous l'alternative d'une satisfaction personnelle, conformément aux lois de l'hon-

---

[1] Dans les Highlands. Les montagnards distillent de grandes quantités d'eau-de-vie de grain. (L. V.)

CHAPITRE XIII.

neur et à l'usage des gens comme il faut, ledit Tyrrel s'est volontairement engagé à se rencontrer avec ledit sir Bingo Binks, baronnet, au lieu appelé Buck Stane, près du ruisseau de Saint-Ronan, aujourd'hui jeudi, *** août. En conséquence duquel rendez-vous, nous, soussignés, avons attendu à l'endroit sus nommé depuis une heure jusqu'à deux, sans avoir vu ledit Francis Tyrrel ni avoir entendu parler de lui en aucune façon, ni avoir vu personne de sa part ; — lequel fait nous faisons ainsi publiquement connaître, afin que tout le monde, et notamment la société distinguée réunie à l'*Hôtel du Renard,* soit dûment informé du caractère et de la conduite dudit Francis Tyrrel, au cas où il aurait de nouveau la présomption de s'introduire dans la compagnie de gens d'honneur.

« Auberge et Hôtel du Renard, Source de Saint-Ronan, *** août 18**.

« *Signé* : Bingo Binks, — Hector Mac-Turk, — Philip Winterblossom. »

Un peu plus bas suivait cette attestation séparée :

« Moi, Quentin Quackleben, D. M., F. R. S., D. E., B. L., X. Z.[1], etc., etc., étant appelé à attester ce qui est à ma connaissance de ladite affaire, certifie par le présent que me trouvant par hasard au Buck-Stane, près du ruisseau de Saint Ronan, aujourd'hui, à une heure après midi, et y étant accidentellement resté près d'une heure à converser avec sir Bingo Binks, le capitaine Mac-Turk et M. Winterblossom, nous n'avons, durant ce temps, ni vu cette personne prenant le nom de Francis Tyrrel dont l'arrivée semblait être attendue par les trois gentlemen ci-dessus nommés, ni entendu parler ou reçu aucune nouvelle de lui. » Cette affiche fut datée comme la première, et revêtue de l'auguste seing de Quentin Quackleben, D. M., etc., etc., etc.

Puis, et précédée d'un exposé où il était dit qu'une personne non convenable avait été récemment introduite dans la société de la Source de Saint-Ronan, venait une délibération législative prise par le co mité, déclarant « que personne à l'avenir ne serait invité aux dîners, bals, ou autres réunions de la Source, que son nom n'ait été régulièrement inscrit aux livres tenus à cet effet dans les salles. » Finalement, il y eut un vote de remercîments à sir Bingo Binks et au capitaine Mac-Turk pour leur conduite pleine de courage, et pour les peines qu'ils s'étaient données afin d'exclure une personne non convenable de la société de la Source de Saint-Ronan.

Ces avis devinrent promptement l'aimant du jour. Tous les oisifs se presserent autour des affiches pour en prendre lecture ; et nous n'en

---

[1] Initiales destinées à indiquer les diverses sociétés savantes dont le docteur est membre. (L. V.)

finirions pas si nous voulions rapporter tous les « Dieu me bénisse ! — Que le Seigneur veille sur nous ! — Avez-vous jamais rien vu de semblable ? » des commères, non plus que les « oh, ma chère ! — oh là ! » des petites miss gazouillantes, ou les jurements des *beaux* en pantalons ou en buckskins[1]. La réputation de sir Bingo éprouva la même hausse que les fonds publics à la nouvelle d'une victoire remportée par nos armées, et même, chose extraordinaire ! il gagna quelque chose dans l'opinion de sa dame. Tous secouaient la tête au souvenir de l'infortuné Tyrrel, et trouvaient dans ses manières et dans son langage toutes sortes d'indices que ce n'était qu'un aventurier et un chevalier d'industrie. Quelques-uns, cependant, moins portés pour le comité d'administration (car partout où il y a une administration il y aura bientôt une opposition), se disaient entre eux à l'oreille que, pour rendre justice à qui de droit, cet homme, qu'il fût ce qu'il voulût, n'était venu parmi eux, de même que le diable, que lorsqu'il y avait été appelé ; et l'honnête dame Blower proféra mainte exclamation de Dieu me bénisse ! en apprenant que de telles choses s'étaient passées et que le sang avait été sur le point de couler, et rendit grâces au Ciel de ce qu'au milieu de toutes leurs folies il n'était pas arrivé mal à l'honnête docteur Kickherben.

[1] On a déjà vu que ce terme désignait les culottes de peau de daim (L. V.)

CHAPITRE XIV.

LA CONSULTATION.

Le Paysan. — J'espère qu'il y a des preuves ?
Mesure pour Mesure.

La petite ville de *** est située, comme tout le monde le sait, à environ quatorze milles de Saint-Ronan ; c'est la ville du comté que le *Guide du Touriste* signale comme comptant au nombre des objets d'intérêt qu'elle offre ces eaux élégantes et renommées dont sans doute la réputation recevra un accroissement notable de ces annales que nous publions des premiers temps de leur histoire. Comme il est inutile, quant à présent, de désigner d'une manière plus particulière la scène de notre action, nous remplirons le blanc laissé dans le premier nom par l'appellation supposée de Marchthorn, nous-même nous étant souvent trouvé embarrassé dans le cours d'une histoire par la rencontre d'un fâcheux hiatus, que parfois nous ne pouvions remplir à la première vue, les circonstances antérieures de la narration ne s'offrant pas toujours à nous tout d'abord.

Marchthorn, donc, était une ville à l'ancienne mode d'Écosse, dont les rues, chaque jour de marché, présentaient un nombre raisonnable de paysans en grands manteaux, vendant ou achetant, et faisant commerce des divers produits de leurs fermes, et n'offraient, les autres jours de la semaine, qu'un petit nombre de bourgeois désœuvrés, se traînant çà et là comme des mouches à demi éveillées, et épiant l'horloge publique jusqu'à ce que le son fortuné de midi frappé par l'oracle du Temps leur eût annoncé que le moment de leur goutte méridienne était arrivé. Les étroites fenêtres des boutiques ne révélaient que très-imparfaitement le contenu mélangé de l'intérieur ; car chaque marchand, ainsi que les boutiquiers de Marchthorn étaient qualifiés *more scottico*, vendait tout ce qu'il est possible d'imaginer. Quant aux manufactures, il n'en existait aucune, excepté celle du vigilant conseil de ville, considérablement affairée à préparer la portion de chaîne et de trame pour laquelle la ville de Marchthorn contribuait tous les cinq ou six ans, à l'effet de tisser la quatre ou cinquième partie d'un membre du parlement.

Dans une ville de cette sorte, il arrive d'ordinaire que le clerc du sheriff, surtout en le supposant l'agent de plusieurs lairds de premier ordre, possède une des maisons les plus apparentes; et telle était celle de M. Bindloose. Cette habitation n'avait pourtant pas l'extérieur brillant de la maison de briques à marteau de cuivre d'un *attorney* du Sud[1]. C'était un grand et triste bâtiment de maigre apparence, situé au centre de la ville, avec d'étroites fenêtres et des pignons en saillie, aux deux côtés dentelés sur les bords en forme de gradins appelés *pas de corneilles*[2], et dont les fenêtres de l'étage inférieur étaient armées de barreaux de fer; car M. Bindloose, ainsi qu'il arrive souvent, tenait une branche d'une des deux banques nationales, établie depuis peu dans la ville de Marchthorn.

Vers la porte de cette habitation, se dirigeait lentement, à travers les rues désertes de cette ville fameuse, une voiture qui, si elle se fût montrée dans Piccadilly, aurait été pendant toute une semaine l'objet d'un fou rire, et, durant une année, un sujet de conversation. C'était un véhicule à deux roues, qui ne pouvait revendiquer aucune des appellations modernes de *tilbury*, de *tandem*, de *dennet* et autres analogues, mais qui aspirait seulement à l'humble nom de cette machine presque oubliée, un *whiskey*[3]. Le vert était, ou du moins avait été sa couleur originelle; et la caisse, suspendue très-bas pour prévenir le danger des chutes, était solidement établie sur ses petites roues à l'ancienne mode, dont le diamètre était fort au dessous de la proportion ordinaire par rapport aux dimensions de l'équipage qu'elles portaient. Le dessus de cette voiture, mobile comme celui d'une calèche, était fermé en ce moment, soit à raison de l'humidité de l'air matinal, soit par égard pour la réserve modeste de la belle voyageuse qu'abritaient sans doute les rideaux de cuir, et qui occupait ce vénérable spécimen de l'art du carrossier avant le déluge.

Mais comme cette belle et modeste dame n'aspirait nullement à l'habileté d'une conductrice de phaéton, la gouverne d'un cheval qui semblait aussi vieux que l'équipage qu'il traînait était exclusivement laissée à un vieillard en jaquette de postillon, dont les cheveux gris s'échappaient à droite et à gauche d'un bonnet de jockey en velours à l'ancienne mode, et dont l'épaule gauche dépassait tellement le niveau de sa tête, qu'il semblait qu'avec peu d'effort son cou aurait pu se loger sous son bras, comme celui d'une grouse rôtie. Ainsi galamment équipé, cet écuyer montait un coursier non moins vieux que celui qui haletait entre les brancards de l'équipage, et qu'il dirigeait au moyen d'une longe. Aiguillonnant un animal de son unique éperon, et stimulant l'autre de son fouet, il parcourait la chaussée d'un trot rai-

---

[1] C'est ainsi que parmi les Écossais il est assez ordinaire de désigner l'Angleterre. (L. V.)

[2] *Crow steps.*

[3] Nom qui peut se traduire par *Véloce;* sans doute par antiphrase. (L. V.)

sonnable, qui ne se ralentit qu'au moment où le *whiskey* fut sur le point de s'arrêter à la porte de M. Bindloose, — événement assez important pour exciter la curiosité des habitants de sa maison et des maisons voisines. Les rouets furent mis de côté, les aiguilles suspendirent leur course au milieu de coutures à demi achevées, et nombre de nez, en lunettes ou sans lunettes, s'avancèrent à toutes celles des fenêtres avoisinantes qui avaient la bonne fortune d'avoir vue sur la porte d'entrée de M. Bindloose. Deux ou trois clercs montrèrent leurs faces ricanantes aux fenêtres grillées dont nous avons parlé, fort amusés des apprêts que faisait pour descendre de ce respectable équipage une vieille dame dont le costume et la tournure avaient pu être à la mode à l'époque où la voiture était neuve. Sa robe écarlate bordée d'écureuil gris, et son bonnet de soie noire garni de crêpe, n'excitaient pas alors le respect que sans doute ils avaient commandé à l'époque de leur fraîcheur. Mais il y avait dans les traits de celle qui les portait quelque chose qui lui aurait assuré les égards les plus empressés de M. Bindloose, se fût-elle montrée en un attirail bien plus modeste; car le visage devant lequel il se trouva était celui d'une ancienne pratique qui avait toujours payé argent comptant ses mémoires de frais, et dont le compte courant avec la banque était balancé par une somme très-respectable à son crédit. L'arrivante n'était autre, en effet, que notre digne amie mistress Dods de l'auberge du *Croc*, Aultoun de Saint Ronan.

Or, son arrivée annonçait une affaire de grave importance. Meg était moins que personne au monde disposée à quitter ses foyers, où rien n'allait bien, du moins dans son opinion, si elle n'y exerçait pas sa surveillance immédiate. Aussi, quelque limitée que fût sa sphère, elle en occupait invariablement le centre; et si peu nombreux que fussent ses satellites, il leur fallait exécuter leurs révolutions autour d'elle, tandis qu'elle-même demeurait stationnaire. Saturne, dans le fait, ne serait guère plus surpris de recevoir la visite du soleil, que ne le fut M. Bindloose à cette visite inattendue de son ancienne cliente. En même temps qu'il réprimait la curiosité impertinente de ses clercs, il stimulait sa femme de charge, la vieille Hannah, — car M. Bindloose était garçon, — et lui commandait de préparer le thé dans le salon vert; et tout en parlant il était accouru à la portière du whiskey, il en dégraffait les rideaux, en abaissait le tablier, et aidait sa vieille amie à mettre pied à terre.

— La boîte à thé en laque, Hannah! — le meilleur thé noir! — Dites à Tib d'allumer un peu de feu; — la matinée est humide. — Rentrez vos faces ricaneuses, fainéants damnés drôles que vous êtes, ou riez de vos bourses vides; —il se passera du temps avant que votre savoir-faire les emplisse. Ces diverses apostrophes furent adressées, comme l'honnête homme de loi lui-même aurait pu dire, *in transitu;* le reste fut ajouté près de la voiture: Quelle rareté, mistress Dods! est-ce bien réellement vous *in propriâ personâ?* — Qui vous aurait attendue à cette heure de la journée? — Anthony, comment ça va-t-il, Anthony? — ainsi vous avez repris la route, Anthony ; aidez-nous à baisser le tablier, Anthony ; — bien. Appuyez vous sur moi, mistress Dods ; — aidez votre maîtresse, Anthony. — Conduisez les chevaux à l'écurie ; — les garçons vous donneront la clef. — Venez, mistress Dods ; je suis charmé de vous voir encore une fois les pieds sur le pavé de notre vieille ville. — Entrez, et nous verrons à vous avoir quelque chose pour déjeuner, car vous vous êtes mise en route de bonne heure ce matin.

Je vous donne bien de l'embarras, M. Bindloose, dit la vieille dame, acceptant l'offre de son bras et entrant avec lui dans la maison ; je vous donne bien de l'embarras, mais je n'ai pas pu avoir de repos que je n'aie eu votre avis sur quelque chose d'important.

— Je serai heureux de vous servir, ma bonne vieille connaissance, repartit le clerc ; mais asseyez vous, — asseyez-vous, — asseyez vous, mistress Dods : — messe et repas n'ont jamais retardé la besogne. Vous êtes un peu fatiguée de votre voyage ; — le corps ne peut pas toujours avoir autant de force que le courage, mistress Dods. — Vous devriez vous souvenir que votre vie est précieuse, et vous devriez prendre soin de votre santé, mistress Dods.

— Ma vie précieuse ! pas de vos cajoleries, M. Bindloose. — Du diable si quelqu'un regrettait la vieille malaisée d'aubergiste, M. Bindloose, si ce n'est par ci par là un pauvre diable, et peut-être bien le vieux chien de la maison, qui ne serait pas si bien soigné, le pauvre camarade.

Fi ! fi, mistress Dods ! reprit le clerc d'un ton de réprimande amicale ; cela fait peine à un vieil ami de vous entendre ainsi parler de vous-même. Et quant à nous quitter, Dieu merci, je ne vous ai jamais vu meilleure mine depuis dix ans. Mais peut-être pensez-vous à mettre votre maison en ordre, ce qui est le fait d'une femme soigneuse et d'une chrétienne. — Oh ! on tremblerait de mourir intestat, si on avait la grâce d'y songer.

— Hé bien, j'ose dire que j'y songerai au premier jour, M. Bindloose ; mais ce n'est pas ça qui m'amène aujourd'hui.

— Que ce soit ce que ça voudra, mistress Dods, vous êtes la bienvenue ici, et de tout cœur, et nous avons toute la journée à parler d'affaires : *festina lente*, c'est le véritable adage de la loi ; — tout beau et tout doux, comme on pourrait dire, — il ne faut pas traiter d'affaires l'estomac vide. — Voici votre thé, et j'espère que Hannah l'a fait à votre goût.

Meg goûta le thé, — convint de l'habileté d'Hannah dans les mystères de l'herbe de Chine, — en prit de nouveau quelques gorgées, puis essaya de manger une bouchée de sa tartine, mais avec assez peu de succès ; et nonobstant les compliments de l'homme de loi sur sa bonne mine, elle semblait réellement sur le point de se trouver mal.

— Au nom du diable, qu'y a-t-il? dit M. Bindloose, trop expérimenté dans une profession où la pénétration est particulièrement nécessaire pour que ces symptômes d'agitation pussent lui échapper. Eh, ma chère mistress! je ne vous ai jamais vu prendre une affaire aussi à cœur que vous y prenez celle-ci. Quelqu'un de vos débiteurs a-t-il failli ou est-il prêt à faillir? Hé bien, après tout! ne vous laissez pas abattre; — vous pouvez supporter une petite perte, et ce ne peut être quelque chose de considérable, sans quoi j'en aurais sûrement entendu parler.

— Oui vraiment, *c'est* une perte, M. Bindloose; que dites-vous de la perte d'un ami?

C'était là une éventualité que jamais l'homme de loi n'avait fait entrer dans sa longue liste de calamités, et il était assez en peine de concevoir où la vieille dame en pouvait vouloir venir par un prélude si sentimental. Mais comme il commençait à recourir à ses Oui, oui, nous sommes tous mortels, *vita incerta, mors certissima!* et à deux ou trois réflexions pathétiques qu'il avait l'habitude de débiter après des funérailles au moment d'ouvrir le testament du défunt, — il plut à mistress Dods de se faire elle-même son interprète et de s'expliquer plus clairement.

— Je vois ce que c'est, M. Bindloose, dit-elle; il faut que je vous dise ce qui me tient, car vous ne me paraissez pas prêt à le deviner. Ainsi donc, si vous voulez fermer la porte et voir à ce qu'aucun de vos jeunes ricaneurs ne soit à écouter dans le passage, je vais vous dire ce qui en est.

M. Bindloose se leva aussitôt pour faire ce qu'elle demandait, donna un coup d'œil de précaution dans le bureau de banque, et vit ses clercs penchés sur leurs pupitres; il tourna la clef sur eux, comme par distraction, revint à son cabinet, fort curieux de savoir quelle affaire préoccupait tellement sa vieille amie, et renonçant à toute nouvelle conjecture, il approcha tranquillement sa chaise de celle de mistress Dods, et attendit qu'elle jugeât à propos de commencer sa confidence.

M. Bindloose, dit-elle, je ne sais pas trop si vous vous souviendrez de deux jeunes fous d'Anglais qui logeaient chez moi, il y a de cela six ou sept ans, et à qui le vieux Saint-Ronan chercha quelque noise parce qu'ils avaient chassé sur les *muirs* de Springwell Head?

— Je m'en souviens comme si c'était hier, mistress; à tel signe que vous me donnâtes un billet pour me payer de mes peines (qui ne valaient pas la peine d'en parler), et que vous me recommandâtes de ne pas présenter de note de frais aux pauvres enfants. — Vous avez toujours eu bon cœur, mistress Dods.

— Peut-être oui, peut être non, M. Bindloose; — c'est selon que les gens me reviennent. — Mais quant à ces jeunes gens, ils quittèrent le pays tous les deux, en assez mauvais accord, à ce que je crois, et maintenant le plus âgé et le plus doux des deux est revenu il y a une quinzaine, et depuis ce temps-là il est logé chez moi.

— Hé bien, j'espère qu'il n'a pas recommencé ses vieux tours, mistress? je n'ai plus l'oreille du nouveau sheriff ni celle du nouveau banc des juges de paix comme je l'avais autrefois, mistress Dods, — et le procureur fiscal est très sévère sur le braconnage, soutenu qu'il est par les nouveaux juges. — Peu de nos anciens amis du Killnakelty sont aujourd'hui en état de venir aux sessions, mistress Dods.

Et c'est tant pis pour le pays, M. Bindloose; — c'étaient des hommes tranquilles et réfléchis, qui ne tourmentaient pas trop un pauvre berger au sujet d'une bécasse ou d'un lièvre, à moins qu'il ne devînt braconnier de profession. — Sir Robert Ringhorse avait coutume de dire que les bergers tuaient autant de milans et de pies que de gibier.

— Mais nouveaux seigneurs, nouvelles lois; — on n'entend plus parler que d'amende et d'emprisonnement, et le gibier n'en est pas d'une plume plus abondant. Si je voulais avoir une couple ou deux d'oiseaux à la maison, — comme par exemple aux rois, où tout le monde en veut, je savais ce qu'ils me coûteraient. — Et pourquoi non? — il faut que le risque se paie. — Voilà John Pirner lui même, qui chasse sur les *muirs* depuis trente ans en dépit de tous les lairds du pays : hé bien! il m'a dit que quand il tire un coup de fusil aujourd'hui, il lui semble sentir une corde autour du cou.

— Ainsi ce n'est pas pour une affaire de chasse que vous avez à me consulter? dit Bindloose, qui, bien que se laissant lui-même aller facilement aux digressions, était peu tolérant pour les excursions des autres.

— Non, vraiment, M. Bindloose; mais ce n'en est pas moins au sujet de ce malheureux jeune homme que j'ai à vous parler. Il faut que vous sachiez que j'ai pris une affection toute particulière pour ce garçon, pour Francis Tirl, affection qui des fois me surprend moi-même, M. Bindloose, quoiqu'il n'y ait pas là de péché.

— Aucun, — pas le moins du monde, mistress Dobs, repartit l'homme de loi, qui en même temps pensa en lui-même : Oh! ho! le brouillard commence à s'éclaircir; — le jeune braconnier a touché au but, je vois; — il a blessé à l'aile la vieille poule grise! — Oui, oui, — un contrat de mariage, sans doute; — mais il faut lui donner de la ligne.

— Vous êtes une femme prudente, mistress Dods, continua-t-il, et vous pouvez sans doute prévoir les chances et les changements des affaires humaines.

— Mais ce que je n'aurais jamais prévu, c'est ce qui est arrivé à ce pauvre garçon, M. Bindloose, par la malice des méchants. — Il était donc à la maison, comme je vous disais, depuis une quinzaine et plus, tranquille comme un agneau sur un pré, — jamais garçon plus décent n'a passé le seuil de ma porte; — buvant et mangeant suffisamment pour le bien de la maison, et pas plus qu'il ne fallait pour son propre bien, de corps et d'âme, — et soldant son compte chaque samedi soir aussi régulièrement que le samedi revenait.

— Admirable pratique, assurément, mistress Dods.

— Quant à cela, jamais il n'eut son pareil. Mais voyez la méchanceté du monde! Quelques coure-pays et quelques coquettes qui sont là-bas à cette sale mare qu'on nomme la Source avaient entendu parler de ce pauvre garçon, et des bouts de peinture qu'il avait l'habitude de faire, et il a fallu qu'ils l'attirent à l'*hottle*, où on avait débité plus d'une belle histoire, M. Bindloose, sur M. Tirl et sur moi-même.

— Affaire de la cour des commissaires, dit le procureur, prenant encore une fois une fausse piste. Je secouerai la poussière de leurs habits, mistress Dods, si seulement vous pouvez produire de bons témoignages des faits; — je les amènerai bientôt à amende et rétractation, — je les ferai repentir de s'être attaqués à votre bonne réputation

— Ma bonne réputation! en quoi ma réputation a-t-elle souffert, M. Bindloose? s'écria l'irritable cliente. Je crois que vous avez un peu levé le coude ce matin, tout bonne heure qu'il est. — Ma bonne réputation! — si quelqu'un touchait à ma bonne réputation, je n'en embarrasserais ni conseil ni commissaires : je tomberais au milieu d'eux comme un faucon au milieu d'une troupe d'oies sauvages, et n'importe laquelle oserait dire de Meg Dods quelque chose à côté de ce qui serait honnête et civil, j'aurais bientôt vu si sa *cocker-nonnie*[1] est faite de ses cheveux ou de cheveux d'emprunt. *Ma* bonne réputation, vraiment!

— Bien, bien, mistress Dods, je m'étais trompé, voilà tout, je m'étais trompé; et j'ose dire que vous ne vous laisseriez pas marcher sur le pied par vos voisins plus que quelque femme que ce soit au monde. — Mais enfin, dites-nous de quoi vous avez à vous plaindre.

— Hé bien donc, clerc Bindloose, pour tout dire en un mot, ce n'est guère moins que d'un... meurtre! dit Meg en baissant la voix, comme si elle eût été effrayée rien que de prononcer le mot.

— Un meurtre! — un meurtre, mistress Dods? — Cela n'est pas possible; — il n'en a pas été dit un mot au cabinet du sheriff, — et le procureur fiscal n'en a rien su. — Il ne pourrait s'être commis un meurtre dans le pays sans que j'en eusse entendu parler. — Pour l'amour de Dieu, prenez garde à ce que vous dites, femme, et ne vous mettez pas dans l'embarras.

— M. Bindloose, je ne puis parler autrement que selon mes lumières. Vous êtes en un sens juge en Israël; du moins vous êtes un des scribes ayant autorité, — et je vous dis, dans ma douleur et mon amertume de cœur, que le pauvre jeune homme qui logeait chez moi a été assassiné ou enlevé par ces bandits de la Nouvelle Source; et je ferai exécuter la loi contre eux, devrait-il m'en coûter cent livres sterling.

[1] Touffe de cheveux fixée sur la tête d'une jeune fille. (L. V.)

Le clerc resta fort étonné de la nature de l'accusation de Meg, et de la persistance avec laquelle elle paraissait disposée à la soutenir.

— J'ai cette consolation, continua-t-elle, que n'importe ce qui soit arrivé il n'y a pas eu de ma faute, M. Bindloose; car ce que je sais bien, c'est qu'avant que ce vieux Philistin sanguinaire à demi-solde, ce Mac-Turk, ait réussi à lui parler, je lui ai frotté la tête de la bonne façon avec mon balai. — Mais le pauvre simple enfant, qui n'avait pas plus de connaissance de la méchanceté de la nature humaine qu'un veau ne connaît le couteau du boucher, voulut absolument voir le vieux verseur de sang endurci, et convint avec lui de rencontrer je ne sais lequel de la bande à une certaine heure le jour même; puis il sortit pour s'y trouver, et depuis ce moment-là âme qui vive n'a mis l'œil sur lui. — Et les scélérats, les menteurs, s'avisent aujourd'hui de jeter la honte sur lui, et de dire qu'il s'est sauvé du pays plutôt que de leur faire face! — Voilà une histoire bien vraisemblable? — se sauver du pays à cause d'eux! — et partir sans que son mémoire soit réglé, — lui qui était si exact, — et laisser derrière lui son porte-manteau, et sa ligne, et ses pinceaux, et les peintures qui l'occupaient tant! C'est ma ferme croyance, M. Bindloose, et vous pouvez me croire ou ne me pas croire, à votre volonté, qu'il y a eu quelque mauvais coup de fait entre le *Croc* et Buck-Stane. J'y ai pensé, et j'en ai rêvé, et je verrai clair au fond de l'affaire, ou mon nom n'est pas Meg Dods; et je leur ferai rendre compte à tous — Oui, oui, c'est bien cela, M. Bindloose; prenez votre plume et votre encrier, et arrangeons cela de la bonne manière.

Ce fut avec grande difficulté, et après force questions, que M. Bindloose tira de sa cliente un compte détaillé des procédés de la société de la Source envers Tyrrel, en tant qu'ils étaient connus de Meg ou soupçonnés par elle, prenant des notes au fur et à mesure de l'interrogatoire, sur ce qui lui paraissait de quelque importance. Après un instant de réflexion, il demanda à la dame, question fort naturelle, comment elle avait été informée du fait matériel d'un rendez-vous hostile arrêté entre le capitaine Mac-Turk et la personne qui logeait chez elle, alors que selon son propre rapport ce rendez vous avait été pris *intrà parietes et remotis testibus*[1]?

— Oui, mais les aubergistes savent assez bien ce qui se passe chez eux. — Et pourquoi non? — Et s'il *faut* que vous sachiez ce qui en est, j'écoutais par le trou de la serrure.

— Et dites vous les avoir entendu régler un rendez-vous pour un duel? et n'avez-vous pris aucune mesure pour empêcher un malheur, mistress Dods, ayant pour ce garçon autant de considération que vous

---

[1] Entre quatre murs et sans témoins.

le dites, mistress Dods? — Je ne me serais réellement pas attendu à pareille chose de vous.

— En vérité, M. Bindloose, répondit Meg en portant son tablier à ses yeux, c'est là ce qui me fâche plus que tout le reste; et vous n'avez pas besoin d'en dire beaucoup à une femme dont le cœur est d'autant plus triste qu'elle est une idée à blâmer. Mais il y a eu bien des cartels, comme on dit, échangés dans ma maison du temps que ces têtes chaudes des clubs de Wildfire et de Helterskelter y faisaient leur bombances; et ils avaient toujours assez de bon sens pour s'arranger avant d'en venir aux coups, de sorte que réellement je n'appréhendais pas de malheur. — Et puis, M. Bindloose, vous devez penser que c'eût été une chose étrange qu'un homme qui logeait dans une auberge décente et honorable telle que la mienne reculât devant n'importe lequel de ces gueux de coure-pays qui demeurent en bas à l'*hottle*.

C'est-à-dire, mistress Dods, que vous n'étiez pas fâchée que votre hôte se battît pour l'honneur de votre maison.

— Pourquoi non, M. Bindloose? — n'est-ce pas toujours à propos d'honneur qu'on a ces sortes de disputes? et pourquoi est ce qu'on ne se battrait pas pour l'honneur d'une maison solide, couverte en ardoises, à quatre angles et à trois étages, aussi bien que pour celui d'un de ces méchants galopins qui font tant de bruit de leur réputation? Je vous promets que ma maison, le *Croc*, était debout dans l'Aultoun de Saint Ronan avant qu'ils fussent nés, et qu'elle y sera encore après qu'ils seront pendus, comme j'espère bien que quelques uns d'eux le seront.

Bien; mais peut être votre jeune homme a t il moins de zèle pour l'honneur de la maison, et s'est-il tranquillement mis à l'abri du danger; car si je comprends bien votre histoire, la rencontre n'a pas eu lieu.

Moins de zèle! repartit Meg, déterminée à n'accéder à aucune des suppositions de son homme d'affaires; M. Bindloose, vous ne le connaissez guère : — je voudrais que vous l'eussiez vu quand il était en colère! — c'est à peine si moi même j'osais le regarder en face, et il n'y a pas beaucoup de gens qui me fassent peur. — Une rencontre! je le crois bien qu'il n'y a pas eu de rencontre; — ils n'auraient jamais osé lui faire face loyalement. — Mais je suis sûre qu'il est arrivé pire qu'il ne lui serait arrivé d'une rencontre; car Anthony a entendu partir deux coups de feu pendant qu'il abreuvait le vieux bidet au ruisseau, qui n'est pas bien loin du sentier qui mène au Buck-Stane. J'étais en colère contre lui de ce qu'il n'avait pas poussé en avant pour voir ce que c'était; mais il avait cru que c'était le vieux Pirner qui était dehors avec son fusil à deux coups, et il ne se souciait pas de se trouver obligé de servir de témoin, dans le cas où il aurait été cité à la cour du braconnage.

— Bien, et je jurerais qu'il a effectivement entendu un braconnier tirer une couple de coups; — rien n'est plus probable. Croyez-moi, mistress Dods, votre hôte ne trouvait pas de son goût la partie à laquelle l'invitait le capitaine Mac-Turk, — et étant une espèce d'homme pacifique, il s'en est retourné chez lui, s'il a un chez lui. — Je suis réellement fâché que vous vous soyez donné la peine de ce long voyage pour une chose aussi simple.

Mistress Dods resta les yeux fixés à terre, d'un air d'humeur et de mécontentement qui passa également dans sa voix quand elle reprit la parole.

— Bien, — bien, — qui vit apprend, comme on dit; — je croyais avoir un ami en vous, M. Bindloose; — je sais bien que j'ai toujours pris votre parti quand les gens parlaient mal de vous, et qu'ils disaient que vous étiez ceci, et cela, et autre chose, et que vous n'étiez guère qu'un vieux rusé coquin, M. Bindloose. — Et vous avez toujours gardé mes cinq sous, quoique à coup sûr Tam Turnpenny demeure plus près de moi, et qu'on dise qu'il donne demi pour cent de plus que vous si l'argent reste à demeure, et le mien n'est pas souvent déplacé.

— Mais vous n'avez pas la banque pour sûreté, madame, dit M. Bindloose en rougissant. Je ne médis du crédit de personne, — cela ne me conviendrait pas; — mais il y a une différence entre Tam Turnpenny et la banque, j'imagine.

— Bien, bien; banque par-ci, banque par-là, je croyais avoir un ami en vous, M. Bindloose, et me voici qui ai fait tout le chemin de chez moi chez vous pour n'y pas trouver grande consolation, ce me semble.

— Par les étoiles! madame, dit le scribe embarrassé, que voudriez-vous que je fisse d'une histoire aussi obscure que la vôtre, mistress Dods? — Soyez une idée raisonnable; — faites attention qu'il n'y a pas de *corpus delicti*.

— *Corpus delicti!* et qu'est-ce que c'est qu'un *corpus delicti?* quelque chose pour laquelle il faut payer, sans doute, car vos mots auxquels on ne comprend rien finissent tous par là. — Et pourquoi est-ce que je n'aurais pas un *corpus delicti*, ou un *Habeas corpus*, ou tout autre *corpus* que je voudrai, tant que je serai disposée à lâcher l'argent comptant?

— Le Seigneur nous assiste et nous pardonne, mistress Dods! vous vous méprenez tout à fait sur la chose. Quand je dis qu'il n'y a pas de *corpus delicti*, je veux dire qu'il n'y a pas de preuve qu'un crime ait été commis [1].

— Direz-vous donc que le meurtre n'est pas un crime? répliqua Meg,

---

[1] Par exemple, un homme ne peut être jugé pour meurtre, simplement par suite de la disparition d'un individu; il faut qu'on aie la preuve que celui qui a disparu a été assassiné. (W. S.)

trop préoccupée du point de vue sous lequel elle envisageait l'affaire pour qu'aucun autre pût la frapper. — Hé bien, je sais que c'est un crime, aussi bien d'après la loi de Dieu que d'après la loi humaine, et plus d'un gentilhomme a reçu l'estrapade pour cela.

— Je sais très-bien tout cela, mistress Dods; mais, par les étoiles! il n'y a pas témoignage de meurtre dans cette cause, — pas de preuve qu'un homme ait été assassiné ; on ne produit pas son cadavre, — et c'est ce que nous appelons le *corpus delicti*.

— Hé bien, alors, que le diable vous le trouve, votre *corpus delicti*, s'écria Meg en se levant tout en colère, car je retourne à la maison ; et quant au corps de ce pauvre garçon, on me le retrouvera, quand je devrais faire retourner la terre à la pioche et à la pelle à trois milles à la ronde. — Oui, je le retrouverai, ne serait-ce que pour donner au pauvre enfant une sépulture chrétienne, et pour faire tomber le châtiment sur Mac-Turk et la bande de meurtriers de la Source, et faire honte à un vieux fou radoteur comme vous, John Bindloose.

Elle se levait donc en colère pour demander sa voiture ; mais il n'était ni dans les intérêts ni dans les intentions du procureur que lui et sa cliente se quittassent en de telles dispositions. Il la conjura de prendre patience, et lui représenta que les chevaux, pauvres créatures, venaient à peine de courir leur relais, — argument irrésistible pour la vieille aubergiste, dans la première éducation de laquelle le soin convenable des chevaux de poste avait pris rang parmi les devoirs les plus sacrés. Elle se rassit d'un air d'humeur, et M. Bindloose se creusait la cervelle pour en tirer quelque argument qui pût faire entendre raison à la vieille Meg, quand son attention fut attirée par un bruit qui retentit dans le corridor.

CHAPITRE XV.

UN LOUANGEUR DU TEMPS PASSÉ.

> Que votre voyageur vienne, lui et son curedent, prendre
> place à la table de Ma Grandeur. *Le roi Jean.*

LE bruit qui vint distraire M. Bindloose, ainsi que nous l'avons vu à la fin du dernier chapitre, était causé par un nouveau venu frappant en homme impatient et pressé à la porte du bureau de la banque, bureau qui occupait un appartement de la maison à gauche du corridor d'entrée, tandis que le salon dans lequel le banquier avait reçu mistress Dods était à droite.

Ce bureau était habituellement ouvert à tous ceux qui y avaient affaire; mais en ce moment, quelque pressé que pût être celui qui frappait, les clercs de l'intérieur ne pouvaient le recevoir, se trouvant eux-mêmes prisonniers par suite de la précaution soupçonneuse qu'avait prise M. Bindloose pour les empêcher d'écouter sa conférence avec mistress Dods. Aussi répondaient-ils par des rires étouffés aux coups impatients dont l'étranger faisait retentir la porte, regardant sans doute comme une excellente plaisanterie que la défiance de leur patron les empêchât ainsi de remplir leur devoir.

Tout en gratifiant ses clercs, comme les constants fléaux de sa vie, de deux ou trois malédictions parties du fond du cœur, M. Bindloose accourut au corridor et fit entrer l'étranger dans son cabinet. La porte en étant restée ouverte, aussi bien que celle du salon, l'oreille de Luckie Dods (expérimentée, comme le sait le lecteur, à saisir les sons au passage) put en partie recueillir ce qui se passait. L'entretien semblait avoir pour objet une affaire d'argent de quelque importance, à ce que comprit Meg quand l'étranger, dont l'organe était haut et perçant, éleva la voix en prononçant les derniers mots d'une conversation qui avait duré environ cinq minutes : Une prime? — pas une piécette, monsieur, pas un couri, pas un farthing. Une prime pour un billet de la banque d'Angleterre? me prenez vous pour un sot, monsieur? — ne sais je pas que vos remises sur Londres sont à quarante jours au pair?

Ici Meg entendit M. Bindloose murmurer quelques paroles indistinctes sur l'usage de l'escompte.

— L'usage! répliqua l'étranger; ce n'est pas là un usage, — et au diable l'usage, si c'en est un! — ne me parlez pas d'usages. — Par la frisure du diable, l'ami, je connais le taux du change du monde entier, et j'ai tiré des traites de Timbouctou ; — mes amis du Strand[1] les ont enfilées avec celles que Bruce tirait sur eux de Gondar. — Me parler de prime sur un billet de la banque d'Angleterre! — Qu'avez vous à regarder le billet? — le croyez-vous douteux? — je puis vous en donner un autre.

— Ce n'est nullement nécessaire, monsieur, le billet est très-bon ; mais l'habitude est de l'endosser, monsieur.

Certainement; passez moi une plume: croyez-vous que je puisse écrire avec mon rotin? — Quelle sorte d'encre est ceci? — jaune comme une sauce au cury. N'importe, voici mon nom : Peregrine Touchwood ; — mon prénom, je le tiens des Willoughbies. — Ai je là mon change intégral?

— Intégral, monsieur.

C'est *vous* qui devriez me donner une prime, l'ami, et non pas moi vous en payer une.

— C'est tout à fait hors de nos usages, je vous assure, monsieur, tout à fait hors de nos usages ; — mais si vous vouliez entrer au salon et accepter une tasse de thé...

Hé mais, oui, répondit l'étranger, dont la voix devint plus distincte à mesure qu'il s'approcha du salon, précédé de M. Bindloose; une tasse de thé ne serait pas une si mauvaise chose si on pouvait s'en procurer de véritable. — Mais quant à votre prime.... En ce moment il entra dans le salon et fit son salut à mistress Dods, qui, voyant en lui ce qu'elle appelait un homme décent et convenable, et sachant que sa poche était garnie de billets de banque d'Angleterre et d'Écosse, répondit par sa plus belle révérence à la politesse de l'étranger.

M. Touchwood, qu'elle put alors examiner à loisir, était un petit homme robuste et ingambe, dont les muscles et les membres conservaient encore, malgré ses soixante ans passés, la souplesse d'un âge moins avancé. Sa physionomie exprimait la confiance en soi, et une sorte de mépris pour ceux qui n'avaient ni autant vu ni autant enduré que lui. Ses courts cheveux noirs commençaient à grisonner, sans pourtant que leur teinte originelle fût effacée. Ses yeux, d'un noir de jais, profondément enfoncés, petits et pleins de feu, contribuaient, avec un nez court et retroussé, à exprimer une disposition irritable et colérique. Son teint avait reçu des vicissitudes de climats divers auxquelles il avait été exposé une nuance de rouge brique ; et son visage, qui, à la distance de deux ou trois pas, semblait lisse et uni, paraissait, vu de près, sillonné par des milliers de rides se croisant dans

---

[1] Quartier de la banque à Londres. (L. V.)

tous les sens possibles, mais aussi fines que si elles eussent été creusées par la pointe de l'aiguille la plus déliée[1]. Il portait un surtout bleu et un gilet de peau de buffle, des demi-bottes cirées avec un soin remarquable, et une cravate de soie nouée avec une précision militaire. La seule partie de son costume qui eût une apparence antique était un chapeau à cornes de dimensions équilatérales, à la ganse duquel était assujettie une très petite cocarde. Mistress Dods, accoutumée à juger des gens au premier coup d'œil, dit que dans les trois pas qu'il fit de la porte à la table à thé, elle avait reconnu, à ne pas s'y méprendre, la démarche d'un homme tenant un rang dans le monde; — et c'est en quoi, ajouta-t-elle avec un clignement d'œil, nous autres aubergistes nous trompons rarement. Si la poche d'un gilet à broderie d'or est vide, le simple gilet de coton sera le plus beau des deux.

— Voici une matinée de brume, ma chère dame, dit M. Touchwood, comme pour essayer en quelle sorte de société il se trouvait introduit.

— Temps mou, mais belle matinée pour les biens de la terre, monsieur, repartit mistress Dods avec non moins de solennité.

— C'est vrai, ma chère dame; *mou*[2] est le vrai mot, quoiqu'il se soit écoulé un certain temps depuis que je ne l'ai entendu. J'ai déroulé deux fois mon peloton autour de la boule du monde, depuis la dernière fois que j'ai entendu parler d'un temps *mou*.

— Vous seriez donc de ces quartiers[3]? dit le procureur, avançant ingénieusement une supposition qu'il espérait devoir amener l'étranger à s'expliquer. — Et pourtant, monsieur, ajouta-t-il après une pause, il me semblait que Touchwood n'était pas un nom écossais, du moins que je sache.

— Un nom écossais? — non; mais on peut s'être trouvé anciennement dans ce pays sans y être né; — ou, y étant né, on peut avoir eu des motifs pour changer de nom. Il y a plus d'une raison qui font qu'on change de nom.

Certainement, dit l'homme de loi, et quelques-unes sont très-bonnes; comme dans le cas ordinaire d'un héritier par substitution, où l'acte de provision et de substitution est le plus ordinairement accompli en changeant de nom et d'armoiries.

— Oui, ou bien quand un homme s'est rendu le pays trop chaud pour lui sous son propre nom.

— C'est une supposition, monsieur, qu'il me siérait mal de faire. — Mais en tous cas, si vous avez connu ce pays précédemment, vous ne

---

[1] La physionomie du célèbre chef de cosaques Platoff offrait cette particularité. (W. S.)

[2] *Mou* (*saft*) est une épithète qui exprime, en Écosse, le temps que le baromètre appelle pluvieux. (W. S.)

[3] On vient de voir que *saft* est un idiotisme écossais, outre que ce mot (pour l'anglais *soft*) est prononcé à l'écossaise. (L. V.)

CHAPITRE XV.

pouvez être qu'émerveillé du changement avantageux que nous avons éprouvé depuis la guerre d'Amérique : — les pentes des collines couvertes de luzerne au lieu de bruyère, — les rentes doublées, triplées, quadruplées, — les vieux donjons enfumés jetés à bas, et les gens à leur aise vivant dans d'aussi bonnes maisons que vous en verrez n'importe où en Angleterre.

— Grand bien leur fasse, tas de fous qu'ils sont! exclama M. Touchwood avec vivacité.

— Vous ne paraissez pas très-charmé de nos améliorations, monsieur? reprit le banquier, étonné d'entendre une voix dissidente sur un point où il pensait que toutes devaient être unanimes.

— Charmé! — oui, aussi charmé que je puis l'être du diable, qui, je crois, a poussé la plupart d'entre eux. Vous vous êtes mis en tête que tout doit être changé : — variables comme l'eau, vous ne serez pas plus stables qu'elle. — Je vous dis que depuis quarante ans il s'est fait plus de changements dans ce pauvre coin du monde que vous habitez, que dans les grands empires de l'Orient depuis quarante siècles, autant que je sache.

— Et pourquoi non, dit Bindloose, si ces changements sont pour le mieux?

— Mais ils ne sont *pas* pour le mieux, répliqua M. Touchwood avec véhémence. J'ai laissé vos paysans pauvres comme des rats, à la vérité, mais honnêtes et industrieux, supportant leur lot dans ce monde avec fermeté, et portant vers le monde à venir un regard d'espérance. Maintenant ce ne sont plus que de paresseux serviteurs, — regardant à leur montre, vraiment, toutes les dix minutes, de peur de donner à leur maître une demi-seconde de travail de trop. — Et puis, au lieu de lire la Bible les jours ouvrables, et de discuter avec le ministre les points douteux de controverse le dimanche, ils vont glaner leur théologie dans Tom Paine et dans Voltaire.

— Je sais bien que monsieur dit la vérité, fit mistress Dods. J'ai trouvé un paquet de leurs blasphèmes d'un liard jusque dans ma cuisine ; mais j'ai eu bientôt fait maison nette du coquin de porte-balle qui les avait apportés! — Ils ne sont pas contents de tourner la tête des paresseuses avec des ballades, et de les rendre folles de rubans : il faut qu'ils leur subtilisent leurs précieuses âmes, et qu'ils leur donnent la marchandise du diable, si je puis ainsi dire, en échange de l'argent qu'elles devraient employer à soutenir leur pauvre père manquant d'ouvrage et alité!

— Leur père, madame! dit l'étranger ; elles ne pensent pas plus à leur père que Regan ou Goneril [1].

— En bonne vérité, vous nous connaissez bien, monsieur ; de vraies *gomerils*[1], voilà ce qu'elles sont toutes. C'est ce que je leur dis à chaque heure du jour; mais attrapez-les à profiter de la doctrine !

— Et puis les brutes sont devenus mercenaires, madame, reprit M. Touchwood. Je me rappelle le temps où un Écossais n'aurait pas voulu toucher à un shilling qui n'aurait pas été le prix de son travail, et où, cependant, il était aussi prêt à assister un étranger que pourrait l'être un Arabe du désert. Et maintenant, j'avais l'autre jour laissé tomber ma canne étant à cheval; un drôle qui travaillait à la haie fit trois pas pour me la relever : — je le remerciai, mais mon drôle remit son chapeau sur sa tête en envoyant mes remercîments au diable si c'était là tout. — Saint Giles n'aurait pas mieux fait.

— Bien, bien, reprit le banquier, tout cela peut être comme vous dites, monsieur, et sans doute la richesse fait vaciller l'esprit; mais le pays est riche, on ne peut le nier, et la richesse, monsieur, vous le savez...

— Je sais que la richesse se fait ses propres ailes, interrompit l'austère étranger; mais je ne suis pas parfaitement sûr que, même à présent, nous l'ayons. Vous faites, à la vérité, une grande montre de bâtiments et de culture; mais tout cela n'est pas le principal, pas plus que la graisse d'un homme corpulent ne fait sa santé et sa force.

— Sûrement, M. Touchwood, repartit Bindloose, qui trouvait son compte aux améliorations modernes, des propriétaires vivant en vrais lairds, et des fermiers tenant meilleure maison que les lairds d'autrefois, et voyant venir la Pentecôte et la Saint Martin comme je verrais arriver mon déjeuner, — si ce ne sont pas là des signes de richesse, je ne sais où les chercher.

— Ce sont des signes de folie, monsieur; d'une folie qui est pauvre, et qui s'appauvrit encore en voulant passer pour riche. Et comment se procurent-ils les moyens d'afficher cette richesse apparente? vous qui êtes banquier, monsieur, vous pourriez peut-être me le dire mieux que je ne puis le deviner.

— Il peut bien y avoir un billet donné à l'escompte de temps à autre, M. Touchwood; mais il faut qu'on ait des facilités, sans quoi le monde resterait stationnaire : les facilités sont la graisse qui fait marcher les rouages.

— Oui, qui les fait dégringoler au diable : je vous ai laissés avec une banque d'Ayr, et maintenant je crois que tout le pays n'est qu'une banque d'Ayr. — Qui paiera la cornemuse? Mais peu m'importe; — je n'en verrai guère plus : — c'est une vraie Babel, qui tournerait la tête d'un homme dont la vie s'est passée avec des gens qui aiment

---

[1] L'étranger a cité Shakespeare; l'honnête Meg, à qui les autorités classiques ne sont pas des plus familières, comme on peut croire, entend *gomeril*, dont l'acception vulgaire, en Écosse, est celle de sot, de stupide. (L. V.)

CHAPITRE XV.

mieux s'asseoir que courir, qui préfèrent le silence au bavardage, qui ne mangent que quand ils ont faim, ne boivent que quand ils ont soif, ne rient que d'un bon mot, et ne parlent que lorsqu'ils ont quelque chose à dire. Mais ici, tout est mouvement, course et chasse, écume, mousse et caquetage; pas de tenue, pas de caractère.

— Je gagerais le fardeau de ma vie, dit dame Dods en regardant son ami Bindloose, que monsieur a été là bas à leurs nouvelles eaux de Spaw!

Qu'appelez-vous les eaux de Spaw, madame? si vous voulez parler du nouvel établissement qu'on a fondé là bas à Saint Ronan, c'est la vraie fontaine de folie et de fatuité, une Babel pour le bruit, une foire de vanités pour les sottises. Il n'y a pas une source dans vos marais qui soit occupée par une pareille colonie de grenouilles coassantes.

— Monsieur, monsieur! exclama dame Dods, ravie de la sentence absolue portée contre ses fashionables rivaux, et empressée de témoigner son respect pour le judicieux étranger qui l'avait prononcée, — voulez-vous que j'aie le plaisir de vous verser une tasse de thé? et en même temps elle prit possession de la théière, dont l'administration était jusque-là restée aux mains de M. Bindloose. J'espère qu'il est à votre goût, monsieur, continua t-elle, quand le voyageur eut répondu à sa politesse avec cet air de satisfaction reconnaissante que les gens qui aiment à parler beaucoup montrent d'ordinaire à un auditeur complaisant.

— Il est aussi bon que nous avons droit de nous y attendre, madame, repartit M. Touchwood; ce n'est pas tout à fait celui que j'ai bu à Canton avec le vieux Fong-Qua. — Mais le céleste empire n'envoie pas son meilleur thé à Leadenhall Street, ni Leadenhall Street ce qu'elle a de mieux à Marchthorn.

— Cela peut être très vrai, monsieur, répliqua la dame; mais je ne risquerais pas grand'chose à dire que le thé de M. Bindloose est beaucoup meilleur que celui que vous avez eu là-bas à la Source de Spaw.

— Du thé, madame! — je n'y ai pas vu de thé. — On apportait des feuilles de frêne et d'épine noire dans des boîtes à thé peintes, distribuées par des singes poudrés en livrée, et consommées par ceux qui les aimaient, au milieu d'un caquetage de perroquets et d'un criaillement de chattes. Je regrettais le temps du *Spectateur*, où j'aurais pu déposer mon penny au comptoir et me retirer sans cérémonie. — Mais non; cette bienheureuse décoction était passée à la ronde sous les auspices de quelque bas-bleu à demi folle ou autre, et nous avions au cou la bride d'une soirée cérémonieuse, pour cette misérable distribution d'une pleine coquille de moule par tête de ce breuvage de chats.

— Hé bien, monsieur, tout ce que je puis dire, c'est que si j'avais eu le bonheur de vous servir à l'auberge du *Croc*, que nous tenons de père en fille, sans prétendre dire que vous auriez eu d'aussi bon thé que celui que vous avez bu dans les pays étrangers où il vient, j'aurais du moins donné du meilleur que j'aurais eu à une personne de votre apparence, et je ne l'ai jamais fait payer plus de six pence ¹, qui était le prix de mon père avant moi.

Je voudrais avoir su que la Vieille Auberge existait toujours, ma dame; j'aurais certainement logé chez vous, d'où j'aurais tous les matins envoyé chercher de l'eau de la Source. — Les médecins prétendent qu'il faut que je prenne les eaux de Cheltenham, ou quelque autre de même nature, contre la bile; — quoique, le Ciel les confonde ! je crois que c'est uniquement pour cacher leur ignorance. J'ai pensé que des deux maux ce Spa serait le moindre; mais j'ai été bien trompé : on pourrait tout aussi bien vivre dans l'intérieur d'une cloche. Il me semble qu'il faut que le jeune Saint-Ronan soit fou, pour avoir établi une telle foire à duperies sur les anciens domaines de son père.

— Connaissez vous le laird de Saint Ronan d'aujourd'hui? demanda la dame.

Seulement par ouï dire, répondit M. Touchwood; mais j'ai entendu parler de la famille, et je crois même avoir lu quelque chose d'elle dans l'histoire d'Écosse. Je suis fâché d'apprendre qu'ils sont plus bas placés dans le monde qu'ils ne l'ont été. Ce jeune homme ne paraît pas prendre la meilleure route pour amender les choses, en passant son temps parmi des joueurs et des aventuriers.

— Je serais fâchée qu'il en fût ainsi, dit l'honnête Meg Dods, que son respect héréditaire pour la famille empêchait toujours de se joindre à aucun propos qui pût affecter la réputation du jeune laird. Mes ancêtres, monsieur, ont eu à se louer des siens; et quoique peut-être bien il puisse avoir oublié tout cela, il me siérait mal de rien dire de lui qui ne dût pas être dit du fils de son père.

M. Bindloose n'avait pas le même motif de retenue; il s'éleva contre Mowbray, qu'il représenta comme un dissipateur inconsidéré de sa propre fortune et de celle des autres. — J'ai quelque raison de parler, ajouta t il, ayant deux billets de lui, de cent livres chaque, que j'ai escomptés par pure obligeance et par égard pour son ancienne famille, et qu'il ne pense pas plus à retirer qu'il ne pense à solder la dette nationale. — Et voici qu'il vient de faire une rafle dans toutes les boutiques de Marchthorn pour une fête qu'il donne à tout le beau monde de la Source là bas; et les marchands sont obligés de prendre ses acceptations en échange de leurs fournitures. Mais peut escompter ses billets qui voudra; je connais quelqu'un qui n'avancera jamais un bawbee sur aucun papier qui portera le nom de John Mowbray devant

¹ Douze sous. (L. V.)

CHAPITRE XV.

ou derrière. Il ferait mieux de payer ses anciennes dettes que d'en faire de nouvelles, pour traiter des fous et des flagorneurs.

— Je crois qu'il en sera pour ses préparatifs, qui plus est, dit M. Touchwood, car la fête a été remise, à ce que j'ai entendu dire, à cause d'une indisposition de miss Mowbray.

— Oui, oui, la pauvre créature ! exclama dame Margaret Dods ; sa santé est dérangée depuis longtemps.

— Quelque chose va mal là, m'a t-on dit, repartit le voyageur en portant un doigt à son front d'un air significatif.

— Dieu seul le sait, répliqua mistress Dods, mais je soupçonnerais plutôt le cœur que la tête. — La pauvre créature est entraînée çà et là ; il faut qu'elle descende à la Source, et qu'elle en revienne, et ni société ni tranquillité à la maison où tout va mal : — il n'est pas étonnant qu'elle soit un peu dérangée.

Hé bien, on la dit plus mal qu'elle ne l'était, et c'est ce qui a fait remettre la partie projetée aux Shaws. D'ailleurs, maintenant que ce beau jeune lord est arrivé à la Source, sans aucun doute on attendra qu'elle soit remise.

— Un lord ! exclama mistress Dods d'un ton stupéfait ; un lord arrivé à la Source ! — Il n'y aura plus à les tenir ni à les lier, maintenant ; — leur folie ne fera que croître et embellir. — Un lord ! — le Seigneur nous protége ! — un lord à l'hottle ! — M. Touchwood, j'ai idée que ça se trouvera être un lord des sessions [1].

— Non pas, ma chère dame, repartit l'étranger, c'est un lord d'Angleterre, et, dit-on, un lord du parlement [2]. Mais quelques personnes prétendent qu'il y a un vice dans son titre.

— Je garantis qu'il y en a un, — qu'il y en a douze ! s'écria vivement Meg, — car elle ne pouvait supporter la pensée du surcroît d'importance qu'allait acquérir l'établissement rival, s'il devenait la résidence d'un véritable seigneur. — Je vous garantis que ça se trouvera un coure-pays, un lord de leur façon dont ils feraient bon marché. — Et il est sûrement arrivé bien malade, et sans doute il ne sera pas longtemps là avant de recouvrer la santé, pour l'honneur du Spaw.

— Ma foi, madame, sa maladie actuelle est d'une nature que le Spa aurait peine à guérir ; — il est blessé à l'épaule d'un coup de pistolet : — une tentative de vol, à ce qu'il paraît. — C'est une de vos nouvelles améliorations ; — rien de pareil n'arrivait en Écosse de mon temps. — On se serait plutôt attendu à rencontrer le phénix qu'un voleur de grand chemin.

— Et où l'événement est il arrivé, s'il vous plaît, monsieur ? demanda l'homme de la banque.

---

[1] Un juge de ce qu'en Écosse on nomme la cour des sessions. (L. V.)

[2] C'est-à dire siégeant à la Chambre des Pairs. (L. V.)

— Du côté du vieux village, répondit l'étranger; jeudi dernier, si je suis bien informé.

— Je pense, mistress Dods, que ceci explique vos deux coups de feu; c'est jeudi que votre valet les a entendus. Ce doit avoir été cette attaque sur le seigneur étranger.

Peut être oui, peut-être non, dit mistress Dods; mais il me faudra de bonnes raisons pour que je me prononce dans ce cas. — Je voudrais bien savoir, reprit elle, revenant au sujet d'où l'intéressante conversation de M. Touchwood avait pour quelques minutes détourné ses pensées, si monsieur a entendu parler là-bas de M. Tirl?

— Si vous voulez parler de la personne que désigne ce papier, dit l'étranger en tirant de sa poche une pancarte imprimée, je n'ai presque entendu parler que d'elle; toute la place retentissait de son nom, au point que j'étais presque aussi fatigué de Tyrrel que l'était Guillaume le Roux[1]. La principale cause de blâme était je ne sais quelle sotte querelle où il s'était trouvé engagé, et qu'il n'avait pas vidée sur le terrain, comme leur sagesse pensait qu'il aurait dû faire. C'est encore une autre folie qui a pris pied parmi vous. Anciennement, deux anciens lairds orgueilleux, ou peut être deux cadets de bonne famille, se prenaient de querelle, avaient une rencontre, et se battaient en duel à la mode des anciens Goths, leurs ancêtres; mais les gens sans aïeux ne songeaient jamais à de telles sottises. — Et maintenant voici qu'on dénonce un méchant barbouilleur de toile, car telle paraît être la profession du héros, comme si c'était un officier d'armée qui doit être brave par état, et à qui on ne peut enlever l'honneur sans qu'en même temps il soit probablement privé de son pain. — Ha! ha! ha! cela me rappelle une aventure de Don Quichotte, qui prit son voisin Samson Carrasco pour un chevalier errant.

La lecture de ce papier, qui contenait les notes précédemment mises sous les yeux du lecteur, c'est-à-dire l'Exposé de sir Bingo, et la censure que la Société de la Source avait cru devoir jeter sur M. Tyrrel, conduisit M. Bindloose à dire à mistress Dods, d'un ton où il dissimulait, autant que le permettait la nature humaine, le triomphe que lui inspirait le sentiment d'un jugement supérieur:

— Vous voyez maintenant que j'avais raison, mistress Dods, et que vous n'aviez aucun motif fondé de vous donner l'embarras de cette longue course. — Le jeune homme a mieux aimé prendre le large que de faire face à sir Bingo; et en vérité, je crois que des deux c'est le plus sage. — Voici la chose imprimée.

— Vous pouvez bien vous tromper, après tout, tout habile que vous êtes, M. Bindloose, répliqua Meg avec quelque aigreur; j'irai plus au fond de cette affaire.

[1] Fils de Guillaume le Conquérant; il fut tué à la chasse par Walter Tyrrel, un de ses favoris. *Voyez* à ce sujet une des notes d'*Ivanhoe*. (L. V.)

CHAPITRE XV.

Cette réplique amena un renouvellement d'altercation touchant le sort probable de Tyrrel, altercation dans le cours de laquelle l'étranger fut conduit à prendre un certain intérêt à ce qui en était le sujet.

Mistress Dods, voyant que décidément l'hypothese qu'elle s'était faite n'obtenait pas l'assentiment de l'homme d'affaires expérimenté, se leva d'assez mauvaise humeur pour donner l'ordre d'atteler son whiskey. Mais tout hôtesse qu'elle était sur ses propres domaines, dans l'occasion actuelle elle avait compté sans son hôte ; car le postillon bossu, aussi absolu dans son département que mistress Dods elle même, déclara que les bêtes ne seraient pas prêtes de deux heures à se remettre en route. La bonne dame fut donc obligée d'attendre le bon plaisir de son écuyer, mais non sans se lamenter amèrement sur la perte qu'une maison publique ne pouvait manquer d'éprouver quand le maître ou la maîtresse étaient absents, et prévoyant une longue série de plats cassés, d'écots mal calculés, de chambres non faites, et d'autres désastres auxquels elle devait s'attendre à son retour. M. Bindloose, jaloux de recouvrer l'estime de sa bonne amie et cliente, qu'il avait perdue jusqu'à un certain point en la contredisant sur une idée favorite, se garda bien de lui offrir la consolation peu agréable, quoique fort naturelle, qu'une auberge à peine fréquentée n'est guère exposée aux accidents qu'elle appréhendait. Au contraire, il entra dans ses chagrins de la manière la plus cordiale, et alla même jusqu'à insinuer que si M. Touchwood était venu à Marchthorn avec des chevaux de poste, comme il le supposait à son costume, elle pourrait en profiter pour retourner plus promptement à Saint-Ronan.

— Je ne sais trop, dit subitement M. Touchwood, si je n'y retournerai pas moi-même. En ce cas, je serai charmé de reconduire cette bonne dame, et de m'arrêter quelques jours chez elle si elle veut bien m'y recevoir. — Je respecte une femme comme vous, madame, qui continue l'occupation de son père ; — j'ai été dans des pays, madame, où les gens suivent le même métier de père en fils, depuis des milliers d'années. — J'aime cette mode ; — elle montre de la suite et de la modération dans le caractère.

La physionomie de mistress Dods s'épanouit à cette proposition, et elle protesta à M. Touchwood qu'elle ferait tout ce qui serait en son pouvoir pour lui rendre sa maison agréable ; et tandis que son bon ami M. Bindloose s'étendait sur la satisfaction que le nouvel hôte de sa cliente trouverait à la vieille auberge, elle contemplait silencieusement et avec délices la perspective du triomphe éclatant et prochain qu'elle allait remporter en enlevant une honorable pratique à son heureuse et fastueuse rivale, la Source.

— Je ne serai pas difficile à satisfaire, madame, dit l'étranger ; j'ai trop voyagé et vu trop de pays pour être difficile. Une venta espagnole, un kham persan, un caravansérail turk, c'est tout un pour moi ; —

seulement, comme je n'ai pas de domestique,—je n'ai jamais pu me soumettre au fléau d'avoir toujours sur les talons un de ces fainéants,— il faudra que je vous prie d'envoyer chercher tous les matins une bouteille d'eau à la Source, où je ne pourrai aller moi-même : — je trouve qu'elle m'est réellement de quelque utilité.

Mistress Dods promit sans peine de se conformer à une demande si raisonnable, accordant gracieusement que l'eau par elle-même ne pouvait faire mal, que peut être même elle pouvait faire quelque bien ; — c'était seulement la Nouvelle Auberge, et la bande de sauteurs à moitié fous qu'on appelait *la Société*, qu'elle avait en aversion. On faisait un conte, ajouta t-elle, au sujet de saint Ronan, qui aurait fait faire un plongeon au diable dans la fontaine, ce qui lui avait laissé depuis ce temps là un goût de soufre ; — mais elle osait dire que c'était une niaiserie papiste, attendu qu'elle avait entendu rapporter, par quelqu'un qui le savait bien, par le ministre lui-même, que saint Ronan n'était pas un de leurs saints idolâtres de Rome, mais un *chaldee* (voulant probablement dire un *culdee*[1]), ce qui était sans doute une tout autre histoire.

Les choses ainsi réglées à la satisfaction des deux parties, la chaise de poste fut demandée et ne tarda pas à paraître à la porte de M. Bindloose. Ce ne fut pas sans un secret sentiment de répugnance que l'honnête Meg gravit le marchepied d'une voiture sur la portière de laquelle était peint AUBERGE ET HÔTEL DU RENARD, SOURCE DE SAINT-RONAN; mais il était trop tard pour écouter de tels scrupules.

— Je n'aurais jamais pensé monter dans un de leurs *hurley-hackets*[2], dit elle en prenant place; et quelle machine ! — à peine place pour deux. Je sais bien, M. Touchwood, que, quand j'étais dans la partie, nos deux chaises auraient tenu chacune quatre grandes personnes et autant d'enfants. J'espère que cet imbécile d'Anthony reviendra avec mon whiskey et les bêtes, dès qu'elles auront eu leur provende.

— Êtes vous sûr d'avoir assez de place, monsieur? — je pourrais bien me presser encore.

— Oh, madame, répondit l'homme d'Orient, je suis accoutumé à toute espèce de moyens de transport : — *douly*, litière, charrette, palanquin ou chaise de poste, tout m'est égal. — Je crois que je me caserais avec la reine Mab dans une coquille de noix, plutôt que de m'arrêter en route. — Pardon, madame ; si cela ne vous incommode pas, je vais allumer mon *chéroût*[3].

[1] Ce mot a déjà été expliqué dans une note du chapitre II. (L. V.)

[2] Meg emploie par mépris un terme par lequel on désignait autrefois une sorte de traîneau sur lequel on se plaçait pour se laisser glisser sur un plan incliné, tel que la descente d'une colline. *Hurley-hacket* est encore, en Écosse, le nom d'un jeu d'enfants. (L. V.)

[3] Pipe indienne. (L. V.)

CHAPITRE XVI.

L'ECCLÉSIASTIQUE.

> C'était un homme cher à tout le pays, et passant pour riche avec quarante livres de revenu.
>
> GOLDSMITH, *le Village abandonné.*

La conviction qu'avait montrée mistress Dods que son ami Tyrrel avait été assassiné par le sanguinaire capitaine Mac-Turk était toujours aussi ferme et aussi profonde; mais quelques recherches qu'elle fît faire pour retrouver le corps s'étant trouvées infructueuses, malgré les dépenses qu'elles lui avaient occasionnées, elle commença à désespérer de réussir. — Elle avait fait son devoir; — elle laissait l'affaire à ceux que de telles choses regardaient, — et la Providence éclaircirait le mystère quand elle jugerait que le moment en serait venu : — telles étaient les moralités par lesquelles la bonne dame se consolait; et avec moins d'opiniâtreté que ne s'y était attendu M. Bindloose, elle garda son opinion sans changer d'homme d'affaires ni de banquier.

Peut être l'inaction à laquelle se résigna Meg, dans une affaire qu'elle avait tant menacé d'approfondir, tenait-elle en partie à ce que le pauvre Tyrrel était remplacé dans la chambre bleue, aussi bien que dans les pensées et dans les soins journaliers de la digne femme, par son nouvel hôte M. Touchwood, dans la possession duquel, lui déserteur de la Source, elle voyait un triomphe décisif sur ses rivaux. Il est vrai qu'il fallait parfois toute la puissance de cette réflexion pour décider Meg, vieille et bourrue comme elle était, à se soumettre aux divers caprices et aux exigences montrés par son nouveau locataire. Personne ne parlait autant que Touchwood de son indifférence habituelle pour la nourriture et pour ses aises en voyage; et probablement aucun voyageur n'avait jamais donné plus d'embarras dans une maison publique. Il avait ses idées en cuisine; et quand on les contredisait, surtout si en même temps il ressentait une atteinte de sa goutte, on aurait pu croire qu'il avait pris des leçons dans la boutique de pâtisserie de Bedreddin Hassan, et qu'il était prêt à renouveler la scène de la malheureuse tarte à la crême dans laquelle on n'avait pas mis de poivre[1]. De temps

---

[1] Allusion à un conte des *Mille et une Nuits*. (L. V.)

à autre il produisait en matières culinaires quelque nouvelle doctrine que mistress Dods qualifiait d'hérésie ; et alors toute la maison retentissait de leurs disputes. Et puis, son lit devait indispensablement être fait sur un certain angle depuis l'oreiller jusqu'au pied, et la plus légère déviation de cet angle d'inclinaison troublait, disait il, son repos nocturne, ou du moins ne manquait pas de soulever sa colère. Il n'était pas moins fantasque quant à la manière de brosser ses habits, à l'arrangement des meubles de son appartement, et à cent minuties qu'en paroles il semblait complétement mépriser.

Il peut paraître singulier (mais telle est l'inconséquence de la nature humaine) qu'un hôte de ce caractère capricieux et fantasque donnât plus de satisfaction à mistress Dods qu'elle n'en avait trouvé avec son tranquille et accommodant ami M. Tyrrel. Mais si son locataire actuel savait blâmer, il savait aussi applaudir ; et nul artiste, ayant conscience d'autant d'habileté qu'en possédait mistress Dods, n'est indifférent aux louanges d'un connaisseur tel que M. Touchwood. L'orgueil de l'art la consolait du surcroît de travail ; et ce n'était pas non plus une chose indigne de considération, même pour la plus honnête des aubergistes, que les pratiques qui donnent le plus d'embarras sont habituellement celles qui font le plus de dépenses et qui la soldent de meilleure grâce. Sur ce point, Touchwood était un vrai joyau. Jamais il ne se refusait la satisfaction de la moindre fantaisie, quoi qu'il lui en dût coûter, ou quelque embarras qu'il pût causer à ceux qui l'entouraient ; et le tout en protestant que la chose en question était pour lui ce qu'il y avait de plus indifférent au monde. Que diable lui faisaient les sauces de Burgess, à lui qui avait mangé son kouscoussou sans autre assaisonnement que le sable du désert ! seulement c'était une honte pour mistress Dods de manquer de ce dont une maison décente, s'élevant au-dessus du simple cabaret, devait être largement pourvue.

Bref, il se démenait, s'agitait, ordonnait et était obéi, et quoiqu'il tînt la maison en état d'ebullition continuelle, il était d'un si bon naturel quand il s'agissait de choses essentielles, qu'il était impossible de lui garder la moindre rancune, de sorte que, bien que parfois il arrivât à mistress Dods, dans un moment d'humeur, de le souhaiter au haut du Tintock, elle finissait toujours par chanter ses louanges. Elle ne pouvait, à la vérité, s'empêcher de le soupçonner d'être un *nabab*, tant à cause de sa conversation, roulant toujours sur les pays étrangers, que de ses fantaisies pour lui même et de sa libéralité pour les autres, — attributs qu'elle se figurait être particuliers à la plupart des *hommes de l'Inde*. Mais quoique le lecteur l'ait entendu témoigner une aversion générale contre cette classe de favoris de la fortune, mistress Dods avait assez de bon sens pour comprendre qu'un nabab vivant dans le voisinage et faisant hausser le prix des œufs et de la volaille au détriment des ménagères du pays était bien différent d'un nabab demeurant chez elle, tirant toutes ses provisions du garde-manger de son hôtesse, et soldant sans hésitation ni observations tous les comptes que la conscience de celle ci lui permettait de lui présenter. En un mot, pour en revenir au point auquel nous aurions peut-être dû nous arrêter plus tôt, hôtesse et locataire étaient mutuellement fort satisfaits l'un de l'autre.

Mais l'ennui se glisse partout, quand le lustre de la nouveauté est passé; et l'ennui commença à s'emparer de M. Touchwood juste au moment où il avait réussi à tout faire aller à son idée à l'auberge du *Croc*, où il avait initié dame Dods aux mystères du *curry* et du *mullegatawny* [1], — dressé la chambrière à l'habitude de faire le lit à l'angle recommandé par John Sinclair, — et réussi à demi à faire comprendre au postillon bossu la manière arabe de panser les chevaux. Des paquets de pamphlets et de journaux envoyés d'Édimbourg furent insuffisants pour repousser cette invasion de l'ennui dans la vie de M. Touchwood, et il finit par penser à voir de la compagnie. La ressource naturelle aurait été le Nouveau Village; — mais le voyageur était pris d'un saint frisson de crainte au seul souvenir de lady Penelope, qui lui avait rendu assez dure la courte résidence qu'il avait précédemment faite à la Source; et bien que par l'embonpoint gracieux de ses contours, la beauté de lady Binks eût pu charmer un Asiatique, notre voyageur avait passé l'âge où l'on aime à s'abandonner à des pensées de sultanes et de harems. Enfin une idée lumineuse lui traversa l'esprit, et il adressa soudainement la question suivante à mistress Dods, qui lui versait le thé de son déjeuner dans une grande tasse de porcelaine d'une espèce particulière dont un service lui avait été offert en cadeau par M. Touchwood à la condition qu'elle lui rendrait personnellement ce bon office :

— Dites moi, je vous prie, mistress Dods, quelle sorte d'homme est votre ministre?

— Mais c'est un homme comme un autre, M. Touchwood, répondit Meg; quelle sorte d'homme pourrait ce être?

— Un homme comme un autre? — oui, — c'est-à-dire qu'il est muni, selon l'usage, de jambes et de bras, d'yeux et d'oreilles; — mais est ce un homme sensé?

— Pas trop, monsieur, pas trop; car s'il buvait de ce thé que vous avez fait venir de Londres par la malle-poste, il le prendrait pour du *bohea* ordinaire.

— Il n'a donc pas tous ses organes? il lui manque donc un nez, ou du moins l'usage de son nez? Ce thé est de la vraie *poudre à canon*, — un bouquet parfait.

— Hé bien, ça peut-être; mais j'ai donné au ministre un verre de

---

[1] Mets à l'indienne. (L. V.)

ma meilleure bouteille de véritable Cognac, et que je ne bouge jamais d'où je suis, s'il n'a pas dit que c'était de bon whisky en reposant le verre! Il n'y en a pas un second avec lui dans tout le presbytère, — oui, et dans tout le synode aussi, — qui n'eût pas su distinguer le whisky de l'eau-de-vie.

— Mais quelle *sorte* d'homme est-ce? — a-t-il des connaissances?

— Des connaissances? oh! il n'en manque pas. Il en est stupide à force de science; — il laisse tout aller à la manse comme les choses veulent aller, pourvu qu'on ne l'en tourmente pas. Triste chose à voir qu'une maison si mal tenue! — Si j'avais pendant une semaine sous ma férule les deux fainéantes qui mangent le pain du digne homme, je crois que je leur montrerais ce que c'est qu'une maison en ordre!

— Prêche-t-il bien?

— Oh! assez bien, assez bien. — Quelquefois il vous lâchera un grand mot ou un bout de science que nos fermiers ni nos lairds ne peuvent pas trop bien comprendre; — mais qu'est ce que ça fait? comme je leur dis toujours : — c'est autant de plus que ceux qui paient la prébende ont pour leur argent.

— Demeure-t-il constamment à sa paroisse? est-il bon au pauvre?

— Oh! quant à cela, plutôt trop que trop peu, M. Touchwood. — A coup sûr, il exécute la parole comme il la prêche, et il ne se détourne pas de ceux qui lui demandent; — sa poche même est mise à sec par un tas de vagabonds, de bons à rien, qui s'en vont mendiant par le pays.

— Mendiant par le pays, mistress Dods; — qu'auriez-vous pensé si vous aviez vu les fakirs, les derviches, les bonzes, les imâms et les moines mendiants que j'ai vus? Mais n'importe, poursuivez. — Votre ministre va-t-il beaucoup en société?

— En société? — il ne fait pas du tout société, ni chez lui ni nulle part ailleurs. Le matin, il descend en grande robe de chambre déguenillée, comme un véritable épouvantail, et il s'assied au milieu de ses livres; et si on ne lui apporte pas quelque chose à manger, le pauvre fou n'a jamais le cœur de crier pour en avoir, et on l'a vu jeûner comme cela des dix heures de suite, ce qui n'est pas autre chose que du papisme, quoique lui ne le fasse que par oubli.

— Hé mais, ma chère hôtesse, en ce cas votre ministre est tout autre chose que l'espèce d'homme ordinaire que vous dépeigniez. — Oublier son dîner! — il faut que l'homme soit fou. Il dînera aujourd'hui avec moi, et il faudra qu'il ait un dîner que je sois sûr qu'il ne puisse oublier de sitôt.

— Vous trouverez peut-être la chose plus aisée à dire qu'à faire, M. Touchwood; le digne homme n'a pas, en un sens, l'usage de sa bouche : — outre qu'il ne dîne jamais hors de chez lui, — quand il dîne, bien entendu. — Une jatte de lait et un morceau de pain sont tout ce qu'il lui faut, ou peut-être une pomme de terre froide. — C'est une façon de vivre tout à fait païenne, tout honnête homme qu'il est, car sûrement il n'y a pas de chretien qui n'aime ses propres entrailles.

— Cela se peut, ma chère dame; mais j'en ai tant connu qui prenaient tellement souci de leurs propres entrailles, qu'il ne leur restait plus le temps de penser à personne autre. Mais allons — vite à l'ouvrage; — préparez-nous un aussi bon dîner pour deux, que vous en êtes capable, — et qu'il soit prêt à trois heures précises. — Que nous ayons le vieux vin du Rhin que je me suis fait venir de Cockburn, — avec une bouteille de mon Xerès indien, et une autre de votre vieux clairet : — de la quatrième case, vous savez, Meg. Un moment ! c'est un prêtre, il lui faut du Porto; — tenez tout prêt, mais ne tenez pas le vin au soleil, comme cette sotte de Beck l'a fait l'autre jour. — Je ne puis descendre moi-même à la cuisine, mais que nous n'ayons pas de bévues.

— N'ayez pas peur, n'ayez pas peur, dit Meg avec un mouvement de tête; je n'ai pas besoin que personne autre que moi vienne fourrer le nez à ma cuisine, j'imagine. — Mais c'est bien du vin pour deux personnes, dont une est un ministre.

— Eh, sotte que vous êtes! n'y a-t-il pas là-haut dans le village cette femme qui vient de mettre un fou de plus au monde, et n'aura-t-elle pas besoin de canarie et de chaudeau si nous laissons un peu de notre vin ?

— Un bon posset d'ale serait mieux son fait; pourtant, si c'est votre idée, je n'ai rien à dire. — Mais jamais votre pareil n'avait passé ma porte !

Le voyageur était parti avant qu'elle eût fini la phrase; et laissant Meg aller, venir et gronder à loisir, il sortit de la maison avec la hâte qui caractérisait tous ses mouvements quand il avait quelque nouveau projet en tête, pour aller faire la connaissance du ministre de Saint-Ronan, que nous allons tâcher de présenter au lecteur pendant que M. Touchwood descend la rue qui conduit à la mense.

Le révérend Josiah Cargill était fils d'un petit fermier du sud de l'Écosse; une faible constitution, jointe à la disposition pour l'étude qui accompagne fréquemment une santé débile, décida ses parents, bien qu'il dût leur en coûter quelques sacrifices, à l'élever pour l'église. Ils se décidèrent d'autant plus volontiers à se soumettre aux privations nécessaires pour supporter cette dépense, que d'après une tradition de famille ils croyaient avoir dans les veines quelque portion du sang de ce célèbre Boanerges du Covenant, Donald Cargill, qui fut tué par les persécuteurs dans la ville de Queensferry, à la triste époque du règne de Charles II, simplement parce que dans la plénitude de son pouvoir sacerdotal il avait rejeté de l'Église et livré à Satan, par une excommunication formelle, le roi, la famille royale et tous leurs ministres et courtisans. Mais si Josiah était réellement issu de cet inflexible champion, l'ardeur d'esprit de famille dont il aurait pu hériter était tempérée par sa propre douceur de caractère, et par la tranquillité du temps où il avait le bonheur de vivre. Tous ceux qui le connaissaient le représentaient comme un homme paisible, d'humeur facile, studieux, qui, tout en se livrant à la seule pensée de sa vie, l'acquisition de connaissances, surtout de celles qui avaient rapport à sa profession, avait la plus grande indulgence pour tous ceux dont les occupations et les pensées étaient différentes des siennes. Ses seuls délassements étaient ceux qui pouvaient convenir à un caractère réfléchi, calme et pensif, et se bornaient à une excursion, presque toujours solitaire, parmi les bois et dans la montagne, à l'éloge desquels il se rendait parfois coupable d'un sonnet; mais plutôt pour céder à un entraînement irrésistible que comme se proposant d'atteindre à la renommée et aux récompenses qui attendent le poete heureux. Il est vrai que loin de chercher à glisser ses pièces fugitives dans les *magazines* et les papiers publics, il rougissait, même vis-à vis de lui-même, de ses essais poétiques, et que de fait il poussait rarement la complaisance pour sa veine jusqu'à les confier au papier.

C'était par suite de cette modestie virginale que notre studieux ministre réprimait une grande disposition naturelle pour le dessin, quoiqu'à diverses reprises les esquisses qu'il avait faites en petit nombre lui eussent valu les compliments de personnes dont la compétence était généralement reconnue. Ce fut néanmoins ce talent négligé qui devait, comme le pied agile du cerf de la fable, lui rendre un service que peut être il eût vainement attendu de son mérite et de son savoir.

Lord Bidmore, amateur distingué, se trouva être en quête d'un gouverneur particulier pour son fils et héritier l'honorable Auguste Bidmore, et à cet effet il avait consulté le professeur de théologie, qui passa en revue devant lui plusieurs étudiants favoris qu'il regardait comme convenables au poste proposé; mais toujours à la question importante et inattendue: Sait il dessiner? sa réponse était négative. Le professeur, à la vérité, ajoutait qu'à son avis un semblable talent n'était pas nécessaire chez des étudiants en théologie, et qu'il ne fallait pas l'attendre d'eux; mais serré de près par cette condition *sine quâ non*, il se souvint enfin d'un garçon, espèce de rêveur, qui suivait les cours de l'école et dont on pouvait rarement obtenir quelques paroles prononcées à haute et intelligible voix, même dans ses examens, mais qu'on disait avoir de grandes dispositions pour le dessin. C'en fut assez pour lord Bidmore, qui parvint à se faire présenter quelques esquisses du jeune Cargill, et qui fut convaincu que sous un tel gouverneur son fils ne pouvait manquer de soutenir cette réputation héréditaire de bon goût que son père et son aïeul avaient acquise au prix d'un patrimoine considérable, dont la valeur était maintenant représentée par une collection de toiles peintes garnissant la grande galerie de Bidmore-House.

Poursuivant l'enquête au sujet des moyens du jeune homme, il se trouva qu'il réunissait toutes les autres conditions nécessaires de connaissances et de moralité, et cela à un degré plus éminent, peut-être, que lord Bidmore n'aurait pu le demander; de sorte qu'au grand étonnement de ses compagnons d'étude, et surtout au sien, Josiah Cargill fut promu au poste envié et enviable de gouverneur particulier de l'honorable M. Auguste Bidmore.

M. Cargill remplit son devoir en homme capable et consciencieux, près d'un jeune homme gâté, quoique d'un bon naturel, faible de santé et de capacité très ordinaire. Le précepteur ne put, à la vérité, inspirer à son élève la moindre parcelle de ce noble enthousiasme profondément senti qui caractérise le génie; mais le jeune homme fit dans chaque branche de ses études autant de progrès que le comportait son aptitude. Il entendit les langues savantes, et put raisonner à fond sur les leçons diverses d'un passage des classiques; — il poursuivit la science, et fut en état de classer des coquilles, des mousses et des minéraux; — il dessinait sans goût, mais avec fidélité; et bien que dans aucune de ces branches d'étude, soit littéraires, soit scientifiques, il n'eût atteint une hauteur quelque peu notable, il y était suffisamment versé pour occuper son temps, et pour détourner des tentations une tête qui n'était pas des plus fortement organisées pour y résister.

Miss Augusta Bidmore, la seule autre enfant de Sa Seigneurie, reçut aussi les leçons de Cargill dans celles des branches de la science que son père jugea pouvoir lui être présentées, et que son précepteur était en état de lui enseigner. Mais ses progrès différaient autant de ceux de son frère que le feu du ciel diffère de cet élément plus grossier qui couve au sein de la tourbe entassée dans l'âtre du paysan. Ses talents dans la littérature italienne et espagnole, en histoire, dans le dessin, et dans toutes les connaissances élégantes, étaient tels que son professeur en était enchanté, en même temps qu'ils l'astreignaient à une application soutenue, de peur que dans sa course rapide l'écolière ne vint à dépasser le maître.

Hélas! de tels rapports, semés comme ils l'étaient de dangers provenant des sentiments les plus affectueux et les plus naturels de part et d'autre, devinrent, dans le cas actuel ainsi qu'en bien d'autres cas, fatals à la tranquillité du précepteur. Tout cœur sensible excusera une faiblesse que nous verrons tout à l'heure avoir porté avec elle son propre châtiment, et un châtiment sévère. Cadenus, à la vérité, (le croira qui voudra), nous assure qu'au milieu des périls de relations de même nature il se maintint lui-même dans les limites que franchit malheureusement l'infortunée Vanessa, son élève plus passionnée.

« L'innocent plaisir qu'il goûtait à voir la vierge étudier ses livres, n'était autre que la joie secrète du maître quand, à l'école, il entend son meilleur élève[1]. »

Mais Josiah Cargill fut ou moins heureux ou moins prudent. Sa belle élève lui était devenue chère à un point inexprimable avant qu'il n'eût aperçu le précipice où le conduisait une passion aveugle et mal placée. Il est vrai qu'il était totalement incapable de profiter des occasions que lui fournissait sa situation pour envelopper son élève dans les réseaux d'une passion mutuelle. L'honneur et la reconnaissance lui interdisaient également une telle conduite, alors même qu'elle eût été compatible avec la timidité naturelle et l'innocente simplicité de son caractère. Soupirer et souffrir en secret, former de belles résolutions de s'arracher à une situation si pleine de dangers, et remettre de jour en jour l'accomplissement d'une détermination si prudente, ce fut tout ce dont le précepteur se trouva capable ; et il n'est pas improbable que la vénération avec laquelle il regardait la fille de son patron, jointe à l'impossibilité où il était d'attacher le plus faible espoir à la passion qu'il nourrissait, eut encore pour effet d'épurer son amour et de le rendre plus désintéressé.

Enfin le parti que depuis longtemps la raison lui avait suggéré cessa de pouvoir être ajourné plus longtemps. Il fut arrêté que M. Auguste Bidmore ferait sur le continent un voyage d'une année, et M. Cargill reçut de son patron l'alternative ou d'accompagner son élève, ou de se retirer avec une pension convenable, récompense de ses soins passés. Le choix ne pouvait guère être douteux ; car, tant qu'il serait près du frère, il croirait ne pas être entièrement séparé de la sœur. Il était assuré d'entendre fréquemment parler d'Augusta, et de voir quelques parties, au moins, des lettres qu'elle écrirait à son frère ; il pouvait aussi espérer de se voir lui même mentionné dans ces lettres comme « le bon ami et précepteur » de celle qui les aurait tracées ; et son âme calme et contemplative, quoique enthousiaste, s'attacha à ces consolations comme à une source secrète de plaisirs, la seule qui désormais lui semblât ouverte pour lui.

Mais le sort lui réservait un coup qu'il n'avait pas prévu. La chance qu'Augusta dût changer son état de demoiselle pour celui de femme, quelque probable que son rang, sa beauté et sa fortune rendissent un tel événement, ne s'était jamais jusque-là présentée à l'esprit de l'infortuné Cargill ; et quoiqu'il se fût bien pénétré de l'inébranlable conviction qu'elle ne pouvait jamais être à lui, la nouvelle qu'elle appartenait à un autre l'affecta au delà de toute expression.

[1] « The innocent delight he took
To see the virgin mind her book,
Was but the master's secret joy
In school to hear the finest boy »
SWIFT, *Cadenus and Vanessa.*

Bientôt après, les lettres de l'honorable M. Bidmore à son père annoncèrent que ce pauvre M. Cargill avait été pris d'une fièvre nerveuse, et, plus tard, que sa convalescence était accompagnée d'une telle débilité d'esprit et de corps, qu'il ne pouvait plus lui être d'aucune utilité comme compagnon de voyage. Au bout de quelque temps, les deux voyageurs se séparerent, et Cargill reprit seul la route de son pays natal, se laissant aller en chemin à une mélancolie rêveuse qu'il avait laissée s'emparer de lui depuis le coup dont son âme avait été frappée, et qui devint plus tard le trait dominant de son caractère. Ses méditations ne furent même pas troublées par la moindre inquiétude au sujet de sa subsistance future, bien que la cessation de son emploi semblât devoir la rendre précaire. Mais lord Bidmore y avait pourvu ; car quelque ridicule qu'on lui pût reprocher en fait de beaux-arts, c'était, à tout autre égard, un homme juste et honorable, qui se sentait réellement fier d'avoir tiré de l'obscurité les talents de Cargill, et qui était aussi reconnaissant qu'il le devait de la manière dont celui-ci s'était acquitté de la tâche importante qui lui avait été confiée dans la famille.

Sa Seigneurie avait secrètement acheté de la famille Mowbray le patronage ou droit de présentation au bénéfice de Saint-Ronan, alors occupé par un ecclésiastique très-âgé qui mourut peu après ; de sorte qu'à son arrivée en Angleterre Cargill se trouva nommé au bénéfice vacant. Cet avancement, néanmoins, le laissa si indifférent, que peut-être ne se fût-il pas donné l'embarras des démarches nécessaires pour obtenir son ordination, si ce n'eût été à cause de sa mère, alors veuve, et sans autres ressources que l'appui qu'elle pouvait trouver en son fils. Il fut la voir dans la petite retraite qu'elle occupait dans un des faubourgs de Marchthorn, l'entendit rendre au Ciel des actions de grâces de ce qu'il lui avait accordé d'assez longs jours pour qu'elle pût voir son fils promu à une charge plus honorable et plus désirable, aux yeux de la digne femme, qu'un siége épiscopal ; — il l'entendit aussi se peindre d'avance la vie qu'ils mèneraient ensemble dans la situation d'humble indépendance qui lui était ainsi échue : — il entendit tout cela, et il n'eut pas la force de détruire les espérances et la joie de sa mère en se laissant aller à la disposition romanesque de ses sentiments. Il passa presque machinalement par les formes d'usage, et *il* *resta* du bénéfice de Saint-Ronan.

Malgré la tendance romanesque de l'imagination de Cargill, il n'était pas dans sa nature de s'abandonner à une mélancolie inutile ; il chercha des consolations, non dans la société, mais dans des études solitaires. Sa reclusion fut d'autant plus complète, que sa mère, dont l'éducation avait été aussi bornée que la fortune, se sentait mal à l'aise sous ses nouvelles dignités ; aussi acquiesça-t-elle de grand cœur à la vie retirée qu'adopta son fils, et elle consacra tout son temps à la surveillance du petit ménage, s'appliquant autant qu'il était en elle à éviter à Josiah tout ce qui aurait pu le déranger de sa place favorite au milieu de ses livres. Mais à mesure que l'âge la rendait moins active, elle commençait à regretter l'incapacité de son fils dans les soins de sa propre maison, et à glisser de temps à autre quelques mots du mariage et de ses joies cachées. A ces insinuations, M. Cargill ne faisait que des réponses évasives ; et quand, chargée d'années, la vieille dame reposa dans le cimetière du village, il n'y eut plus personne pour conduire la maison du ministre. Il est vrai que Josiah Cargill ne s'en mit nullement en peine, et qu'il se soumit patiemment à tous les maux dont l'état de garçon est accompagné ; maux qui égalaient pour le moins ceux qui assiégèrent le célèbre Mago-Pico durant son célibat[1]. Son beurre était mal battu, et tout le monde, sauf le ministre lui même et la fille préposée à la baratte, le déclarait absolument immangeable ; on laissait brûler sa crème, on lui volait ses fruits et ses légumes, et ses bas noirs étaient raccommodés avec du fil bleu et blanc.

Le ministre ne s'inquiétait nullement de tout cela, car son esprit était toujours occupé d'objets bien différents. Que mes belles lectrices n'exaltent pas le mérite de Josiah, en supposant que comme Beltenebros au désert il resta pendant des années la victime d'une passion malheureuse et mal placée. Non : — il faut dire, à la honte de notre sexe, qu'il n'est pas d'amour sans espoir, quelque profond, quelque sincère qu'il ait été, qui puisse jamais continuer durant de longues années de verser son amertume sur la vie. Il faut de l'espoir, il faut du doute, — il faut de la réciprocité, pour mettre le tyran des âmes en état de s'assurer un très long empire sur un esprit ferme et sain, qui *veut* sincèrement sa liberté. Le souvenir d'Augusta s'était depuis longtemps affaibli dans la pensée de Josiah, et ne s'y retraçait plus que comme un rêve agréable, comme quelque chose de vague et de doucement mélancolique, tandis qu'il se donnait tout entier à la poursuite d'une maîtresse plus noble encore et plus avare de ses faveurs, la Science.

Chacune des heures qu'il pouvait prendre sur ses devoirs comme ministre, devoirs dont il s'acquittait avec un zèle également honorable pour son cœur et pour son esprit, était consacrée à ses études et passée au milieu de ses livres. Mais cette ardeur pour le savoir, quoique intéressante et noble en elle même, était chez lui poussée à un excès qui nuisait au respect que lui devait mériter son caractère, et même à son utilité dans le monde ; et il oubliait, en se donnant tout entier à d'obscures et profondes investigations, que la société a ses droits, et que les connaissances dont on ne lui fait point part sont autant de talents stériles perdus pour elle, comme le trésor enfoui par l'avare et qui est perdu à sa mort. Ses études avaient aussi cet autre désavantage, qu'étant poursuivies pour satisfaire à une avidité de connaissances sans objet

---

[1] *Voyez* la note D, à la fin du volume.

déterminé, et se dirigeant alternativement sur tous, elles roulaient sur des points plutôt curieux qu'utiles, et que tout en servant à l'amusement du studieux Josiah, elles promettaient peu d'utilité à l'humanité en général.

Égaré dans des recherches abstruses de métaphysique et d'histoire, et ne vivant que pour lui-même et pour ses livres, M. Cargill contracta plusieurs habitudes burlesques qui exposèrent le studieux reclus aux sarcasmes du monde, et qui recouvraient d'un voile, sans pourtant l'obscurcir tout à fait, la civilité naturelle d'un caractère aimable, aussi bien que les habitudes de politesse acquises dans la société distinguée qui fréquentait la maison de lord Bidmore. Non-seulement il se laissa aller à une extrême négligence dans ses vêtements et son extérieur, et à ces manières gauches et ridicules assez communes chez les hommes vivant dans une grande solitude, mais en outre, et surtout, il devint l'homme probablement le plus distrait et le plus sujet à des absences d'esprit d'une profession particulièrement signalée comme exposée à de telles habitudes. Personne ne tombait aussi fréquemment que lui dans le pénible embarras de prendre les uns pour les autres ceux à qui il parlait ; personne ne demanda plus souvent à une vieille fille des nouvelles de son mari, ou à une femme sans enfants comment se portaient son fils ou sa fille, ou à un mari veuf, dont lui même avait enterré la femme quinze jours auparavant, si sa femme était remise de sa dernière maladie ; personne enfin ne fut jamais plus sujet à aborder comme intimes des gens qu'il n'avait vus de sa vie, ou à traiter en étrangers ceux qui avaient droit de se croire bien connus de lui. Le digne homme confondait perpétuellement les sexes, les âges et les professions ; et une fois qu'un mendiant aveugle lui tendait la main pour une charité, on le vit rendre la civilité en lui ôtant son chapeau avec un grand salut, et répondre qu'il espérait que Son Honneur se portait bien.

Parmi ses confrères, M. Cargill commandait tour à tour le respect par la profondeur de son érudition et prêtait à rire par ses singularités. Dans ce dernier cas, il avait coutume de se retirer promptement pour échapper au ridicule ; car, nonobstant la douceur générale de son caractère, ses habitudes solitaires avaient engendré en lui une impatience irritable qui lui laissait difficilement supporter la contradiction, et elles l'avaient rendu plus sensible à la satire des autres qu'on ne l'eût attendu de la simplicité modeste de son esprit. Quant à ses paroissiens, on peut bien supposer qu'ils s'en donnaient à cœur joie aux dépens de leur pasteur, et que parfois, comme mistress Dods l'a donné à entendre, ils étaient plus étonnés qu'édifiés de sa science ; car lorsqu'il lui arrivait de s'attacher à un point de critique sacrée, il ne se souvenait pas toujours qu'il s'adressait à une assemblée vulgaire et illettrée, et qu'il n'avait pas à débiter *concionem ad clerum*, — méprise qui ne provenait ni de l'orgueil de son savoir, ni du désir d'en faire étalage, mais de cette même absence d'esprit qui fit qu'un savant théologien, prêchant devant plusieurs criminels condamnés à mort, s'interrompit en promettant aux malheureux, qui devaient être exécutés le lendemain, « le reste du discours à la première occasion favorable. » Tout le voisinage n'en rendait pas moins justice à la manière grave et pieuse dont M. Cargill remplissait les devoirs de son ministère; et les pauvres de la paroisse lui pardonnaient ses innocentes bizarreries en considération de sa charité sans bornes, en même temps que les propriétaires, s'ils tournaient en ridicule les distractions de M. Cargill sur quelques points, n'oubliaient pourtant pas que ce même caractère distrait l'avait toujours empêché de réclamer une augmentation de traitement, à l'exemple de tous ses confrères, aussi bien que de leur demander une nouvelle mense ou la réparation de l'ancienne. Une fois, à la vérité, il manifesta le désir qu'on fît réparer le plafond de sa bibliothèque, où il pleuvait comme en plein air ; mais ne recevant pas de réponse directe de notre ami Meiklewham, qui ne goûtait pas la proposition et ne voyait pourtant pas moyen de l'éluder, le ministre fit tranquillement à ses frais les réparations nécessaires, et ne tourmenta pas plus longtemps les propriétaires à ce sujet.

Tel était le digne ecclésiastique que notre *bon vivant*[1] logé à l'auberge du *Croc* espérait se concilier par un bon dîner et le vin de choix de Cockburn : excellent moyen en beaucoup de cas, mais qui cette fois ne semblait pas devoir être très-efficace.

[1] Cette expression est en français dans le texte.

CHAPITRE XVII.

LA CONNAISSANCE.

> Entre nous deux voici la différence : usant de votre tête au lieu de vos jambes, vous avez lu ce que j'ai vu ; usant de mes jambes au lieu de ma tête, moi j'ai vu ce que vous avez lu. De quel côté doit pencher la balance ?
>
> Butler.

Notre voyageur, aussi rapide dans ses mouvements que prompt dans toutes ses résolutions, descendit la rue à grands pas et arriva à la manse, laquelle, ainsi que nous l'avons déjà dit, était à peu de chose près en ruines. L'apparence de désolation qu'elle offrait au dehors, ainsi que le manque total d'ordre à la porte d'entrée, auraient fait croire la place inhabitée, sans deux ou trois misérables baquets remplis d'eau de savon, ou de quelque autre immondice semblable, qu'on y avait laissés pour que ceux qui s'y casseraient les jambes eussent ainsi la preuve sensible « qu'une main de femme avait été là. » La porte étant à demi hors des gonds, le passage en était temporairement protégé par une herse brisée qu'il fallait déplacer pour entrer. Le petit jardin aurait pu donner un air de *comfort* à la vieille maison, s'il eût été tenu quelque peu en ordre ; mais il était abandonné à une désolation dont celui du Dormeur eût pu seul offrir le modèle ; et le domestique du ministre, homme appartenant à une classe proverbialement connue pour ne faire que la moitié de sa besogne, mais dont il semblait cette fois qu'on eût pu dire qu'elle ne la faisait pas du tout, fut aperçu par M. Touchwood au milieu des oseilles sauvages et des orties, se délassant avec le peu de fruits qui restaient encore sur quelques groseillers couverts de mousse. Il l'appela à haute voix, s'enquérant en même temps de son maître ; mais le rustre, sentant qu'il avait été pris en flagrant délit, comme dit la loi, s'enfuit en vrai coupable au lieu de venir à l'appel, et un moment après on entendit ses *hu !* et ses *dia !* après une charrette qu'il avait laissée de l'autre côté du mur en ruines.

Désappointé dans son appel au serviteur, M. Touchwood frappa avec sa canne, d'abord doucement, puis plus fort, puis il appela, cria, tempêta, dans l'espoir d'éveiller l'attention de quelqu'un du dedans, le tout sans recevoir un mot de réponse. Enfin, pensant qu'on ne pourrait l'accuser de forcer l'entrée d'une habitation tellement abandonnée et délaissée, il écarta les obstacles qui en barraient l'accès, avec assez de bruit, à ce qu'il pensa, pour alarmer inévitablement les habitants, si âme vivante habitait la maison. Tout continua d'être silencieux. Franchissant un vestibule dont les murs suintants d'humidité et les dalles brisées répondaient à l'apparence extérieure, il ouvrit à gauche une porte qui se trouvait encore, chose étonnante! avoir un loquet, et se trouva dans le parloir ou petit salon d'en bas, et en présence de celui qu'il venait visiter.

Au milieu d'un monceau de livres, et d'autre bagage littéraire qu'il avait accumulé autour de lui, était assis, dans son vieux fauteuil de cuir, le savant ministre de Saint Ronan : homme maigre et sec, ayant dépassé l'âge moyen, brun de teint, mais dont les yeux, quoique maintenant ternes et presque éteints, avaient été autrefois brillants, doux et pleins d'expression, et dont la physionomie semblait d'autant plus intéressante, que nonobstant la négligence de ses habits il avait l'habitude d'accomplir ses ablutions avec la ponctualité orientale; car il avait oublié la recherche, mais non la propreté. Ses cheveux auraient pu paraître beaucoup plus en désordre s'ils n'eussent été éclaircis par le temps et principalement disposés aux deux côtés des tempes et sur le derrière de la tête; des bas noirs sans jarretières rappelaient le costume de sa profession, et ses pieds étaient passés dans les vieilles savates qui lui tenaient lieu de pantoufles. Ce qu'on voyait du surplus de son vêtement consistait en une robe de chambre unie dont les longs plis enveloppaient complétement sa grande taille amaigrie et voûtée, et qui descendait jusqu'aux susdites pantoufles. Il était si profondément plongé dans la lecture du volume ouvert devant lui, in-folio d'une épaisseur peu commune, qu'il ne donna nulle attention au bruit que fit M. Touchwood en entrant dans la chambre, non plus qu'à la toux et aux hem! hem! par lesquels il crut devoir annoncer sa présence.

Ces signaux inarticulés ne produisant aucun résultat, M. Touchwood, quelque ennemi qu'il fût de la cérémonie, vit qu'il fallait annoncer ce qui l'amenait, comme excuse de son intrusion.

Hem! monsieur... ha! hem! — vous voyez devant vous un homme qui est dans une assez grande détresse par manque de société, et qui a pris la liberté de recourir à vous, comme à un bon pasteur, qui sera peut être, par charité chrétienne, disposé à lui permettre de jouir quelque peu de votre compagnie, puisqu'il est fatigué de la sienne.

De tout ce discours M. Cargill ne saisit guère que les mots *détresse* et *charité,* dont le son lui était familier et qui jamais ne manquaient de produire quelque effet sur lui. Son œil terne se tourna sur le visiteur, et, sans rectifier la première opinion qu'il s'était formée, quoique la corpulence robuste et rebondie de l'étranger, ainsi que son habit bien

CHAPITRE XVII.

brossé, sa canne brillante, et par dessus tout son attitude droite et son air satisfait de soi-même, ne ressemblassent en rien au costume, à la taille et aux manières d'un mendiant, il lui glissa tranquillement un shilling dans la main, et retomba dans la méditation studieuse que l'entrée de M. Touchwood avait interrompue.

— Sur ma parole, mon cher monsieur, dit le visiteur surpris d'un degré de distraction qu'il aurait eu peine à croire possible, vous vous êtes complétement mépris sur l'objet qui m'amène.

Je suis fâché que ma légère offrande soit insuffisante, mon ami, repartit l'ecclésiastique sans lever les yeux; c'est pour le moment tout ce que j'ai à donner.

— Si vous voulez avoir la bonté de lever les yeux un instant, mon cher monsieur, reprit le voyageur, vous vous apercevrez peut-être que vous êtes dans une grande erreur.

M. Cargill leva la tête, rappela son attention, et voyant qu'il avait devant lui une personne bien mise et d'apparence respectable, il s'écria du ton le plus confus : Ha ! — oui ; — sur ma parole, j'étais tellement plongé dans mon livre... Je crois, — je pense avoir le plaisir de voir mon digne ami M. Lavender?

— Ce n'est pas cela, M. Cargill, répliqua M. Touchwood. Je vous sauverai la peine d'essayer de vous souvenir de moi : vous ne m'avez jamais vu. — Mais que je ne dérange pas votre lecture; je ne suis pas pressé, et mes affaires peuvent attendre votre loisir

Je vous suis fort obligé, repartit M. Cargill; ayez la bonté de prendre une chaise, si vous en pouvez trouver une. — J'ai une suite d'idées à ressaisir, — un petit calcul à achever, — et alors je suis à vos ordres.

Parmi les meubles brisés le voyageur trouva, non sans peine, un siége assez solide pour supporter son poids; il s'assit, appuyé sur sa canne, et les yeux attentivement fixés sur son hôte, qui ne tarda pas à oublier complétement la présence de l'étranger. Il s'ensuivit une longue pause de silence absolu, que troublait seulement le bruissement des feuillets de l'in-folio d'où M. Cargill paraissait faire des extraits, et de temps à autre une légère exclamation de surprise et d'impatience, quand il plongeait sa plume dans sa tabatière, ainsi qu'il arriva une ou deux fois, au lieu de l'encrier placé devant lui. Enfin, au moment où M. Touchwood commençait à trouver la scène aussi fatigante qu'elle était singulière, le lecteur absorbé leva la tête, en disant à haute voix, mais comme se parlant à lui-même : D'Acon, Accoz ou Saint Jean d'Acre à Jérusalem, combien y a-t-il ?

— Vingt-trois milles nord-nord-ouest, répondit le visiteur sans hésiter.

M. Cargill ne parut pas plus surpris qu'une voix étrangère répondît à une question qu'il s'était posée à lui-même, que s'il avait trouvé la distance sur la carte, et il est en effet probable qu'il ne prit pas garde à l'intermédiaire par lequel son problème était résolu ; ce fut à la teneur seule de la réponse qu'il s'attacha dans sa réplique : Vingt trois milles?

— Ingulfus (mettant la main sur le volume) et Jeffrey Winesauf ne concordent pas avec cette indication.

— En ce cas, qu'ils aillent au diable tous les deux comme des menteurs stupides, repartit le voyageur.

— Vous auriez pu contredire leur autorité, monsieur, sans employer de telles expressions, dit gravement le théologien.

— Je vous demande pardon, docteur ; mais voudriez vous comparer ces drôles en parchemin à moi, à qui mes jambes ont servi de compas sur une grande partie du monde habitable?

— Vous avez donc été en Palestine? repartit M. Cargill en se redressant dans sa chaise, et parlant avec un chaleureux intérêt.

— Vous pouvez en jurer, docteur, et à Saint-Jean d'Acre aussi. Parbleu, j'y étais un mois après que Boney[1] avait trouvé que c'était une noix trop dure pour ses dents ; — j'y dînai avec le camarade de sir Sydney, le vieux Djezzar Pacha, et nous aurions eu un excellent dîner, n'eût été un dessert de nez et d'oreilles qu'on nous apporta et qui troubla ma digestion. Le vieux Djezzar regardait la chose comme une si bonne plaisanterie, que vous rencontriez à peine dans Acre un homme dont la face ne fût pas aussi plate que le creux de ma main. — Tudieu! je tiens à mon organe olfactif, et je décampai le lendemain matin de toute la vitesse d'un maudit dromadaire, le plus dur au trot sur lequel soit jamais tombé un pauvre pèlerin.

— Si vous avez réellement été dans la Terre Sainte, monsieur, reprit M. Cargill, à qui le ton de gaîté insouciante de Touchwood faisait à demi soupçonner une mystification, vous serez matériellement en état de me donner quelques lumières au sujet des Croisades.

— Elle n'ont pas eu lieu de mon temps, docteur.

— Vous comprenez que ma curiosité se rapporte à la géographie des pays où ces événements ont eu lieu.

Oh! quant à cela, vous êtes sur vos pieds ; pour tout ce qui a rapport au temps présent, je puis vous satisfaire. Turc, Arabe, Copte ou Druse, je les connais tous, et puis vous les faire aussi bien connaître que je les connais moi-même. Sans passer votre seuil d'un pas vous saurez votre Syrie aussi bien que moi. — Mais un bon office en vaut un autre ; il faut, en ce cas, que vous ayez la bonté de dîner avec moi.

— Je sors rarement, monsieur, dit le ministre avec une certaine hésitation ; car ses habitudes de solitude et de retraite ne pouvaient être entièrement surmontées, même par la perspective que les discours du

---

[1] Abréviation familière du nom de Bonaparte. (L. V.)

voyageur lui entr'ouvraient ; cependant je ne puis me refuser au plaisir de me trouver près d'une personne qui possède tant d'expérience.

— Hé bien, alors, à trois heures : — je ne dîne jamais plus tard, et toujours à la minute ; — le lieu du rendez-vous, c'est l'auberge du *Croc*, au haut de la rue, où mistress Dods est occupée en ce moment à nous préparer un dîner tel que votre science en a rarement vu un, docteur, car j'en ai apporté les recettes des quatre parties du monde.

Cet accord conclu, ils se séparèrent ; et M. Cargill, après avoir pensé quelques moments au hasard singulier qui lui envoyait une personne vivante pour résoudre ses doutes, au moment où il était occupé à consulter en vain d'anciennes autorités, finit par reprendre graduellement la suite de réflexions et d'investigations que la visite de M. Touchwood avait interrompue, et bientôt il eut perdu tout souvenir et de son visiteur épisodique et de l'engagement qu'il avait pris.

Il n'en était pas de même de M. Touchwood ; comme le lecteur peut l'avoir remarqué, il avait l'art, quand une affaire réellement importante ne l'occupait pas, de se donner pour rien un mouvement prodigieux. Dans l'occasion actuelle, il ne faisait qu'entrer à la cuisine et en sortir, tant et si bien que mistress Dods perdit patience, et qu'elle le menaça d'attacher le torchon à sa basque ; menace qu'il pardonna, attendu que dans tous ceux des pays qu'il avait visités assez civilisés pour se vanter de leurs cuisinières, ces artistes, une fois dans leur ardent élément, avaient le privilége d'être bourrus et impatients. Il quitta donc la zone torride du microcosme de mistress Dods, et employa son temps comme l'emploient habituellement les désœuvrés, partie à se promener pour gagner de l'appétit, partie à suivre sur le cadran de sa montre le progrès de l'aiguille vers trois heures, à l'approche desquelles il réussit heureusement à se créer une occupation plus sérieuse. Une table à deux couverts fut mise dans le salon bleu, avec toute la recherche dont l'auberge du *Croc* était susceptible, quoique l'hôtesse, avec un coup d'œil civil, mais malin, eût insinué le doute que le ministre arrivât quand tout serait prêt.

M. Touchwood ne voulut pas écouter une semblable insinuation ; cependant l'heure marquée arriva sans amener avec elle M. Cargill. L'impatient amphitryon accorda cinq minutes pour la différence des montres et la variation du temps, et cinq autres minutes pour le manque de diligence d'un homme peu habitué à voir le monde. Mais à peine ces cinq dernières minutes furent-elles expirées, qu'il sortit brusquement pour courir à la mense, non pourtant avec la rapidité du cerf ou celle du limier, mais avec la hâte d'un vieillard corpulent, qu'aiguillonne un vif appétit et à qui il tarde de dîner. Il pénétra sans cérémonie jusqu'au parloir, où il trouva le digne ministre enveloppé de la même robe de chambre et assis dans la chaise même où il l'avait laissé cinq heures auparavant. Son entrée soudaine rappela M. Cargill, non au souvenir net et complet, mais à une sorte de réminiscence confuse de ce qui s'était passé le matin, et il se hâta de s'excuser par un : Ha ! — vraiment ! — déjà? — Sur ma parole, monsieur... monsieur.... je veux dire mon cher ami, je crains d'en avoir mal usé avec vous. — J'ai oublié de commander quelque chose pour le dîner ; mais nous ferons de notre mieux. — Eppie ! Eppie !

Eppie ne répondit ni au premier, ni au second, ni au troisième appel; ce ne fut qu'*ex intervallo*, comme disent les légistes, qu'une grosse et sale fille, aux bras rouges et aux jambes nues et épaisses, se présenta enfin, et annonça sa présence par un bruyant : Qu'è que vous voulez?

— Avez vous dans la maison quelque chose pour le dîner, Eppie?

Pas aut' chose qu' du pain et du lait, tant qu' vous en voudrez. — Quoi donc qu' j'aurais?

Vous voyez, monsieur, reprit M. Cargill, que vous aurez un festin pythagoricien ; mais vous êtes voyageur, et vous avez sans doute été plus d'une fois bien content de trouver du pain et du lait?

Oui, mais pas quand il y avait moyen d'avoir quelque chose de mieux. Allons, docteur, je vous demande pardon, mais votre esprit est allé battre la campagne; c'est *moi* qui *vous* ai prié à dîner là haut à l'auberge, et non pas vous qui m'avez invité.

— Sur ma parole, c'est vrai ; je savais bien que j'avais raison. — Je savais qu'il y avait un engagement à dîner entre nous, j'étais sûr de cela, et c'est le point principal. — Allons, monsieur, je suis à vous.

— Ne voulez vous pas d'abord changer de costume? dit le visiteur, voyant avec surprise que le ministre se mettait en devoir de l'accompagner en robe de chambre; morbleu ! nous aurons tous les enfants du village à nos trousses. — Vous aurez l'air d'un hibou qui se montre en plein jour, et ils s'attrouperont autour de nous comme autant de moineaux.

— Je vais passer mes habits sur-le-champ, répliqua le digne ministre; je serai prêt dans un instant. — Je suis réellement honteux de vous faire attendre, mon cher monsieur..... Eh ! eh ! votre nom m'est échappé.

Mon nom est Touchwood, monsieur, pour vous servir ; mais je ne crois pas que vous l'eussiez jamais entendu jusqu'ici.

C'est vrai, vous avez raison, c'est moi qui ai tort. — Hé bien ! mon bon M. Touchstone [1], voulez vous vous asseoir un instant, que nous voyions ce que nous pouvons faire? Nous nous rendons étrangement esclaves de nos corps, M. Touchstone ; le soin de les vêtir et de les sustenter nous coûte bien des instants qui pourraient

---

[1] Du nom de *Touchwood* (littéralement Bois d'Epreuve, ou Bois-de-Teinture), le digne ministre fait Pierre-de-Touche (*Touchstone*). (L. V.)

être mieux employés à pourvoir aux besoins de notre esprit immortel.

M. Touchwood pensa au fond du cœur que jamais bramine ni gymnosophiste n'avait eu moins lieu que le sage en présence de qui il se trouvait de se reprocher un excès d'indulgence de table ou de toilette; mais il fit un signe d'assentiment, comme il l'aurait fait pour toute autre moindre hérésie, plutôt que de prolonger la discussion en un tel moment. En quelques minutes, le ministre fut couvert de son costume du dimanche, sans autre méprise que d'avoir mis à l'envers un de ses bas noirs; et M. Touchwood, heureux comme le fut Boswell quand il amena en triomphe le docteur Johnson dîner avec Strahan et John Wilkes [1], eut le plaisir de l'escorter à l'auberge du *Croc*.

Dans le cours de l'après dîner ils devinrent plus familiers, et la familiarité les amena à concevoir mutuellement une grande estime de leur esprit et de leurs connaissances. A la vérité le voyageur trouva le savant par trop pédant, et trop attaché à des idées systématiques formées dans la solitude et auxquelles il ne se montrait pas disposé à renoncer, même alors qu'elles étaient contredites par la voix et le témoignage de l'expérience; et de plus il regardait sa complète inattention à la qualité de ce qu'il mangeait et buvait comme indigne d'une créature raisonnable sachant ce que c'est que la cuisine, c'est à dire, selon la définition de Johnson, d'un être qui regarde son dîner comme l'affaire la plus importante de la journée. Cargill n'agissait pas selon cette définition, et en cela, aux yeux de sa nouvelle connaissance, c'était un homme ignorant et incivilisé. Mais qu'importe? se disait-il; ce n'en est pas moins un homme sensé et intelligent, quoique par trop sobre et trop passionné pour ses livres.

D'une autre part, le théologien ne pouvait s'empêcher de regarder son nouvel ami comme tenant de l'épicurien et se faisant un peu trop un dieu de son ventre, et il ne voyait pas en lui l'éducation parfaite et la politesse recherchée qui distinguent l'homme bien né, et dont il était devenu juge compétent durant le temps où il avait été mêlé au monde. Il ne lui échappa point non plus que dans la liste des défauts de M. Touchwood se présentait celui d'un grand nombre de voyageurs, une légère disposition à exagérer ses aventures personnelles et à s'étendre un peu trop sur ses propres exploits. Mais aussi, la connaissance qu'il avait des usages de l'Orient, lesquels sont maintenant ce qu'ils étaient du temps des Croisades, formait un commentaire vivant des ouvrages de Guillaume de Tyr,

---

[1] Voyez le *Journal of a Tour to the Hebrides with the doctor Sam. Johnson, by S Boswell.* Lond , 1785; curieux Mémoires, dont M. Amédée Pichot a donné quelques extraits dans son *Perroquet de Walter Scott.* (L. V.)

de Raymond de Saint-Giles, des *Annales musulmanes* d'Abulfarage, et d'autres historiens de l'époque obscure qui était en ce moment l'objet de ses études.

Une sorte d'amitié, ou du moins de liaison, s'établit donc promptement entre ces deux originaux; et, au grand étonnement de toute la paroisse de Saint-Ronan, le ministre fut vu encore une fois uni et ligué avec une créature de son espèce généralement désignée parmi les habitants du Vieux Village sous le nom du Nabab du *Croc*. Leurs rapports consistaient parfois en longues promenades qu'ils faisaient de compagnie, et dont le théâtre, néanmoins, était aussi invariablement limité que si le terrain avait été entouré d'une barrière de cordes pour y circonscrire leur exercice pédestre Ce théâtre de leurs promenades était, selon les circonstances, ou un terrain bas situé à l'extrémité inférieure du village, ou l'esplanade s'étendant en avant du vieux château; et dans l'un comme dans l'autre cas, l'étendue en longueur du terrain parcouru n'excédait jamais une cinquantaine de toises. Quelquefois, mais rarement, le ministre venait partager le repas de M. Touchwood, quoique le service en fût moins splendide que celui du premier dîner auquel il avait été invité; car, de même que le maître de la coupe d'or dans *l'Ermite* de Parnell, lorsqu'il est guéri de son ostentation,

« Il recevait encor, mais avec moins de frais. »

En ces occasions, la conversation n'était pas de cette nature homogène et suivie ordinaire entre les gens qu'on nomme ordinairement hommes du monde. L'un des deux, au contraire, pensait souvent à Saladin ou à Cœur de-Lion, quand l'autre pérorait d'Aider Ali ou de sir Eyre Coote. Toutefois, l'un parlait et l'autre semblait écouter; et peut-être de légères relations de société, dont l'amusement est le seul objet, ne peuvent-elles guère reposer sur une base plus solide et plus sûre.

Un soir que le savant théologien avait pris place à la table hospitalière de M. Touchwood, ou plutôt à celle de mistress Dods, — car le régal placé devant eux consistait en une tasse d'excellent thé, la seule sensualité à laquelle M. Cargill continuât de prendre assez volontiers part, — une carte fut remise au nabab.

« Monsieur et miss Mowbray auront compagnie au château des Shaws, le 20 du courant, à deux heures. — Un *déjeuner*. — Costumes de caractère admis. — Tableaux dramatiques. » — Auront compagnie? ils n'en sont que plus fous, continua M. Touchwood en manière de commentaire. — Auront compagnie? — des phrases choisies sont toujours louables; — et ce morceau de carton est pour annoncer qu'on y peut aller, et que tous les sots de la paroisse s'y trouveront, s'ils en ont envie : — de mon temps on demandait à un étranger l'honneur —

ou le plaisir — de sa compagnie. Je suppose, par parenthèse, que nous aurons dans ce pays-ci le cérémonial d'une tente de Bédouins, où le premier *hadji* en guenilles, avec son turban vert, arrive inopinément sans demander permission, et enfonce ses griffes noires dans le plat de riz avec un *salam aleikoum* pour toute excuse. — Costumes de caractère, — tableaux dramatiques : — quelles nouvelles folies cela peut-il être? — mais peu importe. — Docteur! docteur! — mais, bah! il est au septième ciel. — Dites donc, mère Dods, vous qui savez toutes les nouvelles, — est-ce la fête qui avait été remise jusqu'à ce que miss Mowbray fût rétablie?

C'est cela même, M. Touchwood; — ils ne sont pas en passe de donner deux fêtes en une saison. — Ce n'est peut-être pas trop sage à eux d'en donner une; — mais ils le savent mieux que personne.

— Docteur! — docteur! — Bénies soient ses distractions! le voilà qui charge les Musulmans avec le valeureux roi Richard. — Docteur, savez-vous quelque chose de ces Mowbrays?

— Rien de très-particulier, répondit M. Cargill après une pause; c'est l'histoire habituelle d'une grandeur qui brille en un siècle et qui s'éteint dans le suivant. Je crois avoir vu dans Camden que Thomas Mowbray, qui était grand-maréchal d'Angleterre, succéda à cet office éminent, ainsi qu'au duché de Norfolk, comme petit-fils de Roger Bigot, en 1301.

— Bast! mon cher ami, vous voilà enfoncé dans le quatorzième siècle; — je veux parler des Mowbrays de Saint-Ronan. — Allons, ne vous rendormez pas avant d'avoir répondu à ma question, — et n'ayez pas cet air de lièvre effarouché; — je ne parle pas de haute trahison.

L'ecclésiastique se tourna et se retourna un moment sur sa chaise, ainsi qu'il est ordinaire à un homme distrait en train de retrouver la suite de ses idées, ou à un somnambule subitement réveillé; puis il répondit, avec une certaine hésitation: Les Mowbrays de Saint-Ronan? — ha! — oui, — je connais — c'est-à-dire — j'ai connu la famille.

— Voilà qu'ils vont donner une mascarade, un *bal paré*, des comédies de société, je crois, et je ne sais quoi encore. Et en même temps M. Touchwood passait la carte au ministre.

— J'ai vu quelque chose de ceci il y a une quinzaine, repartit celui-ci; j'ai effectivement reçu moi-même un billet, ou j'en ai vu un pareil à celui-ci.

— Êtes-vous sûr de n'y pas être allé, docteur?

— Qui? moi! vous plaisantez, M. Touchwood.

— Mais en êtes-vous positivement sûr? réitéra ce dernier, qui avait remarqué, à son grand amusement, que le docte et distrait ministre avait tellement conscience de ses propres singularités, que jamais il n'osait rien affirmer positivement.

— Positivement sûr! répéta-t il avec embarras; ma mémoire est si mauvaise que je n'aime pas à être positif. — Mais il semblerait que si j'avais fait une chose tellement hors de mes habitudes, je m'en serais souvenu; — et... je *suis* positivement sûr que je n'y étais pas.

— Et vous n'auriez pu y être, docteur, reprit le nabab en riant du procédé par lequel son ami arrivait à se former une certitude; vous n'auriez pu y être, car la fête n'a pas eu lieu. — Elle a été ajournée, et voici la seconde invitation; vous en recevrez une aussi, puisque vous aviez une carte la première fois. — Allons, docteur, il faut y aller; — nous irons ensemble, — moi en imâm : — je puis dire mon *bismillâh* aussi bien qu'aucun hadji, — vous en cardinal, ou comme vous voudrez vous mettre.

— Qui, moi? — cela ne convient pas à ma position, M. Touchwood; c'est une folie tout à fait incompatible avec mes habitudes.

Tant mieux, vous en changerez.

— Vous ferez bien d'aller là-haut les voir, M. Cargill, dit mistress Dods, car c'est peut être bien la dernière fois que vous pourrez voir miss Mowbray; — on dit qu'elle va se marier et partir pour l'Angleterre un de ces quatre matins avec je ne sais lequel de ces freluquets de la Source.

Se marier! exclama le ministre; c'est impossible!

— Où est donc l'impossibilité, M. Cargill, quand vous voyez les gens se marier tous les jours, et que c'est vous même qui les bouclez, par dessus le marché? Peut être bien que vous pensez à la mouche que la pauvre fille a dans son bonnet; mais vous savez vous-même que si personne ne se mariait que les gens sages, le monde serait mal peuplé. Je crois que ce sont des gens sages qui restent seuls, comme vous et moi, M. Cargill. — Le Seigneur nous protége! — vous trouvez-vous indisposé? — voulez-vous prendre une goutte de quelque chose?

— Respirez mon essence de roses, dit M. Touchwood; l'odeur en ressusciterait un mort. — Eh! que diable signifie ceci? — vous étiez tout à fait bien il n'y a qu'un instant.

— Un mal de cœur subit, dit M. Cargill, se remettant.

— Oh! M. Cargill, reprit dame Dods, ceci vient de vos longs jeûnes.

— Vous avez raison, dame, ajouta M. Touchwood; et de les rompre avec du lait aigri et du bannock [1] de pois. Le moindre morceau de nourriture un peu chrétienne est alors rejeté par l'estomac, précisément comme un petit gentillâtre refuse la visite d'un riche voisin, de peur qu'il ne voie la nudité du pays. Ha! ha! ha!

— Et parle t on réellement du mariage de miss Mowbray de Saint-Ronan? reprit l'ecclésiastique.

[1] Sorte de galette plate (L. V.)

CHAPITRE XVII.

— La vérité est là, répondit la dame; c'est une nouvelle de Nelly la Trotteuse. Et quoiqu'elle aime à boire un petit coup, je ne pense pas qu'elle voulût inventer un mensonge pour tromper quelqu'un, — moi, du moins, qui suis une bonne pratique.

— C'est à quoi il faut voir, dit M. Cargill, comme se parlant à lui-même.

— Oui, en vérité, dit dame Dods; ce serait un péché et une honte s'ils employaient la cymbale résonnante qu'on nomme Chatterly, quand il y a dans le pays une trompette presbytérienne telle que vous, M. Cargill; et si vous voulez écouter l'avis d'une folle, vous ne laisserez pas enlever la mouture de votre moulin, M. Cargill.

— C'est vrai, c'est vrai, bonne mère Dods, dit la nabab; des gants et des rubans de chapeau ne sont pas choses à dédaigner, et M. Cargill fera bien de venir avec moi à cette maudite fête, afin d'avoir l'œil à ses intérêts.

— Il faut que je parle à la jeune dame, dit le ministre, retombé dans ses abstractions.

— C'est juste, c'est juste, mon enfant des lettres gothiques, reprit le nabab; vous viendrez avec moi, et nous les amènerons à résipiscence envers notre mère-église, je vous en réponds. — Morbleu! l'idée d'être dupé de cette façon là tirerait un santon de ses contemplations. Quel costume porterez-vous?

— Le mien, pour sûr, répondit M. Cargill, sortant tout à coup de sa rêverie.

— C'est vrai, vous avez encore raison; — ils peuvent vouloir serrer le nœud sur place, et qui voudrait être marié par un ministre en mascarade? — Ainsi nous irons à la fête, c'est une chose dite.

Le ministre y consentit, pourvu qu'il reçût une invitation; et comme cette invitation l'attendait à la mense, il n'aurait pas eu d'excuse pour se dédire, aurait il même paru en désirer une.

CHAPITRE XVIII.

LES JEUX DE LA FORTUNE.

> *Le comte Basset.* — Nous autres gentlemen dont l'equi
> page roule sur les quatre as, nous sommes sujets à avoir
> une roue dérangée *Le Mari fâche*

Notre histoire doit maintenant revenir un peu en arrière; et bien que ce soit quelque peu étranger à notre manière habituelle, il faut qu'elle prenne la forme narrative plus que celle du dialogue, qu'elle dise ce qui est arrivé plutôt qu'elle ne dépeindra la manière dont les événements auront affecté les acteurs. Notre intention, cependant, n'est que conditionnelle, car nous prévoyons des tentations qui peut-être nous rendront difficile de nous y tenir exactement.

L'arrivée du jeune comte d'Etherington à la salutaire fontaine de Saint-Ronan avait produit la plus forte sensation; d'autant plus qu'à cette arrivée se joignait le singulier incident de l'attaque dont la personne de Sa Seigneurie avait été l'objet, lorsque laissant à quelque distance son équipage et ses gens il avait pris par le bois pour couper au plus court. La bravoure avec laquelle il avait repoussé le voleur de grand chemin ne pouvait être égalée que par sa générosité; car Sa Seigneurie refusa de faire aucune recherche après le pauvre diable, quoique dans le conflit elle eût été grièvement blessée.

Des *trois Grâces noires*, ainsi que les a nommées un des plus gais compagnons de notre temps, la Loi et la Médecine, représentées par M. Meiklewham et le docteur Quackleben, se hâtèrent de rendre hommage à lord Etherington; tandis que la Théologie, aussi favorable, quoique plus réservée, dans la personne du révérend M. Simon Chatterly, se levait sur la pointe des pieds pour offrir tel service qui serait en son pouvoir.

Par l'honorable motif déjà indiqué, Sa Seigneurie, après avoir remercié M. Meiklewham, et lui avoir donné à entendre qu'elle pourrait avoir quelque autre occasion de recourir à ses services, refusa l'offre que lui faisait le procureur de faire rechercher celui qui l'avait blessé; en même temps qu'il remettait au docteur la cure d'une blessure au bras, douloureuse quoiqu'elle n'affectât que les chairs, et d'une égratignure à la tempe. Telle était la noblesse de la conduite de Sa Seigneurie

CHAPITRE XVIII.

en cette occasion, que le docteur, dans sa sollicitude pour la santé du jeune lord, lui ordonna un mois de séjour aux eaux, s'il voulait jouir du *comfort* d'une complète et parfaite guérison. Rien n'était si fréquent, pouvait-il assurer à mylord, que de voir des blessures cicatrisées se rouvrir; et les eaux de Saint-Ronan étant spécifiques, selon le docteur Quackleben, contre toutes les affections musculaires, ne pouvaient manquer d'égaler celles de Baréges en facilitant l'éjection des esquilles et de tout corps étranger qu'une balle peut introduire dans les tissus humains, à leur grand préjudice. Car il avait coutume de dire que, bien qu'il ne pût assurer que les eaux qu'il préconisait fussent précisément un *panpharmacon* [1], néanmoins il soutiendrait, de la parole et de la plume, qu'elles possédaient les principales vertus des plus célèbres sources médicinales du monde connu. Bref, l'amour d'Alphée pour Aréthuse n'était qu'une simple plaisanterie en comparaison de la passion du docteur pour sa fontaine favorite.

Le noble personnage dont l'arrivée avait jeté un tel lustre sur ce théâtre de convalescence et de gaîté, ne se montra pas d'abord à *l'ordinaire*, non plus qu'aux autres endroits de réunion publique, autant que l'avait espéré la digne compagnie réunie à la Source. Sa santé et sa blessure lui servirent d'excuse pour ne faire à la société que de rares visites à de longs intervalles.

Mais quand il se montrait, ses manières et son extérieur étaient singulièrement captivants; et même le mouchoir de soie incarnat qui retenait son bras blessé, ainsi que la pâleur langoureuse que la perte du sang avait laissée sur sa physionomie belle et ouverte, donnaient à toute sa personne une grâce que nombre de dames déclaraient irrésistible. Toutes se disputaient son attention, attirées par son affabilité en même temps que piquées de la nonchalance calme et pleine d'aisance qui semblait s'y mêler. L'égoïste Mowbray et le grossier sir Bingo, accoutumés à se regarder et à être regardés comme les premiers de la réunion, tombèrent comparativement dans l'insignifiance. Lady Penelope surtout déployait toutes les séductions de son esprit et de sa littérature; tandis que lady Binks, confiante dans ses charmes naturels, tâchait également d'attirer les regards du jeune lord. Les autres nymphes du Spa se tenaient un peu en arrière, par ce principe de politesse qui, dans les chasses du continent, laisse à la plus qualifiée des personnes présentes le privilége de tirer la première sur une belle pièce de gibier; mais plus d'un beau sein palpitait en songeant que malgré les avantages qui leur étaient ainsi laissés Leurs Seigneuries pourraient manquer le but, et qu'alors peut-être d'autres dames moins éminentes, mais non moins habiles au tir, pourraient aussi essayer leur chance.

Mais tandis que le comte se tenait ainsi à l'écart des réunions publi-

---

[1] Un remède universel.

ques, il était nécessaire, ou du moins naturel, qu'il choisît quelqu'un pour partager la solitude de son appartement; et Mowbray, supérieur par le rang à ce buveur de whisky en demi-solde, le capitaine Mac-Turk ; par le trait et la saillie à Winterblossom, qui se cassait et devenait lourd ; à sir Bingo Binks, enfin, par le tact et le bon sens, Mowbray, dis-je, n'eut pas de grandes manœuvres à faire pour s'insinuer dans la société intime de Sa Seigneurie. Remerciant intérieurement l'honnête brigand dont la balle avait été le moyen indirect par lequel sa victime projetée se trouvait isolée de toute société sauf la sienne, le laird commença graduellement à sonder le terrain, et à éprouver la force de son antagoniste aux différents jeux d'adresse et de hasard, qu'il proposait dans le seul dessein, en apparence, de charmer l'ennui d'une chambre de malade.

Meiklewham, qui prenait, ou affectait de prendre, le plus grand intérêt au succès de son patron, et qui épiait chaque opportunité de s'enquérir où celui-ci en était de ses plans, reçut d'abord des rapports si favorables que ses muscles s'en dilatèrent d'une oreille à l'autre, qu'il se frotta les mains, et qu'il se laissa aller à des accès de fou rire tels que le succès d'une friponnerie triomphante pouvait seul en provoquer chez lui. Mowbray avait l'air grave, néanmoins, et il réprima la gaîté de son confident.

— Malgré tout, dit-il, il y avait là-dedans quelque chose qu'il ne pouvait parfaitement comprendre. Etherington était une main exercée, fin en diable, — connaissant tout, et cependant il perdait son argent comme un enfant.

— Et qu'importe comment il le perde, pourvu que vous le lui gagniez comme un homme ? repartit l'ami et conseiller légal.

— Ma foi, je ne saurais dire ; n'était-ce que je ne pense pas qu'il ait l'impudence de croire que pareille chose réussirait, je veux être damné si je ne croyais pas qu'il a fait le vieux routier avec moi, et qu'il a voulu amuser le gibier. — Mais non ; — il ne peut guere avoir eu l'impudence de concevoir une telle idée. — Je sais pourtant qu'il a refait Wolverine, — il a nettoyé le pauvre Tom ; — quoique Tom m'ait écrit tout le contraire, la vérité a percé depuis. — Hé bien, je le vengerai, car je vois qu'on peut venir à bout de Sa Seigneurie tout comme d'un autre.

— Bien, bien, M. Mowbray, dit l'homme de loi d'un ton de sympathie affectée, vous savez le mieux ce que vous avez à faire ; — mais le Ciel bénira la modération. Je ne voudrais pas vous voir ruiner ce pauvre garçon *funditùs*, c'est-à-dire de fond en comble. Perdre un peu d'argent comptant ne lui fera pas grand mal, et ce sera peut-être une leçon qui lui profitera pour le reste de sa vie ; — mais, en honnête homme, je ne voudrais pas vous voir aller plus avant. — Vous devriez l'épargner, M. Mowbray.

CHAPITRE XVIII.

— Qui m'a épargné, *moi*, Meiklewham? repartit Mowbray avec une extrême véhémence de ton et de regard. — Non, non, — il faut qu'il passe à la meule, — l'argent et le reste. Sa résidence se nomme Oakendale; — penses y, Mick : Oakendale[1] ! O nom trois fois heureux ! — Ne me parle pas de merci, Mick. — Il faut que les écureuils d'Oakendale soient démontés et apprennent à aller à pied. — Quelle merci le prince errant de Troie peut il attendre parmi les Grecs? — Les Grecs ! — je suis un vrai Souliote, — les plus braves des Grecs[2].

« Pas de pitié ! pas de crainte ! celui qui veut servir le visir ne doit connaître ni la crainte ni la pitié[3]. »

Et la nécessité, Mick, ajouta t il d'une voix légèrement altérée, la nécessité est un maître aussi implacable qu'aucun visir ou pacha que Scanderberg ait jamais combattu ou que Byron ait chanté.

Meiklewham répondit par une sorte d'interjection tenant à la fois de la compassion, du rire et du gémissement : la première expression indiquant sa pitié prétendue pour la victime; la seconde, la part qu'il prenait à la perspective de succès de son patron ; la troisième, le danger qu'il apercevait dans les moyens par lesquels Mowbray devait arriver au but.

Tout Souliote qu'il se vantait d'être, Mowbray, peu après cet entretien, eut quelque raison de reconnaître que

« Grec contre Grec rend la guerre pénible. »

Les légères escarmouches entre les deux parties étaient terminées, et le combat sérieux commença avec quelque précaution de part et d'autre, chacun d'eux désirant peut être saisir la tactique de son adversaire avant de découvrir la sienne. Le piquet, le plus beau des jeux auxquels un homme puisse faire le sacrifice de sa fortune, était une partie à laquelle Mowbray, peut être pour son malheur, avait été regardé de très bonne heure comme fort expert, et où le comte d'Etherington, sans y avoir la même expérience, se trouva n'être pas novice. Ils jouaient alors des sommes que l'état de fortune de Mowbray rendait considérables pour lui, bien que son antagoniste parût les regarder comme des bagatelles. Et ils jouaient avec des succès variés; car si Mowbray répondait parfois par un sourire de confiance aux regards interrogatifs de son ami Meiklewham, il était d'autres

---

[1] Vallée des Chênes.
[2] On sait que le nom de *Grec* est un terme de l'argot des joueurs, par lequel ils désignent celui qui *corrige la fortune*, c'est-à dire qui vole au jeu. (**L. V.**)
[3] Byron. *Childe-Harold*. (**L. V.**)

occasions où il semblait les éviter, comme si le sien n'eût eu qu'une triste confession à faire.

Ces alternatives, quoique fréquentes, n'occupèrent après tout que quelques jours; car Mowbray, ami de toutes les heures, passait une bonne partie de son temps dans l'appartement de lord Etherington, et ces quelques jours furent des jours de combat. Sur ces entrefaites, comme Sa Seigneurie était maintenant assez remise pour accompagner la société aux Shaws, et qu'on avait annoncé que l'indisposition de miss Mowbray était dissipée, cette proposition fut renouvelée, avec l'addition d'un divertissement dramatique, dont nous aurons plus tard occasion d'expliquer la nature. Des cartes furent de nouveau adressées à tous ceux qui avaient été compris dans la première invitation, et naturellement on n'omit pas M. Touchwood, comme ayant précédemment résidé à la Source et se trouvant encore dans le voisinage, les dames s'étant accordées à reconnaître qu'un nabab, bien que ce fût parfois une denrée foncée et détériorée, ne devait pas être sans nécessité l'objet d'une imprudente négligence. Quant au ministre, il avait été convoqué, naturellement, en sa qualité d'ancienne connaissance de la maison Mowbray, qu'on ne pouvait omettre de comprendre dans une invitation adressée à la généralité des amis de la famille; mais ses habitudes étaient bien connues, et on ne s'attendait pas plus à ce qu'en une telle occasion il quittât sa manse, qu'à voir l'église se déplacer d'elle-même de ses fondations.

Ce fut après la conclusion définitive de ces arrangements que le laird de Saint-Ronan entra subitement dans l'appartement privé de Meiklewham, la physionomie rayonnante. Le digne scribe tourna vers son patron son nez couronné d'une paire de lunettes, tenant d'une main la liasse de papiers qu'il venait de parcourir, et de l'autre le cordon avec lequel il se disposait à la rattacher; et il suspendit cette opération pour écouter, les yeux ouverts et les oreilles tendues, ce que Mowbray avait à lui dire.

— Il est fait! dit-il d'un ton d'exultation, quoiqu'à demi-voix; mylord est capot, cette fois; — mon capital est doublé, Mick, et quelque chose de plus. — Chut! ne m'interrompez pas. — Il faut maintenant que nous pensions à Clara; — il faut qu'elle ait sa part du soleil, quand ce ne devrait être qu'un rayon avant l'orage. — Vous savez, Mick, que ces deux damnées femmes, lady Penelope et la Binks, ont décidé qu'il y aura à cette occasion quelque chose comme un *bal paré*[1], une sorte de représentation théâtrale, et que ceux à qui cela conviendrait prendraient des costumes de caractère. — Je connais leur pensée: — elles croient que Clara n'a pas de costume convenable pour une telle folie, et ainsi elles espèrent l'éclipser; lady Pen, avec ses diamants mal montés à l'ancienne mode, et lady Binks, avec ses nouvelles

---

[1] Cette expression est en français dans le texte.

parures contre lesquelles elle a troqué sa réputation. Mais Clara ne sera pas ainsi surpassée, par Dieu! j'ai réussi à savoir de cette petite sucrée, la femme de chambre de lady Binks, quel était le projet de sa maîtresse; elle doit porter un costume grec, vraiment, comme une des figures orientales de Will Allan. — Mais voici le hic: — il n'y a à vendre dans tout Édimbourg qu'un châle qui soit digne de figurer dans un tel costume, et cela à la *Galerie de la Mode;* — or, Mick, mon ami, il faut avoir ce châle pour Clara, avec les autres colifichets de mousseline, de dentelle, et autres, que vous trouverez marqués dans ce papier. — Envoyez sur-le-champ vous en assurer, car comme lady Binks écrit par le courrier de demain, votre ordre doit partir par la malle de ce soir. Voici un billet de 100 livres.

Par une habitude machinale de ne jamais rien refuser, Meiklewham prit le billet; mais l'ayant regardé à travers ses lunettes, il continua de le tenir à la main tandis qu'il adressait ses observations à son patron: — C'est une excellente intention, Saint Ronan, — une excellente intention; et je serais le dernier à dire que miss Clara ne mérite pas toutes sortes d'égards et de prévenances de votre part. Mais je doute grandement qu'elle donnât un bodle de toutes ces belles choses. Vous savez vous-même qu'elle change rarement de modes; elle regarde son amazone comme un costume assez bon pour quelque compagnie que ce soit, et quoi que vous fassiez, vous ne la changerez pas. — Si encore elle avait une idée plus de couleurs, pauvre chère!

— Bien, bien, dit Mowbray avec impatience; laissez-moi le soin de réconcilier une femme avec la parure.

— Pour sûr, vous savez le mieux ce que vous avez à faire; mais, malgré tout, ne vaudrait-il pas mieux déposer ces cent livres chez Tam Turnpenny, au cas où la jeune miss en aurait besoin plus tard, ne serait-ce que pour un pied malade?

— Vous êtes fou, Mick; à quoi bon guérir un pied malade, quand dans ce cas il y aurait un cœur brisé? — Non, non; faites ce que je vous demande. — Nous les éclipserons pour un jour, au moins; peut-être sera ce le commencement d'une véritable splendeur.

— Bien, bien, je souhaite qu'il en soit ainsi; mais ce jeune comte: — avez-vous trouve le point vulnérable? — pouvez-vous obtenir un *decernetur* contre lui, avec dépens? — voilà la question.

— Je voudrais pouvoir y répondre, dit Mowbray d'un air pensif. — Le ciel le confonde! il est d'un cran au-dessus de moi par le rang, et dans la société aussi; — il appartient aux grands clubs; il est avec les Superlatifs, les Inaccessibles, et tous les gens de cette sorte. — Mon éducation s'est faite un échelon plus bas; — mais au diable! on élève de meilleurs chiens au chenil qu'au salon. Je puis lutter de pair avec lui, je crois; — du moins je saurai bientôt, Mick, si je le puis ou non, et c'est toujours une consolation. Ne vous inquiétez pas;

— faites ma commission, et ayez soin de ne nommer personne. — Je dois sauver la réputation de ma petite chambrière.

Ils se séparèrent, Meiklewham pour s'acquitter de la commission de son patron, celui-ci pour mettre à l'épreuve des espérances dont l'incertitude ne pouvait échapper à sa pénétration.

Confiant, néanmoins, dans la continuation de sa veine de bonheur, Mowbray résolut d'amener ce soir-là même les choses à une crise décisive. Tout sembla conspirer pour lui. Il avait dîné avec lord Etherington, dans l'appartement de ce dernier; — l'état de santé de Sa Seigneurie s'opposait à ce que la bouteille circulât longtemps, et une pluvieuse soirée d'automne rendait la promenade désagréable, ne seraient-ils même allés que jusqu'aux écuries particulières où étaient placés les chevaux de lord Etherington, sous la surveillance d'un valet d'une habileté supérieure. On eut naturellement, presque nécessairement recours aux cartes, comme à la seule distraction qui pût les aider à passer la soirée; et le piquet fut encore le jeu qu'ils choisirent.

Lord Etherington parut d'abord apporter à son jeu une insouciance indolente et une grande indifférence, laissant échapper des avantages dont, avec plus d'attention de sa part, il n'aurait pu manquer de tirer parti. Mowbray lui fit reproche de son inattention, et proposa une mise plus importante afin de l'intéresser au jeu. Le jeune lord y consentit; et après quelques mains, les deux joueurs furent l'un et l'autre profondément attentifs à suivre les variations de la fortune et à en profiter. Ces variations furent si nombreuses, il y eut des retours de chance si imprévus, qu'à la fin l'âme même des deux adversaires semblait concentrée dans l'issue de la lutte, et à force de doubler les enjeux, la somme accumulée de mille livres sterling et plus de chaque côté vint à dépendre de l'événement de la partie. — Un risque si considérable englobait la totalité des fonds que Mowbray devait à la bonté de sa sœur, et presque tous ses gains précédents, de sorte que pour lui l'alternative était la victoire ou la ruine. Il ne put cacher son agitation, quelque désir qu'il en eût. Il but du vin pour se donner du courage, il but de l'eau pour calmer son agitation; puis enfin il se mit à jouer avec tout le soin et l'attention dont il était capable.

En commençant, les chances parurent assez égales, et le jeu des deux adversaires fut digne de joueurs qui n'avaient pas craint de faire dépendre une telle somme d'une seule partie. Mais à mesure qu'elle tirait à sa fin, la fortune abandonnait de plus en plus celui qui avait le plus besoin de sa faveur, et Mowbray, avec un désespoir concentré, vit son sort dépendre d'une seule donne, et cela avec toutes les chances contre lui, car lord Etherington était le premier en cartes. Mais à quoi sert la faveur de la fortune à celui qui se trahit lui même?

— Par une infraction des règles du jeu qu'on n'aurait pu attendre que du joueur le plus ignare qui ait jamais touché une carte, lord Ethe-

CHAPITRE XVIII.

rington accusa un point sans le montrer, et, par la règle ordinaire, Mowbray eut le droit de compter le sien ; — puis cette main passée, il gagna la partie dans la main suivante, et ramassa les enjeux. Lord Etherington montra quelque déplaisir, et parut croire que son adversaire avait insisté sur la règle avec plus de rigueur que la politesse n'aurait dû le permettre en jouant si petit jeu. Mowbray ne comprenait pas cette logique ; mille livres, dit-il, n'étaient pas à ses yeux des coquilles de noix ; il n'y avait que les enfants et les femmes qui jouassent au piquet sans en observer les règles ; et quant à lui, il aurait mieux aimé n'y jamais jouer que de ne pas jouer le jeu.

— C'est ce qu'il semblerait, mon cher Mowbray, dit le comte ; car, sur mon âme! je n'ai jamais vu visage si désolé que l'était le vôtre durant cette malencontreuse partie. C'est ce qui a distrait mon attention de mon jeu ; et je puis dire en toute sûreté que votre piteuse physionomie me coûte mille livres. Si je pouvais transporter sur la toile votre figure allongée, j'y trouverais à la fois ma vengeance et mon argent ; car une ressemblance exacte ne vaudrait pas un penny de moins que ce que m'a coûté l'original.

A vous permis de plaisanter, mylord ; vous avez payé pour cela, et je vous permets dix mille plaisanteries au même taux. Qu'en dites-vous? continua-t-il en prenant et en mêlant les cartes ; voulez-vous vous faire justice par une autre partie ? — On dit que la vengeance est douce.

— Je n'en ai pas appétit ce soir, répondit gravement le comte ; et si je l'avais, Mowbray, vous pourriez vous en trouver mal. Je n'accuse pas *toujours* un point sans le montrer.

— Votre Seigneurie se fâche contre elle même pour une faute que tout le monde peut commettre ; — ma chance en ceci a été la même que si j'avais eu de belles cartes, et ainsi bénie soit la fortune..

— Mais si la fortune n'avait rien à voir ici ? — si, jouant avec un honnête garçon et un ami comme vous, Mowbray, on aimait mieux faire une perte qu'on peut supporter, que de gagner un argent qui pourrait être pour cet ami une perte douloureuse ?

— En supposant un cas tellement hors de supposition, mylord, repartit Mowbray qui se sentait piqué au vif, car vous me permettrez de dire que c'est là une allégation facile à faire et impossible à prouver, — je dirais que personne n'a le droit de me croire dans une telle situation, ni de supposer que je jouais plus gros jeu que je ne le pouvais faire.

— Et ainsi votre ami, le pauvre diable! perdrait son argent, et courrait par-dessus le marché le risque de se faire une querelle ! Nous essaierons une autre voie. — Supposons que ce joueur d'humeur si débonnaire et d'esprit si simple ait une faveur de la dernière importance à demander à son ami, et qu'il jugeât plus convenable de présenter sa requête à un gagnant qu'à un perdant ?

— Si cela s'applique à moi, mylord, il serait nécessaire que j'apprisse en quoi je puis obliger Votre Seigneurie.

— C'est un mot bientôt dit, mais si difficile à rappeler que je suis tenté de me taire; cependant il faut le prononcer. — Mowbray, vous avez une sœur.

Mowbray tressaillit — J'ai en effet une sœur, mylord, répondit-il; mais je ne puis imaginer en quoi son nom peut entrer convenablement dans notre discussion actuelle.

— Encore le ton menaçant! parbleu, voilà un joli compagnon. — Il voudrait me couper la gorge, d'abord parce qu'il m'a gagné mille livres, puis parce que j'offre de faire sa sœur comtesse!

— Comtesse, mylord? vous voulez plaisanter; — vous n'avez même jamais vu Clara Mowbray.

— Il se peut; — mais qu'importe? — Je puis avoir vu son portrait, comme dit Puff dans *le Critique,* ou en être devenu amoureux sur ce qu'on dit d'elle; — ou enfin, pour vous épargner d'autres suppositions, car je vois que vous vous impatientez, je puis me contenter de savoir que c'est une jeune personne belle, accomplie, et possédant une grande fortune.

— De quelle fortune voulez-vous parler, mylord? dit Mowbray, se souvenant avec alarme des prétentions que, selon la manière dont Meiklewham envisageait les choses, sa sœur était en droit d'élever sur le domaine; — de quels biens parlez-vous? notre famille ne possède plus que ces terres de Saint-Ronan, ou, pour mieux dire, ce qui en reste : et ces terres, mylord, sont mon incontestable propriété par substitution.

— Soit; je n'ai aucune prétention sur vos royaumes des montagnes, qui furent sans nul doute

>   Renommés autrefois pour leurs fiers écuyers,
>   Leurs valeureux barons, leurs nobles chevaliers; »

mes vues ont pour objet un domaine beaucoup plus riche, quoique moins romantique, — un vaste manoir appelé Nettlewood. Château antique, mais entouré de magnifiques chênes; trois mille acres de terres, champs, prés et bois, outre les deux clos occupés par la veuve Hodge et le bonhomme Trampclod; — droits seigneuriaux, — mines et minéraux, — et le diable sait combien d'autres bonnes choses, tout cela situé dans le val de Bever.

— Et qu'a de commun ma sœur avec tout cela? demanda Mowbray fort surpris.

— Rien, sauf que tout cela lui appartiendra quand elle sera comtesse d'Etherington.

— C'est donc déjà la propriété de Votre Seigneurie?

— Non, par Jupiter! et cela ne peut l'être que si votre sœur veut bien approuver ma recherche.

— C'est une énigme plus embarrassante qu'aucune des charades de lady Penelope, mylord ; il faudra que je recoure à l'assistance du révérend M. Chatterly.

— Vous n'en aurez pas besoin ; je vais vous donner la clef, mais écoutez-moi avec patience. — Vous saurez que nous autres nobles anglais, moins jaloux de nos seize quartiers que ceux du continent, nous ne dédaignons pas de doubler nos hermines râpées d'un peu de drap d'or de la Cité[1] ; et mon grand-père fut assez heureux pour trouver une femme riche avec une généalogie éclopée, — circonstance d'autant plus singulière que le père de la demoiselle était un de vos compatriotes. Elle avait cependant un frère encore plus riche qu'elle, et qui accrut sa fortune en continuant le négoce qui avait enrichi sa famille. Enfin il additionna ses livres, se décrassa les mains, et se retira à Nettlewood pour y devenir un *gentleman* ; et là, mon respectable grand-oncle fut saisi de la rage de faire de lui un homme important. Il essaya ce qu'épouser une femme de famille pouvait faire ; mais il s'aperçut bientôt que de quelque avantage que son mariage pût être pour sa famille, sa propre condition à lui n'en était que peu illustrée. Il résolut ensuite de devenir lui-même homme de famille. Son père avait quitté l'Écosse très-jeune, et portait, je rougis de le dire, le nom vulgaire de Scrogie. Mon oncle porta en personne ces deux malheureuses syllabes au bureau héraldique d'Écosse ; mais ni Lyon, ni Marchmont, ni Islay, ni Sladoun, ni héraut ni poursuivant, ne voulurent prendre Scrogie sous leur protection. — Scrogie ! — on ne pouvait rien faire de cela ; — de sorte que mon digne parent eut recours au côté le plus sûr de la famille, et commença à fonder sa dignité sur son nom maternel de Mowbray. En ceci il fut beaucoup plus heureux, et je crois que quelque rusé drôle déroba pour lui un rejeton de votre arbre généalogique, M. Mowbray de Saint-Ronan, rejeton qui, j'ose le dire, ne vous a jamais fait faute. En tout cas, pour son *or* et son *argent*, il eut une belle feuille de parchemin blasonnée d'un lion blanc pour les Mowbray, écartelé de trois *scrogs* ou arbrisseaux rabougris pour les Scrogie ; et à partir de là, il devint M. Scrogie Mowbray, ou plutôt, comme il signait, Reginald S. Mowbray (son ancien nom de baptême était Ronald). Il avait un fils qui très irrespectueusement riait de tout cela, qui refusa les honneurs du nom éminent de Mowbray, et qui persista à conserver la première appellation paternelle, celle de Scrogie, au grand scandale des oreilles de son père et au grand détriment de son humeur.

— Ma foi, entre nous, dit Mowbray, j'avoue que j'aurais préféré mon nom, et que je trouve le goût du vieux père un peu meilleur que celui du jeune homme.

— C'est vrai ; mais tous deux étaient d'entêtés et absurdes origi-

---

[1] On sait que la Cité est à Londres le quartier du haut négoce. (L. V.)

naux, doués d'une heureuse opiniâtreté de caractère qu'ils tiraient des Mowbray ou des Scrogie, je ne sais desquels, mais qui les mit si souvent en opposition, que le père offensé, Reginald S. Mowbray, mit bel et bien son fils récalcitrant, Scrogie, à la porte. Et le drôle aurait porté la peine de son esprit plébéien s'il n'avait trouvé un refuge près d'un associé survivant de l'ancien Scrogie, qui exerçait encore le trafic lucratif où s'était enrichie la famille. Je mentionne ces particularités, aussi succinctement que je le puis, à cause de la situation singulière dans laquelle je me trouve maintenant placé.

— Poursuivez, mylord ; on ne saurait nier que votre histoire ne soit singulière, et je présume que c'est tout à fait sérieusement que vous me donnez un détail si extraordinaire.

— Très-sérieusement, sur mon honneur ; — et vous allez voir tout à l'heure que c'est une affaire des plus sérieuses. Quand mon digne oncle, M. S. Mowbray (car je ne veux pas lui donner, même dans la tombe, le nom de Scrogie), paya sa dette à la nature, chacun pensa qu'il aurait déshérité son fils, le dénaturé Scrogie, et en cela chacun avait raison ; — mais on crut généralement aussi qu'il aurait légué le domaine à mon père, lord Etherington, le fils de sa sœur, et en ceci tout le monde se trompa. Car mon excellent grand-oncle avait réfléchi que le nom favori de Mowbray ne profiterait en rien et ne recevrait aucun lustre nouveau, si son domaine de Nettlewood (autrement nommé Mowbray-Park) descendait à notre famille sans condition ; et avec l'assistance d'un habile procureur il m'en fit légataire, à un âge où j'étais encore sur les bancs de l'école, à condition qu'avant d'avoir atteint l'âge de vingt cinq ans accomplis je m'unirais par le saint nœud du mariage à une jeune personne de bonne réputation, du nom de Mowbray, et par préférence de la maison de Saint-Ronan, s'il s'en trouvait une à l'époque.   Voilà mon énigme.

— Et c'en est une fort extraordinaire, repartit Mowbray d'un air pensif.

— Confessez la vérité, reprit lord Etherington en lui mettant la main sur l'épaule ; l'histoire vous semble comporter au moins un demi-scrupule de doute, sinon le scrupule tout entier ?

— Du moins, mylord, Votre Seigneurie conviendra qu'étant le seul proche parent de miss Mowbray et son seul tuteur, je puis, sans vous offenser, réfléchir sur une recherche de sa main faite dans d'aussi étranges circonstances.

— Si vous avez le moindre doute au sujet de mon rang ou de ma fortune, je puis naturellement vous donner les indications les plus satisfaisantes.

— Je le crois aisément, mylord ; aussi n'ai je pas la moindre crainte que vous m'en imposiez, quand la vérité serait si aisée à découvrir. Les procédés de Votre Seigneurie à mon égard (il jeta un regard significatif sur les billets de banque qu'il tenait encore à la main) ont été, je l'admets, de nature à indiquer un motif d'intérêt aussi grave que celui que vous venez de me faire connaître. Mais il semble étrange que Votre Seigneurie ait laissé s'écouler les années sans s'informer seulement de la jeune personne qui me paraît être la seule avec laquelle vous puissiez vous unir pour remplir la condition du testament de votre grand oncle. Il me semble que depuis longtemps vous auriez dû vous en occuper, et que, même maintenant, il eût été plus naturel et plus convenable d'avoir au moins vu ma sœur avant de me demander sa main.

— Sur le premier point, mon cher Mowbray, je puis vous avouer, sans vouloir faire la moindre injure à votre sœur, que je me serais délivré de cette clause si je l'avais pu ; car chacun est bien aise de choisir lui-même sa femme, et je ne sens nulle presse de me marier. Mais les coquins de gens de loi, après avoir touché des honoraires et m'avoir tenu en suspens pendant des années, m'ont enfin déclaré nettement qu'il fallait se conformer à la clause, ou que Nettlewood aurait un autre maître. J'ai donc pensé que le mieux était de venir ici en personne, afin de m'adresser directement à la jeune dame ; mais puisqu'un accident m'a jusqu'ici empêché de la voir, et que j'ai trouvé en son frère un homme qui comprend le monde, j'espère que vous n'aurez pas de moi plus mauvaise opinion parce que j'aurai tâché en premier lieu d'obtenir votre amitié. Le fait est que dans un mois j'aurai vingt-cinq ans ; et sans votre appui et les opportunités que vous seul pouvez me ménager, ce temps semble un peu court pour courtiser et obtenir une dame du mérite de miss Mowbray.

— Et quelle est l'alternative, si vous ne contractez pas cette alliance, mylord?

— Le legs de mon grand-oncle m'échappe, et le beau domaine de Nettlewood, avec son vieux château, et ses chênes encore plus vieux, et ses droits seigneuriaux, et les clos de Hodge-Trampclod, et tout le reste, passent à un certain mien cousin germain, que la merci du Ciel confonde !

— Vous, vous êtes laissé peu de temps pour prévenir un tel événement, mylord ; mais les choses étant ainsi que je les vois maintenant, je vous appuierai dans l'affaire autant qu'il sera en moi. — Il faut pourtant nous placer sur un terrain plus égal, mylord. — J'irai jusqu'à convenir que la perte de cette partie m'aurait gêné en ce moment ; mais dans les circonstances je ne puis penser à agir comme si je l'avais autrement gagnée. Nous devons retirer chacun notre enjeu, mylord.

— Pas un mot là-dessus, si vous voulez réellement me traiter en ami, mon cher Mowbray. La faute a été bien réelle, car réellement je pensais à tout autre chose, vous pouvez bien le supposer, qu'à montrer mon point. Tout a été bien perdu et légitimement gagné. — J'espère avoir occasion de vous offrir des services réels, qui pourront peut-être me donner quelques droits à votre amitié; — quant à présent, nous sommes sur un pied égal des deux côtés, — parfaitement égal.

— Si Votre Seigneurie le pense ainsi.... Et passant tout à coup à un sujet sur lequel il sentait pouvoir s'exprimer avec plus de confiance, Mowbray ajouta : Il est vrai qu'en tout cas nulle obligation qui me serait personnelle ne pourrait m'empêcher de faire tout mon devoir comme tuteur de ma sœur.

Incontestablement, et je ne désire rien autre.

— Ainsi je dois regarder comme tout à fait sérieuse la proposition de Votre Seigneurie, et penser qu'elle ne serait pas retirée même alors qu'après avoir connu miss Mowbray vous ne la regarderiez peut-être pas comme méritant les attentions de Votre Seigneurie autant que vous l'auriez pensé sur ce qu'on vous aurait rapporté d'elle?

— M. Mowbray, répondit le comte, le traité entre vous et moi sera tout aussi définitif que si j'étais un prince souverain demandant en mariage la sœur d'un monarque voisin, que, selon l'étiquette royale, il n'aurait ni vue ni pu voir. J'ai été tout à fait franc avec vous, et je ne vous ai pas caché que mes motifs actuels pour entrer en négociation sont territoriaux, et non personnels; quand je connaîtrai miss Mowbray, je ne doute pas qu'ils ne deviennent autres. J'ai entendu dire qu'elle est belle.

— Un peu pâle, mylord.

— La fraîcheur du teint est le premier attrait qui se perd dans le monde à la mode, et c'est aussi celui qu'il est le plus aisé de remplacer.

— Les caractères peuvent différer, mylord, sans qu'il y ait de la faute d'aucun côté. Je présume que Votre Seigneurie s'est enquis de celui de ma sœur. Elle est aimable, pleine de talents, de sensibilité, d'élévation d'âme; et cependant....

— Je vous comprends, M. Mowbray, et vous épargnerai la peine d'en dire davantage. J'ai entendu dire que miss Mowbray est à quelques égards.... particulière; ou, pour employer une expression plus générale, qu'elle est un peu fantasque. Peu importe. Elle aura moins à apprendre quand elle sera comtesse et femme à la mode.

— Parlez-vous sérieusement, mylord?

— Oui, vraiment, — et je vous dirai toute ma pensée encore plus clairement. J'ai un bon caractère, un grand fonds de bonne humeur, et je puis endurer une bonne dose de singularité chez ceux avec qui je vis. Je ne doute pas que votre sœur et moi ne soyons heureux ensemble; — mais dans le cas où il en serait autrement, on peut prendre des arrangements préalables, qui nous permettront, certaines circonstances échéant, de vivre heureux séparés. Ma propre fortune est considérable, et Nettlewood peut souffrir un partage.

— En ce cas, il me reste peu de choses à dire ; — je n'ai plus même rien à m'enquérir en ce qui touche Votre Seigneurie. Mais le choix de ma sœur doit être pleinement libre ; — en ce qui me regarde, mon appui est acquis à la recherche de Votre Seigneurie.

— Et je compte que nous pouvons considérer l'affaire comme conclue?

— Assurément, — sauf l'approbation de Clara.

— J'espère qu'il n'y a pas chance de répugnance personnelle de la part de la jeune personne?

— Je ne prévois rien de semblable, mylord, et je ne présume pas qu'il existe pour cela aucune raison ; mais les jeunes femmes sont capricieuses, et si Clara, après que j'aurai dit et fait tout ce qu'un frère peut dire et faire, persistait à montrer de la répugnance, il est une limite dans l'exercice de mon influence que je ne pourrais outre-passer sans cruauté.

Le comte d'Etherington fit un tour dans la chambre ; puis, s'arrêtant tout à coup, il reprit d'une voix grave et d'un ton de doute : — En attendant, je suis lié, et la jeune personne est libre, Mowbray. Cela est-il tout à fait juste ?

— C'est ce qui arrive, mylord, toutes les fois qu'on demande la main d'une dame : on doit nécessairement rester lié par son offre, jusqu'à ce que dans un délai raisonnable elle ait été acceptée ou rejetée. Ce n'est pas ma faute si Votre Seigneurie m'a déclaré ses intentions avant de s'être assuré des dispositions de Clara. Mais jusqu'à présent la chose est encore entre nous ; — je vous laisse libre de revenir sur vos pas si vous le jugez convenable. Clara Mowbray n'a pas besoin de saisir au vol une offre de mariage.

— Et moi je ne veux en aucune façon revenir sur la proposition que je vous ai confiée. Je n'ai pas la moindre crainte de changer d'avis en voyant votre sœur, et je suis prêt à poursuivre l'ouverture que je vous ai faite. — Si pourtant vous éprouvez à mon égard de tels scrupules de délicatesse, continua le comte, je puis voir miss Mowbray à cette fête que vous allez donner, et même m'entretenir avec elle sans qu'il soit besoin que je lui sois présenté ; — le personnage que j'ai choisi m'oblige en quelque sorte à porter un masque.

— Certainement, mylord ; et je suis charmé pour vous et pour moi que Votre Seigneurie songe à prendre en cette occasion une petite précaution.

— Elle me sera inutile ; mon sort est fixé d'avance. — Mais si cette manière d'arranger les choses met votre conscience en repos, je n'ai pas d'objection à y faire.   Cela ne peut prendre beaucoup de temps, et c'est ce que j'ai le plus à considérer.

Ils se serrèrent la main et se quittèrent, sans échanger d'autres paroles qui puissent intéresser le lecteur.

Mowbray fut charmé de se trouver seul, afin de réfléchir à ce qui venait de se passer, et de s'assurer de ses propres idées à cet égard, ce que lui-même en ce moment trouva difficile. Il ne pouvait se dissimuler que l'alliance de l'opulent comte d'Etherington procurerait à lui, Mowbray, et à sa famille, de bien plus grands avantages que ceux qu'aurait pu lui valoir quelque portion que ce fût des dépouilles qu'il s'était proposé de lui arracher par sa supériorité d'adresse au jeu, ou sa plus grande habileté en champ de course. Mais son orgueil était froissé quand il songeait qu'il s'était mis entièrement à la discrétion de lord Etherington; et la pensée qu'il n'avait échappé à une ruine complète que parce que son antagoniste l'avait bien voulu, n'avait rien de très-adoucissant pour sa fierté blessée. Il se sentait abaissé à ses propres yeux, quand il réfléchissait combien ses plans avaient été complétement pénétrés par celui qu'il s'était proposé d'immoler à son adresse, et qui ne s'était abstenu de les déjouer entièrement que parce que ses propres intérêts le lui avaient commandé. Quelques soupçons élevaient aussi dans son esprit un nuage qu'il ne pouvait dissiper tout à fait. — D'où venait que ce jeune seigneur avait fait précéder de la perte volontaire d'une couple de milliers de livres une proposition qui devait être acceptable en elle-même, sans qu'il fût besoin d'un tel sacrifice? et pourquoi, après tout, se montrait-il si empressé de s'assurer son adhésion à l'alliance proposée, avant même d'avoir vu celle qui en était l'objet? Quelque pressé qu'il fût par le temps, il aurait pu attendre au moins jusqu'après la fête donnée aux Shaws, où Clara était nécessairement obligée de paraître. Néanmoins, quoique inhabituelle, une telle conduite était également incompatible avec quelque mauvaise intention que ce pût être, car le sacrifice d'une forte somme, et la déclaration de ses vues sur une jeune personne noble et pauvre, ne pouvaient guère servir de préface à aucune machination perfide. Ainsi donc, tout considéré, Mowbray conclut que ce qu'il y avait d'extraordinaire dans la conduite du comte provenait de l'impatience étourdie d'un jeune et riche Anglais, à qui l'argent importe peu, et qui se jette avec trop d'ardeur dans la poursuite du plan favori du moment pour procéder de la manière la plus raisonnable ou la plus ordinaire. Si pourtant il se découvrait plus tard en tout ceci quelques vues secrètes qu'il ne pût maintenant pénétrer, Mowbray se promettait bien qu'une extrême circonspection de sa part ne pourrait manquer de les découvrir, et cela assez à temps pour prévenir toute conséquence fâcheuse pour sa sœur ou pour lui même.

Plongé dans ces réflexions, il évita le regard interrogateur de M. Meiklewham, qui l'attendait, comme d'habitude, pour savoir comment allaient les choses; et quoiqu'il ne fût pas tard, il monta à cheval et prit en toute hâte le chemin des Shaws. En route, il délibéra en lui-même s'il parlerait à sa sœur de la demande qui lui avait été faite, afin

CHAPITRE XVIII.

de la préparer à recevoir le jeune comte comme un aspirant appuyé de l'approbation de son frère. Non, non : tel fut le résultat de ses réflexions. Elle pourrait se mettre en tête que le comte la désire moins pour elle-même que pour s'assurer la possession du domaine de son grand oncle. — Il faut nous tenir tranquille, se dit il par forme de conclusion, jusqu'à ce que la vue de Clara et ses charmes personnels puissent du moins paraître avoir eu quelque influence sur le choix du jeune lord. — Il ne faut rien dire jusqu'après cette bienheureuse fête.

CHAPITRE XIX.

UNE LETTRE.

> A t il si longtemps tenu bon avec moi sans eprouver de fatigue, pour s'arrêter maintenant hors de souffle? — Hé bien, — soit.
> *Richard III.*

Owbray n'eut pas plutôt quitté l'appartement du comte, que celui-ci commença, pour un ami et affidé, une épître que nous allons mettre sous les yeux du lecteur, comme particulierement propre à faire connaître les vues et les motifs de celui qui l'écrivait. Elle était adressée au capitaine Jekyl, du *** régiment des gardes, au *Dragon Vert*, Harrowgate, et contenait ce qui suit :

« Mon cher Harry,

« Voilà dix jours que je vous attends ici, avec autant d'impatience que jamais homme fut attendu, et maintenant j'ai à qualifier votre absence de haute trahison contre votre serment d'allégeance. Sûrement vous ne présumez pas, comme un des monarques de nouvelle fabrique créés par Napoléon, prétendre sourdement à l'indépendance, comme si votre grandeur était de votre propre fait, ou que je vous eusse choisi entre tous les autres au café Saint James pour l'amour de vous, vraiment, et non pas pour être mon second? En consé quence, mettez de côté vos propres affaires, que vous soyez occupé à poursuivre quelque douairière ou à plumer quelque pigeon, et arrivez promptement ici, où il se peut que j'aie incessamment besoin de votre aide. — *Il se peut* que j'en aie besoin? — que dis-je, ô le plus négligent des amis et alliés! j'en *ai* déjà eu besoin, et cela dans un moment où vous eussiez pu me servir de garde du corps. Sachez que j'ai eu une affaire depuis que je suis ici. — J'ai été blessé, et j'ai presque tué mon ami, et si cela était arrivé, j'aurais pu être pendu, faute de Harry Jekyl pour porter témoignage en ma faveur. J'étais en route pour me rendre ici, lorsque, ne voulant pas, par certaines raisons, passer par le Vieux Village, je pris un sentier qui traverse le bois entre le vieux Saint Ronan et le nouveau Spa, laissant ma voiture et mes gens suivre le grand chemin. Je n'avais pas fait un demi-mille quand j'entendis les pas de quelqu'un derrière moi; je me re-

CHAPITRE XIX.

tournai, et je vis, qui? le visage que je hais et abhorre le plus cordialement au monde, — je veux dire celui qui surmonte les épaules de mon féal et bien aimé cousin et conseiller Saint-Francis. Il parut aussi confondu que je l'étais moi-même de notre rencontre inopinée; et il se passa une minute avant que le souffle lui revînt pour me demander ce que je faisais en Écosse, contrairement à ma promesse, comme il lui plut de s'exprimer. — Je rétorquai la question, et l'accusai d'être ici en contradiction à la sienne. — Il se justifia en disant qu'il n'y était venu que sur l'avis certain que j'étais en route pour Saint Ronan. — Or, Harry, comment diable l'a t il su, si tu as été complètement fidèle? car je suis sûr de n'avoir soufflé mot à nulle autre oreille qu'à la tienne de mon dessein. — Ensuite, avec cet air de supériorité insolente qu'il fonde sur ce qu'il appelle la droiture de ses vues, il proposa que nous nous éloignassions l'un et l'autre d'un voisinage où nous ne pouvions apporter que malheur. — Je vous ai dit combien il est difficile de soutenir le ton calme et résolu dont le diable le doue en de telles occasions; mais j'étais déterminé à ce que cette fois il n'eût pas l'honneur de la journée. Je ne vis pourtant d'autre chance pour cela que de me mettre dans une colère fulminante, ce que, grâces au ciel, je puis toujours faire à volonté.   Je l'accusai d'en avoir autrefois imposé à ma jeunesse, et de s'être fait lui même juge de mes droits; et j'accompagnai mes récriminations des termes les plus forts d'ironie et de mépris, aussi bien que de la demande d'une satisfaction immédiate. J'avais sur moi (*et pour cause* [1]) mes pistolets de voyage, et, à ma grande surprise, mon homme était également muni. — Pour jouer franc jeu, je lui fis prendre un de mes pistolets, — de vrais Kuchenritters,   chargés chacun de deux balles, circonstance que j'avais oubliée. — Je voudrais avoir prolongé un peu plus longtemps la discussion; mais je pensai, comme je pense encore, que les meilleurs arguments que lui et moi pussions échanger devaient venir de la pointe de l'épée ou de la bouche d'un pistolet. — Nous tirâmes presque en même temps, et je crois que nous tombâmes tous les deux : — moi, du moins, je tombai, mais je me remis en une minute avec un bras touché et une égratignure à la tempe; — c'était celle-ci qui m'avait étourdi. — Voilà ce que c'est que des pistolets à double charge. — Mon ami était devenu invisible, et il ne me resta plus qu'à continuer ma route pour le Spa, saignant chemin faisant comme un veau, et à faire une histoire de voleurs, véritable conte de revenant, que sans ma qualité de comte et le sang dont j'étais couvert âme au monde n'aurait voulu croire.

« Bientôt après, quand j'eus été installé dans ma chambre de dou-

---

[1] Ces mots sont en français dans le texte, ainsi que quelques autres également distingués par des caractères italiques dans la suite de la lettre. (L. V.)

leur, j'eus la mortification d'apprendre que mon impatience m'avait attiré tout ce désagrément, au moment où j'avais toute chance d'être débarrassé de mon ami sans peine, si je l'avais seulement laissé aller là où il se rendait ; car il paraît que ce matin-là, il avait un rendez-vous avec un imbécile de baronnet, qu'on dit être très-fort tireur, et qui m'aurait peut être délivré de Saint-Francis sans que j'en eusse ni le risque ni l'embarras. En attendant, sa non-apparition à ce rendez-vous a mis M. Francis Tyrrel, comme il se fait appeler, en aussi mauvaise odeur que possible près de la *gentry* de la Source, qui l'a dénoncé comme lâche et ne méritant pas le titre de *gentleman*. — Je ne sais moi-même que penser de l'affaire, et j'ai grand besoin de votre assistance pour voir ce que peut être devenu ce compagnon, qui, comme un spectre de mauvais augure, a si souvent contrecarré et déjoué mes meilleurs plans. Ma retraite forcée me condamne à l'inaction, quoique ma blessure soit en bon chemin de guérison. Il ne peut être mort; car s'il eût été mortellement blessé, nous aurions entendu parler de lui d'une manière ou d'une autre ; il n'a pu s'évanouir de la surface de la terre comme une bulle d'air. Il ne peut être sain et intact; car, outre que je suis sûr de l'avoir vu chanceler et tomber au moment où il tirait son coup, je le connais assez pour jurer que s'il n'avait pas été grièvement blessé il m'aurait d'abord harcelé de sa présence maudite et de son assistance, puis, qu'il serait allé avec son calme habituel régler ses comptes avec sir Bingo Binks. Non, — non, — Saint-Francis n'est pas de ceux qui laissent ces sortes d'affaires à mi-chemin ; — et ce n'est que justice de dire qu'il a le courage du diable pour soutenir son impertinence délibérée. Mais alors, s'il est grièvement blessé, il doit être encore dans ce voisinage, et probablement caché ; — c'est ce qu'il faut que je découvre, et j'ai besoin de votre assistance dans mes informations près des habitants du pays. — Hâtez-vous d'arriver, Harry, si vous attendez jamais quelque bon office de moi.

« Un bon joueur, Harry, s'étudie toujours à faire de mauvaises cartes le meilleur jeu : — ainsi ai je tâché de tirer quelque parti de ma blessure, et elle m'a en effet donné occasion de mettre *monsieur le frère* dans mes intérêts. Vous avez grande raison de dire qu'il m'importe de connaître le caractère de ce nouvel acteur jeté sur la scène désordonnée de mes aventures. — Sachez donc que c'est le plus incongru de tous les êtres absurdes, — un *buck*[1] écossais : — et vous pouvez aisément juger combien il est loin d'être un *buck* de la saison. Il n'est pas un point du caractère national qui ne s'oppose aux prétentions de cette race infortunée, lorsqu'elle essaie de jouer un person-

---

[1] Nous avons déjà vu que ce terme du jargon de la *fashion* désigne un petit maître, un *beau*. Le comte joue ensuite sur le mot *buck*, signifiant proprement un daim, et le *daim de saison* étant comme on sait, celui qu'estiment le plus les chasseurs. (L. V.)

nage dont le caractère est si aisément atteint par ses frères de l'île des Saints. C'est un peuple rusé, il est vrai; mais ils sont tellement dépourvus d'aisance, de grâce et de souplesse de manières, qu'ils paraissent constamment souffrir mort et martyre dans leurs tentatives de paraître insouciants et légers. Et puis, tantôt c'est leur orgueil qui les fait reculer, une autre fois leur pauvreté; ensuite ce sera leur pédantisme, ou bien enfin leur *mauvaise honte* : et avec tant d'obstacles qui leur barrent le chemin, il est positivement impossible qu'ils gagnent le prix de la course. Non, Harry; ce sont les gens graves de la Vieille Angleterre qui ont à craindre une invasion calédonienne;—les Écossais ne feront pas de conquêtes dans le monde de la fashion. Ce pourraient être d'excellents banquiers, car ils sont perpétuellement à calculer comment ils ajouteront les intérêts au capital; — ce pourraient être de bons soldats, car si ce ne sont pas d'aussi grands héros qu'ils voudraient qu'on les crût, je les suppose aussi braves que leurs voisins, et beaucoup plus susceptibles de discipline. — Ils sont nés légistes; il est vrai que chaque gentleman provincial[1] est élevé pour la chicane, et que, dans les autres conditions, leur caractère patient et rusé les met en état de se soumettre à des épreuves que les autres natifs ne pourraient supporter, et de profiter d'avantages que d'autres se laisseraient passer sous le nez sans en tirer parti. Mais assurément le Ciel n'a pas formé le Calédonien pour le monde élégant; et ses efforts pour atteindre à l'aisance, à la grâce et à l'enjouement, rappellent seulement les gambades gauches et maladroites de l'âne de la fable. Néanmoins l'Écossais a aussi sa sphère (dans son pays seulement), où le rôle qu'il prend est reçu comme argent comptant. Ce Mowbray, par exemple, — ce mien beau frère, — ferait peut-être assez bonne figure à une assemblée[2] du Nord ou aux courses de Leith, où il pourrait donner cinq minutes à l'amusement du jour, et la demi-heure d'ensuite à la politique de la province ou au fermage; mais il est à peine nécessaire de vous dire, Harry, que cette demi-éducation ne passerait pas sur le bon côté de la Tweed[3].

« Cependant, malgré tout ce que je vous ai dit, cette truite n'a pas aisément mordu à l'hameçon; et je n'aurais pas fait grand'chose de lui, si, dans la plénitude de son amour propre septentrional, il ne m'avait regardé comme un bon sujet à plumer; idée que vous avez imaginé de lui insinuer (bénie soit votre cervelle inventive!) par l'intermédiaire de Wolverine. Il commença donc une expérience qui promettait tant; mais, comme vous pouvez le deviner, il trouva un Tartare dur à la réplique. Naturellement, je n'usai de ma victoire qu'autant qu'il le fallait pour faire que ses intérêts soient de moitié

---

[1] *Country gentleman.*
[2] *Meeting.*
[3] C'est à dire en Angleterre, que la Tweed sépare de l'Écosse. (L. V.)

dans l'accomplissement de mon principal objet ; et cependant je pus voir que l'orgueil de mon homme était tellement froissé dans le cours de la négociation, que tous les avantages que le mariage offrait à sa damnée famille ne pouvaient dompter entièrement le chagrin provenant de sa défaite. Il l'avala, néanmoins, et nous sommes, du moins quant à présent, amis et alliés ; — pas assez cordialement, toutefois, pour que je lui confie la totalité de l'histoire si étrangement compliquée. Il était nécessaire de lui communiquer la circonstance du testament, comme offrant une assez forte raison de presser ma poursuite ; et cette ouverture partielle m'a dispensé momentanément de plus amples confidences.

« Vous remarquerez que je ne suis assuré de rien ; et qu'outre la chance de la réapparition de mon cousin, — événement certain, à moins qu'il ne soit plus mal que je n'ose l'espérer, — j'ai peut-être à attendre la répugnance capricieuse de Clara elle-même, ou quelque frasque bourrue de la part de son frère. — En un mot, — et que ce mot ait la puissance de ceux avec lesquels les magiciens évoquent le diable, — Harry Jekyl, j'ai *besoin* de vous.

« Comme je connais la nature de mon ami, je puis l'assurer qu'en se rendant ici à son devoir il servira ses intérêts aussi bien que les miens. Il y a ici un balourd dont j'ai déjà fait mention, sir Bingo Binks, avec lequel on peut faire quelque chose qui vaille la peine d'exercer *votre* savoir-faire, quoique ce ne soit guère digne du *mien*. Le baronnet est un parfait butor, et à mon arrivée ici il était sous les batteries de Mowbray. Mais le maladroit Écossais lui a tiré cinq ou six plumes de l'aile avec si peu de précaution, que le baronnet s'est effarouché et s'est mis sur la réserve, et qu'il est maintenant en train de se révolter ouvertement contre Mowbray, qu'il craint et qu'il déteste : — le moindre tour d'une main aussi savante que la vôtre, et l'oiseau est à vous, plumes et tout. — En outre,

« Sur ma vie,
De ce Bingo la femme est fort jolie. »

Une charmante femme, Harry, un peu grassouillette, et au-dessus de la taille moyenne, — tout à fait comme vous les aimez ; — une Junon pour la beauté, regardant avec un tel dédain son mari qu'elle méprise et qu'elle hait, et ayant l'air disposée à regarder si différemment quiconque pourrait être plus à son goût, que sur ma foi ce serait péché de ne lui en pas fournir l'occasion. S'il vous convient de hasarder votre chance, soit avec le chevalier, soit avec la dame, vous aurez beau jeu et pas de rivalité : — c'est-à-dire, pourvu que vous paraissiez sur cet appel ; car autrement je puis me trouver en telle position que les affaires du chevalier et celles de la dame me tombent directement sous la main. Ainsi donc, Harry, si vous voulez profiter de ces avis, vous ferez bien de vous hâter, aussi bien pour ce qui vous regarde que pour m'aider dans mes projets. — Je suis, Harry, selon que vous vous conduirez, votre

« Etherington. »

Ayant terminé cette épître aussi éloquente qu'instructive, le jeune comte demanda son valet de chambre Solmes, qu'il chargea de la porter immédiatement à la poste, et de la jeter de sa propre main dans la boîte.

CHAPITRE XX.

DIVERTISSEMENT DRAMATIQUE.

> Il s'agit de la pièce.
> *Hamlet.*

IL était enfin arrivé, ce grand jour dont les préparatifs avaient depuis quelque temps été le sujet de tous les entretiens et occupé toutes les pensées de la bonne société de Saint Ronan. Pour lui donner tout à la fois un certain degré de nouveauté et d'importance, lady Penelope Penfeather avait depuis longtemps suggéré à M. Mowbray l'idée que les personnes de la réunion les plus heureusement douées de talents naturels pourraient contribuer au divertissement général en jouant des scènes de quelque drame connu, exercice où sa bonne opinion d'elle-même l'assurait qu'elle était spécialement faite pour exceller. M. Mowbray, qui semblait en cette occasion avoir entièrement abandonné les rênes aux mains de Sa Seigneurie, ne fit aucune objection au plan qu'elle proposait, si ce n'est que les charmilles taillées à l'antique et les allées du jardin des Shaws devraient nécessairement servir de théâtre et de décorations, attendu que le temps ne permettrait pas de disposer la vieille salle du château pour la représentation des divertissements proposés[1]. Mais quand il fut question de ce projet dans la compagnie, il vint échouer contre l'écueil ordinaire, la difficulté de trouver des acteurs qui voulussent se charger des rôles inférieurs. Les premiers rôles avaient plus de candidats qu'il n'en fallait ; mais la plupart se trouvaient bien supérieurs à l'emploi du bouffon, à moins qu'il ne leur fût permis d'amplifier, de retrancher et de modifier à volonté ce qu'ils auraient à dire. Et puis, parmi le peu de personnes sans ambition que l'on pouvait décider, à force de flatteries et de cajoleries, à se charger des rôles subalternes, il y avait tant de mauvaises mémoires, tant de mémoires courtes, tant

---

[1] A Kilruddery, noble résidence de lord Meath, comté de Wicklow, il y a en plein air un endroit destiné aux représentations dramatiques particulières ; cet endroit est entouré d'arbres toujours verts qui s'y élèvent dans toute la magnificence d'une végétation luxuriante. L'effet en est agreste et romantique, et rappelle la scène où Bottom répétait son spectacle avec une pelouse pour théâtre, et un buisson d'aubépine pour foyer réservé. (W. S.)

de mémoires traîtresses, qu'enfin le plan fut abandonné de guerre lasse.

Une nouvelle proposition de lady Penelope fut mise ensuite sur le tapis. C'était de jouer ce que les Italiens appellent une *comédie de caractère*, c'est à dire non pas précisément une pièce dans laquelle les acteurs débitent ce que l'auteur a écrit pour eux, mais une sorte de proverbe dont le plan général a été préalablement arrêté, et quelques-unes des scènes les plus saillantes ajustées, mais où les acteurs ont à produire le dialogue *ex tempore*[1], ou, comme dit Petrucchio[2], sur l'esprit de leur mère. Ce divertissement est fort en vogue en Italie, notamment dans l'état de Venise, où les types de leurs comédies, depuis longtemps fixés, sont transmis par tradition, et où ce genre de pièces, quoique appartenant plutôt à la farce qu'à la comédie proprement dite, est distingué par le titre de *comedia del arte*[3]. Mais le caractère anglais, où domine cette réserve qui craint de se produire, est encore plus étranger à un amusement qui exige constamment un esprit de repartie vif et prompt, ou tout au moins cette causerie facile qui en tient lieu, qu'à la représentation régulière d'un ouvrage dramatique où l'auteur, responsable du langage et des sentiments, ne laisse aux acteurs que l'embarras du débit et du jeu.

Quoique ayant échoué dans ses deux premiers projets, l'esprit ardent et actif de lady Penelope, toujours avide de nouveauté, en produisit un troisième où elle eut plus de succès. C'était de combiner en un groupe, pris dans l'histoire ou dans une scène de drame, un certain nombre de personnes convenablement costumées pour la circonstance, comme représentant quelques personnages historiques ou dramatiques bien connus. Cette représentation, qu'on pouvait nommer un tableau en action, n'exigeait aucun jeu, même mimique; tout ce qu'on attendait des personnages, c'était de se grouper de manière à rappeler une situation frappante et mémorable de la scène représentée, mais où les acteurs sont au repos, sans parler ni agir. Pour ce genre de représentation, il n'était besoin de mettre à contribution ni l'esprit d'invention ni la mémoire de ceux qui se chargeraient des rôles, et, ce qui le recommandait plus encore à la bonne société, il n'y avait pas de différence marquée entre le héros ou l'héroïne du groupe et les personnages moins éminents dont ils étaient entourés sur le théâtre ; et quiconque avait confiance dans un bel extérieur et un costume approprié, pouvait espérer, bien que ne se trouvant pas tout à fait placé

---

[1] Sur le champ, par improvisation.
[2] Un des personnages de Shakespeare. (L. V.)
[3] *Voyez* les intéressantes Lettres de M. William Stewart Rose, écrites du nord de l'Italie (*M. W. Stew. Rose's Letters from the North of Italy*), vol. 1, lettre xxx, où ce curieux sujet est traité avec le savoir et la précision qui caractérisent cet excellent écrivain. (W. S.)

sous un jour aussi apparent et aussi favorable que les personnages principaux, d'attirer néanmoins une part considérable de l'attention et des applaudissements. Cette motion, que les membres de la compagnie, ou du moins ceux d'entre eux qui voudraient paraître en cette occasion convenablement costumés, se distribuassent en un ou plusieurs groupes qui pourraient être renouvelés et variés aussi souvent qu'il conviendrait, cette motion, dis-je, fut donc accueillie par acclamation, comme une idée lumineuse qui attribuait à chacun une part de l'importance attachée à son succès probable.

Mowbray, de son côté, promit d'imaginer quelque arrangement qui, dans ce drame muet, séparât les acteurs des spectateurs, et permît aux premiers de varier l'amusement en se retirant de la scène pour y reparaître comme partie d'une combinaison nouvelle et différente. Ce plan de représentation, où de beaux costumes et des attitudes affectées dispensaient de tout effort d'imagination et de talent, fut vivement approuvé de la plupart des dames présentes ; et lady Binks elle-même, dont la mauvaise humeur semblait défier tous les efforts qu'on pourrait faire pour l'adoucir, donna son assentiment au projet, avec une parfaite indifférence, il est vrai, mais d'un air quelque peu moins rechigné que de coutume.

Il ne restait plus alors qu'à fouiller le cabinet de lecture, afin d'y trouver quelque pièce assez célèbre pour commander l'attention, et qui fût en même temps convenable à l'exécution de leur projet. Le *Théâtre anglais* de Bell, le *Théâtre ancien et moderne* de Miller, et une vingtaine de volumes dépareillés dans lesquels des tragédies et des comédies étaient réunies au hasard, comme les voyageurs dans une voiture publique, sans le moindre indice de choix ni d'arrangement, furent tous examinés dans le cours de leurs recherches. Mais lady Penelope se déclara hautement et péremptoirement pour Shakespeare, comme l'auteur dont les ouvrages immortels étaient présents au souvenir de chacun. Ce fut donc à Shakespeare qu'on s'arrêta, et parmi ses ouvrages on choisit le *Songe d'une Nuit d'Été*, comme la pièce qui offrait la plus grande variété de caractères et la mieux appropriée, par conséquent, à la représentation projetée. Une active émulation se manifesta aussitôt parmi la plupart des membres de la société pour se procurer dans le voisinage autant d'exemplaires que possible du *Songe d'une Nuit d'Été*, ou le volume de Shakespeare qui contenait cette pièce ; car nonobstant la déclaration de lady Penelope, que quiconque savait lire possédait par cœur les pièces de Shakespeare, ceux de ses ouvrages qui ne sont pas restés au théâtre semblaient n'être guère connus à Saint-Ronan, sauf de ces gens à qui on a donné emphatiquement le nom de *liseurs*.

La distribution des rôles fut le premier objet dont on s'occupa, dès que ceux qui avaient dessein de représenter un personnage se furent rafraîchis la mémoire à l'égard de la pièce. Thésée fut, d'une voix unanime, assigné à Mowbray, l'amphitryon de la fête, et conséquemment ayant un juste titre à représenter le duc d'Athènes. Le costume d'une amazone, le cimier et le panache, la robe relevée de côté et le brodequin serré de soie bleu-ciel orné d'une boucle en diamants, réconcilia lady Binks avec le rôle d'Hippolyte. La taille de miss Mowbray, plus élevée que celle de lady Penelope, dut faire attribuer à la première le rôle d'Hélène, et il fallut que Sa Seigneurie se contentât de l'emploi boudeur d'Hermia. Il fut arrêté que l'on ferait au jeune comte d'Etherington la galanterie du rôle de Lysandre [1], rôle que cependant Sa Seigneurie déclina. Préférant la comédie à la tragédie, le comte refusa de paraître dans aucun autre rôle que dans celui du magnanime Bottom; et il leur donna un échantillon si plaisant de la manière dont il représenterait ce personnage, que tout le monde fut enchanté de son habileté dans ce rôle, non moins que de la condescendance dont il faisait preuve en voulant bien s'en charger.

Celui d'Égée fut décerné au capitaine Mac-Turk, dont l'obstination à refuser de paraître autrement qu'en grand costume highlandais faillit déranger toute l'affaire. Cet obstacle fut enfin levé sur l'autorité de Childe Harold, qui signale l'analogie qu'offre le costume highlandais et le costume grec [2]; et la société, passant sur la différence de couleur, décida que le kilt [3] de tartan bigarré du capitaine Mac-Turk serait le *kirtle* d'un montagnard grec, — qu'Égée serait un Arnaût, et que le capitaine serait Égée. Chatterly et le peintre, tous deux promeneurs par état, consentirent à se promener dans les rôles de Démétrius et de Lysandre, les deux amants athéniens; et M. Winterblossom, fort à contre-cœur et après force excuses, fut enfin gagné par le présent d'un camée antique, ou supposé tel, que lui fit lady Penelope, à jouer le personnage de Philostrate, le grand-maître des menus-plaisirs, pourvu que sa goutte lui permît de rester assez longtemps sur le gazon qui devait servir de scène.

Des pantalons de mousseline ornés de paillettes, un turban volumineux de gaze d'argent, des ailes pareilles et une pantoufle brodée, transformèrent tout à coup miss Digges en Oberon, le roi des ombres, dont la gravité souveraine était cependant assez mal représentée par la

[1] Amant d'Hermia. Il est inutile de dire que, pour comprendre les allusions de ce chapitre, le lecteur doit s'y être préparé par la lecture de la pièce indiquée de Shakespeare. (L. V.)

[2] « Les Arnaûts ou Albanais, dit lord Byron, me frappèrent par leur ressemblance avec les Highlanders d'Écosse dans le costume, l'extérieur et la manière de vivre. Leurs montagnes elles-mêmes semblent les montagnes de la Calédonie transportées sous un climat plus doux. Le *kilt*, quoique blanc; leur stature élancée et leur démarche active; leur dialecte, celte par le son, et leurs mœurs belliqueuses, tout me reportait au Morven. ». *Note sur le second chant du Pèlerinage de Childe Harold.* (W. S.)

[3] Sorte de jupon court des montagnards ou Highlanders d'Écosse. (L. V.)

folle gaieté d'une jeune fille, et par le ravissement qu'elle éprouvait dans ses beaux habits. Sa jeune sœur représenta Titania, et deux ou trois fées subalternes furent choisies parmi les familles séjournant à la fontaine salutaire, et à qui l'on persuada sans peine de laisser leurs jeunes enfants figurer en beaux habits, bien que les mères secouassent la tête à la vue de miss Digges et de ses pantalons, ainsi qu'à l'exhibition libérale de la jambe droite de lady Binks, dont le costume d'amazone gratifiait le public de Saint Ronan.

On eut recours au docteur Quackleben pour jouer la Muraille, à l'aide d'un de ces chevalets de bois ou écrans sur lesquels on met ordinairement le linge à sécher. Le vieux attorney eut en partage le rôle du lion, et les autres personnages de la tragédie de Bottom se trouvèrent aisément parmi les habitués non nommés de la Source. Des répétitions en costume, et autres préliminaires, allèrent au mieux, — et il fut déclaré tout d'une voix que c'était une pièce prête.

Mais l'éloquence même du docteur ne put faire entrer mistress Blower dans le plan, quoiqu'on eût particulièrement besoin d'elle pour représenter Thisbé.

— La vérité est, répondit-elle, que je n'ai pas grand goût pour la comédie. John Blower, le digne homme, comme il faut toujours aux marins une distraction ou une autre, voulut me mener une fois voir une certaine mistress Siddons ;— je crus que nous serions étouffés avant de pouvoir entrer,—toutes mes affaires arrachées de mes épaules, sans compter les quatre shillings blancs qu'il nous en coûta. Alors arrivèrent trois épouvantables vieilles avec des balais, et elles voulaient ensorceler la femme d'un marin[1]. — J'en eus bientôt assez ; — j'aurais voulu être dehors, et John Blower me remmena, mais il fallut se battre et se bousculer pour sortir comme pour entrer. —Mylady Penelope Penfitter et le beau monde peuvent le prendre comme ils voudront; mais, à mon idée, docteur Cacklehen, c'est tout simplement un blasphème aux gens de vouloir paraître autrement que leur Créateur ne les a faits. Et puis, changer le nom qui nous a été donné en baptême c'est, ce me semble, terriblement faillir à nos promesses ; et quoique Tisby, que j'imagine être un nom grec pour Tibbie, soit peut-être un très bon nom, pourtant j'ai été baptisée Marguerite, et Marguerite je mourrai.

— Vous vous trompez sur la chose, ma chère mistress Blower, dit le docteur ; il n'y a rien de sérieux en ce qu'on veut faire, — un simble *placebo*, — rien qu'un divertissement pour récréer les esprits, et aider à l'effet des eaux. — La gaieté est un grand agent de santé.

— Ne me parlez pas de santé, docteur Kittlepin! Quel bien ça peut-il faire à la santé de ce pauvre corps de Mac-Durk de se pa-

---

[1] Les trois sorcières de la première scène de *Macbeth*. (L. V.)

vaner dans ses tartans comme une enseigne de marchand de tabac, par une matinée de gelée, avec ses pauvres jambes ridées aussi bleues qu'un bleuet? Je sais bien que c'est une chose triste à voir. Et ça peut-il donner à quelqu'un santé ou plaisir de vous voir vous-même, docteur, aller et venir le dos couvert d'un paravent de papier peint en mur de chaux et de pierre? — Je n'irai voir aucune de leurs vanités, docteur Kittlehen; et s'il n'y a pas d'autre personne décente pour prendre soin de moi, comme je n'aime pas à rester tout un après midi seule avec moi même, j'irai voir M. Sowerbrowst le marchand de drèche; c'est un homme sensé et agréable, et un homme de bonne réputation dans le monde, et dont la sœur est une femme très-décente.

— Le Ciel confonde Sowerbrowst! pensa le docteur; si j'avais prévu qu'il dût se jeter ainsi en travers de mon chemin, il n'aurait pas si promptement pris le dessus sur sa dyspepsie. — Ma chère mistress Blower, continua-t il, mais à voix haute, c'est une affaire assez folle, j'en dois convenir; mais toutes les personnes d'un certain style et tous les gens de la mode de la Source ont décidé qu'ils assisteraient à cette représentation : on ne parle pas d'autre chose depuis un mois dans tout le pays, et il se passera un an avant qu'on ne l'oublie. Je voudrais que vous réfléchissiez quel mauvais effet fera votre absence, si vous n'y venez pas; — personne ne voudra croire que vous avez une carte, non, personne, quand bien même vous vous la pendriez au cou comme une étiquette autour d'une fiole d'infusion, mistress Blower.

Si vous croyez *cela*, docteur Kickherben, repartit la veuve alarmée à l'idée de déchoir dans l'opinion, j'irai au spectacle comme les autres; s'il y a péché et honte, que ceux qui commettent le péché portent la honte. Mais aussi je ne mettrai aucun de leurs déguisements papistes, — moi qui ai vécu à North-Leith [1]. tant femme que fille, pendant je ne dirai pas combien d'années, et qui ai une réputation à conserver parmi les saints et les pécheurs. — Et alors, qui est-ce qui prendra soin de moi, puisque vous allez faire de vous un mur de chaux et de pierre, docteur Kickinben?

Ma chère mistress Blower, si telle est votre détermination, je ne ferai pas de moi un mur. Sa Seigneurie prendra en considération ma profession; — elle comprendra que mes fonctions sont de veiller sur mes malades, de préférence à toutes les pièces de comédie du monde, — et que, pour m'occuper d'un cas tel que le vôtre, mistress Blower, ce serait mon devoir de sacrifier, si j'y étais appelé, le théâtre tout entier depuis Shakespeare jusqu'à O'Keefe.

A cette résolution magnanime, le cœur de la veuve fut grandement

---

[1] North Leith, dont il a plusieurs fois été question, est le port d'Édimbourg. (L. V.)

soulagé ; car, de fait, elle aurait bien pu, probablement, considérer la persistance du docteur dans le projet dont elle avait si hautement témoigné sa désapprobation, comme ne différant guère d'un indice de renonciation absolue à son allégeance. Ainsi donc, par un arrangement qui convint aux deux parties, il fut arrêté que le docteur accompagnerait aux Shaws sa sensible veuve, sans masque ni costume, et que l'écran peint serait transféré du dos de Quackleben aux larges épaules d'un avocat sans causes, tout à fait propre au rôle de la Muraille, car les éléments dont son crâne était formé pouvaient rivaliser en dureté avec la pierre et le mortier du maçon le plus habile.

Nous ne nous arrêterons pas à détailler les divers labeurs de corps et d'esprit qui occupèrent tout le temps compris entre le moment où cet heureux projet fut arrêté et le jour désigné pour sa mise à exécution. Nous n'essaierons pas de raconter comment les opulents firent faire, par lettres et par commissions, force recherches dans les magasins de la *Galerie de la Mode* pour y déterrer quelques échantillons de parure orientale ; — comment celles qui n'avaient pas de diamants y suppléèrent par du strass et des pierres de Bristol ; — comment les marchands du pays furent mis à bout de patience en s'entendant demander des articles dont ils ne connaissaient pas même le nom ; — et, finalement, comment les doigts actifs des demoiselles les plus économes enroulèrent des foulards en turbans, convertirent des jupes en pantalons, taillèrent, cousirent, coupèrent et rognèrent, et gâtèrent nombre de robes et de jupons fort propres pour confectionner quelque chose qui ressemblât à un costume grec. Qui pourrait décrire les merveilles que d'agiles aiguilles et des ciseaux bien conduits, aidés du fil et du dé, firent sortir de gazes d'argent et de mousselines lamées ? qui pourrait dire à quel point les jolies nymphes de la Source, si elles ne réussirent pas entièrement à atteindre la ressemblance désirée avec les Grecques païennes, parvinrent du moins à se débarrasser de toute similitude avec des chrétiennes douées de bon sens ?

Il n'est pas nécessaire non plus de nous arrêter sur les différents moyens de transport qui furent mis en usage pour transférer le *beau monde* du Spa au château des Shaws, théâtre de la fête. Ces moyens furent aussi divers que la fortune et les prétentions des invités, depuis l'équipage du lord avec ses piqueurs, jusqu'à l'humble chariot taxé ou non taxé qui transporta les personnes de moindre rang. Pour ceux-ci, en effet, les deux chaises de poste de l'auberge semblaient converties en coches desservant d'heure en heure le chemin de l'Hôtel au château, tant elles allèrent et vinrent de fois d'un de ces points à l'autre : — jour de contentement pour les postillons et de martyre pour les malheureux chevaux, tant il est rare que les classes différentes d'une même société, quelle que soit leur constitution, puissent se ressentir également en bien ou en mal d'une même occurrence.

CHAPITRE XX.

Telle était, en effet, la pénurie des moyens de transport, que des demandes furent adressées de la manière la plus humble même à Meg Dods, pour qu'elle voulût bien faire descendre son vieux whiskey à la Source de Saint Ronan, en considération de l'urgence et pour ce jour-là seulement. Mais ce n'était pas un vil lucre qui aurait pu faire oublier à l'âme inflexible de Meg ses motifs d'aversion contre ses voisins de la Source détestée. — Sa voiture, répondit elle sèchement, était retenue pour son propre locataire et pour le ministre, et du diable si personne autre y mettrait les pieds! Que chaque hareng soit pendu par sa propre tête. Et en conséquence, à l'heure désignée, les roues criardes de la boîte de cuir se mirent en mouvement, emportant, soigneusement abrité derrière le rideau contre les regards du fretin du village, le nabab Touchwood, dans le costume d'un *shroff* ou marchand hindou. Le ministre n'aurait peut être pas été aussi ponctuel, si une succession non interrompue de billets et de messages de son ami du *Croc*, se suivant d'aussi près que les carrés de papier qui décorent la queue du cerf-volant d'un écolier, ne l'eussent tenu si continuellement en alerte depuis le point du jour jusqu'à midi, que M. Touchwood le trouva entièrement habillé. Le whiskey ne fut retenu que dix minutes à la porte de la mense, temps employé par M. Cargill à chercher ses lunettes, qu'à la fin il découvrit heureusement sur son nez.

Assis enfin près de son nouvel ami, M. Cargill arriva sans accident aux Shaws, dont l'accès était entouré d'une troupe bruyante de marmots tellement transportés de joie à la vue des figures étranges qu'apportait chaque nouvelle voiture, que même le front rébarbatif et la voix bien connue de Johnie Tirlsneck le bedeau, qu'on avait mis tout exprès en station dans la cour, ne pouvaient suffire à leur imposer silence. Toutefois, la seconde cour, en avant du château, était tenue à l'abri des clameurs de ces petits indiscrets (que l'on crut avoir été quelque peu encouragés par Clara Mowbray), grâces à un couple de valets armés de leurs fouets, et ils ne pouvaient que saluer de leurs cris aigus les divers personnages, à mesure qu'ils descendaient une courte avenue conduisant de la première barrière à la porte extérieure.

Le *nabab du Croc* et le ministre ne furent pas salués des moindres acclamations, distinction que méritait au premier l'aisance avec laquelle il portait le turban blanc, au second la rareté de son apparition en public, à tous les deux, enfin, la singulière association d'un marchand hindou avec un grave ministre de l'Église d'Écosse portant un costume dont aujourd'hui on chercherait vainement la coupe antique dans l'assemblée générale du clergé national, marchant ainsi bras dessus bras dessous et paraissant ensemble dans les meilleurs termes. Ils s'arrêtèrent un moment à la porte de l'avant-cour pour admirer la façade du vieux château, que troublait en ce moment une scène de gaieté si peu habituelle.

Shaws Castle, malgré son titre de château, n'offrait nulle apparence de fortification; l'édifice n'avait jamais été destiné qu'à l'habitation d'une famille paisible Sa façade lourde et basse était chargée de quelques uns de ces ornements bâtards unissant ou plutôt confondant l'architecture gothique et l'architecture grecque, et qui furent très en vogue durant les règnes de Jacques VI d'Écosse et de son malheureux fils. La cour formait un petit *square* ou carré, dont deux côtés étaient formés par les bâtiments qu'occupait la famille, et le troisième par les écuries, seule partie à l'entretien de laquelle on eût donné beaucoup d'attention, le présent M. Mowbray les ayant toujours tenues dans le meilleur ordre. Le quatrième côté du *square* était clos par un mur d'abri, dans lequel une porte ouvrait sur l'avenue. L'ensemble offrait un genre de construction qu'on peut encore trouver dans ces anciennes propriétés écossaises où la rage de donner à leur demeure *un air de parc*, selon l'expression commune d'une certaine époque, n'a pas déterminé les propriétaires à faire abattre les vénérables entourages dont leurs pères, plus sages, avaient abrité leurs habitations, et à laisser ainsi le tout ouvert à l'action glaciale du vent du nord est; à peu près à la mode de ces coquettes surannées qui se gèlent volontairement pour gratifier le public d'une exhibition de coudes rouges et décharnés, de cous ridés et de gorges flétries.

Une porte à deux battants, hospitalièrement ouverte en cette occasion, admettait la compagnie dans une pièce sombre et basse, où Mowbray en personne, portant le costume de Thésée, moins sa toque et son manteau ducal, se tenait pour recevoir ses hôtes avec la courtoisie convenable, et indiquer à chacun la direction qu'il avait à prendre. Ceux qui avaient des rôles dans la représentation du matin étaient conduits à un vieux salon destiné à servir de foyer, et qui communiquait avec une suite de chambres sur la droite, où l'on avait disposé à la hâte ce qui pouvait être nécessaire pour compléter les toilettes; les autres, ceux qui ne prenaient pas une part active au divertissement projeté, étaient introduits à gauche dans une vaste salle à manger à peu près nue et depuis longtemps abandonnée, d'où une porte vitrée ouvrait sur le jardin, que traversaient en divers sens des haies d'ifs et de houx, que le vieux jardinier à tête grise continuait de tailler et d'entretenir sur ces principes qu'un Hollandais a crus dignes d'être consacrés par un poéme didactique sur l'*Ars topiaria*.

Un petit emplacement, au centre duquel se trouvait une pièce du plus beau gazon, et qu'entouraient des haies élevées telles que nous les avons décrites, avait été choisi comme le théâtre le plus convenable à l'exhibition du tableau dramatique projeté. Cet emplacement offrait nombre de facilités. Un terrain en pente s'élevant précisément en face fut garni de siéges pour les spectateurs, dont la vue embrassait complétement le théâtre champêtre, les buissons et les arbrisseaux ayant été arrachés, et remplacés par un écran temporaire que devaient enlever au moment voulu des domestiques chargés de ce soin, de manière à figurer le lever du rideau. Une tonnelle ou treillis couvert, qui traversait une autre partie du jardin et se terminait par une porte privée ouvrant de l'aile droite de la maison, semblait avoir été plantée tout exprès pour cette représentation; car elle servait à ménager aux personnages un accès commode et caché du foyer à la scène. Aussi les acteurs, ceux du moins qui avaient pris la haute main sur l'organisation du divertissement, furent-ils conduits par tant de facilités à étendre jusqu'à un certain point leur plan original; et au lieu d'un seul groupe, ainsi qu'on se l'était proposé d'abord, on se vit alors en état d'en produire successivement trois ou quatre aux yeux de la société, choisis et arrangés d'après différentes parties de la pièce; et de donner ainsi à la représentation plus de durée et plus de variété, outre l'avantage de séparer et de mettre en contraste les scènes tragiques et les scènes comiques.

Après s'être quelque temps promenée dans les diverses parties du jardin, qui n'avaient rien de fort intéressant pour personne, et avoir cherché à reconnaître quelques masques de caractère, qui, se conformant à l'humeur du jour, s'étaient hasardés à paraître en chanteurs de ballades, en colporteurs ambulants, en pâtres, en Highlanders, et sous d'autres déguisements, la société commença à se diriger de concert vers l'endroit où les siéges disposés pour elle, ainsi que les paravents étendus en avant du théâtre boisé, indiquaient que c'était là qu'on devait se réunir, et éveillaient d'autant plus l'attente qu'un écriteau, placé au front de l'esplanade, annonçait dans les termes mêmes de la pièce : « Que cette pelouse serait la scène, ce buisson d'aubépine le foyer, et que l'action allait commencer. » Un délai d'une dizaine de minutes commençait déjà à exciter dans l'auditoire quelques murmures d'impatience à demi réprimés, quand les sons du violon de Gow partirent tout à coup d'une charmille voisine, derrière laquelle il avait établi son petit orchestre. Il va sans dire que tous firent à l'instant silence,

« Tandis qu'avec la rage highlandaise il exécutait ses chères *strathpeys*; »

et quand, changeant de ton, il passa à l'*adagio*, et que les sons de son instrument s'éteignirent dans les accents plaintifs du *Château de Roslin*, les échos des vieilles murailles, réveillés de leur long sommeil, répétèrent les éclats d'applaudissements enthousiastes avec lesquels les Écossais accueillaient et par lesquels ils récompensaient leur habile ménestrel provincial.

— C'est bien le fils de son père, dit Touchwood au ministre; car tous les deux étaient parvenus à se placer presque au centre de l'espace réservé à l'auditoire. — Il y a maintenant longues années que j'entendis le vieux Neil à Inver, et que, pour tout dire, je passai une nuit avec lui à manger des crêpes et à boire de la bière d'Athole; et je ne me serais jamais attendu à entendre son pareil de ma vie. Mais silence: — le rideau se lève.

Les paravents étaient en effet enlevés, laissant voir Hermia, Hélène et leurs amants, dont les attitudes indiquaient la scène de confusion occasionnée par l'erreur de Puck.

M. Chatterly et le peintre ne s'acquittèrent de leurs rôles ni mieux ni plus mal que ne s'en acquittent en général les comédiens amateurs; et ce qu'on pouvait dire de mieux à leur égard, c'est qu'ils semblaient plus qu'à demi honteux de leur costume exotique et des regards du public.

Mais un impénétrable bouclier d'amour-propre garantissait lady Penelope de cette faiblesse intempestive. Elle minaudait, elle paradait, et nonobstant le peu d'apparence de sa stature, et les ravages que le temps avait faits sur une physionomie qui n'avait jamais été fort remarquable par la beauté, elle semblait vouloir renchérir sur le rôle de la charmante fille d'Égée. La mauvaise humeur appropriée au rôle d'Hermia était fort augmentée par la découverte qu'elle venait de faire que miss Mowbray était beaucoup mieux mise qu'elle, — ce dont elle n'avait pu s'apercevoir plus tôt, Clara n'ayant assisté qu'une seule fois aux fréquentes répétitions de la Source, et cela sans son costume théâtral. Toutefois, Sa Seigneurie ne souffrit pas que ce pénible sentiment d'infériorité, là où elle s'était attendue à un triomphe, l'emportât sur son désir de briller, jusqu'à nuire matériellement à la manière dont elle s'était proposé de représenter cette portion de la scène. La nature du spectacle excluait à peu près entièrement l'action; mais lady Penelope s'en dédommagea par une suite de grimaces qui aurait pu rivaliser, du moins par la variété, avec les étonnants jeux de physionomie par lesquels Garrick parcourait l'intervalle des passions les plus opposées. Elle contournait ses pauvres traits en expressions de l'amour le plus passionné pour Lysandre; puis elle leur donnait celle de l'étonnement et de l'orgueil offensé quand elle tournait ses regards sur Démétrius; et finalement elle les arrêtait sur Hélène, en imitant le plus heureusement possible l'air d'une rivale irritée, qui sent que son sein gonflé ne peut être soulagé par les larmes seules, et qui est sur le point de recourir à ses ongles.

Nul contraste d'air, de maintien et d'expression ne peut être plus frappant que celui qui existait entre Hermia et Hélène. Dans ce dernier rôle, la belle stature et le costume étranger de miss Mowbray attiraient tous les regards. Elle tenait sa place sur la scène comme une sentinelle le poste qui lui est assigné par sa consigne; car elle avait prévenu son frère que, bien qu'elle consentît, pour céder à ses importunités, à prendre part à la représentation, c'était comme partie d'un tableau et non comme actrice, et en conséquence une figure peinte eût à peine été plus immobile. Sa physionomie semblait avoir l'expression de douleur et de perplexité appartenant à son rôle, expression au milieu de laquelle errait parfois un sourire d'ironie et de sarcasme, comme si en elle-même elle eût méprisé le divertissement dans son ensemble, et qu'elle s'en fût voulu à elle-même d'avoir consenti à y prendre part. Par-dessus tout, un sentiment de honte avait amené sur ses joues une nuance d'incarnat, bien légère, à la vérité, mais que pourtant sa physionomie n'offrait pas d'habitude; et quand les spectateurs contemplèrent, dans la splendeur et la grâce d'un riche costume oriental, celle que jusque-là ils avaient été accoutumés à voir apporter à sa parure la plus grande insouciance, ils éprouvèrent tout ce que la surprise et le contraste peuvent ajouter de charme à un spectacle inattendu. Aussi peut-on dire que les applaudissements qui éclatèrent au moment où le théâtre fut découvert s'adressaient à elle seule, non moins vifs et non moins sincères que ceux qu'arrache à un auditoire l'acteur le plus accompli.

— Oh, cette pauvre lady Penelope! dit l'honnête mistress Blower, qui commença, une fois qu'elle eut surmonté ses scrupules contre ce genre de spectacle, à y prendre un intérêt tout particulier; — je souffre réellement pour sa pauvre figure, car elle la fait travailler comme les voiles du bâtiment de John Blower par une forte brise. — Oh! docteur Cacklehen, ne pensez-vous pas qu'elle aurait besoin, s'il était possible, de se passer sur le visage un fer à repasser, pour en enlever les rides?

— Chut! chut, ma chère mistress Blower! repartit le docteur; lady Penelope est une femme de qualité, et ma malade, qui plus est; et de telles gens jouent toujours à ravir. — Vous devez savoir qu'on ne siffle pas à un théâtre particulier. — Hem! hem!

— Vous pouvez dire ce que vous voudrez, docteur, mais il n'y a pas de pire folle qu'une vieille folle. — Encore, si elle était aussi jeune et aussi belle que miss Mowbray! — Je n'ai pas l'habitude de la trouver non plus bien jolie; — mais le costume... le costume fait une étrange différence. Ce châle qu'elle porte... j'ose dire qu'on n'a jamais vu son pareil dans toute l'Écosse; — c'est un vrai châle de l'Inde, j'en réponds.

— Un vrai châle de l'Inde! dit M. Touchwood d'un accent de dédain qui troubla quelque peu la sérénité de mistress Blower; — eh! que supposez-vous donc que ce serait, madame?

— Je ne saurais dire, monsieur, répondit-elle en se serrant davantage contre le docteur, car l'apparence exotique et le ton tranchant du voyageur ne lui plurent guère, comme elle en convint ensuite. Puis, ramenant son propre châle sur ses épaules, elle ajouta courageusement: Il y a de beaux châles fabriqués à Paisley, et que vous auriez peine à distinguer des châles étrangers.

— Ne pas distinguer les châles de Paisley d'un châle de l'Inde, madame? eh! un aveugle les distinguerait au plus léger attouchement de son petit doigt. Ce châle est le plus beau que j'aie vu en Angleterre, — et de cette distance je puis dire que c'est un vrai *tozie*.

— Ça se peut que celle qui le porte soit *cossue*[1]. Je déclare, à présent que je le regarde mieux, qu'il est parfaitement beau.

— J'ai dit *tozie*, madame, et non pas *cossue;* les marchands de Surate m'ont dit, en 1801, qu'on fabrique ces châles avec le duvet le plus fin des chèvres.

— Je pense que vous voulez dire des moutons, monsieur; car les chèvres n'ont pas de laine.

— Pas du tout, madame; mais il faut que vous sachiez qu'on n'emploie que le duvet qui vient immédiatement sur la peau. — Et leurs teintes! — ce *tozie* gardera sa couleur tant qu'il en restera un lambeau. — On les lègue à ses petits enfants.

— Oui, c'est une très jolie couleur; quelque chose comme dos de souris, seulement une idée plus rouge. — Je voudrais bien savoir comment on appelle cette couleur-là?

— La couleur est fort admirée, madame, répondit Touchwood, qui se trouvait alors sur un sujet favori; les musulmans disent que la couleur tient le milieu entre celle de l'éléphant et la poitrine du *faughta*.

— En vérité, je suis aussi savante que je l'étais.

— Ce que les Maures appellent *faughta*, madame (car les Hindous le nomment *hollah*), est une espèce de pigeon tenue pour sacrée parmi les musulmans de l'Inde, parce qu'ils croient qu'il s'est teint la poitrine dans le sang d'Ali. Mais je vois qu'on ferme la scène; — monsieur Cargill, composez-vous votre sermon, mon cher ami? — à quoi pensez-vous donc?

M. Cargill, durant toute la scène, avait tenu constamment fixé sur Clara Mowbray, et sans presque en avoir conscience, un regard profondément attentif et plein d'anxiété; et quand la voix de son compagnon vint tout à coup le tirer de sa rêverie, il s'écria : Aussi aimable que malheureuse! — oui, — il faut que je la voie! — je veux la voir!

— La voir? reprit Touchwood, trop habitué aux bizarreries de son ami pour chercher beaucoup de raison ou de liaison en quelque chose qu'il pût dire ou faire; parbleu, vous la verrez, et vous lui parlerez aussi si cela peut vous faire plaisir On dit que ce Mowbray est ruiné, continua-t-il en baissant la voix et en s'approchant de l'oreille du ministre. Je ne vois pas que cela y ressemble, s'il peut habiller sa sœur comme une *begum*[2]. Avez-vous jamais vu un châle aussi magnifique?

---

[1] Le mot écossais qu'emploie la digne mistress Blower, dans sa sainte habitude d'écorcher une partie des mots qu'elle entend, est *cozie*. La signification de ce mot *cozie*, étranger à l'anglais, est la même que celle de notre terme populaire *cossu*, et sa terminaison prête encore plus à l'équivoque. (L. V.)

[2] Dans l'Inde, on nomme ainsi la reine mère. (L. V.)

— Splendeur chèrement achetée ! repartit M. Cargill avec un profond soupir ; je souhaite que le prix en soit entièrement payé.

— Il est très-probable que non ; très-probablement il est porté en compte. Et quant au prix, j'ai vu dans le pays donner mille roupies[1] d'un pareil châle. — Mais chut, chut ! voilà que nous allons avoir un autre air de Nathaniel ; — et voilà, ma foi, qu'on enlève l'écran. — Hé bien, ils ont quelque pitié de nous ; — ils ne font pas, du moins, durer longtemps les entr'actes de leurs folies. — J'aime un feu vif et roulant en fait de ces sortes de vanités : — la folie qui marche un pas d'enterrement, et qui sonne ses grelots sur la mesure d'une cloche d'agonie, fait vraiment une triste besogne.

Une musique qui débuta lentement et se termina par un *allegro* vif et d'un caractère étrange, prépara l'entrée en scène de ces délicieuses créations de l'imagination la plus riche qui ait jamais enfanté des merveilles, l'Oberon et la Titania de Shakespeare. La majesté lilliputienne du chef de la troupe des fées était assez convenablement représentée par miss Digges, dont la modestie n'était pas assez indiscrète pour mettre obstacle au désir qu'elle avait de montrer son personnage dans toute sa dignité ; et elle s'avança, sachant bien quel charme avaient les contours gracieux d'une jolie jambe enserrée dans un triple rang de perles, et qui, sortant d'une sandale cramoisie, n'avait pour tout voile qu'un tissu de soie couleur chair de la texture la plus fine. Sa tiare ornée de joyaux relevait encore la dignité du front plein de courroux avec lequel le Roi des Ombres salua son épouse Titania, lorsque tous les deux entrèrent en scène à la tête de leur cortége respectif.

L'humeur remuante des enfants avait été dûment prise en considération ; et en conséquence, on avait fait de la scène qu'on leur avait destinée une pantomime plutôt qu'un tableau. La petite Reine des Fées ne resta pas au-dessous de son seigneur mécontent, et elle paya d'un regard de mépris et d'impatience féminine l'air de hauteur qui avait paru exprimer l'humeur de son abord :

« Fâcheuse rencontre au clair de la lune, fière Titania. »

Des autres enfants, les uns, selon l'usage, montraient de l'intelligence et de la hardiesse, les autres étaient gauches et embarrassés ; mais les gambades des enfants sont assurées de recevoir de ceux qui sont plus avancés en âge des applaudissements qui peut-être ne sont pas sans mélange de compassion ou d'envie. Et d'ailleurs il y avait dans la compagnie nombre de papas et de tendres mamans dont la bruyante approbation, bien que donnée en apparence à l'ensemble de la troupe, était

---

[1] La valeur de la *roupie* de l'Inde est très-variable ; on peut, en moyenne, l'évaluer à trois francs. (L. V.)

spécialement adressée, au fond du cœur, à leurs petits Jackies et à leurs petites Marias : — car le nom de Marie [1], quoique le plus joli et le plus classique des noms écossais, est maintenant inconnu dans le pays. Les fées se livrèrent donc à leurs jeux folâtres, dansèrent un pas, et disparurent au milieu des applaudissements.

Ce qu'on peut nommer l'*anti-mascarade* de Bottom, avec sa troupe d'acteurs, parut ensuite sur la scène, et un tonnerre d'applaudissements accueillit le jeune comte, qui s'était transformé, avec un tact et un goût infini, en rustre athénien ; fidèle au costume grec, mais le différenciant assez judicieusement de celui des personnages d'un rang plus élevé, pour qu'on reconnût de prime-abord en celui qui le portait un artisan aux mains calleuses. Touchwood, en particulier, fut bruyant dans son approbation, d'où l'on peut inférer que le costume était fidèle ; car si cet honnête homme, comme bien d'autres critiques, ne se distinguait pas beaucoup par la délicatesse de son goût, en revanche il avait une mémoire ferrée sur les petits détails de faits, et tandis que le regard ou le geste le plus expressif d'un acteur aurait bien pu le laisser froid, il aurait critiqué de la manière la plus sévère la coupe d'une manche ou la couleur d'un ruban de chaussure.

Mais le mérite du comte d'Etherington ne se bornait pas à cette exactitude extérieure ; car, si la fortune fût venue à le trahir, ses talents, comme ceux d'Hamlet, auraient pu lui assurer une place dans une meute de comédiens. Il représenta la suffisance dogmatique de Bottom, quoique par un jeu muet, à l'amusement infini de tous les spectateurs, surtout de ceux à qui l'original était familier ; et quand il fut *translaté* par Puck, il porta la nouvelle dignité de sa tête d'âne avec l'apparence d'un tel sentiment de grandeur, que la métamorphose, déjà assez burlesque en elle-même, en devint d'un comique irrésistible. Il montra ensuite la même *humour* dans ses plaisanteries avec les fées, et dans ses rapports avec MM. Cobweb, Mustard-Seed, Pease Blossom [2] et les autres cavaliers de Titania, lesquels ne purent garder leur sérieux devant la gravité avec laquelle il les invitait à lui gratter luxurieusement son museau poilu. Mowbray avait aussi trouvé un acteur convenable pour représenter Puck, dans un jeune garçon de l'Aultoun de Saint-Ronan, à qui de petits yeux et des oreilles se projetant de sa tête comme les tourelles d'un bâtiment gothique, donnaient une physionomie naturellement burlesque. Cet animal exotique personnifiait admirablement l'esprit joyeux et moqueur de lutin, de sorte que le groupe offrait quelque ressemblance avec le dessin délicieux et bien connu du Puck de sir Joshua, dans la collection choisie du *Barde de Mémoire*. Mais ce succès fut la ruine du Robin Goodfellow [3] de Saint-Ronan, qui

---

[1] *Mary*.
[2] Toile-d'Araignée, Graine-de-Moutarde et Fleur-de-Pois.
[3] Robin Bon-Compagnon.

CHAPITRE XX.

ne fit ensuite rien de bon, — qui prit à gauche, comme disait Meg Dods, et qui s'engagea dans une troupe de comédiens ambulants.

Le divertissement se termina par une grande cérémonie où reparurent tous les personnages qui s'étaient montrés en scène, cérémonie durant laquelle Mowbray pensa que le jeune lord avait dû avoir le temps d'examiner, sans être lui-même remarqué, l'extérieur au moins de sa sœur Clara, que dans l'orgueil de son cœur il ne pouvait s'empêcher de regarder comme supérieure par la beauté, costumée comme elle l'était maintenant, avec tout l'avantage de l'art, à la brillante Amazone, à lady Binks elle-même. Il est vrai que Mowbray n'était pas homme à donner la préférence à l'expression intellectuelle des traits de la pauvre Clara sur la beauté digne d'une sultane de la dame altière qui promettait à un admirateur toutes les vicissitudes que peut exprimer une physionomie charmante dans tous ses changements, et changeant aussi souvent que le lui commandaient les caprices d'un caractère ardent et fougueux, qui ne connaît pas de contrainte et qui méprise les avis. Néanmoins, pour lui rendre justice, quoique sa préférence fût peut-être dictée plus par la partialité fraternelle que par une grande pureté de goût, nous devons dire que cette fois il sentit toute l'étendue de la supériorité de Clara ; et ce fut avec un sourire de fierté sur les lèvres qu'à la fin du divertissement il demanda au comte s'il était content ? La troupe s'était séparée, et le jeune lord était resté sur la scène occupé à se débarrasser de son incommode visière, quand Mowbray lui fit cette question, en termes généraux, à la vérité, mais à laquelle il donnait naturellement une signification particulière.

— Je consentirais à porter éternellement ma tête d'âne, répondit-il, à condition que mes yeux fussent toujours aussi délicieusement occupés qu'ils l'ont été durant la dernière scène. — Mowbray, votre sœur est un ange !

— Prenez garde que cette parure de tête ne vous ait gâté le goût, mylord. Mais pourquoi avoir porté ce déguisement en reparaissant dans la cérémonie finale ? Il me semble que vous auriez dû vous découvrir.

— Je suis honteux de vous répondre ; mais la vérité est que les premières impressions sont importantes, et que j'ai cru que je ferais aussi sagement de ne pas me montrer pour la première fois devant votre sœur dans le personnage de Bully Bottom.

— En ce cas vous allez changer de costume pour le dîner, mylord ? si nous pouvons qualifier ainsi notre collation.

— Je vais de ce pas à ma chambre dans cette intention-là même.

— Et moi il faut que je m'avance pour congédier l'auditoire ; car je les vois la bouche béante qui attendent une nouvelle scène.

Sur ce, ils se séparèrent ; et Mowbray, dans son attirail de duc Thésée, s'avança en avant de l'écran, et en annonçant la conclusion des tableaux dramatiques qu'ils avaient eu l'honneur de représenter devant la respectable compagnie, il remercia les spectateurs de la réception favorable qu'ils leur avaient faite, et ajouta que s'ils pouvaient s'amuser une heure à se promener dans les jardins, une cloche les appellerait alors au château, où quelques rafraîchissements leur seraient préparés. Cette annonce fut accueillie avec les applaudissements dus à *l'amphitryon où l'on dîne* [1]; et les invités, quittant le théâtre temporaire, se dispersèrent dans le jardin, qui était d'une certaine étendue, pour se chercher ou se créer quelque amusement. La musique leur fut d'un grand secours à ce dernier effet; et bientôt une douzaine de couples et plus furent occupés « à fouler la terre d'un pied fantastique et léger » (j'aime une phrase dont la tournure est originale), sur l'air de *Monymusk*.

Le reste se promena çà et là à travers les charmilles, rencontrant au détour de chaque allée quelque masque élégant, et communiquant aux autres la surprise et l'amusement qu'eux-mêmes en recevaient. Grâces à la variété des costumes, à la liberté qu'ils donnaient de se livrer à toute sa gaieté et à toute son *humour*, et à la disposition où chacun était de donner du plaisir et d'en recevoir, cette petite mascarade était plus amusante que beaucoup d'autres du même genre pour lesquelles des préparatifs plus amples et plus magnifiques ont été faits. Il y avait aussi un agréable et singulier contraste entre les figures fantastiques qui erraient à travers le jardin et le calme de la scène elle même, à laquelle les charmilles taillées à l'ancienne mode, la distribution régulière des compartiments, et l'apparence antique d'une ou deux fontaines ou cascades artificielles, dont les naïades avaient dû ce jour-là reprendre leurs jeux d'autrefois, donnaient un aspect peu ordinaire de simplicité et d'isolement, et qui semblait appartenir à la dernière génération plutôt qu'à la génération actuelle.

---

[1] L'auteur a textuellement cité Molière. (L. V.)

CHAPITRE XXI.

EMBARRAS.

> Les festins, les danses, les mascarades et les heures de joie devancent l'Amour et sèment son chemin de fleurs.
> *Les Peines d'amour perdues.*

> Partez, respectables gens! — la scène commence à se charger de nuages.
> *Ibidem.*

ONSIEUR Touchwood et son inséparable ami M. Cargill se promenaient au hasard parmi ces groupes joyeux, le premier critiquant avec grand mépris les fréquentes tentatives d'imitation du costume oriental qu'il remarquait, et en appelant avec complaisance à sa supériorité de représentation, lorsque lui-même saluait, à la mode moresque ou persane, les divers personnages enturbanés qu'il rencontrait sur son chemin; tandis que le ministre, dont l'esprit semblait tout occupé de quelque chose de grave et d'important, portait, mais en vain, ses regards dans toutes les directions, pour découvrir la belle représentante d'Hélène. Enfin il entrevit ce mémorable châle, qui leur avait valu de la part de son compagnon une discussion si savante; et, s'échappant des côtés de Touchwood avec un degré d'anxieuse vivacité tout à fait étranger à ses habitudes, il s'efforça de joindre celle qui le portait.

Par le ciel! exclama son compagnon, le docteur a perdu l'esprit, — le ministre est fou! le théologien n'a plus son bon sens, la chose est claire. Et comment diable, lui qui peut à peine trouver son chemin du *Croc* à sa mense, peut il s'aventurer sans protection dans une scène de confusion pareille? — il pourrait aussi bien prétendre traverser l'Atlantique sans pilote. — Il faut me mettre en chasse après lui, de peur qu'il ne lui en arrive mal.

Mais le voyageur fut empêché dans l'exécution de son projet amical par un groupe nombreux qui descendait rapidement l'allée et dont le centre était occupé par le capitaine Mac-Turk, occupé à chercher querelle à deux Highlanders de contrebande de ce qu'ils avaient eu la présomption de déposer leurs culottes avant de posséder la langue gaélique. Les expressions de mépris et d'insulte dont le celte véritable accablait les infortunés plagiaires n'étaient intelligibles, à la vérité, que par le ton et les manières de l'orateur; mais ces manières et ce ton étaient tellement ceux de la colère, que les personnages admonestés qui l'avaient provoquée par leur déguisement malavisé — deux garçons imberbes venus de certaine grande ville manufacturière — se repentaient du fond du cœur de leur témérité, et aspiraient à sortir du jardin le plus promptement possible, aimant mieux abandonner leur part du dîner que d'affronter les conséquences ultérieures que pourrait amener le déplaisir de ce Termagant montagnard.

Touchwood avait à peine franchi cet obstacle et recommencé ses recherches après le ministre, que sa course fut de nouveau interrompue par une sorte de troupe de *pressiers*[1] ayant à leur tête sir Bingo Binks, lequel, afin de jouer au naturel son rôle de contre-maître ivre, offrait en effet tous les dehors de l'ivresse, quoiqu'il n'eût guère ceux d'un marin. Avec une bordée de jurements qui aurait fait sauter tout une flotte de la *Bethel-Union*, il s'adressa à Touchwood : Viens au vent, par mille bordées de diables, lui cria-t il d'une voix de boucher plutôt qu'avec l'accent de l'homme de mer ; vieille carcasse usée, il faut que tu reprennes la mer, carène vermoulue !

— Reprendre la mer? de tout mon cœur, répondit sur-le-champ Touchwood ; mais non pas avec un marin d'eau douce pour commandant.   Dites donc, confrère, savez-vous combien d'équipements de cavalerie il faut pour un navire?

— Allons, pas de farces, mon vieux *buck*, repartit sir Bingo ; — que diable un navire a-t-il à faire d'équipements de cavalerie? Nous prenez-vous pour de la cavalerie marine? — Ha! ha! je crois que vous avez trouvé votre homme, confrère.

— Comment, fils de goujon d'eau douce, vous qui de votre vie n'avez pas navigué plus loin que l'île des Chiens[2], vous voulez faire le marin, et vous ne connaissez pas la bride de la bouline, la selle du beaupré, le mors du câble, la sangle à hisser les agrès, le fouet du petit palan[3]? Voilà qui peut vous apprendre à reconnaître un faux loup de mer, et à sauver les six pence qu'il vous demande comme marin à la réforme.— Au large, au large! ou le constable sera chargé de conduire toute la bande des pressiers à la maison de correction.

Un rire général suivit la déconfiture du contre-maître rodomont ; et ce que le baronnet eut de mieux à faire fut de décamper la crête basse — Le ciel confonde le vieux farceur! fit-il en partant ; qui diable se serait attendu à rencontrer une telle platine sous un vieux bonnet de nuit de mousseline !

Touchwood, devenu un objet d'attention, fut suivi de deux ou trois

---

[1] *Pressgang*, marins qui parcourent les ports pour *presser*, c'est-à-dire enrôler de force des hommes dans la marine royale. (L. V.)

[2] Ile de la Tamise. (L. V.)

[3] On comprend que ce sont des termes de la marine anglaise. (L. V.)

rôdeurs dont il tâcha de se débarrasser de son mieux, montrant une impatience qui s'accordait mal avec le décorum de ses manières orientales, mais qui provenait de son désir de rejoindre son compagnon, et de l'appréhension où il était que quelque chose n'arrivât à Cargill en son absence. Car, bien que par le fait M. Touchwood eût un aussi bon naturel qu'homme au monde, peu d'hommes aussi auraient pu avoir d'eux une meilleure opinion qu'il n'en avait de lui, et il était très-enclin à supposer que sa présence, ses avis et son aide étaient de la plus indispensable conséquence pour ceux avec qui il vivait, et cela non-seulement dans les occasions importantes, mais aussi dans les occurrences les plus ordinaires de la vie.

Cependant celui qu'il cherchait en vain, M. Cargill, s'attachait de tous ses efforts à ne pas perdre de vue le beau châle de l'Inde, pavillon auquel il reconnaissait le navire qu'il tenait en chasse. Enfin il arriva assez près pour dire à demi-voix, et avec l'accent d'une vive anxiété : Miss Mowbray, — miss Mowbray, — il faut que je vous parle !

— Et que voudriez-vous dire à miss Mowbray ? répliqua la belle propriétaire du riche tissu, mais sans détourner la tête.

— J'ai un secret — un important secret à vous faire connaître ; mais ce ne peut être ici. — Ne vous éloignez pas ! — il y va de votre bonheur en ce monde, et peut-être dans l'autre.

La dame, comme pour lui fournir le moyen de lui parler plus en particulier, le précéda vers un de ces profonds cabinets de verdure à l'ancienne mode, que l'on trouve communément dans les jardins du genre de celui des Shaws ; et là, son châle drapé autour de sa tête de manière à lui cacher en partie les traits, elle se tint devant M. Cargill dans le demi-jour d'un platane touffu qui formait la voûte du cabinet, et parut attendre la communication annoncée.

— Le bruit court, dit le ministre avec une sorte d'empressement et de hâte, mais à voix basse, et en homme qui ne voulait être entendu que de celle à qui il s'adressait, — le bruit court que vous allez vous marier.

— Et ce bruit a-t-il la bonté de dire avec qui ? repartit la dame d'un ton d'indifférence qui parut confondre son interrogateur.

— Jeune dame, reprit-il d'une voix solennelle, si cette légèreté que vous montrez m'eût été affirmée sous serment, je n'aurais jamais pu y croire ! Avez-vous oublié les circonstances dans lesquelles vous vous trouvez ? — Avez-vous oublié que ma promesse de garder le secret, peut-être coupable même avec cette restriction, n'a été qu'une promesse conditionnelle ? — ou avez-vous pensé qu'un être aussi séquestré que je le suis était déjà mort au monde, même quand il en foule encore la surface ? — Sachez, jeune dame, que si je suis mort en effet aux plaisirs de la vie et à ses préoccupations ordinaires, je n'en vis que davantage pour ses devoirs.

— Sur mon honneur, monsieur, à moins que vous ne vouliez être plus explicite, il m'est impossible de vous répondre et même de vous comprendre ; vous parlez trop sérieusement pour une plaisanterie de mascarade, et pas assez clairement si vous voulez sérieusement être compris.

— Est-ce humeur, miss Mowbray? dit le ministre avec une chaleur toujours croissante ; est ce légèreté? — est ce aliénation d'esprit? — Même après un transport au cerveau nous conservons le souvenir des causes de notre maladie. — Allons, vous devez me comprendre, vous me comprenez, quand je vous dis que je ne consentirai pas à ce que vous commettiez un grand crime pour obtenir des richesses et un rang temporels ; non, serait-ce pour être faite impératrice ! Mon sentier est clairement tracé ; et si j'entends souffler un mot de votre alliance avec ce comte, ou n'importe ce qu'il soit, comptez que j'écarterai le voile, et que je ferai connaître à votre frère, à votre fiancé, au monde entier, la situation où vous vous trouvez, et l'impossibilité où vous êtes de contracter cette alliance à laquelle vous songez, je suis forcé de le dire, en opposition aux lois de Dieu et des hommes.

— Mais, monsieur, — monsieur, répliqua la dame d'un ton où respirait plus de curiosité que d'inquiétude, vous ne m'avez pas encore dit ce que vous avez à voir dans mon mariage, ni quels arguments vous pouvez lui opposer.

— Madame, repartit M. Cargill, dans l'état d'esprit où vous êtes en ce moment, et dans un lieu tel que celui-ci, je ne puis vous entretenir plus longuement d'un sujet pour lequel le moment est impropre, et auquel, je regrette de le dire, vous n'êtes nullement préparée. Il suffit que vous sachiez sur quel terrain vous êtes. Quand l'occasion sera plus convenable, j'exposerai devant vous, comme c'est mon devoir, l'énormité de ce que, dit-on, vous méditez, avec la liberté qui convient à un homme appelé, malgré son humble condition, à expliquer à ses semblables les lois de son Créateur. En attendant, je ne crains pas que vous fassiez aucune démarche précipitée, après un avertissement tel que celui-ci.

A ces mots il s'éloigna de la dame avec cette dignité que donne le sentiment d'un devoir accompli, mais en même temps avec une affliction profonde causée par l'insouciante légèreté de celle à qui il s'était adressé. Loin d'essayer de le retenir davantage, elle-même s'échappa du cabinet par une allée, en entendant plusieurs voix qui semblaient s'approcher par une autre. Le ministre, qui prit la direction opposée, se rencontra face à face avec un couple riant et causant à demi-voix, d'un air de familiarité qu'à l'apparition soudaine de M. Cargill les deux promeneurs quittèrent tout à coup pour prendre un ton plus cérémonieux. La dame n'était autre que la belle reine des Amazones, qui semblait avoir succédé à Titania dans son penchant pour Bully Bottom, à en juger par cette causerie intime et familière où elle était engagée avec le ci devant représentant du tisserand athénien, auquel la récente visite qu'il avait faite à sa chambre avait fait subir une nouvelle métamorphose, et qui avait pris le déguisement plus galant d'un ancien *cavaliero* espagnol. Richement costumé de tout point, il portait maintenant le manteau court et la plume tombante, l'épée, le poignard et la guitare, comme pour une sérénade sous la fenêtre de sa maîtresse ; un masque de soie attaché à la boutonnière de son pourpoint brodé, partie intégrante du costume national, pouvait lui servir dans le cas d'une approche indiscrète.

Il arrivait parfois à M. Cargill ce que nous croyons pouvoir arriver de même à d'autres fort sujets à des absences d'esprit : c'est que contre son habitude, et tout à fait à la manière d'un rayon de soleil perçant soudainement d'épaisses vapeurs et venant illuminer un point particulier du paysage, quelque souvenir soudain surgissait en lui, et semblait le contraindre d'agir sous son inspiration, comme sous l'influence d'une certitude et d'une conviction complètes. Les yeux de M. Cargill ne se furent pas plutôt arrêtés sur le cavalier espagnol, en qui il ne connut pas plus le comte d'Etherington qu'il ne reconnut Bully Bottom, qu'avec un empressement plein d'émotion il lui saisit la main que le cavalier semblait vouloir retirer, et qu'il s'écria, d'un ton empreint de véhémence et de solennité : Je me réjouis de vous voir ! — le Ciel vous a envoyé ici au moment du besoin.

— Je vous remercie, monsieur, répliqua lord Etherington très-froidement ; je crois que la joie de la rencontre est toute de votre côté, car je ne puis me rappeler vous avoir jamais vu.

— Votre nom n'est-il pas Bulmer? Je.... je sais.... je suis quelquefois sujet à des méprises ; — mais assurément votre nom est Bulmer ?

— C'est un nom que ni moi ni mes parrains n'avons jamais connu, dit le comte avec une politesse très froide et très-réservée. — Mon nom était Bottom il y a une demi-heure ; — c'est peut-être ce qui fait la confusion. — Permettez-moi de passer, monsieur, que j'accompagne madame.

— C'est tout à fait inutile, dit lady Binks ; je vous laisse rappeler vos souvenirs mutuels vous et votre nouveau vieil ami, mylord : — il paraît avoir quelque chose à vous dire. A ces mots, la dame s'éloigna, n'étant pas fâchée de l'occasion qui se présentait de montrer une apparente indifférence pour la société de Sa Seigneurie, en présence de quelqu'un qui les avait surpris dans ce qui pouvait sembler un moment d'excessive intimité.

— Vous me retenez, monsieur, reprit le comte d'Etherington, en s'adressant à M. Cargill, qui se tenait, quoique dérouté et incertain, si directement devant le jeune lord, que celui-ci n'aurait pu passer outre sans repousser le ministre à droite ou à gauche. Il faut réellement que j'accompagne cette dame, ajouta t-il, faisant un nouvel effort pour avancer.

— Jeune homme, dit M. Cargill, vous ne pouvez vous cacher à moi. Je suis certain — mon esprit m'assure que vous êtes ce M. Bulmer lui-même, envoyé ici par le Ciel pour prévenir un crime.

— Et vous, que mon esprit m'assure ne vous avoir vu de ma vie, repartit lord Etherington, vous êtes, je crois, envoyé ici par le diable) pour y jeter la confusion.

— Je vous demande pardon, monsieur, reprit le ministre, ébranlé par le ton calme avec lequel le comte soutenait son démenti, — je vous demande pardon si je commets une méprise, — c'est à dire si je commets *réellement* une méprise ; — mais je ne me trompe pas, — je suis sûr de ne pas me tromper ! — Ce regard, ce sourire.... Je ne me trompe *pas !* Vous *êtes* Valentin Bulmer, — ce même Valentin Bulmer que je...., mais je ne veux pas faire intervenir ici vos affaires privées : — vous *êtes* Valentin Bulmer, cela suffit.

— Valentin ? — Valentin ? fit lord Etherington avec impatience ; — je ne suis ni Valentin, ni Orson [1]. — Je vous souhaite le bonjour, monsieur.

— Arrêtez, monsieur, arrêtez, je vous l'enjoins ; si vous ne voulez pas vous faire connaître, c'est que peut être vous avez oublié qui je suis. — Permettez-moi de vous rappeler que mon nom est Josiah Cargill, révérend ministre de Saint-Ronan.

— Si vous êtes revêtu de ce caractère vénérable, monsieur, — ce qui pourtant ne m'intéresse en quoi que ce soit, — je pense que quand vous prenez votre coup du matin un peu trop fort vous feriez peut-être aussi bien de rester chez vous à dormir un somme avant de vous montrer en compagnie.

— Au nom du Ciel, jeune homme, laissez là ce ton de plaisanterie intempestif et malséant, et dites-moi si vous n'êtes pas — comme je ne puis encore m'empêcher de croire que c'est vous en effet — ce même jeune homme qui, il y a sept ans, me fit dépositaire d'un secret solennel, un secret qui remplirait mon cœur d'amertume si je le révélais à qui ne doit pas l'entendre, et qui pourrait amener les plus tristes conséquences !

— Vous êtes très-pressant avec moi, monsieur ; en échange, je serai également franc avec vous. — Je ne suis pas celui pour qui vous me prenez, et vous pouvez l'aller chercher où bon vous semblera. — Ce sera encore plus heureux pour vous s'il vous arrive de retrouver votre esprit dans le cours de vos recherches ; car je dois vous dire sans détour que je crois qu'il bat quelque peu la campagne. — Et faisant en même temps un geste qui montrait son intention positive de passer outre, M. Cargill ne put se dispenser de lui faire place et de le laisser s'éloigner.

Le digne ecclésiastique semblait avoir pris racine dans le sol, et,

---

[1] Valentin et Orson sont deux personnages de la *Bibliothèque bleue* populaires en Angleterre. (L. V.)

suivant son habitude ordinaire de penser tout haut, il s'écria : Mon imagination m'a joué bien des tours, mais celui-ci est le plus extraordinaire de tous ! — Que peut penser de moi ce jeune homme ? Il faut que mon entretien avec cette malheureuse jeune femme ait fait sur moi une bien vive impression, pour que ma vue même en ait été abusée, et que j'aie ainsi rattaché à son histoire le visage de la première personne que j'ai rencontrée. — Qu'est-ce que l'étranger *doit* penser de moi !

— Parbleu, ce qu'en pense quiconque te connaît, prophète, dit la voix amie de Touchwood, tout en accompagnant son apostrophe d'une tape d'avertissement sur l'épaule du ministre ; — c'est que tu es un malheureux philosophe de Laputa[1], qui a perdu son moniteur dans la foule. — Partons d'ici ; — maintenant que vous m'avez près de vous, vous n'avez plus rien à craindre. Hé mais, maintenant que je vous regarde mieux, vous avez l'air d'avoir vu un basilic : — non pas que pareille chose existe, pourtant, car autrement j'aurais dû en voir moi-même dans le cours de mes voyages ; — mais vous semblez pâle et effrayé. — Que diable y a-t-il ?

— Rien, répondit le ministre, si ce n'est qu'à l'instant même j'ai fait une insigne folie.

— Bah, bah ! il n'y a pas de quoi en soupirer, prophète. — Il n'est personne qui n'en fasse autant au moins deux fois en vingt-quatre heures.

— Mais j'ai presque révélé à un étranger un secret qui intéresse profondément l'honneur d'une ancienne famille.

— C'est mal, docteur ; prenez-y garde à l'avenir. Et réellement je vous conseillerais de ne pas parler même à votre bedeau Johnie Tirlsneck avant de vous être assuré, par au moins trois questions et autant de réponses pertinentes, que vous avez devant vous ledit Johnie en corps et en substance, et que votre imagination n'a pas affublé quelque étranger de la perruque rousse et du *joseph* brun râpé de l'honnête Johnie. Allons nous-en, — allons nous en.

A ces mots il entraîna le ministre embarrassé, qui allégua vainement toutes les excuses qu'il put imaginer pour échapper à une scène de gaieté dans laquelle il se trouvait si inopinément enveloppé. Il se plaignit d'un mal de tête : son ami l'assura qu'il n'aurait pas plutôt mangé quelques bouchées et bu un verre de vin que son mal de tête se dissiperait. Il prétendit avoir affaire : Touchwood répliqua qu'il ne pouvait en avoir d'autre que de composer son prochain sermon, et lui rappela qu'ils avaient encore deux jours jusqu'au dimanche. Enfin M. Cargill avoua qu'il éprouvait quelque répugnance à revoir l'étranger en qui il avait mis une telle obstination à vouloir trouver une res-

---

[1] Allusion aux *Voyages de Gulliver*. (L. V.)

semblance qu'il était bien assuré maintenant n'exister que dans son imagination. Le voyageur traita ses scrupules avec mépris, et lui dit que des convives ainsi rassemblés dans une réunion si générale n'avaient pas plus affaire les uns aux autres que s'ils se trouvaient réunis dans un caravansérail.

— Ainsi donc, vous n'avez pas besoin de lui adresser un seul mot d'excuse ou autre; — ou, ce qui sera encore mieux, moi, qui ai tant vu le monde, je lui parlerai pour vous. En même temps M. Touchwood emmenait presque de force le ministre vers la maison, où les appelait en ce moment le signal convenu, et où la compagnie se réunissait dans le vieux salon déjà mentionné, avant de passer à la salle à manger où étaient préparés les rafraîchissements. — Maintenant, docteur, reprit l'ami affairé de M. Cargill, faites-nous voir la personne qui a été l'objet de votre méprise. Est-ce cet animal d'Highlandman? ou cette impertinente brute qui veut se faire passer pour contre-maître? lequel d'eux tous est-ce? — Oui, les voilà qui arrivent deux par deux, à la mode de Newgate[1]; — le jeune lord du manoir avec la vieille lady Penelope :— je voudrais bien savoir s'il se donne pour un Ulysse? — Le comte d'Etherington avec lady Bingo? — Il me semble qu'il aurait dû être avec miss Mowbray.

— Le comte de quoi, dites-vous? dit le ministre d'un ton d'inquiétude. Quel titre avez vous donné à ce jeune homme en costume espagnol?

— Oho! fit le voyageur; quoi! ai-je découvert l'esprit qui vous a effrayé? — Venez, venez, — je vais vous faire faire connaissance avec lui. En même temps il l'entraîna vers lord Etherington, et le ministre n'avait pas eu le temps d'articuler intelligiblement son refus, que déjà la cérémonie d'introduction avait eu lieu. — Mylord Etherington, permettez moi de vous présenter M. Cargill, ministre de cette paroisse; — un savant homme, dont la tête est souvent dans la Terre Sainte quand sa personne semble être avec ses amis. Il souffre extrêmement, mylord, à l'idée d'avoir pris Votre Seigneurie pour lord je ne sais qui; mais quand vous le connaîtrez, vous verrez qu'il peut commettre cent méprises plus étranges que celle là, de sorte que nous espérons que Votre Seigneurie ne se montrera pas offensée et ne conservera pas de prévention contre M. Cargill.

— On ne peut être offensé quand l'offense n'est pas intentionnelle, dit lord Etherington avec la plus grande urbanité. C'est moi qui devrais demander pardon au révérend ministre de m'être éloigné de lui précipitamment sans lui donner le temps d'un éclaircissement complet. Je lui demande pardon d'une précipitation que le lieu et le moment — car j'accompagnais une dame — rendaient inévitable.

---

[1] Prison de Londres, où les condamnés sont accouplés. (L. V.)

CHAPITRE XXI.

M. Cargill regardait attentivement le jeune lord, tandis que celui-ci prononçait ces mots de l'air d'aisance indifférente d'un homme qui s'excuse près d'un inférieur par égard pour sa propre réputation de politesse, mais sans s'inquiéter le moins du monde si ses excuses sont ou non regardées comme satisfaisantes. Et plus le ministre regardait, plus la conviction qui s'était si fortement emparée de son esprit que le comte d'Etherington et le jeune Valentin Bulmer étaient une seule et même personne, se fondait comme la gelée sous le soleil matinal, et cela si complétement, qu'il s'étonnait d'avoir jamais pu concevoir une telle idée. Il fallait que quelque forte ressemblance dans les traits l'eût induit en une telle illusion : mais la personne, le ton, la manière de s'exprimer, étaient complétement différents ; et son attention étant alors spécialement dirigée sur ces particularités, M. Cargill fut porté à regarder les personnages comme presque absolument dissemblables.

Le ministre n'eut plus qu'à faire ses excuses et à se retirer du haut bout de la table vers quelque place plus rapprochée du côté inférieur, qu'aurait préféré sa modestie, quand il fut soudainement arrêté par lady Penelope Penfeather, qui, le retenant de la manière la plus élégante et la plus persuasive, voulut absolument qu'ils fussent présentés l'un à l'autre par M. Mowbray, et que M. Cargill s'assît près d'elle à table. — Elle avait tant entendu parler de son savoir, — de son excellent caractère, — elle desirait tant faire sa connaissance, qu'elle ne pouvait se résoudre à perdre une occasion que la studieuse reclusion de M. Cargill rendait si rare.   En un mot, la prise du *lion noir* était à l'ordre du jour ; et lady Penelope ayant réussi à saisir sa proie s'assit bientôt en triomphe, et lui à ses côtés.

Touchwood et son ami se trouvèrent ainsi séparés pour la seconde fois ; car le premier, n'étant pas compris dans l'invitation, ou pour mieux dire n'ayant été nullement remarqué de lady Penelope, fut obligé de trouver une place vers le bas bout de la table, où il excita une extrême surprise par la dextérité particulière avec laquelle il dépêcha à la manière indienne un plat de riz bouilli.

M. Cargill, ainsi exposé sans soutien au feu de lady Penelope, ne tarda pas à le trouver assez vif et assez continu pour que sa complaisance, peu à l'épreuve du caquetage comme elle l'était depuis tant d'années, en fût presque poussée à bout. Elle commença par le prier d'approcher sa chaise plus près de la sienne, car une terreur instinctive pour les belles dames l'avait fait se tenir à distance. En même temps, elle espérait, lui dit-elle, qu'il n'avait pas peur d'elle parce qu'elle était de la communion épiscopale? Son père avait été de cette communion ; car, ajouta-t-elle avec un sourire qu'elle voulait rendre fin, nous ne valions pas grand'chose en 45, comme vous pouvez l'avoir entendu dire. Mais tout cela était passé, et elle était sûre que M. Cargill était trop libéral pour conserver à cause de cela la moindre aversion ou le moindre éloignement. — Elle pouvait l'assurer qu'elle était loin de haïr les formes du culte presbytérien ; — et même elle avait souvent désiré y assister là où elle était certaine d'être à la fois ravie et édifiée (ici un gracieux sourire), dans l'église de Saint-Ronan ; — et c'est ce qu'elle espérait bien faire dès que M. Mowbray aurait fait placer pour elle dans son banc le poêle qu'il avait demandé à Édimbourg.

Tout ceci, débité avec force sourires entremêlés de signes de tête, et avec tant de marques de politesse que le ministre ne put s'empêcher de penser à une tasse de thé dont le sucre dissimule le manque de force et de saveur ; tout ceci, dis-je, n'exigeait et ne reçut d'autre réponse qu'un regard approbatif et un salut d'assentiment.

— Ah ! M. Cargill, continua l'inépuisable lady Penelope, votre profession exige tant du cœur ainsi que de l'intelligence, — elle est si étroitement unie avec ce qu'il y a d'affectueux et de charitable dans notre nature, — avec nos sentiments les meilleurs et les plus purs, M. Cargill ! Vous savez ce que dit Goldsmith :

« To his duty prompt at every call,
He watch'd, and wept, and felt, and pray'd for all [1] ; »

et puis quel portrait trace Dryden d'un prêtre de paroisse ! portrait qu'on croirait sans modèle, si on n'entendait parler çà et là de quelque mortel qui ose aspirer à en rivaliser les traits (ici un nouveau signe de tête insinuant et un sourire expressif) :

« Refined himself to soul to curb the sense,
And almost made a sin of abstinence.
Yet had his aspect nothing of severe,
But such a face as promised him sincere ;
Nothing reserved or sullen was to see,
But sweet regard and pleasing sanctity [2]. »

Tandis que Sa Seigneurie déclamait, l'œil errant du ministre annonçait que son esprit était ailleurs : sa pensée voyageant peut-être pour conclure une trêve entre Saladin et Conrad de Monserrat, à moins qu'elle ne se trouvât occupée de quelques-uns des incidents de la journée même. Aussi la dame fut elle obligée de rappeler son distrait auditeur par cette question directe : — Il va sans dire, M. Cargill, que vous êtes familier avec Dryden ?

[1] Prompt à son devoir au premier appel, il veillait, il pleurait, il souffrait et priait pour tous.
[2] Il avait su parvenir à courber les sens au joug de l'âme, et de l'abstinence même il s'était presque fait un péché. Et cependant son aspect n'avait rien de sévère ; ses traits respiraient la sincérité. On ne voyait en lui rien de froid ni de sombre : son regard était doux, sa sainteté pleine de charme.

— Je n'ai pas cet honneur, madame, dit M. Cargill, sortant subitement de sa rêverie et ne comprenant qu'à moitié la question à laquelle il répondait.

— Monsieur? fit la dame surprise.

— Madame! — mylady! repartit M. Cargill embarrassé.

— Je vous demandais si vous admirez Dryden ; — mais, vous autres savants, vous êtes tellement distraits! — Peut-être avez-vous cru que je disais Leyden [1]?

— Lampe trop tôt éteinte, madame; je l'ai bien connu.

— Et moi aussi, ajouta vivement la dame au cothurne azuré. Il parlait dix langues : — quelle mortification pour moi, M. Cargill, qui ne pouvais me vanter que de cinq! Mais j'ai un peu étudié depuis lors. — Il faut que je vous aie pour m'aider dans mes études, M. Cargill; — ce sera charitable.   Mais peut-être craignez-vous d'avoir une femme pour écolière?

Un frisson, provenant d'anciens souvenirs, traversa le cœur du pauvre Cargill, avec une sensation aussi douloureuse que si une rapière lui eût traversé le corps; et nous ne pouvons nous empêcher de faire remarquer qu'un parleur intrépide en société, de même que dans une foule un homme très-affairé, indépendamment de ses autres inconvénients en général, est incessamment exposé à froisser quelque fibre sensible chez ceux qui l'entourent, et à réveiller en eux d'amers souvenirs, sans le savoir ou sans y prendre garde.

— Vous pouvez, d'ailleurs, m'aider dans mes petites charités, M. Cargill, à présent que nous nous connaissons si bien. — Voici cette Anne Heggie : — je lui ai fait tenir hier une bagatelle ; mais on m'a dit, — je n'en parlerais pas, n'était-ce qu'on ne voudrait pas mal placer le peu qu'on donne, — on m'a dit que ce n'est pas tout à fait un sujet convenable, — en un mot, qu'elle est mère sans être mariée, M. Cargill ; — et il me conviendrait moins qu'à personne d'encourager les mauvaises mœurs.

— Je crois, madame, dit le ministre d'un ton grave, que la misère de cette pauvre femme justifierait les bontés de Votre Seigneurie, alors même que sa conduite aurait été fautive.

— Oh! je ne suis cependant pas prude, je vous assure, M. Cargill. Je n'ai jamais refusé mes secours à personne que par les motifs les plus puissants. Je pourrais vous parler d'une de mes intimes amies que j'ai soutenue contre toutes les clameurs des gens de la Source, parce que je crois, au fond de l'âme, qu'elle n'est qu'inconsidérée, — rien qu'inconsidérée. — Oh! M. Cargill, pouvez-vous porter les yeux de l'autre côté de la table de cet air significatif! — Qui aurait cru cela de vous? — Fi! fi! faire de semblables applications personnelles!

[1] Auteur écossais contemporain. (L. V.)

— Sur ma parole, madame, je suis tout à fait en peine de comprendre....

— Fi! fi, M. Cargill! répéta lady Penelope, en donnant à ses interjections toute l'expression de surprise et de blâme que pouvait comporter le ton confidentiel de paroles dites presque à voix basse ; vous regardiez mylady Binks. — Je sais ce que vous pensez : mais vous êtes tout à fait dans l'erreur, je vous assure ; vous êtes tout à fait dans l'erreur. Je voudrais qu'elle fît un peu moins la coquette avec ce jeune lord Etherington, néanmoins; — sa situation est particulière, M. Cargill. — Vraiment, je crois qu'elle pousse à bout la patience du comte; car, voyez : il quitte la salle avant nous, c'est bien singulier ! — Et puis, ne trouvez-vous pas aussi fort étrange que miss Mowbray ne soit pas descendue pour nous recevoir?

— Miss Mowbray ! — que dites vous de miss Mowbray ? est ce qu'elle n'est pas ici? dit M. Cargill en tressaillant, et laissant percer un intérêt qu'aucune des libérales communications de Sa Seigneurie n'avait jusque là excité en lui.

Non, cette pauvre miss Mowbray, répondit lady Penelope en baissant la voix et en secouant la tête, elle n'a pas paru; — je crois que son frère est monté la chercher; il y a quelques minutes, de sorte qu'on nous laisse tous ici nous regarder les uns les autres. — Quelle inconvenance! Mais vous connaissez Clara Mowbray.

— Moi, madame? repartit M. Cargill, qui était devenu plus attentif; réellement je... je connais miss Mowbray, — c'est à-dire, je l'ai connue il y a quelques années ; — mais mylady sait qu'elle a été longtemps d'une faible santé, — d'une santé chancelante au moins, et depuis très-longtemps je n'ai pas vu la jeune dame.

— Je sais cela, mon cher M. Cargill, je sais cela, continua lady Penelope du même ton de profonde compassion; et assurément il a été très-malheureux pour elle d'avoir été privée de vos avis et de vos excellents conseils. — Je sais tout cela ; et, à vrai dire, c'est principalement à cause de la pauvre Clara que j'ai cherché à vous imposer l'embarras d'une nouvelle connaissance. — Vous et moi réunis, M. Cargill, nous pourrions faire merveille pour guérir son malheureux état d'esprit; — je suis sûr que nous le pourrions, — c'est à dire si vous vous décidiez à mettre en moi une confiance absolue.

— Miss Mowbray a-t elle chargé mylady de s'entretenir avec moi de sujets qui l'intéressent? dit le ministre avec plus d'adresse et de réserve que lady Penelope ne lui en aurait supposé. Je serai heureux, en ce cas, d'apprendre quelle est la nature de sa communication; et pour tout ce que pourront mes faibles services, Votre Seigneurie peut disposer de moi.

— Je... je... je ne puis précisément affirmer que j'aie de miss Mowbray des instructions directes pour m'entretenir avec vous sur le sujet en question, M. Cargill, dit lady Penelope avec hésitation; mais mon affection pour la chère enfant est si grande, — et puis, vous savez, les inconvénients qui peuvent provenir de ce mariage....

— De quel mariage, lady Penelope?

— Eh! M. Cargill, vous portez réellement trop loin le privilége de l'Écosse : — je ne vous ai pas adressé une seule question que vous n'ayez répondu par une autre. — Conversons intelligiblement pendant cinq minutes, si vous pouvez condescendre jusque là.

— Pendant aussi longtemps que cela pourra convenir à mylady, pourvu que ce soit des affaires de mylady ou des miennes, — si je pouvais supposer que celles-ci dussent vous intéresser un moment.

— Bravo! dit la dame avec un rire forcé; vous devriez réellement être prêtre catholique, et non pas ministre presbytérien. Quel inappréciable père confesseur le beau sexe a perdu en vous, M. Cargill, et avec quelle adresse vous auriez éludé toute question qui aurait pu compromettre vos pénitentes!

— La raillerie de mylady est beaucoup trop mordante pour que je la soutienne ou que j'y réponde, dit M. Cargill en s'inclinant avec plus d'aisance que Sa Seigneurie ne l'eût attendu de lui; et se retirant doucement en arrière, il mit fin à une conversation qu'il commençait à trouver quelque peu embarrassante.

En ce moment un murmure de surprise parcourut la salle, où venait d'entrer miss Mowbray appuyée sur le bras de son frère. La cause de ce murmure sera mieux comprise en racontant ce qui s'était passé entre le frère et la sœur.

CHAPITRE XXII.

DÉBAT.

> Ne vous rendez pas à la fête dans ce costume peu convenable; venez à ma chambre, — mettez de mes habits.
>
> *La Mégère domptée.*

Ce fut avec un mélange d'inquiétude, de contrariété et de ressentiment, que Mowbray, après avoir donné la main à lady Penelope jusqu'à la salle où les tables étaient dressées, remarqua que sa sœur était absente, et que lady Binks était appuyée sur le bras de lord Etherington, à qui son rang devait valoir l'honneur d'accompagner la dame de la maison. Un regard anxieux et rapide jeté autour de la salle lui donna la certitude que Clara n'y était pas, et les dames présentes ne purent lui donner aucun renseignement sur elle depuis qu'elle avait quitté le jardin, sauf que lady Penelope s'était entretenue un instant avec miss Mowbray dans la chambre de celle-ci, immédiatement après la fin du divertissement scénique.

Mowbray y courut, se plaignant tout haut du temps que mettait sa sœur à s'habiller, mais souhaitant intérieurement que le retard ne fût occasionné par aucun motif d'une nature plus grave.

Il gravit précipitamment les escaliers, entra sans cérémonie dans le petit salon de Clara, et frappant à la porte de son cabinet de toilette, il la pria de se hâter.

— Voici toute la compagnie qui s'impatiente, dit-il, prenant un ton de plaisanterie; sir Bingo Binks vous demande à grands cris, pour qu'on le lâche sur sa curée.

— César jappe? repartit Clara de l'intérieur; tout à l'heure, — tout à l'heure!

— Mais ce n'est pas une plaisanterie, Clara; lady Penelope miaule comme une chatte affamée!

— Me voici, — me voici, minette, fit Clara du même ton qu'auparavant; et en même temps elle entra dans le salon, sa parure mise entièrement de côté, et vêtue de l'amazone qui était son costume ordinaire et favori.

Son frère fut aussi surpris qu'offensé. — Sur mon âme, Clara, voici qui est fort mal, dit-il. Je vous passe toutes vos fantaisies dans les oc-

CHAPITRE XXII.

casions ordinaires ; mais, assurément, aujourd'hui plus que jamais, vous auriez pu condescendre à paraître comme doit paraître ma sœur, et à vous montrer en femme du monde recevant compagnie chez elle.

— Eh, mon cher John ! pourvu que les convives aient de quoi boire et manger, je ne vois pas pourquoi je me mettrais en peine de leur parure, ni pourquoi ils s'embarrasseraient de la simplicité de mes habits.

— Allons, allons, Clara, cela ne sera pas ; il faut décidément que vous rentriez dans votre cabinet, et que vous vous rhabilliez aussi promptement que vous pourrez. Vous ne pouvez descendre vers la compagnie habillée comme vous êtes.

Je le puis certainement, et certainement j'y descendrai, John ; — j'ai fait une folie ce matin pour vous obliger, et pour le reste de la journée je suis décidée à garder mon propre costume, — c'est à-dire un costume qui montre que je n'appartiens pas au monde, non plus que je ne veux avoir rien de commun avec ses modes.

— Sur mon âme, Clara. je vous en ferai repentir ! exclama Mowbray avec plus de violence qu'il n'en montrait d'habitude en ce qui concernait sa sœur.

— Vous ne le pouvez pas, mon cher John, si ce n'est en me battant, répliqua-t-elle froidement ; et c'est de quoi je pense que vous-même vous repentiriez.

— Je ne sais si ce ne serait pas la meilleure manière de vous gouverner, murmura Mowbray entre ses dents ; mais, commandant à son emportement, il se contenta de dire : Je suis sûr, par une longue expérience, Clara, que votre obstination finirait par l'emporter sur ma colère. Pour une fois, faisons un compromis : — gardez votre vieille robe, puisque vous désirez tant vous donner en spectacle, et jetez seulement le châle sur vos épaules ; — il a été excessivement admiré, et il n'est pas une femme ici qui ne soit impatiente de le voir de plus près : — on a peine à croire que ce soit un vrai châle de l'Inde.

— Soyez homme, Mowbray ; mêlez-vous des housses de vos chevaux, et ne vous occupez pas de nos châles.

— Et vous, Clara, soyez femme, et pensez-y un peu quand l'usage et les convenances le nécessitent. — Hé quoi, est-ce possible ? — ne voulez-vous pas vous bouger ? — ne voulez-vous pas m'obliger en une telle bagatelle ?

— Je le voudrais si je le pouvais ; mais puisqu'il faut que vous sachiez la vérité, — ne vous fâchez pas, — je n'ai pas le châle. Je l'ai donné — je l'ai rendu, devrais-je dire, à celle à qui il appartenait légitimement. — Elle m'a cependant promis quelque chose en échange. Je l'ai donné à lady Penelope.

— Oui, quelque ouvrage de ses jolies mains, je suppose, ou une couple de dessins d'elle enchassés en écran à feu. — Sur ma parole, — sur mon âme, ceci n'est pas bien! — C'est me traiter trop mal, Clara, beaucoup trop mal. L'objet n'eût-il été de nulle valeur, l'avoir reçu de moi aurait dû lui en donner pour vous. — Adieu; nous ferons de notre mieux sans vous.

— Mais, mon cher John, un moment, dit Clara en lui prenant le bras, au moment où il se tournait vers la porte d'un air d'humeur; nous ne sommes que nous deux sur terre; — ne nous querellons pas pour une friperie de châle.

— Friperie! répéta Mowbray; il m'a bien coûté cinquante guinées, par Dieu! et cinquante guinées sont quelque chose. — Friperie!

Oh! ne pensez pas au prix, John; c'était un cadeau de vous, et cela seul, j'en conviens, aurait dû suffire pour m'en faire conserver jusqu'à mon dernier jour le plus pauvre lambeau. Mais réellement lady Penelope paraissait si malheureuse, et son pauvre visage se contournait en tant d'expressions étranges de colère et de chagrin, que je le lui ai abandonné, et que je suis convenue de dire qu'elle me l'avait prêté pour la représentation. Je crois qu'elle craignait que je ne changeasse d'idée, ou que vous ne le revendiquiez comme épave seigneuriale; car, après avoir fait quelques tours enveloppée dans le châle, simplement en guise de prise de possession, elle l'a envoyé par un exprès spécial chez elle à la Source.

Qu'elle aille elle même au diable, la haridelle insatiable qu'elle est! Son cœur, dur comme un caillou, n'est qu'un composé de méchanceté et d'égoïsme, recouvert d'un beau vernis de goût et de sensibilité.

— Mais, John, elle avait réellement un peu lieu de se plaindre dans le cas actuel. Le châle avait été retenu pour elle, ou à peu près: — elle m'a montré la lettre du marchand; seulement je ne sais quel agent envoyé par vous est venu sur ces entrefaites avec de l'argent comptant, argument auquel nul marchand ne peut résister. — — Ha, John! je soupçonne que la moitié de votre colère provient de la non réussite d'un plan concerté pour mortifier la pauvre lady Pen; et qu'elle a plus à se plaindre que vous. — Allons, allons, vous avez eu l'avantage sur elle dans la première montre de cette fatale parure, si la porter sur mes pauvres épaules peut s'appeler une montre: — par amour pour la paix, passez lui le reste, et allons trouver ces bonnes gens; vous verrez comme je vais me montrer gentille et civile.

Mowbray, enfant gâté et habitué à voir contenter toutes ses fantaisies, fut excessivement contrarié de l'issue du plan qu'il avait formé pour humilier lady Penelope; mais il comprit vite la nécessité de ne rien dire de plus à sa sœur sur ce sujet. Il murmura intérieurement un serment de vengeance contre lady Pen, qu'il qualifia de harpie en bas bleus; oubliant injustement que dans la très-importante affaire dont

CHAPITRE XXII.

il s'agissait, lui-même avait été le premier à traverser et à supplanter Sa Seigneurie au sujet de la parure en question.

— Je la ferai connaître, dit-il ; je ferai connaître la conduite de Sa Seigneurie dans l'affaire ! Elle n'aura pas dupé une pauvre fille faible et fantasque comme Clara, pour n'en pas entendre parler de plus d'un côté.

Dans cette généreuse disposition chrétienne à l'égard de lady Penelope, il accompagna sa sœur à la salle à manger, et la conduisit à la place qui lui appartenait au haut bout de la table. Ce fut la négligence de son costume qui occasionna le murmure de surprise dont Clara fut saluée à son entrée. Mowbray, en plaçant sa sœur au siége qu'elle devait occuper, l'excusa en termes généraux de son arrivée tardive et de la simplicité de sa mise. Quelque fée, supposait-il, — Puck, ou quelque autre joli lutin, était entré dans la garde-robe, et avait emporté ce qui était de mise convenable.

On répliqua en même temps, de tous les points de la table, que c'eût été trop d'attendre de miss Mowbray qu'elle s'habillât une seconde fois à cause d'eux ; que rien de ce qu'elle croyait devoir porter ne pouvait messeoir à miss Mowbray ; qu'elle s'était couchée comme le soleil, dans ses splendides atours de scène, et que maintenant elle se levait dans sa parure habituelle comme la lune en son plein (ce compliment hyperbolique fut du révérend M. Chatterly) ; — enfin, que miss Mowbray, étant chez elle, avait bien le droit de se mettre comme il lui plaisait : politesse au moins autant pertinente qu'aucune de celles qui l'avaient précédée, et qui fut la contribution de l'honnête mistress Blower, à qui miss Mowbray répondit par une inclination de tête particulière et des plus gracieuses.

Mistress Blower aurait dû s'en tenir, pour l'honneur de son style de conversation familière, à un compliment si évidemment reçu avec plaisir ; mais personne ne sait s'arrêter à point. Avançant sa large face où se lisait le contentement et le bon naturel, et envoyant sa voix d'un bout de la table à l'autre, comme son défunt mari hélant son contre-maître par un temps de brise, elle ajouta qu'elle s'étonnait que miss Clara Moubrie ne portât pas ce grand châle qu'elle avait sur elle pendant la pièce, elle qui justement était assise au vent d'une porte. Sûrement c'était de crainte de la soupe, de la graisse et du reste ; — mais elle, elle avait trois châles, et réellement elle trouvait que c'était un de trop ; si donc il plaisait à miss Moubrie d'en porter un ? — Ce n'était qu'une imitation, pour sûr ; — mais il lui tiendrait les épaules aussi chaudes que si c'était un véritable *Inde*, et s'il attrapait des taches, il y aurait moins de regret.

— Bien obligé, mistress Blower, répondit Mowbray, ne pouvant résister à la tentation qui lui était offerte ; mais ma sœur n'est pas encore d'assez haute qualité pour être en droit de dépouiller ses amies de leurs châles.

Lady Penelope rougit jusqu'aux yeux, et une repartie amère lui vint aux lèvres; mais elle se contint, et faisant à miss Mowbray le signe de tête le plus amical du monde, quoique avec une expression toute particulière, elle lui dit seulement : Ainsi vous avez appris à votre frère notre petite transaction de ce matin? — *tu me lo pagherai.* — Je vous avertis loyalement de prendre garde qu'aucun de vos secrets ne vienne en ma possession, — voilà tout.

De quelles bagatelles dépendent parfois les événements de la vie humaine! Si lady Penelope s'était livrée à son premier mouvement de colère, il en serait probablement résulté quelque escarmouche mi-comique et mi-sérieuse, telle que celles dont plus d'une fois Sa Seigneurie et M. Mowbray avaient diverti la compagnie. Mais la vengeance contenue et différée est presque toujours à redouter; et c'est aux effets du ressentiment réfléchi conçu par lady Penelope en cette occasion futile qu'il faut rattacher la suite des événements que notre histoire a encore à rapporter. En elle-même elle résolut de rendre le châle qu'elle avait eu l'espoir de s'approprier à des conditions fort raisonnables; mais en elle-même, aussi, elle jura de se venger du frère et de la sœur, se regardant déjà comme en partie maîtresse de quelque secret de famille, fondement sur lequel elle pourrait établir sa batterie projetée. Les anciens torts du laird de Saint-Ronan, ses efforts pour éclipser l'importance de Sa Seigneurie, et la supériorité qu'avait eue Clara dans la représentation du jour, tout se combina avec le dernier motif de ressentiment; et il ne lui resta plus qu'à chercher par quels moyens elle pourrait rendre sa vengeance plus signalée.

Tandis que ces pensées traversaient l'esprit de lady Penelope, Mowbray cherchait des yeux le comte d'Etherington, jugeant qu'il serait convenable de le présenter formellement à sa sœur pendant le repas même ou avant que les convives ne se séparassent, comme introduction aux rapports plus intimes qui devaient avoir lieu entre eux, en exécution du plan convenu. A la grande surprise de Mowbray, le jeune comte était devenu invisible, et Winterblossom s'était tranquillement approprié la place qu'il avait occupée près de lady Binks, comme lui offrant le siège le meilleur et le plus moelleux de la salle, et comme le rapprochant en outre du haut bout de la table où sont ordinairement placés les mets les plus choisis. Cet honnête gentleman, après quelques compliments insipides à lady Binks sur son jeu comme reine des Amazones, s'était livré à l'occupation beaucoup plus intéressante de passer les plats en revue à travers un lorgnon suspendu à son cou par une chaîne d'or de travail maltais. Après quelques secondes d'examen et de surprise, Mowbray s'adressa au vieux *beau-garçon*, et lui demanda ce qu'était devenu Etherington?

— Il s'est retiré, répondit Winterblossom, et il n'a laissé derrière lui que ses compliments pour vous; — il se plaignait, je crois, de son

CHAPITRE XXII.

bras blessé. — Sur ma parole, cette soupe a la saveur la plus appétissante! — Lady Penelope, aurai-je l'honneur de vous en servir? — Non! — ni à vous non plus, lady Binks? — vous êtes par trop cruelles! — Il faut me consoler, comme un prêtre païen d'autrefois, en consommant la victime que les divinités ont dédaignée.

Se servant alors à lui-même l'assiette de soupe qu'il avait en vain offerte aux deux dames, il céda à M. Chatterly le soin d'en offrir aux autres : — C'est votre profession, monsieur, de rendre les divinités propices, dit-il. — Ahem!

— Je ne pensais pas que lord Etherington dût nous quitter sitôt, reprit Mowbray; mais il faut faire de notre mieux sans son concours.

En même temps il prit place à l'extrémité inférieure de la table, et fit de son mieux, en effet, pour soutenir le caractère d'amphitryon joyeux et hospitalier, tandis que de son côté, avec une grâce naturelle parfaite et ces attentions délicates propres à mettre tout le monde à son aise, sa sœur présidait à l'extrémité opposée. Mais la disparition si subite et si peu naturelle de lord Etherington, — la mauvaise humeur évidente de lady Penelope, et la bouderie silencieuse de lady Binks, répandirent sur la société une tristesse comparable à l'effet d'un brouillard d'automne sur un agréable paysage. Les femmes étaient maussades, ennuyées, bourrues même, sans qu'elles eussent bien su dire pourquoi; et les hommes cherchaient vainement à montrer de la gaieté, quoique la facile ressource du vieux vin du Rhin et du champagne déliât la langue de quelques-uns d'entre eux. Lady Penelope donna le signal de la séparation par les feintes appréhensions qu'elle exprima des difficultés, des dangers même du retour par une si mauvaise route. Lady Binks demanda une place près de Sa Seigneurie, attendu que sir Bingo, dit-elle, à en juger par sa dévotion pour le flacon vert, aurait probablement besoin de sa voiture pour revenir. Dès que ces dames furent parties, il devint de mauvais ton de rester, et, comme dans une armée en retraite, ce fut à qui passerait le premier. Il ne resta que Mac-Turk et quelques buveurs intrépides, non habitués à rencontrer une aussi bonne chère tous les jours de leur vie, et qui prirent la sage résolution de ne rien perdre d'une occasion si belle.

Nous ne nous arrêterons pas sur les difficultés inséparables du transport d'une nombreuse compagnie par peu de voitures, quoique les délais et les disputes qui en résultèrent fussent naturellement moins supportables que le matin, car on n'avait plus devant soi l'espoir d'une journée de plaisir comme appât pour se soumettre à un inconvénient passager. L'impatience de beaucoup fut si grande, que bien que la soirée fût fraîche et humide, ils aimèrent mieux s'en aller à pied que d'attendre le retour des voitures; et en partant ils convinrent d'une voix unanime de rejeter le blâme de ce qui leur pourrait arriver sur Mowbray et sa sœur, qui avaient invité une compagnie si nombreuse avant d'avoir fait faire une route plus courte et meilleure entre la Source et les Shaws.

— Il aurait été si aisé de mettre en état le sentier qui passe au Buck-Stane !

Et ce fut tout le remercîment que M. Mowbray reçut pour une fête qui lui avait coûté tant d'embarras et de dépenses, et qui avait été, pour le beau monde de la Source, l'objet d'une attente si impatiente.

— C'était une fête très-agréable, dit la bonne mistress Blower ; c'est seulement dommage que ça ait duré si tard, et puis il y a eu sûrement un terrible gaspillage de gaze et de mousseline.

Mais le docteur Quackleben avait si bien profité des nombreuses opportunités que la journée lui avait offertes, que la bonne dame fut tout à fait réconciliée avec les inconvénients de la réunion, par la perspective des rhumes, rhumatismes, et autres maladies qui devaient en résulter, maladies qui probablement procureraient une très profitable moisson au savant docteur à la prospérité duquel elle s'intéressait tant.

Mowbray, quelque peu adonné au service de Bacchus, ne se trouva pas dégagé, par la retraite d'une portion si considérable de la compagnie, de l'obligation de sacrifier au dieu joyeux, quoique en cette occasion il l'eût volontiers dispensé de ses orgies. Ni chanson, ni bon mot, ni plaisanterie n'eurent le pouvoir de ranimer ses esprits abattus, mortifié comme il l'était de ce que la fin de sa fête fût si différente de la brillante issue à laquelle il s'était attendu. Ce qui restait de convives, tous solides et gais compagnons, ne laissèrent cependant pas languir leur partie parce que l'amphitryon ne l'animait pas, et ils continuèrent de boire bouteille sur bouteille, sans plus d'égard pour l'air grave de leur hôte que s'ils eussent été en partie de débauche aux *Armes de Mowbray* au lieu d'être au château du laird. Minuit vint enfin lui donner relâche ; et alors, d'un pas mal assuré, il regagna son appartement, maudissant ses compagnons et lui-même, et, tout en se mettant au lit en toute hâte, vouant ses convives à autant de marécages et de fondrières qu'il s'en pourrait trouver entre les Shaws et la Source de Saint Ronan.

CHAPITRE XXIII.

LA PROPOSITION.

> Oh! vous voudriez rester vestale, j'en réponds, et devenir la fiancée du Ciel? — Allons, — nous pourrons ébranler votre résolution; car j'amène ici avec moi un joyeux amant, qui a pris ses degrés dans les sept sciences que les dames aiment le mieux : — il est jeune et noble, beau et vaillant, élegant, riche et généreux.
>
> *La Nonne.*

La matinée qui suit une débauche est habituellement une matinée de réflexions, même pour les bons vivants les plus déterminés. En reportant sa pensée sur le jour précédent, le jeune laird de Saint Ronan n'y voyait rien de très consolant, si ce n'est que dans le cas actuel l'excès n'avait pas été de son propre fait, mais qu'il fallait l'attribuer aux devoirs indispensables d'un maître de maison, ou du moins à ce que ses compagnons regardaient comme tels.

Mais ce fut moins le souvenir confus de la dernière orgie qui l'assaillit à son réveil, que la singularité inexplicable qui semblait envelopper les projets et la conduite de son nouvel allié le comte d'Etherington.

Ce jeune seigneur avait vu miss Mowbray; il avait hautement déclaré sa satisfaction, et renouvelé chaleureusement et de lui-même la proposition qu'il avait faite avant qu'elle ne lui fût connue : — et cependant, loin de chercher une occasion de lui être présenté, il avait brusquement quitté la compagnie, afin d'éviter les rapports necessaires qui devaient s'établir entre eux. Les assiduités galantes de Sa Seigneurie près de lady Binks n'avaient pas échappé à l'attention du pénétrant Mowbray; — lady Binks aussi s'était bien pressée de quitter les Shaws; et Mowbray se promit de découvrir la nature de cette liaison, soit par l'intermédiaire de mistress Gingham, la chambrière de la femme de sir Bingo; soit par tout autre moyen : jurant en même temps que nul pair du royaume ne ferait, d'une recherche apparente de miss Mowbray, un manteau destiné à couvrir une autre intrigue plus secrète. Mais ses soupçons à cet égard furent en grande partie dissipés par l'arrivée d'un des gens de lord Etherington, porteur de la lettre suivante :

« Mon cher Mowbray,

« Vous avez dû naturellement être surpris hier de ce que je me sois esquivé de table sans attendre votre retour, et avant que votre charmante sœur l'embellît de sa présence. Je dois confesser ma folie; et je puis le faire d'autant plus hardiment que n'ayant pas ouvert cette négociation sur un pied très-romantique, vous me soupçonnerez difficilement de vouloir le rendre tel. Mais en réalité j'éprouvais, durant toute la journée d'hier, une répugnance que je ne puis exprimer à être présenté ainsi en public et devant une compagnie si mélangée à la dame à la faveur de laquelle le bonheur futur de ma vie est attaché. Je pouvais, à la vérité, porter mon masque tant qu'on était en promenade; mais de toute nécessité il fallait le quitter à table, et conséquemment il me fallait aussi passer par le cérémonial de la présentation : moment des plus intéressants, que j'ai désiré reculer jusqu'à un instant plus convenable. Je compte que vous me permettrez de vous aller voir aux Shaws ce matin, dans l'espoir — l'anxieux espoir — que je pourrai présenter mes hommages à miss Mowbray, et m'excuser de ne l'avoir pas attendue hier. J'attends votre réponse avec la plus vive impatience, étant toujours votre, etc., etc., etc.,

« Etherington. »

— Voilà, se dit Saint-Ronan en repliant la lettre d'un air satisfait après l'avoir lue deux fois, voilà qui semble de franc jeu et cartes sur table. Je ne pouvais rien souhaiter de plus explicite; et puis cela met en noir et blanc, comme dit le vieux Mick, ce qui ne reposait auparavant que sur notre simple parole. C'est un excellent remède contre la migraine, qu'un tel billet reçu le matin.

En même temps il s'assit et répondit au comte, exprimant le plaisir qu'il aurait à voir Sa Seigneurie dès qu'elle le jugerait convenable. Il épia même d'une fenêtre le départ du messager, et le vit s'éloigner au galop avec la hâte d'un homme qui sait qu'un maître impatient attend son prompt retour.

Mowbray resta quelques minutes recueilli en lui-même, et songea avec délices aux conséquences probables de cette union : — haut rang pour sa sœur, et, par-dessus tout, avantages divers qui devaient nécessairement résulter pour lui-même d'une si proche alliance avec un homme qu'il avait de bonnes raisons de croire profondément initié *dans le secret*[1], et en état de lui rendre les plus importants services pour ses paris aux courses et dans le monde des joueurs. Il envoya alors un domestique prévenir miss Mowbray de l'intention où il était de déjeuner avec elle.

[1] On n'aura pas oublié que Mowbray s'est lui même proclamé affilié de l'honorable confrérie des *Grecs*. (L. V.)

— Je suppose, John, dit Clara quand son frère entra chez elle, que vous serez bien aise de trouver ce matin un breuvage plus faible que ceux que vous aviez cette nuit : — vous étiez encore à boire au premier chant du coq.

— Oui, répondit Mowbray ; ce banc de sable, le vieux Mac-Turk, sur qui des barriques entières ne font nulle impression, m'a mis sur les dents. — Mais c'est fini maintenant ; on ne me rattrapera pas aisément à pareille besogne. — Que pensez-vous de la mascarade ?

— Aussi bien soutenue que de telles gens soutiennent dans la vie leur déguisement en hommes et en femmes comme il faut ; c'est-à-dire avec une bonne dose d'embarras et fort peu de convenance.

— Je n'y ai vu qu'un seul bon masque, un costume d'Espagnol.

— Oh! je l'ai vu aussi, mais il portait sa visière haute. Un vieux marchand indien, ou quelque chose comme cela, m'a paru mieux soutenir son personnage ; — l'Espagnol ne faisait qu'aller çà et là et râcler de sa guitare, pour l'amusement de lady Binks, à ce qu'il m'a semblé.

— C'est pourtant un très-habile compagnon, cet Espagnol. — Pouvez-vous deviner qui c'est ?

— Non, en vérité, et je ne me donnerai pas la peine d'essayer. Se mettre à deviner là-dessus ne vaudrait pas mieux que de revoir une seconde fois toute la mascarade.

— Au moins vous conviendrez d'une chose : c'est que le rôle de Bottom a été bien joué ; — vous ne pouvez le nier.

— Oui, le personnage serait digne de porter sa tête d'âne jusqu'à la fin du chapitre. — Mais qu'y a-t-il à dire de lui ?

— Seulement que lui et le bel Espagnol n'étaient qu'une seule et même personne.

— En ce cas, il y avait là un fou de moins que je ne pensais, repartit Clara avec la plus grande indifférence.

Son frère se mordit les lèvres.

— Clara, dit-il, je crois que vous êtes une excellente fille, et pleine de talents par-dessus le marché ; mais, je vous en prie, ne vous posez pas pour l'esprit et la bizarrerie. Il n'y a rien au monde de si intolérable que de prétendre penser autrement que tout le monde. — Ce cavalier était le comte d'Etherington.

Cette annonce, quoique faite d'un ton que Mowbray voulait rendre imposant, ne fut d'aucun effet sur Clara.

— J'espère qu'il joue son rôle de pair mieux que celui d'hidalgo, répliqua-t-elle d'un air d'insouciance.

— Oui, reprit Mowbray, c'est un des plus beaux hommes de l'époque, et c'est tout à fait un homme à la mode ; — il vous plaira beaucoup quand vous le verrez en particulier.

— Il importe peu qu'il me plaise ou non.

— Vous vous trompez, dit gravement Mowbray; cela peut être d'une grande conséquence.

— En vérité! repartit Clara en souriant; il faut donc que je me suppose une personne trop importante pour que mon approbation ne soit pas nécessaire à un de vos élégants de premier ordre? Il ne peut prétendre sans cela passer la revue à Saint-Ronan? — Hé bien, je déléguerai mon autorité à lady Binks, et elle me remplacera pour faire défiler devant elle vos nouvelles recrues.

— Ce sont là autant de *non-sens*, Clara. Lord Etherington vient ici ce matin même, et désire vous être présenté. Je compte que vous le recevrez comme mon ami particulier.

— De tout mon cœur, — pourvu que vous vous engagiez, après cette visite, à le garder à la Source avec vos autres amis particuliers. — Vous savez que c'est chose convenue entre nous que vous n'amènerez dans mon salon ni *bucks*, ni chiens d'arrêts: — les uns tourmentent mon chat, et les autres m'ennuient.

— Vous vous trompez totalement à mon égard, Clara; — le comte est un visiteur tout autre qu'aucun de ceux que je vous ai jamais présentés. — Je m'attends à le voir souvent ici, et j'espère que vous serez tous deux meilleurs amis que vous ne pensez. J'ai plus de raisons pour le désirer que je n'ai maintenant le temps de vous le dire.

Clara resta silencieuse un instant, puis elle porta sur son frère un regard inquiet et scrutateur, comme si elle eût voulu lire dans sa plus secrète pensée.

— Si je croyais... reprit-elle après une minute de réflexion, et d'une voix pleine de trouble et d'émotion.... Mais non: — je ne veux pas croire que le Ciel me réserve un tel coup, — et moins encore que ce soit de vous qu'il doive venir. Elle courut précipitamment à la fenêtre, l'ouvrit de toute sa grandeur, puis elle la referma et revint à sa place, en disant, avec un sourire forcé: Que le Ciel vous pardonne, frère! mais vous m'avez effrayée jusqu'au fond de l'âme.

— Ce n'était pas mon intention, Clara, repartit Mowbray, qui vit la nécessité de la calmer; je faisais seulement en plaisantant allusion à ces chances qui ne sortent jamais de la tête des autres jeunes filles, bien que jamais vous ne paraissiez y songer.

Clara fit effort sur elle-même pour retrouver tout son sang-froid. — Je voudrais, mon cher John, dit-elle, que *vous* profitiez de mon exemple et que vous renonciez aussi à la science des chances; — elle ne vous profitera pas.

— Comment savez vous cela? — je vais vous faire voir le contraire, petite sotte que vous êtes. — Voici un billet sur un banquier, payable à votre ordre, de la somme que vous m'avez prêtée, et même de quelque chose de plus. — Ne laissez pas le vieux Mick y mettre les doigts, chargez Bindloose de la faire valoir pour vous : — c'est le plus honnête des deux damnés fripons.

— Ne voulez-vous pas, frère, envoyer vous-même cet argent à Bindloose?

— Non, — non; — il pourrait faire confusion avec quelques-unes de mes propres affaires, et confisquer la somme.

— Hé bien, je suis enchantée que vous puissiez me payer, car je désire acheter le nouvel ouvrage de Campbell.

— Je vous souhaite grande joie de votre achat, — mais ne m'égratignez pas si je vous dis que je ne m'en soucie guère. — Je me connais aussi peu en livres que vous en longs calculs de chances. Voyons, maintenant, soyez sérieuse, et dites-moi si vous serez bonne fille ; — si vous laisserez là vos caprices, et si vous recevrez ce jeune seigneur anglais comme le doit recevoir une dame telle que vous?

— Ce serait aisé, — mais.... mais.... je vous en prie, ne me demandez pas autre chose que de le voir. — Dites lui une bonne fois que je suis une pauvre créature de corps, d'esprit, d'énergie, de caractère et de jugement ; — surtout, dites-lui bien que je ne le puis recevoir qu'une fois.

— Je ne lui dirai pas une telle chose, repartit Mowbray d'un ton d'humeur ; il est bon d'être tout de suite franc avec vous. Je voulais reculer cette discussion ; — mais puisqu'il y faut venir, le plus tôt est le meilleur. — Vous saurez donc, Clara Mowbray, que lord Etherington a dans cette visite une vue particulière, et que ses motifs ont pleinement ma sanction et mon approbation.

Je le pensais, dit Clara d'une voix non moins altérée que tout à l'heure ; mon esprit avait prévu cette dernière infortune ! — Mais celle qui est devant vous n'est pas un enfant, Mowbray ; — je ne veux ni ne puis voir ce seigneur.

— Comment ! exclama Mowbray avec violence ; osez-vous me faire une réponse si péremptoire? — Pensez-y mieux, car si nous ne sommes pas d'accord, vous vous apercevrez que vous n'avez pas beau jeu.

— Comptez-y bien, reprit elle avec plus de véhémence : je ne verrai ni celui là ni personne autre sur le pied dont vous parlez ; — ma résolution est prise, et ni menaces ni prières ne m'en feront changer.

— Sur ma parole, madame, dit Mowbray, pour une jeune dame modeste et retirée vous avez une grande énergie ! — mais vous trouverez la mienne égale à la vôtre. Si vous ne consentez pas à voir mon ami, lord Etherington, oui, et à le recevoir avec les égards dus à ma considération pour lui, par le Ciel, Clara ! je ne vous regarderai plus comme la fille de mon père. Songez à quoi vous renoncez : — à l'affection et à la protection d'un frère ; — et pour quoi? simplement pour un vain point d'étiquette. Vous ne pouvez vous imaginer, je suppose, même dans les enfantements de votre cerveau romanesque, que les jours de Clarisse Harlowe et d'Henriette Byron sont revenus, alors qu'on mariait les femmes de vive force? et c'est une monstrueuse vanité à vous de supposer que lord Etherington, puisqu'il vous a honorée de quelques pensées, ne s'en tiendra pas à un refus convenable et civil. — Vous n'êtes pas un tel butin, ce me semble, que le temps des romans doive revenir pour vous.

— Peu m'importe quel était ce temps, John; je vous dis que je ne verrai ni lord Etherington ni personne autre sur des préliminaires tels que ceux que vous avez posés : — je ne le puis, ne le veux ni ne le dois. — Si vous aviez voulu que je le reçusse, ce qui ne peut importer en quoi que ce soit, vous auriez dû le laisser sur le pied d'une visite ordinaire; telles que sont les choses, je ne le verrai pas.

— Vous le verrez et vous l'entendrez, Clara; vous me trouverez aussi opiniâtre que vous, — aussi disposé à oublier que je suis frère, que vous l'êtes, vous, à oublier que vous en avez un.

— Il est donc temps que cette maison, que la maison de notre père, cesse de nous abriter tous les deux. Je puis me suffire à moi-même, et puisse Dieu vous bénir!

— Vous prenez cela froidement, madame, dit Mowbray, qui s'était levé et parcourait l'appartement d'un pas inégal et avec tous les symptômes d'une vive agitation.

— Oui, répondit-elle; car, ce qui arrive, je l'ai souvent prévu. — Oui, mon frère, j'ai souvent prévu que vous feriez de votre sœur l'objet de vos machinations et de vos plans dès que d'autres enjeux viendraient à vous manquer. Cette heure est venue, et je suis, vous le voyez, préparée à la recevoir.

— Et où vous proposez-vous de vous retirer? Je crois, moi votre seul parent et votre tuteur naturel, avoir droit de le savoir; — mon honneur et celui de ma famille y sont intéressés.

— Votre honneur! répliqua-t-elle, en lui lançant un regard pénétrant; vous voulez dire, je suppose, que votre intérêt est intéressé en quelque chose dans le lieu de ma demeure. — Mais prenez patience; le creux du rocher ou le lit du torrent sera l'objet de mon choix, plutôt qu'un palais sans ma liberté.

— Vous vous trompez, cependant, dit Mowbray d'un ton dur, si vous espérez jouir d'une liberté dont je ne vous jugerais pas capable de faire bon usage. La loi permet, la raison, et même l'affection, exigent que vous soyez sous une certaine dépendance, pour votre propre sûreté et celle de votre réputation. Vous avez un peu trop couru les bois du temps de mon père, si tout ce qu'on dit est vrai.

— Oui, Mowbray; oui, c'est vrai, dit Clara en pleurant; Dieu aie pitié de moi, et qu'il vous pardonne de me reprocher mon état d'esprit! Je sais que parfois je ne puis m'en rapporter à mon propre jugement; mais est-ce à vous de me le rappeler?

Mowbray fut tout à la fois adouci et embarrassé.

— Quelle folie est ceci? dit-il. Vous me dites les choses les plus piquantes ; — vous êtes prête à vous enfuir de ma maison, — et quand je suis poussé à faire une réplique un peu aigre, vous éclatez en sanglots !

— Dites que vous ne pensiez pas ce que vous avez dit, mon cher John ! exclama Clara ; oh ! dites que vous ne le pensiez pas ! — Ne m'enlevez pas ma liberté : c'est tout ce qui me reste, et Dieu sait que c'est une bien faible consolation dans les chagrins que j'endure. Je ferai bon visage à tout, — j'irai à la Source, — je porterai ce qui vous plaira, et je dirai ce que vous voudrez que je dise ; — mais laissez-moi, oh ! laissez-moi la liberté de ma solitude ici ! — laissez-moi pleurer seule dans la maison de mon père, et ne forcez pas une sœur dont le cœur est brisé à vous imputer sa mort. La mesure de mes jours doit maintenant être courte, mais que votre main n'agite pas le sablier ! — Ne me troublez pas, — laissez-moi passer tranquillement ; — je ne vous le demande pas autant pour moi que pour vous. Je voudrais que vous pussiez penser quelquefois à moi quand je ne serai plus, Mowbray, sans les amères réflexions qu'amènerait assurément avec lui le souvenir d'un traitement inhumain. Ayez pitié de moi, ne serait-ce qu'à cause de vous. — Je n'ai mérité de votre part que la compassion. — Nous ne sommes que nous deux sur terre : pourquoi nous rendrions-nous misérables l'un l'autre ?

Elle accompagnait ces supplications d'un torrent de larmes, et les sanglots l'interrompaient presque à chaque mot. Mowbray ne savait à quoi se résoudre. D'un côté, il était lié par sa promesse au comte ; de l'autre, sa sœur n'était pas dans une situation d'esprit à recevoir une telle visite, et même il était plus que probable que si elle se soumettait à la dure nécessité de voir lord Etherington, elle se conduirait de manière à rompre sans retour le mariage projeté, sur la réussite duquel il avait fondé tant de châteaux aériens. Dans cet embarras, il eut de nouveau recours au raisonnement.

— Clara, dit-il, comme je vous l'ai dit mainte fois, je suis votre seul parent et votre tuteur ; — s'il est quelque motif réel qui fasse que vous ne deviez pas recevoir le comte d'Etherington, et faire du moins une réponse civile à une négociation telle que celle qu'il a cru devoir ouvrir, assurément je dois en être instruit. Vous avez, du temps de mon père, — du moins dans les dernières années de sa vie, — beaucoup trop joui de cette liberté dont vous semblez faire si grand cas : — avez-vous à cette époque conçu quelque fol attachement qui maintenant vous empêche de recevoir une visite telle que celle dont lord Etherington vous a menacée?

— Menacée ! — l'expression est bien choisie ; et rien ne peut être plus terrible qu'une telle menace, si ce n'est son accomplissement.

— Je suis charmé que vos esprits se raniment; mais ce n'est pas répondre à ma question.

— Est il donc nécessaire que les gens aient quelque engagement ou quelque empêchement positif pour ne pas être disposés à se laisser donner en mariage, ou même à être persécutés sur un tel sujet? — Nombre de jeunes gens déclarent qu'ils ont intention de mourir garçons; pourquoi ne me serait il pas permis de commencer à vingt trois ans mon rôle de vieille fille? Permettez-le-moi en bon frère, et jamais neveux et nièces n'auront été aussi gâtés et grondés, aussi soignés et corrigés par une tante, que vos enfants, quand vous en aurez, le seront par tante Clara.

— Et pourquoi ne pas dire tout cela à lord Etherington? attendez qu'il vous propose un aussi terrible épouvantail que le mariage, avant de refuser de le recevoir. Qui sait? la fantaisie qu'il a laissé entrevoir est peut-être passée. — Il papillonnait, comme vous disiez, près de lady Binks, et elle a une bonne dose d'adresse, aussi bien que de beauté.

Que le Ciel lui donne plus encore de l'une et de l'autre (dans un but honnête), pourvu qu'elle veuille garder le comte pour elle-même!

— Hé bien, alors, les choses étant ainsi, je ne pense pas que vous ayez beaucoup d'embarras avec le comte, — pas plus, peut-être, que de lui formuler un refus civil. Après avoir fait à un homme de ma condition des ouvertures sur un tel sujet, il ne peut se retirer convenablement sans que vous lui en fournissiez une excuse.

— Si c'est là tout, dès qu'il m'en donnera l'occasion il recevra une réponse qui lui laissera la liberté de courtiser telle fille d'Ève que bon lui semblera, à l'exception de Clara Mowbray. Il me semble éprouver tant d'impatience de mettre le captif en liberté, que maintenant je désire l'arrivée de Sa Seigneurie autant que je la craignais il n'y a qu'un moment.

— Bien, bien, mais allons bel et doux. Il ne faut pas le refuser avant la demande.

— Certainement, mais je saurai comment conduire cela; la demande, il ne la fera pas du tout. Je libérerai l'admirateur de lady Binks sans même accepter une politesse en rançon.

De pire en pire, Clara; vous aurez à vous souvenir qu'il est mon ami et mon hôte, et qu'il ne doit pas recevoir d'affront dans ma maison. Laissez les choses aller d'elles mêmes. D'ailleurs, songez-y un instant, Clara; ne feriez-vous pas mieux de prendre quelque temps pour réfléchir? L'offre est magnifique : — titre, fortune, et, qui plus est, fortune à une portion considérable de laquelle vous aurez un droit légitime.

— Ceci outre passe notre traité, John. J'ai cédé plus que je n'aurais jamais cru pouvoir le faire, en consentant à ce que ce comte me soit présenté sur le pied d'un visiteur ordinaire ; et voilà que vous me parlez en faveur de ses prétentions. C'est un empiétement, Mowbray, et maintenant il me faudra retomber dans mon obstination et refuser absolument de le voir.

— Faites ce que vous voudrez, répliqua Mowbray, sentant bien que ce n'était qu'en agissant sur les affections de sa sœur qu'il avait quelque chance de l'emporter sur un point contraire à son inclination ; — faites ce que vous voudrez, ma chere Clara, mais, au nom du Ciel, essuyez-vous les yeux !

— Et conduisez vous comme les gens de ce monde, voudriez-vous dire ? ajouta t elle en essayant de sourire tout en lui obéissant. Mais la citation est perdue pour vous, qui n'avez jamais lu ni Prior ni Shakespeare.

— Et j'en remercie le Ciel. J'ai assez de sujets de me charger la cervelle, sans y amonceler un fatras de rimes comme vous le faites, vous et lady Pen. — Allons, c'est bien ; allez au miroir, et faites vous présentable.

Il faut en effet qu'une femme soit bien abattue par les peines et la souffrance pour qu'elle perde tout sentiment de convenance extérieure. La folle de Bedlam porte sa guirlande de paille avec un certain air de prétention ; et nous avons connu une veuve que nous savions être très-sincèrement affectée d'une perte récente, et dont cependant les vêtements de deuil étaient arrangés avec un douloureux degré de grâce qui allait presque jusqu'à la coquetterie. Clara Mowbray avait aussi, tout insouciante qu'elle parût être des apparences, des secrets de toilette qui lui étaient propres, bien qu'ils fussent de la nature la plus expéditive et la plus simple. Elle ôta son petit chapeau d'amazone, et dénouant un passement des Indes qui retenait sa chevelure, elle en laissa retomber dans toute leur profusion les touffes noires et lustrées, qui enveloppèrent comme d'un voile ses belles formes et sa taille délicate. Tandis que son frere la contemplait avec un mélange d'orgueil, d'affection et de pitié, elle les arrangea au moyen d'un grand peigne ; puis, sans avoir besoin de dame d'atours, elle s'en forma en quelques minutes une parure naturelle semblable à celle que nous voyons sur les statues des nymphes grecques.

— Maintenant, laissez-moi seulement trouver mon meilleur manchon ; et vienne prince ou pair, je serai prête à le recevoir.

— Bast ! votre manchon ? — qui a jamais entendu parler de pareille chose depuis vingt ans ? Les manchons n'étaient déjà plus de mode avant que vous ne fussiez née.

— N'importe, John ; quand une femme porte un manchon, surtout une déterminée vieille fille comme moi, c'est signe qu'elle n'a pas l'intention d'égratigner · ainsi donc le manchon a toute l'utilité d'un drapeau blanc, et prévient la nécessité de tirer son gant, ce qui est si prudemment recommandé par la devise de nos cousins les Mac-Intosh [1].

— Faites comme vous l'entendrez; si un autre voulait le faire, vous ne le souffririez pas. — Mais qu'est ceci? — un autre billet? — on ne voit que cela ce matin.

— Fasse le Ciel que Sa Seigneurie ait judicieusement réfléchi à tous les risques qu'elle est assurée de rencontrer sur ce terrain enchanté, et qu'elle se soit décidée à ne pas tenter l'aventure!

Son frère lui lança un regard mécontent, en même temps qu'il rompait le cachet de la lettre, dont la suscription portait ces mots : « Diligence et discrétion. » Nous en remettrons le contenu, qui le surprit grandement, au commencement du prochain chapitre.

[1] Les armoiries bien connues de cette ancienne famille portent un chat *rampant*, avec cette devise : Ne touche pas au chat sans ton gant. (W. S.)

CHAPITRE XXIV.

AVIS SECRET.

> Ouvrez cette lettre ; je puis produire un champion qui soutiendra ce qui y est contenu.
>
> *Le Roi Lear.*

Le billet que reçut Mowbray, et qu'il lut en présence de sa sœur, contenait ce qui suit :

« Monsieur,

« Clara Mowbray a peu d'amis,—aucun, peut être, à l'exception de vous-même, qui lui êtes attaché par les liens du sang, et de l'auteur de cette lettre, par ceux de l'affection la plus tendre, la plus vraie et la plus désintéressée que jamais homme ait éprouvée pour une femme. Je suis ainsi explicite avec vous, parce que, bien qu'il ne soit pas probable que je doive jamais revoir votre sœur ni lui parler, je désire que vous connaissiez bien la cause de cet intérêt que jusqu'à mon dernier souffle je prendrai toujours à ses affaires.

« La personne qui prend le nom de lord Etherington est, je le sais, dans le voisinage du château des Shaws, avec l'intention de rechercher la main de miss Mowbray ; et il m'est aisé de prévoir, en raisonnant selon les vues ordinaires de l'humanité, qu'il peut présenter ses propositions sous un jour tel que peut-être elles sembleront éminemment acceptables. Mais avant de donner à cette personne l'encouragement que ses offres peuvent paraître mériter, veuillez vous enquérir si sa fortune est bien assurée et son rang hors de contestation ; et sur chacun de ces deux points ne vous contentez pas de témoignages superficiels. Un homme peut être en possession d'un domaine et d'un titre auxquels il n'aurait d'autre droit que sa propre rapacité et son empressement à s'en investir ; et, supposant M. Mowbray jaloux comme il doit l'être de l'honneur de sa famille, l'alliance de celui qui serait dans ce cas ne peut qu'apporter le déshonneur. Cet avis vient d'un homme qui justifiera ce qu'il a écrit. »

A la première lecture d'un billet si extraordinaire, Mowbray fut porté à l'attribuer à la méchanceté de quelqu'un des gens de la Source, les lettres anonymes étant une ressource assez commune des petits esprits qui fréquentent ces sortes de lieux de réunion, comme un genre de déception sans danger et d'exécution facile, propre à semer la discorde et la confusion. Mais en y réfléchissant davantage il changea presque d'avis. Sortant tout à coup de la rêverie dans laquelle il était tombé, il demanda où était le messager qui avait apporté la lettre. Il était dans la salle d'en bas, à ce que croyait le domestique ; Mowbray courut à la salle. Non, — le messager n'y était pas, mais Mowbray put l'apercevoir qui remontait l'avenue. — Il l'appela : — pas de réponse : —il courut après l'homme, dont les dehors étaient ceux d'un paysan. Cet homme doubla le pas dès qu'il se vit poursuivi ; et quand il fut sorti de l'avenue, il se jeta dans un des nombreux sentiers que les promeneurs, soit en allant cueillir des noix, soit par simple motif d'exercice. avaient tracés dans diverses directions à travers le bois étendu dont le château était entouré, et qui sans doute lui avait valu le nom de *Shaws*, ce mot, dans le dialecte écossais, désignant un bois de cette nature.

Irrité du désir évident que l'homme avait de l'éviter, et naturellement opiniâtre en tout ce qu'il entreprenait, Mowbray continua fort loin sa poursuite jusqu'à en perdre haleine ; et depuis longtemps il avait cessé de voir le fugitif lorsque enfin il se souvint que son engagement avec le comte d'Etherington exigeait sa présence au château.

Le jeune lord, en effet, était arrivé aux Shaws si peu de minutes après le départ de Mowbray, qu'il était surprenant qu'ils ne se fussent pas rencontrés dans l'avenue. Le domestique auquel il s'adressa, pensant que son maître allait revenir sur-le-champ, puisqu'il était sorti sans chapeau, introduisit le comte, sans autre cérémonie, dans la salle à manger, où Clara était assise sur l'appui d'une des fenêtres, tellement occupée de la lecture d'un livre, ou peut-être tellement absorbée dans ses propres pensées, qu'elle leva à peine la tête jusqu'à ce que lord Etherington eût prononcé, en s'approchant d'elle, les mots, « miss Mowbray. » Un tressaillement et un cri aigu annoncèrent sa mortelle alarme ; et elle montra de nouveaux signes de frayeur lorsque, faisant un pas de plus, il lui dit d'une voix plus assurée : Clara !

— Pas plus près, — pas plus près, si vous voulez que je vous voie sans mourir ! s'écria-t-elle. Lord Etherington s'arrêta, comme incertain s'il devait avancer ou sortir, tandis qu'avec une incroyable volubilité elle le conjurait en termes incohérents de se retirer, parfois lui parlant comme à un personnage réel, mais plus fréquemment comme à un fantôme illusoire, enfanté par son imagination exaltée. — Je le savais, murmura-t-elle ; je savais ce qui arriverait si ma pensée était poussée de force dans cette terrible direction. — Parlez-moi, mon frère ! parlez-moi tandis que j'ai ma raison, et dites-moi que ce qui est là devant moi n'est qu'une ombre vaine ! Mais ce n'est pas une ombre ; — il reste devant moi avec tous les dehors d'un corps mortel !

— Clara, reprit le comte d'une voix ferme quoique adoucie, recueillez vos idées et remettez-vous. Je ne suis pas une ombre, en effet ; — je suis un homme cruellement offensé, qui vient réclamer des

CHAPITRE XXIV.

droits dont il a été injustement dépouillé. Je suis maintenant armé du pouvoir aussi bien que de la justice, et ma réclamation sera entendue.

— Jamais, jamais! puisque mon sort est d'être poussée à l'extrémité, que l'extrémité à laquelle je suis réduite me donne du courage. — Vous n'avez pas de droits, — vous n'en avez aucun! — Je ne vous connais pas, et je vous défie!

— Ne me défiez pas, Clara Mowbray, repartit le comte; — et combien son ton et ses manières étaient différents de ceux par lesquels il ravissait la société! car, en ce moment, il était solennel, tragique, et son accent avait presque l'austérité de celui du juge prononçant la sentence d'un criminel. — Ne me défiez pas, répéta-t-il; je suis votre Destin, et il dépend de vous de me faire indulgent ou rigoureux.

— Osez-vous parler ainsi? dit Clara, les yeux étincelants de colère, tandis que ses lèvres pâlissaient et tremblaient de crainte; — osez vous parler ainsi, et oubliez vous qu'au dessus de nos têtes est ce même Ciel que vous avez attesté solennellement, en invoquant sa colère si jamais vous me revoyiez sans mon consentement?

— Ce serment fut conditionnel. — Celui qui prend le nom de Francis Tyrrel avait fait un serment semblable : — et *lui*, ne vous a t-il pas revue? — Il vous a revue, continua-t-il en fixant sur elle un regard perçant; — vous n'osez le nier! — Un serment qui n'est pour lui qu'une toile d'araignée devra-t-il être pour moi une entrave de fer?

— Hélas! ce n'a été qu'un instant, répliqua miss Mowbray; et son courage l'abandonnant, elle laissa retomber sa tête sur sa poitrine.

Ne serait ce que la vingtième partie d'un instant, — la portion la moins appréciable de la subdivision du temps, — vous vous êtes rencontrés, il vous a vue, vous lui avez parlé. Et moi aussi, il vous faudra me voir, — moi aussi, il vous faudra m'entendre! ou bien je vous réclamerai d'abord à la face du monde comme m'appartenant; et après avoir revendiqué mes droits, je chercherai et j'anéantirai le misérable rival qui a osé se placer entre eux et moi.

— Pouvez-vous parler ainsi? — pouvez-vous ainsi enfreindre les liens de la nature? — Avez-vous un cœur?

— J'ai un cœur, et il recevra comme de la cire l'impression de vos moindres désirs si vous consentez à me rendre justice ; mais ni le granit, ni rien de ce que la nature a de plus dur ne l'égalera en dureté si vous poursuivez une opposition inutile! — Clara Mowbray, je suis votre Destin.

— Non, homme orgueilleux, dit Clara en se levant, Dieu n'a pas donné à un vase d'argile le pouvoir d'en briser un autre, si ce n'est par sa permission divine; — mon sort est dans la volonté de Celui sans la volonté duquel le plus faible oiseau ne tombe pas à terre. — Sortez! — je suis forte de ma foi dans la protection céleste.

— Est-ce sincèrement que vous parlez ainsi ? Songez d'abord à la perspective qui s'ouvre devant vous. Je ne suis pas ici avec un caractère équivoque ou douteux ; — je ne vous offre pas simplement le titre d'épouse ; — ce n'est pas un lot d'humble obscurité et de médiocrité laborieuse que je vous propose, avec des craintes pour le passé et de l'incertitude pour l'avenir : et cependant il *a été* un temps où vous auriez pu écouter favorablement une recherche telle que celle-là. —

— J'occupe un rang éminent parmi les nobles du pays, et je vous offre, avec le titre d'épouse, de partager mes honneurs et l'opulence qui les accompagne. — Votre frère est mon ami, et favorise ma recherche. Je relèverai de terre et rendrai encore une fois illustre votre ancienne maison ; — vos mouvements seront réglés sur vos désirs, même sur vos caprices ; — je porterai même si loin l'abnégation personnelle, que, si vous insistiez sur une mesure si rigoureuse, vous auriez votre propre résidence, votre maison séparée, sans intrusion de ma part, jusqu'à ce que l'amour le plus dévoué, les attentions les plus soutenues, eussent triomphé de votre inflexibilité. — Voilà pour l'avenir ; tout le passé sera caché au monde. — Mais il faut que vous soyez à moi, Clara Mowbray.

Jamais, — jamais ! s'écria-t-elle avec une véhémence croissante. Je ne puis que répéter ce mot, mais il aura toute la force d'un serment. — Votre rang n'est rien pour moi ; — votre fortune, je la méprise. — Ni la loi d'Écosse ni la nature ne donnent à mon frère le droit de violenter mes inclinations. — Je déteste votre perfidie, et je méprise l'avantage que vous vous proposez d'en tirer. La loi vous donnerait-elle ma main, elle ne vous donnerait que la main d'un cadavre.

— Hélas, Clara, vous ne faites que vous débattre dans le filet ; mais je ne vous presserai pas maintenant davantage : — une autre rencontre m'attend.

Il se détournait vers la porte, lorsque Clara, s'élançant devant lui, le saisit par le bras et prononça, d'une voix grave et solennelle, le commandement de la loi divine : Tu ne tueras pas !

— Ne craignez aucune violence, dit-il en adoucissant sa voix et en cherchant à lui prendre la main, autre que celle qui découlerait de votre propre sévérité. — Francis n'a rien à redouter de moi, à moins que vous ne soyez tout à fait déraisonnable. Accordez moi seulement ce que vous ne pouvez refuser à nul ami de votre frère, la permission de vous voir de temps à autre ; — suspendez au moins l'impétuosité de votre aversion contre moi, et moi, de mon côté, je contiendrai le cours de mon juste ressentiment, que sans cela rien ne pourra arrêter.

Clara, dégageant sa main et se reculant de lui, répondit seulement : Il est un Ciel au dessus de nous, et *là* seront jugées nos actions réciproques ! — Vous abusez d'un pouvoir traîtreusement obtenu ; — vous

CHAPITRE XXIV.

brisez un cœur qui jamais ne vous a offensé ; — vous cherchez une alliance avec une malheureuse dont le seul désir est d'être unie au tombeau. — Si mon frère vous amène ici, je ne puis l'empêcher ; — si d'y venir vous empêche de verser le sang et prévient une violence contre nature, en cela c'est bien : — mais si vous y venez, ce n'est pas de mon consentement ; et si j'avais le choix, j'aimerais mieux être frappée de cécité pour le reste de mes jours que de reposer encore une fois mes yeux sur vous ; — j'aimerais mieux avoir les oreilles remplies de la terre du tombeau que d'entendre encore votre voix !

Le comte d'Etherington sourit avec une expression d'orgueil. — Ceci même, madame, répliqua-t-il, je puis l'entendre sans colère. Quelque soigneuse et jalouse que vous soyez de dépouiller votre consentement de toute grâce et de toute bienveillance, je reçois la permission de me présenter devant vous, car c'est ainsi que j'interprète vos paroles.

— Ne les interprétez pas ainsi, dit elle ; je ne me soumets à votre présence que comme à un mal qu'on ne peut éviter. Le Ciel m'est témoin que si ce n'était pour prévenir un mal plus grand et plus extrême, je ne pousserais pas même la condescendance jusque-là.

— Va donc pour condescendance ; et je me montrerai reconnaissant même de votre condescendance, miss Mowbray, en gardant le silence sur ce que sans doute vous ne désirez pas voir découvert. A moins d'y être absolument forcé par ma propre défense, vous pouvez compter aussi que je n'aurai recours à nulle violence contre personne. — Je vous délivre de ma présence.

A ces mots il quitta la salle.

CHAPITRE XXV.

EXPLICATIONS.

Avec votre permission, cire complaisante.
SHAKESPEARE.

DANS la salle des Shaws le comte d'Etherington rencontra Mowbray, revenu de la chasse infructueuse qu'il avait donnée au porteur de l'épître, et qui avait appris en rentrant que le comte d'Etherington était avec sa sœur. Il y eut de part et d'autre un certain degré de confusion ; car Mowbray avait encore à l'esprit le contenu de la lettre anonyme, et lord Etherington, nonobstant tout le sang-froid qu'il s'était efforcé de conserver, n'avait pu soutenir sans quelque émotion la scène qu'il venait d'avoir avec Clara. Mowbray demanda au comte s'il avait vu sa sœur, et l'invita en même temps à revenir au salon ; Sa Seigneurie répondit, avec autant d'indifférence qu'il lui fut possible d'en affecter, qu'il avait eu pendant quelques minutes l'honneur de la compagnie de miss Mowbray, et qu'il ne voulait pas fatiguer immédiatement sa patience par une indiscrétion.

— Je me flatte, mylord, que vous avez reçu un accueil agréable ? J'espère qu'en mon absence Clara a fait convenablement les honneurs de la maison ?

— Miss Mowbray semblait un peu émue de ma subite apparition ; le domestique m'avait introduit tant soit peu brusquement, et, dans les circonstances où nous sommes, une première entrevue est toujours embarrassante quand un tiers ne se trouve pas là pour remplir les fonctions de maître des cérémonies. — Je soupçonne, d'après l'air de votre sœur, que vous ne m'avez pas tout à fait gardé le secret, mon bon ami. Moi-même, en approchant de miss Mowbray, il m'a semblé que j'étais un peu gauche ; — mais c'est fini ; et maintenant que la glace est rompue, j'espère trouver d'autres occasions plus favorables de mettre à profit l'avantage que je viens d'avoir de faire personnellement connaissance avec votre aimable sœur.

— Soit, mylord ; mais puisque vous parlez de quitter maintenant le château, il faut auparavant que j'aie avec Votre Seigneurie un mot d'entretien, pour lequel cette salle n'est pas tout à fait convenable.

— Rien de plus aisé, mon cher Jack, dit Etherington, en même

CHAPITRE XXV.

temps qu'il suivait Mowbray avec un tressaillement secret, assez semblable peut-être à ce qu'éprouve l'araignée qui s'aperçoit que sa toile perfide est menacée de destruction, et qui reste suspendue au centre, épiant chaque point, et ne sachant auquel elle sera d'abord appelée à porter secours. C'est une partie, et non la plus légère, du châtiment qui ne manque jamais d'atteindre ceux qui se détournent du droit sentier de l'honneur, et qui cherchent à parvenir à leurs fins par les voies de la déception et de l'intrigue.

— Mylord, dit Mowbray, quand ils furent arrivés à une petite pièce où ce dernier tenait ses fusils, ses lignes, et ses autres ustensiles de chasse et de pêche, vous avez joué franc jeu avec moi; — et même je suis obligé de convenir que vous m'avez fait de grands avantages. Je n'ai donc pas le droit de rien entendre au préjudice de la réputation de Votre Seigneurie sans lui en faire part sur-le-champ. Voici une lettre anonyme que je viens de recevoir à l'instant. Peut-être Votre Seigneurie connaîtra-t-elle l'écriture, et sera t elle ainsi à même d'en découvrir l'auteur.

— Je reconnais la main, dit le comte en jetant les yeux sur la lettre que lui remettait Mowbray ; et, permettez-moi de le dire, c'est la seule qui pouvait oser tracer une calomnie contre moi. J'espère, M. Mowbray, qu'il est impossible que vous voyiez dans cette imputation infâme autre chose qu'une imposture?

— L'avoir remise aux mains de Votre Seigneurie sans autres informations est une preuve suffisante que je la tiens pour telle, mylord ; en même temps que je ne puis douter un seul moment que Votre Seigneurie ne soit à même de confondre une si misérable calomnie par les témoignages les plus satisfaisants.

— Sans nul doute, M. Mowbray ; car outre que je suis en pleine possession du domaine et du titre de mon père, feu le comte d'Etherington, j'ai son contrat de mariage, mon acte de baptême, et le témoignage de tout le pays pour établir mon droit. Toutes ces preuves seront produites dans le moindre délai possible. Vous ne trouverez pas surprenant qu'on ne porte pas avec soi en voyage ces sortes de documents dans une chaise de poste?

— Non, assurément, mylord; il suffit qu'ils soient produits au besoin. Mais puis-je vous demander, mylord, quel est l'auteur de cette lettre, et s'il a quelque animosité particulière à satisfaire par cette impudente assertion, qu'il est si aisé de démentir?

— C'est... du moins il passe pour être, je suis fâché de le dire, un proche parent, — un très-proche parent à moi ; — un frère paternel, mais illégitime. — Mon père l'aimait beaucoup ; — je l'aimais aussi, car il a des moyens peu communs, et on lui attribue des talents distingués. Mais il a dans l'esprit quelque chose d'irrégulier, — un grain de folie, en un mot, qui se manifeste de la manière ordinaire, en rendant le pauvre jeune homme dupe de ses vaines idées de dignités et de grandeurs, ce qui est peut-être l'effet le plus ordinaire du dérangement d'esprit, et en lui inspirant la plus profonde aversion contre ses plus proches parents, et contre moi en particulier. C'est un homme extrêmement spécieux, tant en paroles qu'en manières ; au point que beaucoup de mes amis pensent qu'il y a plus de vice que de folie dans les actions répréhensibles qu'il commet ; mais j'espère que l'on me pardonnera de porter un jugement moins sévère de quelqu'un que l'on suppose être le fils de mon père. Réellement, je ne puis m'empêcher d'être fâché pour le pauvre Frank, qui aurait pu faire dans le monde une figure très distinguée.

— Puis je vous demander son nom, mylord?

— La bonté de mon père fit qu'il reçut son propre nom de baptême, Francis, et qu'il lui laissa porter notre nom de famille, Tyrrel ; mais son propre nom, le seul auquel il ait droit, est Martigny.

— Francis Tyrrel! eh mais! c'est le nom de l'individu qui causa quelque trouble à la Source précisément avant l'arrivée de Votre Seigneurie. — Vous avez pu voir un avis, — une sorte de placard?

— Je l'ai vu, M. Mowbray. Veuillez m'épargner ce sujet ; — c'est la raison principale qui m'a empêché de mentionner plus tôt mes rapports de parenté avec ce malheureux. Mais ce n'est pas une chose rare, chez les personnes atteintes de surexcitation d'esprit, de se jeter dans des querelles sans motifs, puis de faire honteusement retraite.

— Ou bien, après tout, il peut avoir été empêché de venir au lieu du rendez vous : — c'est le jour même, j'y pense, où Votre Seigneurie a été blessée ; et, si je ne me trompe, vous atteignîtes l'homme qui vous avait attaqué.

— Mowbray, dit lord Etherington en baissant la voix et en lui prenant le bras, il est vrai que je l'atteignis, — et je suis réellement charmé de voir que, quelles qu'eussent pu être les suites d'un tel événement, elles n'ont pas été sérieuses. — Je fus ensuite frappé de l'idée que l'homme par lequel j'avais été si étrangement attaqué avait une certaine ressemblance avec le malheureux Tyrrel ; — mais je ne l'avais pas vu depuis nombre d'années. — En tout cas, il ne peut avoir été grièvement blessé, puisqu'il est maintenant en état de reprendre ses intrigues au préjudice de ma réputation.

Votre Seigneurie voit la chose d'un œil ferme, plus ferme que bien des gens, à ce que je crois, ne pourraient prendre sur eux de le faire, après s'être trouvés dans une passe si désagréable.

— Mais, d'abord, je ne suis nullement sûr que ce soit lui qui m'ait attaqué ; car, ainsi que je vous l'ai dit souvent, j'aperçus à peine le bandit. En second lieu, je suis sûr qu'il n'en est pas résulté de conséquences réellement fâcheuses. Je suis un trop vieux chasseur pour être effrayé d'un saut après qu'il est fait, comme cet homme qui, dit-

CHAPITRE XXV.

on, se trouva mal le matin à la vue du précipice qu'il avait escaladé le soir précédent étant ivre. — Celui qui a écrit cette lettre est vivant, continua-t il en la touchant du doigt, et en état de me menacer ; et s'il a reçu de moi quelque blessure, c'est en attentant lui-même à ma vie, tentative dont je porterai la marque jusqu'au tombeau.

— Je suis loin de blâmer Votre Seigneurie de ce qu'elle a fait pour sa défense personnelle ; mais la circonstance aurait pu prendre un tour très fâcheux. — Puis-je vous demander quelles sont vos intentions à l'égard de ce malheureux, qui, selon toute probabilité, est dans les environs ?

— Il faut d'abord que je découvre le lieu de sa retraite, répondit lord Etherington ; puis je verrai ce qu'il y a à faire pour sa sûreté, le pauvre garçon ! ainsi que pour la mienne. Il est probable aussi qu'il peut trouver des aigrefins disposés à s'abattre sur ce qu'il possède encore de fortune, fortune suffisante, je vous assure, pour attirer une bande d'oiseaux de proie qui peuvent le ruiner tant qu'ils flatteront ses idées.

— Puis-je vous prier aussi de vouloir bien être aux aguets, et de m'informer de ce que vous pourrez voir ou apprendre encore de lui ?

— Très-certainement je n'y manquerai pas, mylord : mais le seul de ses terriers que je connaisse est la vieille auberge du *Croc,* où il avait établi sa résidence. Il n'y loge plus maintenant ; mais la vieille cancre d'hôtesse sait peut être quelque chose de lui.

— Je ne manquerai pas de m'en informer, dit lord Etherington ; et à ces mots il prit cordialement congé de Mowbray, monta à cheval, et s'éloigna du château.

— C'est un drôle bien froid, dit Mowbray en le suivant des yeux, un drôle diablement froid que mon beau-frère, beau-frère futur, s'entend ; — il envoie une balle au fils de son père avec aussi peu de remords que s'il tirait sur un coq de bruyère : — que serait-ce donc avec moi, si nous devions avoir querelle ? — Au surplus, je puis moucher une chandelle avec une balle et traverser l'as de cœur ; si donc les choses tournent mal, il n'aura pas affaire à Jack Novice, mais bien à Jack Mowbray.

Cependant le comte d'Etherington se hâtait de regagner son appartement à l'Hôtel ; et assez peu satisfait des événements de la journée, il commença pour son correspondant, agent et confident, le capitaine Jekyl, une lettre que nous sommes heureusement à même de présenter à nos lecteurs :

« Ami Harry,

« On dit qu'une maison menaçant ruine se reconnaît à la désertion des rats ; — un état chancelant, à l'abandon de ses alliés et confédérés ; — et un homme en décadence, à l'abandon de ses amis. Si ces augures sont vrais, votre dernière lettre peut être regardée comme un sinistre présage de ma chute. Il me semble que vous avez été assez loin de concert avec moi pour avoir quelque confiance en mon *savoir-faire*, — quelque peu de foi en mes moyens et en ma manœuvre. Quel démon opiniâtre vous a subitement inspiré ce que vous voudriez, je suppose, me faire prendre pour des doutes politiques et des scrupules de conscience, mais ce que je ne puis regarder que comme des symptômes de peur et de désaffection? Vous ne pouvez concevoir « des duels entre si proches « parents; » — puis, « l'affaire paraît très-délicate et très-compliquée; » — puis encore, « la chose ne vous a jamais été pleinement expliquée; » — et, de plus, « si on attend de vous que vous preniez une part active à l'affaire, ce doit être quand je vous aurai honoré de ma confiance pleine et entière; autrement, comment pourriez-vous me rendre les services que je pourrais vous demander? » Telles sont vos expressions.

« Maintenant, quant aux scrupules de conscience au sujet de la proche parenté, *et cætera*, tout cela a fait plus de bruit que de mal, et il n'est certainement pas probable que le même cas se représente; — d'ailleurs, n'avez-vous donc jamais jusque là entendu parler de querelles entre parents? et quand des parents se querellent, ne peuvent ils exercer le privilége ordinaire des gens d'honneur? En outre, comment puis-je savoir si ce maudit drôle *est* en effet mon parent? On dit que l'enfant qui connaît son père est habile; on ne peut s'attendre à ce que je le sois assez pour connaître avec certitude le fils du mien. — En voilà assez quant à la parenté; venons à la confiance pleine et entière. Hé bien, Harry, c'est justement comme si je vous demandais de regarder à ma montre et de me dire quelle heure elle marque, et que vous me répondiez que véritablement vous ne pouvez me le dire, parce que vous n'en avez pas examiné les ressorts, les contre poids, les rouages, et tout le mécanisme intérieur. — Mais le fond de toute l'affaire est ceci : Harry Jekyl, qui est un drôle aussi rusé qu'un autre, pense tenir son ami lord Etherington enchaîné par la patte, et il croit en savoir déjà assez de l'histoire du noble lord pour obliger Sa Seigneurie à lui conter le reste. Et peut-être conclut il avec assez de raison que la garde d'un secret entier est plus honorable, et probablement plus lucrative, que celle d'un demi-secret; bref, il est décidé à tirer tout le parti possible des cartes qu'il a en main. Un autre à ma place, mon honnête Harry, prendrait la peine de rappeler à votre souvenir les circonstances du passé, et conclurait en exprimant humblement l'opinion que si Harry Jekyl est *maintenant* requis de servir en quelque chose le noble lord susdit, Harry a déjà empoché d'avance la récompense du service demandé. Mais je ne raisonne pas ainsi, parce que j'aimerais mieux être ligué avec un ami qui m'assisterait en vue du profit futur, qu'en considération des bienfaits déjà reçus. Il en est du premier comme de la piste du renard aux abois, qui devient de moment en moment plus aisée à suivre; l'autre ressemble à la fausse piste, qui devient plus faible à mesure que vous la suivez, jusqu'à ce qu'enfin il devienne impossible de s'en tirer. Je me soumettrai donc aux circonstances et vous raconterai toute l'histoire, bien qu'elle soit un peu longue, dans l'espoir que je pourrai conclure par vous faire sentir un gibier qui vous dilatera les narines.

« Je commence donc. Francis, cinquième comte d'Etherington et mon très-honoré père, était ce qu'on nomme un homme très-excentrique, — c'est-à-dire qu'il n'était ni précisément sage ni précisément fou ; — il avait trop de bon sens pour aller se jeter dans un puits, et cependant, dans quelques uns des accès de fureur auxquels il était sujet, je l'ai vu tout à fait assez fou pour y jeter tout autre que lui. — On disait qu'il y avait là folie latente ; — mais c'est un mauvais oiseau, etc., et je n'en dirai pas davantage là dessus. Ce pair à cervelle endommagée était, à d'autres égards, un fort bel homme, doué de talents distingués, avec une expression quelque peu hautaine, mais singulièrement agréable quand il le voulait : — un homme, en un mot, qui pouvait pousser sa pointe près du beau sexe.

« Pendant ses voyages sur le continent, lord Etherington, tel que je vous l'ai représenté, forma en France un engagement de cœur — et de main aussi, à ce que quelques uns ont prétendu — avec certaine beauté, une orpheline nommée Marie de Martigny. De cette union est, dit-on, issu (car je suis déterminé à toujours douter sur ce point) ce très incommode personnage, ce Francis Tyrrel, comme il se nomme lui-même, mais que j'appellerais plus volontiers Francis Martigny, ce dernier nom s'accordant avec mes vues autant peut être que le premier s'accorderait avec ses prétentions. Or, je suis trop bon fils pour souscrire à la régularité prétendue du mariage soi disant contracté entre mon très-bon et très honorable père et ladite Marie de Martigny, attendu que mondit très-bon et très honorable père, a son retour en Angleterre, devint, à la face de l'Église, l'époux de ma mère très-affectionnée et très bien dotée, Anne Bulmer de Bulmer-Hall, de laquelle heureuse union naquit votre serviteur Francis Valentin Bulmer Tyrrel, légitime héritier des domaines réunis de mon pere et de ma mere, de même que j'ai été le fier possesseur de leurs anciens noms. Mais le noble et riche couple, quoique gratifié par le Ciel d'un gage d'amour tel que moi, vécut en fort mauvaise intelligence, d'autant plus que mon très-honorable père, ayant fait venir de France cet autre Sosie, le malheureux Francis Tyrrel *senior*, voulut, contre toute convenance, qu'il résidât chez lui, et partageât de tout point les sources d'éducation dont le Sosie véritable, Francis Valentin Bulmer Tyrrel, alors communément appelé lord Oakendale, a profité à un degré si peu commun.

« Mainte querelle matrimoniale s'éleva entre les honorables époux, par suite de cette réunion ma séante du légitime et de l'illégitime ; et nous, sujets de la dispute, nous en étions quelquefois témoins, avec autant de convenance que d'égard pour le décorum. Il arriva une fois que ma très-honorable mère, dame de franc parler, trouva le langage de son rang complétement insuffisant pour exprimer la force de sa généreuse indignation, et empruntant au vulgaire deux expressions énergiques, les appliqua à Marie de Martigny et à son fils Francis Tyrrel. Jamais homme portant couronne de comte ne tomba dans un tel accès de rage que le fit mon très-honorable père; et dans la chaleur de sa réplique, employant la phraséologie de ma mère, il lui déclara que si jamais c...n et bâtard étaient entrés dans sa famille, *c'étaient* elle-même et son marmot.

« J'étais, même alors, un petit drôle plein d'intelligence, et je fus frappé à un point incroyable de ce qui, dans un moment d'irritation violente, était échappé à mon très-honorable père. Il est vrai qu'il revint immédiatement à lui-même. Se rappelant peut-être qu'il existait un mot comme *bigamie*, et ma mère, de son côté, réfléchissant aux conséquences d'une chose telle que la transformation dégradante de la comtesse d'Etherington en mistress Bulmer, qui ne serait ni femme, ni fille, ni veuve, il y eut entre eux une apparence de réconciliation qui dura quelque temps. Mais les expressions de mon père restèrent profondément empreintes dans ma mémoire; d'autant plus qu'une fois que je voulais exercer sur mon ami Francis Tyrrel l'autorité d'un frère légitime, lord d'Oakendale, qui plus est, le vieux Cecil, le domestique de confiance de mon père, fut scandalisé au point de me laisser entrevoir la possibilité que nous pussions un jour changer de condition respective. Ces deux communications accidentelles me semblèrent la clef de certains sermons interminables, dont mon père avait coutume de nous régaler, tout enfants que nous étions, mais qu'il avait l'air de m'adresser plus particulièrement, sur l'extrême instabilité des choses humaines, sur le désappointement des espérances et des attentes les mieux fondées, — sur la nécessité d'être assez habile en toute branche utile des connaissances humaines pour être à même, en cas d'accidents, de suppléer au rang et à la fortune qui viendraient à nous manquer : — comme si art ou science quelconques pouvaient consoler de la perte d'un comté et d'un revenu de douze mille livres [1] ! Tout cet ennuyeux bavardage semblait à mon esprit inquiet avoir pour but de me préparer à quelque triste changement; et quand je fus assez âgé pour me livrer à telles informations secrètes qu'il était en mon pouvoir de prendre, je fus de plus en plus persuadé que mon très honorable père nourrissait la pensée de faire de Marie de Martigny une honnête femme, et de Francis un aîné légitime, après sa mort au moins, sinon de son vivant. J'en fus encore plus convaincu lors d'une petite affaire qu'il m'arriva d'avoir avec certaine fille, affaire qui attira sur moi l'extrême colère

---

[1] Environ 300,000 fr. (L. V.)

de mon père, et par suite de laquelle je fus banni en Écosse de compagnie avec mon frère, n'ayant tous les deux qu'une pension très-modique, sans autre patronnage que celui d'un vieux professeur bien rude, ou plutôt bien raboteux, et avec l'injonction à mon égard de ne pas prendre le titre de lord Oakendale, et de me contenter du nom de Valentin Bulmer mon aïeul maternel, celui de Francis Tyrrel étant déjà occupé.

« En cette occasion, nonobstant la crainte que m'inspirait le caractère irascible de mon père, je me hasardai à dire que puisqu'il me fallait résigner mon titre, je croyais avoir le droit de garder mon nom de famille, et que mon frère pouvait prendre celui de sa mère. Je voudrais que vous eussiez vu le regard furieux que mon père me lança quand je lui fis cette observation courageuse. — Tu es, me dit il... et il s'arrêta, comme pour trouver l'épithète la plus amère dont il pût remplir la lacune, — tu es l'enfant de ta mère, et sa parfaite image! (Ce parut être le reproche le plus sanglant qui s'offrît à lui.) — Porte donc son nom, et porte-le avec patience et en secret, ou je te donne ma parole que de ta vie tu n'en porteras d'autre.

« Cela me ferma la bouche; et alors, faisant allusion à mon aventure avec la fille en question, il s'étendit sur la sottise et l'iniquité des mariages secrets, m'avertit que dans le pays où j'allais les nœuds matrimoniaux étaient souvent cachés sous des fleurs, et que les gens s'y trouvaient pris par le cou au moment où on s'attendait le moins à pareille cravate; enfin, il m'assura qu'il avait des vues tout à fait particulières pour notre établissement à Francis et à moi, et qu'il ne pardonnerait jamais à celui de nous qui les rendrait inutiles par de téméraires engagements de cette sorte.

« Cette dernière admonition comminatoire était d'autant plus tolérable que mon rival en avait sa part; et c'est ainsi que nous fûmes expédiés pour l'Écosse, accouplés comme deux lévriers en laisse, et n'ayant l'un pour l'autre — je puis du moins parler pour un   guère plus de cordialité de sentiments que deux chiens appareillés de force. Je m'aperçus souvent, en effet, que Tyrrel me regardait avec une expression singulière, ressemblant à de la compassion ou à de l'inquiétude, et que deux ou trois fois il sembla disposé à entrer en explication touchant notre situation respective; mais je n'éprouvais nul désir d'encourager sa confiance. Cependant, comme par suite des instructions de notre père nous étions appelés cousins, et non pas frères, nous en vînmes à prendre l'un avec l'autre des habitudes de compagnons sinon d'amis. Ce que pensait Francis, je l'ignore; quant à moi, je dois avouer que j'étais aux aguets de quelque opportunité de rentrer dans les bonnes grâces de mon père, quand ç'aurait dû être au préjudice de mon rival. La fortune, tout en paraissant éloigner cette opportunité, nous enveloppa tous les deux dans un des labyrinthes les plus étranges et les plus compliqués qu'ait jamais créés cette divinité capricieuse, et dont, maintenant encore, je cherche à me dégager par adresse ou par force. Même à présent, je puis à peine réfléchir sans étonnement à la bizarre conjonction d'influences planétaires qui a produit une telle complication d'incidents étranges.

« Mon père était un grand chasseur. Francis et moi nous avions hérité de ce goût pour la chasse, moi surtout avec une véritable passion. Edimbourg, résidence tolérable en hiver et au printemps, devient désagréable en été, et c'est en automne le plus triste *séjour*[1] auquel aient jamais été condamnés les pauvres humains. Nul lieu public n'est ouvert, nul habitant de quelque considération ne reste en ville ; ceux qui ne peuvent partir se cachent dans des coins obscurs comme honteux de se montrer dans les rues. La *gentry*[2] part pour ses habitations de campagne, les citadins pour leurs bains de mer, — les hommes de loi pour leurs tournées, — les procureurs pour aller visiter leurs clients des provinces, — et tout le monde pour tirer des grouses dans les *moors*. Nous, qui sentions l'indignité de rester en ville pendant une saison où tous l'abandonnent, nous obtînmes du comte, non sans peine, la permission d'aller nous réfugier dans quelque coin ignoré, et de tirer des grouses comme les autres, si nous pouvions en obtenir l'autorisation sous notre caractère d'étudiants anglais à l'université d'Édimbourg, sans rien y ajouter de plus.

« La première année de notre exil, nous nous rendîmes au voisinage des Highlands ; mais notre chasse y ayant été souvent troublée par les gardes et leurs acolytes, l'année suivante nous vînmes nous établir dans ce petit village de Saint-Ronan, où il n'y avait alors ni Spa, ni beau monde, ni tables de jeu, ni originaux, excepté la vieille originale d'hôtesse chez laquelle nous logions. Nous trouvâmes l'endroit fort à notre idée ; notre vieille aubergiste avait du crédit près d'un vieux drôle, agent d'un seigneur non résidant, qui nous donna permission de chasser sur les landes de son patron, permission dont nous profitâmes, moi avec ardeur, Francis avec plus de modération. Il était en effet d'un caractère grave et rêveur, et souvent il préférait au fusil des promenades solitaires vers les beaux sites pittoresques dont le village est entouré. En outre, il aimait la pêche, le plus stupide des amusements humains, et c'était entre nous une seconde cause de séparation fréquente. J'en étais plutôt satisfait que contrarié : — non qu'alors je détestasse Francis, non pas même que j'eusse un grand éloignement pour sa société ; mais uniquement parce qu'il était désagréable de se trouver toujours avec quelqu'un dont je regardais l'avenir comme en opposition directe au mien. J'avais aussi passablement de mépris pour cette indifférence qu'il montrait de plus en plus pour la chasse ; mais mon homme

---

[1] Le mot est en français dans le texte.
[2] Petite noblesse provinciale. (L. V.)

avait meilleur goût que je ne le supposais. Il ne cherchait pas de grouse sur la montagne, mais il avait fait lever un faisan dans le bois.

« Clara Mowbray, fille du seigneur du domaine plus pittoresque qu'opulent de Saint-Ronan, avait à cette époque seize ans à peine, et c'était la nymphe des bois la plus légère et la plus séduisante que puisse se figurer l'imagination; — simple comme un enfant en tout ce qui avait rapport au monde et à ses usages, fine comme une aiguille en tout ce qu'elle avait eu l'occasion d'apprendre; ne craignant de mal de personne, et douée d'une vivacité d'esprit naturel qui portait l'amusement et la gaieté partout où elle allait. Ses mouvements n'étaient assujettis à nulle autre contrainte qu'à celle qu'elle-même s'imposait; car son vieux père, quoique d'un caractère difficile et bourru, était retenu par la goutte sur son fauteuil, et la seule compagne de miss Mowbray, jeune fille de condition quelque peu inférieure, élevée dans la plus grande déférence pour toutes les fantaisies de la fille du laird, ne la quittait pas, à la vérité, dans ses courses pédestres ou équestres à travers le pays, mais ne songeait jamais à s'opposer à sa volonté ou à son plaisir.

« L'extrême solitude du pays (à cette époque) et la simplicité de ses habitants semblaient mettre ces excursions parfaitement à l'abri de tout danger. Francis, l'heureux coquin, devint le compagnon des deux demoiselles dans ces sortes de promenades, par suite de l'incident suivant. Miss Mowbray et sa compagne s'étaient habillées en paysannes, dans l'intention d'aller surprendre la famille d'un de leurs meilleurs fermiers. Elles avaient accompli leur projet à leur grande satisfaction, et elles revenaient au château après le coucher du soleil, lorsqu'elles furent rencontrées par un drôle du pays, — une sorte d'Harry Jekyl dans son genre; — qui, étant lesté d'une couple de verres de whisky, ne reconnut pas la noblesse du sang sous les habits qui la cachaient, et accosta la descendante de cent barons comme il aurait accosté une laitière. Miss Mowbray lui fit des remontrances, — sa compagne poussa les hauts cris, — le cousin Francis accourut, son fusil sur l'épaule, et eut bientôt mis le satyre en fuite.

« Ce fut le commencement d'une connaissance qui avait fait de grands progrès avant que j'en fusse instruit. La belle Clara, à ce qu'il paraît, trouva plus sûr de courir les bois avec une escorte que seule, et mon studieux et sentimental cousin devint son compagnon de presque tous les instants. A leur âge, il était probable que quelque temps se passerait avant qu'ils vinssent à se comprendre; mais une confiance et une intimité absolues s'étaient établies entre eux avant que je n'entendisse parler de leur amour.

« Il faut m'arrêter ici jusqu'à demain matin, Harry, et vous en voyer la fin par un autre courrier. Le coup que j'ai reçu l'autre jour à l'épaule me répond encore au bout des doigts, et doit vous rendre indulgent pour mon griffonnage. « ETHERINGTON. »

CHAPITRE XXVI.

LETTRE CONTINUÉE.

> Faut il donc dérouler le tissu de mes folies ?
>
> SHAKESPEARE.

Je reprends la plume, Harry, pour vous raconter, sans essayer de vous dépeindre ma surprise, comment Francis, forcé par les circonstances, me fit confidence de son intrigue amoureuse. Mon grave cousin amoureux, et très-disposé à franchir le saut périlleux du mariage clandestin ! — lui qui, de temps en temps, ce qui ne favorisait guère la cordialité de notre attachement, avait coutume de me sermonner sur le devoir filial, prêt à s'échapper lui même des lisières paternelles ! Ma vie en dépendrait-elle, je ne pourrais vous dire ce qui domina en moi de la surprise ou d'un sentiment de maligne satisfaction. J'essayai de lui parler comme il avait coutume de me parler ; mais ou je n'avais pas le don de persuasion, ou lui n'avait pas la faculté de comprendre des paroles de sagesse. Il prétendit que notre situation était différente ; — que sa malheureuse naissance, comme il l'appelait, l'affranchissait du moins d'une dépendance absolue envers la volonté de son père ; que je ne sais quel parent de sa mère lui avait légué un modeste nécessaire que miss Mowbray avait consenti à partager avec lui ; — enfin, qu'il ne me demandait pas mes avis, mais mon aide. Un moment de réflexion me convainquit que je me montrerais fort peu l'ami non-seulement de Frank, mais de moi-même, si je ne lui prêtais tout l'appui que je pourrais dans ce bienheureux projet. Je me rappelai les déclamations de notre très honorable père contre les mariages à l'écossaise et les mariages secrets de tout genre, déclamations d'autant plus véhémentes, peut-être, qu'il pouvait se faire que lui-même éprouvât à ce sujet quelque secret picotement de conscience. Je me souvins que mon grave frère avait toujours été un favori, et je n'oubliai pas — comment aurais-je pu l'oublier ? — ces expressions de sinistre augure qui indiquaient la possibilité que le domaine héréditaire et les honneurs de la famille fussent transférés au fils aîné en place du cadet. Or, il n'était pas besoin de magicien pour deviner que si Francis commettait ce crime impardonnable d'épouser secrètement une beauté écossaise, notre sire perdrait tout désir d'effectuer un tel transport en sa faveur, et que tandis que les mérites de mon frère seraient complétement éclipsés par un pareil acte d'impardonnable désobéissance, les miens, cessant d'être tenus dans l'ombre par les préventions ou la partialité, brilleraient alors de tout leur éclat naturel. Ces considérations, qui luirent devant moi avec la rapidité de l'éclair, me firent consentir à servir de compère à Frank dans la partie périlleuse qu'il se proposait de jouer. J'avais seulement à prendre garde que la part que j'aurais dans l'affaire ne fût pas assez en évidence pour attirer l'attention de mon père ; et c'est ce dont j'étais peu inquiet, car sa colère était ordinairement de cette nature puissante et véhémente qui, de même que la foudre, est attirée sur un seul point, où elle éclate avec une violence aussi concentrée qu'irrésistible.

« Je m'aperçus bientôt que les amants avaient plus besoin de mon assistance que je ne l'avais supposé ; car ils étaient absolument novices en toute espèce d'intrigue, ce qui à moi me semblait aussi aisé et aussi naturel que de mentir. Francis avait été découvert par quelque curieux bavard dans ses promenades avec Clara, et la nouvelle en était arrivée jusqu'au vieux Mowbray, qui fut grandement irrité contre sa fille, quoiqu'il ne pensât pas qu'elle eût commis un plus grand crime que d'avoir permis qu'un obscur étudiant anglais se liât avec elle de connaissance personnelle. Il interdit tout rapport ultérieur ; — il résolut, en style de juge de paix, de débarrasser le pays de nous, et gardant un silence prudent sur le crime de sa fille, il intenta une action contre Francis, sous prétexte de le punir d'un empiétement sur son gibier, mais en réalité pour l'effrayer et lui faire quitter le voisinage. Sa personne fut particulièrement signalée à tous les garde chasse et satellites dépendants des Shaws, et toute relation personnelle entre lui et Clara devint impossible, à moins de s'exposer aux plus grands risques. Et même telle fut leur alarme, que M. Francis crut prudent, à cause de miss Mowbray, de se retirer jusqu'à un endroit appelé Marchthorn et de s'y cacher, ne gardant avec Clara que des relations épistolaires.

« Ce fut alors que je devins la maîtresse ancre des espérances des deux amants ; ce fut alors que mon adresse précoce et mes facultés inventives furent pour la première fois mises à l'épreuve. Il serait trop long de vous dire de combien de manières et par combien d'artifices je remplis les rôles d'agent, de facteur, d'entremetteur, pour maintenir les relations de ces tourterelles séparées. Je n'ai pas manqué d'embarras de cette sorte pour mon propre compte, mais je n'en ai jamais eu la moitié de ce que je m'en donnai pour ce couple d'amants. J'escaladai des murs et je franchis des rivières à la nage, je défiai limiers, bâtons et coups de fusil ; et cependant, sauf la perspective éloignée du profit personnel auquel je visais, je n'avais à attendre pour mes peines ni honneur ni récompense. Je vous avouerai que Clara Mowbray était si belle, — qu'elle mettait une confiance si absolue dans l'ami de son amant, — et qu'elle était engagée avec moi dans des rapports si fréquents et si intimes, que parfois je pensais qu'en conscience elle n'aurait pas dû se faire scrupule d'accorder une petite récompense au fidèle messager. Mais elle paraissait la pureté même ; et puis j'étais alors un tel novice que je ne concevais pas comment il m'eût été possible de reculer si je m'étais avancé trop hardiment : bref, je pensai qu'il valait mieux me borner à aplanir les voies à ce tendre amour, dans l'espoir que le chemin que je lui ferais faire m'assurerait avec le temps un titre et une fortune de comte.

« Je ne hasardai donc rien qui pût faire naître le soupçon, et, comme ami et confident des amants, je disposai tout pour leur mariage secret. Le pasteur de la paroisse consentit à accomplir la cérémonie, déterminé par un argument que je fis valoir près de lui, et dont Clara, si elle l'eût deviné, m'aurait su peu de gré. J'amenai l'honnête homme à croire qu'en refusant de prêter son concours il empêcherait peut-être un amant trop heureux de réparer ses torts près d'une jeune fille trompée ; et le ministre, qui avait, à ce que je vis, une tendance d'esprit passablement romanesque, se décida, dans ces circonstances urgentes, à leur rendre le bon office de les enchaîner l'un à l'autre, quoiqu'il en pût résulter une accusation d'irrégularité contre lui-même. Le vieux Mowbray était presque absolument confiné dans sa chambre, et sa fille moins épiée depuis que Frank s'était éloigné du voisinage ; — le frère (ce que, par parenthèse, j'aurais dû dire plus tôt) n'était pas alors dans le pays ; — et il fut arrêté que les deux amants se réuniraient à la vieille église de Saint Ronan à la chute du jour, et monteraient en chaise de poste pour l'Angleterre aussitôt après la cérémonie.

« Quand toutes ces dispositions furent prises, sauf la désignation du jour, vous ne pouvez imaginer le bonheur et la gratitude de mon sage cousin. Il se regardait comme prêt à monter au septième ciel, et non comme sur le point de perdre la chance qu'il avait d'une belle fortune, et, à dix-neuf ans, de s'embarrasser d'une femme, avec la perspective probable d'une existence resserrée et d'une famille nombreuse. Quoique si jeune moi même, je ne pouvais m'empêcher d'être étonné de son manque extrême de connaissance du monde, et de me sentir honteux de lui avoir toujours laissé prendre avec moi des airs de pédagogue ; ce sentiment intime de ma supériorité me soutenait contre les mouvements de jalousie poignante que j'éprouvais toujours quand je songeais qu'il allait emporter le si beau prix que sans mon adresse il n'aurait jamais pu s'approprier. — Dans cette crise importante, je reçus de mon père une lettre qui, par je ne sais quel accident, était longtemps restée à notre logement d'Édimbourg, puis qui était allée visiter nos précédents quartiers dans les Highlands, et qui enfin, après être revenue à Édimbourg, m'arriva à Marchthorn au moment le plus critique.

« C'était une réponse à une mienne lettre, dans laquelle, entre autres choses telles que celles dont les fils soumis entretiennent leurs papas, descriptions du pays, comptes-rendus d'études, d'exercices, etc., j'avais, pour remplir convenablement le papier, jeté quelques mots au sujet de la famille de Saint-Ronan au voisinage de laquelle je me trouvais. Je n'avais nulle idée de l'effet que ce nom produirait sur l'esprit de mon très honorable père ; mais sa lettre me le fit assez connaître. Il m'enjoignait de cultiver aussi promptement et aussi intimement que possible la connaissance de M. Mowbray, et, au besoin, de l'informer franchement de notre véritable rang dans le monde. En même temps, réfléchissant prudemment que son admonition paternelle pourrait bien être négligée s'il ne l'appuyait pas sur quelque motif suffisant, Sa Seigneurie me mit franchement dans le secret des dernières volontés et du testament de mon grand-oncle maternel, M. S. Mowbray de Nettlewood, par quoi je vis, à mon grand étonnement et à ma non moins grande alarme, qu'un vaste et beau domaine était légué au fils aîné et héritier du comte d'Etherington, à la charge de contracter une alliance matrimoniale avec une dame de la maison de Mowbray de Saint-Ronan. — Merci du Ciel, quels yeux j'ouvris! C'était moi qui avais tout préparé pour unir Francis à celle-là même dont la main m'aurait assuré fortune et indépendance! — Et même la première perte, quoique déjà grande, ne devait probablement pas être la dernière. Mon père parlait du mariage en arpenteur, mais du domaine de Nettlewood en amant passionné. Il semblait raffoler de chaque acre, et appuyait sur la contiguïté de Nettlewood et de son propre domaine comme sur une circonstance qui ne rendait pas seulement la réunion des deux propriétés désirables, mais qui constituait un arrangement indiqué par la nature même. Et bien qu'il fît observer qu'eu égard à la jeunesse des parties on ne pouvait pas traiter immédiatement de mariage, il était cependant clair qu'au fond du cœur il aurait approuvé tout coup hardi qui aurait franchi d'un seul bond l'intervalle de temps qui autrement nous séparerait encore du moment où Oakendale et Nettlewood seraient à nous.

« Là donc venaient échouer mes belles espérances. Il était clair comme le jour qu'un mariage secret, crime impardonnable en lui-même, deviendrait un péché véniel, ou même une action éminemment louable aux yeux de mon père, si ce mariage unissait son héritier et Clara Mowbray ; et s'il avait réellement, comme je le craignais, les moyens d'établir la légitimité de mon frere, rien ne devrait probablement lui donner davantage la tentation d'en user, que la certitude que par là Nettlewood et Oakendale ne feraient plus qu'un. La catastrophe même que j'avais préparée, comme moyen sûr d'exclure mon rival de la faveur paternelle, allait ainsi probablement devenir, si elle ne pouvait être prévenue, un motif et un argument puissant qu'aurait le comte de sacrifier mes droits à ceux de mon frere.

« Je m'enfermai dans ma chambre ; j'en barrai la porte ; je lus et relus la lettre de mon père : et au lieu de m'abandonner à un vain désespoir (tenez-vous en garde contre cela, Harry, même dans les circonstances les plus désespérées), je me mis à examiner si on ne pouvait pas trouver quelque remède. Rompre le mariage en ce moment aurait été chose aisée : — il suffisait d'un mot d'avis secret transmis à M. Mowbray. — Mais le traité pouvait se renouveler sous les auspices de mon père ; — dans tous les cas, la part que j'avais prise à l'intrigue entre Clara et mon frère me rendait presque impossible de faire la cour pour mon propre compte. — Au milieu de ces perplexités, une idée se présenta soudainement à mon cœur aventureux et à mon cerveau fécond : — si je jouais moi-même le rôle de marié ? — Cette étrange pensée, vous vous le rappellerez, s'offrait à une très jeune tête. — Elle fut repoussée, — elle revint, — fut rejetée de nouveau et revint encore ; — elle fut envisagée sous tous ses aspects, — elle me devint familière, — elle fut adoptée. — Il était aisé de fixer le jour avec Clara et le ministre, car j'avais la conduite de toute la correspondance. — La ressemblance entre Francis et moi par la stature et les proportions, — le déguisement que nous devions prendre, l'obscurité de l'église, la précipitation du moment, — tout, je m'en flattais, devait empêcher Clara de me reconnaître. Il me suffisait de dire au ministre que bien que jusque-là je lui eusse parlé d'un ami, c'était moi qui étais l'heureux mortel. Mon premier nom comme le sien était Francis ; et j'avais trouvé Clara si douce et si confiante, elle avait montré une cordialité si flatteuse dans ses rapports avec moi, qu'une fois en mon pouvoir, la honte et mille sentiments contradictoires ne lui permettant pas de reculer, j'avais, avec la vanité d'un amoureux de seize ans, la confiance de croire que je réconcilierais la belle avec l'échange.

« Assurément, jamais pensée si folle ne vint à l'esprit d'un fou ; et, ce qui est plus extraordinaire, — mais cela vous le savez déjà, — c'est qu'elle réussit complétement, et que la cérémonie nuptiale s'accomplit entre nous en présence d'un domestique à moi, de la complaisante compagne de Clara, et du prêtre. Nous montâmes en voiture, et nous étions à un mille de l'église quand mon malheureux ou heureux frère arrêta de force la chaise ; — par quel moyen avait-il eu connaissance de ma petite ruse ? c'est ce que je n'ai jamais pu apprendre. Solmes m'avait été fidèle en trop de circonstances pour que je le soupçonnasse en celle-ci. Je m'élançai hors de la voiture, et envoyant la fraternité au diable, je me mis, moitié par désespoir, moitié par quelque chose qui ressemblait fort à de la honte, à m'escrimer avec un couteau de chasse dont je m'étais muni en cas de nécessité. — Tout fut inutile ; je fus renversé sous la roue de la voiture, et, les chevaux s'étant effrayés, elle me passa sur le corps.

« Ici finit ma narration ; car je n'entendis et ne vis plus rien, jusqu'à ce que, revenu à moi, je me trouvai étendu dans un lit de souffrance, à plusieurs milles du lieu de l'action, et Solmes occupé autour de moi. En réponse à mes questions exaspérées, il m'informa succinctement que M. Francis avait renvoyé la jeune dame chez elle, et qu'elle paraissait fort mal par suite de l'alarme qu'elle avait eue. Moi-même, m'assura t-il, j'étais regardé comme dans un état très-précaire ; et il ajouta que Tyrrel, qui était dans la même maison, était dans une inquiétude extrême sur mon compte. La mention seule de son nom détermina une crise dans laquelle je rendis beaucoup de sang ; et ce qui est singulier, c'est que le médecin qui me soignait — homme à mine grave et à perruque — regarda cette circonstance comme ayant été heureuse pour moi. Tout ce que je sais, c'est qu'elle me fit grand'peur, et qu'elle me prépara pour une visite de M. Frank, visite que j'endurai avec une longanimité qu'il n'aurait pas trouvée en moi si j'avais eu dans mes veines la quantité de sang habituelle. Mais rien ne dispose à écouter patiemment un sermon comme la maladie et la lancette. — A la fin, en vue d'être délivré de sa maudite présence et du son infernal de sa voix toujours calme, j'acquiesçai peu à peu et à contre-cœur à un arrangement proposé par lui, en vertu duquel nous devions pour jamais nous séparer l'un de l'autre et tous deux de Clara Mowbray. J'aurais voulu marchander sur cette dernière stipulation. — Elle était ma femme, disais je, et j'étais en droit de la réclamer comme telle.

« Cette objection fit pleuvoir sur moi les reproches les plus moraux, et me valut l'assurance que Clara désavouait et détestait mon alliance, et que là où il y avait eu erreur essentielle de personne, le fait seul de la cérémonie ne pouvait jamais être regardé, par la loi d'aucun pays chrétien, comme constituant un lien indissoluble. Je suis étonné que cette réflexion ne se fût pas présentée à moi ; mais les idées que j'avais du mariage étaient en grande partie fondées sur les comédies et les romans, où on a fréquemment recours à la ruse que j'avais employée, sans la moindre allusion à son illégalité ; d'ailleurs, comme je l'ai dit, je m'étais fié, un peu témérairement peut-être, aux moyens que j'aurais de persuader à une épouse de l'âge de Clara de se contenter d'un beau garçon pour mari en place d'un autre.

« Solmes reprit l'argument quand Francis m'eut débarrassé de lui en quittant la chambre. Il me parla de la colère de mon père si cette aventure arrivait à ses oreilles ; — de la vengeance de Mowbray de Saint-Ronan, dont la nature était à la fois rude et hautaine ; — de ce que j'avais à craindre des lois du pays, et de Dieu sait combien d'autres épouvantails dont, à un âge plus avancé, je n'aurais fait que rire. En un mot, je scellai la capitulation, fis serment d'absence perpétuelle, et, comme on dit dans ce pays, je me bannis d'Écosse.

« Et ici, Harry, remarquez et respectez mon génie. Tout était contre moi dans cette négociation. J'avais été l'agresseur ; — j'étais blessé, et, on peut dire, entre les mains de mon adversaire : et cependant je sus si bien profiter de l'empressement de M. Martigny à conclure la paix, que je chargeai le traité d'une condition aussi avantageuse pour moi que défavorable pour lui. — Ledit M. Francis Martigny dut prendre sur lui le fardeau du déplaisir de mon très-honorable père ; et notre séparation, qui ne pouvait manquer de l'offenser prodigieusement, devait être présentée comme étant de son fait, et non du mien. Je déclarai positivement, attaché de cœur et d'âme comme je l'étais à mon devoir filial, que je ne consentirais pas à une mesure qui devrait attirer sur moi le déplaisir de papa. Ce fut un *sine quâ non* de notre négociation :

« Et voilà ce que c'est que d'avoir des talents [1] ! »

« Je crois que M. Francis aurait pris le monde sur ses épaules pour placer une barrière éternelle entre sa colombe et le faucon qui avait si hardiment fondu sur elle. — Ce qu'il écrivit à mon père, je l'ignore ; quant à moi, fidèle à mes devoirs, j'attribuai à un accident le mauvais état de ma santé, et j'ajoutai que mon frère et compagnon m'ayant soudainement quitté par quelque motif qu'il ne m'avait pas expliqué, j'avais cru devoir me rendre à Londres pour y consulter de meilleurs docteurs, et que je n'attendais que la permission de Sa Seigneurie pour revenir au toit paternel. Cette permission, je ne tardai pas à la recevoir. Comme je m'y étais attendu, je trouvai mon très-honorable père dans une colère furieuse contre mon frère pour sa désobéissance ; et quelque temps après, j'eus même lieu de croire (pouvait-il en être autrement, Harry ?) qu'appréciant mieux les mérites et les manières aimables de son héritier présomptif, il avait perdu le désir qu'il avait pu concevoir précédemment d'effectuer un changement quelconque à ma situation dans le monde. Peut-être le vieux pair devint-il honteux de sa propre conduite, et n'osa-t-il pas confesser à la congrégation des *justes* (car il tourna à la sainteté dans ses derniers jours) les très-légères peccadilles dont il paraît s'être rendu coupable dans sa jeunesse. Peut-être aussi la mort de ma très-honorable mère opéra-t-elle en ma faveur, puisque tant qu'elle vécut ma chance était au pire ; — on ne peut dire ce qu'un homme est capable de faire pour dépiter sa femme. — En voilà assez : il est mort, — il dort avec ses très-honorables ancêtres, et je suis devenu, sans opposition, Très Honorable [2] à sa place.

« Comment ai-je porté mes nouveaux honneurs, c'est ce que tu sais fort bien, Harry, ainsi que notre joyeuse bande. Newmarket et Tattersall [3] peuvent dire le reste. Je crois avoir été aussi heureux que la

---

[1] Ce vers est cité en français dans le texte, mais fort incorrectement, de même, pour le dire en passant, que la plupart des citations françaises de notre auteur. (L. V.)

[2] *Right honourable* est le titre des lords d'Angleterre. (L. V.)

[3] Champ de course et foire aux chevaux, à Londres. (L. V.)

plupart des hommes dans les points où le bonheur est le plus prisé ; aussi n'en dirai je pas davantage sur ce sujet.

« Et maintenant, Harry, je vous supposerai en humeur de moraliser ; c'est-à dire que j'imaginerai que les dés ont mal tourné, — ou que votre fusil à deux coups a fait long feu, — ou que certaine dame vous a regardé de travers, — ou que toute autre cause grave de mécontentement a surgi, et que vous me faites profiter de votre disposition au sérieux. Mon cher Etherington, dites-vous d'un air pathétique, vous êtes un fou précieux ! — vous voilà qui remuez une affaire passablement scandaleuse en elle-même et féconde en désagréments pour tous ceux qui s'y trouvent concernés, — affaire qui pourrait sommeiller éternellement si vous l'abandonniez à elle-même, mais qui ne peut manquer, pareille à un feu de tourbe, de jeter de nouvelles flammes si vous vous mettez à la remuer. Je voudrais adresser à Votre Seigneurie deux questions seulement, — ajoutez vous avec le geste gracieux qui vous est habituel, celui d'ajuster votre col de chemise et de passer la main sur votre nœud de cravate, nœud qui mérite une place spéciale dans le *Tietania*, — deux questions seulement : — à savoir, si vous ne vous repentez pas du passé, et si vous ne craignez pas pour l'avenir ? — Ce sont de vastes questions que les vôtres, Harry, car elles touchent à la fois au temps passé et au temps à venir, — c'est-à-dire à toute la vie d'un homme. Je tâcherai néanmoins d'y répondre de mon mieux.

« Me repentir du passé, dites-vous ? — Oui, Harry, je crois que je me repens du passé, — c'est-à dire, non pas tout à fait comme l'entend un ministre de village, dont les idées de repentir ressemblent aux vôtres quand vous avez la migraine, mais comme je me repentirais d'une partie de cartes que j'aurais jouée contre les vrais principes. J'aurais dû commencer par la jeune personne, — mettre tout autrement à profit l'absence de M. Martigny et mon intimité avec elle, et parvenir ainsi, s'il était possible, à le supplanter dans les affections de la demoiselle. Le plan que j'adoptai, bien qu'il ne manquât, ce me semble, ni de hardiesse ni de dextérité, était celui d'un novice dont le génie précoce ne savait pas calculer les chances. Voilà quant au repentir. — Si je ne crains pas pour l'avenir ? Harry, je ne vous couperai pas la gorge pour avoir supposé que vous m'avez adressé la question, mais je vous assurerai avec le plus grand calme que je n'ai jamais rien craint de ma vie. Je suis né sans cette sensation-là, je crois ; du moins elle m'est parfaitement inconnue. Quand je sentis cette maudite roue me passer en travers de la poitrine, quand j'ai senti la balle du pistolet m'engourdir le bras, je n'éprouvai pas plus d'agitation qu'au saut d'un bouchon de champagne. Toutefois, je ne voudrais pas que vous me crussiez assez fou pour m'exposer à des tracas, à des embarras et à des dangers (toutes choses que je suis en ce moment disposé à affronter, sans parler de dépenses considérables), sans quelque motif qui les balance ; et ce motif, le voici :

« De divers points il m'est arrivé des avis, des rumeurs, des prévisions, que mon rang et mon état social vont être l'objet d'une attaque qui ne peut être faite qu'en faveur de ce Martigny (car je ne veux pas le désigner par son nom volé de Tyrrel). Or, je regarde ceci comme une infraction du pacte convenu entre nous, en vertu duquel c'est-à-dire en vertu de ce que je suis résolu de considérer comme son vrai sens et son esprit il devait laisser mon très-honorable père et moi régler nos affaires entre nous et sans y intervenir, ce qui équivalait virtuellement à une renonciation à ses droits, si le maraud en a jamais eu aucun. Peut-il s'attendre à ce que je renonce à ma femme, et, ce qui vaut mieux, au domaine de Nettlewood du vieux Scrogie Mowbray, pour faire plaisir à un drôle qui élève des réclamations sur mon titre et sur tout ce qui est à moi? Non, par Dieu ! s'il m'attaque sur un point si important, je le lui rendrai sur un autre point auquel il ne sera pas moins sensible ; — quant à cela, il peut y compter. — Et maintenant il me semble vous voir venir avec une seconde édition de vos graves remontrances touchant les querelles de famille, les duels contre nature, l'atteinte portée à tous les sentiments que tout le monde respecte, *et cœtera, et cœtera,* remontrances que vous pourriez joindre très convenablement au vieux refrain sur l'union des frères. Je ne m'arrêterai pas à m'enquérir si toutes ces appréhensions délicates se rapportent au comte d'Etherington, à sa sûreté et à sa réputation, ou si mon ami Harry Jekyl ne se demande pas jusqu'à quel point son intervention dans une si méchante affaire sera bien prise au quartier-général ; ainsi donc, sans m'arrêter sur cette question, je vous dirai tout simplement et en deux mots que vous ne pouvez sentir mieux que je ne le fais la folie de pousser les choses à une telle extrémité. — Je n'ai pas une telle intention, je vous assure, et ce n'est pas dans un tel dessein que je vous appelle ici. — Lors même que j'enverrais un cartel à Martigny, il me refuserait la rencontre ; et toute manière moins cérémonieuse d'arranger une telle affaire est tout à fait passée de mode.

« Il est vrai qu'à notre première rencontre je fus entraîné dans l'embarras dont je vous ai parlé, — précisément comme il a pu vous arriver de tuer (ou plutôt de *tirer,* car je ne vous crois pas un chasseur de première force) une femelle de faisan qui se levait à distance, par une sorte de mouvement instinctif, sans réfléchir à l'énormité que vous alliez commettre. La vérité est qu'une sorte d'influence fatidique, une espèce de feu follet, semble régner sur notre famille ; — elle a fait passer son ardeur ignée dans les veines de mon père, — elle a passé en moi dans toute sa force, et de temps à autre l'impulsion en est irrésistible. Là était mon ennemi, ici étaient mes pistolets : je n'eus pas le temps de penser à autre chose. Mais je serai sur mes gardes à l'avenir, d'autant plus sûrement que je ne puis recevoir aucune provocation de lui ; s'il faut, au contraire, que je confesse la vérité, bien que dans mon premier bulletin j'aie un peu amplifié (comme la gazette quand elle rend compte d'une affaire), je suis certain que volontairement il n'aurait jamais tiré sur moi, et que son pistolet partit pendant qu'il tombait. Vous me connaissez assez pour avoir la certitude que je ne me remettrai pas dans le cas d'attaquer un adversaire qui ne veut pas se défendre, serait-il dix fois mon frère.

« Maintenant, quant à cette longue tirade sur la haine entre frères, — je vous dirai, Harry, que je ne le hais pas plus que les premiers-nés d'Égypte ne sont haïs en général de ceux qu'ils excluent des domaines substitués, et ainsi des autres : — il n'est pas parmi nous un propriétaire sur vingt qui ne soit haï de ses cadets, en tant qu'ils lui souhaitent le calme du tombeau, comme à une exécrable pierre d'achoppement jetée devant eux dans la vie ; et c'est ainsi seulement que je hais M. Martigny. Mais quant au reste, je l'aime plutôt qu'autre chose, et si seulement il voulait mourir je consentirais de grand cœur à ce qu'il fût canonisé ; et tant qu'il vit, je ne lui désire pas d'être exposé à la tentation du rang et des richesses, ces grands obstacles à la vie d'abnégation par laquelle on arrive à l'odeur de sainteté.

« Ici vous m'interrompez encore par vos impertinentes questions : — Si mon intention n'est pas d'avoir une querelle personnelle avec Martigny, pourquoi me mettre en collision avec lui ? pourquoi ne pas m'en tenir au traité de Marchthorn, et rester en Angleterre sans me rapprocher de Saint-Ronan, ni réclamer ma femme-fille ?

« Ne vous ai-je pas dit que je voulais le voir renoncer à toutes ces tentatives dont on m'a menacé contre ma fortune et mon rang ? Ne vous ai-je pas dit que je voulais revendiquer ma femme, Clara Mowbray, et mon domaine de Nettlewood légalement gagné en l'épousant ? — Et, pour vous mettre tout à fait dans le secret, quoique Clara soit une très-jolie femme, pourtant elle compte si peu dans la transaction pour moi, son époux calme et sans passion, que j'espère faire de certains relâchements de mes droits sur elle un moyen d'obtenir les concessions que je regarde comme les plus importantes.

« Je ne nierai pas qu'un éloignement pour le bruit qu'il fallait soulever, et une certaine crainte des reproches qu'il me fallait affronter, ne m'aient rendu si lent à veiller à mes intérêts, qu'avant peu va expirer le délai dans lequel, aux termes du testament du vieux Scrog Mowbray, je dois me donner qualité pour être son héritier, en devenant l'époux accepté de miss Mowbray de Saint-Ronan. Le temps fut, — le temps est, et si je ne le saisis aux cheveux à son passage, le temps ne sera plus ; Nettlewood sera perdu, — et si j'ai avec cela un procès à soutenir pour mon titre et pour Oakendale, je cours le risque d'être tout à fait capot. Il me faut donc agir à tout risque, et agir avec vigueur; — tel est mon plan de campagne général, sauf les modifications commandées par les circonstances. J'ai obtenu — je puis dire acheté — le consentement de Mowbray pour rechercher la main de sa sœur. J'ai cet avantage que si elle m'agrée, elle mettra fin pour jamais à tous les bruits désagréables et à tous les souvenirs relatifs à sa conduite d'autrefois. Dans ce cas, j'assure la propriété de Nettlewood, et je suis prêt à engager la guerre pour mon domaine paternel. A la vérité, je crois fermement que si j'arrive à cette heureuse issue, M. Martigny aura le cœur trop brisé pour combattre plus longtemps, qu'il jettera le manche après la cognée, et ira, en véritable amant, se cacher dans quelque désert au delà des mers.

« Mais en supposant à la dame assez de mauvais goût pour s'obstiner à ne pas vouloir de moi, je n'en pense pas moins que son bonheur et sa tranquillité d'esprit seront aussi chers à Martigny que Gibraltar l'est aux Espagnols, et qu'il fera de grands sacrifices pour obtenir de moi que je renonce à mes prétentions. Or, il me faudra quelqu'un pour agir comme mon agent dans mes communications avec ce drôle; car je ne nierai pas que mon ancienne envie de lui couper la gorge ne pût se réveiller soudainement si je me trouvais en rapport personnel avec lui. Venez donc, venez sans délai, et soyez mon partenaire. — Venez, car vous me connaissez, et vous savez que je ne laisse jamais une obligeance sans récompense. Pour être positif, vous aurez les moyens de vous débarrasser de certaine hypothèque gênante sans déranger la tribu d'Issachar, si vous voulez m'être dévoué en cette affaire. Venez donc, sans plus d'excuses ni de délais. Il n'y aura, je vous en donne ma parole, ni risque ni danger d'offenser personne dans la partie du drame dont j'ai dessein de vous charger.

« En parlant de drame, nous avons eu un misérable essai d'une sorte de représentation scénique d'un genre bâtard, à l'habitation vermoulue de Mowbray. Il y a eu là deux choses dignes de note: — l'une, c'est que j'ai perdu tout à fait le courage dont je me pique, et que j'ai fui bel et bien du parterre pour ne pas me présenter devant miss Clara Mowbray, quand le moment en est venu. Et sur ce, je vous prie de remarquer que je suis un homme d'une délicatesse et d'une modestie singulières, et non pas le Drawcansir et le Daredevil que vous voudriez faire de moi. L'autre circonstance mémorable est de nature plus délicate, car elle a rapport à la conduite de certaine belle dame qui semble décidée à se jeter à ma tête. Il y a un merveilleux degré de franc-maçonnerie entre nous autres gens d'esprit, et il est étonnant en combien peu de temps nous pouvons nous placer sur un bon pied près des femmes négligées et des filles mécontentes. Si vous ne venez bientôt, une des récompenses que je vous ai montrées dans ma précédente lettre vous fera certainement défaut. Nul écolier ne garde un morceau de pain d'épice pour son camarade sans éprouver le desir de le grignoter ; si donc vous ne paraissez pas pour veiller vous-même à vos intérêts, dites que vous aurez été bien averti. Pour ma part, je suis plutôt embarrassé que satisfait de la perspective d'une telle affaire, alors que j'en ai sur le tapis une autre d'une nature différente. Je vous expliquerai cette énigme à votre arrivée.

« Ainsi finit ma longue communication. Si les motifs de mes actions ne vous paraissent pas parfaitement clairs, songez dans quel labyrinthe la fortune m'a égaré, et combien de choses doivent nécessairement dépendre du chapitre des accidents.

« On peut dire qu'hier j'ai ouvert mon siége, car je me suis présenté devant Clara. Ma réception n'a pas été des plus flatteuses ; — mais c'était de peu de conséquence, car je m'y attendais. En éveillant ses craintes, j'ai fait sur elle assez d'impression pour qu'elle consente à ce que je paraisse devant elle comme hôte de son frère : ce n'est pas avoir obtenu un léger avantage. Elle s'accoutumera à me voir, et se souviendra avec moins d'amertume du tour que je lui ai joué autrefois ; tandis que moi, de mon côté, par une semblable force d'habitude, je surmonterai de sottes émotions et je ne sais quelle componction dont je n'ai pu me défendre chaque fois que je l'ai regardée. — Adieu, santé et fraternité.

   « A toi,

              « Etherington. »

CHAPITRE XXVII.

LA RÉPONSE.

> Tu portes un précieux fardeau, gentil courrier : du salpêtre et du soufre. — Gare l'explosion !
>
> *Vieille Comédie.*

J'AI reçu vos deux longues lettres, mon cher Etherington, avec autant d'intérêt que de surprise ; car ce que je savais auparavant de vos aventures d'Écosse n'était nullement suffisant pour me préparer à une narration si horriblement compliquée. L'influence fatidique qui, dites vous, gouvernait votre père, semble avoir gouverné la destinée de toute votre maison, tant il y a de bizarrerie en tout ce que vous m'avez raconté. Mais *n'importe*, Etherington ; vous avez été mon ami, — vous m'avez relevé quand j'étais complétement à terre, et, quoi que vous puissiez penser, mes services sont à votre disposition beaucoup plus par souvenir du passé que par espoir pour l'avenir. Je ne suis pas un beau diseur ; mais ce que je vous dis là vous y pouvez compter tant que je serai Harry Jekyl. Vous avez mérité quelque attachement de moi, Etherington, et vous l'avez.

« Peut-être vous en aimé je mieux depuis que vos embarras me sont connus ; car, mon cher Etherington, auparavant vous étiez un objet de trop d'envie pour être entièrement un objet d'affection. Quel heureux compagnon ! c'était la chanson de tous ceux qui vous nommaient. Rang, et fortune pour le soutenir, — assez de chance pour réparer les brèches que vous pouviez faire à votre revenu, et assez d'habileté pour appuyer la chance, ou pour y suppléer si elle vous faillissait un moment. — Les cartes tournant pour vous comme à volonté ; — les dés roulant, à ce qu'il semblait presque, à votre moindre signe ; — votre regard, plutôt que votre coup de queue, envoyant la bille dans la blouse. Vous sembliez avoir enchaîné la fortune, et un homme de moins d'honneur aurait presque été soupçonné d'aider sa chance par un peu d'adresse. — Vous gagniez tous vos paris ; et dès l'instant que vous étiez intéressé, on aurait pu nommer le cheval gagnant : — c'était toujours celui qui devait vous faire gagner le plus. Jamais vous ne touchiez à votre fusil qu'on ne pût regarder le gibier comme abattu d'avance ; — et puis les femmes ! — avec votre visage, vos manières, votre personne, et surtout votre langue, quel ravage vous avez fait

CHAPITRE XXVII.

parmi elles! — Juste Ciel! et pendant tout ce temps-là vous avez eu le glaive suspendu sur votre tête par un crin? — Votre rang était douteux, — votre fortune mal assise? — et votre bonheur, si constant en toute autre chose, aussi bien que votre influence prédominante près des femmes, vous ont manqué tous les deux quand vous avez souhaité contracter un lien pour la vie, et que le soin de votre fortune vous en faisait une obligation? — Etherington, je suis confondu! — J'ai toujours regardé cette affaire des Mowbray comme pleine d'inconvénients, aussi bien que la querelle avec ce Tyrrel, ou Martigny; mais j'étais loin de deviner la nature compliquée de vos embarras.

« Mais je ne dois pas continuer d'une manière qui ne peut vous être fort agréable, quoiqu'elle soulage mon esprit étonné. Il suffit. Je regarde mes obligations envers vous comme plus aisées à porter maintenant que j'ai quelque chance de les reconnaître jusqu'à un certain point; mais la dette serait-elle pleinement payée, je vous resterais aussi attaché que jamais. C'est votre ami qui parle, Etherington, et s'il offre ses avis dans un langage un peu nu, ne supposez pas, je vous en conjure, que votre confiance a encouragé une familiarité offensante, mais regardez-moi comme un homme qui, dans une affaire grave, écrit clairement pour éviter la moindre chance de mésinterprétation.

« Etherington, votre conduite jusqu'ici a ressemblé à toute autre chose qu'au sang-froid et au jugement que vous savez si bien montrer quand vous voulez. Je passe sur votre mascarade de mariage : — c'était un tour d'enfant, qui n'aurait guère pu vous être grandement profitable alors même qu'il aurait réussi; car quelle sorte de femme vous seriez-vous donnée si cette Clara Mowbray s'était montrée disposée à accepter la substitution que vous lui aviez imposée, et qu'elle se fût transférée sans répugnance d'un mari à un autre? — Tout pauvre que je suis, je sais bien que Nettlewood ni Oakendale ne m'auraient déterminé à épouser une telle.... Je ne puis décemment remplir le blanc.

« Je ne puis pardonner non plus, mon cher Etherington, la ruse que vous avez employée près de l'ecclésiastique, aux yeux duquel vous avez détruit la réputation de la pauvre fille pour le faire consentir à célébrer la cérémonie, et d'avoir par là peut-être jeté sur elle pour la vie une tache indélébile; — ceci n'était pas une *ruse de guerre* [1] permise. — Telles que sont les choses, votre stratagème vous a peu servi; — à moins, à la vérité, qu'il ne soit difficile à la jeune femme de prouver l'imposture dont elle a été victime : — car cette imposture admise, le mariage ne conduit certainement à rien. Du moins, le seul usage que vous en puissiez faire serait de la déterminer à une union plus régulière, par la crainte que toute cette fâcheuse

---

[1] Cette expression est en français dans le texte.

discussion ne soit portée devant une cour de justice ; en ceci, avec tous les avantages que vous possédez, joints à votre art de persuasion et à l'influence de son frère, je regarderais comme très-probable que vous dussiez réussir. Toutes les femmes sont nécessairement esclaves de leur réputation. J'en ai connu quelques-unes qui, pour la conserver, ont sacrifié leur vertu, dont, après tout, la réputation n'est que l'ombre. Je ne croirais donc pas qu'il fût bien difficile à Clara Mowbray de se persuader à elle-même de devenir comtesse plutôt que d'être un sujet de conversation pour toute la Grande-Bretagne, pendant qu'un procès entre vous serait pendant, ce qui pourrait durer presque autant que votre vie à tous les deux.

« Mais dans l'état d'esprit de miss Mowbray, il peut falloir du temps pour l'amener à une telle conclusion ; et je crains que vous ne soyez contrecarré dans vos opérations par votre rival, — je ne vous offenserai pas en l'appelant votre frère. Or, c'est ici que je pense avec plaisir pouvoir vous être de quelque utilité, — sous cette condition spéciale qu'il n'y aura plus aucune pensée de voies de fait entre vous. Quoique vous puissiez avoir pallié à vos propres yeux votre dernière rencontre, il n'est pas douteux que le public n'eût regardé tout accident, arrivé en cette occasion, comme un crime des plus noirs, et que la loi ne l'eût poursuivi du châtiment le plus sévère. Et malgré tout ce que j'ai dit de ma disposition serviable, je voudrais bien m'arrêter de ce côté-ci du gibet ; — mon cou n'est déjà que trop long. Sans plaisanterie, Etherington, il faut prendre conseil en cette affaire. Je vois percer votre haine pour cet homme dans chaque ligne de votre lettre, même quand vous écrivez avec le plus de calme ; là même où vous affectez la gaieté, je lis vos sentiments à cet égard. — Je ne veux pas vous prêcher ; — mais ces sentiments sont tels, que, je ne dirai pas un homme vertueux, mais que tout homme sage, tout homme qui veut vivre en bons termes avec le monde, et échapper à la malédiction générale et peut être à une mort violente, à laquelle tout le monde battrait des mains et dont tous se réjouiraient comme du châtiment du fratricide, — les extirperait de son sein avec toute la promptitude possible. Ainsi donc, mes services, si vous les regardez comme dignes d'être acceptés, sont offerts sous la condition que vous emploierez toute la force de votre esprit énergique à dompter cette haine impie, et que vous éviterez tout ce qui pourrait conduire à une catastrophe dont deux fois déjà vous n'avez été que trop près. Je ne vous demande pas d'aimer cet homme, car je sais quelles profondes racines vos préventions jettent dans votre esprit ; je vous demande simplement de l'éviter, et de penser à lui comme à quelqu'un qui ne peut jamais être, si vous le rencontrez, l'objet d'un ressentiment personnel.

« A ces conditions je vous rejoindrai immédiatement à votre Spa, et je n'attends que votre réponse pour me jeter dans la chaise de poste.

CHAPITRE XXVII.

Je verrai ce Martigny pour vous, et j'ai la vanité de croire que je serai en état de lui persuader de prendre le parti que lui indiquent si clairement ses véritables intérêts aussi bien que les vôtres, — c'est-à-dire de partir et de nous affranchir de lui. Vous ne devrez pas regarder à une somme ronde, si cela se trouve nécessaire : — nous devons lui faire des ailes pour sa fuite, et il faudra que j'aie de vous à cet effet des pouvoirs suffisants. Je ne puis croire que vous ayez rien de sérieux à craindre d'une action en justice. Votre pere jeta cette sinistre insinuation dans un moment de rage contre sa femme et d'irritation contre son fils ; et je ne doute pas que ses expressions ne fussent de simples éclairs de la colère du moment, quoique je voie qu'elles aient fait une profonde impression sur vous. En tout cas, il parlait d'une préférence pour son fils illégitime comme d'une chose qu'il était en son pouvoir de donner ou de refuser ; et il est mort sans l'avoir annoncée. La famille paraît être portée aux mariages irréguliers, et on peut avoir eu recours à quelque mariage de la main gauche pour rassurer la pudeur et mettre en repos la conscience de la dame française ; mais que quelque chose comme une cérémonie sérieuse et légale ait eu lieu, rien ne peut m'y faire croire que la plus forte preuve.

« Je ne doute donc pas, je le répète, qu'on ne puisse aisément composer avec les prétentions de Martigny, quelles qu'elles puissent être, et debarrasser de lui l'Angleterre. Cela n'en sera que plus aisé, s'il nourrit réellement pour miss Clara Mowbray une passion romanesque telle que vous la représentez. Il serait facile de lui démontrer que, quelle que puisse être la disposition de la dame par rapport à l'offre de la main de Votre Seigneurie, il ne peut assurer la tranquillité et la paix d'esprit de miss Mowbray qu'en quittant le pays. Comptez-y : je trouverai moyen de le décider, et que ce soit la distance ou le tombeau qui vous séparent Martigny et vous, il importe fort peu ; sauf que l'un des deux résultats peut être atteint avec honneur et sécurité, et que l'autre, si on le tentait, ne pourrait que faire de tous ceux qui y auraient part l'objet d'une exécration générale et d'un châtiment mérité. Dites un mot, et vous verrez arriver près de vous votre fidèle, reconnaissant et dévoué

« Henry Jekyl. »

A cette épitre admonitoire l'auteur reçut par le même courrier la réponse suivante :

« Mon fidèle, reconnaissant et dévoué Henry Jekyl a pris un ton qui paraît exalté sans motif. Hé quoi, conseiller soupçonneux ! n'ai-je pas répété cent fois que je me repens sincèrement de la sotte rencontre, que je suis déterminé à tenir ma fougue en bride et à être sur mes gardes à l'avenir ? — Qu'avez-vous donc besoin de tomber sur moi avec votre long sermon sur l'exécration, le châtiment, le fratricide, et ainsi de suite? — Vous êtes avec vos raisonnements comme un enfant avec le premier lièvre qu'il tire, et qu'il ne croit bien mort que quand il a lâché son second coup sur lui. Quel camarade vous auriez fait comme homme de robe! comme vous auriez longtemps péroré sur la cause la plus simple, jusqu'à ce que le pauvre juge exténué se sentît l'envie de décider contre la justice, pour se venger de vous. S'il me faut répéter ce que j'ai dit vingt fois, je vous réitérerai que je n'ai nulle idée d'en agir avec ce drôle comme j'en agirais avec tout autre. Si le sang de mon père coule dans ses veines, cela doit sauver la peau que sa mère lui a donnée. Arrivez donc sans faire plus ample étalage de stipulations ou de raisonnements. Vous êtes vraiment un curieux animal! on croirait, à lire votre épître, que vous avez vous-même découvert la convenance d'agir comme négociateur, et les raisons qui pourraient, dans le cours d'un tel traité, être employées avec avantage pour déterminer ce drôle à quitter le pays. — Eh! c'est la marche même esquissée dans ma dernière lettre. Vous êtes plus hardi que le plus hardi gipsy, car non seulement vous me volez mes idées, et vous les défigurez afin qu'elles puissent passer pour vôtres, mais vous avez l'assurance de venir avec elles tendre la main à la porte de celui qui les a enfantées! Personne ne vous égale pour dérober les inventions des autres, et les arranger à votre manière. Néanmoins, Harry, à part un peu d'amour-propre et de présomption, tu es un drôle aussi honnête que quiconque en qui on ait jamais eu foi, habile, même dans ton genre, quoique tu ne sois pas tout à fait le génie pour lequel tu voudrais passer. — Viens donc à tes propres conditions, et viens aussi diligemment que possible. Je ne regarde pas la promesse que j'ai faite comme moins obligatoire, parce que tu as eu l'extrême générosité de n'y pas faire allusion.

« A toi,
« ETHERINGTON. »

« P. S. Je n'ai à ajouter qu'un simple mot d'avis; — ne mentionnez mon nom à qui que ce soit à Harrowgate; n'ouvrez également la bouche ni de votre intention de venir me rejoindre, ni de la direction que vous devez prendre. Quant à l'objet même de votre voyage, il est inutile de vous recommander le silence. Je ne sais si de semblables doutes sont naturels à tous ceux qui ont à prendre des mesures secrètes, ou si la nature m'a départi une dose plus qu'ordinaire d'inquiétude soupçonneuse; mais je ne puis éloigner de moi l'idée que je suis surveillé de près par quelqu'un que je ne puis découvrir. Quoique j'aie caché mon intention de venir ici au monde entier, sauf à vous, que je ne soupçonne pas un seul instant d'avoir bavardé, cependant elle a été connue de ce Martigny, et il m'avait devancé ici. De plus, je n'ai pas dit un

CHAPITRE XXVII.

mot, — je n'ai pas ouvert la bouche à qui que ce fût de mes vues sur Clara, et pourtant les commères d'ici ont répandu le bruit de projets de mariage entre nous, avant même que j'eusse pu en ouvrir la motion près de son frère. Il est sûr que dans un pareil monde on ne parle jamais que de mariages proposés ou acceptés ; et ce qui m'alarme, comme lié à mes desseins secrets, peut n'être qu'une simple rumeur provenant du commérage de l'endroit :   cependant je me trouve dans la situation de la pauvre femme du vieux comte, qui voyait toujours fixé sur elle un œil flamboyant derrière la tapisserie.

« J'aurais dû vous dire dans ma dernière lettre que j'avais été reconnu à une réunion publique par le vieil ecclésiastique qui prononça, il y a bientôt huit ans, la bénédiction matrimoniale sur Clara et sur moi. Il voulait en m'abordant me donner le nom de Valentin Bulmer, sous lequel j'étais alors le plus généralement connu. Il ne me convenait pas de le mettre pour le moment dans ma confidence, de sorte que je le *coupai*¹, Harry, comme j'aurais fait d'un vieux pinceau. La tâche était d'autant moins difficile que j'avais affaire à l'un des hommes les plus distraits qui aient jamais rêvé les yeux ouverts. Je crois véritablement que je pus lui persuader que le tout n'était qu'une vision, et qu'en réalité il ne m'avait jamais vu jusque là. Votre pieuse réprimande touchant ce que je lui ai dit autrefois au sujet des deux amants est donc tout à fait en pure perte. Après tout, si ce que je lui dis alors n'était pas précisément vrai, et certainement je crois qu'il y avait de l'exagération, c'était entièrement la faute de saint Francis de Martigny, je suppose. Je suis sûr qu'il avait de son côté l'amour et l'occasion.

« Vous avez là un *post-scriptum* plus long que la lettre, Harry; mais il me faut conclure par le même refrain : — Venez, et venez promptement. »

---

¹ Terme de la *fashion* anglaise. C'est feindre de ne pas reconnaître ceux dont on ne veut pas être reconnu. (L. V.)

CHAPITRE XXVIII.

L'EFFROI

> Ainsi s'agite le tremblant feuillage quand un vent soudain se lève; ainsi le guerrier reste frappé d'épouvante en voyant fuir ses lâches soldats.
> ****.

Il avait été décidé, par tous ceux qui prenaient la chose en considération, que le vieux nabab, capricieux et emporté comme il était, se prendrait bientôt de querelle avec son hôtesse mistress Dods, et s'ennuierait de sa résidence à Saint-Ronan. Un homme si soigneux de lui même et si curieux des affaires des autres ne pouvait, supposait on, rester dans une sphère aussi bornée que l'Aultoun de Saint-Ronan, où il ne trouvait à satisfaire ni ses goûts ni sa curiosité; et plus d'une fois, le jour et l'heure précis de son départ furent fixés par les oisifs du Spa. Cependant, le vieux Touchwood continuait de montrer parmi eux, quand le temps le permettait, son teint hâlé, sa gorge soigneusement enveloppée d'un immense foulard des Indes, et sa canne à pomme d'or qu'il ne manquait jamais de porter sur l'épaule; ses membres courts, mais vigoureux, et sa démarche agile, faisant assez voir qu'il la prenait plutôt comme signe de dignité que comme moyen d'appui. Il restait là, répondant d'un ton bref et bourru à toutes les questions qu'on lui adressait, et faisant tout haut ses remarques sur la compagnie, sans s'inquiéter le moins du monde si quelqu'un pourrait s'en offenser; et dès que l'antique prêtresse lui avait remis son verre de l'eau salutaire, il tournait les talons avec un bonjour bien sec, et s'en retournait soit s'enterrer à la manse avec son vieux ami M. Cargill, soit s'occuper de quelque futilité avec ses voisins de l'Aultoun.

La vérité est que l'honnête homme, ayant mis dans sa nouvelle résidence les choses sur un aussi bon pied que mistress Dods le pouvait permettre, s'abstint sagement de pousser trop loin ses innovations, sachant que toute pierre n'est pas susceptible du dernier poli. Il s'adonna ensuite à mettre la maison de M. Cargill en ordre; et sans lui en avoir demandé la permission ni l'avoir reçue de lui, il réussit à accomplir dans la manse une réforme aussi merveilleuse qu'aurait pu l'effectuer un bienfaisant *brownie* [1]. Les planchers étaient quelquefois balayés, —

---

[1] Lutin auquel les superstitions populaires d'Écosse attribuent la disposition bien-

les tapis quelquefois secoués, — les assiettes et les plats tenus plus propres : — il y avait à la maison du thé et du sucre, et on trouvait quand il le fallait une tranche de viande au garde-manger. La plus vieille servante porta une bonne robe de stoff ; — la plus jeune releva ses cheveux dans le *snood*[1], et à partir de ce moment on vit trimer par la maison une demoiselle si propre et si nette que quelques gens disaient qu'elle était trop jolie pour le service d'un ministre célibataire, et d'autres qu'ils ne voyaient pas ce qu'un vieux fou comme le nabab avait affaire de se mêler de la toilette d'une jeune fille. Mais M. Touchwood s'inquiétait peu des mauvais bruits de cette sorte, si même il lui arrivait d'en être instruit, ce qui est très douteux. Ajoutez à tous ces changements que le jardin était nettoyé des mauvaises herbes, et que la *glèbe*[2] était régulièrement labourée.

Le talisman au moyen duquel étaient opérés ces changements désirables consistait partie en petits présents, partie en une attention constante. La libéralité de ce singulier homme lui donnait pleinement droit de reprendre quand il voyait les choses en désordre. Les domestiques, qui s'étaient laissés aller à une paresse et à une indifférence extrêmes, commencèrent à se remuer sous l'action du nouveau système de récompenses et de surveillance de M. Touchwood ; et le ministre, sans trop se rendre compte de ces améliorations, recueillait le fruit du mouvement que se donnait son infatigable ami. Quelquefois il levait la tête en entendant des ouvriers remuer et cogner au voisinage de son cabinet, et demandait ce que signifiait le bruit qui le troublait ; mais quand on lui avait dit que c'était par les ordres de M. Touchwood, il se remettait à son travail, dans la persuasion que tout était bien.

Néanmoins la tâche herculéenne d'approprier la manse ne put même suffire à la gigantesque activité de M. Touchwood. Il aspira à la domination universelle dans l'Aultoun de Saint Ronan ; et, comme la plupart des hommes d'un caractère ardent, il réussit en grande partie à se mettre en possession de l'autorité à laquelle il aspirait. Alors il déclara la guerre à tous ces inconvénients, peu graves isolément, mais fatigants par leur continuité, qui infestent une bourgade écossaise de la vieille roche ; — alors le monceau de fumier héréditaire qui exhalait ses émanations vaporeuses depuis trois générations devant la fenêtre du cottage, fut transporté derrière la maison ; — alors la brouette brisée, ou la charrette hors de service, cessèrent d'obstruer la voie publique ; — alors le vieux chapeau et le lambeau de jupon bleu, enlevés de la croisée où ils avaient été adaptés « pour arrêter le vent, » furent jetés au ruisseau et remplacés par un bon carreau transparent.

veillante de suppléer dans les habitations à la négligence des domestiques paresseux en faisant ce qu'ils ont oublié de faire. (L. V.)

[1] Cordon ou filet par lequel les jeunes filles d'Écosse retiennent leurs cheveux. (L. V.)
[2] Terres dépendantes du presbytère. (L. V.)

Les moyens par lesquels ces réformes s'opéraient étaient les mêmes que ceux auxquels le réformateur recourait à la manse : — l'argent et les admonitions. Celles ci, administrées seules, auraient obtenu peu d'attention, auraient provoqué l'opposition peut-être; — soutenues et adoucies par un petit présent pour aider à la réforme recommandée, elles allaient au cœur des auditeurs, et en général triomphaient de leurs objections. En outre, les villageois avaient une haute opinion de l'opulence du nabab ; et c'était une opinion universelle parmi eux que quoiqu'il n'entretînt ni domestiques ni équipages, il était en état d'acheter, s'il l'eût voulu, la moitié des terres du pays. Ce n'étaient pas les grands carrosses et les belles livrées qui faisaient les lourdes bourses : ils aidaient plutôt à les rendre plus légères ; et des gens qui prétendaient bien savoir ce qu'ils disaient assuraient que le vieux Turnpenny, et qui plus est M. Bindloose, auraient compté plus d'argent sur la simple parole de M. Touchwood que sur les signatures réunies de la moitié du beau monde de la Source. Une semblable opinion aplanissait singulièrement les voies devant un homme qui se montrait toujours disposé à donner ou à prêter ; et sa réputation d'opulence n'était nullement diminuée de ce que dans les transactions d'affaires il n'était ni insouciant ni négligent de ses intérêts, et montrait clairement qu'il connaissait la valeur de ce dont il se séparait. Aussi peu de gens se souciaient-ils de contrarier les idées d'un vieillard fantasque, qui avait et la volonté et les moyens d'obliger ceux qui se montraient disposés à se conformer à ses fantaisies ; et le singulier étranger parvint ainsi, dans le court espace de quelques semaines, à tenir les villageois plus complétement à sa dévotion qu'ils ne l'avaient jamais été à celle de qui que ce fût depuis que leurs anciens seigneurs avaient quitté l'Aultoun. Le pouvoir du bailli baronial lui-même, quoique l'office fût exercé par le vieux Meiklewham, était une juridiction subordonnée, comparé à l'allégeance volontaire que les habitants rendaient à M. Touchwood.

Il se trouvait néanmoins des récusants qui déclinaient l'autorité ainsi établie au milieu d'eux, et qui refusaient, avec l'opiniâtreté caractéristique de leurs compatriotes, d'écouter la parole de l'étranger, « qu'elle fût pour le bien ou pour le mal. » Le fumier de ceux-là n'était pas déplacé, ni les achoppements enlevés de la partie du chemin qui longeait leurs maisons. Et il arriva, tandis que M. Touchwood se livrait avec le plus d'ardeur à faire disparaître les incommodités du village, qu'il éprouva presque un sort assez fréquent chez les grands réformateurs : il faillit perdre la vie par suite d'une de ces énormités qui subsistaient encore malgré tous ses efforts.

Trouvant que le temps lui pesait un peu après son dîner, et la lune étant passablement claire, le nabab, par une soirée de moisson, avait eu recours à son remède habituel contre l'ennui, un tour à la manse, assuré que s'il ne pouvait réussir à engager le ministre lui même dans quelque discussion, il trouverait du moins dans la maison quelque chose à reprendre et à remettre en ordre.

En conséquence, il avait profité de l'occasion pour sermonner la plus jeune des deux servantes du ministre sur la convenance de porter des souliers et des bas. Comme ses avis furent appuyés d'un présent de six paires de bas de coton blanc et de deux bonnes paires de souliers, ils furent reçus non seulement avec respect, mais avec gratitude, et à la petite tape sous le menton qui leur servit de péroraison, pendant que la servante ouvrait la porte extérieure pour Son Honneur, elle répondit par un sourire et par les couleurs qui lui montèrent aux joues. Et même Grizzy apprécia tant les bontés de M. Touchwood, que, remarquant que la lune était cachée par un nuage, elle offrit de l'escorter jusqu'au *Croc* avec une lanterne, de peur qu'il ne lui arrivât quelque accident par le chemin. L'esprit indépendant du voyageur dédaigna de se prêter à cette offre; et après l'avoir assurée en peu de mots qu'il avait parcouru durant des nuits entières les rues de Paris et de Madrid sans une telle précaution, il reprit d'un pas délibéré la direction de son logement.

Il lui arriva cependant un accident auquel il aurait été exposé à Paris ou à Madrid aussi bien que dans le misérable Aultoun de Saint-Ronan, à moins que la police de ces deux magnifiques capitales ne soit calomniée. Devant la porte de Saunders Jaup, *feuar*[1] d'une certaine importance, homme, comme on disait dans le pays, qui ne devait rien à personne et se souciait de n'importe qui comme d'un bodle, s'entr'ouvrait ce gouffre odoriférant nommé, en style écossais, *jaw-hole* ou évier, en d'autres termes l'égout commun et non couvert. La situation locale de ce réceptacle d'immondices était bien connue de M. Touchwood; car Saunders Jaup était à la tête de ceux qui restaient obstinément attachés aux pratiques de leurs ancêtres, et qui conservaient encore ces usages anciens et si peu flatteurs pour l'odorat que notre voyageur avait, en tant de cas, réussi à abolir. Guidé par son nez, le nabab fit donc un circuit considérable pour éviter le déplaisir et le danger de passer près de ce bourbier impur, et par ce moyen il tomba sur Scylla en voulan éviter Charybde. En simple langage, il s'approcha tellement de la berge d'un ruisseau qui en cet endroit passait entre le sentier des piétons et le chemin pour les chevaux, qu'il perdit pied et tomba dans le lit du filet d'eau d'une hauteur de trois à quatre pieds. On pensa que le bruit de sa chute, ou du moins les cris qu'il poussa pour appeler du secours, durent être entendus dans la maison de Saunders Jaup; mais ce digne homme était en ce moment, selon son propre rapport, occupé de l'exercice du soir, excuse qui passa comme argent comptant, quoiqu'on

---

[1] Tenancier. Le lecteur peut voir dans *la Fiancée de Lammermoor* une note sur ce mode écossais d'exploitation des terres. (L. V.)

eût ensuite entendu dire à Saunders dans son cercle privé que le village n'en aurait été que plus tranquille si le vieux nabab, qui voulait se mêler de tout et fourrer son nez partout, était resté dans le *burn*[1] une bonne fois pour toutes.

Mais la fortune en avait mieux décidé du pauvre Touchwood, dont les faiblesses, engendrées par les meilleures intentions, n'auraient pas mérité un destin si rigoureux. Un passant, qui l'entendit appeler du secours, s'approcha avec précaution du bord de la berge au fond de laquelle il était étendu ; et, après s'être assuré de la nature du terrain aussi soigneusement que le permettait l'obscurité, il put enfin, mais non sans quelques efforts, lui prêter aide pour sortir du lit du ruisseau.

— Êtes-vous blessé? demanda ce bon Samaritain à l'objet de sa sollicitude.

— Non, — non, de par le diable ! non, répondit Touchwood, fort irrité de sa mésaventure et de ce qui l'avait causée. Pensez-vous que moi, qui ai été au sommet du mont Athos, élevé à pic de mille pieds au-dessus de la mer, je me soucie plus que d'un farthing[2] d'une chute comme celle-ci?

Mais tout en parlant il chancela, et son aide obligeant le prit par le bras pour l'empêcher de tomber.

— Je crains que vous ne vous soyez fait plus de mal que vous ne pensez, monsieur, reprit l'étranger ; permettez-moi de vous accompagner chez vous.

— De tout mon cœur, dit Touchwood; car quoiqu'il soit impossible que je puisse avoir besoin de secours pour une pareille fariboles, je ne vous en suis pas moins obligé, l'ami, et si l'auberge du *Croc* n'est pas hors de votre chemin, je prendrai votre bras jusque là, et je vous en remercierai par-dessus le marché.

— Il est tout à fait à votre service, monsieur; je pensais même à y loger pour la nuit.

— Je suis charmé de l'apprendre; vous y serez mon hôte, et je les ferai avoir soin de vous de la bonne façon. — Vous me paraissez un garçon très-civil, et je ne me trouve pas mal de votre bras. — C'est le rhumatisme qui me fait marcher si difficilement : — la peste de tous ceux qui ont été dans des climats chauds, quand ils viennent s'établir au milieu de ces damnés brouillards.

— Appuyez-vous autant et marchez aussi lentement que vous voudrez, monsieur ; — la rue est dure à monter.

— Oui, monsieur ; — et pourquoi est-elle rude? parce que cette vieille tête de pourceau, ce Saunders Jaup, ne veut pas qu'on la rende

[1] *Ruisseau, rivulus.* (L. V.)
[2] Un liard. (L. V.)

aisée. Il est là, monsieur, qui met obstacle à toute amélioration rationnelle ; et si on ne veut pas tomber dans son infernal cloaque, et devenir ainsi en abomination à soi-même et en horreur aux autres pour le reste de sa vie, on court le risque de se rompre le cou, comme je l'ai fait ce soir.

— Je crains, monsieur, que vous ne soyez tombé du côté le plus dangereux. — Vous vous souvenez du proverbe de Swift : Plus de boue, moins de mal ?

— Mais pourquoi y aurait-il ou de la boue ou le danger d'une chute dans une place bien administrée ? — Pourquoi ne pourrait-on pas aller le soir à ses affaires, dans un hameau comme celui-ci, sans mettre en danger ou son cou ou son nez ? — Nos magistrats d'Écosse ne sont bons à rien, monsieur, à rien du tout. Oh ! que n'ai-je ici un cadi turk pour châtier le maraud, — ou le maire de Calcutta pour le citer à son tribunal, — ou seulement un juge de paix anglais nouvellement investi de sa commission ! comme ils auraient bientôt mis le misérable à la raison ! — Mais nous voici arrivés ; c'est ici l'auberge du *Croc*. — Eh ! — holà ! — la maison ! Eppie Anderson ! — Beenie Chambermaid ! Boy Boots ! mistress Dods ! — êtes vous tous endormis ou morts ? — Me voici à moitié assassiné, et vous me laissez m'égosiller à la porte !

Eppie Anderson arriva avec une lumière, ainsi que Beenie Chambermaid et une troisième ; mais à peine eurent-elles jeté les yeux sur les deux arrivants qui attendaient sous le porche, au dessous de la lourde enseigne qui s'agitait au vent avec un bruit criard, que Beenie jeta un cri aigu, lança au loin sa chandelle, qui pourtant était des quatre à la livre et dans un chandelier mis à neuf, et s'enfuit d'un côté, tandis qu'Eppie Anderson, faisant écho au hurlement, agitait sa lumière autour de sa tête comme une bacchante brandissant sa torche, et se sauvait dans une autre direction.

— Oui, — il faut que je sois couvert de sang, dit M. Touchwood en se laissant tomber lourdement sur le bras de son soutien, et en s'essuyant le visage qui ruisselait d'eau. — Je ne pensais pas avoir été si sérieusement blessé, mais je me sens faible, maintenant ; — il faut que j'aie perdu beaucoup de sang.

— J'espère que vous vous trompez encore, repartit l'étranger ; mais voici le chemin de la cuisine : — nous y trouverons de la lumière, puisque personne ne veut nous en apporter.

Il aida le vieux nabab à aller jusqu'à la cuisine, où une lampe était allumée et où brillait un bon feu, à la lueur desquels il put aisément s'assurer que le prétendu sang n'était que de l'eau du ruisseau, laquelle, à la vérité, n'était pas des plus propres, mais qui l'eût été bien moins encore si M. Touchwood était tombé un peu plus bas, à l'endroit où le courant d'eau recevait le superflu du *palladium* de Saunders

Jaup. Rassuré par les assurances répétées de son nouvel ami, le *senior* commença à se donner quelque mouvement, et son compagnon, empressé de lui être utile, fut à la porte de la cuisine pour crier qu'on apportât une cuvette et de l'eau. Au moment où il ouvrait la porte, la voix de mistress Dods se fit entendre de l'escalier avec un accent d'indignation qui lui était assez ordinaire, mais auquel se mêlaient en même temps quelques inflexions qui ressemblaient au tremblement de la peur.

— Bâtardes ! — fainéantes ! — sottes drôlesses ! (nous adoucissons les mots) — je réponds que pas une de vous ne verra jamais rien de pire que vous-mêmes, sottes toupies que vous êtes ! — Un esprit, vraiment ! — je réponds que c'est quelque buveur d'eau désœuvré de la Source, qui vient après quelqu'une de vous pour quelque chose qui n'a rien d'honnête. Un esprit, vraiment ! — Tiens la chandelle haut, John Ostler. Je réponds que c'est un esprit à deux mains ; — et la porte laissée au loquet ! Il y a quelqu'un dans la cuisine. — Marche devant avec la lanterne, John Ostler.

Ce fut en ce moment critique que l'étranger ouvrit la porte de la cuisine, et qu'il vit la dame avançant à la tête de sa garnison. Le palefrenier et le postillon bossu, l'un portant une fourche et une lanterne d'écurie, l'autre une chandelle et un balai, composaient l'avant garde ; mistress Dods elle-même formait le centre, parlant haut et brandissant une paire de pincettes ; tandis que les deux servantes, comme des troupes sur lesquelles il n'y avait guère à compter après leur récente défaite, suivaient à l'arrière-garde. Mais malgré cette admirable disposition, à peine l'étranger eut-il montré son visage et prononcé les mots mistress Dods ! qu'une panique s'empara de tout le corps d'armée. Le premier rang recula consterné, le palefrenier renversant mistress Dods dans la confusion de sa retraite ; tandis que celle ci, s'accrochant à lui dans sa terreur, le prit par les oreilles et par les cheveux, et que leurs cris réunis formaient un horrible chorus. Les deux servantes s'enfuirent une seconde fois, et furent chercher un refuge dans l'antre obscur qu'elles nommaient leur chambre, pendant que le bossu courait comme le vent jusqu'à l'écurie, où, dans son extrême terreur et par un instinct de profession, il se mit à seller un cheval.

Cependant, celui dont l'apparition avait ainsi tout mis en combustion dégagea mistress Dods du palefrenier étendu sur elle, et, d'un coup vigoureusement appliqué sur les épaules, ayant envoyé le drôle hurler plus loin, il se mit en devoir d'aider l'hôtesse à se relever, tout en la rassurant et en lui demandant en même temps quelle était, au nom du diable, la cause de toute cette ridicule confusion ?

— Et quelle est, au nom du Ciel ! la raison qui vous fait revenir pour effrayer une maison honnête, où vous n'avez reçu que toutes les civilités possibles quand vous étiez en corps et en os ? répondit la matrone

CHAPITRE XXVIII.

en tenant les yeux fermés de toute sa force, un ton d'aigreur perçant dans son reproche au milieu même de son extrême terreur.

— Et pourquoi vous effraierais je, mistress Dods? bref, que signifie toute cette terreur absurde?

— N'êtes-vous pas l'esprit de Francis Tirl? dit mistress Dods en entr'ouvrant un peu les yeux.

— Je suis Francis Tyrrel, sans nul doute, ma vieille amie.

— Je le savais bien! je le savais bien! exclama la digne femme saisie d'une nouvelle frayeur; et il me semble que vous devriez être honteux de vous-même, vous qui êtes un esprit, de n'avoir rien de mieux à faire que d'effrayer une pauvre vieille aubergiste.

— Sur ma parole, je ne suis pas un esprit, mais bien un être vivant.

— N'avez-vous donc pas été assassiné? demanda de nouveau mistress Dods, d'un ton encore incertain, et n'ouvrant les yeux qu'à moitié; — êtes vous bien sûr de n'avoir pas été assassiné?

— Hé mais, non certainement, que je sache, dame Dods.

— Mais *moi*, dit le vieux Touchwood de la porte de la cuisine, où il était resté jusqu'alors spectateur muet de cette scène extraordinaire, — *moi*, c'est m'assassiner, que de ne pas m'apporter promptement un peu d'eau.

— On y va, monsieur, on y va! répondit dame Dods, cette réponse de profession lui étant aussi familière que l'était au pauvre Francis « Tout à l'heure, monsieur, tout à l'heure! » — Aussi vrai que je vis d'honnêtes écots, continua t-elle en se remettant tout à fait et donnant à Tyrrel un coup d'œil plus calme, je crois que *c'est* bien vous, M. Frank, vous en chair et en os, après tout. — Et voyez si je n'ai pas arrangé de la bonne façon ces deux sottes péronnelles qui voulaient me faire un esprit de vous et de moi une folle. — Un esprit! *my certie!* je leur en donnerai, des esprits. — Si elles avaient la tête à leur besogne autant qu'à leurs sottises, elles ne me joueraient pas de pareils tours! — c'est le cheval vicieux qui s'effraie d'un bouchon de paille. Un esprit! qui a jamais entendu parler d'esprits dans une maison honnête? on n'a pas besoin de craindre les revenants quand on a la conscience nette. Mais je suis bien contente, après tout, que Mac Turk ne vous ait pas assassiné, M. Francie.

— Venez par ici, mère Dods, si vous ne voulez pas que je fasse un malheur! exclama Touchwood en saisissant une assiette placée sur le dressoir, comme s'il eût voulu la jeter à la tête de l'hôtesse pour rappeler ainsi son attention.

— Pour l'amour du Ciel, ne la cassez pas! s'écria l'hôtesse alarmée, sachant que l'impatience de Touchwood se soulageait parfois aux dépens de la poterie de la maison, quoique le dégât fût ensuite libéralement réparé. Seigneur mon Dieu! avez vous perdu l'esprit, monsieur? vous savez que ça dépareille une douzaine. — Pour l'amour de Dieu, laissez la porcelaine, et faites-vous la main sur de la faïence! — ça fera tout autant de bruit. — Mais, le Seigneur me soit en aide! Maintenant que je vous regarde, qu'est-ce qui peut vous être arrivé? et dans quel état vous êtes ! — Attendez que j'aille chercher de l'eau et une serviette.

Dans le fait, la triste mine de son nouveau locataire l'emporta pour le moment sur le désir curieux qu'avait la dame de s'enquérir de ce qui était advenu à celui qui l'avait précédé, et elle donna son attention immédiate et exclusive à M. Touchwood, tout en proférant mainte exclamation, tandis qu'elle l'aidait à se laver et à se nettoyer. Les deux servantes fugitives étaient sur ces entrefaites revenues à la cuisine, et s'efforçaient, en s'empressant très officieusement autour de M. Touchwood, de contenir l'envie de rire que leur donnait le souvenir de la panique de leur maîtresse. A force de laver et d'essuyer, les taches disparurent, et le vétéran se convainquit enfin, non sans peine, qu'il y avait eu dans son fait plus de vase et de peur que de mal réel.

Tyrrel, pendant ce temps, regardait d'un air étonné, croyant reconnaître, dans les traits qui se débarrassaient de leur masque de fange, la physionomie d'un ancien ami. Quand l'opération fut terminée, il ne put s'empêcher de s'adresser à M. Touchwood pour lui demander s'il n'avait pas le plaisir de voir un ami auquel il avait eu quelques obligations à Smyrne au sujet d'affaires d'argent?

— Cela ne vaut pas qu'on en parle, répondit vivement Touchwood, cela ne vaut pas qu'on en parle. Charmé de vous voir, cependant, — charmé de vous voir. Oui, me voici; vous retrouverez en moi le vieux fou et le bon naturel que vous avez connus à Smyrne : ne regardant jamais comment je ferai rentrer l'argent, — toujours prêt à le dépenser. Ne vous mettez pas en peine ; — c'était écrit sur mon front, comme disent les Turks. — Je vais maintenant aller là-haut changer d'habits; — vous souperez avec moi quand je redescendrai. Mistress Dods nous bâclera quelque chose ; une volaille bouillie sera le mieux, mistress Dods, avec quelques champignons. — Et préparez nous un bol de vin brûlé, du *plotiie*, comme vous appelez cela, — pour me faire sortir de l'idée le réceptacle du vieux presbytérien.

A ces mots le voyageur prit l'escalier pour monter à son appartement, et Tyrrel, s'emparant d'une chandelle, se disposa à faire de même.

— M. Touchwood est dans la chambre bleue, mistress Dods; je suppose que je puis prendre possession de la chambre jaune?

Ne supposez rien, M. Francis Tirl, répondit l'hôtesse, jusqu'à ce que vous m'ayez dit bien clairement où vous avez été tout ce temps, et si vous avez été assassiné ou non.

— Il me semble que vous pouvez être assez bien rassurée à cet égard, mistress Dods.

En vérité, je le suis en un sens; et pourtant je frissonne rien qu'à vous regarder, vous que je croyais depuis si longtemps à pourrir en terre. Et maintenant, dire que je vous vois là devant moi sain et entier, demandant une chambre et un lit comme les autres!

— On supposerait presque, ma bonne amie, que vous êtes fâchée de ce que je suis revenu à la vie.

Ce n'est pas de cela que je suis fâchée, repartit mistress Dods, qui avait une manière à elle de formuler et d'établir ce qu'elle regardait comme ses sujets de plaintes; mais n'est ce pas une chose étrange pour un homme tranquille comme vous, M. Tirl, de quitter votre logement sans dire un mot, et de m'occasionner toutes ces dépenses pour faire chercher votre corps, et de me mettre à deux doigts de retirer mes affaires à l'honnête M. Bindloose, parce qu'il connaissait mieux que moi les tours de vos pareils? — Et les gens de la Source là bas, qui ont placardé un avertissement avec tous leurs noms au bas, où ils vous représentent, M. Francie, comme un des plus grands vauriens que la potence réclame; et qui pensez vous qui voudra vous garder dans une maison honorable, si c'est là la réputation que vous vous faites?

— Vous pouvez vous reposer de cela sur moi, mistress Dods; — je vous assure que l'affaire sera réglée à votre satisfaction. Et je pense, depuis si longtemps que nous nous connaissons, que vous pouvez en croire ma parole que je n'ai pas démérité l'abri de votre toit pour une seule nuit (je ne le demande pas pour plus longtemps), jusqu'à ce que ma réputation soit suffisamment rétablie. C'est principalement dans ce dessein que je suis revenu.

Revenu! j'avoue que vous m'avez fait frissonner, M. Tirl, vous qui paraissez si pâle, avec cela. — Mais je pense, continua-t-elle, s'efforçant de paraître plaisanter, que si vous étiez un revenant vous auriez égard à notre ancienne connaissance, et que vous ne voudriez pas perdre ma maison, mais que vous vous contenteriez de vous promener tranquillement du haut en bas des murailles du vieux château, ou peut être bien là-bas à l'église. — Il s'est passé de terribles choses, dans cette église et dans le cimetière; — il y a des fois où je n'aime pas à regarder de ce côté-là, M. Francie.

— Je suis fort de votre sentiment, mistress, dit Tyrrel en soupirant; et le fait est qu'en un sens je ressemble aux apparitions dont vous parlez, car, ainsi qu'elles, et tout aussi inutilement, j'erre en des lieux où mon bonheur s'est perdu — Mais je vous parle en énigmes, mistress Dods; — la simple vérité est que la dernière fois que je suis sorti de chez vous, il m'est arrivé un accident dont les suites m'ont retenu jusqu'à ce jour à quelque distance de Saint-Ronan.

— Eh, bon Dieu! êtes-vous si avare de votre peine que vous n'ayez pu écrire une ligne ou envoyer un commissionnaire? — Vous auriez bien pu penser qu'on était assez en peine de vous, sans parler des voyages qu'on a faits, et des gens qu'on a payés pour chercher votre corps.

— Je rembourserai volontiers toutes les dépenses raisonnables que ma disparition peut avoir occasionnées; et je vous assure, une fois pour toutes, que si je suis resté quelque temps tranquille à Marchthorn, c'est en partie à cause de ma maladie, et en partie par suite d'affaires d'une nature particulière et très-pressante.

— A Marchthorn! exclama dame Dods; entendit-on jamais chose pareille? — Et où vous étiez-vous logé à Marchthorn, si on peut vous demander ça?

— Au *Taureau Noir*, répondit Tyrrel.

— Oui, chez le vieux Tam Lowrie; — c'est un très-brave homme que Thamas, — et une maison honorable et tranquille; — ça n'est pas une de vos nouvelles maisons d'écervelés. — Je suis bien aise que vous ayez choisi d'aussi bons quartiers, voisin; car je commence à croire qu'il n'y a eu que de la bizarrerie dans votre fait. — On dirait, à vous voir, que le beurre ne vous fondra pas dans la bouche; mais je garantis que le fromage ne vous étouffera pas. — Mais je vous serai obligée de prendre le chemin de la salle, car je ne me fais pas l'effet d'en tirer beaucoup plus de vous, et vous êtes là qui embarrassez le chemin, quand nous avons le souper à préparer.

Tyrrel, charmé d'échapper à l'interrogatoire auquel la curiosité de son hôtesse l'avait soumis sans façon, se rendit à la salle ou parloir, où il fut rejoint un moment après par M. Touchwood, qui avait changé d'habits des pieds à la tête et qui était de la meilleure humeur.

— Voici venir notre souper! s'écria-t-il; asseyez-vous, et voyons ce que mistress Dods a fait pour nous. — Je vous déclare, mistress, que votre plottie est excellent, depuis que je vous ai appris à y mêler les épices en juste proportion.

— Je suis bien aise que le plottie vous plaise, monsieur; — mais je crois que je savais assez bien le faire avant d'avoir vu Votre Honneur. M. Tirl peut le dire, car je lui en ai assez brassé jadis pour lui et le jeune Valentin Bulmer.

Cette observation intempestive arracha un gémissement à Tyrrel; mais le voyageur, tout à ses propres souvenirs, ne parut pas remarquer son émotion.

— Vous êtes une vieille vaniteuse, repartit M. Touchwood; comment diable quelqu'un saurait-il aussi bien mêler les épices que celui qui a été là où elles croissent? — J'ai vu le soleil mûrir les muscades et les clous de girofle, et ici, par Jupiter! il a à peine la force d'emplir une cosse de pois. Ha! Tyrrel, les joyeuses soirées que nous avons eues à Smyrne! — Mordieu! je crois que le jambon et le bon vin n'en paraissent que meilleurs dans un pays où on les regarde comme des gourmandises et où c'est un péché d'en goûter. — Mordieu! je crois que plus d'un bon musulman est du même avis; — cette prohibition de leur prophète donne plus de saveur au jambon et plus de bouquet au vin de Chypre. — Vous souvenez-vous du vieux Codjia Hussein, avec son turban vert?—une fois je lui jouai le tour de lui mettre une pinte d'eau-de-vie dans son sorbet. Tudieu! le vieux coquin eut bien soin de ne s'apercevoir de la tromperie que quand il eut vu le fond du flacon, et alors il se frappa sa longue barbe blanche en disant *Allah kérim!* — ce qui veut dire le Ciel est miséricordieux, mistress Dods; M. Tyrrel sait bien ce que cela signifie. — Allah kérim, dit-il après avoir bu près d'un gallon [1] de punch à l'eau-de-vie! — Allah kérim, disait le vieux coquin d'hypocrite, comme s'il avait fait la plus belle chose du monde!

— Et pourquoi non? pourquoi le digne homme n'aurait-il pas dit une bénédiction après avoir bu sa goutte de punch? demanda mistress Dods. Ça valait mieux, m'est avis, que de crier, de tempêter et de jurer, comme si les gens ne devaient pas être reconnaissants des douceurs que Dieu donne à ses créatures.

— Bien dit, vieille mère Dods; c'est une excellente maxime d'aubergiste, digne de mistress Quickly elle-même. Voici qui est à votre santé, et je vous prierai de me faire raison avant de vous en aller.

— Vraiment, je ne ferai raison à personne ce soir, M. Touchwood; car le remue-ménage et la peur d'il y a un moment, avec la gorgée de plottie que j'ai été obligée de goûter en le faisant, m'ont déjà bien assez endommagé la tête pour ce soir. — M. Tirl, la chambre jaune est préparée pour vous quand vous voudrez; et comme c'est demain dimanche, messieurs, je ne peux pas garder plus longtemps les servantes sur pied pour vous attendre, car elles s'en feraient une excuse pour rester au lit demain matin jusqu'à huit heures. Ainsi, quand votre plottie sera fini, je vous serai fort obligée d'allumer les chandelles de chambre, d'éteindre les chandelles moulées, et d'aller tout seuls vous mettre au lit; car des gens tranquilles comme vos pareils devraient donner l'exemple dans une maison. — Ainsi, donc, messieurs, je vous souhaite le bon soir.

— Sur ma foi, dit Touchwood quand elle fut partie, notre dame devient aussi obstinée qu'un pacha à trois queues! — Nous avons pourtant sa gracieuse permission pour finir notre bol; ainsi donc, à votre santé, M. Tyrrel, et à votre heureux retour dans votre pays.

— Je vous remercie, M. Touchwood; et je vous rends les mêmes souhaits, avec une beaucoup plus grande chance, je l'espère sincèrement, de les voir se réaliser. — Vous m'avez tiré d'embarras, monsieur, à une époque où la friponnerie d'un agent, poussé, à ce que j'ai lieu de croire, par un actif et puissant ennemi, m'avait mis dans une

---

[1] Le gallon tient quatre litres anglais. (L. V.)

gêne momentanée. J'ai fait plus tard des remises à la maison avec laquelle vous étiez en rapport, pour m'acquitter de la partie pécuniaire de mes obligations ; mais les fonds m'ont été retournés, parce que, m'a-t-on dit, vous aviez quitté Smyrne.

— C'est vrai, — très vrai ; — j'ai quitté Smyrne, et me voici en Écosse. — Quant aux fonds, nous en reparlerons une autre fois ; — je vous dois quelque chose pour m'avoir tiré du ruisseau.

— Je ne ferai pas de déduction pour cela, dit Tyrrel en souriant, quoique peu en humeur de plaisanter ; et je vous en prie, ne vous méprenez pas sur moi. L'embarras où vous m'avez vu à Smyrne était purement momentané ; — je suis tout à fait en état de payer ma dette, et permettez-moi d'ajouter que j'en ai le plus grand désir.

— Une autre fois, — une autre fois ; nous avons assez de temps devant nous, M. Tyrrel. — D'ailleurs, à Smyrne vous parliez d'un procès : — la loi est un lèche penny, M. Tyrrel ; nul avocat ne vaut argent en poche.

— J'ai amplement de quoi fournir à mon procès, M. Touchwood.

— Mais avez vous de bons avis — avez-vous de bons avis ? répondez-moi à cela.

— J'ai pris conseil de mes hommes de loi, dit Tyrrel, intérieurement contrarié de voir que son ami était fort disposé à faire de son précédent service un prétexte pour s'insinuer maintenant dans ses affaires plus que lui ne le jugeait poli et convenable.

— Vous avez pris conseil de vos savants légistes, — hé, mon cher enfant ? Mais l'avis que vous devriez prendre est celui de quelque ami qui ait voyagé, qui connaisse bien le monde et l'humanité ; — de quelqu'un qui ait vécu le double de vos années, et qui est peut être à l'affût de quelque jeune homme au dépourvu, afin de pouvoir lui faire un peu de bien ; — de quelqu'un qui pourrait être disposé à vous aider plus que vous ne pouvez penser. — Quant à votre homme de loi, vous en aurez avec lui juste pour votre guinée ; — pas même comme chez le boulanger, le treizième à la douzaine.

— Je crois que je n'aurai pas la peine d'aller chercher bien loin un ami tel que vous le dépeignez, quand je suis près de M. Peregrine Touchwood, dit Tyrrel, qui ne put affecter de ne pas comprendre l'intention du vieux nabab ; mais la vérité est que mes affaires sont, quant à présent, tellement mêlées à celles de tiers dont je n'ai pas le droit de communiquer les secrets, que je ne puis avoir l'avantage de vous consulter, non plus qu'aucun autre ami. Il se peut que bientôt je puisse être obligé de mettre de côté cette réserve et de me justifier publiquement. Quand arrivera ce moment, je ne manquerai pas de saisir la plus prompte occasion de communication confidentielle avec vous.

— C'est juste, — confidentielle est le mot : — jamais ceux qui m'ont pris pour confident n'ont eu à s'en repentir. — Songez à ce qu'aurait

pu faire le pacha, s'il avait écouté mon avis et coupé l'isthme de Suez.
— Turk et chrétien, gens de toutes langues et de tous pays, ont eu l'habitude de consulter le vieux Touchwood, depuis la construction d'une mosquée jusqu'au règlement d'un agio. — Mais allons, bonsoir, — bonsoir.

A ces mots il prit sa chandelle de nuit, souffla une de celles qui étaient sur la table, fit signe à Tyrrel de s'acquitter avec la même ponctualité de sa part du soin prescrit par mistress Dods, puis ils se quittèrent pour gagner chacun leur chambre, emportant l'un à l'égard de l'autre des impressions fort différentes.

— Voilà un vieillard gênant et curieux, se dit Tyrrel; je me souviens qu'à Smyrne il échappa de près à la bastonnade, pour avoir voulu donner ses avis au cadi. Mais aussi je lui ai une obligation signalée, qui lui donne une sorte de droit de me tourmenter. — Hé bien, il faut parer ses indiscrétions comme je pourrai.

— C'est un oiseau défiant que ce Frank Tyrrel, pensa le voyageur: un fin matois s'il en fut! — Mais n'importe; — je prendrai le vent sur lui, aurait-il deux fois la finesse du renard. — Je suis décidé à faire de ses affaires les miennes: et si *je* ne puis l'en tirer, je ne sais qui le pourra.

Ayant formé cette résolution philanthropique, M. Touchwood se mit au lit, qui heureusement avait exactement le degré d'inclinaison requis; et, plein de satisfaction de soi même, il ne tarda pas à se livrer au sommeil.

CHAPITRE XXIX.

MEDIATION.

> Retirez vous donc! nous ne voulons pas entendre de réponse ; notre offre est franche, vous ferez sagement de l'accepter. *Henry IV*, 1re partie.

L'INTENTION de Tyrrel, en se levant et en déjeunant de bonne heure, avait été d'éviter de revoir M. Touchwood, ayant à s'occuper d'une affaire dans laquelle l'intervention de ce personnage officieux aurait probablement été gênante. Il savait que sa réputation avait été attaquée au Spa de la manière la plus publique, et c'était également à la face de tous qu'il était déterminé à demander réparation, sentant bien que quelque importantes que fussent les autres affaires qui l'avaient amené en Écosse, elles devaient nécessairement être subordonnées à la justification de son honneur. Il avait résolu, à cet effet, de se rendre à la salle de réunion publique au moment où la compagnie y était assemblée pour le déjeuner, et il venait de prendre son chapeau pour partir, quand il fut arrêté par mistress Dods, qui, tout en lui annonçant « un monsieur qui demandait après lui, » introduisit dans la chambre un jeune homme très fashionable, en surtout militaire couvert de ganses de soie et de fourrures, et portant un *bonnet-fourrageur*, costume maintenant trop familier pour qu'on le distingue, mais qui n'était adopté alors que par des génies d'un ordre supérieur. L'étranger n'était ni beau ni laid, mais il avait dans son apparence une bonne dose de prétention, et cet air de froide aisance et de supériorité qui appartient aux hautes classes. De son côté, il jeta sur Tyrrel un coup d'œil investigateur ; et comme son apparence ne répondait peut être pas à celle à laquelle l'avait préparé l'extérieur de l'auberge du *Croc*, il rabattit quelque chose de l'air qu'il avait pris en entrant, et s'annonça poliment comme le capitaine Jekyl, du *** régiment des gardes (en même temps qu'il présentait sa carte).

— Il présumait parler à M. Martigny ?

— A M. Francis Tyrrel, monsieur, répondit Tyrrel en se redressant. Martigny était le nom de ma mère ; — je ne l'ai jamais porté.

— Je ne suis pas ici dans l'intention de disputer ce point, M. Tyrrel, bien que je ne sois pas autorisé à admettre ce dont les informations de celui au nom de qui je viens lui donnent lieu de douter.

CHAPITRE XXIX.

— Celui au nom de qui vous venez est, je présume, sir Bingo Binks ? Je n'ai pas oublié qu'il y a une malheureuse affaire entre nous.

— Je n'ai pas l'honneur de connaître sir Bingo Binks. Je viens de la part du comte d'Etherington.

Tyrrel resta silencieux un moment. — Je suis en peine de savoir, dit-il enfin, ce que la personne qui se donne le titre de comte d'Etherington peut avoir à me dire par l'intermédiaire d'un messager tel que vous, capitaine Jekyl. J'aurais supposé qu'eu égard à notre malheureuse parenté, et aux termes où nous en sommes l'un vis à-vis de l'autre, les gens de loi eussent été les négociateurs les plus convenables entre nous.

— Monsieur, reprit le capitaine Jekyl, vous vous méprenez sur ma mission. Je ne suis venu pour aucun message de nature hostile de la part de lord Etherington. — Je sais quels sont vos rapports de parenté, qui rendraient un tel office tout à fait contraire au bon sens et aux lois de la nature ; et je vous assure que j'aimerais mieux perdre la vie que d'être mêlé à une semblable affaire. Je voudrais agir, s'il était possible, comme médiateur entre vous.

Jusque-là ils étaient restés debout. M. Tyrrel offrit alors une chaise à son visiteur, et, en prenant une lui-même, il rompit au bout d'un instant le silence embarrassant qui s'ensuivit. — Je serais heureux, dit-il, après avoir éprouvé de votre ami une si longue suite d'injustices et de persécutions, d'apprendre, quelque tardivement que ce puisse être, capitaine Jekyl, toute chose qui pourrait me faire mieux penser de lui, ou de ses intentions à mon égard et envers d'autres.

— M. Tyrrel, repartit le capitaine, vous me permettrez de parler avec franchise. Il se trouve un trop grand intérêt entre votre frère et vous pour que vous puissiez être amis ; mais je ne vois pas que pour cela il soit nécessaire que vous soyez ennemis mortels.

— Je ne suis pas l'ennemi de mon frère, capitaine Jekyl ; — je ne l'ai jamais été. — Son ami, je ne puis l'être, et il ne connaît que trop bien l'insurmontable barrière que sa conduite a élevée entre nous.

— Je suis instruit, dit le capitaine Jekyl en appuyant lentement et avec intention sur ses paroles, je suis instruit, du moins en général, des particularités de vos malheureuses dissensions.

— S'il en est ainsi, répliqua Tyrrel en rougissant, vous devez comprendre aussi avec quelle peine extrême je me vois forcé d'aborder un tel sujet avec quelqu'un qui m'est totalement étranger, — qui, de plus, est l'ami et le confident d'un homme que... Mais je ne veux pas blesser vos sentiments, capitaine Jekyl ; je m'efforcerai plutôt de contenir les miens. En un mot, je vous demanderai de vouloir bien me faire connaître l'objet de votre visite, car je suis obligé d'aller au Spa ce matin, afin d'y régler quelques affaires qui me concernent de près.

— Si vous voulez parler du motif qui vous empêcha de vous trouver à un rendez vous avec sir Bingo Binks, l'affaire a déjà été complétement expliquée. J'ai enlevé de ma propre main le placard injurieux, et je me suis moi-même rendu garant de votre honneur à quiconque oserait dorénavant le mettre en doute.

— Monsieur, dit Tyrrel fort surpris, je vous suis obligé de votre intention, d'autant plus que j'ignore comment j'ai mérité une telle intervention. Elle n'est cependant pas tout à fait satisfaisante pour moi, parce que j'ai l'habitude d'être moi même le gardien de mon honneur.

— Je présume que c'est dans tous les cas une tâche aisée, M. Tyrrel; mais elle l'est surtout ici, où vous ne trouverez personne d'assez hardi pour l'attaquer. — Il est vrai que mon intervention officieuse eût été injustifiable, si je n'avais été au moment de me charger d'une mission impliquant des relations confidentielles avec vous. Par égard pour mon propre caractère, il devenait nécessaire d'établir le vôtre. J'ai su la vérité sur toute l'affaire, de mon ami le comte d'Etherington, qui doit tant qu'il vivra rendre grâces au Ciel qui lui a sauvé en cette occasion l'accomplissement d'un bien grand crime.

Votre ami, monsieur, a eu, dans le cours de sa vie, bien des motifs de remercier le Ciel, mais il en a eu plus encore d'implorer son pardon.

— Je ne suis pas théologien, monsieur, repartit avec vivacité le capitaine Jekyl; mais j'ai entendu dire qu'il est peu d'hommes dont on n'en puisse dire autant.

— C'est ce que moi, du moins, je ne puis contester; mais revenons.
— Avez-vous eu la liberté, capitaine Jekyl, de rendre publiques toutes les particularités d'une rencontre aussi singulière que celle qui a eu lieu entre votre ami et moi?

— Non, monsieur, dit Jekyl; — j'ai regardé ceci comme une affaire fort délicate, que chacun de vous a le même intérêt à tenir secrète.

— Puis-je vous demander, en ce cas, comment il vous a été possible de justifier autrement mon absence du rendez-vous de sir Bingo?

— Il n'a fallu pour cela, monsieur, qu'engager ma parole de gentleman et d'homme d'honneur, caractères sous lesquels je suis suffisamment connu dans le monde, qu'à ma connaissance certaine et personnelle vous aviez été blessé dans une affaire avec un de mes amis, affaire dont la prudence exigeait que les particularités fussent mises en oubli. Je ne pense pas que personne se hasarde à contester ma parole, ni à demander plus que mon affirmation. Si en cette occasion il se trouvait quelqu'un plus difficile à persuader, je trouverais moyen de le satisfaire. En attendant, votre réhabilitation a été complète et des plus honorables; et sir Bingo, en considération de la part qu'il a eue à donner cours à des bruits si injurieux pour vous, désire qu'il ne soit plus question de sa querelle originelle, et il espère que de part et d'autre tout sera oublié et pardonné.

CHAPITRE XXIX.

— Sur ma parole, capitaine Jekyl, vous me mettez dans la nécessité de me reconnaître votre obligé. Vous avez tranché un nœud que j'aurais trouvé très difficile à dénouer; car j'avoue franchement que tout déterminé que j'étais à ne pas rester sous le stigmate imprimé sur moi, il m'aurait été fort difficile de me justifier sans mentionner des circonstances qui devraient être ensevelies dans un éternel oubli, ne serait-ce que par égard pour la mémoire de mon père. J'espère que votre ami ne se ressent plus de sa blessure.

— Sa Seigneurie est presque entièrement rétablie.

— Et je me flatte qu'il me rend la justice de convenir que l'intention de le blesser n'est jamais entrée dans ma pensée?

— Il vous rend pleine justice en ceci et à tout autre égard; il regrette l'impétuosité de son propre caractère, et est résolu à se tenir en garde contre elle à l'avenir.

— Jusque-là, tout est bien ; et maintenant, puis je vous demander encore une fois quelle communication vous avez à me faire de la part de votre ami? — S'il s'agissait de tout autre que de lui, en qui j'ai si constamment trouvé fausseté et perfidie, votre franchise et votre loyauté me porteraient à espérer que cette querelle dénaturée pourrait jusqu'à un certain point se terminer par votre médiation.

— Je procède donc à l'accomplissement de ma mission sous des auspices plus favorables que je ne m'y étais attendu. — Vous vous disposez à entamer un procès, M. Tyrrel, si le bruit public ne vous calomnie pas, dans le dessein de priver votre frère de son domaine et de son titre.

— La question n'est pas exactement posée, capitaine Jekyl ; quand j'entamerai un procès, ce sera dans le but de constater la justice de mes droits.

— Cela revient au même, monsieur; je ne suis pas appelé à décider de la justice de vos réclamations, mais elles sont, vous en conviendrez, tardivement soulevées. Feue la comtesse d'Etherington est morte en possession — en possession publique et incontestée — de son rang social.

— Si elle n'y avait pas réellement droit, monsieur, on a été plus que juste envers celle qui en jouit si longtemps; et ce fut précisément le contraire à l'égard de la dame outragée dont les droits furent méconnus.

— Mais ce n'est point là une question à discuter entre nous ; — c'est ailleurs qu'elle doit être jugée.

— Il faudra des preuves de la nature la plus forte, monsieur, pour renverser un droit aussi bien établi dans l'opinion publique que celui du présent possesseur du titre d'Etherington.

Tyrrel sortit un papier de son portefeuille, et, le présentant au capitaine Jekyl, il répondit seulement : Je n'ai pas la pensée de vous demander d'abandonner la cause de votre ami ; mais il me semble que les documents dont voici la liste peuvent ébranler l'opinion que vous en avez.

Le capitaine Jekyl lut à demi-voix : *Certificat de mariage, par le révérend Zadock Kemp, chapelain de l'ambassade d'Angleterre à Paris, entre Marie de Belleroche, comtesse de Martigny, et le très-honorable John lord d'Oakendale. — Correspondance entre John, comte d'Etherington, et son épouse, sous le titre de madame de Martigny. — Acte de baptême. — Déclaration du comte d'Etherington à son lit de mort.* — Tout ceci est très-bien ; — mais puis-je vous demander, M. Tyrrel, si votre intention est réellement de pousser les choses à l'extrémité avec votre frère ?

— Il a oublié qu'il est frère ; — il a levé le bras contre ma vie.

— Vous avez versé son sang, — vous l'avez versé deux fois ; le monde ne demandera pas lequel des deux frères offensa l'autre, mais lequel a reçu, lequel a fait la blessure la plus grave.

— Votre ami m'en a fait une, monsieur, qui sera saignante tant que j'aurai la faculté de me souvenir.

— Je vous comprends, monsieur ; vous voulez parler de l'affaire de miss Mowbray ?

— Épargnez-moi ce sujet, monsieur ! Jusqu'ici j'ai discuté avec une sorte de calme mes droits les plus importants ; — droits qui comprennent mon rang dans la société, ma fortune, l'honneur de ma mère ; mais pas un mot de plus sur le sujet que vous avez touché, si vous ne voulez avoir devant vous un insensé ! — Vous est-il possible, monsieur, d'avoir entendu rapporter même un aperçu de cette histoire, et d'imaginer que je puisse jamais réfléchir au piège barbare si froidement calculé que votre ami prépara à deux infortunés, sans.... Il se leva vivement, et fit quelques tours dans la chambre avec toutes les apparences d'une vive agitation. — Depuis que Satan lui-même détruisit le bonheur de la parfaite innocence, jamais on n'a vu pareil acte de perfidie, — jamais pareils plans de bonheur ne furent détruits, — jamais misère plus inévitable ne fut réservée à deux malheureux qui avaient la simplicité de mettre en lui une confiance absolue ! — Si sa conduite avait été inspirée par la passion, c'eût été l'acte d'un homme.... d'un homme pervers, à la vérité, mais enfin d'une créature humaine, agissant sous l'influence de sentiments humains : — mais ce qu'il fit fut l'acte d'un démon calme, calculant froidement, et poussé par les motifs les plus vils d'un sordide intérêt, joint, j'en ai la ferme croyance, à la haine invétérée qu'il avait conçue dès l'enfance contre celui dont il regardait les droits comme en opposition aux siens.

— Je vous vois avec peine dans une telle irritation, dit le capitaine Jekyl d'un ton calme. Lord Etherington, j'aime à le croire, agit par des motifs tout autres que ceux que vous lui imputez ; et si vous voulez seulement m'écouter, peut-être pourrons-nous trouver quelque moyen de concilier ces malheureuses dissensions.

— Monsieur, dit Tyrrel en se rasseyant, je vous écouterai avec calme, comme je resterais calme sous l'instrument du chirurgien qui me sonderait une blessure douloureuse. Mais quand vous me touchez au vif, quand vous attaquez le nerf blessé, vous ne pouvez vous attendre à ce que je souffre sans tressaillir.

— Je m'attacherai donc à être aussi prompt que possible dans l'opération, repartit le capitaine Jekyl, qui garda, durant toute la conférence, l'avantage du plus imperturbable sang-froid. — Je conclus, M. Tyrrel, que le bonheur de miss Mowbray, son honneur et sa tranquillité vous sont chers?

— Qui ose attaquer son honneur? dit Tyrrel avec véhémence; mais se contenant aussitôt, il ajouta d'un ton plus modéré, mais avec l'accent d'une émotion profonde : Oui, monsieur, le bonheur, la tranquillité et l'honneur de miss Mowbray me sont aussi chers que l'air que je respire.

— Mon ami n'a pas pour eux moins d'égards, monsieur, et il a pris la résolution de lui faire la justice la plus complète.

— Il ne peut lui faire justice autrement qu'en cessant de fréquenter le voisinage des lieux qu'elle habite, qu'en ne lui parlant plus, qu'en ne pensant, en ne songeant plus à elle.

— Lord Etherington pense autrement, monsieur; il croit que si miss Mowbray a éprouvé quelque tort de sa part, ce que naturellement ce n'est pas à moi d'admettre, ce qu'il peut faire de mieux pour le réparer est de lui offrir de partager son titre, son rang et sa fortune.

— Son titre, son rang et sa fortune, monsieur, sont aussi faux que lui-même, s'écria Tyrrel avec violence. — Épouser Clara Mowbray? — jamais!

— Vous voudrez bien observer, monsieur, que la fortune de mon ami ne repose pas entièrement sur l'issue du procès dont maintenant vous le menacez. — Enlevez-lui, si vous pouvez, le domaine d'Oakendale, il lui reste encore un patrimoine considérable du chef de sa mère; et en outre, quant à son mariage avec Clara Mowbray, à moins que le désir de cette dame ne fût que la cérémonie se répétât, ce à quoi il est tout à fait disposé à sacrifier sa propre opinion, il pense que l'on n'a qu'à déclarer qu'elle a déjà eu lieu entre eux.

— Cette cérémonie fut tout à fait dérisoire, monsieur! Ce fut un tour vil et infâme, dont rougirait le plus grand misérable de Newgate! — une substitution de personne.

— C'est ce dont je n'ai vu nul témoignage, M. Tyrrel. Le certificat de l'ecclésiastique est clair : — Francis Tyrrel est uni à Clara Mowbray par le saint nœud du mariage, — telle en est la teneur. — En voici une copie. — Mais un moment, s'il vous plaît, monsieur. Vous dites qu'il y eut substitution de personne : — je ne doute pas que ce que vous dites vous ne le pensiez, et que miss Mowbray ne vous l'ait ainsi rapporté.

Elle fut surprise, — séparée jusqu'à un certain point par la force de l'époux qu'elle venait de se donner, — honteuse de se trouver en face de son premier amant, à qui sans doute elle avait fait maint serment d'amour, dont pas un n'était sincère : — qu'y a-t-il d'étonnant à ce que, n'ayant plus l'appui de son mari, elle ait changé de gamme, et rejeté tout le blâme de sa propre inconstance sur l'amant absent? — Une femme, en un moment si critique, fera les excuses les plus improbables plutôt que de s'avouer coupable.

— Le cas actuel n'admet pas de plaisanterie, monsieur, dit Tyrrel en pâlissant et la voix tremblante de colère.

— Je suis tout à fait sérieux, monsieur, et il n'y a pas une seule cour de justice en Angleterre qui voulût recevoir la parole de la dame, — la seule chose qu'elle ait à opposer — et cela dans sa propre cause — à tout un corps de témoignages directs et circonstanciés, montrant que de son libre consentement elle a épousé celui qui maintenant revendique sa main. — Pardonnez-moi, monsieur; — je vois que vous êtes violemment agité. — Je n'entends pas contester le droit que vous avez de croire ce que vous pensez être le plus croyable; — je prends seulement la liberté de vous montrer quelle impression le témoignage doit vraisemblablement faire sur l'esprit des personnes indifférentes.

— Votre ami, répliqua Tyrrel, affectant un calme que cependant il était loin d'avoir, votre ami peut espérer voiler sa scélératesse par de tels arguments; mais ils ne peuvent lui profiter. — La vérité est connue du Ciel, — elle est connue de moi, — et il y a en outre sur terre un témoin indifférent qui peut attester que miss Mowbray fut victime de la plus abominable machination.

— Vous voulez parler de sa cousine, — Hannah Irwin, je crois; vous voyez que je suis pleinement au courant de toutes les circonstances de l'affaire. Mais où trouver Hannah Irwin?

Elle paraîtra au moment marqué par le Ciel, sans aucun doute, et à la confusion de celui qui maintenant s'imagine que le seul témoin de sa trahison — le seul qui pourrait dire la vérité sur ce mystère compliqué — ou ne vit plus, ou du moins ne peut être appelé contre lui pour confondre ses plans. Oui, monsieur; cette observation que vous venez de jeter en passant m'explique pleinement pourquoi votre ami, ou, pour lui donner son vrai nom, M. Valentin Bulmer, n'a pas commencé plus tôt ses machinations, et pourquoi aussi il les commence à présent. Il se croit certain qu'Hannah Irwin n'est pas maintenant dans la Grande-Bretagne, ou qu'on ne pourra la faire comparaître devant une cour de justice; — il pourra se trouver déçu.

Mon ami paraît parfaitement confiant dans l'issue de sa cause; mais par égard même pour la dame, il répugne fort à poursuivre un procès qui doit amener tant de révélations pénibles.

— Des révélations, vraiment! il faut remercier le traître qui a chargé une si terrible mine, et qui maintenant affecte de répugner à y mettre le feu. Oh! combien je dois maudire cette affinité du sang qui me lie les mains! Je consentirais à descendre au rang le plus obscur et le plus vil de la société, pour avoir seulement une heure à me venger de cet hypocrite sans exemple! — Il est une chose certaine, monsieur : — c'est que votre ami n'aura pas une victime vivante. Ses persécutions tueront Clara Mowbray, et combleront la mesure de ses crimes par le meurtre de l'une des plus... Je me laisserai gagner par une faiblesse de femme, si j'en dis plus sur ce sujet.

— Mon ami, puisque c'est ainsi que vous préférez le désigner, ne désire pas moins que vous épargner la sensibilité de la dame; et dans cette vue, sans revenir sur le passé, il a fait au frère de miss Mowbray une proposition d'alliance dont M. Mowbray est hautement flatté.

— Ha! dit Tyrrel en tressaillant. Et la dame...?

— Et la dame s'y est montrée assez favorable pour consentir à ce que lord Etherington fît ses visites aux Shaws.

— Il faut que ce consentement lui ait été extorqué.

— Il a été donné volontairement, à ce que l'on m'a assuré; à moins, peut-être, que le désir de jeter un voile sur ces événements très désagréables n'ait eu pour effet, assez naturel à mon avis, de la porter à les couvrir d'un éternel oubli en acceptant la main de lord Etherington.

— Je vois, monsieur, que je vous afflige, et j'en suis sincèrement fâché.

— Je n'ai pas droit de solliciter de vous une preuve de générosité quelconque; mais si tels étaient les sentiments de miss Mowbray, serait ce trop attendre de vous que de penser que vous ne voudriez pas compromettre l'honneur de miss Mowbray, en insistant sur d'anciennes prétentions, et en révélant de fâcheux incidents depuis si longtemps passés?

— Capitaine Jekyl, dit Tyrrel d'un ton solennel, je n'ai nulles prétentions. Quelles que soient celles que je pus avoir, elles ont été anéanties par l'acte de perfidie au moyen duquel votre ami ne réussit que trop bien à me supplanter. Clara Mowbray serait-elle aussi complétement dégagée de son prétendu mariage que la loi l'en pourrait dégager, il n'en resterait pas moins pour moi — pour *moi* entre tous les hommes cet obstacle que la bénédiction nuptiale a été prononcée sur elle et sur l'homme qu'il me faut pour une fois appeler *mon frère*... Il s'arrêta à ce mot, comme s'il lui en eût coûté un effort douloureux pour le prononcer, puis il reprit : — Non, monsieur, je n'ai dans tout ceci nul avantage personnel en vue; — il y a longtemps que celui auquel j'aspirais est anéanti. — Mais je ne permettrai pas que Clara Mowbray devienne l'épouse d'un scélérat. — Je veillerai sur elle avec des pensées aussi pures que celles de son ange gardien. J'ai été la cause de tous les maux qu'elle a éprouvés; — c'est moi qui le premier lui persuadai de s'écarter du sentier du devoir : — de tous les hommes je suis le plus obligé à la préserver des peines — du crime — qui s'attacheraient inévitablement à elle si elle devenait la femme de cet homme. Je ne croirai jamais qu'elle le souhaite ; — je ne croirai jamais que dans le calme de son esprit et la plénitude de sa raison elle puisse être amenée à prêter l'oreille à une proposition si criminelle. — Mais son esprit — hélas ! — n'a plus cette fermeté dont il était doué autrefois ; et votre ami sait comment presser le ressort de tout sentiment susceptible de l'agiter et de l'alarmer. Des menaces de publicité peuvent arracher son consentement à ce mariage d'une haute inconvenance, si plutôt elles ne la poussent pas au suicide, ce que je crois devoir en être le résultat le plus probable. Je serai donc fort là où elle est faible. — Il faudra que votre ami, monsieur, dépouille à la fin ses propositions de leur enveloppe dorée. Je convaincrai M. Mowbray de Saint-Ronan des prétentions, tant au rang qu'à la fortune, de celui qui recherche sa sœur ; et j'aime à croire qu'il la protégera contre les démarches d'un scélérat nécessiteux, bien qu'il puisse se laisser éblouir par l'alliance d'un pair opulent.

— Votre cause, monsieur, n'est pas encore gagnée ; et le serait-elle, il resterait à votre frère assez de propriétés pour lui permettre d'aspirer à un plus grand parti que miss Mowbray, outre le vaste domaine de Nettlewood, auquel cette alliance lui devrait donner droit. Mais je voudrais arriver à quelque arrangement entre vous, s'il était possible. Vous affirmez, M. Tyrrel, mettre de côté en cette affaire toute pensée, toute vue d'intérêt personnel, et ne voir uniquement que la sécurité et le bonheur de miss Mowbray?

— Tel est, sur mon honneur, le but exclusif de mon intervention. — Je donnerais tout ce que je possède pour lui procurer une heure de calme ; — quant au bonheur, elle ne le connaîtra plus.

Vos prévisions du malheur à venir de miss Mowbray sont fondées, à ce que je vois, sur le caractère de mon ami. Vous le croyez un homme de principes légers ; et parce qu'il l'a emporté sur vous dans une intrigue de jeunesse, vous en concluez que maintenant, à un âge plus avancé et plus réfléchi, le bonheur de celle à qui vous prenez un tel intérêt ne doit pas lui être confié?

— Mes prévisions peuvent être fondées sur d'autres motifs, dit vivement Tyrrel ; mais vous pouvez partir de ceux que vous avez indiqués, comme suffisants pour justifier mon intervention.

— Hé bien, alors, si je proposais quelque accommodement de cette nature? Lord Etherington ne prétend pas à l'ardeur d'un amant passionné. Il vit beaucoup dans le monde, et n'a nul désir de le quitter. La santé de miss Mowbray est délicate, — ses esprits variables, — et la solitude serait très-probablement ce qu'elle choisirait. — Supposez — je fais une simple supposition — supposez qu'un mariage entre deux personnes placées en de telles circonstances soit devenu nécessaire ou avantageux à l'un et à l'autre ; — supposez qu'un tel mariage dût assurer à une des deux parties un domaine considérable, — qu'il dût assurer l'autre contre toutes les conséquences d'une fâcheuse publicité, — et enfin que les deux buts pussent être atteints par une simple cérémonie nuptiale célébrée pour eux. Il pourrait y avoir une convention préalable de séparation, avec une provision convenable pour la dame, et des stipulations par lesquelles l'époux renoncerait à toute prétention à la vie commune. De telles choses arrivent fréquemment, sinon le jour même du mariage, du moins avant l'expiration de la lune de miel. Opulence et liberté seraient le lot de la dame, et elle aurait de plus, monsieur, dans la supposition où vos prétentions seraient fondées, tel rang et tel titre que vous jugeriez convenable de leur laisser.

Il y eut un long intervalle de silence, durant lequel Tyrrel changea plusieurs fois de visage. Jekyl l'observait attentivement, sans le presser de répondre. — Il est bien des points dans votre proposition, capitaine Jekyl, répondit-il enfin, auxquels je pourrais être tenté d'accéder, comme offrant un moyen de dénouer ce nœud gordien, et un compromis par lequel il serait jusqu'à un certain point pourvu à la tranquillité de miss Mowbray. Mais je me fierais au dard empoisonné d'une vipère plutôt qu'à votre ami, à moins que je ne le visse enchaîné par les liens les plus forts de l'intérêt. Je suis d'ailleurs certain que la malheureuse Clara ne pourrait jamais survivre à la pensée d'un tel rapprochement, ne devrait-il durer que le seul instant où ils paraîtraient ensemble à l'autel. Il est d'autres objections....

Il s'interrompit, se tut un instant, puis il reprit d'une voix calme et du ton d'un homme maître de lui-même : Peut-être pensez-vous, même maintenant, que j'ai en tout ceci quelques vues d'égoïsme et d'intérêt ; et probablement vous pouvez vous trouver en droit de concevoir contre moi les mêmes soupçons que j'ai hautement avoués à l'égard de toute proposition venant de votre ami. — Je ne puis l'empêcher ; — je ne puis opposer à ces impressions désavantageuses que la franchise des procédés et l'honnêteté, et c'est dans ce double esprit que *moi* aussi, capitaine je vais *vous* faire une proposition. — Votre ami est attaché au rang, à la fortune, aux avantages sociaux, autant, au moins, que le sont les hommes du monde ; — c'est ce dont vous ne pouvez disconvenir, et je ne veux pas vous offenser en supposant qu'il y soit plus attaché que les autres.

— Je connais peu de gens qui ne désirent pas de tels avantages, répondit le capitaine Jekyl, et j'avoue franchement qu'il n'affecte pas à leur égard une indifférence philosophique.

— Ceci est donc admis. D'ailleurs la proposition que vous venez de faire indique que ses prétentions supposées à la main de cette jeune dame sont entièrement ou presque entièrement dictées par des motifs d'intérêt, puisque votre opinion est qu'il consentirait à une séparation dès le jour même du mariage, pourvu que par là il s'assurât la propriété de Nettlewood.

— Ma proposition n'était nullement autorisée par celui au nom de qui je suis ici ; mais il est inutile de nier que par le fait seul que je l'ai avancée, j'ai indiqué l'opinion que lord Etherington n'est pas un amant passionné.

— Hé bien donc, monsieur, considérez, et faites-lui bien considérer, que le domaine et le rang dont il jouit maintenant dépendent de ma volonté et de mon bon plaisir ; — que si je fais valoir les droits dont ce papier vous fait connaître l'étendue, il faut qu'il descende du rang de comte à celui de simple citoyen, dépouillé de la meilleure partie de sa fortune, diminution qui serait loin d'être compensée par le domaine de Nettlewood, alors même qu'il l'obtiendrait, ce qui ne pourrait être que par suite d'une action judiciaire, incertaine dans son issue et des plus déshonorantes en elle-même.

— Bien, monsieur, j'aperçois votre argument. — Quelle est votre proposition ?

— Que je m'abstiendrai de faire valoir mon droit à ces honneurs et à ces biens, — que je laisserai Valentin Bulmer en possession de son titre usurpé et de son opulence imméritée, — que je m'obligerai sous les peines les plus fortes à ne jamais troubler sa possession du comté d'Etherington et des domaines y appartenant, — le tout à condition qu'il permette à celle dont il a détruit pour jamais la paix d'esprit de traverser le reste de sa misérable existence sans être troublée ni par des recherches de mariage, ni par aucune prétention qu'il pourrait fonder sur la perfidie de sa conduite, — en un mot, qu'il s'abstiendra de tourmenter Clara Mowbray par sa présence, de vive voix, par lettre, ou par l'intervention d'un tiers, et qu'il s'engagera à être pour elle à l'avenir comme s'il n'existait pas.

Cette offre est singulière, dit le capitaine ; puis je vous demander si vous la faites sérieusement ?

— La question ne me surprend ni ne m'offense. Je suis homme comme les autres, monsieur, et n'affecte pas de me montrer supérieur à ce qui est pour tous un objet de désir : — une certaine considération et un rang dans la société. Je ne suis ni assez fou ni assez romanesque pour ne pas apprécier le sacrifice que je veux faire. Je renonce à un rang qui a et doit avoir d'autant plus de prix pour moi, que la réputation d'une mère honorable (il rougit en prononçant ces mots) y est attachée, — et qu'en ne le réclamant pas je désobéis aux ordres d'un père mourant, qui souhaitait que par là je déclarasse au monde le repentir qui peut-être le conduisit au tombeau, et dont il regardait la publicité comme une sorte d'expiation de ses erreurs. D'une place considérée dans le pays, je descends volontairement au rang d'un exilé sans nom ; car une fois certain que la paix de Clara Mowbray est assurée, la Grande-

Bretagne ne me portera pas plus longtemps. — Tout cela, monsieur, je le fais non par un vain entraînement d'enthousiasme, mais en voyant, en connaissant, en appréciant pleinement chacun des avantages auquel je renonce. — Et cependant je le fais, et je le fais de grand cœur, plutôt que d'être une cause de nouvelles peines pour une personne sur laquelle j'en ai déjà trop beaucoup trop attiré.

Ici, en dépit de ses efforts, la voix lui manqua, et une grosse larme qui lui vint aux yeux le força de s'approcher un instant de la fenêtre.

— Je suis honteux de cette puérilité, reprit-il en se tournant de nouveau vers le capitaine Jekyl ; si elle vous paraît ridicule, monsieur, qu'elle soit du moins une preuve de ma sincérité.

— Je suis loin d'éprouver un tel sentiment, dit le capitaine d'un ton respectueux, car, dans un long enchaînement de folies à la mode, son cœur ne s'était pas complétement endurci ; j'en suis bien loin, en vérité. Vous ne pouvez vous attendre à ce que je réponde à une proposition aussi singulière ; sauf en ceci, — que le caractère de la pairie est, je crois, indélébile, et ne peut être résigné ou pris à volonté. Si vous êtes réellement comte d'Etherington, je ne vois pas comment votre renonciation au droit que vous y auriez peut profiter à mon ami.

— A vous, monsieur, cela pourrait ne pas vous profiter, répondit gravement Tyrrel, parce que vous, peut être, ne voudriez pas exercer un droit ou porter un titre qui ne vous appartiendraient pas légalement. Mais votre ami n'aura pas de ces scrupules gênants. En jouant le rôle de comte aux yeux du monde, il a déjà montré que son honneur et sa conscience sont faciles à satisfaire.

— Puis-je prendre copie de la note contenant cette liste de documents, pour la communiquer à mon commettant, monsieur?

— Ce papier est à votre disposition, monsieur ; ce n'est qu'une copie. Mais il semblerait que le capitaine Jekyl n'est qu'imparfaitement dans la confiance de son ami, ajouta-t-il avec une expression sarcastique : — il peut être assuré que celui au nom de qui il est ici est parfaitement au courant du contenu de cette note, et qu'il a des copies exactes des pièces qu'elle indique

— Je ne crois guère que ce soit possible, dit Jekyl avec quelque aigreur.

— Cela est possible et certain. Peu de temps avant sa mort, mon père me fit parvenir avec l'aveu le plus touchant de ses erreurs cette liste de papiers, et m'informa qu'il avait fait une communication semblable à votre ami. Je ne doute pas qu'il ne la lui ait faite effectivement, bien que M. Bulmer ait cru devoir vous cacher cette circonstance. Un fait entre autres indique son caractère, en même temps qu'il me prouve combien il redoutait mon retour en Bretagne. Par l'intermédiaire d'un fripon d'agent qui m'avait fait parvenir les remises d'usage du vivant de mon père, il trouva moyen de détourner celles qui m'étaient nécessaires pour mon retour du Levant, et je fus obligé de recourir à la bourse d'un ami.

— Vraiment? C'est la première fois que j'entends parler de ces papiers. — Puis-je vous demander où sont les originaux, et qui en est le dépositaire?

— J'étais dans l'Est lors de la dernière maladie de mon père, et ces papiers furent déposés par lui dans une maison de commerce respectable avec laquelle il était en relations. Ils étaient sous double enveloppe, l'intérieure à mon adresse, et l'autre à celle du chef de cette maison.

— Vous devez sentir, monsieur, qu'il ne m'est guère possible de rien décider sur l'offre extraordinaire que vous avez bien voulu faire de résigner les droits fondés sur ces documents, à moins que je ne sois préalablement à même de les examiner.

— Ils seront mis sous vos yeux. — Je vais écrire qu'on me les envoie par la poste; — ils ne forment pas un fort volume.

— Ceci résume donc tout ce que nous pouvons dire en ce moment. — Supposant que ces preuves soient d'une authenticité incontestable, je conseillerais certainement à mon ami Etherington d'assoupir une revendication aussi importante que le serait la vôtre, même au prix d'une renonciation à sa spéculation matrimoniale. — Je présume que votre intention est de maintenir votre offre?

— Je n'ai pas habitude de changer ainsi d'avis, — encore moins de rétracter ma parole, dit Tyrrel avec quelque hauteur.

— Nous nous quittons amis, j'espère? reprit Jekyl en se levant et prenant congé.

— Non ennemis, du moins, assurément, capitaine Jekyl. Je vous avouerai que je vous dois des remerciements pour m'avoir débarrassé de cette sotte affaire de la Source; — rien ne pouvait m'être plus désagréable que la nécessité de pousser en ce moment à la dernière extrémité une querelle frivole.

— Ainsi donc, vous viendrez parmi nous?

— Je ne souhaite certainement pas paraître me cacher; ce serait une circonstance que l'on pourrait tourner contre moi; — il y a là un adversaire qui profitera de tous les avantages. Je n'ai qu'un chemin à suivre, capitaine Jekyl : celui de la vérité et de l'honneur.

Le capitaine Jekyl s'inclina et prit congé. Dès qu'il fut sorti, Tyrrel ferma en dedans la porte de la chambre, et tirant de son sein un portrait, il le regarda avec un mélange de douleur et de tendresse qui lui arracha les larmes des yeux.

C'était le portrait de Clara Mowbray, telle qu'il l'avait connue aux jours de leurs amours de jeunesse et qu'il l'avait pris lui même, car déjà s'était développé en lui son goût précoce pour la peinture. On pouvait encore retrouver dans la belle physionomie de l'original, malgré les années écoulées, les traits de la délicate et fraîche jeune fille;

mais qu'était devenu l'incarnat qui avait coloré ses joues? — qu'était devenue cette malice mêlée de réserve qui se cachait dans le regard? — et cet air de joie et de contentement qui donnait à toute sa physionomie l'expression d'une Euphrosyne, qu'était-il devenu ? Hélas! tout cela était depuis longtemps perdu. — Le chagrin avait posé sa main sur elle ; — l'éclat rosé de la jeunesse s'était éteint; — le regard de gaieté innocente était remplacé par un air tantôt empreint de soucis mal déguisés, tantôt animé par un esprit inconsidéré d'observation satirique.

— Quel changement ! — quel changement ! s'écria Tyrrel; et tout cela du fait d'un misérable ! — Puis-je mettre la dernière main à l'œuvre, et lui porter le dernier coup? Non ! — non ! — je serai fort dans la résolution que j'ai formée ; — je sacrifierai tout, — rang, — titre, — fortune, réputation. La vengeance ! — la vengeance elle même, le dernier bien qui me reste, — la vengeance elle-même je la sacrifierai, pour lui obtenir le peu de tranquillité dont elle peut encore jouir.

Dans cette résolution il s'assit, et écrivit à la maison de commerce où étaient déposés les documents relatifs à sa naissance et les autres papiers, pour demander que le paquet qui les contenait lui fût expédié par la poste.

Tyrrel n'était ni sans ambition, ni sans ce désir de considération personnelle qui s'unit d'ordinaire à une âme ardente et à une profonde sensibilité. Ce fut d'une main tremblante et les yeux humides, mais le cœur fermement arrêté à sa détermination, qu'il cacheta et expédia la lettre : c'était un pas vers la renonciation, en faveur de son mortel ennemi, à ce rang et à cette place dans le monde qui lui appartenaient par droit d'héritage, mais qui si longtemps étaient restés en suspens entre eux.

CHAPITRE XXX.

INTRUSION.

> Sur ma foi, j'irai avec toi jusqu'au bout de la ruelle! — je suis une sorte de lampourde, — je m'accrocherai.
>
> *Mesure pour mesure.*

On touchait alors à la fin de l'automne. Une épaisse rosée couvrait l'herbe là où frappait le soleil ; mais partout où la pelouse était dans l'ombre, elle était couverte de gelée blanche, qui craquait sous les pas de Jekyl pendant qu'il revenait par le bois de Saint-Ronan. Les feuilles du frêne se détachaient d'elles mêmes des branches, et tombaient sur le sentier sans qu'un souffle de vent se fît sentir. Le brouillard couronnait encore les hauteurs, et la masse épaisse de la vieille tour de Saint-Ronan était complètement enveloppée de vapeurs, sauf sur un point où un rayon de soleil, perçant péniblement le brouillard, pénétrait jusqu'à une tourelle en saillie de l'un des angles de la vieille forteresse, tourelle qui avait été longtemps le rendez-vous favori des corbeaux, et que pour cette raison on nommait vulgairement la Tour du Corbeau. Au-dessous, la scène était découverte et riante, et le robin rouge-gorge gazouillait de son mieux, pour dédommager de l'absence de tout autre chantre des bois. Dans mainte clairière on voyait le beau feuillage d'automne tapissant les flancs de chaque petite ravine de ses teintes roussâtres tachetées d'or et fréquemment relevées par le rouge vif du frêne des montagnes; tandis que çà et là un gigantesque sapin, vieil enfant du sol, projetait son large ombrage au dessus des autres arbres, et semblait s'enorgueillir de la permanence de sa sombre parure sur l'éclat plus brillant, mais moins durable, de tout ce qui l'entourait.

Telle est la scène qui, si souvent décrite en prose et en vers, perd cependant rarement de son effet sur l'oreille ou sur les yeux, et au milieu de laquelle nous portons une disposition d'esprit en harmonie avec le déclin de l'année. Peu échappent à cette impression ; et Jekyl lui-même, quoique fort peu porté par ses habitudes à une telle contemplation, ralentit le pas pour admirer la beauté peu commune du paysage.

Peut-être aussi n'avait il pas hâte de rejoindre le comte d'Etherington, vers le service duquel il se sentait moins porté depuis l'entrevue qu'il venait d'avoir avec Tyrrel. Il était clair que le comte n'avait pas mis entièrement en son ami la confiance promise ; il ne lui avait pas fait connaître l'existence de ces importants éléments de preuve, sur lesquels semblait maintenant rouler le destin de sa négociation, et en cela il l'avait trompé. Néanmoins, quand Jekyl tira de sa poche et relut la lettre d'explication de lord Etherington, il ne put s'empêcher de sentir plus fortement qu'il ne l'avait fait à la première lecture, combien le possesseur actuel de ce titre était alarmé des revendications de son frère; et il éprouva quelque compassion pour le sentiment naturel qui avait dû le faire répugner à découvrir de prime-abord le plus mauvais côté de sa cause, même à l'ami en qui il mettait le plus de confiance. Il se souvint surtout que lord Etherington lui avait rendu des services peu communs ; qu'en retour, il avait promis au jeune comte son assistance active et dévouée pour le tirer des difficultés dont en ce moment il paraissait entouré ; qu'en sa qualité de confident il avait obtenu la connaissance de ses affaires les plus secrètes, et qu'un motif bien puissant pourrait seul justifier une rupture actuelle. Pourtant il ne pouvait s'empêcher de regretter d'être enchaîné par tant d'obligations, et de souhaiter ou que la cause de son ami fût meilleure, ou que l'ami lui-même fût plus digne d'assistance.

Une belle matinée, monsieur, pour un damné climat brumeux comme celui-ci, dit une voix rapprochée de l'oreille de Jekyl, et qui le tira subitement de sa méditation. Il tourna la tête, et vit près de lui notre honnête ami Touchwood, le cou enveloppé de son ample foulard de l'Inde, de larges souliers de goutteux aux pieds, sa perruque ronde bien poudrée, et à la main la canne à tête d'or portée droite comme la hallebarde d'un sergent. Un regard rapide de dédaigneux examen suffit à Jekyl, dans ses idées d'homme à la mode, pour ranger le vieux nabab dans la classe des originaux, et pour qu'il se jugeât en droit de le traiter comme les jeunes officiers des gardes de Sa Majesté croient pouvoir traiter toute variété non fashionable de l'espèce humaine. Une légère inclination de tête, et un très-froid « Vous avez l'avantage sur moi, monsieur, » tombé de ses lèvres en quelque sorte machinalement, furent destinés à réprimer les avances du vieillard, et à modérer son ambition de se mettre ainsi par son abord au niveau de ses supérieurs. Mais M. Touchwood fit la sourde oreille à l'avertissement ; il avait trop couru le monde, il était trop confiant en ses propres mérites, pour se laisser aisément rebuter, ou pour permettre à sa modestie de l'arrêter dans un projet.

— L'avantage sur vous, monsieur? répliqua-t-il ; j'ai trop longtemps vécu dans le monde pour ne pas garder tous mes avantages, et ne pas en prendre autant que je le puis ; — et c'en est un à mon compte de vous avoir rejoint et d'avoir le plaisir de votre compagnie jusqu'à la Source.

— Je ne ferais qu'interrompre vos méditations plus importantes, monsieur ; d'ailleurs je suis un jeune homme modeste et ne me crois pas digne d'une meilleure compagnie que la mienne propre. — De plus, je marche lentement, — très-lentement. — Bonjour, monsieur... monsieur... Je crois que ma mauvaise mémoire a laissé échapper votre nom, monsieur.

— Mon nom! — parbleu! il faut que votre mémoire soit comme le lévrier de Pat Murtough, qui laisse le lièvre s'échapper avant de l'avoir pris. Vous n'avez de votre vie entendu mon nom. Mon nom est Touchwood. Qu'en pensez vous, maintenant que vous le connaissez?

— Je ne suis réellement pas connaisseur en surnoms, et c'est tout à fait la même chose pour moi que vous vous appeliez Touchwood ou Touchstone. Que je ne vous retienne pas, monsieur. Vous trouverez le déjeuner bien avancé à la Source, monsieur, et votre promenade vous a probablement donné de l'appétit.

— Qui me servira à l'heure du second déjeuner, je vous le promets; je bois toujours mon café dès que j'ai les pieds dans mes babouches : — c'est l'usage par tout l'Orient. Je ne m'en fie jamais pour mon déjeuner à leur lait à l'eau chaude de la Source, je vous assure; et quant à ce qui est de marcher lentement, j'ai eu une atteinte de goutte.

— Avez-vous eu une atteinte de goutte? J'en suis fâché, attendu que si vous n'avez pas idée de déjeuner, il n'en est pas de même de moi; — ainsi donc, M. Touchstone, je vous souhaite le bonjour.

Mais quoique le jeune militaire eût plus que doublé le pas, son obstiné compagnon se tint toujours de front avec lui, déployant une activité qu'on aurait crue incompatible avec son embonpoint et son âge, et ne cessant pas un moment de parler, comme pour montrer que ses poumons n'étaient pas le moins du monde incommodés de cette rapidité de marche inaccoutumée.

— Oho, jeune homme! si vous êtes pour une marche accélérée, je suis des vôtres, et au diable la goutte! Vous êtes un heureux compagnon d'avoir la jeunesse de votre côté; mais pourtant, pour aller de l'Aultoun à la Source, je crois qu'à égalité de poids je pourrais vous tenir tête, — et je ne craindrais pas Barclay lui même pour un mille.

— Sur ma parole, vous êtes de joyeuse humeur! dit Jekyl en ralentissant le pas; si nous devons être compagnons de route, quoique je ne voie pas que ce soit fort utile, il faut que je cargue mes voiles.

A ces mots, et comme si un autre moyen de délivrance se fût offert à lui, il s'arrêta un instant, sortit de sa poche un étui à cigarres en maroquin, puis après en avoir allumé un avec son briquet, il se remit en marche, et tout en envoyant au visage de son indiscret compagnon autant de bouffées qu'il le pouvait, il lui dit : — Vergeben Sie, mein Herr; ich bin erzogen in kaiserlichem Dienst : — muss rauchen ein klein wenig[1].

---

[1] Pardon, monsieur; j'ai été élevé au service impérial, et il faut que je fume un peu.

— Rauchen Sie immer fort, repartit Touchwood en prenant une énorme pipe d'écume de mer suspendue à son cou par une chaîne, et qui était placée sous son habit ; habe auch mein Pfeichen. — Sehen Sie den lieben Kopf[1] ! et il se mit à rendre à pleines bouffées et avec usure la fumée, sinon le feu, de son compagnon.

— Au diable le bavard ! pensa Jekyl ; il est trop vieux et trop gros pour être traité d'après la méthode du professeur Jackson[2], et, sur ma vie, je ne sais que faire de lui. — C'est un résident, avec cela ; — il faut lui battre froid, ou j'en serai continuellement empesté.

En conséquence, il continua de fumer son cigarre tout en marchant, d'un air aussi distrait que M. Cargill lui-même, et sans faire la moindre attention à M. Touchwood. Celui-ci n'en continuait pas moins de parler comme s'il se fût adressé à l'auditeur le plus attentif d'Écosse, tel que pourrait l'être le neveu favori d'un vieux garçon riche et bourru, ou l'aide de camp de quelque vieille carabine rouillée de général, histoire vivante des guerres d'Amérique.

— Vous voyez, monsieur, que je sais au besoin me plier à l'humeur de mon compagnon, car j'ai voyagé de toutes sortes de manières, depuis la caravane jusqu'à la charrette ; mais la bonne société est partout la meilleure, et je suis heureux d'être tombé à un homme qui me convient si bien. — Cet air sérieux et grave me rappelle Elfi-Bey ; — vous pouviez lui parler en anglais, ou de ce qu'il comprenait le moins, — vous auriez pu lui lire Aristote, pas un muscle de son visage ne bougeait : — pourvu qu'il ait sa pipe, il restera accroupi sur son coussin l'air aussi attentif que s'il ne perdait pas un seul mot de ce que vous lui dites.

Le capitaine jeta le reste de son cigarre avec un léger mouvement de dépit, et se mit à siffler un air d'opéra.

— Ha ! vous voilà revenu ? — c'est juste comme le marquis de Rocambole, un autre de mes bons amis, qui siffle tout le temps que vous lui parlez ; — il dit que c'est chez lui une habitude qui date du règne de la terreur, époque où on aimait à siffler pour montrer qu'on avait le gosier sain et sauf. Et à propos de grands personnages, que pensez-vous de cette affaire entre lord Etherington et son frère, ou son cousin comme d'autres disent ?

Jekyl tressaillit vivement à la question : degré d'émotion qui aurait à jamais ruiné ses prétentions à être mis au premier rang parmi ses amis du monde fashionable, s'il avait eu pour témoin quelqu'un d'entre eux.

— Quelle affaire ? dit-il, dès qu'il eut pu reprendre un certain degré de sang-froid.

---

[1] Fumez autant qu'il vous plaira ; j'ai pris aussi ma petite pipe. — Voyez quelle jolie tête !

[2] Professeur de boxe. (L. V.)

— Eh! vous n'êtes sûrement pas sans savoir les nouvelles? Francis Tyrrel, que toute la compagnie déclarait un lâche l'autre jour, redevient un aussi brave compagnon qu'aucun de nous; car, au lieu d'avoir décampé pour éviter d'avoir la gorge coupée par sir Bingo Binks, il était occupé en ce moment-là même d'une valeureuse tentative d'assassinat contre son frère aîné, son frère plus légitime, son cousin, ou quelque autre parent aussi proche.

— Je crois que vous êtes mal informé, monsieur, dit sèchement Jekyl, puis il reprit, aussi naturellement qu'il lui fut possible, son rôle de Rococurante.

— On m'a dit, continua Touchwood, qu'un certain Jekyl leur a servi de second; — un garçon utile, monsieur, — un de ces beaux messieurs que nous payons pour polir le pavé de Bond-Street, et qui regardent une semelle épaisse et une paire de bas de laine comme si celui qui les porte n'était pas un de ceux qui les paient. Pourtant je crois que le commandant en chef lui donnera son congé quand il saura ce qui est arrivé.

— Monsieur! s'écria Jekyl avec violence; — mais se rappelant aussitôt quelle folie ce serait de se fâcher contre un original du calibre de son compagnon, il reprit plus froidement : Vous êtes mal informé; — le capitaine Jekyl n'a rien su d'aucune affaire telle que celle dont vous parlez.

— Vous parlez d'une personne que vous ne connaissez nullement; — le capitaine Jekyl est....

Ici il hésita, scandalisé, peut-être, à la seule idée de se justifier d'une semblable accusation devant un tel personnage.

— Oui, oui, dit le voyageur, remplissant la lacune à sa manière, c'est un homme qui ne vaut pas la peine qu'on en parle, assurément; — néanmoins, je crois qu'il en savait sur l'affaire autant que vous et moi, malgré tout.

— Ceci, monsieur, est, ou une très-grande méprise ou une impertinence volontaire, repartit l'officier. Tout absurde et indiscret que vous puissiez être, je ne puis permettre que par ignorance ou par impolitesse vous prononciez irrespectueusement le nom du capitaine Jekyl. — Je suis le capitaine Jekyl, monsieur.

— C'est très-probable, c'est très-probable, dit Touchwood avec la plus irritante indifférence; je m'en étais douté.

— En ce cas, monsieur, vous pouvez vous douter aussi de ce qui doit probablement arriver, quand un homme d'honneur s'entend ainsi calomnier sans fondement et sans raison, repartit le capitaine Jekyl, aussi surpris qu'irrité de ce que l'annonce de son nom et de son rang parût être reçue si légèrement. Je vous conseille, monsieur, de ne pas trop compter sur les immunités de votre âge et de votre insignifiance.

— Je ne pousse jamais la présomption plus loin que je n'ai de bonnes raisons de le croire nécessaire, capitaine Jekyl, répliqua Touchwood avec le plus grand calme. Je suis trop vieux, comme vous dites, pour une aussi sotte affaire qu'un duel, usage que ne pratique aucun peuple que je connaisse, sauf nos fous d'Européens; — et quant à votre cravache, que vous maniez avec tant de dignité, elle est tout à fait hors de question. Voyez-vous, jeune homme : j'ai passé les quatre cinquièmes de ma vie parmi des gens qui font moins de cas de la vie d'un homme que d'un bouton de leur collet; — chacun, en ce cas, apprend à se protéger lui-même de son mieux, et quiconque me frappe doit s'attendre aux conséquences. J'ai toujours sur moi un couple de bouledogues qui rétablissent le niveau entre l'âge et la jeunesse; et si vous me supposez atteint par votre houssine, supposez vous en même temps le corps traversé d'une balle. Une supposition complétera l'autre.

En même temps il montrait une paire de fort beaux pistolets, richement montés et du plus beau fini.

- Tâchez de me prendre sans mes outils, continua-t il d'un air expressif en boutonnant son habit sur ses armes, lesquelles étaient cachées dans une poche de côté ingénieusement disposée à cet effet. Je vois que vous ne savez que penser de moi, ajouta t-il d'un ton confidentiel et familier; mais à vrai dire, tous ceux qui se sont mêlés de cette affaire de Saint Ronan sont un peu hors des crochets, — ils ont un peu la tête montée, ou, pour appeler les choses par leur nom, le cerveau un peu fêlé; et je ne me pique pas d'être beaucoup plus sage qu'un autre.

— Monsieur, reprit Jekyl, vos manières et vos discours sont tellement sans exemple, que je dois vous demander de me dire clairement et nettement ce que vous voulez. — Voulez-vous m'insulter, ou non?

— Je ne veux pas du tout vous insulter, jeune homme; — je joue franc jeu et cartes sur table. — Je souhaitais seulement vous faire savoir ce que le monde peut dire, voilà tout.

— Monsieur, dit vivement Jekyl, le monde peut faire tels mensonges que bon lui semble, mais je n'étais pas présent à la rencontre entre Etherington et M. Tyrrel; — j'en étais à quelques centaines de milles.

— Ainsi donc il y a eu une rencontre entre eux : — c'était tout ce que je voulais savoir.

— Monsieur, dit Jekyl, s'apercevant trop tard que dans sa précipitation à se justifier, il avait compromis son ami, je ne voudrais pas que vous pussiez rien conclure d'une expression employée à la hâte pour me justifier d'une imputation aussi fausse que calomnieuse; — tout ce que j'ai voulu dire, c'est que s'il y a eu une affaire telle que celle dont vous parlez, je n'en avais nulle connaissance.

— Ne vous inquiétez pas, ne vous inquiétez pas, je ne ferai pas mauvais usage de ce que j'ai appris. Dussiez-vous ravaler vos paroles à la meilleure sauce au poisson (c'est celle de Burgess), j'en ai tiré tous les éclaircissements dont j'avais besoin.

— Vous avez une étrange ténacité, monsieur.

— Oh quant à cela, un roc, un vrai caillou. — Ce que j'ai appris, je l'ai appris; mais je n'en ferai pas mauvais usage. — Écoutez, capitaine : je n'ai pas de mauvais vouloir contre votre ami, — peut-être est ce le contraire, mais il prend une mauvaise route, monsieur; — il a fait un faux calcul, tout profond qu'il se croit; et je vous parle ainsi parce que (votre mise hors de question) je vous tiens, comme dit Hamlet, pour passablement honnête, et un homme prendra pour guide, dans le désert, un Bédouin à qui il ne confierait pas un aspre[1] dans une plaine cultivée. Ainsi donc, je pense à mettre quelque confiance en vous; — je n'ai pas encore tout à fait pris mon parti, néanmoins.

Sur ma parole, monsieur, je suis on ne peut plus flatté et de vos intentions et de votre hésitation. Vous disiez tout à l'heure que tous ceux qui ont pris quelque part à ces affaires ont quelque chose de singulier.

— Oui, oui, — quelque chose de fêlé au cerveau, — qu'ils sont un peu fous, ou approchant. Voilà ce que j'ai dit, et je puis le prouver.

— Je serais charmé d'entendre la preuve. — J'espère que vous ne vous exceptez pas?

— Oh! nullement; je suis un des vieux fous les plus fous qui aient jamais dormi ailleurs que sur leur paillasse ou qui se soient échappés de Bedlam. Mais je vois, capitaine, que vous savez aussi faire des questions captieuses; — vous voudriez bien savoir jusqu'à quel point je suis dans tous ces secrets. Hé bien, vous le saurez peut être plus tard. En attendant, voici mes preuves. Le vieux Scrogie Mowbray était fou de mieux aimer le son de Mowbray que celui de Scrogie; le jeune Scrogie était fou de ne pas l'aimer tout autant. Le vieux comte d'Etherington n'avait pas l'esprit sain quand il épousa secrètement une Française, et il était encore diablement plus fou quand il épousa une Anglaise publiquement. Maintenant, quant aux bonnes gens d'ici, Mowbray de Saint-Ronan est timbré quand il veut donner sa sœur à il ne sait pas au juste qui; *elle* est folle de ne le pas prendre, parce qu'elle sait qui *il* est, et ce qui a eu lieu entre eux; votre ami est le plus fou de tous, de la rechercher au prix où il veut l'avoir; — et vous, ainsi que moi, capitaine, nous faisons les fous gratis, pour aller de compagnie, quand nous nous mêlons à une pareille troupe de fous et de frénétiques.

— Réellement, monsieur, tout ce que vous dites est absolument une énigme pour moi, dit l'embarrassé Jekyl.

— Les énigmes peuvent se deviner, répliqua Touchwood avec un signe de tête; si vous avez quelque envie de deviner la mienne, faites attention, je vous prie, que ceci étant notre première entrevue, je

---

[1] La plus petite monnaie du Levant. (L. V.)

me suis évertué pour *faire les frais de la conversation*, comme on dit en France, et que si vous en voulez une seconde, vous pouvez venir me trouver d'ici à samedi, à quatre heures précises, à l'auberge de mistress Dods, au *Croc*, où vous n'aurez pas un de vos paquets d'os aux longs membres et à demi morts de faim, que vous appelez de la volaille à la table d'hôte, mais une vraie poularde de Chittygong ! — j'en ai eu la race pour mistress Dods du vieux Ben Vandewash, le courtier flamand ; — cuite à la minute, avec une sauce au riz et aux champignons. — Si vous pouvez manger sans fourchette d'argent, et que vous ayez bon appétit, vous serez le bienvenu ; — voilà tout. — Ainsi, bien le bonjour, mon cher monsieur le lieutenant ; car un capitaine des gardes n'est qu'un lieutenant, après tout.

A ces mots, et avant que Jekyl eût eu le temps de répondre, le vieux nabab le quitta brusquement et prit un sentier qui conduisait à la fontaine curative, et formait embranchement avec celui de l'Hôtel.

Ne sachant avec qui il venait d'avoir une conversation si étrange, Jekyl s'était arrêté pour regarder après lui, quand son attention fut attirée par un jeune garçon qui sortait d'un fourré voisin tenant à la main une baguette qu'il venait de couper, — probablement contre les règlements, car il se tenait prêt à rentrer dans le taillis, dans le cas où il y aurait en vue quelqu'un qui pourrait être intéressé à punir son délit. Le capitaine Jekyl reconnut sans peine un membre de cette utile classe de garnements qui se créent une existence précaire dans tous les lieux d'affluence publique, en faisant des commissions, brossant les souliers, faisant aux écuries l'office des palefreniers et des cochers, ouvrant les portes, etc., etc., pendant un dixième de leur temps environ, et passant le reste à jouer, à dormir au soleil, et à s'exercer à leur future profession de voleurs et de filous, soit exclusivement, soit en les cumulant avec celles de garçons d'hôtels, de valets ou de postillons. Le petit bandit avait une paire de culottes encore passable, et environ une moitié de veste ; car, de même que Pentapolin au Bras Nu, il allait à l'action l'épaule droite nue. Le tiers de ce qui avait été jadis un chapeau couvrait ses cheveux blanchis par le soleil ; et son visage, aussi brun qu'une grappe de cassis, avait pour luminaire deux yeux qui auraient pu le disputer à ceux du faucon pour reconnaître ou le danger ou le profit. — En un mot, c'était notre Puck des tableaux dramatiques des Shaws.

— Approche, gibier de potence, lui cria Jekyl, et dis moi si tu connais ce vieux gentleman qui vient de descendre le sentier,—celui que tu vois encore là-bas.

— C'est le nabab, répondit l'enfant ; je le jurerais rien qu'à voir son dos au milieu de tous les dos de la Source, Votre Honneur.

— Qu'appelez-vous un nabab, petit drôle ?

— Un nabab ? — un nabab ? fit le petit vagabond ; ma foi, je crois que c'est un homme qui vient des pays étrangers avec plus d'argent que ses poches n'en peuvent tenir, et qui le sème par le pays ; des gens jaunes comme des oranges, et qui veulent que tout se fasse à leur fantaisie.

— Et quel est le nom de ce nabab, comme tu le désignes?

— Son nom est Touchwood ; vous pouvez le voir à la Source tous les matins.

Je ne l'ai pas vu à la table d'hôte.

— Non, non ; c'est un vieux drôle de corps qui ne fait pas bande avec les autres ; il vit tout seul au *Croc.* — Il m'a donné une fois une demi-couronne, et il me défendit de la perdre à pile ou fâce.

— Et naturellement tu lui as désobéi?

— Non, je ne lui ai pas désobéi ; — je l'ai perdue à *neevie-neevie-nick-nack* [1].

— Hé bien, voilà six pence [2] pour toi ; donne-les au diable comme tu voudras.

Et en donnant la pièce au *galōpin* [3], il accompagna la gratification d'une tape sur les oreilles qui le fit décamper lestement. Puis lui-même se hâta de se rendre chez lord Etherington, où il fut assez heureux pour trouver le comte seul.

---

[1] Jeu qui consiste essentiellement dans le premier de ces trois vers :

> Which hand will you tak?
> Tak the right, tak the wrang,
> I'll beguile you if I can.

« Quelle main voulez-vous prendre? Prenez la droite, prenez la gauche, je vous attraperai si je peux. »

Cette espèce de chant, ou plutôt, comme nous l'avons dit, le premier des trois vers, est débité par les enfants qui jouent à *neevie neevie-nick nack*, en tournant rapidement les deux poings fermés (en écossais *neeve*) autour l'un de l'autre, une des deux mains contenant l'enjeu, l'autre étant vide. (L. V.)

[2] Un demi-shilling ou douze sous. (L. V.)

[3] L'expression est textuellement ainsi dans l'original.

CHAPITRE XXXI.

> Je m'entretiendrai avec des fous à l'esprit impénétrable, et avec des enfants irréverencieux ; — ne me parlez pas de ces gens qui vous regardent d'un œil soupçonneux.
>
> *Richard III.*

Eh bien, Jekyl! dit lord Etherington avec empressement; quelles nouvelles de l'ennemi? — l'avez-vous vu?

Je l'ai vu, répondit Jekyl.

— Et en quelle humeur l'avez-vous trouvé? — en humeur fort peu favorable, je parie, car vous avez un air confus et embarrassé qui annonce mauvais jeu. — Je vous ai souvent averti combien votre air de chien pendu vous fait de tort malgré vos fanfaronnades. — Et puis, quand vous voulez relever votre courage et faire bonne mine à mauvais jeu, l'air de hardiesse que vous vous donnez me rappelle toujours un pavillon arboré à mi-mât, et trahissant tristesse et découragement au lieu d'annoncer triomphe et défi.

— Quant à présent, je tiens seulement les cartes pour Votre Seigneurie ; et fasse le Ciel que personne ne regarde par-dessus le jeu!

— Que voulez-vous dire par là?

— Que j'ai été assailli, à mon retour par le bois, par un vieux fâcheux qu'on appelle le nabab, et qui a pour nom Touchwood.

— J'ai vu quelque part cet original. — Hé bien, qu'avez-vous à dire de lui?

— Rien, si ce n'est qu'il paraissait connaître de vos affaires beaucoup plus que vous ne le voudriez et que vous ne pensez. Il a déterré la vérité de votre rencontre avec Tyrrel, et, ce qui est pis, — je dois confesser ce qui en est, il a réussi à tirer de moi une sorte de confirmation de ses soupçons.

— Sur ma vie! étais-tu fou? dit lord Etherington en pâlissant. C'est précisément une langue à ébruiter l'histoire dans tout le pays. — Hal, vous m'avez perdu.

— J'espère que non; par le Ciel, j'espère que non! — Ses renseignements sont d'une nature tout à fait générale; — seulement qu'il y a eu quelque maille à partir entre vous. — N'ayez pas l'air de vous en tant effrayer, ou je retourne sur-le-champ lui couper la gorge pour nous assurer de sa discrétion.

— Maudite indiscrétion! — comment l'avez-vous laissé vous aborder?

— Je ne saurais dire; — il a la faculté de vous subjuguer de guerre lasse plus que les dix plus ennuyeux docteurs de la terre. — Il s'attache à vous comme une huître à un roc : — un pendant parfait du Vieillard de la Mer, que je tiens pour avoir été le plus grand fâcheux dont on ait gardé mémoire.

— Ne pouviez vous le tourner sur le dos comme une tortue, et le laisser là?

— Et attraper pour mes peines une once de plomb dans le corps? Non, — non ; — nous avons déjà eu assez de besogne de grand chemin. — Je puis vous assurer que le vieux *buck* était armé comme s'il eût voulu demander la bourse ou la vie.

— Bien, bien. — Mais Martigny, ou Tyrrel, comme vous l'appelez, que dit-il?

— Hé bien, Tyrrel, ou Martigny, comme l'appelle Votre Seigneurie, ne prêtera nullement l'oreille à votre proposition. Il ne consentira pas à ce que le bonheur de miss Mowbray soit remis à la garde de Votre Seigneurie; je n'ai pas même eu un grain d'approbation de plus de sa part quand j'ai glissé quelques mots de la reconnaissance du mariage ou du renouvellement de la cérémonie, renouvellement qui serait suivi d'une séparation immédiate, ce que j'ai cru pouvoir m'aventurer à proposer.

— Et sur quoi se fonde-t-il pour refuser un arrangement si raisonnable? — cherche-t il toujours à épouser lui-même la petite?

— Je crois qu'il regarde les circonstances de l'affaire comme lui rendant cela impossible.

— Quoi! il voudrait donc jouer le rôle du chien qui ne mange ni ne veut laisser manger? — il verra qu'il s'est trompé. Elle m'a traité comme un chien depuis que je ne vous ai vu, Jekyl; et par Jupiter! elle sera à moi pour que je puisse briser son orgueil, et pour faire crever Martigny de dépit.

— Un moment! — un moment, mylord! peut-être ai je à vous dire de sa part quelque chose qui pourra conduire à un compromis préférable à tout ce que vous pourriez avoir en le tourmentant. Il est disposé à acheter ce qu'il appelle la tranquillité de miss Mowbray au prix d'une renonciation à ses prétentions aux honneurs et aux biens de votre père; et il m'a grandement surpris, mylord, en me montrant cette liste de documents qui rendent, je le crains, son succès plus que probable, si réellement de telles preuves existent. Lord Etherington prit le papier, et parut le parcourir avec beaucoup d'attention, tandis que Jekyl poursuivait : — Il a écrit pour avoir ces documents de la personne entre les mains de qui ils sont déposés.

— Nous verrons ce que c'est quand ils seront arrivés. — Ils viennent par la poste, je suppose?

— Oui; et ils peuvent être attendus immédiatement.

— Bien; — c'est mon frère, d'un côté de la famille, du moins, et je n'aimerais pas à le voir accroche pour supposition de titres, ce que je suppose devoir être la fin de son obstination à soutenir ses allégations sans fondement par des documents fabriqués. — Je voudrais voir ces papiers dont il parle.

— Mais, mylord, Tyrrel prétend que vous les avez vus, et que des copies, pour le moins, vous ont été expédiées et sont en votre possession : — telle est son assertion.

— Il ment, dit lord Etherington, s'il prétend que j'ai connaissance de semblables papiers. Je regarde toute l'histoire comme de l'écume, — de la mousse, — une bulle d'air, tout ce qu'il y a de moins substantiel. C'est ce qui sera prouvé quand les papiers paraîtront, si jamais ils paraissent. Le tout n'est qu'un conte d'un bout à l'autre; et je suis étonné que toi, Jekyl, qui a tant de goût pour le syllabub[1], tu aies pu avaler de pareille crême fouettée. Non, non; — je connais mes avantages, et j'en userai de manière à leur faire saigner le cœur à tous. Quant à ces papiers, je me rappelle maintenant que mon homme d'affaires m'a parlé de je ne sais quelles copies qu'on lui avait envoyées; mais il n'était pas question alors de produire les originaux, et je parierais cher qu'ils ne le seront jamais. — De simples fabrications; — si je pensais autrement, ne vous le dirais je pas?

— J'espère certainement que vous me le diriez, mylord; car je ne vois pas que j'aie chance de vous être utile si je n'ai pas l'honneur de jouir de votre confiance.

— Vous l'avez, mon ami, — vous l'avez, répliqua Etherington en lui serrant la main; et puisqu'il me faut regarder votre présente négociation comme ayant échoué, il faut aussi que j'imagine quelque autre moyen de mettre à la raison ce fou gênant.

— Pas de violence, mylord; encore une fois, pas de violence, dit Jekyl en appuyant sur ces mots.

— Pas la moindre, par le Ciel! — pas la moindre! — Quel homme, avec ses misérables soupçons! Faut il que je jure, pour calmer vos scrupules? — Ce ne sera pas ma faute, au contraire, si nous n'en venons pas à des termes honnêtes.

— Votre réputation à tous les deux y gagnerait extrêmement, si vous pouviez en venir là; et si vous le désirez sérieusement, je tâcherai d'y disposer Tyrrel Il vient aujourd'hui à la Source ou à la table d'hôte, et il serait éminemment ridicule de faire une scène.

— C'est vrai, c'est vrai; voyez-le, mon cher Jekyl, et faites-lui sentir quelle folie ce serait à nous d'amuser des étrangers à nos dépens en faisant éclater devant eux notre querelle de famille. Ils verront que deux ours peuvent se rencontrer sans se mordre. — Allez, — allez, — je vous suis dans un instant; — allez et souvenez-

---

[1] Boisson préparée avec un mélange de lait et de vin. (L. V.)

vous que vous avez mon exclusive et pleine confiance. — Va, fou à scrupules, homme à demi moyens ! continua-t-il après le départ de Jekyl ; tu as juste ce qu'il te faut d'énergie pour assurer ta ruine, en t'entraînant dans des affaires à la hauteur desquelles tu ne saurais t'élever. — Mais il a une réputation dans le monde ; — il est brave, — c'est un de ces hommes dont le concours donne une belle apparence à une affaire équivoque. C'est ma créature, d'ailleurs ; — je l'ai acheté et payé, et ce serait une vaine extravagance de ne pas m'en servir. — Mais quant à ma confiance... tu n'en auras, honnête Hal, que jusqu'au point où je serai forcé d'aller. Si j'avais besoin d'un confident, en voici venir un qui vaut moitié mieux que toi. — Solmes n'a pas de scrupules ; — il me donnera toujours pour mon argent de zèle et de discrétion.

En ce moment entrait dans l'appartement le valet de chambre de Sa Seigneurie, homme aux dehors graves et civils, ayant passé l'âge moyen de la vie, de complexion bilieuse, à l'œil noir, au regard réfléchi, à la démarche lente, parlant peu, et scrupuleusement attentif à tous les devoirs de sa place.

— Solmes! dit lord Etherington.... et il s'arrêta court.

— Mylord?

Il y eut un intervalle de silence ; et quand lord Etherington eut de nouveau appelé « Solmes ! » et que le valet eut une seconde fois répondu « Votre Seigneurie ? » il y eut une seconde pause ; jusqu'à ce que le comte reprit, comme se souvenant tout à coup : Ha ! je me rappelle ce que je voulais dire ; — c'était au sujet du service de la poste ici. Il n'est pas très-régulier, je crois?

— Assez régulier, mylord, en ce qui est de cet endroit ci ; — les gens de l'Aultoun ne reçoivent pas leurs lettres aussi vite.

— Et pourquoi cela, Solmes?

La vieille femme qui y tient l'auberge, mylord, est en mauvaise intelligence avec la maîtresse de poste ; — l'une ne veut pas envoyer chercher les lettres, l'autre ne veut pas les expédier au village, de telle sorte qu'elles sont parfois perdues ou égarées, ou retournées au bureau général des postes.

— Je ne voudrais pas que ce fût le cas d'un paquet que j'attends d'ici à peu de jours ; — il devrait déjà être ici, ou peut-être arrivera t il au commencement de la semaine. Il est envoyé par cet âne formaliste, Trueman[1] le quaker, qui m'écrit sous mes deux noms de baptême et de famille Francis Tyrrel. Il pourrait bien se faire qu'il se trompât aussi d'auberge, et je serais fâché que le paquet tombât entre les mains de M. Martigny. — Je suppose que vous savez qu'il est dans ces environs?

— Veillez à ce que ce paquet ne s'égare pas, Solmes ; — sans bruit,

---

[1] Véridique.

vous entendez, parce que le monde peut faire de fausses suppositions, comme si j'avais besoin d'une lettre qui ne serait pas pour moi.

J'entends parfaitement, mylord, dit Solmes, dont la physionomie bistrée ne manifesta pas le plus léger changement, quoiqu'il comprit fort bien la nature du service requis.

— Et voici un billet qui paiera le port, continua le comte en mettant dans les mains de son valet une *bank-note* d'une valeur considérable; vous pouvez garder le surplus pour vos dépenses accidentelles.

Ceci fut aussi pleinement compris; et Solmes, trop politique et trop prudent pour montrer même un air d'intelligence ou de gratitude, fit seulement une inclination de tête d'assentiment, mit le billet dans son portefeuille, et assura Sa Seigneurie que ses ordres seraient ponctuellement suivis.

Voilà un agent qui me sert pour mon argent! dit lord Etherington d'un ton triomphant; qui ne vous extorque pas de confidences; qui ne demande pas d'explications; qui ne déchire pas le voile dont une manœuvre délicate est gazée : — avec lui, toute excuse est reçue comme argent comptant, pourvu seulement que la meilleure de toutes les excuses, l'argent comptant lui-même, vienne appuyer les autres.

— Pourtant je ne me fierai à personne ; — en général habile, j'irai faire en personne une reconnaissance.

Dans cette résolution, lord Etherington mit son surtout, prit son chapeau, quitta son appartement, et se dirigea vers la boutique du libraire, qui servait en outre de bureau de poste et de cabinet de lecture. Comme cette boutique se trouvait au centre même de la *Parade* (c'est ainsi qu'on nomme la large promenade en terrasse qui conduit de l'auberge à la Source), elle offrait un point de réunion commode pour les nouvellistes et les oisifs de tout genre.

L'apparition du comte produisit son effet accoutumé dans la promenade publique; mais soit que ce fût une suggestion de sa conscience alarmée, soit que la remarque eût un fondement réel, il ne put s'empêcher de penser que sa réception avait quelque chose de moins franc que de coutume. Sa belle taille et l'aisance de ses manières produisirent leur effet habituel, et tous ceux à qui il adressa la parole se montrèrent honorés de son attention; mais personne ne s'offrit comme d'habitude à lui tenir compagnie, et personne non plus ne l'engagea à se réunir aux autres. On semblait le regarder plutôt comme un objet d'attention et d'observation que comme appartenant précisément à la compagnie; et pour se dérober à une situation qui devenait passablement embarrassante, il gagna le petit *emporium* de nouvelles et de littérature.

Il y entra sans être aperçu, au moment même où lady Penelope venait d'achever la lecture de quelques vers, et était occupée à les commenter avec toute la chaleur d'une *femme savante*¹, en possession d'une pièce que personne ne doit entendre plus d'une fois.

— Une copie? — non vraiment! (telles furent les phrases ou les expressions détachées qui arrivèrent à l'oreille de lord Etherington du groupe dont mylady formait le centre) — un honneur brillant — je ne dois pas trahir le pauvre Chatterly; — d'ailleurs Sa Seigneurie est mon amie, et un homme de haut rang, vous savez. — aussi ne voudrait-on pas... — Vous n'avez pas eu le livre, M. Pott? — vous n'avez pas eu Stace? — Vous n'avez jamais rien de ce qu'on a envie de voir.

— Je suis très fâché, mylady; — il ne m'en reste pas un seul exemplaire en ce moment. — J'en attends quelques-uns dans mon envoi du mois prochain.

Vraiment, M. Pott, c'est votre réponse inévitable; je crois que si je vous demandais la nouvelle édition de l'Alcoran, vous me diriez que vous l'attendez dans votre envoi du mois prochain.

— Je puis réellement le dire, mylady. Je n'ai pas encore vu l'ouvrage annoncé; mais je ne doute pas que s'il doit prendre, il n'y en ait des exemplaires dans mon envoi du mois prochain.

— Les envois qu'attend M. Pott sont toujours au *paulo post futurum*, dit M. Chatterly, qui entrait en ce moment.

— Ha! M. Chatterly, êtes vous là? dit lady Penelope; je vous rends responsable de ma mort. — Je ne puis trouver cette Thébaïde, où Polynice et son frère...

Chut, mylady! chut, au nom du Ciel! fit le théologien-poète en jetant un regard du côté de lord Etherington. Lady Penelope saisit l'intention et se tut; mais elle en avait dit assez pour éveiller l'attention du voyageur Touchwood. Ses yeux quittèrent le journal qu'il était occupé à lire, et, sans s'adresser à personne en particulier, il s'écria, d'un ton où perçait son mépris pour la géographie de lady Penelope:

— Polynice? il n'y a pas de place de ce nom dans la Thébaïde. — La Thébaïde est en Égypte; — les momies viennent de la Thébaïde. — J'ai été dans les catacombes, — excavations vraiment fort curieuses;

nous fûmes lapidés par les habitants, — assaillis d'une fière grêle de cailloux, je vous en donne ma parole. Mon janissaire fit passer tout un village par le bâton, par voie de représailles.

Tandis qu'il parlait ainsi, lord Etherington regardait d'un air d'insouciance les lettres rangées sur la tablette de la cheminée, et entamait languissamment un dialogue avec mistress Pott, dont la personne et les manières n'étaient pas mal adaptées à son poste, car elle avait bon air, et sa parure était singulièrement exagérée.

---

¹ L'expression est en français dans le texte. On voit que l'auteur pensait à Molière (L. V.)

CHAPITRE XXXI.

— Voici bien des lettres qui ne paraissent pas avoir de propriétaires, mistress Pott?

— Un grand nombre en effet, mylord; — c'est une grande vexation, car nous sommes obligés de les renvoyer au bureau central, et le port est à notre charge si elles se perdent. Et comment les garder toutes en vue?

— Se trouve-t-il dans le nombre quelques lettres d'amour, mistress Pott? reprit Sa Seigneurie en baissant la voix.

— Fi, mylord! comment le saurais-je? répondit mistress Pott sur le même diapason.

— Oh! tout le monde peut reconnaître une lettre d'amour, — quiconque en a jamais reçu une, s'entend; — on les connaît sans les ouvrir. — Elles sont toujours pliées précipitamment et soigneusement cachetées; — et l'adresse témoigne d'une sorte d'agitation tremblée, indice de l'état nerveux de la main qui la trace. — Celle-ci, par exemple, — (désignant du bout de sa houssine une des lettres de la cheminée) — ce doit être une lettre d'amour.

— Eh! eh! eh! fit mistress Pott dans un accès d'hilarité; je vous demande pardon si je ris, mylord, mais — eh! eh! eh! — c'est que c'est une lettre de Bindloose le banquier à la vieille mère Dods, comme on l'appelle, qui tient l'auberge de l'Aultoun.

— Soyez sûre en ce cas, mistress Pott, que votre voisine mistress Dods a trouvé un amant en M. Bindloose : — à moins que le banquier et la paralysie ne se soient donné la main. Pourquoi ne lui envoyez-vous pas sa lettre? — vous êtes bien cruelle de la garder ici emprisonnée.

— Moi, la lui envoyer! — la vieille pie grièche de cabaretière peut attendre longtemps avant que je ne la lui envoie. Elle n'a pas besoin de la poste du roi pour ses lettres, puisqu'elle continue de se servir du vieux voiturier, comme s'il n'y avait pas de maison de poste dans le voisinage. Mais le procureur ira lui dire deux mots un de ces jours.

— Allons, vous êtes trop cruelle! — vous devriez réellement lui envoyer sa lettre d'amour. Songez que plus elle est vieille, moins la pauvre âme a de temps à perdre.

Mais c'était là un sujet sur lequel mistress Pott n'entendait pas la plaisanterie. Elle connaissait la haine invétérée de notre matrone contre elle et son établissement, et elle en éprouvait le même sentiment que font éprouver à l'homme en place les efforts d'un radical. Elle répliqua avec quelque humeur que ceux qui voudraient leurs lettres viendraient les prendre, et que ni Luckie Dods, ni aucun de ceux qui logeaient chez elle, n'auraient jamais un trait de plume du bureau de Saint-Ronan, qu'ils n'eussent envoyé exprès et payé d'avance.

Il est probable que cette déclaration contenait l'essence d'information que lord Etherington avait eu dessein d'extraire dans cet instant de causerie familière avec mistress Pott; car lorsque d'un petit ton minaudeur, et comme pour sortir d'un sujet irritant, elle lui demanda de faire un second essai de son habileté en lui faisant voir une autre lettre d'amour, il se contenta de répondre d'un air d'insouciance que pour cela il faudrait qu'il lui en écrivît une lui-même. Quittant alors la station confidentielle qu'il avait prise près du petit trône de la buraliste, il traversa nonchalamment la boutique, salua légèrement lady Penelope en passant, et retourna sur la Parade, où l'attendait un spectacle qui aurait pu faire pâlir un homme moins maître de lui-même.

Au moment même où il quittait la boutique, la petite miss Digges y entra presque hors d'haleine, les yeux brillant d'impatience et de curiosité. — Oh là, mylady! pourquoi restez vous ici? — Monsieur Tyrrel vient d'entrer tout à l'heure à l'autre bout de la Parade, et lord Etherington va de ce côté là ; — il va falloir qu'ils se rencontrent. — O mon Dieu! venez donc les voir s'aborder. Je voudrais bien savoir s'ils se parleront. — J'espère qu'ils ne se battront pas. Oh là! venez, mylady!

— Je vois qu'il faut que j'aille avec vous, dit lady Penelope ; c'est la chose la plus étrange, mon amour, que cette curiosité que vous montrez au sujet des affaires des autres. — Je voudrais bien savoir ce qu'en dira votre maman.

— Oh! ne vous inquiétez pas de maman! — personne ne s'inquiète d'elle, — papa ni personne. — Venez, ma chère lady Pen, ou je vais y courir toute seule. M. Chatterly, faites-la donc venir !

— Il paraît qu'il faut que j'y aille, sans quoi j'aurai un joli compte à rendre de vous.

Mais nonobstant ce ton de réprimande, et oubliant en même temps que les gens de qualité ne doivent jamais avoir l'air empressé, lady Penelope, accompagnée de ce qu'elle avait pu à la hâte réunir de satellites autour d'elle, remonta la Parade avec une rapidité inaccoutumée, par égard, sans doute, pour la curiosité de miss Digges, car mylady déclara qu'elle-même n'en éprouvait aucune.

Notre ami le voyageur avait aussi entendu la nouvelle apportée par miss Digges ; et s'interrompant brusquement au milieu d'une description de la grande pyramide, sujet qu'avait naturellement amené la mention de la Thébaïde, il répéta les paroles de la jolie alarmiste, — « j'espère qu'ils ne se battront pas, » se précipita vers la Parade, et courut du côté où se préparait la scène, aussi vite que purent le porter ses jambes épaisses. Si le voyageur oublia sa gravité et lady Penelope sa délicatesse, et s'ils se laissèrent aller à une précipitation inhabituelle dans leur impatience d'être témoins de la rencontre de Tyrrel et de lord Etherington, on peut bien supposer que le décorum du reste de la société n'opposa qu'une bien faible barrière à sa curiosité, et que chacun courut pour être présent à la scène attendue, avec la promptitude d'amateurs se hâtant de se rendre à un combat de boxeurs,

La rencontre, il est vrai, ne satisfit que médiocrement ceux qui s'attendaient à une issue tragique ; mais elle ne laissa pas d'être intéressante pour ceux des spectateurs accoutumés à lire le langage des passions contenues se trahissant lui-même au moment où ceux qui les éprouvent ont le plus grand désir de le cacher.

Tyrrel avait été suivi par plusieurs oisifs aussitôt qu'il avait paru sur la promenade publique ; et bientôt le nombre s'en accrut tellement, qu'il se vit, à son grand déplaisir, le centre d'une sorte de rassemblement qui suivait de l'œil ses moindres mouvements. Sir Bingo et le capitaine Mac-Turk furent les premiers à se faire jour jusqu'à lui, et ils l'abordèrent avec toute la politesse dont ils étaient susceptibles.

— Serviteur, monsieur, grommela sir Bingo en lui tendant sa main droite dégantée en signe de fraternité et de réconciliation ; serviteur. — Fâché que quelque chose se soit passé entre nous ; très-fâché, sur ma parole.

— Il n'est pas besoin d'en dire plus, monsieur, repartit Tyrrel ; tout est oublié.

Très beau, véritablement ; — tout à fait civil. — J'espère me trouver souvent avec vous, monsieur. — Puis le baronnet resta silencieux.

Cependant, le capitaine plus verbeux prit la parole à son tour. — Och ! par Tieu, c'était une terrible méprise, et je me passerais le canif à travers le doigt pour avoir écrit ce que j'ai écrit. — Sur mon âme ! je l'ai gratté au point d'en percer le papier. — Och ! faut il que j'aie assez vécu pour faire une chose incivile envers un gentleman qui s'était fait blesser dans une affaire d'honneur ! Mais vous auriez dû écrire, mon cher ; car comment diable pouvions-nous deviner que vous étiez si bien pourvu en querelles, que vous en aviez deux à régler en un jour !

— J'ai été blessé d'un manière inattendue, — dans une rencontre accidentelle, capitaine Mac Turk. Je n'ai pas écrit, parce qu'il y avait au moment, dans les circonstances où je me trouvais, quelque chose qui exigeait le secret ; mais j'étais résolu, dès que je serais rétabli, à venir reconquérir mon droit à votre bonne opinion.

— Och ! et c'est ce que vous avez fait, dit le capitaine avec un signe de tête d'intelligence ; car le capitaine Jekyl, qui est un bon garçon, nous a tous mis au courant de votre honorable conduite. Ce sont de charmants enfants, ces officiers des gardes, quoique parfois ils jouent un peu les beaux, et qu'ils aient d'eux meilleure opinion que peut-être bien ils ne devraient l'avoir, en se comparant à nous autres de la ligne. Au surplus, il nous a fait savoir tout ce qui en est ; — et quoiqu'il n'ait pas dit un mot de certain beau seigneur, ni de son voleur de grand chemin, ni de sa blessure, ni de je ne sais quoi encore, nous n'en avons pas moins bien su rapprocher les choses. — Et si la loi ne voulait pas vous faire raison, et qu'il y eût de mauvais mots entre vous, pourquoi deux gentlemen ne se feraient-ils pas raison eux-mêmes ? Et quant à ce que vous êtes parents, pourquoi des parents ne se conduiraient-ils pas l'un envers l'autre en hommes d'honneur? Seulement on dit que vous êtes fils d'un même père, et *c'est* un peu trop près. — J'ai eu moi-même une fois l'idée d'appeler sur le pré mon oncle Dougal, car on ne saurait dire où la ligne devrait être tirée; mais je pensai, tout bien considéré, qu'il ne devait pas y avoir de duels, comme il n'y a pas de mariage, dans les degrés prohibés. Quant aux cousins germains.... ouich! — tout est permis : — feu, Flanigan ! — Mais voici mylord qui nous arrive comme un cerf de première tête, tout le troupeau derrière.

Tyrrel devança de quelques pas ses officieux compagnons, son teint passant rapidement d'une nuance à une autre, comme ferait celui d'un homme qui fait effort sur lui même pour approcher et toucher quelque animal, quelque reptile, pour lequel il éprouve cette horreur et ce profond dégoût que l'on attribuait autrefois aux antipathies naturelles. Cette apparence de contrainte qu'il s'imposait à lui-même, ainsi que les changements qu'elle produisait sur ses traits, étaient de nature à lui faire quelque tort dans l'opinion des spectateurs, quand ils les comparaient à la démarche ferme, pleine à la fois de noblesse et d'aisance, du comte d'Etherington, que personne en Angleterre ne surpassait dans l'art difficile de faire bonne contenance dans une mauvaise cause. Il aborda Tyrrel d'un air aussi peu embarrassé qu'il était froid; et tout en s'acquittant de la politesse d'un salut cérémonieux et réservé, il lui dit à voix haute : — Je présume, M. Tyrrel de Martigny, que puisque vous n'avez pas cru devoir éviter cette rencontre embarrassante, vous êtes disposé à vous souvenir assez de nos liaisons de famille pour éviter de nous donner en spectacle à la société?

Vous n'avez rien à craindre de mon emportement, M. Bulmer, répliqua Tyrrel, si vous pouvez vous assurer vous-même contre les conséquences du vôtre.

— J'en suis charmé, repartit le comte avec le même sang-froid, mais en baissant la voix de manière à n'être entendu que de Tyrrel; et comme il peut se faire, ajouta-t il, que nous ne soyons pas fort empressés d'avoir une nouvelle entrevue, je prends la liberté de vous rappeler que je vous ai envoyé une proposition d'accommodement par mon ami M. Jekyl.

— Elle était inadmissible, tout à fait inadmissible, — tant par des raisons que vous pouvez deviner, que par d'autres qu'il est inutile de détailler. — Je vous en ai envoyé une à mon tour; pensez-y bien.

J'y songerai quand je la verrai appuyée de ces preuves que vous alléguez, et que je ne crois pas avoir jamais existé.

Votre conscience parle autrement que votre bouche; mais je dédaigne les reproches et ne veux pas d'altercation. Je ferai savoir au capitaine Jekyl quand j'aurai reçu les papiers qui vous sont, dites vous, nécessaires pour vous former une opinion sur ma proposition. — En attendant, ne pensez pas me tromper. Je suis ici dans le but exprès d'épier et de déjouer vos machinations ; et tant que je vivrai, soyez assuré qu'elles ne réussiront pas. — Maintenant, monsieur, — ou mylord, — car les titres sont à votre choix, — portez-vous bien.

— Un moment. Puisque nous sommes condamnés à nous offusquer mutuellement les yeux, il convient que la société sache que penser de nous. Vous êtes philosophe, et n'attachez pas de prix à l'opinion publique ; — mais un pauvre mondain tel que moi désire la ménager. — Messieurs, continua-t-il en élevant la voix, M. Winterblossom, capitaine Mac-Turk, M... quel est son nom, Jekyl? — ha! Micklehen, — vous avez tous, je crois, quelque notion que monsieur, mon proche parent, et moi, nous avons l'un à l'égard de l'autre quelques réclamations non décidées, qui nous empêchent de vivre en bonne intelligence. Nous n'entendons cependant pas vous troubler de nos querelles de famille ; et pour ma part, tant que M. Tyrrel, ou quel que soit le nom qu'il lui plaise de prendre, restera membre de cette compagnie, ma conduite à son égard sera ce qu'elle serait à l'égard de tout étranger qui aurait le même avantage. — Bonjour, monsieur.   Bonjour, messieurs ; — nous nous reverrons tous à dîner, comme de coutume. — Venez, Jekyl.

A ces mots il prit le bras de Jekyl, et se dégageant doucement de la foule, il s'éloigna, laissant la plupart des spectateurs prévenus en sa faveur, par l'aisance et l'apparente modération de sa conduite. Quelques sons de dépréciation, ressemblant indistinctement à des mots articulés, tels que « par mon œil! Betty Martin! » s'échappèrent des plis épais de la cravate de sir Bingo ; mais on y fit peu d'attention, car les observateurs de la Source n'avaient pas été sans s'apercevoir que les sentiments du baronnet à l'égard du noble comte étaient en raison inverse de ceux que laissait voir lady Binks, et que, bien qu'il fût honteux de témoigner un degré sérieux de jalousie, que peut-être même il n'était pas susceptible d'éprouver, son caractère avait depuis quelque temps perdu de son calme, circonstance dont sa belle moitié ne jugeait pas à propos de se mettre aucunement en peine.

Cependant, le comte d'Etherington s'éloignait avec son confident, dans toute l'exultation du génie triomphant.

— Vous voyez, Jekyl, disait-il, que je puis aller de front avec qui que ce soit en Angleterre. Ç'a été une lourde bévue à vous de dégager le drôle du brouillard dont le hasard l'avait enveloppé ; — vous auriez aussi bien pu publier tout d'un coup l'histoire de notre rencontre, car chacun peut la deviner, en rapprochant les temps, les lieux et les circonstances. Mais ne vous mettez pas la cervelle en peine pour une justification. Vous avez vu comment j'ai pris sur lui ma supériorité naturelle, — comment je me suis élevé dans tout l'orgueil de la légitimité, — comment je l'ai réduit au silence là où la société se pressait le plus. Ceci ira aux oreilles de Mowbray par l'intermédiaire de son agent, et le rendra encore plus épris de mon alliance. Je sais qu'il voit avec inquiétude mes attentions près de certaine dame, — la plus éclatante là-bas, — et rien ne fait sentir à un homme le prix d'une occasion comme la chance de la perdre.

— Plût au Ciel que vous pussiez cesser de penser à miss Mowbray, et que vous acceptassiez l'offre de Tyrrel, s'il a les moyens de la justifier !

— Oui, si, — si. Mais je suis tout à fait sûr qu'il n'a pas les droits dont il se targue, et que ses papiers sont une déception. — Qu'avez-vous à me regarder ainsi, comme si vous cherchiez à lire dans mon âme quelque merveilleux secret?

— Je voudrais savoir ce que réellement, *bonâ fide*, vous pensez de ces pièces, répondit Jekyl, qui, d'après l'air d'assurance de son ami, commençait lui-même à ne savoir que croire.

— Eh! le plus soupçonneux des fats, que diable voulez-vous que je vous dise? Puis-je prouver un fait négatif? comme disent les hommes de loi; et n'est-il pas très-possible que de telles pièces puissent exister sans que je les aie jamais vues ni que j'en aie jamais entendu parler? Tout ce que je puis dire, c'est que de tous les hommes je suis le plus intéressé à nier l'existence de pareils documents, et qu'en conséquence je ne les admettrai certainement pas à moins d'y être contraint en les voyant produits, et, même alors, à moins qu'en même temps je ne sois bien assuré de leur authenticité.

— Je ne puis vous blâmer, mylord, d'un peu d'incrédulité à cet égard; mais je n'en pense pas moins que pouvant vous contenter de votre comté et de votre noble domaine héréditaire, à votre place j'enverrais Nettlewood au diable.

— Oui, comme vous y avez envoyé votre patrimoine, Jekyl; mais auparavant vous avez eu soin de le dépenser. — Que ne donneriez-vous pas, *vous*, pour une telle occasion de réparer votre fortune par un mariage? — avouez la vérité.

— Dans ma situation actuelle il pourrait se faire que je fusse tenté; mais si elle était ce qu'elle a été, je ne voudrais pas d'un domaine obtenu du chef d'un cotillon, surtout si la dame était une fille fantasque et maladive, qui me détestât comme cette miss Mowbray a le mauvais goût de vous détester.

— Umph! — maladive? non, non, elle n'est pas maladive; — elle a un aussi bon tempérament que qui que ce soit, — et, sur ma parole, je crois que sa pâleur ne fait que la rendre plus intéressante. La dernière fois que je l'ai vue, il me semblait qu'elle aurait pu rivaliser avec une des plus belles statues de Canova.

— Oui, mais elle vous est indifférente, — vous ne l'aimez pas.

— Elle ne m'est rien moins qu'indifférente; — elle m'intéresse chaque jour davantage, — car son aversion me pique : et puis elle a l'insolence de me défier ouvertement et de me mépriser devant son frère et aux yeux de tout le monde. J'ai pour elle une sorte de haine aimante, — une sorte d'amour haineux; bref, penser à elle est vouloir deviner une énigme, et elle fera faire autant de bévues qu'elle fera dire de sottises. Si jamais j'en ai l'occasion, je lui ferai payer tous ses airs.

— Quels airs?

— Ma foi, le diable peut les décrire, mais non pas moi. — Ce que je puis vous dire, par exemple, c'est que depuis que son frère a insisté pour qu'elle me reçût, je devrais plutôt dire pour qu'elle se montrât, quand je vais en visite aux Shaws, on croirait qu'elle s'est mis l'esprit à la torture pour imaginer toutes les manières possibles de me faire voir son peu d'égards pour moi et l'aversion que lui inspire ma présence. Au lieu de s'habiller comme devrait s'habiller une dame, surtout en de telles occasions, elle choisit quelque accoutrement fantastique, ou négligé, ou vieilli, qui la fait paraître au moins singulière, s'il ne peut la rendre ridicule : — tel qu'un triple échafaudage de gazes de diverses couleurs sur la tête, — et des morceaux de vieille tapisserie, je crois, au lieu de châle et de pelisse; — et des souliers à grosses semelles, et des gants de cuir tanné. — Miséricorde, Hal, la vue seule de son équipement rendrait fou tout un conclave de modistes! Et puis ses postures sont si étranges! elle se dandine sur sa chaise, elle croise les jambes, elle s'appuie sur les deux coudes. — Si la déesse des grâces la regardait de là-haut, il y aurait de quoi la mettre pour jamais en fuite.

— Et de cette virago sans grâce, sans goût et sans manières, vous voulez faire votre comtesse, Etherington? vous, pour l'œil critique duquel la moitié de la ville s'habille!

— Tout cela n'est qu'une ruse, Hal, — ce n'est qu'un rôle qu'elle a pris pour se délivrer de moi, pour me rebuter et se jouer de moi; mais je ne suis pas de ceux dont on vient à bout si aisément. Le frère est au désespoir, — il se ronge les ongles, il cligne de l'œil, il tousse, il fait des signes dont elle prend toujours le contre pied. — J'espère qu'il la bat quand je suis parti; ce serait une demi-consolation, si on en était sûr.

— Très-charitable espérance, en vérité, et vos sentiments actuels pourraient faire juger à la dame de ce qu'elle aurait à attendre après le mariage. — Mais ne pouvez-vous, vous si habile à sonder tous les replis de l'esprit féminin, imaginer quelque moyen de l'engager dans une conversation?

— Une conversation! parbleu, depuis qu'elle s'est remise du premier choc de mon apparition, elle a pris le parti de me compter pour **néant**; et afin de m'annihiler complétement, de toutes les occupations elle a choisi celle de faire des bas! Dieu sait de quelle maudite vieille antédiluvienne, qui vivait avant l'invention des mécaniques, elle a pu apprendre ce métier-là! mais elle est là assise, son ouvrage attaché sur son genou par une épingle, — non ce joli petit ouvrage en soie avec lequel coquetait Jeannette d'Amiens, pendant que Tristram Shandy la regardait travailler; mais un large sac tricoté, destiné à quelque vieux pauvre, quelque plat-pied, avec des talons comme pour un éléphant : — et elle est là courbée en deux, comptant chaque maille à mesure qu'elle la tricote, et refusant de parler, d'écouter et de lever les yeux, sous prétexte que cela trouble son calcul!

— Élégante occupation, vraiment! Je m'étonne que cela ne guérisse pas son noble adorateur.

— Que le Ciel la confonde! — non, — elle ne se jouera pas de moi. Et puis, du milieu de cette affectation de stupidité vulgaire, il jaillit de tels éclairs d'exaltation quand elle croit avoir réussi à désoler son frère ou à me tourmenter, que sur ma foi, Hal, je ne pourrais dire, si j'avais le choix, ce que je préférerais de l'embrasser ou de la souffleter.

— Ainsi, vous êtes déterminé à aller en avant dans cette étrange affaire!

— Oui, mon cher; — en avant, — en avant! — vive Clara et Nettlewood! D'ailleurs ce frère m'irrite, aussi; — il ne fait pas pour moi la moitié de ce qu'il pourrait — de ce qu'il devrait faire. Il se tient à des points d'honneur, en vérité, ce maquignon ruiné, qui a avalé mes deux mille livres comme un chien d'arrêt avalerait une motte de beurre! — Je puis voir qu'il veut jouer serré et au fin ; — il a quelques soupçons, comme vous, Hal, sur la solidité de mes droits aux titres et au domaine de mon père : comme si, avec la dîme seule de ma propriété de Nettlewood, je ne serais pas encore un trop bon parti pour une fille de sa famille de mendiants! Il faut qu'elle manœuvre, en vérité, cette galette d'Écosse à moitié cuite! il faut qu'il me tienne en arrêt, et qu'il use de prudence, et qu'il attende le résultat, et qu'il voie quelle sera l'issue de ce qui me regarde, ce bloc de pâte d'avoine!
— Je suis grandement tenté de faire un exemple de lui, tout en continuant ma cour près de sa sœur.

C'est une horrible et cruelle vengeance. Néanmoins je vous abandonne le frère ; c'est un fat présomptueux, et il mérite une leçon. Mais je voudrais bien intercéder pour la sœur.

— Nous verrons, nous verrons, repartit le comte ; puis il ajouta tout à coup : Je vais vous dire ce qui en est, Hal. Ses caprices sont si divertissants, que parfois je crois que je l'aime presque par pur esprit de contradiction ; du moins, si elle voulait seulement passer l'éponge sur les vieux comptes et oublier une de mes malheureuses frasques, ce serait sa faute si je ne faisais pas d'elle une femme heureuse.

CHAPITRE XXXII.

UN LIT DE MORT.

> Il vient; — à mon heure suprême il m'arrache l'aveu du crime longtemps caché, de la faute si bien déguisée. Amenez-moi quelque saint prêtre pour éloigner le fantôme!
> *Vieille Comédie.*

L'ATTENTE générale de la compagnie avait été déçue par l'issue pacifique de la rencontre du comte d'Etherington et de Tyrrel, rencontre dont la seule annonce avait produit une si profonde sensation. On s'était attendu à quelque scène terrible ; et au lieu de cela les deux parties semblaient s'en tenir d'un commun accord à une sombre neutralité, pendant que leurs chargés d'affaires continueraient la guerre. On comprit généralement que de la cour de Bellone la cause était passée devant celle de Thémis ; et quoique les adversaires continuassent d'habiter le même voisinage, et qu'une ou deux fois ils se fussent rencontrés à la promenade publique ou à la table d'hôte, ils ne firent attention l'un à l'autre que pour échanger un salut grave et froid.

Au bout de deux ou trois jours on cessa de s'intéresser à une querelle si froidement conduite ; et si on y pensait encore, c'était pour s'étonner de ce que les deux parties continuassent de résider près du Spa, et de glacer, par la réserve de leur conduite, une réunion qui n'avait d'autre but que la santé et l'amusement.

Mais les deux frères, ainsi que le sait le lecteur, quelque pénibles que pussent être leurs rencontres accidentelles, avaient les plus fortes raisons de rester au voisinage l'un de l'autre, — lord Etherington pour poursuivre ses desseins sur miss Mowbray, — Tyrrel pour déconcerter ces plans s'il était possible, — tous les deux pour attendre la réponse que devait faire la maison de Londres, dépositaire des papiers laissés par le feu comte.

Jekyl, jaloux d'être aussi utile que possible à son ami, fit sur ces entrefaites une visite au vieux Touchwood, à l'Aultoun, s'attendant à le trouver aussi communicatif qu'il l'avait été la première fois au sujet de la querelle des deux frères, et se flattant de découvrir, à force d'adresse, d'où il tenait ses renseignements sur les affaires de la noble maison d'Etherington. Mais la confiance à laquelle il avait cru pouvoir s'attendre de la part du vieux voyageur ne lui fut pas accordée.

Fernand Mendez Pinto, comme l'appelait le comte, avait changé d'idée, ou n'était plus en veine de communication. La seule preuve de confiance digne de mention fut la recette de la sauce au curry dont il fit part au jeune officier.

Jekyl fut donc réduit à croire que Touchwood, qui paraissait avoir eu toute sa vie un goût prononcé pour se mêler des affaires des autres, avait puisé les renseignements qu'il semblait avoir sur celles de lord Etherington à quelqu'une de ces sources obscures d'où s'échappent fréquemment de très-importants secrets pour se répandre dans le public, au grand étonnement et à l'extrême confusion de ceux qu'ils intéressent. Il fut d'autant plus porté à cette idée, que Touchwood n'était nullement scrupuleux ni délicat en fait de société, et qu'on le voyait causer aussi volontiers avec le domestique qu'avec le maître, avec la femme de chambre qu'avec la maîtresse. Celui qui s'abaisse à ce genre de société, qui aime le commérage, et qui est en même temps disposé à payer quelque chose pour la satisfaction de sa curiosité, peut toujours disposer d'une grande quantité d'anecdotes privées. Le capitaine Jekyl conclut assez naturellement que c'était par de tels moyens que ce vieillard insinuant et curieux se rendait jusqu'à un certain point maître des affaires des autres; et il pouvait lui même rendre témoignage de ses succès en fait d'interrogatoire, puisque Touchwood avait réussi, par une observation insidieuse, à tirer de lui l'aveu de la rencontre des deux frères. Il rapporta donc au comte, après cette entrevue, qu'au total il ne pensait pas qu'il eût lieu de craindre grand'chose de la part du voyageur, qui avait, à la vérité, obtenu n'importe comment la connaissance de quelques faits capitaux de sa remarquable histoire, mais qui ne les possédait que d'une manière incertaine, confuse et sans suite, à tel point qu'il paraissait ne pas savoir au juste si les deux parties dans le procès attendu étaient frères ou cousins, et qu'il semblait ignorer absolument les faits sur lesquels ce procès se fondait.

Le lendemain de cet éclaircissement au sujet de Touchwood, lord Etherington vint comme de coutume dans la boutique du libraire, y prit ses journaux, et, portant les yeux vers la tablette où gisaient, jusqu'à ce qu'on les réclamât, les lettres adressées à l'Aultoun, vit avec un battement de cœur la pimpante maîtresse de poste jeter parmi elles, d'un air de souverain mépris, un assez volumineux paquet adressé à Francis Tyrrel, esq., etc. Il détourna les yeux, comme s'il eût eu conscience qu'un seul regard dirigé sur cette dépêche importante pourrait faire concevoir quelque soupçon de son dessein, ou indiquer le vif intérêt qu'il prenait à la missive si légèrement traitée par son amie mistress Pott. En ce moment la porte de la boutique s'ouvrit, et on vit entrer lady Penelope Penfeather, avec sa compagne inséparable, la petite miss Digges.

— Avez-vous vu M. Mowbray ? M. Mowbray de Saint Ronan est-il descendu ici ce matin ? savez-vous quelque chose de M. Mowbray, mistress Pott? telles furent les questions que la dame lettrée jeta précipitamment l'une après l'autre, laissant à peine à la dame aux lettres le temps de répondre par une négation absolue à chacune de ces questions.

M. Mowbray n'était pas par là, — il ne devait pas venir ce jour-là, — c'est ce qu'avait annoncé son domestique, venu il n'y avait qu'un instant chercher les lettres et les journaux de son maître.

— Juste Ciel! quel malheur! dit lady Penelope avec un profond soupir, et en se laissant tomber sur un des petits sofas dans une attitude de désolation qui attira l'attention immédiate de M. Pott et de sa femme, le premier débouchant à la hâte un petit flacon de sels, car il était pharmacopole en même temps que trafiquant de littérature et intermédiaire de correspondance, et l'autre courant chercher un verre d'eau. Une forte tentation agitait chaque fibre de lord Etherington, depuis les yeux jusqu'au bout des doigts. Deux pas pouvaient le mettre à une longueur de bras du paquet inobservé sur le contenu duquel, en toute probabilité, reposaient l'espoir et les prétentions de son rival en honneurs et en fortune ; et dans ce moment de confusion générale, ne lui était-il pas possible de s'en emparer sans être remarqué? Mais non, — non, — non ; — la tentative était trop terriblement dangereuse pour qu'il la risquât. Passant alors d'un extrême à l'autre, il lui sembla qu'il allait s'exposer au soupçon en laissant lady Penelope se donner ses airs de détresse et jouer l'inquiétude, sans paraître y prendre l'intérêt qu'on pouvait supposer au moins que le rang de la dame exigeait. Frappé de cette appréhension, il se hâta d'exprimer si chaleureusement sa sollicitude, et se montra si empressé d'offrir ses services à Sa Seigneurie, qu'il se trouva beaucoup plus engagé que ce n'avait été son intention. Lady Penelope était infiniment obligée à mylord ; — à la vérité, il était dans son caractère en général de ne se pas laisser dominer par les circonstances ; mais il était arrivé quelque chose de si étrange, de si embarrassant, qu'elle convenait n'avoir pu prendre le dessus : — au surplus, elle s'était toujours piquée de supporter ses propres chagrins mieux qu'elle n'était en état de contenir ses émotions à la vue de ceux des autres.

Puis je vous être de quelque utilité? demanda lord Etherington. Mylady s'est enquise de M. Mowbray de Saint-Ronan ; mon domestique est à ses ordres si elle veut envoyer chercher M. Mowbray.

Oh non, non! je puis dire, mon cher lord, que vous me serez beaucoup plus utile que M. Mowbray, — c'est à-dire pourvu que vous soyez juge de paix.

— Juge de paix! dit lord Etherington fort surpris ; sans nul doute, je le suis, mais non pour aucun comté d'Écosse.

— Oh ! cela ne fait rien ; et si vous voulez m'accompagner un moment, je vous expliquerai comment vous pouvez faire la chose du monde la plus charitable, la plus obligeante et la plus généreuse.

Le plaisir que goûtait lord Etherington dans l'exercice de la charité, de l'obligeance et de la générosité n'était pas assez exubérant pour l'empêcher de chercher dans son esprit quelque moyen d'échapper à la requête de lady Penelope, quand, à travers le vitrage de la porte, il aperçut à quelque distance son domestique Solmes qui se dirigeait vers le bureau de poste.

J'ai entendu parler d'un voleur de moutons qui avait fait de son chien un complice si habile dans ce coupable métier, qu'il avait coutume de l'envoyer seul en expédition, et que même il avait réussi à dresser la pauvre bête à ne pas avoir l'air de reconnaître son maître si en de telles occasions il leur arrivait de se rencontrer[1]. Lord Etherington se conduisait apparemment sur un principe analogue ; car à peine eut-il aperçu son agent qu'il sembla sentir la nécessité de laisser le champ libre à ses machinations.

— Mon domestique viendra prendre mes lettres, dit-il avec autant d'assurance qu'il en put affecter ; — il faut que j'accompagne lady Penelope. Offrant sur le champ ses services à celle-ci, soit comme juge de paix, soit à tel autre titre qu'elle voudrait les employer, il se hâta de lui présenter son bras et d'entraîner Sa Seigneurie hors de la boutique, sans lui donner à peine le temps de se remettre de son état de langueur et de retrouver le degré d'activité nécessaire ; et la face maigre et ridée de Sa Seigneurie rapprochée de l'oreille de son cavalier pour y verser ses confidences, ses plumes jaunes et écarlates caressant le nez du comte, son bras droit s'accrochant à celui du chevalier, celui-ci affronta bravement les demi-sourires et les regards ironiques de toutes les jeunes dames dont ils firent rencontre en traversant la Parade. Un regard d'intelligence, quoique lancé à distance, fut échangé entre Solmes et son maître, au moment où celui-ci quittait la promenade publique sous la direction de lady Penelope, les jambes du comte obéissant, à a vérité, à l'impulsion que leur donnait celle qui les guidait, et les oreilles lui tintant des tentatives qu'elle faisait pour lui expliquer l'affaire en question, mais son esprit complétement étranger aux mouvements de son corps aussi bien qu'au sens de ce que disait la dame, et tout occupé du sort probable de la dépêche réunie au monceau de lettres en retard de mistress Pott.

Enfin un effort de mémoire fit sentir à lord Etherington que sa distraction pouvait paraître étrange, et même, sa conscience l'en avertissait, qu'elle pouvait sembler suspecte aux yeux de sa compagne ; s'imposant donc le degré de contrainte nécessaire il se montra, pour

---

[1] *Voyez* la note E à la fin du volume.

CHAPITRE XXXII.

la première fois, curieux de savoir où devait aboutir leur promenade. Il se trouva que c'était précisément la question qu'il n'aurait pas eu à faire s'il avait donné la plus légère attention aux verbeuses communications de Sa Seigneurie, qui toutes roulaient sur ce point.

— Il faut croire, mon cher lord, répondit-elle, que vous autres seigneurs de la création nous regardez, nous autres pauvres simples femmes, comme les choses du monde les plus vaines et les plus folles. Je vous ai dit combien il m'en coûte de parler de mes petites charités, et voilà que vous venez me faire répéter toute l'histoire. Mais j'espère, après tout, que Votre Seigneurie n'est pas surprise de ce que j'ai cru de mon devoir de faire en cette triste conjoncture ; — peut-être ai-je trop écouté les impulsions de mon cœur, par lesquelles nous sommes si exposées à nous laisser abuser.

Aux aguets pour obtenir quelque explication, mais craignant, s'il en demandait directement, de laisser voir que le flux de narration pathétique avait été perdu pour son oreille inattentive, tout ce que lord Etherington put dire, c'est que lady Penelope ne pouvait se tromper en obéissant aux impulsions de son jugement.

Néanmoins, le compliment n'était pas assez relevé pour le palais blasé de la dame ; aussi, en vraie gloutonne de louanges, se mit elle à se servir elle-même à pleine mesure.

— Ha! le jugement? — comment se fait il que vous autres hommes nous connaissiez assez peu pour croire que nous pouvons nous arrêter à mettre le sentiment en balance avec le jugement? — c'est attendre beaucoup trop de nous, pauvres victimes de notre sensibilité. De sorte qu'il faut réellement m'excuser si j'ai oublié les erreurs de cette coupable et malheureuse créature quand j'ai arrêté mes regards sur ses infortunes. — Non que je voulusse que ma petite amie mistress Digges, non plus que vous, mylord, pussiez supposer que je sois capable de méconnaître la grandeur de la faute, alors que je prends en compassion la pauvre misérable pécheresse. Oh! non ; — les vers de Walpole expriment merveilleusement ce qu'on doit éprouver en de telles occasions :

> « For never was the gentle breast
> Insensible to human woes;
> Feeling, though firm, it melts distress'd
> For weaknesses it never knows [1]. »

— O la plus maudite de toutes les *précieuses* [2], pensa lord Etherington, quand prononceras-tu, au milieu de tout ton caquetage, un mot qui ait quelque sens ou qui m'apprenne quelque chose !

---

[1] « Jamais âme généreuse ne resta insensible aux douleurs humaines; compatissante autant que forte, elle s'attendrit sur des faiblesses qu'elle ne connut jamais. »

[2] Le mot est en français dans le texte.

Mais lady Penelope poursuivit : — Si vous saviez, mylord, combien en ces occasions je regrette que mes moyens soient si limités! mais j'ai recueilli quelque chose parmi les bonnes gens de la Source. J'avais demandé à ce misérable égoïste, Winterblossom, de m'accompagner pour être témoin de la détresse de la pauvre femme, et la brute sans cœur m'a répondu qu'il craignait la contagion de la fièvre *puer....* *puerpérale*[1]. Je ne devrais peut-être pas prononcer le mot, mais la science n'a pas de sexe. — Cependant je me suis toujours munie d'essence de vinaigre des quatre-voleurs; et jamais je n'ai passé le seuil de la porte.

Quels que fussent les défauts d'Etherington, il ne manquait pas de charité, en tant qu'elle consiste en aumônes.

— Je suis fâché, dit-il en prenant sa bourse, que mylady ne se soit pas adressée à moi.

— Pardon, mylord, nous ne demandons qu'à nos amis; et Votre Seigneurie est si constamment occupée près de lady Binks, que nous avons rarement le plaisir de vous voir dans ce que j'appelle *mon* petit cercle.

Lord Etherington ne répondit rien et offrit une couple de guinées, en faisant observer que la pauvre femme aurait nécessairement besoin des secours d'un médecin.

— C'est bien ce que j'ai dit, repartit lady Penelope, et j'avais demandé à cette brute de Quackleben, qui assurément me doit quelque gratitude, d'aller la voir; mais le monstre d'avarice m'a répondu : Qui me paiera? — Il devient tous les jours plus insupportable, maintenant qu'il semble sûr d'épouser cette grosse veuve rougeaude. Il ne pouvait assurément pas s'attendre à ce que ce serait moi, sur mon faible revenu. — Et d'ailleurs, mylord, n'est il pas une loi qui ordonne que les visites du médecin au pauvre seront payées par la paroisse ou par le comté, d'une manière ou d'une autre, en un mot?

— Nous trouverons moyen de lui procurer les soins du docteur, mylady; et je crois que ce que j'ai de mieux à faire est de retourner de ce pas à la Source pour l'envoyer immédiatement près de la malade. Je crains de ne pouvoir guère être utile à une pauvre femme dans une fièvre de lait.

— Puerpérale, mylord, puerpérale, dit lady Penelope d'un ton de pédagogue.

— Puerpérale soit; en quoi pourrai-je la secourir?

— Oh! mylord, vous avez oublié que cette Anne Heggie, dont je vous parlais, est arrivée ici un enfant dans les bras et un autre... enfin, prête à devenir une seconde fois mère; — et qu'elle s'est établie dans cette misérable hutte dont je vous ai parlé. — Quelques gens pensent

---

[1] De femme en couche.

que le ministre aurait dû la renvoyer à sa propre paroisse ; mais c'est une étrange espèce d'homme, faible de tête, endormi, et qui n'est pas très actif dans ses fonctions paroissiales. Quoi qu'il en soit, elle s'est établie là, et il y a en elle quelque chose tout à fait au-dessus du commun des pauvres, mylord : ce n'est pas du tout l'espece repoussante de monde à qui vous donnez une pièce de sixpence en detournant la tête : c'est une femme qui semble avoir eu de meilleurs jours, — une femme, comme dit Shakespeare, qui pourrait raconter une histoire ; quoiqu'à bien dire je n'aie jamais su complétement la sienne, — si ce n'est qu'aujourd'hui étant venue voir comment elle allait, et ayant envoyé ma femme de chambre dans sa hutte avec quelque bagatelle qui ne vaut pas qu'on en parle, j'ai su qu'elle avait sur l'esprit quelque chose au sujet de cette famille des Mowbray de Saint Ronan. — Ma femme de chambre dit que la pauvre créature se meurt, et elle demande à grands cris que j'amène avec moi ou M. Mowbray ou quelque magistrat, afin que, s'il est possible, nous recueillions de la bouche de la pauvre femme ce qu'elle peut avoir à dire. — J'espère que ce n'est pas un meurtre, — j'espère que ce n'est pas cela, — quoique le jeune Saint Ronan ait été un homme étrange, désordonné, téméraire, inconsidéré, — un *sgherro insigne,* comme dit l'italien. — Mais voici la hutte, mylord ; — entrez, je vous en prie.

La mention de la famille de Saint Ronan et d'un secret qui la concernait bannit de l'esprit de lord Etherington la pensée qu'il commençait à avoir de laisser lady Penelope exercer sans lui ses œuvres de charité dévouée. Ce fut maintenant avec un intérêt égal à celui qu'elle montrait qu'il se vit arrivé devant une chaumière des plus misérables, où la malheureuse, dont la libéralité vaniteuse de lady Penelope n'avait guère soulagé la misère, avait résidé, tant avant que depuis son accouchement, avec une vieille femme, une des pauvres de la paroisse, dont le ministre avait augmenté la chétive pitance afin qu'elle eût quelques moyens de secourir l'étrangère.

Lady Penelope leva le loquet et entra, après un moment d'hésitation produit par la lutte qui s'était élevée entre la crainte qu'elle avait de la contagion et sa vive curiosité d'apprendre quelque chose, elle ne pouvait deviner quoi, qui affectât les Mowbrays dans leur honneur ou leur destinée. Ce dernier sentiment l'eut bientôt emporté, et elle entra, suivie de lord Etherington. La dame, comme d'autres consolatrices des réduits du pauvre, commença par adresser des reproches à la vieille sur son manque d'ordre et de propreté, — critiqua la nourriture destinée à la malade, et s'enquit particulièrement du vin qu'elle avait laissé pour le faire boire chaud à l'accouchée. La vieille, assez grommeleuse de son naturel, n'était pas tellement éblouie de la dignité de lady Penelope ni de sa générosité, qu'elle pût endurer patiemment ses reproches. — Ceux qui avaient à gagner leur pain avec un bras, dit-elle (car l'autre était en effet frappé de paralysie), avaient autre chose à faire qu'à balayer les maisons. Si myleddy voulait envoyer sa fainéante de servante prendre le balai, elle pourrait tenir la maison aussi nette qu'elle voudrait ; et mademoiselle ne s'en trouverait que mieux de l'exercice : du moins ça ferait qu'au bout de la semaine elle aurait fait quelque chose.

— Entendez vous la vieille mégère, mylord? dit lady Penelope. Les pauvres sont des misérables horriblement ingrats. — Et le vin, dame, — le vin?

— Le vin ! — il y en avait tout au plus un demi-mutchkin, et c'était une pauvre et maigre boisson, sans la moindre force. — Le vin a été bu, vous pouvez le jurer ; — nous ne l'avons pas jeté par-dessus notre épaule. - Si jamais ça pouvait nous faire quelque bien, c'était en le prenant au naturel, et non pas avec votre sucre et vos sales drogues. — Je voudrais, pour mon compte, n'en avoir jamais connu le goût sûr. Si le bedeau ne m'avait pas donné une goutte d'usquebaugh, j'aurais bien pu mourir de la boisson de myleddy....

Lord Etherington interrompit la vieille grommeleuse en lui mettant une pièce d'argent dans la main et en la priant de se taire. La sorcière pesa la couronne dans sa main et fut se fourrer à son coin de cheminée, tout en marmottant : Ça ressemble à quelque chose, au moins, — ça ressemble à quelque chose ; — ça n'est pas comme ceux qui vont et viennent dans la maison, et qui donnent des ordres comme si c'étaient les maîtresses et plus, et tout ça pour voir arriver le samedi soir un pauvre shilling.

A ces mots elle s'assit à son rouet, et prit, en même temps que son fuseau, sa courte pipe d'un noir de jais, bourrée de mauvais tabac, d'où elle fit bientôt sortir de tels nuages de vapeurs, que lady Penelope aurait promptement quitté la place si elle n'avait pas été fermement résolue d'avoir sa part de la confession de la moribonde. Quant à miss Digges, elle toussa, éternua, et finalement sortit de la chaumière en déclarant que le cœur lui tournait, et qu'elle ne vivrait pas dans une telle fumée quand il s'agirait d'entendre les dernières paroles de vingt femmes malades ; et que d'ailleurs elle était sûre de savoir de lady Penelope tout ce qui en serait, pourvu que la chose valût la peine qu'on en reparlât.

Lord Etherington était alors debout près du misérable lit de bourre où gisait la pauvre malade, troublée, dans ce qui semblait être ses derniers moments, par les cris du plus âgé de ses deux enfants, cris auxquels elle ne pouvait répondre que par de sourds gémissements, en même temps qu'elle essayait de détourner ses regards de la pauvre petite créature vagissante pour les reporter de l'autre côté de son triste grabat, où était étendu l'être infortuné auquel elle venait de donner le jour. Les membres tremblants de froid du nouveau né étaient à peine enveloppés d'un lambeau de couverture, ses petits traits étaient déjà enflés et livides, ses yeux étaient à peine ouverts, et il paraissait complètement insensible à un état de souffrance et de misère dont il semblait devoir bientôt être délivré.

— Vous êtes bien mal, ma pauvre femme, dit lord Etherington ; on m'a dit que vous demandiez un magistrat.

— C'était M. Mowbray de Saint-Ronan que je désirais voir, John Mowbray de Saint-Ronan. — Mylady avait promis de l'amener ici.

— Je ne suis pas M. Mowbray de Saint-Ronan, mais je suis juge de paix et membre du parlement. — Je suis en outre l'ami particulier de M. Mowbray, si je puis vous être utile en quelqu'une de ces qualités.

La pauvre femme resta longtemps silencieuse, et quand elle reprit la parole, ce fut d'un ton de doute.

— Lady Penelope Penfeather est-elle ici? demanda-t-elle enfin en faisant effort pour ouvrir ses yeux obscurcis.

— Lady Penelope est présente et à portée de vous entendre, répondit lord Etherington.

— Ma situation n'en est que pire, reprit la moribonde, s'il me faut communiquer un secret tel que le mien à un homme que je ne connais pas et à une femme dont je ne connais que le manque de discrétion.

— Moi, — moi, manquer de discrétion! dit lady Penelope ; mais sur un signe de lord Etherington elle se contint, sans que la malade, dont les facultés étaient fort affaiblies, parût s'être aperçue de l'interruption. Elle parlait, néanmoins, d'une voix intelligible et même avec une sorte d'emphase ; ses manières trahissaient l'influence de la fièvre, et son ton ainsi que son langage semblaient fort au-dessus de sa misérable condition.

— Je ne suis pas la créature abjecte que je parais être, reprit-elle ; du moins je n'étais pas née pour être ainsi. Je voudrais *être* en effet plongée dans la dernière abjection ! — je voudrais être une misérable pauvresse de la dernière classe, — vagabonde affamée, mère sans être épouse : — l'ignorance et l'insensibilité me feraient porter mon lot comme le misérable animal qui meurt patiemment sur le commun où il a passé une vie de privations. Mais moi — moi née et élevée pour de meilleures choses, je n'en ai pas perdu le souvenir, et elles rendent ma condition présente — ma honte — ma pauvreté — mon infamie — la vue de mes enfants mourants — le sentiment de ma fin prochaine — elles font de tout cela pour moi un avant-goût de l'enfer!

L'affectation et la vanité de lady Penelope ne purent résister à cet effrayant exorde. Elle sanglota, frissonna, et pour la première fois peut-être de sa vie elle éprouva le besoin véritable de porter son mouchoir à ses yeux. Lord Etherington aussi fut ému.

— Bonne femme, dit-il, en tant que le soulagement de vos besoins personnels pourra adoucir votre détresse, j'aurai soin que vous ne manquiez de rien sous ce rapport, et que l'on veille également à vos pauvres enfants.

Puisse Dieu vous bénir! dit la pauvre femme en portant son regard sur les deux misérables êtres étendus près d'elle; et puissiez vous mériter la bénédiction de Dieu ! ajouta-t-elle après un instant de silence, car c'est en vain qu'elle tombe sur ceux qui n'en sont pas dignes.

Lord Etherington sentit peut-être un mouvement de conscience; car il répliqua avec une sorte de précipitation : Poursuivez, bonne femme, si vous avez réellement quelque chose à me communiquer comme magistrat ; il est temps d'améliorer un peu votre situation, et je vais m'en occuper sur-le champ.

— Arrêtez encore un moment, reprit-elle; laissez-moi soulager ma conscience avant que je ne m'en aille, car nul secours terrestre ne me sera longtemps utile pour prolonger mon temps ici. J'étais bien née, et ma honte présente n'en est que plus grande! j'avais reçu une bonne éducation, et mon crime n'en est que plus grand! — Je fus toujours pauvre, à la vérité, mais je n'éprouvais pas les maux de la pauvreté. J'y pensai seulement quand ma vanité me créa des besoins factices et coûteux, car de besoins réels je n'en avais pas. J'étais la compagne d'une jeune personne d'un rang plus élevé que le mien, ma parente cependant, et d'un caractère si affectueux et si bon qu'elle me traitait comme une sœur et aurait partagé avec moi tout ce qu'elle avait au monde... J'ai peine à croire que je puisse continuer mon récit ; quelque chose me serre la gorge quand je me rappelle comment je récompensai son amitié de sœur ! — J'étais plus âgée que Clara. — J'aurais dû la diriger dans ses lectures et fortifier son jugement ; mais mon propre penchant me portait à lire ces ouvrages qui, tout en travestissant la nature, sont séduisants pour l'imagination. Nous lûmes ces folies ensemble, au point de nous créer pour nous mêmes un petit monde de roman, et de nous préparer pour un labyrinthe d'aventures. L'imagination de Clara était pure comme celle des anges; la mienne.... Mais il est inutile d'en parler. Le démon, toujours aux aguets, me présenta un tentateur au moment où il était le plus dangereux.

Elle s'arrêta ici ; comme si elle eût trouvé de la difficulté à s'exprimer ; et lord Etherington, se tournant vers lady Penelope avec les dehors d'un grand intérêt, lui demanda s'il ne serait pas tout à fait désagréable à Sa Seigneurie de rester plus longtemps témoin auriculaire de la confession de cette infortunée? Elle semble sur le point d'aborder certaines choses.... des choses qu'il pourrait vous être désagréable d'entendre, mylady.

— J'avais précisément la même pensée, mylord ; et, à vrai dire, j'allais vous proposer de vous retirer et de me laisser seule avec la pauvre femme. Mon sexe laissera plus de franchise en l'absence de

Vôtre Seigneurie aux communications qu'elle doit nécessairement faire.

— Il est vrai, madame; mais aussi suis je appelé ici en ma qualité de magistrat.

Chut! elle parle.

— On dit que toute femme qui cède se rend esclave de son séducteur; moi je vendis ma liberté non pas à un homme, mais à un démon! Il me fit servir à ses infâmes machinations contre mon amie, ma protectrice; — et il trouva en moi un agent qui n'était que trop disposé par un sentiment d'envie à détruire en elle la vertu que j'avais perdue moi-même. Ne m'écoutez pas davantage; — allez-vous en et laissez-moi à mon destin! Je suis la plus odieuse des misérables qui aient jamais vécu, plus odieuse à moi même qu'à tout le reste, parce que, même dans mon repentir, il est une voix secrète qui me dit que si j'étais ce que j'ai été, je ferais tout ce que j'ai fait, et pis encore. O mon Dieu, étouffez en moi cette pensée perverse!

Elle ferma les yeux, joignit ses mains amaigries, et les tint élevées dans l'attitude de quelqu'un qui prie mentalement; puis ses mains se séparèrent, et retombèrent doucement sur le grabat. Mais ses yeux ne se rouvrirent plus, et ses traits n'offrirent plus le moindre signe de vie Lady Penelope poussa un faible cri, se cacha les yeux et se recula précipitamment du lit, tandis que lord Etherington, la vue troublée par un conflit d'émotions diverses, tenait son regard fixé sur la pauvre femme, comme s'il eût cherché à bien s'assurer que la dernière étincelle de vie était complétement éteinte. La vieille accourut près du lit, apportant un peu d'eau de-vie dans un verre ébréché.

— N'en avez vous pas eu pour l'argent de vos charités? dit elle d'un ton d'humeur et de mépris. Vous nous achetez jusqu'à la vie, avec vos shillings et vos sixpence, vos groats et vos boddles[1]; — vous avez forcé de parler la pauvre malheureuse jusqu'à la faire tomber en faiblesse, et maintenant vous restez là comme si vous n'aviez jamais vu une femme évanouie. Laissez moi approcher d'elle avec mon verre. — autant de paroles autant de gorgées, vous savez. — Otez vous de mon chemin, myleddy, si tant est que vous soyez une leddy; vos pareilles ne servent pas à grand'chose quand la mort est là.

Lady Penelope, à demi irritée, mais encore plus effrayée des manières de la vieille mégère, accepta alors de grand cœur l'offre que lui renouvela lord Etherington de l'accompagner hors de la chaumière. Il n'en sortit cependant pas sans laisser une nouvelle marque de libéralité à la vieille, qui lui rendit grâces d'un ton dolent.

— Que le Tout-Puissant dirige votre course au milieu des embarras de ce monde pervers! — et que le diable enfle vos voiles! ajouta t elle

[1] Les plus faibles pièces d'argent et de cuivre d'Angleterre et d'Écosse. (L. V.)

en revenant à son ton naturel dès que les deux visiteurs eurent franchi son misérable seuil. — Tas de coucous à tête de liége et à cervelle éventée ! ça ne laisserait pas tant seulement le pauvre monde mourir en paix, avec leurs dorloteries et leurs drogues¹.

— La déclaration de cette pauvre créature, dit lord Etherington à lady Penelope, semble se rapporter à des objets auxquels la loi n'a rien à voir, et que peut être nous ne devons pas chercher à approfondir davantage, car le repos d'une famille respectable et la réputation d'une jeune personne paraissent y être impliqués.

— Je ne suis pas de votre avis, mylord, repartit lady Penelope; je ne suis pas du tout de votre avis. — Je suppose que vous devinez à qui se rapporte ce qu'elle a dit?

— Vraiment, mylady fait trop d'honneur à ma pénétration.

— N'a t elle pas mentionné un nom de baptême? Vous êtes ce matin d'une intelligence extrêmement obtuse, mylord !

— Un nom de baptême? — mais non, aucun que j'aie entendu... Ah! oui, elle a dit quelque chose d'une... Catherine;   c'était bien Catherine, je crois?

— Catherine! non, mylord; c'était Clara;   nom assez peu commun dans ce pays, et qui est, je crois, celui d'une jeune personne dont Votre Seigneurie devrait savoir quelque chose, à moins que votre cour du soir près de lady Binks n'efface complétement de votre souvenir vos visites du matin au château des Shaws. Vous êtes un homme intrépide, mylord. Je vous conseillerais de comprendre mistress Blower au nombre des objets de vos attentions, et alors vous aurez sur votre liste fille, femme et veuve.

— D'honneur, vous êtes par trop sévère, mylady; vous vous entourez chaque soir de tout ce qu'il y a ici de gens d'esprit et de talent, puis vous raillez un pauvre reclus, qui n'ose approcher de votre cercle enchanté, de ce qu'il cherche ailleurs quelque distraction. C'est tyranniser et non pas régner; — c'est du despotisme à la turque !

— Ha, mylord! je vous connais bien, mylord;   Votre Seigneurie serait très-fâchée de n'avoir pas la faculté de se faire bien venir de tout cercle dont il lui plaît d'approcher.

— C'est-à dire que vous me pardonnerez si je m'introduis ce soir dans le vôtre, mylady?

— Quelle que soit la société que lord Etherington puisse penser à fréquenter, il ne peut qu'y être bien accueilli.

— Je réclamerai donc ce soir et mon privilége et mon pardon. — Et maintenant (parlant comme s'il eût réussi à établir quelque confiance entre lady Penelope et lui), que pensez-vous réellement de cette obscure histoire?

---

¹ *Voyez* la note F a la fin du volume.

CHAPITRE XXXII.

— Oh! je dois croire qu'elle se rapporte à miss Mowbray. Ç'a toujours été une fille singulière; — il y a quelque chose en elle que je n'ai jamais pu souffrir, — une sorte d'effronterie, — le mot est peut-être un peu dur; mais une sorte d'assurance, — un air de confiance, — de sorte que bien que je garde un certain décorum avec elle, parce qu'elle est orpheline et de bonne famille, et que je ne sais réellement rien de positivement mauvais sur elle, il lui est cependant arrivé parfois de me déplaire souverainement.

— Vous ne jugeriez peut-être pas convenable de donner de la publicité à l'histoire? — au moins jusqu'à ce que vous sachiez exactement de quoi il s'agit, dit le comte d'un ton de suggestion.

— Soyez bien convaincu qu'il faut prendre le pire de ce qu'on peut imaginer, tout à fait le pire. — Vous avez entendu la femme dire qu'elle avait conduit Clara à sa perte; et vous savez qu'elle voulait nécessairement désigner Clara Mowbray, puisqu'elle désirait si vivement raconter l'histoire au frère de miss Mowbray, au laird de Saint-Ronan.

— C'est très-vrai; — je ne pensais pas à cela. Mais il ne serait pas moins cruel pour la pauvre fille que la chose s'ébruitât.

— Oh! ce ne sera pas par moi qu'elle s'ébruitera; je ne voudrais pas en souffler le plus petit mot. Mais aussi je ne puis recevoir miss Mowbray comme auparavant; — j'ai un rang dans le monde à maintenir, mylord, — et je suis dans la nécessité d'être scrupuleuse en fait de société. — C'est un devoir envers le public, lors même que ma propre inclination ne m'y porterait pas.

— Certainement, mylady; mais aussi considérez que dans un lieu où tout le monde est nécessairement attentif à la conduite de Votre Seigneurie, la moindre froideur de votre part envers miss Mowbray et après tout nous ne savons rien de positif à son préjudice la perdrait ici aux yeux de la société, et à ceux du monde en général.

— Oh, mylord, quant à la vérité de l'histoire, j'ai quelques raisons particulière de « regarder l'étrange récit comme exactement vrai; » car j'ai entendu quelques paroles mystérieuses d'un très-digne mais très singulier homme (Votre Seigneurie sait que j'adore l'originalité), l'ecclésiastique de la paroisse, lequel m'a fait savoir qu'il y avait au sujet de miss Clara quelque chose de mal, — quelque chose que.... Votre Seigneurie m'excusera de ne pas parler plus clairement. — Oh non! — je crains.... je crains.... que tout cela ne soit trop vrai. — Vous connaissez M. Cargill, je suppose, mylord?

— Oui.... non; je.... je crois l'avoir vu. Mais comment la jeune personne a-t-elle été conduite à prendre le ministre pour confesseur? — il n'y a pas de confession auriculaire dans notre Église; — il faut, je suppose, que ç'ait été dans une intention de mariage. Espérons que le mariage a eu lieu; — peut-être a-t-il eu lieu réellement. — Cargill, —

je veux dire le ministre — a-t-il dit quelque chose qui s'y rapporte?

— Pas un mot, — pas un mot. — Je vois où vous en voulez venir, mylord ; vous voudriez donner un bon côté à la chose :

> « Pour voiler la faute et sanctifier la honte, ils recourent au mot spécieux de mariage. »

En cela c'est la reine Didon. Comment le ministre a-t-il appris le secret, c'est ce que je ne puis dire : — c'est un homme très-serré. Mais je sais qu'il ne voudra pas entendre parler du mariage de miss Mowbray avec qui que ce soit, sans nul doute parce qu'il sait qu'en se mariant elle porterait le déshonneur dans quelque honnête famille ; — et vraiment je suis fort de son avis, mylord.

Peut-être M. Cargill sait il que la dame est déjà secrètement mariée; je pense que c'est là l'induction la plus naturelle, en vous demandant pardon, mylady, d'oser différer d'opinion avec vous.

Lady Penelope parut bien décidée à ne pas envisager les choses sou ce point de vue.

Non, non, — non, vous dis-je, répliqua-t-elle ; elle ne peut être mariée, car si elle était mariée, comment la pauvre malheureuse de tout à l'heure aurait-elle pu dire qu'elle était perdue? Vous savez qu'il y a une différence entre la perte et le mariage d'une femme.

— Quelques gens, dit on, ont trouvé les deux mots synonymes, lady Penelope.

— Vous êtes pointilleux avec moi, mylord ; mais il n'en est pas moins vrai qu'en langage ordinaire, quand nous disons qu'une femme est perdue, nous entendons tout à fait le contraire du mariage : — il m'est impossible de m'expliquer plus clairement sur un pareil sujet, mylord.

— Je m'en rapporte à votre jugement supérieur, mylady. Je vous conjure seulement de garder un peu de réserve dans cette affaire. — Je prendrai les informations les plus strictes sur cette femme, et je vous en ferai connaître le résultat ; et j'espère que par égard pour la respectable famille de Saint-Ronan, Votre Seigneurie ne se hâtera pas de rien dire au préjudice de miss Mowbray.

— Je ne suis certainement pas femme à répandre la médisance, mylord ; répliqua la dame en se redressant ; mais en même temps je dois dire que les Mowbrays ont peu de titres à mes ménagements. Il est sûr que j'ai été la première à mettre ces eaux à la mode, ce qui a été pour leur domaine une chose de grande conséquence, et cependant, mylord, M. Mowbray s'est mis en opposition avec moi de toutes les manières possibles, mylord, et il a encouragé les gens assez mal élevés qui l'entourent à se conduire fort étrangement. — Dans l'affaire de la construction du bel védère, il n'a pas voulu permettre que les travaux fussent faits aux dépens de la bourse commune, parce que j'avais donné aux ouvriers le plan et les ordres; — puis au sujet de la salle du thé, — et de l'heure d'ouverture des danses, et de la souscription aux nouveaux *Récits de Chevalerie* de M. Rymour.... Bref, je ne dois pas d'égards à M. Mowbray de Saint Ronan.

— Mais la pauvre jeune personne?

— Oh! la pauvre jeune personne? — la pauvre jeune personne sait être tout aussi impertinente qu'une jeune personne riche, je vous assure. — Il y a une affaire dans laquelle elle m'a traitée d'une manière scandaleuse, lord Etherington : c'était au sujet d'une pure bagatelle, —d'un châle. Personne ne pense moins à la parure que moi, my lord; je remercie le Ciel de ce que mes pensées sont dirigées sur des objets tout différents. Mais c'est dans les bagatelles que se montre le manque d'égards et d'obligeance, et miss Clara a complétement manqué de tous les deux avec moi, mylord, outre une bonne dose d'impertinence que j'ai eu à supporter de la part de son frère sur le même sujet.

Il ne reste qu'un moyen, pensa le comte comme ils approchaient du Spa : c'est d'éveiller les craintes de cette damnée bas bleu, de cette chatte sauvage vindicative. — Vous savez, mylady, reprit il, que des dommages intérêts considérables ont été alloués dans diverses causes récentes où quelque chose approchant de la médisance a été reconnu à l'égard de dames de considération; — les priviléges de la table à thé ont été trouvés insuffisants pour mettre quelques belles critiques à l'abri des conséquences de remarques trop franches et trop peu réservées sur la réputation de leurs amies. Souvenez-vous donc, je vous en prie, que jusqu'à présent ce que nous savons se réduit à fort peu de chose.

Lady Penelope aimait l'argent et craignait les tribunaux; et cette insinuation, fortifiée de la connaissance qu'elle avait de l'attachement de Mowbray pour sa sœur, aussi bien que de son humeur irascible et vindicative, l'amena en un instant presque au point où lord Etherington voulait la laisser. Elle protesta que personne n'avait plus de ménagements qu'elle pour la réputation des femmes malheureuses, en supposant même que leur faute fût pleinement prouvée; — elle promit d'être réservée au sujet de la déclaration de la pauvresse, et exprima l'espoir que lord Etherington se rendrait de bonne heure le soir à son thé, attendu qu'elle désirait lui faire connaître un ou deux de ses *protégés*[1], que Sa Seigneurie, elle en était certaine, jugerait dignes de ses avis et de son appui. Comme lady Penelope se trouvait en ce moment à la porte de son appartement, elle prit congé du comte avec le plus gracieux sourire.

[1] La lettrée lady Penelope emploie l'expression française. (L. V.)

CHAPITRE XXXIII.

DÉSAPPOINTEMENT.

> Enfants, la terre est au vent : toutes voiles dehors, enfants, et ne craignez rien, le temps deviendrait il encore plus gros.
> *L'Orage.*

Tout s'obscurcit autour de moi ainsi qu'au moment d'une tempête, pensa lord Etherington, tandis que les bras croisés, et son chapeau gris enfoncé sur son front, il traversait à pas lents le court intervalle qui séparait son appartement de celui de lady Penelope. Chez un élégant de l'ancienne école, chez un des beaux esprits et des hommes de plaisir du temps de Congreve, cette attitude aurait été une infraction au caractère; mais l'élégant du temps actuel ne dérogerait pas à sa qualité, montrât il toute la sombre gravité de Maître Stephen. Lord Etherington pouvait donc se livrer librement à ses réflexions, sans attirer l'attention. — J'ai mis un cadenas à la bouche de ce vieux bocal à vinaigre, se dit-il; mais son caractère corrosif aura bientôt dissous le charme. Que faire?

En portant les yeux autour de lui il aperçut son fidèle valet Solmes, qui, mettant la main à son chapeau avec le respect convenable, dit à son maître, au moment où il passa près de lui : Mylord trouvera ses lettres dans son portefeuille particulier.

Quelque simples que fussent ces paroles, tout indifférent qu'était le ton dont elles furent prononcées, elles firent bondir le cœur de lord Etherington comme si son sort eût été attaché à ce qu'il venait d'entendre. Il ne manifesta pourtant pas d'autre intérêt à ce qu'avait dit Solmes que de lui recommander de se tenir en bas, au cas où il sonnerait; puis il entra chez lui, ferma la porte de son appartement à double tour et poussa le verrou, avant même de jeter les yeux sur la table où se trouvait son portefeuille.

Lord Etherington avait, selon l'usage, une clef du portefeuille qui contenait ses lettres, l'autre restant entre les mains de son domestique de confiance, de sorte que ses papiers échappaient ainsi à tout danger d'une indiscrétion étrangère : — précaution qui n'est pas absolument inutile à ceux qui fréquentent les hôtels et les maisons garnies.

— Avec votre permission, M. Bramah [1], dit le comte en introduisant

---

[1] Le Fichet de l'époque. (L. V.)

CHAPITRE XXXIII.

la clef dans la serrure, et plaisantant en quelque sorte de sa propre agitation comme il aurait fait de celle d'un tiers. Le portefeuille ouvert laissa voir la dépêche dont, une heure auparavant, l'apparence et l'adresse avaient attiré son attention au bureau de poste. *Alors* il aurait donné une partie de ce qu'il possédait pour avoir entre les mains ce qu'il y tenait maintenant; mais bien des gens ont contemplé de loin sans scrupule un crime aux abords duquel ils hésitent et s'arrêtent. Le premier mouvement de lord Etherington avait été de ranimer le feu ; et il tenait la lettre à la main, plus qu'à demi tenté de l'abandonner, sans même en rompre le cachet, à l'élément dévorant. Mais quoique passablement familiarisé avec le crime, il n'en connaissait pas encore les formes les plus viles ; — il ne s'était pas encore rendu coupable de bassesse, ou du moins de ce que le monde qualifie ainsi. Il avait été duelliste : les mœurs du temps l'autorisaient ; — libertin : le monde l'excusait sur sa jeunesse et sa condition ; — joueur hardi et heureux : c'était une qualité qui lui valait l'admiration et l'envie; enfin on passait aisément à un homme de qualité, possesseur d'assez de fortune et de courage pour soutenir son rang, mille autres peccadilles auxquelles conduisent de telles mœurs et de telles habitudes. Mais l'action qu'il méditait maintenant était d'une autre nature. « Ne le dites pas dans Bond street, n'en soufflez mot sur le pavé de Saint James! » cela équivalait à un acte de larcin honteux, pour lequel le code de l'honneur n'admettait pas de composition.

Sous l'influence de ces pensées, lord Etherington resta quelques minutes en suspens; — mais le diable trouve toujours une logique pour convaincre ses adhérents. Il se souvint de l'injure faite à sa mère, ainsi qu'à lui-même, son légitime rejeton, lui à qui son père, à la face du monde entier, avait départi ses droits héréditaires, dont il voulait maintenant, par un acte posthume, dépouiller la mémoire de l'une et l'avenir de l'autre. Assurément, son droit étant positif, il avait plein titre de repousser toute attaque contre ce droit par les moyens les plus efficaces, quels qu'ils pussent être, et même de détruire, s'il le fallait, les pièces sur lesquelles s'appuyaient ses ennemis pour poursuivre leurs injustes plans contre son honneur et ses intérêts.

Ce raisonnement prévalut, et lord Etherington tendit une seconde fois au-dessus des flammes le paquet voué à la destruction ; mais il réfléchit que sa résolution étant prise il devait la mettre à exécution aussi efficacement que possible, et que pour cela il fallait qu'il s'assurât que le paquet contenait effectivement les papiers qu'il désirait détruire.

Jamais doute ne s'éleva plus à temps; car à peine le cachet fut il rompu et l'enveloppe froissée dans sa main, qu'à son inexprimable consternation il reconnut qu'il ne tenait que les copies des pièces pour lesquelles avait écrit Francis Tyrrel, présumant trop aisément que les originaux lui seraient expédiés à sa première demande. Une lettre d'un des associés de la maison où ces pièces étaient déposées portait qu'en l'absence du chef de leur maison, à qui ces papiers avaient été confiés, ils n'avaient pas cru devoir s'en dessaisir même pour M. Tyrrel, quoiqu'ils eussent pris sur eux d'ouvrir le dépôt ; et qu'ils lui faisaient passer, quant à présent, une copie conforme des documents qu'il contenait, ce qui suffirait, présumaient-ils, à l'intention que pouvait avoir M. Tyrrel de les soumettre à une consultation, ou à tel autre objet analogue. Dans un cas si délicat, et en l'absence de l'associé principal, ils étaient résolus à garder par-devers eux les originaux jusqu'à ce qu'ils fussent appelés à les produire devant une cour de justice.

Avec une imprécation terrible contre l'absurde formalisme de l'auteur de la lettre d'avis, lord Etherington la laissa tomber dans le feu ; puis, se jetant sur une chaise, il se passa la main sur les yeux, comme si ce qu'il venait de lire lui eût troublé la vue. Son titre et sa fortune paternelle, qu'il croyait il n'y avait qu'un instant pouvoir mettre à l'abri de toute contestation par un simple mouvement de main, semblaient maintenant sur le point d'être à jamais perdus pour lui. Une pensée rapide ne manqua pas de lui rappeler, ce qui était moins connu du monde, que ses profusions précoces avaient notablement compromis sa fortune maternelle, et que le domaine de Nettlewood, qu'il convoitait, cinq minutes auparavant, comme un homme opulent désire accroître sa fortune, devait maintenant être à lui s'il ne voulait être réduit au rôle de dissipateur pauvre et embarrassé. Pour mettre obstacle à sa prise de possession de ce domaine, le sort avait ramené sur la scène la femme repentante du matin, qui n'était revenue dans ces environs, il n'avait que trop lieu de le croire, que pour rendre justice à Clara Mowbray, et qui vraisemblablement présenterait sous son vrai jour toute l'histoire du mariage. Néanmoins on pouvait s'en débarrasser ; et peut-être était il encore possible d'entraîner miss Mowbray, en agissant sur ses craintes, ou par l'intermédiaire de son frère, à s'unir à lui tandis qu'il était encore investi du titre de lord Etherington. Ce fut donc ce point qu'il résolut d'assurer, s'il pouvait y parvenir par force ou par intrigue ; et ce ne fut pas la moindre considération, que s'il réussissait il obtenait sur Tyrrel, son rival heureux, un triomphe qui suffirait à remplir toute sa vie d'amertume.

En quelques minutes, sa féconde et rapide imagination avait formé un plan pour s'assurer du seul avantage qui semblait lui rester accessible ; et sentant qu'il n'avait pas de temps à perdre, il s'occupa immédiatement de le mettre à exécution.

Quand la sonnette eut appelé Solmes à l'appartement de Sa Seigneurie, le comte lui dit, aussi froidement que s'il eût espéré tromper l'expérience de son valet : Vous m'avez apporté un paquet destiné à quelqu'un de l'Aultoun ; — qu'on le lui fasse parvenir. — Un moment, que je le recachète d'abord.

Il recacheta effectivement le paquet renfermant toutes les pièces, moins la lettre d'avis (qu'il avait brûlée), et le remit au valet en ajoutant qu'il désirait qu'à l'avenir il ne fît pas de telles bévues.

— Je demande pardon à mylord ; je ferai dorénavant plus attention, quoiqu'il fût adressé à Votre Seigneurie.

Telle fut la réponse de Solmes, trop habile pour donner le moindre signe d'intelligence, et à plus forte raison pour rappeler au comte que la méprise dont il se plaignait avait été occasionnée par ses propres instructions.

Solmes, continua le comte, il est inutile de parler de votre bévue au bureau de poste ; ce serait y faire jaser les oisifs ; — mais assurez-vous que la lettre parviendra à celui à qui elle est adressée. — Solmes ! je vois M. Mowbray qui traverse ici en face ; — allez l'engager à dîner avec moi aujourd'hui à cinq heures. J'ai la migraine, et je ne pourrais soutenir les clameurs des sauvages qui prennent leur pâture à la table publique. Un moment. Faites mes compliments à lady Penelope Penfeather ; j'aurai certainement l'honneur de me rendre ce soir au thé de Sa Seigneurie, conformément à la très ennuyeuse invitation qu'elle m'en a faite : écrivez-lui un billet convenable, — dans votre style d'habitude. Commandez un dîner pour deux, et que nous ayons quelques bouteilles de ce bourgogne. Le domestique se retirait quand son maître ajouta : Un moment encore ! j'ai une affaire plus importante que celles dont je viens de vous charger. — Solmes, vous avez diablement mal manœuvré au sujet de cette Irwin !

Moi, mylord ? repartit Solmes.

— Oui, vous, monsieur ; — ne m'avez-vous pas dit qu'elle était partie pour les Indes Occidentales avec un de vos amis ? et ne leur ai je pas donné une couple de centaines de livres pour payer leur passage ?

— Oui, mylord.

Oui ? hé bien, cela se trouve aujourd'hui *non* mylord ; car elle a retrouvé le chemin de ce pays dans un état misérable, — à demi morte de faim, et disposée sans doute à tout faire ou à tout dire pour du pain.

Comment cela est il arrivé ?

— Il faut que Biddulph ait pris l'argent et l'ait renvoyée, mylord, répondit Solmes du même ton que s'il eût parlé de l'opération la plus ordinaire du monde ; mais je connais si bien la nature de la femme, et je possède tellement son histoire, que je puis l'éconduire du pays dans les vingt quatre heures et la placer en un lieu d'où elle ne pensera jamais à revenir, pourvu que Votre Seigneurie puisse se passer de moi durant ce temps.

— Mettez-vous y sur le-champ ; — seulement je puis vous dire que vous trouverez la femme dans une disposition très-repentante, et très-malade par dessus le marché.

— Je suis sûr de mon gibier, mylord ; sauf le respect que je dois à

Votre Seigneurie, je crois que si la mort et le bon ange de cette femme la tiraient par un bras, le diable et moi trouverions moyen de l'entraîner par l'autre.

— Allez donc vous en occuper. Mais écoutez, Solmes, traitez-la bien et veillez à ce que rien ne lui manque. Je lui ai fait assez de mal, — quoique la nature et le diable m'aient aidé de moitié.

Il fut enfin permis à Solmes de se retirer pour exécuter ses diverses commissions, avec l'assurance que pour vingt-quatre heures ses services ne feraient pas faute.

— Bon! dit le comte quand son agent se fut éloigné, voilà en jeu un ressort qui, bien huilé, fera mouvoir toute la machine. Et voici Harry Jekyl qui arrive au bon moment; — je l'entends siffler sur l'escalier. — Il y a en ce drôle une sotte légèreté de cœur que j'envie tout en la méprisant. Mais il est le bienvenu en ce moment, car j'ai besoin de lui.

— Je suis charmé, Etherington, dit Jekyl en entrant, de voir un de vos gens mettre le couvert pour deux dans votre parloir; — je craignais que vous n'eussiez le projet d'aller encore aujourd'hui parmi ces fâcheux, que le Ciel confonde!

— *Vous* n'êtes pas destiné à être un des deux, Hal, repartit lord Etherington.

— Non? — en ce cas, je puis être le troisième, j'espère, sinon le second?

— Ni le premier, ni le second, ni le troisième, capitaine. — Le fait est que j'ai besoin d'un tête-à-tête avec M. Mowbray de Saint Ronan; et j'ai en outre à vous demander la faveur toute particulière de retourner voir ce Martigny. Il est temps qu'il produise ses papiers, s'il en a quelqu'un à produire; — ce dont, quant à moi, je ne crois pas un mot. Il a eu tout le temps de recevoir des nouvelles de Londres; et je crois avoir assez temporisé dans une affaire importante sur sa simple assertion.

— Je ne puis blâmer votre impatience, et je vais sur-le champ faire votre commission. Comme c'est sur mon avis que vous avez attendu, je me regarde comme obligé de mettre un terme à votre incertitude.

— Pourtant, si l'homme n'a pas en sa possession les papiers dont il a parlé, je dois avouer qu'il a à sa disposition une assurance qui défierait tout le corps des procureurs.

— C'est ce dont vous serez bientôt à même de juger; et maintenant, au revoir. — Qu'avez-vous à me regarder de cet air inquiet?

— Je ne puis dire; — j'ai d'étranges pressentiments au sujet de ce tête à tête avec Mowbray. Vous devriez l'épargner, Etherington; — il n'est pas en état de lutter avec vous;   il manque de jugement et de tenue.

— Allez lui dire cela, Jekyl, si vous voulez que son orgueil écossais se révolte sur-le-champ, et qu'il vous envoie une balle pour vous remercier. — Eh! il se croit le coq de la promenade, cet oison présomptueux, malgré la leçon que je lui ai déjà donnée. — Et croiriez-vous qu'il a l'impudence de parler de mes attentions près de lady Binks comme d'une chose incompatible avec la poursuite de mes projets sur sa sœur? Oui, Hal, — ce laird écossais, ce maladroit qui a à peine assez de tact pour faire l'amour à une laitière, ou tout au plus à quelque soubrette crottée, a l'assurance de se poser comme mon rival!

— En ce cas, bonsoir au laird de Saint Ronan! — ce dîner lui sera fatal. — Etherington, je vois à votre rire que vous avez de mauvaises intentions; — je suis fortement tenté de lui donner un mot d'avertissement.

— Je le voudrais; ce serait bien mon compte.

— Me défiez-vous? — Hé bien, si je le rencontre, je le mettrai sur ses gardes.

Les deux amis se séparèrent; et bientôt après Jekyl rencontra Mowbray sur une des promenades publiques.

— Vous dînez avec Etherington aujourd'hui? dit le capitaine; — pardonnez moi, M. Mowbray, de vous dire un simple mot : — Prenez garde.

— A quoi dois-je prendre garde, capitaine Jekyl, repartit Mowbray, quand je dîne avec un de vos amis, avec un homme d'honneur?

— Certainement lord Etherington est l'un et l'autre, M. Mowbray; mais il aime le jeu, et il est trop fort pour bien des gens.

— Je vous remercie de votre avertissement, capitaine Jekyl; je suis un novice écossais, il est vrai, mais cependant je sais une chose ou deux. On présume toujours que des gens d'honneur jouent franc jeu! et ceci accordé, j'ai la vanité de croire n'avoir besoin des avis de personne à ce sujet, pas même de ceux du capitaine Jekyl, quoique son expérience doive nécessairement être très supérieure à la mienne.

— En ce cas, monsieur, reprit Jekyl en le saluant froidement, je n'ai plus rien à dire, et j'espère ne pas vous avoir offensé. Le fat présomptueux! pensa-t-il en s'éloignant; qu'Etherington l'avait bien jugé! et quel âne j'étais de vouloir m'en mêler! — J'espère qu'Etherington lui arrachera jusqu'à la dernière plume.

Il continua sa promenade en quête de Tyrrel, et Mowbray se rendit chez le comte dans une disposition d'esprit tout à fait d'accord avec les projets de celui ci, lequel avait sainement apprécié le caractère du laird quand il avait permis à Jekyl de lui donner son bienveillant avertissement. Être supposé, par un homme reconnu à la mode, si décidément inférieur à son antagoniste; — être regardé comme un objet de compassion, auquel on croit devoir donner un avis salutaire, c'était tout fiel et amertume pour son esprit orgueilleux, et plus dans sa conscience il sentait son infériorité dans les arts qu'ils cultivaient tous, plus il se raidissait à la lutte pour conserver le pied d'une égalité apparente.

Depuis la mémorable partie de piquet, Mowbray n'avait pas une seule fois tenté la chance avec lord Etherington, sauf pour des bagatelles; mais son amour-propre le portait à croire que maintenant il connaissait pleinement le jeu du comte, et, selon l'habitude de ceux qui se sont accoutumés au jeu, il avait éprouvé de temps à autre une forte envie d'essayer sa revanche. Il désirait aussi s'acquitter de sa dette envers lord Etherington, car il se sentait oppressé sous le poids d'une obligation pécuniaire qui l'empêchait de s'expliquer ouvertement avec le comte au sujet de ses attentions pour lady Binks, attentions que Mowbray considérait avec raison comme une insulte à sa famille, eu égard au pied sur lequel le comte semblait vouloir être avec Clara Mowbray. Une soirée favorable pouvait l'affranchir de toutes ces contraintes, et dans le fait Mowbray faisait à ce sujet un rêve-de-dormeur éveillé quand Jekyl l'avait interrompu. L'avertissement intempestif de celui-ci n'excita en Mowbray qu'un esprit de contradiction, et la résolution de montrer au donneur d'avis combien peu il était en état de juger de ses talents. Dans une telle disposition d'esprit, sa ruine, que cette soirée décida, fut loin de paraître avoir été préméditée, ni même d'avoir été l'ouvrage volontaire du comte d'Etherington.

La victime fut, au contraire, la première à proposer de jouer, de jouer gros jeu, de doubler les enjeux; au lieu que de son côté lord Etherington proposa souvent de diminuer leur jeu ou de le cesser entièrement : mais c'était toujours avec une affectation de supériorité qui ne faisait que stimuler Mowbray à risquer de nouvelles chances plus désespérées. Lorsque enfin ce dernier fut son débiteur d'une somme exorbitante (eu égard aux moyens du perdant), le comte jeta les cartes, en déclarant qu'il arriverait trop tard au thé de lady Penelope, auquel il s'était positivement engagé.

— Ne voulez-vous pas me donner ma revanche? dit Mowbray en prenant les cartes et en les mêlant avec une agitation nerveuse.

— Pas à présent, Mowbray; nous avons déjà joué trop longtemps,
— vous avez trop perdu : — plus, peut-être, que vous ne pouvez payer sans vous gêner.

Les dents de Mowbray se choquèrent avec force, en dépit de sa résolution de garder du moins un extérieur de fermeté.

Vous savez que vous pouvez prendre votre temps, continua le comte; un billet de votre main me conviendra tout autant que de l'argent.

— Non, de par Dieu! exclama Mowbray, je ne serai pas ainsi pris une seconde fois. J'aurais mieux fait de me vendre au diable qu'à Votre Seigneurie; je ne me suis plus appartenu depuis lors.

— Ces expressions ne sont pas fort obligeantes, Mowbray ; vous *avez voulu* jouer, et ceux qui jouent doivent s'attendre à perdre quelquefois....

Et ceux qui gagnent doivent s'attendre à être payés, interrompit Mowbray. Je sais cela aussi bien que vous, mylord, et vous serez payé ; — je vous paierai, — je vous paierai, par Dieu ! Doutez-vous le moins du monde que je vous paie, mylord?

— Vous avez l'air de penser à me payer en monnaie affilée ; il me semble que cela ne s'accorderait guère avec les termes où nous en sommes l'un envers l'autre.

— Sur mon âme, mylord, je ne saurais dire quels sont ces termes ; et pour dire tout d'un coup mon sentiment, je serais charmé de le savoir. Vous avez commencé par rechercher la main de ma sœur, et malgré vos visites et les opportunités que vous trouvez aux Shaws, je ne vois pas que l'affaire fasse le moindre progrès ; — la chose se meut sans avancer, comme une balançoire d'enfant. Peut être pensez-vous m'avoir tellement serré la bride que je n'oserai pas faire un mouvement ; mais vous vous apercevrez qu'il en est autrement.   Votre Seigneurie peut tenir un harem si telle est sa volonté, mais ma sœur n'y entrera pas.

Vous avez de l'humeur, Mowbray ; c'est ce qui vous rend injuste. Vous savez assez que c'est la faute de votre sœur s'il y a du délai. Je suis on ne peut plus disposé à lui donner le titre de lady Etherington, — et j'en ai le plus grand désir ; — ce sont ses malheureuses préventions contre moi qui ont seules retardé une union que j'ai tant de raisons de désirer.

Hé bien, ce sera mon affaire. Je ne vois pas quelle raison elle peut avoir de refuser un mariage si honorable à sa famille, et qui a mon approbation, à moi qui en suis le chef. L'affaire sera arrangée dans les vingt-quatre heures.

J'en éprouverai le plus sensible plaisir ; vous verrez bientôt combien je désire sincèrement votre alliance. Et quant à la bagatelle que vous avez perdue...

Ce n'est pas une bagatelle pour moi, mylord ; — c'est ma ruine.

— Mais ce sera payé, — et permettez-moi de dire à Votre Seigneurie que vous pouvez en remercier votre heureuse chance plus que votre jeu.

Nous n'en dirons pas plus là-dessus en ce moment, si vous le voulez bien ; et si vous voulez écouter mon avis, vous ne serez pas trop dur avec votre sœur. Un peu de fermeté est rarement déplacé avec les jeunes personnes ; mais la sévérité...

— Je prierai Votre Seigneurie de m'épargner ses conseils à ce sujet. Quelque prix qu'ils puissent avoir à d'autres égards, je saurai bien, j'imagine, parler à ma sœur sans qu'il soit besoin de m'indiquer comment je dois m'y prendre.

— Dans la disposition d'esprit où vous êtes, Mowbray, je présume que vous n'honorerez pas ce soir de votre présence le thé de lady Penelope, quoique je pense que ce doive être le dernier de la saison?

— Et pourquoi présumeriez-vous cela, mylord? répliqua Mowbray, que ses pertes avaient mis dans une humeur de contradiction sur quelque sujet que ce pût être. Pourquoi ne rendrais-je pas mes hommages à lady Penelope, ou à toute autre dame de qualité? Je ne suis pas titré, il est vrai; mais je suppose que ma famille...

— Vous met en droit de devenir chanoine de Strasbourg, sans doute; — mais vous ne paraissez pas d'humeur assez chrétienne pour prendre les ordres. Tout ce que je voulais dire, c'est que vous et lady Penelope n'étiez pas d'ordinaire sur un si bon pied.

— Bien; mais elle m'a envoyé un billet d'invitation pour sa soirée de clôture, et je suis décidé à y aller. J'y resterai une demi-heure, puis je remonterai à cheval pour les Shaws; et demain matin vous aurez des nouvelles de ma manière expéditive de courtiser une dame pour votre compte.

CHAPITRE XXXIV.

UN THÉ.

> Baissez les rideaux, rapprochez le sofa ; et tandis que le vase bouillonne en sifflant, et projette au plafond une colonne vaporeuse, que les tasses d'un breuvage qui égaie sans étourdir circulent a la ronde, et fêtons ainsi une soi ree paisible.
> COWPER, *la Tâche.*

L'APPROCHE de la saison froide et pluvieuse avait alors tellement éclairci les rangs de la société réunie à la Source, qu'afin d'attirer le degré de foule nécessaire à son thé, lady Penelope fut obligée d'employer quelques cajoleries près de ceuxlà même qu'elle regardait comme fort au dessous de sa compagnie. Le docteur et mistress Blower eux mêmes eurent un gracieux sourire ; — car leur mariage était maintenant une affaire arrangée, et l'événement était de nature à répandre au loin la réputation du Spa parmi les riches veuves et les médecins possédant plus d'habileté que de clientèle. Ils vinrent donc l'un et l'autre, le docteur s'empressant d'un air de galanterie rayonnante, et exécutant la parade assidue d'une cour réglée d'avance, avec une bonne partie de la grâce que le dindon apporte au même cérémonial. Le vieux Touchwood s'était rendu aussi à l'appel de Sa Seigneurie, principalement, à ce qu'on peut croire, par suite de cette disposition impatiente du repos, qui lui permettait rarement de rester éloigné même de ces lieux de réunion pour lesquels il avait coutume de professer la plus grande horreur. On y voyait en outre M. Winterblossom, qui, dans son esprit accoutumé de tranquille épicurisme et d'amour de soi-même, manœuvrait, sous le feu d'une batterie de compliments dirigée sur lady Penelope, pour s'assurer une des premières tasses de thé. On y voyait aussi lady Binks, avec le degré d'humeur devenu habituel à son joli visage, fâchée contre son mari selon sa coutume, et peu disposée à savoir gré à lord Etherington de son absence au moment où elle aurait voulu exciter la jalousie de sir Bingo. Elle s'était aperçue que c'était la manière la plus efficace de tourmenter le baronnet, et elle s'y adonnait avec la joie sauvage du cocher de fiacre qui a découvert une écorchure où il peut faire sentir le fouet à sa pauvre rosse. Le reste de la société était là aussi comme de coutume. Mac-Turk lui-même était présent, bien qu'il regardât comme une parfaite dilapidation d'eau chaude tout ce qui en était employé à composer un autre breuvage que le punch. Depuis quelque temps il avait contracté une sorte d'intimité avec le voyageur, non qu'il y eût entre eux la moindre analogie de caractère ou d'opinions, mais plutôt parce qu'il se trouvait de l'un à l'autre ce degré de dissemblance qui fournit un sujet perpétuel de disputes et de discussions. Ils ne tardèrent pas, dans l'occasion présente, à tomber sur une source féconde de controverse.

— Ne me parlez pas de vos points d'honneur, disait Touchwood, élevant la voix fort au-dessus du ton général de la conversation polie; — autant d'attrape-niais, capitaine Mac-Turk, de simples piéges à bécasses : — des hommes de sens ne s'y laissent pas prendre.

— Sur ma parole, monsieur, répliqua le capitaine, je suis surpris de vous entendre ; — car, voyez-vous, monsieur, l'honneur d'un homme c'est le souffle de ses narines, — Gottam !

— En ce cas, que les hommes respirent par la bouche, et qu'ils aillent au diable ! Je vous dis, monsieur, qu'outre que de se battre en duel est une chose interdite tant par la loi que par l'évangile, c'est une sotte pratique, une pratique complétement absurde. Un honnête sauvage a trop de bon sens pour l'adopter : — il prend son arc ou son fusil, comme la chose peut être, et tue son ennemi de derrière un buisson. Et c'est une très bonne manière ; car vous voyez que dans ce cas il ne peut y avoir entre eux qu'une seule mort d'homme.

— Ame de mon corps, monsieur ! si vous répandez de pareilles doctrines dans la bonne compagnie, c'est mon opinion que vous enverrez quelqu'un à la potence.

— Merci de tout mon cœur, capitaine; mais je ne suscite pas de querelles : — je laisse la guerre à ceux qui en vivent. Tout ce que je dis, c'est qu'à l'exception de nos vieux et stupides ancêtres de ces régions ci du nord-ouest, je ne connais pas de pays assez simple pour accueillir cette coutume du duel. Elle est inconnue en Afrique, parmi les nègres ; — en Amérique...

— Ne me dites pas cela ; un Yankie se battra au mousquet chargé à balles plutôt que de garder tranquillement un affront. Je dois connaître Jonathan [1], j'imagine.

— Tout à fait inconnue parmi les mille tribus de l'Inde.

— Je veux être tanné si c'est vrai ! N'étais je pas dans la prison de Tippo à Bangalore ? et quand vint le joyeux jour de notre délivrance, ne l'avons nous pas solennisé par quatorze petites affaires dont nous avions jeté les fondements dans notre maison de captivité, comme disent les saintes Écritures, et sans aller plus loin que les glacis du fort pour les régler ? Sur mon âme ! vous auriez cru qu'il y avait là une chaude

---

[1] *Yankee* (prononcez *yankie*) et *Jonathan* sont des sobriquets appliqués par les Anglais aux Américains du Nord, leurs anciens frères. (L. V.)

CHAPITRE XXXIV.

escarmouche, tant le feu était nourri ; et n'ai je pas, moi le capitaine Mac Turk, tenu moi-même tête à trois d'entre eux, sans reculer d'une semelle ?

— Et, je vous prie, monsieur, quel put être le résultat de cette manière chrétienne de remercier le Ciel de votre délivrance ?

— Une petite liste d'accidents, au total ; un tué sur la place, un qui mourut de ses blessures, — deux grièvement blessés, — trois autres légèrement, et le petit Duncan Macphail qui fut trouvé manquant. Nous avions perdu l'habitude, après un si long emprisonnement. Vous voyez donc comment nous arrangeons les affaires dans l'Inde, mon cher ami.

— Vous devez comprendre que je parle seulement des païens natifs, qui, tout païens qu'ils sont, vivent à la lumière de leur raison humaine, et chez lesquels vous trouverez conséquemment de meilleurs exemples de morale pratique que chez vos pareils ; car, bien que vous vous donniez le nom de chrétiens, vous ne connaissez pas plus la véritable acception et le sens de notre religion, que si vous aviez laissé votre christianisme au cap de Bonne Espérance, comme on dit de vous, et que vous ayez oublié de le reprendre à votre retour.

— Par Tieu ! s'écria le capitaine en élevant la voix, relevant les narines, et aspirant l'air avec un visage plein de menace et d'indignation, je puis vous dire, monsieur, que je ne permettrai ni à vous ni à personne de jeter de telles calomnies sur mon caractère. Tieu merci ; je puis produire de bons témoins que je suis aussi bon chrétien qu'un autre, tout pauvre pécheur que je suis, comme l'est le meilleur de nous ; et je suis prêt à défendre ma religion de mon épée. — Gottam ! — me comparer à un tas de païens et de sauvages noirs, qui de leur vie n'ont vu le dedans d'une église, mais qui s'en vont adorer des blocs de bois et de pierre, et qui se balancent sur des bambous, comme des bêtes qu'ils sont !

Cette allocution fut suivie d'un sourd grognement roulant dans la gorge du capitaine, et qu'on pouvait prendre pour l'adhésion de son *homme interne* à l'indignation que ses organes externes venaient d'exprimer ; mais rien de tout cela ne fit la moindre impression sur Touchwood, qui s'inquiétait aussi peu d'accents et de regards courroucés que de beaux discours. Il est donc probable qu'une querelle entre le précepteur chrétien et le pacificateur en titre aurait pu s'ensuivre pour l'amusement de la compagnie, si l'attention de tous les deux, mais particulièrement celle de Touchwood, n'eût été détournée du débat par l'arrivée de lord Etherington et de Mowbray.

Le premier, comme de coutume, était tout grâce, tout sourire, tout légèreté. Néanmoins, contre son usage habituel, qui était, après quelques compliments généraux, de s'attacher particulièrement à lady Binks, le comte évita cette fois le côté du salon où se tenait cette belle, mais sombre idole, et ne quitta pas lady Penelope Penfeather, endurant sans sourciller l'étrange variété de bavardage plein de suffisance que l'esprit naturel et les connaissances acquises de cette dame la mettaient en état de déverser sur son entourage avec une abondance sans égale.

Un honnête païen, un des héros de Plutarque, si je ne me trompe, rêva une nuit que la figure de Proserpine, au culte de laquelle il avait été longtemps fidèle, lui apparaissait dans son sommeil, la physionomie animée d'une expression de courroux et de vengeance, et qu'elle le menaçait de sa colère, par ressentiment de ce qu'avec l'inconstance ordinaire d'un polythéiste il avait négligé les autels de la déesse offensée, pour ceux de quelque déité plus à la mode. Cette divinité des régions infernales ne put elle-même prendre un air plus hautain et plus mécontent que celui avec lequel lady Binks regardait de temps à autre lord Etherington, comme pour l'avertir des conséquences de cette renonciation à l'allégeance que jusque-là le jeune comte lui avait rendue, et que maintenant, sans qu'elle sût pourquoi, à moins que ce ne fût dans une intention d'insulte publique, il semblait porter à sa rivale. De quelque danger que ces regards le menaçassent, lord Etherington sentait en ce moment que l'importance de capter lady Penelope pour s'assurer de son silence au sujet des aveux de la malade repentante du matin était plus pressante que celle de calmer l'indignation de lady Binks. La première était un cas d'urgente nécessité ; la seconde, si même cet objet le préoccupait le moins du monde, pouvait, pensait-il peut-être, être remise au temps. Si ces dames eussent encore été sur le pied d'une neutralité apparente, il aurait pu essayer de concilier ces deux intérêts. Mais l'aigreur de leur inimitié longtemps contenue s'était grandement accrue, maintenant qu'il était présumable que la fin de la saison allait les séparer, et très-probablement sans retour ; de sorte que lady Pe nelope n'avait plus aucun motif pour soutenir lady Binks, non plus que lady Binks pour désirer l'appui de lady Penelope. L'opulence et les profusions de l'une ne devaient plus désormais ajouter à l'éclat de l'entourage de sa très-honorable amie, et la société de lady Penelope cesserait bientôt d'être nécessaire ou utile à lady Binks. Ni l'une ni l'autre ne cherchaient donc plus à contenir la manifestation du mépris et de l'aversion mutuels que depuis longtemps elles nourrissaient l'une pour l'autre ; et quiconque, à cette heure décisive, prenait parti pour l'une, avait désormais peu à attendre de l'autre. Que lady Binks eût d'autres raisons plus particulières de s'irriter de la défection de lord Etherington, c'est ce qui n'est pas venu à notre connaissance certaine ; mais on parla de paroles très vives échangées entre eux au sujet du bruit généralement répandu que les visites de Sa Seigneurie aux Shaws étaient inspirées par le désir d'y trouver une épouse.

L'esprit d'une femme est, dit-on, prompt à découvrir le plus sûr moyen de se venger d'une insulte, réelle ou supposée. Lady Binks cherchait en elle-même, en se mordant ses jolies lèvres, les moyens de vengeance les plus prompts, lorsque le destin jeta sur sa route le jeune Mowbray de Saint Ronan. Elle le regarda, et tâcha de fixer son attention par un signe de tête et un gracieux sourire, tels que s'il eût été dans son humeur ordinaire elle n'eût pas manqué par là de l'attirer immédiatement à ses côtés. Ne recevant pour réponse qu'un regard préoccupé et un salut, elle fut amenée à l'examiner avec plus d'attention, et l'air d'égarement, les couleurs changeantes de son visage et sa démarche mal assurée, lui firent d'abord croire qu'il avait bu plus que de coutume. Cependant son regard annonçait moins l'ivresse que le trouble et le désespoir d'un homme absorbé par des réflexions si pénibles et si profondes qu'elles l'enlèvent à ce qui se passe autour de lui.

— Remarquez-vous quel air a M. Mowbray? dit-elle à demi-voix, quoique assez haut ; j'espère qu'il n'a pas entendu ce que lady Penelope disait tout à l'heure de sa famille?

— A moins qu'il ne l'apprenne de vous, mylady, repartit M. Touchwood, lequel, à l'arrivée de Mowbray, avait intérrompu sa controverse avec Mac-Turk, je ne crois pas qu'il y ait grande chance qu'il l'apprenne de nul autre.

— De quoi s'agit-il? dit aigrement Mowbray, en s'adressant à Chatterly et à Winterblossom; mais l'un éluda vivement la question, en protestant qu'il n'avait pas été à ce qui avait eu lieu entre les dames, et Winterblossom se tira d'embarras par une politesse évasive. Il n'avait réellement pas donné une attention particulière à ce qui s'était passé; — il était occupé à négocier avec mistress Jones pour un morceau de sucre de plus pour son café. — Tudieu! c'était une négociation diplomatique si difficile, ajouta-t-il en baissant la voix, que j'ai idée que lady Penelope calcule les denrées des Indes Occidentales par grains et scrupules.

Si la réflexion avait pour but de dérider Mowbray, elle fut loin de réussir. Il s'avança vers lady Binks, avec plus de raideur encore que de coutume dans sa démarche, laquelle n'était jamais exempte d'un certain air d'importance : — Mylady, lui dit-il, puis-je savoir de vous en quoi ma famille a l'honneur d'occuper l'attention de la société?

— Je n'étais qu'auditeur, M. Mowbray, répondit lady Binks, jouissant évidemment de l'indignation croissante qui se lisait sur la physionomie du laird; comme je ne suis pas reine de la soirée, je ne suis nullement disposée à être responsable du tour que peut prendre la conversation.

Mowbray, peu en humeur d'entendre la plaisanterie, et néanmoins craignant de se donner en spectacle par une explication si publique, lança un regard furieux à lady Penelope, alors en conversation animée avec lord Etherington, — fit quelques pas vers elle, — puis, comme par une réflexion soudaine, tourna les talons et quitta la salle. Quelques minutes après, et tandis que certains signes de tête et quelques clignements d'yeux ironiques circulaient dans l'assemblée, un domestique de l'Hôtel glissa un carré de papier dans la main de mistress Jones, qui n'eut pas plus tôt jeté les yeux sur ce qu'il contenait qu'elle parut se disposer à quitter le salon.

— Jones! — Jones! exclama lady Penelope, d'un ton surpris et mécontent.

— Seulement la clef de la boîte à thé, mylady; je reviens à l'instant.

Jones! — Jones! lui cria de nouveau sa maîtresse, il y a assez... de thé, voulait-elle dire; mais lord Etherington était si près d'elle, qu'elle n'osa pas compléter la phrase, et que tout son espoir fut dans l'intelligence de Jones, et dans l'attente que comprenant à demi mot elle ne trouverait pas la clef qu'elle allait chercher.

Cependant, Jones courut à une sorte d'appartement de femme de charge, fonctionnaire dont elle était *locum tenens* pour la soirée afin d'être à même de fournir plus promptement à tout ce dont on pourrait avoir besoin dans ce qu'on appelait la soirée de lady Penelope. Elle y trouva M. Mowbray de Saint-Ronan, qu'elle aborda immédiatement par un : — Là! hé bien, M. Mowbray, quel homme vous faites! Je suis sûre que vous me ferez perdre ma place; — je jurerais que vous me la ferez perdre! Que pouvez vous avoir à me dire, que vous ne puissiez pas aussi bien retarder d'une heure?

— Jones, répondit Mowbray, d'un ton différent, peut être, de ce qu'attendait la demoiselle, j'ai besoin de savoir ce que votre maîtresse a dit tout à l'heure de ma famille.

— Bast! — c'est là tout? Ce qu'elle a dit? des bêtises. — Qu'est ce qui fait attention à ce qu'elle dit? — A coup sûr ce n'a jamais été moi, pour ma part.

— Je tiens pourtant à le savoir, ma chère Jones; — il faut que je le sache, — je *veux* le savoir.

— Là! M. Mowbray, pourquoi ferai-je des propos? Vrai comme je vis, j'entends venir quelqu'un! et si on vous trouvait me parlant ici.... Vrai, vrai, on vient!

— Vienne le diable s'il veut! nous ne nous séparerons pas, ma jolie mistress, que vous ne m'ayez dit ce que j'ai besoin de savoir.

— Bon Dieu, monsieur, vous m'effrayez! mais tout le salon l'a entendu aussi bien que moi; — c'était au sujet de miss Mowbray, — et que mylady se tiendrait dorénavant à l'écart de sa compagnie, — parce qu'elle était.... qu'elle était....

— Parce que ma sœur était *quoi?* s'écria Mowbray avec violence, en lui saisissant le bras.

— Bon Dieu, monsieur, vous m'épouvantez! dit Jones en se mettant

CHAPITRE XXXIV.

à pleurer; en tout cas, ce n'est pas moi qui l'ai dit; c'est lady Penelope.

— Et qu'est ce que cette vieille folle à langue de vipère a osé dire de Clara Mowbray? — Parlez clairement et nettement, ou, par le Ciel! je saurai bien vous y forcer.

— Lâchez-moi, monsieur! pour l'amour de Dieu, lâchez-moi! — vous allez me casser le bras. Pour sûr je ne sais pas de mal sur miss Mowbray; seulement, mylady parle d'elle comme si elle ne valait pas mieux qu'il ne faut. — Mon Dieu, monsieur, il y a quelqu'un qui écoute à la porte! — Et se dégageant par un effort soudain, elle revint en toute hâte au salon où la société était réunie.

Mowbray restait pétrifié de ce qu'il venait d'entendre, ignorant qu'il était de ce qui avait pu donner lieu à une calomnie si atroce, et ne sachant que faire pour arrêter ces bruits scandaleux. Pour ajouter à sa confusion, il fut presque aussitôt convaincu que mistress Jones ne s'était pas trompée en pensant qu'ils étaient épiés, car en sortant de la chambre il trouva M. Touchwood à la porte.

Qui vous amène ici, monsieur? lui dit Mowbray d'un ton sec.

— Eh! pourquoi y êtes vous *vous-même*, si vous le prenez par là, squire? — Tudieu! lady Penelope tremble pour son souchong, de sorte que j'ai donné un coup de pied jusqu'ici pour épargner à Sa Seigneurie la peine de venir en personne voir après mistress Jones, ce qui, je pense, aurait pu être une pire interruption que la mienne, M. Mowbray.

— Allons donc, monsieur, ce que vous dites n'a pas le sens commun. Il fait une chaleur si infernale au salon, que j'étais venu ici respirer un moment quand la femme de chambre est arrivée.

— Et vous vous disposez à en sortir quand le vieux Touchwood arrive? — Allons, monsieur, je suis plus votre ami que vous ne pouvez croire.

— Vous êtes indiscret, monsieur, — je n'ai besoin de rien que vous puissiez me donner.

C'est une erreur, M. Mowbray, car je puis vous fournir ce qui manque à la plupart des jeunes gens, de l'argent et de la sagesse.

Vous ferez bien de garder l'un et l'autre jusqu'à ce qu'on vous les demande.

— C'est parbleu bien ce que je ferais, squire, si je ne m'étais pris d'une sorte de fantaisie pour votre famille; et on dit qu'elle aurait eu grand besoin d'argent comptant et de bons avis depuis deux générations, sinon depuis trois.

— Monsieur, repartit Mowbray d'un ton courroucé, vous êtes trop vieux et pour jouer le bouffon, et pour recevoir un paiement de bouffon [1].

---

[1] *Buffoon's payment*, adage anglais; des coups de bâton. (L. V.)

— Ce qui revient, je suppose, à être payé en monnaie de singe : plus de coups de pied que de demi-pence? — Bien ; — du moins je ne suis pas assez jeune pour me quereller avec des enfants pour des fanfaronnades. Je veux pourtant vous convaincre, M. Mowbray, que je connais un peu plus vos affaires que vous ne le supposez.

— Cela peut être, monsieur ; mais vous m'obligerez davantage en vous occupant des vôtres.

— C'est très probable. En attendant, votre perte de ce soir avec lord Etherington n'est pas une bagatelle, ni un secret non plus.

— M. Touchwood, je désirerais savoir d'où vous avez tiré vos informations?

— C'est beaucoup moins important que de savoir si elles sont vraies ou fausses.

— C'est de la dernière importance pour moi, monsieur. En un mot, est-ce de lord Etherington lui-même, directement ou indirectement, que vous l'avez su? Répondez moi à cette simple question, et je saurai mieux alors que penser à ce sujet.

— Sur mon honneur, monsieur, je ne tiens pas mon information de lord Etherington, ni directement ni indirectement. Je vous parle ainsi pour vous donner toute satisfaction, et maintenant j'attends de vous que vous m'écouterez avec patience.

— Permettez-moi encore une question, monsieur. Je sais que quelque chose se disait au détriment de ma sœur au moment même où j'entrais au salon?

— Hem! — hem! — hem! fit Touchwood, hésitant : je suis fâché que vos oreilles vous aient si bien servi ; — quelque chose *a été* dit légèrement, quelque chose qui peut aisément s'expliquer, j'ose le dire.
— Et maintenant, M. Mowbray, laissez-moi vous parler sérieusement une minute.

Maintenant, M. Touchwood, nous n'avons plus rien à nous dire.
— Je vous souhaite le bonsoir.

Il quitta brusquement le vieillard, qui s'efforça vainement de le retenir ; et courant à l'écurie, il demanda son cheval. Il était tout sellé, et attendait ses ordres ; mais même le court espace de temps nécessaire pour l'amener à la porte de l'écurie faisait bouillonner l'impatience de Mowbray. Cette impatience n'était nullement diminuée par la voix de Touchwood qui n'avait cessé de se faire entendre, et qui le poursuivait d'un chapelet de reproches, proférés d'un ton alternativement plaintif et grondeur.

— M. Mowbray! seulement deux mots. — M. Mowbray, vous vous en repentirez! — Est ce une nuit pour courir à cheval, M. Mowbray?
— Par mes étoiles, monsieur, patientez seulement cinq minutes!

Des malédictions, prononcées à voix basse, mais du fond du cœur, et que le laird marmottait dans ses dents, furent la seule réponse qu'ob-

CHAPITRE XXXIV.

tint le voyageur; enfin le cheval fut amené, et sans rien vouloir entendre de plus, il s'élança en selle. Le pauvre cheval paya pour un retard qui ne pouvait lui être imputé. Mowbray lui fit rudement sentir l'éperon dès qu'il fut en selle; — le noble animal regimba, se cabra, et partit avec la vitesse du daim à travers pierres et racines d'arbres, par le chemin le plus proche — et nous savons qu'il n'était pas des plus doux — conduisant aux Shaws. Il est une sorte d'instinct par lequel les chevaux connaissent l'humeur de leurs cavaliers, et qui les rend ou ardents et impétueux, ou lents et pesants, comme pour se mettre à l'unisson avec elle; le rapide coursier de Mowbray semblait, en cette occasion, sentir tous les aiguillons de l'agitation mentale de son maître, quoiqu'il ne fût plus excité par l'éperon. Le garçon d'écurie resta à écouter le bruit rapide et précipité des pas du cheval, bruit qui ne tarda pas à s'affaiblir et à s'éteindre dans le sentier boisé où M. Mowbray s'était engagé.

— Si le laird de Saint-Ronan arrive chez lui ce soir sans avoir le cou rompu, murmura ce garçon, il faut que le diable l'ait en garde.

— Miséricorde! dit le voyageur, il galope comme un Bédouin! mais dans le désert, il n'y a ni arbres en travers du chemin, ni ravines, ni précipices, ni debordements, ni gués. Hé bien, il faut que je me mette moi-même à l'œuvre, ou l'affaire ira si mal que je n'y pourrai plus rien. — Holà! garçon! procurez-moi sur-le-champ vos deux meilleurs chevaux pour me conduire aux Shaws.

— Aux Shaws, monsieur? dit l'homme avec quelque surprise.

— Eh oui! — ne connaissez-vous pas l'endroit?

— En vérité, monsieur, il y va si peu de compagnie, excepté le jour du grand bal, que nous avons eu tout le temps d'en oublier la route. — Mais le laird de Saint-Ronan était ici il n'y a qu'une minute, monsieur.

— Eh! qu'importe? — il a pris l'avance pour faire préparer le souper; — ainsi donc, en route, et promptement.

— Comme vous voudrez, monsieur, repartit le palefrenier; et il appela en effet le postillon.

CHAPITRE XXXV.

DÉBAT.

Sedet post equitem atra cura...
Le chagrin monte en croupe et galope avec lui.
HORACE.

IL fut heureux ce soir-là pour Mowbray qu'il se fût toujours piqué de l'excellence de ses chevaux, et que celui qu'il montait eût le pied et l'instinct aussi sûrs qu'il avait de feu et de vitesse. Car ceux qui le lendemain observèrent l'empreinte que les pas du cheval avaient laissée dans le sentier inegal et accidenté où l'animal avait été lancé à pleine carrière par l'exaspération de son maître, purent aisément voir qu'à plus de dix reprises cheval et cavalier avaient été à quelques pouces de leur perte. Une branche projetée en travers du chemin par un chêne noueux et rabougri paraissait notamment avoir opposé une barrière presque fatale à la course de Mowbray. Sa tête étant venue frapper contre cet obstacle, la force du coup avait été amortie jusqu'à un certain point par un chapeau à haute forme, mais le choc avait été assez violent pour faire voler la branche en éclats. Heureusement elle était déjà desséchée; mais en cet état même ce fut un sujet d'étonnement général qu'une rencontre si formidable n'eût pas eu de suites fatales. Mowbray ne s'était pas aperçu de l'accident

Sachant à peine qu'il avait couru avec une rapidité peu ordinaire, plus vite peut-être que jamais il n'avait suivi ses chiens, Mowbray mit pied à terre à la porte de ses écuries et jeta la bride à son palefrenier, qui leva les mains d'étonnement en voyant dans quel état était le cheval favori; mais pensant qu'il fallait que son maître fût ivre, il s'abstint prudemment de faire aucune observation.

A peine le malheureux cavalier eût il suspendu ce mouvement rapide par lequel il semblait vouloir annihiler autant que possible le temps et l'espace, afin d'atteindre le lieu où il était maintenant arrivé, qu'il lui sembla qu'il aurait donné le monde entier pour que des mers et des déserts l'eussent séparé de la maison de ses pères, ainsi que de cette sœur unique avec laquelle il était alors au moment d'avoir une entrevue décisive.

— Voici enfin le lieu et l'heure, dit-il en se mordant les lèvres avec rage. Il faut que cette explication soit décisive; et quelques malheurs qui doivent la suivre, il faut que l'incertitude cesse, tout d'une fois et pour toujours.

Il entra dans la maison et prit la lumière des mains du vieux domestique, qui, au bruit des pas du cheval, avait ouvert la porte pour recevoir son maître.

— Ma sœur est-elle dans son salon? demanda t il, mais d'une voix tellement sourde que le vieillard ne répondit que par une autre question : Son Honneur n'est-pas indisposé?

Nullement, Patrick, — je n'ai jamais été mieux de ma vie, répondit Mowbray; et tournant le dos au vieillard, comme pour l'empêcher de remarquer si la physionomie de son maître était d'accord avec ses paroles, il monta vers l'appartement de sa sœur. Le bruit de ses pas dans le corridor tira Clara d'une rêverie peut-être bien triste; et elle avait arrangé sa lampe et remué son feu, tant le pas de son frère était lent, avant qu'il n'entrât enfin chez elle.

Vous êtes un bon garçon, frère, dit elle, de revenir ainsi de bonne heure; et j'ai quelques bonnes nouvelles pour votre récompense. Le valet a retrouvé.... Trimmer; — il s'était étendu près du lièvre mort, et il lui avait donné la chasse jusqu'à Drumlyford. — Le berger l'avait emmené au *shicling* [1], jusqu'à ce que quelqu'un le réclamât.

Je voudrais de tout mon cœur qu'il l'eût pendu! dit Mowbray.

— Comment! pendu Trimmer? — Trimmer votre favori, qui a battu tout le pays? — et ce matin encore vous auriez volontiers pleuré sa perte, et vous aviez l'air de vouloir tuer tout le monde?

Plus j'aime un être vivant, plus j'ai lieu de le souhaiter mort et en repos; car il n'y a plus de bonheur ni pour moi ni pour rien de ce que j'aime.

— Vous ne pouvez m'effrayer avec ces folies, John, repartit Clara toute tremblante, quoiqu'elle s'efforçât de paraître rassurée; — vous m'y avez trop habituée.

C'est heureux pour vous, en ce cas; vous serez ruinée sans le choc de la surprise.

— Tant mieux. — Nous avons été

« Si constamment en vue de la misère,
Que d'y penser ne nous effraie plus guère, »

comme dit l'honnête Robert Burns.

— Au diable Burns et ses rimailleries! s'écria Mowbray avec l'impatience d'un homme déterminé à être en colère contre tout, sauf lui-même, qui était la vraie source du mal.

[1] Cabane temporaire que se construit un pâtre écossais pour sa résidence d'été.
(L. V.)

— Et pourquoi envoyer le pauvre Burns au diable? dit Clara d'un ton calme ; ce n'est pas sa faute si vous avez perdu, car c'est là, je suppose, la cause de tout ce bruit.

— N'y a-t-il pas de quoi perdre patience, reprit Mowbray, de l'entendre citer les rapsodies d'un paysan à souliers ferrés, quand on parle de la chute d'une ancienne maison ! Votre garçon de charrue devenant, je suppose, d'un degré plus pauvre qu'il n'était né pour l'être, en serait quitte pour se passer de son dîner ou de sa ration d'ale accoutumée. Ses camarades diraient : « Le pauvre garçon ! » et le laisseraient manger sans scrupule à leur gamelle et boire à leur gobelet jusqu'à ce que les siens fussent remplis de nouveau. Mais le gentilhomme pauvre, — l'homme de rang déchu, — l'homme puissant renversé et désarmé ! — c'est lui qui est à plaindre, lui qui ne perd pas seulement sa boisson et son dîner, mais son honneur, sa position, son crédit, sa réputation et jusqu'à son nom !

— Vous déclamez ainsi pour m'épouvanter, John, mais je vous connais, mon ami, vous et vos manieres, et j'ai pris mon parti sur tout ce qui peut arriver. Je vous dirai plus : — je suis restée si longtemps sur ce pinacle vacillant du rang et de la fashion, si notre situation peut être ainsi appelée, que la tête me tourne par le peu de solidité de l'éminence où je me trouve ; et j'éprouve cet étrange désir de m'en précipiter que le démon met, dit-on, dans la tête des gens quand ils se tiennent au haut des clochers : — du moins je voudrais que le plongeon fût fait.

— Hé bien, soyez contente ; si cela peut vous satisfaire, — le plongeon *est* fait, et nous sommes — comment a-t-on coutume d'appeler cela en Écosse ? — de nobles mendiants, — des êtres à qui nos cousins au second, au troisième, au quatrième, au cinquième degré peuvent, si cela leur plaît, donner une place à leur buffet, et un siége dans la voiture avec la femme de chambre de madame, si la banquette du devant ne nous incommode pas.

— Ils peuvent la donner à qui voudra la prendre, John ; mais moi je suis résolue à manger le pain que j'achèterai. — Je puis faire vingt choses, et je suis certaine que l'une ou l'autre me procurera le peu d'argent qui me sera nécessaire. Depuis plusieurs mois, John, j'essaie combien peu il me faut pour vivre, et vous ririez si je vous disais à quel chiffre j'ai amené le compte.

— Il y a de la différence, Clara, entre des expériences de pure fantaisie et une pauvreté réelle ; — l'une est une mascarade à laquelle nous pouvons mettre fin quand bon nous semble, l'autre est une misère de toute la vie.

— Il me semble, frère, que vous feriez mieux de m'encourager par votre exemple à mettre mes bonnes résolutions en pratique, que de les tourner en ridicule.

— Eh ! que voudriez-vous que je fisse ? dit-il avec véhémence ; — que je devinsse postillon, coureur ou piqueur? — Je ne vois pas à quoi mon éducation, de la manière dont j'en ai profité, me pourrait rendre propre, si ce n'est à cela. — En ce cas, j'ose croire que quelqu'un de mes anciennes connaissances me donnerait de temps à autre une couronne pour boire, par égard pour une ancienne liaison.

— Ce n'est pas ainsi, John, que des hommes sensés pensent et parlent de malheurs sérieux ; mais je ne crois pas non plus que ceci soit aussi sérieux que vous voulez bien le faire.

— Croyez-en le pis que vous pourrez imaginer, et vous ne croirez pas tout le mal qu'il y a ! Vous n'avez plus une guinée, vous n'avez plus ni maison ni ami ; — encore un jour, et il y a grande chance que vous n'ayez plus de frère.

— Mon cher John, vous avez trop bu, — vous avez couru trop vite.

Oui, — de telles nouvelles méritaient d'être apportées en poste, surtout à une jeune personne qui les reçoit si bien, repartit Mowbray avec amertume. Je suppose, maintenant, que de vous dire qu'il est en votre pouvoir d'arrêter toute cette ruine ne ferait sur vous aucune impression?

— En consommant la mienne, je suppose ? — Frère, je vous disais que vous ne pouviez me faire trembler, mais vous en avez trouvé le moyen.

— Quoi ! vous attendez-vous à ce que je vous presse encore d'agréer les hommages de lord Etherington? — Cela aurait *pu* tout sauver, il est vrai ; mais ce jour de grâce est passé.

— Je m'en réjouis de toute mon âme, dit Clara ; puisse ce jour emporter avec lui tous nos sujets de querelle ! — Jusqu'à ce moment, je pensais que c'était là que tendait ce long voyage, et que vous vous efforciez de me convaincre de la réalité du danger de l'orage, afin de me réconcilier avec le port.

— Je crois que vous êtes folle tout de bon ! pouvez vous réellement être assez absurde pour vous réjouir de ce qu'il ne vous reste aucun moyen de nous sauver vous et moi de la ruine, du besoin, de la honte?

— De la honte, frère ? Il n'y a pas de honte dans une pauvreté honnête, j'espère.

— C'est selon comme on a usé de sa prospérité, Clara. — Il me faut en venir au fait. — Il court d'étranges bruits là-bas ; par le Ciel ! ils suffiraient à troubler les cendres d'un mort. Si je les rapportais, je m'attendrais à voir notre pauvre mère entrer dans la chambre. — Clara Mowbray, pouvez-vous deviner ce que je veux dire?

Ce fut avec le plus grand effort qu'après une première tentative infructueuse elle parvint enfin à prononcer d'une voix faible le mot *Non !*

— Par le Ciel ! reprit Mowbray, je suis honteux, — je suis *effrayé* même de m'expliquer plus clairement ! — Clara, qu'y a-t-il qui vous fait si obstinément rejeter toute proposition de mariage? — Est-ce que

vous vous sentiriez indigne de devenir la femme d'un honnête homme ?
— Parlez ! — de mauvais bruits ont couru sur votre réputation. — Parlez donc ! — donnez-moi le droit de faire rentrer le mensonge dans la gorge des calomniateurs, et quand demain je retournerai parmi eux je saurai comment traiter ceux qui font des réflexions sur vous ! La fortune de notre maison est ruinée, mais nulle langue n'en calomniera l'honneur. — Parlez, — parlez, malheureuse fille ! Pourquoi gardez vous le silence ?

— Restez ici, mon frère ! restez ici, si vous tenez à l'honneur de notre maison ; — le meurtre ne peut remédier à la misère. — Restez ici, et laissez-les parler de moi comme ils voudront ; — ils n'en peuvent guère dire pis que je ne le mérite !

Les passions de Mowbray, en tout temps d'une violence ingouvernable, étaient en ce moment surexcitées encore par le vin, par sa course rapide, et par l'agitation d'esprit qu'il avait déjà éprouvée à la Source. Ses dents se serrèrent, il ferma les poings, il regarda à terre en homme qui forme quelque horrible résolution, et murmura d'une voix presque inintelligible : Ce serait charité de la tuer !

— Oh ! non, — non, non ! s'écria la jeune fille épouvantée, en se jetant aux pieds de son frère ; ne me tuez pas, John ! j'ai aspiré après la mort, — j'y ai pensé, — je l'ai demandée dans mes prières : oh ! mais il est effrayant de penser qu'elle est si proche. — Oh ! pas une mort sanglante, frère, ni de votre main !

En parlant ainsi elle le tenait embrassé par les genoux, et ses regards ainsi que son accent exprimaient la plus vive terreur. Ce n'était pas sans raison, en effet ; car l'extrême isolement du lieu, la violence et la surexcitation des passions de son frere, la situation désespérée à laquelle lui même s'était réduit, tout semblait annoncer que quelque acte d'horrible violence terminerait probablement cette étrange entrevue.

Mowbray se croisa les bras, les poings toujours serrés et sans lever la tête, tandis que sa sœur restait prosternée sur le plancher, serrant de toute sa force les genoux de son frère, et implorant piteusement la vie de sa merci.

— Folle ! dit il enfin, lâche moi ! — Qui se soucie de ta misérable vie ? — qui s'inquiète si tu vis ou si tu meurs ? Continue de vivre, si tu peux ; — vis pour être un objet de haine et de mépris pour tous, autant que pour moi !

Il la saisit par une épaule, d'une main la repoussa loin de lui, et, comme elle s'était relevée et l'approchait une seconde fois pour lui jeter les bras autour du cou, il la repoussa du bras et de la main. — il la frappa peut-être — avec assez de violence, dans l'état de faiblesse où elle était, pour l'avoir étendue de nouveau à terre si une chaise qui se trouva derrière elle ne l'eût reçue dans sa chute. Il lui lança un regard furieux, porta un moment la main à sa poche; puis courant à la fenêtre et l'ouvrant de toute sa grandeur, il s'avança au dehors autant qu'il le pouvait sans tomber, comme pour respirer le grand air. Pleine d'épouvante, et cependant le sentiment de la rudesse de son frère l'emportant même sur ses craintes, Clara continua de s'écrier :

— O mon frere, dites que ce n'était pas votre intention! oh! dites que vous ne vouliez pas me frapper! — Oh! quelque chose que j'aie méritée, ne soyez pas l'exécuteur! — Ce n'est pas humain, ce n'est pas naturel; — il ne reste plus que nous deux au monde!

Il ne répondit pas; et remarquant qu'il continuait d'avancer le corps en dehors de la fenêtre, laquelle était au second étage du bâtiment, et que ses yeux se portaient sur la cour, une nouvelle cause d'appréhension se mêla jusqu'à un certain point à ses terreurs personnelles. Elle s'approcha timidement de son frère irrité, les yeux pleins de larmes et les mains levées au ciel, et avec crainte, quoique avec force, elle saisit les basques de son habit, comme pour le préserver des effets d'un désespoir que tout à l'heure il dirigeait contre elle et que maintenant il semblait tourner contre lui même.

Il sentit la pression de ses mains, et se retirant brusquement en arrière il lui demanda d'une voix irritée ce qu'elle voulait?

— Rien, dit-elle en lâchant le pan de son habit; mais... que regardez-vous donc avec tant d'anxiété?

— Le diable! répondit il avec violence; et se rapprochant d'elle, il ajouta, en lui prenant la main : Sur mon âme, Clara, — ce que je vous dis est vrai, si jamais pareille chose fut vraie! — Il était près de moi tout à l'heure, et me poussait à vous assassiner! Qui aurait pu sans cela me faire venir mon couteau de chasse à la pensée? oui, par Dieu! et le mettre même dans ma main en un tel moment? — Je m'imaginais presque le voir s'envoler là-bas, au dessus des bois, des rochers et de la rivière, laissant après lui cette lueur rougeâtre que répandaient ses ailes de dragon! Sur mon âme! j'ai peine à croire que ce fût l'imagination; — j'ai peine à me persuader que je n'étais pas sous l'influence d'un mauvais esprit, — que je n'étais pas possédé! Mais il est parti : qu'il ne revienne plus; — et toi, instrument trop prêt au mal, pars après lui! Il tira de sa poche sa main droite, qui pendant tout ce temps avait tenu la poignée de son couteau de chasse, et lança dans la cour l'instrument de meurtre; puis, avec un calme triste et solennel il referma la fenêtre, et conduisit sa sœur par la main jusqu'à son siége habituel, où elle put à peine arriver, tant son pas etait chancelant. — Cara, reprit-il après un moment de morne silence, il nous faut penser à ce qui nous reste à faire, sans passion ni violence; — il peut encore y avoir quelque chose pour nous dans les dés, si nous n'abandonnons pas la partie. Une tache n'est tache que lorsqu'on la découvre; — à quelques égards, déshonneur caché n'est pas déshonneur. — M'écoutes-tu, malheureuse fille? dit-il soudainement en élevant la voix avec rudesse.

— Oui, mon frère ; oui, certainement, mon frère! se hâta-t-elle de répondre, tant elle craignait que le moindre délai ne réveillât la violence indomptable du caractère de Mowbray.

— Voici donc ce qu'il faut faire, continua-t-il. Il faut épouser cet Etherington ; — il n'y a pas à l'éviter, Clara. — Vous ne pouvez vous plaindre d'une chose que votre faute et votre folie ont rendu inévitable.

— Mais, mon frère!... s'écria la tremblante fille.

— Taisez-vous. Je sais tout ce que vous voudriez dire. Vous ne l'aimez pas, me diriez-vous. Je ne l'aime pas plus que vous. Et même, qui plus est, il ne vous aime pas non plus ; s'il vous aimait, je me ferais scrupule de vous donner à lui, vous étant ce que vous vous êtes avouée. Mais vous l'épouserez par haine, Clara, — ou dans l'intérêt de votre famille, — ou pour telle raison que vous voudrez : — vous l'épouserez, il faut que vous l'épousiez

— Mon frère, — mon cher John, — un seul mot!

— Que ce ne soit ni un refus ni un reproche : le temps en est passé. Tant que je t'ai crue ce que je te croyais ce matin, je pouvais te conseiller, mais non te contraindre. Mais depuis que l'honneur de notre famille a été terni par vous, il est juste que son déshonneur soit caché, s'il est possible; et il le sera, — oui, me faudrait il pour cela vous vendre comme esclave!

— Vous faites pis, — vous faites pis de moi. Une esclave sur un marché peut être achetée par un bon maître : — vous ne me donnez pas cette chance ; — vous me mariez à un homme qui....

— Ne le craignez pas, ne craignez rien de lui, Clara. Je sais pourquoi il vous épouse ; et une fois redevenu votre frère, comme je le re deviendrai quand vous m'aurez obéie en ce point, il ferait mieux de s'arracher la chair des os avec ses propres dents, que de te faire éprouver le moindre déplaisir! Par le Ciel! je le hais tant — car il m'a dupé de toutes les façons qu'il me semble que c'est pour moi une consolation de penser qu'il ne trouvera pas en toi la créature parfaite que je te croyais être! Déchue comme tu l'es, tu es encore trop bonne pour lui.

Encouragée par le ton plus doux et presque affectueux avec lequel lui parlait son frère, Clara ne put s'empêcher de dire, d'une voix presque inarticulée : — J'espère que cela ne sera pas ; — j'espère qu'il estimera trop son rang, son honneur, son bonheur, pour les partager avec moi.

— Qu'il articule un tel scrupule s'il l'ose! mais il n'osera pas hésiter; il sait qu'au même instant où il recule dans sa recherche, il signe son arrêt de mort ou le mien, et peut-être celui de tous les deux. Ses vues, d'ailleurs, sont de telle nature qu'il n'y renoncera pas par une considération de simple délicatesse. Ainsi donc, Clara, n'entretenez pas dans votre cœur la pensée qu'il y ait pour vous la moindre possibilité d'échapper à ce mariage! il est écrit dans le livre du Destin.

— Jurez que vous n'hésiterez pas!

— Je n'hésiterai pas, dit-elle presque hors d'elle-même, tant elle craignait de le voir retomber dans l'accès de fureur effrénée qui s'était déjà emparé de lui.

— Ne murmurez pas même une objection, mais soumettez-vous à votre sort, car il est inévitable.

— Je... m'y... soumettrai, répondit Clara, toujours tremblante.

— Et moi, reprit-il, je vous épargnerai — du moins quant à présent — et peut-être toujours — toute question sur la faute que vous avez confessée. Des rumeurs sur votre conduite étaient venues jusqu'à moi-même en Angleterre; mais qui aurait pu y croire en vous voyant chaque jour, et sachant quelle était votre vie dans ces dernières années? — Quant à présent, je garderai le silence sur ce sujet; — peut-être n'y reviendrai-je plus, — c'est-à-dire si vous ne faites rien pour traverser mes intentions, ni pour éviter le sort que les circonstances rendent inévitable. — Mais il est tard; — retirez vous, Clara, et allez vous mettre au lit. — Pensez à ce que je vous ai dit comme à une chose exigée par la nécessité, et non par une convenance qui me serait personnelle.

Il lui tendit la main, et elle y plaça sa main tremblante, mais non sans une terreur secrète et une sorte de répugnance. Ce fut ainsi, et avec la même solennité lugubre que s'ils eussent suivi un cortége funèbre, qu'il conduisit sa sœur jusqu'à l'extrémité d'une galerie tapissée d'anciens portraits de famille, et au bout de laquelle était la chambre à coucher de Clara. La lune perçait en ce moment d'épais nuages accumulés qui depuis longtemps présageaient un orage; un de ses rayons vint tomber sur les deux derniers descendants de cette ancienne famille, tandis que se tenant par la main ils longeaient silencieusement la sombre galerie entre le double rang des portraits de leurs ancêtres, plutôt semblables aux ombres des morts qu'à des êtres vivants. Les mêmes pensées oppressaient leur esprit; mais ni l'un ni l'autre n'essaya de dire, quoique leur regard à tous les deux se fût porté furtivement sur ces pâles représentations à demi effacées par le temps : — « Combien peu ils prévoyaient cette catastrophe de leur maison! » A la porte de la chambre à coucher, Mowbray quitta la main de sa sœur. — Clara, lui dit il, vous avez ce soir à remercier Dieu qui nous a sauvés, vous d'un grand danger, moi d'un crime horrible.

— Je le remercierai, répondit-elle, — je le remercierai. Et comme si ses terreurs eussent été renouvelées par cette allusion à ce qui s'était passé, elle souhaita précipitamment le bonsoir à son frère, et elle ne fut pas plutôt entrée dans sa chambre qu'il l'entendit donner un tour de clef et tirer en outre les deux verrous.

Je vous comprends, Clara, murmura Mowbray entre ses dents, en l'entendant prendre ces précautions. Mais vous creuseriez-vous un terrier sous le Ben Nevis [1], vous n'échapperiez pas au sort marqué pour vous. Oui! se dit il en lui-même, tandis que d'un pas lent et le front soucieux il traversait la galerie qu'éclairait la lune, incertain s'il retournerait au salon de sa sœur, ou s'il se retirerait à sa propre chambre; en ce moment son attention fut éveillée par un bruit partant de la première cour.

La nuit n'était pas à la vérité fort avancée; mais il y avait si longtemps que les Shaws n'avaient reçu un hôte, que si Mowbray n'eût distingué un roulement de roues dans la cour, il aurait pensé à des brigands plutôt qu'à une visite. Mais comme le bruit d'une voiture et le piétinement des chevaux se faisaient alors distinctement entendre, la première pensée qui lui vint à l'esprit fut que ce devait être lord Etherington, qui venait, même à cette heure avancée, lui parler des bruits injurieux qui couraient sur sa sœur, et peut-être lui annoncer qu'il renonçait à la recherche de sa main. Impatient de savoir ce qui en était et d'amener les choses à une décision, il rentra dans la chambre qu'il venait de quitter et où les lumières brûlaient encore; puis, appelant à voix haute le vieux Patrick, qu'il entendit parler au postillon, il lui ordonna de conduire le visiteur au salon de miss Mowbray. Ce n'était point le pas léger du jeune comte qui se posait, ou plutôt qui pesait lourdement sur les dalles du long corridor conduisant au salon, ainsi que sur les deux ou trois marches placées au bout de ce corridor. Ce ne fut pas non plus la taille gracieuse de lord Etherington qui se montra quand la porte s'ouvrit, mais bien l'épaisse encolure de M. Peregrine Touchwood.

[1] La plus haute montagne du nord de l'Ecosse. (L. V.)

CHAPITRE XXXVI.

UN PARENT.

> Il y réclama une parente, et ses réclamations furent écoutées.
> *Le Village abandonné.*

MALGRÉ le mouvement de surprise que fit faire à Mowbray l'apparition aussi peu attendue que peu désirée que nous avons mentionnée à la fin du dernier chapitre, il sentit cependant une sorte de soulagement de ce que son entrevue avec lord Etherington, entrevue qui devait être péniblement décisive, était encore reculée. Ce fut donc avec un mélange d'humeur et de satisfaction intérieure qu'il demanda ce qui lui valait à cette heure avancée l'honneur de la visite de M. Touchwood?

— La nécessité, qui fait trotter une vieille femme, répondit Touchwood; ce n'est pas par choix, je vous assure. — Mordieu, M. Mowbray! j'aurais mieux aimé traverser le Saint Gothard que de courir le risque que j'ai couru cette nuit, tout en grommelant sur vos casse-cous de routes dans cette damnée vieille brouette! — Sur ma parole, je crois qu'il faut que je donne à votre sommelier la peine de m'apporter une goutte de quelque chose; — je suis altéré comme un porteur de charbon qui travaille à la pièce. Vous avez du porter, je suppose, ou de bon vieux *twopenny* d'Écosse?

Tout en envoyant secrètement au diable le sans-gêne de son visiteur, M. Mowbray ordonna au domestique d'apporter du vin et de l'eau; Touchwood s'en versa un plein gobelet et le vida d'un trait.

— Ma maison est peu nombreuse, dit le châtelain, et je suis rarement ici; encore plus rarement y reçois-je des visites quand il m'arrive d'y être. — Je suis fâché de ne pas avoir de liqueur brassée, si vous la préférez.

— Si je la préfère? repartit Touchwood, en se versant néanmoins un second verre de vin et d'eau, et en y ajoutant un gros morceau de sucre, pour neutraliser l'enrouement que sa course nocturne, fit-il observer, pourrait lui occasionner; — assurément, je la préfère, et tout le monde la préfère comme moi, excepté les Français et les dandys. — Ne vous offensez pas, M. Mowbray; mais vous devriez faire venir une barrique de chez Meux; — le *brown-stout*[1], préparé pour l'exportation aux co-

---

[1] Ale brune double. (L. V.)

lonies, se garde indéfiniment et sous tous les climats. — J'en ai bu dans des endroits où elle serait revenue à une guinée la quarte[1], si on avait compté l'intérêt de l'argent.

— Quand *j'attendrai* l'honneur d'une visite de vous, M. Touchwood, je tâcherai d'être mieux pourvu ; en ce moment je n'étais pas prévenu de votre arrivée, et je serais charmé de savoir si elle a quelque objet particulier.

— C'est ce que j'appelle en venir au fait, dit M. Touchwood en étendant ses jambes vigoureuses, accoutrées de grandes guêtres ou *boot-hose* à l'ancienne mode, de manière à poser ses talons sur le garde-feu. Sur ma vie, le feu devient la plus belle fleur du jardin à cette époque de l'année. Je prendrai la liberté d'y jeter une bûche. — N'est-ce pas une chose étrange, par parenthèse, qu'on ne voie jamais un fagot en Écosse? Vous avez abondance de petit bois, M. Mowbray ; je m'étonne que vous ne fassiez pas venir quelque garçon des comtés du centre, pour montrer à vos gens comment on fait un fagot.

— Avez-vous fait tout exprès le chemin de Shaws-Castle, dit Mowbray assez brusquement, pour m'initier au secret de la confection des fagots?

— Non pas précisément, — non pas précisément, répondit l'intrépide Touchwood; mais il y a en toute chose une bonne et une mauvaise manière, — et un mot en passant, sur un sujet utile, ne peut jamais tomber mal à propos. — Quant à mon affaire immédiate et plus pressante, je puis vous assurer qu'elle est d'une nature suffisamment urgente, puisqu'elle m'a conduit dans une maison où je suis fort surpris de me trouver

— La surprise est mutuelle, monsieur, dit Mowbray d'un ton grave, remarquant que son hôte faisait une pause ; il est bien temps que vous vouliez l'expliquer.

— Hé bien, alors, il faut d'abord que je vous demande si vous avez jamais entendu parler d'un certain vieux gentleman appelé Scrogie, qui se mit en tête il appelait cela une tête, pauvre homme ! — de rougir du nom qu'il portait, quoique ce nom fût avoué par bien des honnêtes gens et des hommes respectables, et de vouloir le joindre à votre surnom de Mowbray, comme ayant un son normand plus chevaleresque, en un mot comme portant un arrière-goût de gentilhommerie?

— J'ai entendu parler de cette personne, quoique ce ne soit que depuis peu, répondit Mowbray. Son nom était Reginald Scrogie Mowbray. J'ai lieu de regarder son alliance avec ma famille comme chose certaine, bien que vous sembliez en parler avec ironie, monsieur. je crois que M. Scrogie Mowbray a réglé ses dernières dispositions

---

[1] *Quart*, double pinte anglaise. (L. V.)

essentiellement sur l'idée que son héritier devrait prendre une épouse dans notre maison.

— C'est vrai, c'est vrai, M. Mowbray ; et certainement ce n'est pas votre affaire de mettre la hache au pied de l'arbre généalogique qui doit porter des pommes d'or pour vous — ha! ha!

— Bien, bien, monsieur ; — poursuivez, — poursuivez.

— Vous pouvez avoir aussi entendu dire que ce vieux gentleman avait un fils, qui aurait volontiers taillé en fagots ledit arbre généalogique, qui pensait que Scrogie sonnait tout aussi bien que Mowbray, et qui ne se souciait nullement d'un anoblissement imaginaire qu'il fallait obtenir en changeant son nom légitime, et en désavouant en quelque sorte ses parents véritables.

— Je crois avoir entendu dire par lord Etherington, de qui je tiens à peu près tout ce que je sais au sujet de ces Scrogie, que le vieux M. Scrogie Mowbray eut le malheur d'avoir un fils qui contrariait son père en toute occasion, — qui ne voulut embrasser aucune des opportunités que d'heureuses chances lui présentèrent de contribuer à l'élévation et à la distinction de la famille, — qui s'était pénétré de goûts bas, d'habitudes vagabondes, d'inclinations singulières, — et qu'à cause de cela son père déshérita.

— Il est très vrai, M. Mowbray, qu'il arriva à ce jeune homme d'encourir la disgrâce de son père parce qu'il méprisait la vaine ostentation, — qu'il aimait mieux faire de l'argent en honnête marchand que de le dissiper en gentleman oisif ; qu'il ne demandait jamais un fiacre quand aller à pied répondait aussi bien à son dessein ; — qu'il aimait mieux la Bourse que le parc Saint James. Bref, son père le déshérita parce qu'il avait les qualités propres à doubler sa fortune, plutôt que celles qui l'auraient conduit à la dissiper.

— Tout ceci peut être parfaitement juste, M. Touchwood ; mais que peut avoir de commun avec vous et moi, je vous prie, ce M. Scrogie fils ?

— Ce qu'il peut avoir de commun avec vous et moi ! exclama Touchwood, comme surpris de la question ; il a bien des choses de commun avec moi, du moins, puisque c'est moi-même qui suis l'homme.

— Comment diable! dit Mowbray, ouvrant à son tour de grands yeux. Eh! monsieur, votre nom est Touchwood, P. Touchwood, — Paul, je suppose, ou Peter, — je l'ai lu ainsi sur le registre de la Source.

— Peregrine, monsieur, Peregrine ; — ma mère voulut que je fusse ainsi baptisé, parce que *Peregrine Pickle* parut durant ses couches, et mon pauvre fou de père y consentit, parce qu'il crut le nom noble et dérivé des Willoughbies. Moi, je ne l aime pas, et je signe toujours P. tout court ; vous auriez pu aussi remarquer un S devant le surnom : je signe à présent P. S. Touchwood. J'avais dans la cité une vieille connaissance qui aimait à plaisanter : — il m'appelait toujours Post-Scriptum Touchwood.

— En ce cas, monsieur, si vous êtes réellement M. Scrogie *tout court*, je dois supposer que le nom de Touchwood est un nom d'emprunt.

— Que diable! répliqua M. P. S. Touchwood, supposez-vous qu'il n'y a pas en Angleterre un nom qui puisse s'accoupler légitimement avec mon nom paternel de Scrogie, excepté le vôtre, M. Mowbray?

— Je vous assure que j'ai reçu le nom de Touchwood, en même temps qu'une jolie somme d'argent, d'un vieux parrain qui admira l'esprit que je montrais en m'attachant au commerce.

— Hé bien, monsieur, chacun son goût. — Bien des gens auraient pensé que mieux valait jouir d'une fortune héréditaire en gardant votre nom paternel de Mowbray, que d'en gagner une autre en prenant le nom étranger de Touchwood.

— Qui vous a dit que M. Touchwood fût un étranger pour moi? autant que je sache, il avait plus de titres à recevoir de moi un respect filial que le pauvre vieux qui fit de lui un tel fou en voulant se faire gentleman dans sa vieillesse. Il était associé de mon grand-père dans la grande maison Touchwood, Scrogie et compagnie. — Permettez-moi de vous dire qu'héritage de maison vaut bien héritage de terres; — les associés d'un homme sont ses pères et ses frères, et le premier commis peut être regardé comme une sorte de cousin germain.

— Je n'ai nullement voulu vous offenser, M. Touchwood Scrogie.

— Scrogie Touchwood, s'il vous plaît; la branche du scrog[1] d'abord, car il faut qu'elle se dessèche avant de devenir *touchwood*[2]. — Ha! ha! ha! — vous comprenez.

— Singulier homme, pensa Mowbray, et qui parle avec toute la dignité d'un sac à dollars; mais je serai civil avec lui, jusqu'à ce que je voie où il en veut venir. — Vous êtes facétieux, M. Touchwood, reprit-il à voix haute. J'allais seulement dire que bien que vous n'attachiez pas de prix à votre liaison de parenté avec ma famille, c'est une circonstance que je ne saurais cependant oublier, et qu'en conséquence vous êtes cordialement le bienvenu aux Shaws.

— Merci, merci, M. Mowbray; — je savais que vous prendriez bien la chose. A vous dire vrai, je me serais peu soucié de venir mendier votre connaissance, et votre cousinage, et le reste, si je n'avais point pensé que vous seriez plus traitable dans l'adversité que votre père ne le fut dans sa prospérité.

— Avez-vous connu mon père, monsieur?

— Oui, oui; — je descendis une fois ici, et je lui fus présenté; je

---

[1] On a vu que *scrog* est un mot écossais qui signifie arbrisseau ou arbuste. (L. V.)
[2] Bois sec et aminci dont on fait des allumettes. (L. V.)

vous ai vus votre sœur et vous quand vous n'étiez que deux enfants :
— je pensais alors à faire mon testament, et je vous y aurais colloqués tous les deux avant de partir pour doubler le cap Horn. Mais, mordieu! je voudrais que mon pauvre père eût vu la réception qu'on me fit! Je n'avais pas laissé le vieux gentilhomme, le Mowbray de Saint Ronan d'alors, flairer mes sacs d'écus, ce qui l'aurait peut-être rendu plus traitable ; — non pas pourtant que nous n'ayons été assez bien ensemble pendant une couple de jours, jusqu'à ce qu'on me fit entendre qu'on avait besoin de ma chambre parce qu'on attendait le duc de je ne sais quoi, et que mon lit était destiné à son valet de chambre. — Au diable tous les nobles cousins! me dis je, et je me remis en route pour faire encore une fois le tour du monde; et jusqu'à il y a un an à peu près je n'avais plus repensé aux Mowbray.

— Et qui nous a rappelés à votre souvenir, je vous prie?

— Voilà : j'étais établi pour quelque temps à Smyrne (car je porte mes deux sous où je veux; — j'ai même fait une petite affaire depuis que je suis ici) : — donc, étant à Smyrne, comme je disais, j'y fis la connaissance de Francis Tyrrel.

— Le frère naturel de lord Etherington?

— Oui, de celui qu'on nomme ainsi ; mais, soit dit en passant, il est probable que c'est lui qui se trouvera être le comte d'Etherington, et que cet autre beau monsieur sera le bâtard.

— Diable! vous me surprenez, M. Touchwood.

— Je pensais bien vous surprendre, — je pensais vous surprendre. — Ma foi, je suis parfois surpris moi même du tour que prennent les choses en ce monde. Mais la chose n'en est pas moins certaine; — les preuves s'en trouvent dans le coffre-fort de notre maison de Londres. où elles ont été déposées par le vieux comte, qui se repentait de sa friponnerie envers miss Martigny longtemps avant sa mort, mais qui n'eut pas le courage de rendre justice à son fils légitime jusqu'à ce que le fossoyeur lui eût creusé sa dernière maison.

— Juste Ciel, monsieur! et vous saviez tout cela, tandis que j'étais sur le point de donner ma sœur unique à un imposteur?

— Qu'avais-je à voir à cela, M. Mowbray? vous vous seriez fâché tout rouge si quelqu'un vous avait soupçonné de ne pas avoir assez de pénétration pour veiller à vos affaires et à celles de votre sœur. D'ailleurs, quoiqu'à d'autres égards il puisse y avoir assez à dire sur lord Etherington, il n'y a pas encore longtemps que ce n'était pas un imposteur, ou que c'était un imposteur innocent, car il ne faisait qu'occuper la situation dans laquelle l'avait placé son père. Et, à la vérité, quand j'appris, à mon arrivée en Angleterre, qu'il était parti pour se rendre ici, et, à ce que je conjecturai, pour rechercher votre sœur en mariage, je ne vis pas ce qu'il y aurait pu faire de mieux. Je voyais là un pauvre diable qui était sur le point de cesser d'être lord et riche;

n'était il pas très-raisonnable qu'il tirât tout le parti possible de sa dignité tandis qu'il l'avait encore ? et si, en épousant une jolie fille pendant qu'il était en possession de son titre, il pouvait se mettre en possession du bon domaine de Nettlewood, je ne pouvais voir en cela qu'une très jolie manière d'amortir sa chute.

— Très jolie pour lui, en effet, et très-convenable aussi ; mais, je vous prie, monsieur, que devenait l'honneur de ma famille ?

— Eh ! que me faisait l'honneur de votre famille ? à moins que d'avoir été déshérité à cause de votre famille ne fût un titre pour la recommander à ma sollicitude. Et si cet Etherington, ou ce Bulmer, avait été bon compagnon, j'aurais vu s'en aller à Jéricho tous les Mowbray qui aient jamais porté le fin drap, avant de me mêler de leurs affaires.

— Je suis réellement fort redevable à votre bonté, dit Mowbray avec aigreur.

— Plus que vous ne pensez, repartit Touchwood ; car, bien que je regardasse ce Bulmer, même quand il aurait été déclaré illégitime, comme pouvant être un parti raisonnablement bon pour votre sœur, eu égard au domaine qui devait accompagner l'union de leurs mains, cependant, maintenant que j'ai découvert que c'est un drôle, — un drôle de toute façon, — je n'aurais pas voulu voir une honnête fille l'épouser, dussent-ils avoir tout le Yorkshire au lieu de Nettlewood. C'est pourquoi je suis venu vous prévenir.

La singularité de ce que Touchwood lui apprenait si inopinément donna à Mowbray une sorte de vertige semblable à celui qu'éprouve un homme en se trouvant tout à coup au bord d'un précipice. Touchwood remarqua sa consternation, qu'il interpréta naturellement comme un aveu tacite de son brillant génie.

— Prenez un verre de vin, M. Mowbray, dit-il d'un ton d'intérêt ; prenez un verre de vieux Xerez : — il n'y a rien de tel pour éclaircir les idées. — Et ne soyez pas effrayé de moi, quoique je tombe ainsi soudainement sur vous avec des nouvelles si surprenantes ; — vous trouverez en moi un homme comme un autre, simple et franc, qui a ses défauts et ses travers comme les autres. Je conviens que de nombreux voyages et une grande expérience m'ont quelquefois fait jouer le rôle de M. Touche à Tout [1], parce qu'il me semble que je puis faire les choses mieux que d'autres, et que j'aime à voir les gens ébahis : — c'est une manière que j'ai prise. Mais, après tout, je suis *bon diable,* comme dit le Français ; et je suis venu ici de quatre à cinq cents milles pour m'installer tranquillement au milieu de vous tous, et mettre toutes vos petites affaires en ordre, précisément quand vous les regardez comme tout à fait désespérées.

---

[1] *Busybody.*

— Je vous remercie de vos bonnes intentions, monsieur ; mais je dois vous dire qu'elles eussent été plus efficaces si vous aviez moins joué au fin avec moi, et que vous m'eussiez dit franchement ce que vous saviez de lord Etherington ; dans l'état des choses, l'affaire a été terriblement loin. Je lui ai promis ma sœur, — j'ai moi même contracté envers lui des obligations personnelles, — et il est d'autres raisons encore qui me font craindre d'être obligé de tenir la parole que cet homme a reçue de moi, qu'il soit comte ou non.

Quoi ! voudriez vous donner votre sœur à un misérable gueux qui est capable de voler la poste et d'assassiner son frère, parce que vous avez perdu une bagatelle au jeu avec lui ? Le laisserez-vous s'en aller triomphant, parce qu'il est à la fois joueur et fripon ? — Vous êtes un beau garçon, M. Mowbray de Saint-Ronan ! — Vous êtes un de ces heureux moutons qui s'en vont chercher de la laine et qui s'en reviennent tondus. Mordieu ! — vous vous croyez la meule, et vous n'êtes que le grain ; — vous êtes sorti faucon, et êtes rentré pigeon. — Vous avez grommelé aux Philistins, et ils vous ont arraché la dent œillère pour vos peines.

— Tout ceci peut être très spirituel, M. Touchwood ; mais ce n'est pas avec de l'esprit que je paierai à cet Etherington, ou n'importe ce qu'il soit, tous les billets de cent livres que j'ai perdus contre lui.

— En ce cas, richesse doit faire ce qu'esprit ne peut faire ; il faut que je vous avance la somme, voilà tout. Voyez-vous, monsieur, je ne vais pas à pied pour rien ; — si j'ai labouré, j'ai recueilli, et, comme l'homme de la vieille comédie, « j'ai de quoi, et puis faire mes fantaisies. » — Ce n'est pas quelques centaines de livres, ni quelques milliers de livres non plus, qui peuvent se placer entre le vieux P. S. Touchwood et ses intentions ; et ma présente intention, M. Mowbray de Saint-Ronan, est de faire de vous un homme libre des forêts. — Vous avez l'air pensif, jeune homme ? — eh ! j'espère que vous n'êtes pas assez âne pour croire votre dignité offensée parce que le plébéien Scrogie vient en aide à la terriblement grande et ancienne maison de Mowbray ?

— Je ne suis pas en effet assez fou, répondit Mowbray les yeux toujours baissés vers la terre, pour rejeter une assistance qui me vient comme une corde à l'homme qui se noie ; — mais il est une circonstance... (il s'arrêta court et but un verre de vin) une circonstance à laquelle il m'est on ne peut plus pénible de faire allusion... Cependant vous paraissez être mon ami, je ne puis vous mieux prouver combien j'estime sincères vos protestations d'intérêt qu'en vous disant que les propos tenus par lady Penelope Penfeather sur le compte de ma sœur rendent son établissement éminemment nécessaire ; et je ne puis m'empêcher de craindre que la rupture avec cet homme en un moment tel que celui-ci ne soit d'un grand préjudice à Clara. Ils auront Nettlewood et ils pourront vivre séparés ; — il a offert de tout régler à cet effet le jour même du mariage. Sa situation de femme mariée la mettra au dessus de la médisance ainsi qu'au-dessus du besoin, dont, je le dis à regret, je ne puis espérer de longtemps être à même de la préserver.

— Fi, fi, M. Mowbray ! fi ! dit Touchwood, avec une volubilité qui lui était peu habituelle ; voudriez vous vendre votre chair et votre sang à un homme comme ce Bulmer, uniquement parce qu'une vieille fille désappointée tient de sots propos sur elle ? belle vénération que vous avez là pour l'honorable nom de Mowbray ! Si mon pauvre vieux père, tout simple qu'il était, avait su à quoi les propriétaires de ces deux nobles syllabes pouvaient s'abaisser rien que pour s'assurer la subsistance, il n'aurait pas eu plus haute opinion des nobles Mowbray que des humbles Scrogie. Et j'ose dire que la jeune personne est comme les autres : — pressée de se marier, — n'importe à qui ?

— Excusez-moi, M. Touchwood ; ma sœur a des sentiments si différents de ceux que vous lui attribuez, qu'elle et moi nous nous sommes fort mal quittés, parce que j'avais vivement appuyé près d'elle la recherche de cet homme. Dieu sait que je ne l'ai fait que parce que je ne voyais pas d'autre issue à ce fâcheux embarras. Mais puisque vous êtes disposé à intervenir, monsieur, et à m'aider à débrouiller ces affaires compliquées, que j'ai empirées, j'en conviens, par mon imprudence, je suis tout prêt à m'en reposer entièrement sur vous, comme si vous étiez mon père sorti de la tombe. Néanmoins, je dois vous exprimer ma surprise de l'étendue des informations que vous possédez sur nos affaires.

— Vous parlez très sensément, jeune homme ; et quant à mes informations, j'ai été depuis quelque temps aussi parfaitement au courant des finesses de ce M. Bulmer, que si je n'avais pas quitté ses côtés quand il a joué tous ses mauvais tours à votre famille. Vous ne vous douteriez guère, continua t-il d'un ton confidentiel, que ce que vous désiriez tant voir arriver il n'y a qu'un moment a déjà eu lieu en un sens, et que la cérémonie nuptiale a réellement été célébrée pour votre sœur et ce prétendu lord Etherington ?

— Prenez garde, monsieur ! s'écria Mowbray avec emportement ; n'abusez pas de ma confiance. — Ni le lieu, ni le temps, ni le sujet, ne comportent une impertinente plaisanterie.

— Comme je vis de pain, je parle sérieusement, monsieur ; M. Cargill a célébré la cérémonie, et il est deux témoins vivants qui leur ont entendu dire ces paroles sacramentelles : « Moi, Clara, je vous accepte pour époux, Francis, » ou n'importe ce que l'Église d'Écosse met en place de cette formule mystique.

— C'est impossible ; Cargill n'aurait pas osé faire une telle chose : un acte clandestin tel que celui dont vous parlez lui aurait coûté son bénéfice. Je gagerais mon âme contre un fer à cheval que c'est une imposture; et vous venez, monsieur, me troubler au milieu de mes chagrins de famille par des contes qui n'ont pas plus de vérité que l'alcoran.

— Il y a plus d'une chose vraie dans l'alcoran (ou plutôt dans le Koran, car *al* est simplement l'article préfixe); mais laissons cela. — Je vais vous étonner encore plus que je ne l'ai fait. Il est très vrai que votre sœur a en effet été unie par le mariage à ce Bulmer, qui se donne le titre d'Etherington; mais il n'est pas moins vrai que le mariage ne vaut pas un maravédi, car en l'épousant elle croyait en épouser un autre : — elle croyait, en un mot, épouser Francis Tyrrel, qui est par le fait ce que l'autre prétend être, un riche seigneur.

— Je ne puis comprendre un mot de tout ceci, dit Mowbray, et je dois aller sur-le-champ trouver ma sœur, pour lui demander s'il y a quelque vérité dans ces étonnants détails.

— N'y allez pas, repartit Touchwood en le retenant, vous allez avoir de moi une pleine explication; et pour vous tirer de votre perplexité, je puis vous assurer que le consentement de Cargill à la célébration du mariage ne fut obtenu que par une atteinte portée à la réputation de votre sœur, ce qui l'induisit à croire qu'un prompt mariage serait le seul moyen de réparer le mal fait. Et je suis moralement convaincu que ce n'est que le renouvellement de ces propos qui a servi de fondement au bavardage de lady Penelope.

— Si je le croyais, — si je pouvais seulement croire que ce que vous dites là est la vérité, — et cela semble, jusqu'à un certain point, expliquer la conduite mystérieuse de ma sœur, si seulement je pouvais croire que cela est vrai, je me jetterais à vos pieds et je vous adorerais comme un ange du Ciel !

— Jolie sorte d'ange! dit Touchwood en portant modestement les yeux sur ses courtes et robustes jambes; — avez-vous jamais entendu parler d'un ange en grosses guêtres? et supposez-vous que les anges sont envoyés au secours des jockeys ruinés ?

— Appelez-moi comme vous voudrez, M. Touchwood; faites seulement que votre histoire soit vraie et ma sœur innocente !

— Très bien parlé, monsieur, très-bien parlé ! Mais j'entends que vous vous laissiez guider par ma prudence et mon expérience. Pas de vos damnées manières d'agir, monsieur, — pas de vos duels ni de vos coups. Laissez-moi conduire l'affaire pour vous, et je vous amènerai au port toutes voiles dehors.

— Je dois penser en gentilhomme, monsieur.

— Penser en fou, devriez vous dire. Rien ne plairait tant à ce Bulmer qu'un duel au milieu de ses gueuseries ; il sait très-bien que celui qui est en état de couper une balle de pistolet sur le tranchant d'une lame de canif conservera toujours une sorte de réputation malgré sa coquinerie : mais c'est une voie que j'aurai soin de lui fermer. Asseyez-vous ; — soyez homme de sens, et écoutez jusqu'au bout cette étrange histoire.

Mowbray s'assit, et Touchwood lui raconta à sa manière, et avec les mille remarques incidentelles dont il aimait à semer ses récits, les jeunes amours de Clara et de Tyrrel, — les raisons qui déterminèrent d'abord Bulmer à encourager leur correspondance, dans l'espoir que, par un mariage clandestin, son frère se perdrait entièrement près de son père ; — le changement qui s'opéra dans ses vues quand il s'aperçut de l'importance qu'attachait le vieux comte à l'union de miss Mowbray avec son héritier présomptif ; — le stratagème auquel il recourut, en désespoir de cause, en se substituant à son frère ; — enfin, toutes les conséquences qu'il est inutile de rappeler ici, puisqu'elles ont été détaillées tout au long par le principal acteur lui-même, dans sa correspondance avec le capitaine Jekyl.

Quand il eut fini son récit, Mowbray, à demi frappé de stupeur par les circonstances singulières qu'il venait d'apprendre, resta quelque temps dans une sorte de rêverie, d'où il ne sortit que pour demander quel témoignage pouvait être produit d'une histoire si étrange.

— Le témoignage d'un homme qui a été l'agent principal de toutes ces intrigues, depuis le commencement jusqu'à la fin, répondit Touchwood ; — aussi complet coquin que le diable lui-même, à ce que je crois, avec cette différence que notre démon mortel ne fait pas, je pense, le mal pour le mal, mais bien pour le profit qu'il en retire. Jusqu'à quel point cette défense lui profiterait elle devant une cour de conscience, c'est ce que je ne puis dire ; mais ses dispositions penchaient assez vers l'humanité pour que j'aie toujours trouvé ma vieille connaissance aussi prête à faire le bien que le mal, pourvu que l'affaire lui valût le même escompte.

— Sur mon âme, vous voulez parler de Solmes ! depuis longtemps je le soupçonnais d'être un profond scélérat, — et maintenant il se trouve que c'est un traître par-dessus le marché... Comment diable avez vous pu vous mettre dans son intimité, M. Touchwood?

— Ce fut un cas particulier. M. Solmes, membre trop actif de la communauté pour se contenter de la conduite des affaires que lui confiait son maître, s'aventura dans une petite affaire pour son propre compte; et pensant, je suppose, que le feu comte d'Etherington avait oublié de reconnaître suffisamment ses services comme valet de son fils, il suppléa à cette omission par une petite traite de 100 livres sur notre maison, au nom du défunt et portant sa signature apparente. Cette légère méprise ayant été découverte, M. Solmes, porteur du petit billet, aurait été remis à la garde d'un officier de Bow-street, s'il n'avait trouvé moyen de se tirer d'affaire sous la condition de me faire connaître l'histoire privée dont je viens de vous faire part. Ce que j'avais connu de Tyrrel à Smyrne m'avait inspiré beaucoup d'intérêt pour lui, et vous pouvez bien supposer que cet intérêt ne fut pas affaibli par les peines que lui avait fait éprouver la trahison de son frère. Par le moyen de ce drôle, j'ai contreminé tous les beaux plans de son maître. Par exemple, dès que j'ai su que Bulmer venait ici, j'ai réussi à en faire parvenir à Tyrrel l'avis anonyme, sachant bien qu'il partirait avec la vitesse du diable pour le contrecarrer; et ainsi j'ai réuni tous les personnages de la pièce, et je les mets tous en mouvement à volonté les uns contre les autres.

— En ce cas, c'est votre expédient qui a amené la rencontre entre les deux frères, rencontre où tous deux auraient pu succomber.

— Je ne puis le nier, — je ne puis le nier, répondit Scrogie un peu déconcerté; — c'est un simple accident, personne ne peut garantir tous les points. — Mordieu! j'ai été sur le point d'être joué moi-même; car Bulmer avait chargé ce Jekyl, qui n'est pas un mouton si noir qu'on ne trouve sur lui quelques brins blancs, de négocier avec Tyrrel un traité dont mon agent secret n'avait pas connaissance. Tudieu! je n'en ai pas moins découvert le tout; — vous ne devineriez guère comment.

— Il est en effet probable que je ne devinerais pas aisément, monsieur; car les sources où vous puisez vos intelligences ne sont pas des plus apparentes, non plus que votre manière d'agir n'est des plus simples ni des plus compréhensibles.

— Je ne voudrais pas qu'elle le soit; les hommes simples périssent par leur simplicité : — je tâche d'éviter l'inconvénient. — Et quant à mes sources d'informations, — ma foi, j'ai joué aux écoutes, monsieur, — j'ai écouté. — Je connaissais le buffet à double porte de mon hôtesse; — je m'y suis installé comme elle l'a fait maintes fois. Un beau monsieur comme vous couperait plutôt la gorge d'un homme, je suppose, que d'écouter à une porte de buffet, bien qu'il s'agît de prévenir un meurtre?

— Assurément, je ne puis dire que j'aurais pensé à l'expédient, monsieur.

— J'y ai pensé, moi, et j'en ai assez appris pour glisser à Jekyl un avis indirect qui l'a, je crois, dégoûté de sa commission; — de sorte que j'ai tout le jeu dans les mains. Bulmer n'a personne à qui se fier que Solmes, et Solmes me dit tout.

Ici Mowbray ne put contenir un mouvement d'impatience.

— Plût à Dieu, monsieur, dit-il, que puisque vous étiez assez bon pour vous intéresser à des affaires touchant de si près ma famille, il vous eût convenu d'agir envers moi avec un peu plus de confiance! Voilà que j'ai été pendant plusieurs semaines l'intime d'un damné coquin, à qui j'aurais dû couper la gorge pour sa scandaleuse conduite avec ma sœur. Voici que j'ai fait le malheur de ma sœur et le mien, et que je me suis laissé duper chaque soir par un chevalier d'industrie, que vous auriez pu, si tel eût été votre bon plaisir, démasquer d'un seul mot. Je rends toute justice à vos intentions, monsieur ; mais, sur mon âme ! je ne puis m'empêcher de souhaiter que vous vous fussiez conduit avec plus de franchise et moins de mystère. Je crains vraiment que votre amour pour les finesses n'ait été trop fort pour votre subtilité, et que vous n'ayez laissé les choses s'embrouiller tellement, que ce ne soit un écheveau que vous-même maintenant aurez peine à dévider.

Touchwood sourit et secoua la tête dans tout l'orgueil intime d'une intelligence supérieure. — Jeune homme, dit-il, quand vous aurez un peu vu le monde, et surtout au delà des limites de cette île étroite, vous vous apercevrez qu'il faut pour conduire de telles affaires à bonne fin beaucoup plus d'art et de dextérité que ne pense un aveugle John Bull ou un novice Écossais. Vous ne serez pas alors étranger à la politique de la vie, qui consiste à miner et à contreminer, tantôt à faire des feintes, tantôt à porter des bottes sérieuses. Je vous regarde, M. Mowbray, comme un jeune homme gâté par un trop long séjour au logis et par la fréquentation de mauvaise compagnie ; je ferai mon affaire, si vous vous soumettez à ma direction, de former votre jugement, aussi bien que de rétablir votre fortune — Ne me répondez pas, — ne me répondez pas, monsieur ! je sais trop bien, par expérience, comment les jeunes gens répondent en pareil cas ; — ils sont pleins de présomption, monsieur, aussi pleins de présomption que s'ils avaient été dans les quatre parties du monde. Je ne puis pas souffrir qu'on me réponde, monsieur ; je ne puis pas souffrir cela. Et, pour vous dire la vérité, c'est parce que Tyrrel a la manie de me répondre, que j'ai mieux aimé vous faire mon confident en cette occasion, que lui. J'aurais voulu qu'il se jetât dans mes bras et se confiât à mes directions ; mais il a hésité, — il a hésité, M. Mowbray, — et je méprise l'hésitation. S'il croit avoir l'esprit de conduire ses propres affaires, qu'il l'essaie, — qu'il l'essaie. Non pas que je ne veuille faire pour lui tout ce que je pourrai, en temps et lieu convenables ; mais je le laisserai un peu plus longtemps dans ses perplexités et ses incertitudes. Ainsi donc, M. Mowbray, vous voyez quelle sorte d'original je suis, et vous pouvez me dire tout d'un coup si votre intention est d'entrer dans mes vues. — Seulement, parlez tout de suite, monsieur, car je déteste l'hésitation.

Tandis que Touchwood parlait ainsi, Mowbray prenait intérieurement sa résolution. Il n'était pas aussi inexpérimenté que le supposait M. Touchwood ; du moins, il put voir clairement qu'il avait affaire à un vieillard opiniâtre et capricieux, qui voulait, avec les meilleures intentions du monde, que tout marchât à sa guise, et qui, de même que la plupart des petits politiques, était disposé à mettre l'intrigue et le mystère en des affaires où une franchise hardie eût beaucoup mieux valu. Mais il s'aperçut en même temps que Touchwood, comme une sorte de parent riche, sans enfants, et disposé à devenir son ami, était un homme qu'il fallait se concilier, d'autant plus que le voyageur lui-même avait franchement avoué que c'était le manque de déférence de Francis Tyrrel envers lui qui avait nui à sa faveur, s'il ne la lui avait pas entièrement fait perdre. Mowbray se souv'nt aussi que les circonstances où il se trouvait ne lui permettaient pas de se jouer des premiers rayons de bonne fortune qui semblaient vouloir luire sur lui. Domptant donc le juste orgueil convenable à un héritier et fils unique, il répondit respectueusement que dans sa situation les avis et l'assistance de M. Scrogie Touchwood étaient trop importants pour qu'il ne les achetât pas au prix du sacrifice de son propre jugement à celui d'un ami judicieux et plein d'expérience.

— Bien dit, M. Mowbray, bien dit, repartit le *senior*. Laissez moi une fois la conduite de vos affaires, et nous vous les aurons bientôt mises au net. — Il faut que je vous aie l'obligation d'un lit pour la nuit, cependant; — il fait noir comme dans la gueule d'un loup. Et si vous voulez donner des ordres pour qu'on garde ici le pauvre diable de postillon et ses chevaux aussi, ma foi, je ne vous en serai que plus obligé.

Mowbray sonna. Patrick répondit à l'appel, et fut bien surpris quand le vieux gentleman, coupant la parole à son amphitryon, ordonna lui-même qu'on lui préparât un lit, avec un peu de feu dans la grille [1]; — car je sais, mon ami, ajouta-t-il, que vous n'avez pas de visiteurs ici très-souvent. — Veillez à ce que mes draps ne soient pas humides, et recommandez à la fille de chambre d'avoir soin que mon lit ne soit pas fait sur un niveau exact, mais bien d'y ménager une pente d'environ dix-huit pouces depuis l'oreiller jusqu'aux pieds — Écoutez; — ayez moi un bol d'eau d'orge, et placez-le sur ma table de nuit après y avoir exprimé un citron; — ou plutôt, un moment! vous la feriez sûre en diable. — Mettez le citron sur une soucoupe, et je le mêlerai moi-même.

Patrick écoutait comme un homme qui a perdu le sens, sa tête se tournant comme celle d'un poussah chinois alternativement du donneur d'ordres à son maître, comme pour demander à celui-ci si tout cela était bien une réalité. Dès que Touchwood eut cessé de parler, Mowbray confirma les injonctions du nabab.

— Que tout soit fait pour que M. Touchwood soit le mieux possible, et de la manière qu'il le désire.

Bien, monsieur, repartit Patrick; je vais le dire à Mally, pour sûr, et nous ferons de notre mieux; et... Mais il est bien tard...

— C'est pourquoi plus tôt nous nous mettrons au lit, mieux ce sera,

---

[1] On sait que les Anglais brûlant principalement du charbon de terre, leurs cheminées sont garnies d'une grille en fer destinée à ménager un courant d'air continu.

(L. V.)

mon vieil ami, interrompit Touchwood. Moi, pour ma part, il faut que je me lève de bonne heure ; — j'ai des affaires de vie et de mort. — Cela vous regarde aussi, M. Mowbray ; — mais rien de plus là-dessus jusqu'à demain. Dites au postillon de dételer ses chevaux, et donnez-lui un lit quelque part.

Ici Patrick crut avoir trouvé un bon terrain pour une résistance à laquelle, mécontent du ton dictatorial de l'étranger, il se sentait fortement enclin.

— Tâchez de nous prendre à cela si vous pouvez, dit-il ; jamais chevaux de poste n'entrent dans nos écuries. — Que savons-nous s'ils ne sont pas morveux, comme dit le palefrenier?

— Il nous faut en courir le risque cette nuit, Patrick, dit Mowbray, quoique à contre-cœur ; — à moins que M. Touchwood ne veuille permettre que les chevaux ne reviennent demain matin de bonne heure?

— Non vraiment, répondit Touchwood ; il faut tenir ce qu'on tient, — ce qui est une fois parti peut être bien parti, et nous aurons assez à faire demain matin. D'ailleurs, les pauvres carcasses sont fatiguées, et l'homme compatissant est compatissant pour ses bêtes. — En un mot, si les chevaux retournent ce soir à la Source de Saint-Ronan, j'y retourne de compagnie.

Il arrive souvent, ce qui provient, je suppose, de la perversité de la nature humaine, qu'il en coûtera plus à une âme orgueilleuse de montrer de la déférence sur de simples bagatelles que de céder sur des choses plus importantes. Mowbray, de même que les autres jeunes gens de sa classe, apportait à la discipline de ses écuries une rigidité qui allait jusqu'à la manie, et les chevaux de lord Etherington lui-même n'avaient pas été admis dans ce *sanctum sanctorum*, où il se voyait maintenant obligé d'introduire deux misérables haridelles de louage. Cependant il se soumit d'aussi bonne grâce qu'il lui fut possible ; et Patrick, en s'éloignant du salon, les mains et les yeux levés au ciel, pour exécuter les ordres qu'il avait reçus, put à peine s'empêcher de penser qu'il fallait que le vieillard fût le diable déguisé, pour qu'il pût ainsi faire plier le caractère impérieux de son maître, même en des points que jusqu'alors il avait paru regarder comme de la dernière importance.

— Que le Seigneur dans sa merci étende un bras sur cette pauvre famille ! car moi qui y suis né, j'ai bien l'air d'en voir la fin. Telle fut l'invocation de Patrick.

CHAPITRE XXXVII.

LA FUITE.

>Voilà une mauvaise nuit pour nager.
>
>*Le Roi Lear.*

OWBRAY, lorsqu'il fut sorti d'un sommeil fébrile, le matin qui suivit cette mémorable entrevue, éprouva une étrange incertitude d'idées en se demandant si sa sœur, que réellement il aimait autant qu'il était susceptible d'aimer quelque chose, avait déshonoré son nom, à lui Mowbray, et s'était déshonorée elle même; et l'horrible souvenir de leur dernier entretien fut, à son réveil, la première idée qui vint assaillir son imagination. Il se rappela ensuite le récit de Touchwood qui disculpait Clara ; et il se persuada, ou du moins il s'efforça de se persuader, que sa sœur avait dû regarder l'imputation qu'il avait élevée contre elle comme se rapportant à son attachement pour Tyrrel et aux fatales conséquences que cet attachement avait eues. Puis il se demandait comment cela pouvait se faire, — puis il conçut de nouveau la crainte qu'il n'y eût eu là plus que sa répugnance à confesser la fraude dont Bulmer s'était rendu coupable envers elle ; — puis enfin il se fortifia dans la première et moins fâcheuse opinion, en réfléchissant que redoutant comme elle le faisait d'épouser celui qu'il lui proposait, elle avait dû se regarder comme n'ayant plus aucun espoir du moment où son frère aurait connaissance du mariage secret.

— Oui, oh oui! se dit-il, elle pensait que cette histoire me ferait prendre avec plus de chaleur les intérêts du misérable, comme le meilleur moyen d'étouffer cette honteuse affaire; — et, ma foi, elle aura vu juste : car s'il eût été réellement lord, je ne vois pas ce qu'autrement elle aurait pu faire. Mais comme il n'est pas lord d'Etherington, et que c'est un fieffé coquin par-dessus le marché, je me contenterai de le faire périr sous le bâton aussitôt que je pourrai échapper à la surveillance de ce vieil entêté, qui veut se mêler de tout, tout conduire et tout faire. — Oui, mais Clara? — cette parade de mariage ne peut être prise au sérieux, et les deux parties doivent retirer leurs enjeux. Elle aime ce grave hidalgo, qui se trouve être la souche du bon arbre, après tout, — moi je ne l'aime guère, quoiqu'il y ait en lui quelque chose qui sent le lord. Je suis bien sûr qu'un peintre ambulant n'aurait pu lui faire faire une pareille démarche. Elle peut l'épouser, je suppose, si la loi ne s'y oppose pas; alors elle a le comté, et les Oaklands, et Nettlewood, tout du même coup. — Morbleu! nous serions les gagnants, après tout; — et j'ose dire que ce vieux Touchwood est riche comme un juif : — il a…. cent mille livres sterling au moins ; — il a le ton trop impérieux pour qu'on lui retranche une pièce de sixpence des cent mille livres. — Et il parle de me refaire le poil : — il ne faut pas que je regimbe, — il faut me laisser passer un peu l'étrille. — Seulement je voudrais que la loi permît à Clara d'épouser cet autre comte. — Une femme ne peut épouser deux frères, cela est certain : oui, mais si elle n'est pas mariée au premier en bonne et due forme, je croirais qu'il ne peut pas y avoir d'empêchement a ce qu'elle épouse le second. — J'espère que les hommes de loi ne nous conteront pas de sornettes là dessus; — j'espère aussi que Clara n'aura pas de sots scrupules. — Mais, sur ma parole, la première chose que j'aie à espérer est que le fait soit vrai, car il me vient par un canal assez suspect. Je vais aller trouver Clara sur le-champ ; — j'obtiendrai la vérité d'elle — et je verrai ce qu'il y a à faire.

Ainsi pensait ou se parlait à lui-même le jeune laird de Saint-Ronan, tout en s'habillant à la hâte pour aller éclaircir l'étrange chaos d'événements qui remplissaient son imagination de perplexités.

En arrivant à la salle où on avait soupé la veille et où le déjeuner était servi, il fit venir une jeune fille attachée au service personnel de sa sœur, et lui demanda si miss Mowbray n'était pas encore levée?

— Elle n'a pas encore tiré sa sonnette, répondit la jeune fille.

— Son heure habituelle est passée ; mais elle a été dérangée hier au soir. Allez lui dire de se lever sur-le-champ, Marthe. — Dites lui que j'ai d'excellentes nouvelles pour elle ; — ou bien, si elle a mal à la tête, j'irai les lui apprendre avant qu'elle ne se lève. — Allez comme le vent.

Marthe sortit et revint au bout d'une ou deux minutes. — J'ai beau cogner fort, monsieur, je n' peux pas m' faire entendre d'ma maîtresse, dit elle. J' souhaite que miss Clara soit bien, ajouta t-elle avec cet amour des mauvais présages ordinaire chez les gens de sa classe, car je n' lui ai jamais connu l' sommeil si dur.

Mowbray s'élança du siége où il s'était jeté, traversa la galerie en courant et frappa avec force à la porte de sa sœur; on ne répondit pas. — Clara ! ma chère Clara ! — répondez-moi seulement un mot ; — dites seulement que vous n'êtes pas indisposée. — Je vous ai effrayée hier au soir ; — j'avais bu quelques verres de vin. — J'ai été violent :— pardonnez-moi ! — Allons, ne boudez pas ; dites un seul mot ; — dites seulement que vous êtes bien portante.

Il faisait les pauses de plus en plus longues entre chaque phrase, frappait de plus en plus fort, prêtait une oreille de plus en plus in-

CHAPITRE XXXVII.

quiète ; à la fin il essaya d'ouvrir la porte, mais il s'aperçut qu'elle était fermée en dedans ou retenue d'une autre manière. — Miss Mowbray ferme-t-elle toujours sa porte? demanda t-il à Marthe.

— Je n'la lui ai jamais vu fermer, monsieur ; elle la laisse ouverte pour que j' puisse l'appeler et ouvrir les volets des fenêtres.

Elle avait cette nuit de trop bonnes raisons de se précautionner, pensa le laird ; et il se souvint alors de l'avoir entendue barrer la porte.

— Allons, Clara, reprit-il, en proie à une grande agitation, ne faites pas d'enfantillage. Si vous ne voulez pas ouvrir la porte, il va falloir que je la force, voilà tout ; car comment puis je savoir si vous n'êtes pas malade et hors d'état de me répondre ? — si ce n'est que de l'humeur, dites-le moi. — Elle ne répond pas, continua-t-il en se tournant vers la domestique, que venait de rejoindre Touchwood.

L'inquiétude de Mowbray était si grande qu'elle l'empêcha de faire la moindre attention à son hôte, et qu'il poursuivit, sans égard à sa présence : Que faire? elle est peut-être malade, — peut-être dort-elle, — peut être est-elle évanouie ; si j'enfonce la porte, je puis lui causer une frayeur mortelle dans l'état de faiblesse où sont ses nerfs. — Clara, ma chère Clara ! dites seulement un mot, et vous resterez dans votre chambre aussi longtemps qu'il vous plaira.

Pas de réponse. La femme de chambre de miss Mowbray, à qui son agitation et ses alarmes n'avaient guère jusque-là laissé de présence d'esprit, se souvint alors d'un escalier dérobé qui communiquait du jardin à la chambre de sa maîtresse, et suggéra l'idée qu'elle pourrait bien être sortie par là.

— Sortie ! dit Mowbray en proie à la plus vive anxiété, et regardant l'épais brouillard, ou plutôt la pluie fine qui rendait cette matinée de novembre sombre et désagréable ; — sortie par un pareil temps ! — Mais nous pouvons arriver à sa chambre par l'escalier dérobé.

A ces mots, et laissant son hôte le suivre ou rester, selon qu'il le jugerait convenable, il descendit au jardin, courant plutôt qu'il ne marchait, et trouva la porte de l'escalier dérobé toute grande ouverte. Rempli d'appréhensions vagues, mais terribles, il monta précipitamment jusqu'à la porte de l'appartement de sa sœur, ouvrant du cabinet de toilette sur le palier de l'escalier : elle était entre bâillée, et celle qui communiquait du cabinet de toilette à la chambre à coucher était aussi entr'ouverte. — Clara ! Clara ! cria t-il, invoquant le nom de sa sœur plutôt dans les angoisses de son inquiétude que dans l'espoir d'une réponse. Et cette inquiétude n'était que trop fondée.

Miss Mowbray n'était pas dans l'appartement ; et à l'ordre qui y régnait, il était aisé de voir qu'elle ne s'était ni déshabillée ni couchée. Mowbray se frappa le front dans un accès de remords et de crainte :

Je l'ai mortellement effrayée, dit-il ; elle se sera enfuie dans les bois, et elle y aura péri !

Sous l'influence de cette appréhension, après avoir de nouveau parcouru l'appartement d'un regard rapide, comme pour bien s'assurer que Clara n'y était pas, il se précipita dans le cabinet de toilette, où il faillit renverser M. Touchwood, qui, par discrétion, n'avait pas osé pénétrer jusque dans la chambre.—Vous êtes aussi fou qu'un hamako[1], dit le voyageur; consultons-nous ensemble, et je suis sûr de trouver moyen...

— Au diable vos moyens! exclama Mowbray, oubliant ses résolutions de déférence respectueuse, dans son impatience naturelle qu'augmentaient encore ses alarmes; si vous aviez agi sans détours, en homme de bon sens, ceci ne serait pas arrivé!

— Que Dieu vous pardonne, jeune homme, si vos reproches sont injustes, repartit le voyageur, qui en même temps lâcha l'habit de Mowbray qu'il avait saisi; et que Dieu me pardonne aussi, si j'ai fait le mal en m'efforçant de faire pour le mieux! Mais miss Mowbray ne peut-elle pas être descendue à la Source? je vais faire atteler mes chevaux, et je m'y rends sur le champ.

— Faites, faites, dit Mowbray d'un ton d'insouciance; je vous en remercie. Puis traversant le jardin à grands pas, comme impatient de se débarrasser tout à la fois de son visiteur et de ses propres pensées, il prit le chemin le plus direct d'une petite porte conduisant aux bois environnants, à travers une portion desquels Clara avait fait percer un sentier aboutissant à un petit pavillon d'été construit en simples bardeaux et tapissé de plantes grimpantes.

Comme il traversait rapidement le jardin, Mowbray rencontra le vieux jardinier qui en avait l'entretien, homme né dans le Sud, et ancien serviteur de la famille. — Vous avez vu ma sœur? lui dit Mowbray, avec une précipitation qui accusait l'excès de sa terreur.

— Qu'est-ce que vous voulez, Saint-Ronan? repartit le vieillard, dont l'oreille était dure et l'intelligence paresseuse.

— Avez-vous vu miss Clara? lui cria Mowbray; et en même temps il murmura une ou deux imprécations contre la stupidité du jardinier.

— Oui en vérité, je l'ai vue, répondit celui ci d'un ton délibéré; quel mal est-ce qu'il y a à ce que j'aie vu miss Clara, Saint-Ronan?

— Quand, où l'avez vous vue? demanda Mowbray avec véhémence.

— Ouh! hier, après dîner; — comme vous arriviez en galopant d'un si bon train, repartit Joseph.

— Je suis aussi stupide que lui de perdre mon temps à parler à cette vieille souche! dit Mowbray; puis il reprit sa course vers la petite porte déjà mentionnée, conduisant du jardin à ce que l'on nommait habituellement la Promenade de miss Clara. Deux ou trois domestiques, chuchotant entre eux, et sur la physionomie desquels se lisaient la dou-

---

[1] On nomme ainsi en Turquie celui qui a perdu la raison. (W S.)

CHAPITRE XXXVII.

leur, la crainte et l'inquiétude, suivaient leur maître, désireux d'être employés, mais n'osant offrir leurs services à l'impétueux jeune homme.

Arrivé à la petite poterne, il trouva quelque trace de celle qu'il cherchait. Le passe partout de Clara était resté dans la serrure. Il était donc clair qu'elle devait être passée par là ; mais à quelle heure, et dans quel dessein ? c'est ce que Mowbray n'osait conjecturer. Le sentier, après avoir couru pendant un quart de mille ou plus à travers un bouquet ouvert de chênes et de sycomores, atteignait le bord du ruisseau, large en cet endroit, et devenait rapide, rocailleux, difficile pour une personne faible, et alarmant pour quelqu'un de nerveux. Il approchait souvent du bord d'une rangée de rocs escarpés, suspendus ici au dessus du cours d'eau, qui tantôt se précipitait en mugissant et couvert d'écume, tantôt semblait s'assoupir et se perdre en tournoyant dans des gouffres profonds. Les tentations que cette scène dangereuse avait dû offrir à un esprit exalté par le désespoir frappèrent Mowbray comme le souffle du seimoûn ; il fut obligé de s'arrêter un instant pour reprendre haleine et surmonter ces horribles pensées, avant d'être en état d'aller plus loin. Ceux qui le suivaient éprouvèrent les mêmes appréhensions.

— Pauvre créature ! pauvre créature ! Oh ! Dieu veuille qu'elle n'ait pas été livrée à elle-même ! Dieu veuille qu'elle ait été soutenue ! telles étaient les exclamations que Patrick et les servantes échangeaient à voix basse.

En ce moment ils entendirent derrière eux la voix du vieux jardinier, qui criait : Monsieur ! — Saint-Ronan ! monsieur ! — j'ai trouvé... j'ai trouvé...

— Avez-vous trouvé ma sœur ? s'écria Mowbray, à qui l'inquiétude ôtait la respiration.

Le vieillard ne répondit pas avant d'être arrivé près des autres ; et alors, avec le ton de lenteur qui lui était ordinaire, il répliqua, aux interpellations réitérées de son maître : Non, je n'ai pas trouvé miss Clara ; mais j'ai trouvé quelque chose que vous auriez été bien fâché de perdre, — votre beau couteau de chasse.

Il mit l'arme entre les mains de Mowbray. Celui ci, se rappelant les circonstances dans lesquelles il l'avait lancée dans la cour le soir précédent, et songeant aux conséquences trop probables de cette entrevue, proféra une imprécation énergique en regardant le couteau, et le fit voler de nouveau loin de lui dans le ruisseau. Les domestiques se regardèrent entre eux, et chacun d'eux se souvenant en même temps combien leur maître, amateur de tels objets, attachait de prix à cette arme de chasse, ils ne doutèrent pas que son inquiétude sur le compte de sa sœur ne lui eût dérangé l'esprit, du moins temporairement. Il s'aperçut de leur air confus et de leurs regards interrogateurs ; et affectant autant de calme et de présence d'esprit qu'il le put, il ordonna à Marthe et aux autres servantes de retourner sur leurs pas pour visiter les allées de l'autre côté des Shaws, puis il commanda à Patrick d'aller sonner la cloche, qui peut être, ajouta-t-il en affectant une confiance qu'il était loin d'avoir, rappellerait miss Mowbray de quelqu'une de ses longues promenades. Il dit ensuite au palefrenier d'aller l'attendre avec des chevaux au *Clattering Brig*[1], ainsi nommé d'une cascade bruyante qu'y formait le ruisseau, au-dessus duquel était jeté un petit pont en planches pour les piétons. Après s'être ainsi débarrassé de ceux qui l'avaient suivi, il continua de suivre, avec toute la vitesse dont il était capable, le sentier où il se trouvait engagé, sentier qui était une des promenades favorites de sa sœur et que peut être elle n'avait pris que par habitude, dans un moment où sa situation d'esprit, il n'avait que trop lieu de le craindre, ne lui laissait guère la faculté du choix.

Il atteignit bientôt le petit pavillon, qui n'était autre chose qu'un banc couvert et abrité de trois côtés, et dont le sol était proprement recouvert d'une couche de petits cailloux. Ce berceau, pareil à un nid de faucon, était perché presque sur le bord d'un rocher en saillie, point culminant de la ligne de rochers que nous avons mentionnée; et cette situation avait été choisie par la pauvre Clara à cause de la perspective qu'elle commandait sur la vallée. Un de ses gants se trouvait sur la petite table rustique placée dans le pavillon. Mowbray s'en saisit vivement. Il était imprégné d'humidité : — le jour précédent avait été sec; si donc elle l'avait oublié là le matin précédent ou dans le cours de la journée, il n'aurait pu être ainsi mouillé. Elle y était certainement venue pendant la nuit, alors qu'il pleuvait avec force.

Ainsi assuré que Clara était venue en ce lieu dans un moment où son trouble d'esprit et ses craintes étaient assez violemment surexcités pour l'avoir portée à fuir la maison de son père, Mowbray jeta précipitamment un regard épouvanté du sommet du précipice dans le lit profondément encaissé du ruisseau qui tournoyait au-dessous de lui. Dans le sourd mugissement de l'eau il lui semblait entendre les derniers gémissements de sa sœur; ses yeux s'arrêtaient sur les lames d'écume, et il croyait y reconnaître les lambeaux de ses vêtements. Mais un examen plus attentif lui montra qu'il n'y avait là nulle trace d'une telle catastrophe. Descendant alors le sentier de l'autre côté du pavillon, il remarqua une empreinte de pied dans un endroit où la terre était humide et tenace; et aux dimensions de cette empreinte, ainsi qu'à la forme du soulier, il lui parut que ce devait être une trace de celle qu'il cherchait. Il suivit donc cette direction aussi rapidement que le lui permettait l'attention qu'il donnait à découvrir d'autres empreintes semblables. Il crut en reconnaître plusieurs, moins parfaites, cependant, que la première, la pluie les ayant

---

[1] Pont Retentissant

CHAPITRE XXXVII.

en partie effacées : — circonstance qui semblait prouver que plusieurs heures s'étaient écoulées depuis que la personne à qui ces empreintes appartenaient était passée là.

Enfin, après avoir longtemps suivi les nombreux détours et les sinuosités d'un sentier pittoresque, Mowbray se trouva, sans avoir rien recueilli de satisfaisant, au bord du ruisseau nommé le *burn de Saint Ronan*, à l'endroit où les piétons le traversaient sur le *Clattering-Brig*; un peu plus bas il y avait un gué pour les chevaux. Arrivée à ce point, la fugitive avait pu continuer ses courses errantes à travers les bois paternels, par un sentier sinueux d'environ un mille de longueur qui revenait aboutir aux Shaws, ou bien elle avait pu traverser le pont et prendre un mauvais chemin public, praticable pour les chevaux et conduisant à l'Aultoun ou Vieux Village de Saint-Ronan.

Après un instant de réflexion, Mowbray conclut que ce dernier choix était le plus probable. — Il monta son cheval, que le domestique avait amené conformément à son ordre, et ordonnant à cet homme de retourner par le sentier de piétons que lui même ne pouvait explorer, il descendit vers le gué. Le ruisseau s'était gonflé durant la nuit, et le domestique ne put s'empêcher de prévenir son maître qu'il y aurait un grand danger à essayer de le traverser. Mais l'esprit de Mowbray était trop agité pour lui permettre de prêter l'oreille à un conseil de prudence. Il poussa le cheval dans le torrent, quoique l'animal s'ébrouât et regimbât, et que l'eau, s'élevant jusqu'au bord le plus élevé de son lit, couvrit entièrement le pommeau et la croupe de la selle. Ce fut seulement grâces à sa vigueur et à sa dextérité que l'excellent cheval parvint à garder la ligne du gué. Si le courant l'avait entraîné parmi les rochers qui se projetaient au-dessous du gué, les conséquences de cette dérivation eussent nécessairement été fatales. Mowbray atteignit néanmoins sans accident la rive opposée, à la grande joie et à la non moins grande admiration du domestique, qui était resté sur le bord témoin stupéfait de la tentative. Mowbray se dirigea alors d'un bon pas vers l'Aultoun, décidé, s'il n'y apprenait pas de nouvelles de sa sœur, à donner l'alarme et à organiser une recherche générale, puisque sa fuite des Shaws ne pourrait, dans ce cas, être plus longtemps tenue cachée. Nous devons cependant le laisser dans son état actuel d'incertitude, afin d'apprendre à nos lecteurs la réalité de malheurs dont son esprit inquiet et sa conscience agitée ne pouvaient que lui donner le pressentiment.

CHAPITRE XXXVIII.

LA CATASTROPHE.

> Quel spectre enveloppé de son linceul erre au milieu de l'orage? car jamais fille de cette terre ne prit un pareil lieu ni un pareil moment pour venir conter ses douleurs.
> *Ancienne Comedie.*

Le chagrin, la honte, la confusion et la terreur s'étaient réunis pour accabler l'infortunée Clara Mowbray au moment où elle se sépara de son frère, après l'orageuse et périlleuse entrevue que nous avons eu à rapporter dans un des précédents chapitres. Depuis nombre d'années, sa vie entière, toutes ses pensées, avaient été remplies de l'appréhension terrible d'une découverte, et maintenant ce qu'elle craignait était arrivé. L'extrême violence de son frère, qui avait été jusqu'à menacer ses jours, jointe à ce conflit d'émotions douloureuses, produisit en elle un saisissement de crainte qui probablement paralysa toutes ses facultés, et ne lui laissa que l'instinct aveugle qui pousse à la fuite, comme à la ressource la plus prochaine dans le danger.

Nous ne sommes pas à même de suivre pas à pas la malheureuse jeune fille. Il est probable qu'elle s'enfuit des Shaws en entendant arriver la voiture de M. Touchwood, qu'elle put prendre pour celle de lord Etherington; et ainsi, tandis que Mowbray s'abandonnait à l'heureuse perspective que semblait lui ouvrir le récit du voyageur, sa sœur luttait contre la pluie et l'obscurité, au milieu des difficultés et des dangers du sentier rocailleux que nous avons décrit. Ces difficultés et ces dangers étaient tels, qu'une femme plus délicatement élevée serait tombée d'épuisement, ou aurait été forcée de revenir sur ses pas et de regagner la demeure qu'elle venait d'abandonner. Mais les courses solitaires de Clara l'avaient endurcie à la fatigue et aux marches de nuit; et la terreur plus profonde qui la poussait à fuir la rendait insensible aux périls du chemin. Elle avait passé au pavillon, comme le prouvait son gant qui y était resté, et elle avait ensuite traversé le petit pont; quoiqu'il fût presque merveilleux que durant une nuit si noire elle eût pu suivre avec tant d'exactitude un sentier où un seul pas mal dirigé aurait pu la précipiter dans l'éternité.

Il est probable que l'énergie et les forces de Clara commencèrent à

CHAPITRE XXXVIII.

lui manquer lorsqu'elle se fut avancée pendant un certain espace sur la route de l'Aultoun ; car elle s'était arrêtée à la cabane solitaire occupée par la vieille qui pendant quelque temps avait été l'hôtesse de la repentante Hannah Irwin. Elle y avait frappé, à ce qu'avouait l'habitante de la chaumière, qui convenait l'avoir entendue gémir amèrement en conjurant qu'on lui ouvrît. La vieille était un de ces êtres dont l'adversité a changé le cœur en pierre, et elle s'obstina à tenir sa porte fermée, sous l'inspiration, probablement, de sa haine contre la race humaine, plus que par celle des craintes superstitieuses qui se seraient emparées d'elle, bien qu'elle prétendît avoir été effrayée par la douceur et la mélodie surnaturelles de l'accent avec lequel cette femme errante et attardée la suppliait d'ouvrir. Elle avouait qu'en entendant la pauvre suppliante s'éloigner de la porte, son cœur avait été attendri, et qu'elle s'était décidée à ouvrir dans l'intention de lui offrir du moins un abri ; mais qu'avant qu'elle eût pu se traîner jusqu'à la porte et ôter la barre, la malheureuse avait disparu : ce qui avait confirmé l'idée de la vieille que le tout était une illusion de Satan.

On peut conjecturer que l'infortunée ainsi repoussée ne fit pas d'autre tentative pour éveiller la pitié et obtenir un abri avant d'être arrivée à la manse de M. Cargill, à la fenêtre supérieure de laquelle il y avait encore de la lumière, ce qui provenait d'une cause qui demande quelque explication.

Le lecteur connaît les raisons qui déterminèrent Bulmer, lord titulaire d'Etherington, à éloigner du pays le seul témoin qui pût, à ce qu'il pensait, ou qui du moins pouvait vouloir porter témoignage de la fraude dont il s'était rendu coupable à l'égard de l'infortunée Clara Mowbray. Des trois personnes présentes au mariage, outre les parties, le ministre était complétement abusé. Le comte regardait Solmes comme lui étant exclusivement dévoué ; de sorte que si, par l'intermédiaire de ce dernier, Hannah Irwin pouvait être éloignée de la scène, il pensait, avec toute apparence de raison, qu'il ne resterait plus à produire contre lui aucun témoignage de la trahison qu'il avait accomplie. Il s'ensuivit que Solmes reçut, comme peut s'en souvenir le lecteur, la commission de l'éloigner sans perdre un moment ; et il avait rapporté à son maître que ses efforts avaient réussi.

Mais depuis que Solmes était tombé sous l'influence de Touchwood, il était constamment employé à déjouer les plans qu'il semblait le plus actif à favoriser, en même temps que le voyageur jouissait du plaisir pour lui sans égal, de contreminer aussi vite que Bulmer pouvai creuser ses mines, et qu'il avait en perspective l'agréable espoir de faire sauter le mineur avec son propre pétard A cet effet, aussitôt que Touchwood apprit qu'on demandait à sa maison les actes originaux qu'y avait laissés en dépôt le feu comte d'Etherington, il expédia une lettre pour enjoindre de n'envoyer que des copies, et fit ainsi échouer le projet désespéré formé par Bulmer de s'emparer de ce témoignage. Pour la même raison, quand Solmes lui annonça le vif désir qu'avait son maître d'éloigner Hannah Irwin du pays, il le chargea de faire soigneusement transporter la malade à la manse, où il fut aisé d'obtenir de M. Cargill qu'il lui donnât un refuge temporaire.

Pour ce digne homme, qu'on pouvait appeler le bon Israélite, la situation misérable de la pauvre femme eût été une recommandation suffisante, et il n'était pas probable non plus qu'il s'enquît si la maladie n'était point contagieuse, ni qu'il fît aucune de ces investigations préalables qui sont parfois autant d'empêchements à la libéralité ou à l'hospitalité de philanthropes plus prudents. Mais pour l'intéresser encore davantage, M. Touchwood l'informa par un mot d'écrit que la malade (qui ne lui était pas entièrement inconnue) était en possession de certaine information des plus essentielles touchant une famille honorable et de conséquence, et que son intention était de se rendre à la manse dans la soirée, accompagné de M. Mowbray de Saint-Ronan en sa qualité de magistrat, pour recevoir sa déclaration sur ce sujet important. Tel était en effet le projet du voyageur ; projet qu'il aurait pu réaliser, n'eût été, d'une part, le goût pour les voies détournées que fortifiait en lui le sentiment d'importance personnelle dont il était pénétré, et, de l'autre, la fougueuse impatience de Mowbray, ce qui, comme le sait le lecteur, entraîna l'un aux Shaws de toute la vitesse de son cheval, et obligea l'autre de le suivre en toute hâte. Il informa le ministre de cette nécessité par un billet qu'il lui dépêcha par un exprès au moment où lui-même montait en voiture.

Il recommandait qu'on eût les soins les plus particuliers pour la malade, il promettait d'être à la manse avec M. Mowbray le lendemain matin de bonne heure, — et, avec cette suffisance invétérée qui le portait toujours à vouloir tout conduire lui-même, il enjoignait à son ami M. Cargill de ne recevoir ni déclaration ni confession de la malade avant que lui-même fût arrivé, sauf en cas de nécessité urgente.

Il avait été facile à Solmes de transférer la malheureuse Hannah de la misérable chaumière à la manse du ministre. La première apparition de celui qui avait été le complice de la plupart de ses fautes l'avait, à la vérité, épouvantée ; mais il ne se fit pas scrupule de l'assurer qu'il éprouvait un repentir égal au sien, et qu'il la faisait transporter en un lieu où leurs déclarations réunies seraient légalement reçues, afin qu'ils pussent réparer autant que possible le mal dont ils s'étaient conjointement rendus coupables. Il lui promit aussi qu'elle serait bien traitée et qu'on prendrait soin de ses enfants ; et elle l'accompagna alors volontiers à la demeure du ministre, Solmes lui-même étant résolu de se cacher et d'attendre l'issue du mystère sans se remontrer devant son maître, dont il voyait bien que l'étoile était sur le point d'être rapidement précipitée de sa sphère élevée.

CHAPITRE XXXVIII.

Le ministre visita la malheureuse Irwin, ainsi qu'il l'avait déjà souvent fait depuis qu'elle résidait dans le voisinage, et il recommanda qu'on eût d'elle le plus grand soin. Durant toute la journée, elle parut mieux ; mais, soit qu'on lui eût fourni trop abondamment les moyens de réparer ses forces épuisées, soit que les remords dont sa conscience était bourrelée l'eussent assaillie avec un redoublement de violence quand elle ne sentit plus les étreintes immédiates du besoin, il est certain que sur les minuit la fièvre commença à gagner du terrain, et que la personne chargée de la veiller vint informer le ministre, alors profondément occupé du siége de Ptolémaïs, qu'elle doutait que la femme allât jusqu'au matin, et qu'elle avait sur le cœur un poids dont elle désirait, selon les expressions de l'émissaire, se faire poitrine nette avant de mourir ou de perdre l'usage de ses sens.

Réveillé par une telle crise, M. Cargill devint tout à coup un homme de ce monde, d'une intelligence lucide, plein de sang-froid et de résolution, comme il l'était toujours quand le chemin du devoir s'ouvrait devant lui. Comprenant, aux diverses insinuations de son ami Touchwood, que la chose était d'une extrême conséquence, son humanité, jointe au sentiment de son inexpérience, le porta à envoyer réclamer une assistance plus habile que la sienne. Son jardinier fut, en conséquence, dépêché à cheval à la Source pour y chercher le docteur Quackleben, en même temps que sur la suggestion de l'une des servantes, qui rappela que mistress Dods était une femme rare au lit d'un malade, cette fille fut envoyée invoquer l'assistance de la maîtresse du *Croc*, laquelle n'avait pas habitude, en effet, de se refuser à ce qui pouvait être utile. L'émissaire mâle se trouva n'être, comme disent les Écossais, qu'un corbeau messager : ou il ne rencontra pas le docteur, ou il le trouva trop bien occupé pour venir au chevet d'une mendiante sur une requête qui ne lui promettait pour rémunération que ce que pouvait donner un ministre de paroisse. Mais l'ambassadeur femelle fut plus heureux ; car, bien que cette fille eût trouvé notre amie Luckie Dods se préparant à se mettre au lit, à une heure beaucoup plus avancée que de coutume, par suite de l'inquiétude que lui causait l'absence imprévue de M. Touchwood, la bonne vieille dame grommela seulement un peu contre les fantaisies qu'avait le ministre de recueillir des pauvres dans sa propre maison, puis, mettant sur-le-champ sa mante, son capuchon et ses patins, elle prit le chemin de la manse avec toute la diligence du bon Samaritain, une servante portant la lanterne devant elle, tandis que l'autre restait à garder la maison et à veiller à ce que rien ne manquât à M. Tyrrel, qui s'était volontiers engagé à rester sur pied jusqu'au retour de M. Touchwood.

Mais avant que dame Dods ne fût arrivée à la manse, la malade avait fait appeler M. Cargill en sa présence, et lui avait demandé de recevoir et de mettre par écrit sa confession, tandis qu'il lui restait assez de vie et de souffle pour la faire.

— Car je crois, ajouta t-elle en se dressant sur son séant et en roulant ses yeux autour d'elle d'un air égaré, je crois que si je confessais mon crime à un homme d'un caractère moins sacré, le malin esprit, dont j'ai été l'esclave, viendrait enlever sa proie, corps et âme, avant que l'âme et le corps se soient séparés l'un de l'autre, quelque court que doive être le temps qu'ils ont encore à rester unis!

M. Cargill voulait lui faire entendre quelque consolation spirituelle; mais elle répondit, avec un mouvement d'humeur et d'impatience : Ne perdez pas vos paroles! — ne perdez pas vos paroles! — Laissez-moi dire ce que je dois dire, et le signer de ma main; et vous, comme le serviteur le plus immédiat de Dieu, et tenu, en conséquence, de rendre témoignage à la vérité, prenez garde d'écrire ce que je vous dirai, et rien autre chose. J'aurais désiré dire cela au laird de Saint-Ronan; — j'avais même commencé à en faire le récit à d'autres : mais je suis bien aise de n'avoir pas achevé; — car je vous connais, Josiah Cargill, quoique depuis longtemps vous m'ayez oubliée.

— Cela se peut, dit Cargill. Je n'ai en effet nul souvenir de vous.

— Vous avez autrefois connu Hannah Irwin, cependant, la compagne et la parente de miss Clara Mowbray, et qui était présente avec elle cette nuit de péché où elle fut mariée dans l'église de Saint Ronan.

— Voulez-vous dire que vous êtes Hannah Irwin? repartit Cargill en dirigeant la chandelle de manière à jeter un peu de clarté sur le visage de la malade. Je ne puis le croire.

— Non? Il y a en effet de la différence entre le vice accomplissant avec succès ses machinations, et le vice entouré de toutes les horreurs d'un lit mortuaire!

— Ne désespérez pas encore. La grâce divine est toute-puissante; — en douter est un grand crime.

— Soit! — je ne saurais qu'y faire. — Mon cœur est endurci, M. Cargill; et il y a là quelque chose (elle appuyait la main sur son sein) qui me dit que ma vie prolongée et ma santé rétablie, mes angoisses présentes seraient oubliées, et que je redeviendrais ce que j'ai été. J'ai rejeté l'offre de grâce, M. Cargill, et cela non pas par ignorance, car j'ai péché les yeux ouverts. Ne vous inquiétez donc pas de moi, qui ne suis qu'une réprouvée. Il voulut de nouveau l'interrompre; mais elle continua : Si réellement vous voulez mon bien, laissez-moi soulager mon sein de ce qui l'oppresse, et il peut se faire que je sois alors plus en état de vous écouter. Vous ne vous souvenez pas de moi, dites vous? — mais si je vous dis combien de fois vous refusâtes de vous prêter en secret à ce que l'on réclamait de vous, — combien vous représentâtes que c'était contraire aux règles canoniques; — si je mentionne la raison à laquelle vous cédâtes, — et que je vous rappelle votre intention de confesser votre transgression à vos frères de la cour ecclésiastique, d'alléguer votre excuse et de vous soumettre à leur censure, qui, disiez vous, ne pouvait qu'être grave, vous reconnaîtrez alors que dans la voix de la misérable mendiante vous entendez la parole de celle qui fut autrefois l'artificieuse, l'élégante, la captieuse Hannah Irwin.

— Je la reconnais ! — je la reconnais ! dit M. Cargill ; j'admets ces signes de reconnaissance, et crois que vous êtes en effet celle dont vous prenez le nom.

Alors un pénible pas est fait ; car j'aurais déjà allégé ma conscience par la confession, sans ce maudit orgueil d'esprit qui rougissait de la pauvreté, quoiqu'il n'eût pas reculé devant le crime. — Hé bien, ces arguments qui vous furent présentés par un jeune homme que vous connûtes sous le nom de Francis Tyrrel, quoique son nom réel fût celui de Valentin Bulmer, ces arguments étaient une basse et infâme déception à laquelle nous eûmes recours avec vous. — N'avez-vous pas entendu quelqu'un soupirer ? — j'espère qu'il n'y a personne dans la chambre. — Je compte bien mourir quand ma confession sera signée et scellée, sans que mon nom soit traîné en public. — J'espère que vous n'avez pas amené ici vos domestiques pour contempler mon abjection et ma misère ; — je ne pourrais le supporter.

Elle se tut et prêta l'oreille ; car le sens de l'ouïe, habituellement amorti par la souffrance, doit parfois à la maladie, au contraire, un surcroît de sensibilité. M. Cargill l'assura qu'il n'y avait là personne autre que lui. — Mais, ô malheureuse femme ! ajouta-t-il, à quoi votre préambule doit il me préparer !

— Quelque sinistres que soient vos prévisions, elles seront pleinement justifiées. — Je fus la coupable confidente du faux Francis Tyrrel. - - Clara aimait le véritable. — Lors de la fatale cérémonie, la mariée et le ministre furent également trompés ; — et moi je fus la misérable — le démon — qui, prêtant aide à un démon encore plus noir s'il était possible, eut la part principale dans l'accomplissement de ce malheur sans remède !

— Misérable ! exclama le ministre ; n'aviez vous donc pas assez fait ? — Pourquoi exposâtes-vous la fiancée d'un frère à devenir la femme de l'autre ?

— Je n'agissais que d'après les instructions de Bulmer ; mais j'avais affaire à un maître joueur. Il réussit, par le moyen de son agent Solmes, à me faire épouser un homme qu'il avait su me representer comme riche : — un misérable qui me maltraita, — qui me pilla, — qui me vendit. — Oh ! si les démons rient, comme j'ai entendu dire qu'ils le peuvent, quel jubilé de mépris ce sera parmi eux quand Bulmer et moi entrerons dans leur séjour de tortures ! — Écoutez ! j'en suis sûre, on a soupiré vivement, comme si on frissonnait !

— Vous troublerez vous même vos idées si vous vous abandonnez à ces imaginations. Soyez calme, — parlez ; — mais du moins, et pour une fois, dites la vérité !

— Je dirai la vérité, car ce sera le moyen le plus sûr de satisfaire ma haine contre celui qui, après m'avoir dépouillée de ma vertu, fit de moi le jouet et la victime du plus vil de l'espèce. C'est pour cela, c'est pour le démasquer, que je suis venue jusqu'ici. J'avais entendu dire qu'il renouvelait ses prétentions à la main de Clara, et j'étais venue pour tout dire au jeune Mowbray. — Mais pouvez-vous être étonné que j'aie reculé jusqu'à ce dernier moment? — Je me rappelais ma conduite avec Clara : comment aurai-je soutenu le regard de son frère? — Et cependant je ne la haïssais pas après avoir appris l'excès de ses souffrances, quand je sus que sa douleur touchait presque à la folie ; — je ne la hais pas alors. Je regrettai qu'elle ne fût pas tombée en partage à un homme meilleur que Bulmer ; j'eus compassion d'elle après qu'elle fut délivrée par Tyrrel, et vous pouvez vous souvenir que ce fut moi qui obtint de vous de tenir son mariage caché.

— Je m'en souviens, repartit Cargill, et aussi que vous alléguâtes, comme raison de garder le secret, le danger qu'elle pourrait courir de la part de sa famille. Je le tins caché, jusqu'à ce que le bruit qu'elle allait se marier une seconde fois me parvint aux oreilles.

Hé bien donc, Clara Mowbray me doit son pardon, — puisque le mal que je lui ai fait était inévitable, tandis que ce que je lui ai fait de bien a été volontaire. — Il faut que je la voie, Josiah Cargill;   il faut que je la voie avant de mourir. — Je ne prierai pas avant de l'avoir vue, — sans l'avoir vue je ne profiterai pas de vos pieuses paroles! Si je ne puis obtenir le pardon d'un vermisseau semblable à moi, comment espérerai-je celui de....

Elle s'interrompit en tressaillant et en poussant un faible cri ; car du côté opposé à celui où était assis Cargill, les rideaux, tirés par un bras affaibli, s'entr'ouvrirent lentement, et Clara Mowbray se montra près du lit, ses vêtements et ses longs cheveux trempés de pluie et ruisselants d'eau. La mourante se redressa, les yeux sortant de leurs orbites, les lèvres tremblantes, le visage pâle, saisissant les couvertures de ses mains décharnées comme pour se retenir, et paraissant aussi épouvantée que si sa confession avait évoqué le fantôme de celle dont elle avait trahi l'amitié.

Hannah Irwin, dit Clara avec la douceur d'accent qui lui était habituelle, l'amie de mes jeunes années,   toi dont je ne provoquai jamais l'inimitié, — aie recours à Celui qui a un pardon pour nous tous, aie recours à Lui avec confiance! — Car je te pardonne aussi sincèrement que si tu ne m'avais jamais offensée, — aussi sincèrement que je désire mon propre pardon. — Adieu ! — adieu !

Elle quitta la chambre avant que le ministre eût pu se convaincre que ce qu'il voyait n'était pas un fantôme. Il descendit précipitamment l'escalier, il appela à son aide : — mais personne ne put répondre à sa voix ; car les râlements qui partaient de la chambre de la malade ne permettaient pas de douter qu'elle ne rendît le dernier soupir, et mistress Dods n'arriva en ce moment avec sa servante que pour être témoin de la mort d'Hannah Irwin, qui eut lieu presque au même instant.

Cet événement venait à peine d'arriver, que la seconde servante qui avait été laissée à l'auberge accourut, les traits bouleversés par la terreur, prévenir sa maîtresse qu'une dame était entrée dans la maison comme un esprit et se mourait dans la chambre de M. Tyrrel. Nous devons raconter à notre manière ce qu'il y avait de vrai dans l'histoire.

Dans l'état d'esprit de miss Mowbray, un coup moins violent que celui qu'elle avait reçu de la violence despotique de son frère, ajouté à la fatigue, aux dangers et aux terreurs de sa course nocturne, aurai pu suffire pour épuiser ses forces corporelles et déranger ses facultés mentales. Nous avons dit précédemment que la lumière qu'elle avait vu briller à une des fenêtres de la manse avait probablement attiré son attention ; et dans la confusion où se trouvait en ce moment une maison qui ne se faisait jamais remarquer par son excès d'ordre, il lui fut aisé de monter l'escalier et d'entrer dans la chambre de la malade sans être aperçue. Ce fut ainsi qu'elle entendit la confession d'Hannah Irwin, récit suffisant pour achever de troubler sa raison.

Nous ne pouvons savoir si en effet elle cherchait Tyrrel, ou si elle fut guidée comme tout à l'heure par une fenêtre encore éclairée au milieu de l'obscurité générale : mais sa seconde apparition fut près de son malheureux amant, alors tout occupé d'une lettre qu'il était en train d'écrire, et qui vit soudainement une clarté se réfléchir sur un grand miroir antique suspendu contre le mur opposé. Il leva la tête, et vit la figure de Clara, le bras étendu, et tenant à la main une lumière qu'elle avait trouvée dans le corridor. Il resta un instant les yeux fixés sur cette ombre effrayante, avant d'oser tourner la tête vers le corps ainsi réfléchi. Il se retourna enfin ; et la physionomie pâle et immobile de Clara le pénétra presque de l'idée qu'il avait devant les yeux une apparition. Il frissonna involontairement quand, se penchant vers lui, elle lui prit la main. — Venez ! dit elle d'un accent précipité ; venez, mon frère me suit pour nous tuer tous les deux. Venez, Tyrrel, et fuyons ; nous lui échapperons aisément. Hannah Irwin a pris les devants ; — mais si nous sommes rejoints, je ne veux plus qu'il y ait de combat. — Il faut que vous me promettiez qu'il n'y en aura pas ; — nous n'en avons déjà eu que trop. Mais vous serez sage à l'avenir.

— Clara Mowbray ! exclama Tyrrel. Hélas ! en est il ainsi ? Restez, — ne sortez pas (car elle se disposait à repartir) ; — restez, — restez ! — asseyez-vous.

— Il faut que je m'en aille, répliqua t elle, il faut que je m'en aille; — on m'attend; Hannah Irwin est allée devant pour tout dire, et il faut que je la suive. Ne voulez vous pas me laisser aller? si vous me retenez de force, je sais qu'il faudra que je m'asseoie; — mais vous ne pourrez pas me garder ici, malgré tout.

Il s'ensuivit un accès de convulsions, dont la violence semblait annoncer qu'elle était en effet appelée à faire le dernier et sombre voyage. La servante, qui était enfin arrivée aux cris réitérés de Tyrrel, s'enfuit épouvantée de la scène dont elle se vit témoin en entrant, et porta à la manse l'alarme que nous avons précédemment mentionnée.

La vieille aubergiste fut obligée de quitter une scène de douleur pour une autre, se demandant en elle-même quelle fatalité avait pu marquer une seule nuit de tant de misères. Quel fut son étonnement, en arrivant chez elle, d'y trouver la fille d'une maison qu'au milieu même de leurs differents elle n'avait jamais cessé d'aimer, dans un état peu éloigné de la folie, et secourue par Tyrrel, dont l'esprit ne paraissait guère plus calme que celui de la malheureuse Clara! Les singularités de mistress Dods n'étaient qu'une rouille accumulée sur son caractère, dont elle n'avait altéré ni la force ni l'énergie natives; et ses émotions n'étaient pas assez violentes pour la mettre hors d'état de penser et d'agir avec la résolution que les circonstances exigeaient.

— M. Tyrrel, dit-elle, ceci n'est pas un spectacle pour un homme; — il faut vous relever et vous en aller dans une autre chambre.

— Je ne bougerai pas d'auprès d'elle, répondit-il. Je ne la quitterai plus, ni maintenant, ni aussi longtemps qu'elle et moi nous vivrons.

— Ce ne sera pas pour longtemps, M. Tyrrel, si vous ne voulez pas vous laisser gouverner par le sens commun.

Tyrrel tressaillit, comme comprenant à demi ce qu'elle disait; mais il resta immobile.

Allons, allons, reprit la compatissante aubergiste; ne restez pas à regarder un spectacle assez triste pour briser un cœur plus dur que le vôtre, mon cher M. Tyrrel; — votre propre bon sens vous le dit, vous ne pouvez demeurer ici. — On aura bien soin de miss Clara, et j'irai toutes les demi-heures à la porte de votre chambre vous dire comment elle sera.

La nécessité du cas était incontestable, et Tyrrel souffrit qu'on le conduisît à un autre appartement, laissant miss Mowbray aux soins de l'hôtesse et de ses servantes. En proie à une vive agonie, il comptait les heures, moins à la montre que par les visites que mistress Dods, fidèle à sa promesse, lui faisait par intervalles, pour lui dire que Clara n'était pas mieux, — qu'elle était plus mal, — et, enfin, qu'elle ne pensait pas qu'elle pût aller jusqu'au matin. Calme et froid dans les occasions communes, Tyrrel était violent et impétueux en proportion quand ses passions étaient excitées, et il fallut toute l'influence et les supplications de la bonne hôtesse pour l'empêcher de se précipiter dans la chambre de la malade bien-aimée, et de s'assurer par ses propres yeux de l'état où elle se trouvait. Enfin il y eut un long intervalle,— un intervalle compté par heures, — si long, en effet, que Tyrrel en conçut la flatteuse espérance que Clara s'était assoupie, et que le sommeil pourrait lui rafraîchir à la fois et l'esprit et le corps. Il en conclut que mistress Dods n'osait pas bouger de crainte de troubler le repos de la malade; et, comme obéissant lui-même à ce sentiment qu'il lui attribuait, il cessa de se promener dans sa chambre, ainsi qu'il l'avait fait jusque-là dans son agitation, et il se jeta sur une chaise, n'osant pas même remuer un doigt, et retenant sa respiration autant que possible, non moins que s'il eût été assis au chevet de la malade. La matinée était déjà avancée quand son hôtesse parut dans sa chambre, la physionomie grave et sombre.

— M. Tyrrel, dit-elle, vous êtes chrétien.

— Chut ! chut, au nom du Ciel ! répliqua-t-il ; vous allez troubler miss Mowbray.

— Rien ne la troublera plus, la pauvre créature ; ils auront grandement à répondre, ceux qui l'ont amenée là !

— Oui, — oh oui ! exclama Tyrrel en se frappant le front, et je la vengerai sur chacun d'eux ! — Puis je la voir ?

— Il vaut mieux que vous ne la voyiez pas, dit la digne femme ; mais il se dégagea d'elle et s'élança dans la chambre où était restée Clara.

— La vie est-elle éteinte ? — n'en reste t-il plus une étincelle ? demanda t-il avec véhémence en s'adressant à un chirurgien de campagne, homme de sens, qu'on avait appelé de Marchthorn dans le courant de la nuit. Le médecin secoua la tête.   Tyrrel se précipita au chevet du lit, et se convainquit par ses propres yeux que celle dont il avait causé et partagé les douleurs était maintenant insensible à toute souffrance terrestre. Il poussa un cri de désespoir, et se jeta sur la main livide du cadavre, qu'il mouilla de ses larmes et dévora de baisers ; pendant un moment on eût pu le prendre pour un insensé. Cédant enfin aux instances réitérées de tous ceux qui étaient présents, il se laissa conduire de nouveau à un autre appartement, suivi du chirurgien, empressé de lui prodiguer les tristes consolations que comportait le moment.

— Puisque vous prenez une part si vive au sort prématuré de cette jeune dame, lui dit-il, ce sera peut-être une satisfaction pour vous, quelque triste qu'elle soit, de savoir que la mort a été déterminée par une compression au cerveau, probablement accompagnée d'épanchement ; et je crois être autorisé à affirmer, d'après les symptômes, que si la vie avait été épargnée, la raison, en toute probabilité, ne serait jamais revenue. En un tel cas, monsieur, les parents les plus affectionnés doivent reconnaître qu'en comparaison de la vie, la mort est une merci du Ciel.

— Une merci? repartit Tyrrel; pourquoi, alors, cette merci m'est-elle refusée? — Je le sais, — je le sais! — la vie m'est laissée jusqu'à ce que je l'aie vengée.

Il se leva vivement, et descendit précipitamment l'escalier. Mais au moment où il allait franchir le seuil de l'auberge, il fut retenu par Touchwood, qui descendait de voiture à l'instant même, les traits empreints d'une sombre préoccupation bien différente de leur expression habituelle. — Où allez-vous? — où allez-vous? dit-il en prenant le bras de Tyrrel et en le retenant de force.

— Chercher la vengeance! répondit Tyrrel. — Faites-moi place! — sur votre tête, faites moi place!

— La vengeance appartient à Dieu, répliqua le vieillard, et sa foudre a déjà frappé. — Par ici, — par ici, continua-t-il en entraînant Tyrrel dans la maison. — Apprenez, reprit-il dès qu'il l'eut amené de force dans une chambre, apprenez que Mowbray de Saint-Ronan a rencontré Bulmer il y a une demi-heure, et qu'il l'a tué sur la place.

— Tué? — qui? repartit Tyrrel d'un ton égaré.

— Valentin Bulmer, le comte titulaire d'Etherington.

— Vous apportez des nouvelles de mort dans la maison de la mort, s'écria Tyrrel, et il ne me reste rien dans ce monde pour lequel je doive vivre!

CHAPITRE XXXIX.

CONCLUSION.

> Nous approchons de notre conclusion; car ce qui suit n'est que le récit de misères sans intérêt et sans variété. Des rochers escarpés et de profonds précipices peuvent séduire le pinceau, comme la plume est captivée par des événements soudains, par d'obscurs complots et d'étranges aventures; mais qui voudrait peindre la lande monotone enveloppée de brouillards, n'offrant partout que stérilité et desolation?
> Ancienne Comédie.

Quand Mowbray traversa le ruisseau, ainsi que nous l'avons rapporté, son esprit était dans cette disposition de sombre mécontentement sans objet déterminé, qui cherche quelque chose sur quoi porter la rage qui le travaille, comme un volcan avant l'éruption. Tout à coup un ou deux coups de feu, suivis d'éclats de voix et de rires, lui rappelèrent qu'il avait promis de venir vider à cette heure-là même, et dans cet endroit retiré, une gageure relative au tir du pistolet, gageure à laquelle étaient intéressés le lord titulaire d'Etherington, Jekyl et le capitaine Mac-Turk. La perspective que ce souvenir lui ouvrit de pouvoir se venger de l'homme qu'il regardait comme l'auteur des malheurs de sa sœur était, dans sa situation d'esprit, trop tentante pour qu'il s'en détournât; donnant de l'éperon à son cheval, il traversa le taillis au grand galop jusqu'à la petite clairière, où les autres parties, désespérant de le voir arriver, avaient commencé leur divertissement. Une acclamation joyeuse salua son approche.

— Voici venir Mowbray, ruisselant d'eau, par Dieu! comme un arrosoir, dit le capitaine Mac-Turk.

— Je ne le crains pas, ajouta lord Etherington (nous pouvons encore l'appeler ainsi); il a couru trop vite pour avoir la main sûre.

— C'est ce que nous allons bientôt voir, mylord Etherington, ou plutôt M. Valentin Bulmer, repartit Mowbray en sautant de cheval et en jetant la bride sur une branche d'arbre.

— Que signifie ceci, M. Mowbray? dit Etherington en se redressant, tandis que Jekyl et le capitaine Mac-Turk se regardaient d'un air surpris.

— Cela signifie, monsieur, que vous êtes un drôle et un imposteur, qui avez pris un nom auquel vous n'avez pas droit.

— Ceci, M. Mowbray, est une insulte que je ne puis porter plus loin que cette place même.

Si vous en aviez montré l'intention, vous auriez eu à y joindre quelque chose de plus dur à porter.

— Assez, assez, mon cher monsieur; bon cheval n'a pas besoin d'éperon. — Jekyl, vous aurez la bonté de me servir de second dans cette affaire?

Certainement, mylord, répondit Jekyl.

— Et comme il ne paraît pas y avoir chance de terminer l'affaire amicalement, dit le pacifique capitaine Mac-Turk, je serai fort heureux, si on le veut bien, d'aider mon digne ami M. Mowbray de Saint-Ronan de mon appui et de mes avis. — C'est une très-heureuse chance que nous nous soyons trouvés ici avec les armes nécessaires, car c'eût été chose fort désagréable de garder longtemps une pareille affaire sur l'estomac, aussi bien que de la vider sans témoins.

— Je voudrais bien d'abord savoir à propos de quoi est venue toute cette colère subite, dit Jekyl.

— A propos de rien, répondit Etherington, si ce n'est d'une portée de jument que M. Mowbray a découverte. Il sait que sa sœur a toujours fait la folle, et il aura maintenant, je suppose, appris que dans son temps elle avait également fait.... des folies.

— *O crimini!* exclama le capitaine Mac-Turk; mon cher capitaine, chargeons les pistolets et mesurons la distance, — car sur mon âme! si nous les laissons échanger de ces douceurs-là entre eux, il n'y aura que les deux bouts d'un mouchoir qui pourront les contenter, — Gottam!

Dans cette intention amicale, le terrain fut promptement mesuré. Chacun des deux adversaires était connu pour un excellent tireur; et le capitaine offrit à Jekyl de parier un mutchkin de *glenlivat* que tous deux tomberaient au premier feu. L'événement montra qu'il ne s'était guère trompé; car la balle de lord Etherington effleura la tempe de Mowbray, au même temps que celle de Mowbray lui traversait le cœur. Il fit un bond à trois pieds du sol et retomba raide mort. Mowbray resta immobile comme une colonne de pierre, le bras pendant à son côté, et sa main tenant serré l'instrument de mort encore fumant à la bouche et à la lumière. Jekyl courut relever et soutenir son ami, et le capitaine Mac-Turk, après avoir ajusté ses lunettes, mit un genou à terre pour le regarder en face. — Nous aurions dû avoir le docteur Quackleben ici, dit-il en essuyant ses verres et en les replaçant dans leur étui de chagrin; au surplus, ce n'aurait été que pour la forme, — car il est bien mort, le pauvre garçon. — Mais allons, mon enfant, ajouta-t-il en prenant Mowbray par le bras, il faut nous en aller de notre côté, vous et moi, avant qu'il n'en advienne pis. — J'ai ici un petit poney, et vous avez votre cheval; nous allons gagner March-thorn. — Capitaine Jekyl, je vous souhaite le bonjour. — Voulez-vous mon parapluie pour retourner à l'auberge? je crois que le temps va se mettre à la pluie.

Mowbray n'avait pas fait un quart de mille avec son guide et compagnon qu'il arrêta son cheval et refusa d'aller plus loin avant d'avoir su ce que Clara était devenue. Le capitaine commençait à s'apercevoir qu'il avait à conduire un disciple fort peu traitable, et ils en étaient à discuter vivement ensemble, quand Touchwood vint à passer dans sa chaise de louage. Aussitôt qu'il reconnut Mowbray il fit arrêter la voiture, pour l'informer que sa sœur était au Vieux Village, ce qu'il avait appris d'un messager qu'on avait envoyé de là à la Source pour y réclamer le secours d'un médecin, secours qu'il n'y avait pas trouvé, l'Esculape du lieu, le docteur Quackleben, ayant été uni le matin même à mistress Blower par M. Chatterly, et étant immédiatement parti, selon l'usage, pour le *tour* nuptial.

En retour de cette nouvelle, le capitaine Mac-Turk lui apprit le sort de lord Etherington. Le vieillard les pressa vivement de fuir au plus vite, et tira en même temps de son portefeuille de quoi pourvoir amplement aux nécessités de leur situation, promettant de fournir à l'infortunée Clara toute l'assistance et tous les secours dont elle aurait besoin, et représentant à Mowbray que s'il ne s'éloignait pas du voisinage une prison ne tarderait pas à les séparer. Mowbray et son compagnon partirent pour le Sud à franc étrier, arrivèrent à Londres sans accident, et de là s'embarquèrent ensemble pour la Péninsule, où la guerre était alors à son moment le plus chaud.

Peu de choses restent à ajouter. M. Touchwood vit encore, formant des plans sans objet, et accumulant une fortune pour laquelle il n'a pas d'héritier apparent. Le vieillard avait voulu en donner le titre à Tyrrel, en même temps qu'il l'aurait pris sous son patronage général; mais l'ouverture qu'il lui en fit n'eut pour effet que de déterminer celui-ci à quitter le pays, et depuis lors on n'a plus entendu parler de lui, quoique le titre et les domaines d'Etherington l'attendent. C'est l'opinion de bien des gens qu'il est entré dans une mission de frères Moraves, pour l'usage de laquelle il avait antérieurement tiré sur son banquier pour des sommes considérables.

Depuis le départ de Tyrrel, personne ne prétend deviner ce que le vieux Touchwood fera de son argent. Il parle souvent de ses désappointements; mais jamais on ne peut lui faire entendre, jamais, du moins, on ne peut lui faire convenir, que ces désappointements ont été précipités en grande partie par son talent pour l'intrigue et les manœuvres secrètes. Bien des personnes pensent qu'en définitive Mowbray de Saint-Ronan sera son héritier. Mowbray a depuis peu fait preuve d'une qualité qui est d'ordinaire une recommandation à la faveur des parents riches, nous voulons dire une attention soigneuse et prudente à ce qu'il possède déjà. L'ardeur martiale du capitaine Mac Turk s'étant ravivée à l'odeur de la poudre, le vieux soldat réussit non-seulement à se faire réintégrer dans sa solde entière, mais aussi à déterminer son compagnon à servir pour quelque temps comme volontaire. Un peu plus tard Mowbray obtint une commission, et jamais différence ne fut plus frappante que celle qui se fit remarquer entre la conduite du laird de Saint-Ronan et la conduite du lieutenant Mowbray. Le premier était, nous le savons, recherché dans sa mise, inconséquent, prodigue; le second vivait de sa paye, et restait même en deçà; — il se refusait ses plaisirs, et souvent même il se bornait sur le nécessaire, quand par là il pouvait épargner une guinée; et il devenait pâle d'inquiétude quand par extraordinaire il risquait une partie de whist à un demi shilling la fiche. Cette disposition à l'économie, pour ne pas dire plus, l'empêcha d'obtenir la haute réputation à laquelle sa bravoure et son attention aux devoirs de sa profession auraient pu sans cela lui donner droit. Le même calcul exact et serré de livres, shillings et pence marquait ses communications avec son agent Meiklewham, qui autrement aurait pu trouver mieux son compte à l'exploitation du domaine de Saint-Ronan, domaine qui maintenant s'améliore de jour en jour, surtout depuis que certaines dettes d'une nature passablement usuraire ont été remboursées par M. Touchwood, qui se contente d'un intérêt modéré.

Au sujet de cette propriété, M. Mowbray, généralement parlant, donnait des instructions tellement minutieuses, tant pour des améliorations que pour des acquisitions nouvelles, que sa vieille connaissance M. Winterblossom, frappant sur sa tabatière de maroquin avec ce regard en dessous qui annonçait l'approche d'un trait d'esprit, avait coutume de dire que le laird renversait l'ordre habituel des transformations, et qu'il était devenu chenille après avoir été papillon. Après tout, cette parcimonie, bien que le plus ordinairement ce soit une modification de l'esprit d'avarice, peut être fondée sur le même désir d'acquérir qui, plus jeune, le conduisait à la table de jeu.

Dans une occasion remarquable, néanmoins, M. Mowbray se départit des règles d'économie sur lesquelles il se dirigeait dans tous les autres cas. Ayant racheté, pour une somme considérable, le terrain que précédemment il avait donné à bail pour la construction de l'hôtel, des maisons d'habitation, des boutiques, etc., à la Source de Saint-Ronan, il envoya l'ordre positif de tout faire démolir, et il ne toléra non plus, dans toute l'étendue de son domaine, l'existence d'aucune autre maison publique que celle de l'Aultoun, où mistress Dods continue d'exercer une autorité non disputée, sans que ni le temps ni l'absence totale de toute rivalité aient apporté la moindre modification dans son caractère non plus que dans son humeur despotique[1].

---

[1] *Voyez* la note G, ci-après

CHAPITRE XXXIX.

Pourquoi M. Mowbray, avec ses nouvelles habitudes d'économie, détruisit-il ainsi une propriété dont il aurait pu tirer un revenu considérable? c'est à quoi personne ne peut répondre avec certitude. Les uns disent que c'était par souvenir de ses premières sottises de jeunesse ; d'autres, que ces bâtiments s'associaient dans son esprit avec les malheurs de sa sœur. Le vulgaire rapportait que l'esprit de lord Etherington avait été vu dans la salle de bal, et les savants parlaient des *associations d'idées*. Mais tous finirent par dire que M. Mowbray avait assez d'indépendance de fortune pour faire ses fantaisies, et que tel était le bon plaisir de M. Mowbray.

Le petit Spa est revenu à sa première obscurité ; *lions* et *lionnes* avec leurs divers *chacals*, surtout bleus et *bas bleus*, violons et danseurs, peintres et amateurs, auteurs et critiques, dispersés comme des pigeons dont on a démoli le colombier, ont cherché d'autres théâtres d'amusements et de propos, et ont abandonné les Eaux de Saint-Ronan.

NOTES

DES

EAUX DE SAINT-RONAN.

(A) Page 14.

ANCIENS PRIX DES AUBERGES D'ÉCOSSE.

Ceci était général en Écosse il y a quarante ou cinquante ans; et l'entretien d'un domestique coûtait si peu à l'époque où l'auteur fit ses premières excursions, qu'un shilling ou un shilling et demi suffisaient à payer sa nourriture, au lieu que le même objet coûterait aujourd'hui plus d'une couronne [1]. Il est vrai que le motif de cette modicité dans les prix reposait sur un principe non moins injuste à l'égard de l'aubergiste que gênant pour le voyageur. Le premier ne s'attendant à aucun bénéfice sur la note de nourriture comprise dans son mémoire, le second était regardé comme tenu de boire plus de vin que peut-être cela ne lui convenait ou ne lui était agréable; c'était, disait-on, *pour le bien de la maison*. Il est vrai que l'aubergiste était toujours prêt et disposé à aider dans ce devoir tout étranger qui passait le seuil de sa porte. Les autres choses étaient en proportion. Une rétribution pour le logement, le feu et la chandelle fut longtemps chose inconnue en Écosse. Un shilling pour la fille réglait tout objet de cette nature. Je vois, d'après des *memoranda* de 1790, qu'un jeune homme avec deux poneys et un domestique pouvait aller de la maison d'une Meg Dods à une autre dans la plus grande partie de l'Ecosse, pour environ cinq à six shillings par jour.

(B) Page 15.

Building feus EN ÉCOSSE.

En Écosse, un village se construit par une espèce de droit territorial (*land-right*) très différent du *copyhold* ou fief si fréquent en Angleterre. Toute aliénation ou vente d'un fonds de terre doit être faite sous la forme d'une cession féodale, et

---

[1] Six francs. On sait que le shilling vaut environ vingt-cinq sous. (L. V.)

l'acquéreur a un droit entier et absolu de propriété dans le fief tant qu'il remplit les conventions du vassal, et surtout qu'il paie la redevance. Le *vassal* ou tenancier du terrain dépendant du plus petit *cottage* en est possesseur d'une manière aussi absolue que le propriétaire de l'immense domaine dont ce terrain est peut être une portion presque imperceptible. A force d'excellentes lois, les saisines ou prises de possession de ces sortes de fiefs sont enregistrées dans un ordre tel que les charges dont la propriété est affectée peuvent être connues sans qu'il en coûte autre chose qu'un droit d'honoraires très-modique; de sorte qu'une personne se proposant de prêter de l'argent sur cette propriété connaît exactement la nature et la valeur de son gage.

Par suite de la clarté et de la sécurité de ces *land rights*, le peuple d'Écosse a été amené à prendre en défiance les baux pour construction, quelque long qu'en soit le terme. Il n'y a pas bien longtemps qu'un grand propriétaire choisit ce dernier mode de disposer de quelques terrains voisins d'une petite ville en voie de prospérité dans l'ouest de l'Écosse. Le nombre des années du bail était réglé à neuf cents quatre-vingt-dix neuf. Tout était convenu et arrêté, et les actes allaient être passés. Mais le tenancier, en se promenant dans l'avenue, se mit à réfléchir que le bail, quoique assez long pour que l'on pût presque le regarder comme perpétuel, aurait néanmoins un terme, et qu'après le laps de mille années moins une sa famille et ses descendants cesseraient d'avoir aucun droit sur cette terre. Il fut saisi d'un scrupule en songeant à la perte qu'éprouverait sa postérité mille ans après lui, et retournant chez le propriétaire qui lui *affeuait* le terrain, il demanda et obtint aisément qu'une prolongation de cinquante années fût ajoutée au bail.

(C) Page 67.

LA DAME NOIRE.

La *Dame Noire* (*Dark Ladye*) est un de ces fragments qui nous font éprouver le tourment de Tantale, et dans lesquels M. Coleridge nous a montré quelles exquises facultés poétiques il a laissées sans culture. Soyons cependant reconnaissants de ce que nous avons reçu. Le métal non façonné tiré d'une mine si riche vaut tout ce que l'art peut y ajouter quand il sort d'une source moins abondante. Les vers qui commencent le poëme et qui sont publiés séparément ont, dit on, adouci les dernières heures de M. Fox. Ce sont les stances intitulées AMOUR.

(D) Page 178.

MAGO-PICO.

Cette satire, très-populaire en Écosse, du moins dans un parti, fut faite aux dépens d'un révérend ministre presbytérien, dont on a conservé nombre d'histoires, — M. Pyet, le Mago-Pico du conte, ministre de Dunbar. L'ouvrage est maintenant peu connu en Écosse, et ne l'est pas du tout en Angleterre, bien qu'il soit écrit avec beaucoup de force et d'*humour* grossière, semblable au style d'Arbuthnot. Il fut composé par M. Haliburton, chapelain ou aumônier militaire. Les tourments attachés à la vie de garçon de Mago Pico sont ainsi décrits :

« En même temps je désire que vous vous figuriez sa situation durant son célibat dans les fonctions de ministre : — une maison où tout est amoncelé et en désordre; son lit mal fait, fourmillant de puces, et très-froid dans les nuits d'hiver; ses têtes de mouton si mal dépouillées de la laine et du duvet qu'on ne pouvait les manger; ses sauces tournées, son pain moisi, son mouton et son porc tout brûlés, sa maison ni lavée ni replâtrée; ses bas noirs raccommodés avec de la laine blanche au-dessus des souliers; son beurre fait en vraie bouillie pour les chats; son fromage n'étant qu'un monceau de mites et de vermisseaux, et plein de larges avenues où les rats et les souris pouvaient jouer à cache-cache et faire leurs nids. Il avait fréquemment admonesté ses servantes à ce sujet, et même de temps à autre il les avait mises à la porte; mais il n'en allait que de mal en pis, et en attendant le pauvre homme était un vrai souffre-douleur. A tous égards le mariage devait donc faire son affaire, lors même que sa femme se serait trouvée n'être autre chose qu'une créature du genre féminin, avec une langue dans la bouche et dix doigts aux mains, pour apurer les comptes de la femme de charge, sans parler de la commodité qu'il est pour un homme d'avoir la faculté légitime d'engendrer des fils et des filles dans sa propre maison. » (*Memoirs of Mago Pico, sec. edit. Edimburgh,* 1761, p. 49.)

(E) Page 348.

Il y a plusieurs exemples de cette adresse, notamment ceux que présentent la célèbre cause de Murdison et Millar en 1773. Ces deux hommes, l'un éleveur de moutons, l'autre son berger, établis dans la vallée de la Tweed, organisèrent et eurent en activité pendant quelque temps un vaste système de déprédation dirigé contre les troupeaux de leurs voisins. Un chien appartenant à Millar était si bien dressé qu'il n'avait qu'à lui montrer pendant le jour la portion du troupeau qu'il désirait avoir; et quand on le lâchait la nuit suivante à cet effet, Yarrow allait droit au pâturage où le troupeau était parqué, et enlevait ceux des moutons qu'on lui avait désignés. Il les poussait alors devant lui par les sentiers les plus secrets jusqu'à la ferme de Murdison, où le fripon de maître et son berger étaient en attente pour recevoir le butin. Deux choses étaient remarquables. En premier lieu, c'est que si le chien, dans ces missions peu honnêtes, venait à rencontrer son maître, il avait soin de ne le reconnaître qu'avec la plus grande précaution, comme s'il eût craint d'attirer le soupçon sur lui; secondement, qu'il montrait clairement avoir le sentiment distinct que les missions illégales auxquelles il était employé n'étaient pas de nature à souffrir le grand jour. Souvent les moutons qu'il était instruit à pousser devant lui montraient de la répugnance à quitter leur pâturage habituel, et quelquefois la rencontre de rivières ou d'autres obstacles rendait leur marche particulièrement difficile. En de telles occasions, Yarrow continuait d'employer tous ses efforts à faire avancer sa proie jusqu'à ce que le jour commençât à poindre, signal auquel il comprenait fort bien qu'il lui fallait abandonner sa prise et se glisser chez son maître par des chemins détournés. La tradition générale est que ce chien accompli fut pendu en même temps que son maître; mais le fait est qu'il lui survécut longtemps, au service d'un habitant du

Leithen, et on dit que par la suite il fit peu paraître du merveilleux instinct qu'il avait déployé au service de Millar.

Un autre exemple de sagacité analogue fut découvert par un de mes amis dans un beau petit épagneul qu'il avait acheté d'un commerçant en race canine. Il ne fut pas longtemps à remarquer que lorsqu'il entrait dans une boutique ce petit compagnon se faisait une règle de le suivre à un certain intervalle, et de se tenir assez à l'écart de son maître pour paraître lui être absolument étranger. Et quand le maître quittait la boutique, le chien avait l'habitude d'y rester après lui jusqu'à ce qu'il pût trouver l'occasion de saisir une paire de gants, ou des bas de soie, ou quelque article semblable, qu'il apportait à son maître. Il est probable que d'être tombé entre les mains d'un honnête homme sauva la vie au pauvre animal.

(F) Page 356.

L'auteur a essayé de tracer dans ce personnage un tableau de ce qui ne se voit que trop souvent, une malheureuse créature dont le cœur s'endurcit et prend en haine un monde où elle est condamnée à trouver de grandes misères et peu de sympathie. Le système de charité forcée, par le moyen de la taxe des pauvres, système dont l'absolue nécessité ne peut guère être mise en question, a entraîné avec lui de part et d'autre quelques-uns des sentiments les plus odieux et les plus malveillants qui puissent agiter l'humanité. L'essence de la vraie charité est de ne pas être contrainte. Comme celle de la miséricorde, dont on peut, dans un sens général, la regarder comme sœur, elle est à la fois une bénédiction et pour celui qui donne et pour celui qui reçoit. Elle éveille des sentiments affectueux dans l'âme de celui qui soulage et dans l'âme de celui dont la misère est soulagée. L'obligeant et l'obligé sont attachés l'un à l'autre par les liens d'une bienveillance mutuelle, et les douces émotions inséparables de la conscience d'une bonne action la fixent dans la mémoire de l'un, en même temps qu'un sentiment de gratitude la rend sainte pour l'autre. Il n'y a plus rien de tout cela dans la cotisation légale et obligée pour les pauvres reconnus de la paroisse. Les aumônes sont arrachées à une main qui ne s'ouvre qu'à regret, et à un cœur qui désire la destruction plutôt que le soulagement de ceux à qui ces aumônes s'adressent. Ceux ci, sentant la mauvaise volonté avec laquelle ces secours sont accordés, s'en emparent comme d'un droit, et non plus comme d'une faveur. Le mode de distribution étant précisément propre à froisser et à blesser ses sentiments, il s'en venge en élevant la voix avec impudence. Il serait difficile d'imaginer un tableau plus horrible et plus propre à dépraver les sentiments de ceux qui sont exposés à son influence; et cependant nous avons été conduits là par un système social artificiel tel, qu'il nous faut ou nier tout à fait le droit du pauvre à participer dans une juste proportion aux fruits de la terre, ou lui assurer quelques moyens de subsistance par l'institution d'une loi positive.

(G) Page 422.

MEG DODS.

Non omnis moriar. Saint-Ronan, depuis la mise au jour de cette véridique histoire, est revenu au monde dans une sorte d'*alias* : nous voulons parler du très agréable village d'Inverleithen sur la Tweed, où se trouve une source médicinale fréquentée par un grand nombre de visiteurs, et auquel le nom de Saint-Ronan a été surajouté [1]. Des prix sont disputés à divers jeux ou exercices de force et d'adresse, connus dans les districts champêtres des environs sous le titre de *jeux de Saint-Ronan*. De plus, Meg Dods elle même est récemment sortie de l'obscurité en se produisant comme auteur d'un ouvrage sur la cuisine, ouvrage dont nous insérons ici le titre dans notre esprit de justice envers une personne qui fait aussi bonne figure que cette excellente dame :

« *Manuel du Cuisinier et de la Ménagère; système pratique de Cuisine domestique moderne et d'economie intérieure.* Avec cette épigraphe :

« ... Cook, see all your sawces
Be sharp and poynant in the palate, that they may
Commend you ; took to your roast and baked meats handsomely,
And what new kickshaws and delicate made things. »

BEAUMONT ET FLETCHER.

« Cuisinier, veillez à ce que toutes vos sauces soient piquantes et relevées au palais, afin qu'elles vous fassent honneur ; donnez un œil attentif à votre rôti et a vos plats cuits au four, ainsi qu'a vos ragoûts nouveaux et à ces recherches de la nouvelle école. »

« Par mistress Margaret Dods, à l'auberge du *Croc*, Saint Ronan. »

Bien que cette remarque ne se rattache qu'indirectement à notre sujet, nous ne pouvons nous empêcher d'ajouter que mistress Dods a conservé la recette de certains plats excellents d'autrefois, que nous verrions avec peine tomber en oubli de nos jours ; et en portant ce témoignage, nous protestons que nous n'avons pas été influencé par l'envoi que ladite mistress Dods nous a fait de deux flacons d'excellente sauce pour la viande froide, en témoignage de respect et d'égards, envoi dont nous lui adressons ici nos remercîments sincères, car nous avons trouvé ses sauces de qualité supérieure.

[1] On trouvera des détails plus étendus sur ce fait dans la *Vie de sir Walter Scott*.

(L. V.)

FIN DES NOTES DES EAUX DE SAINT-RONAN.